校長專業之建構

林文律 ◆ 主編

誌謝

心理出版社感謝下列教授授權將下列著作翻譯成中文：

一、授權者：大脇康弘教授，大阪教育大學。

　　獲授權文章：スクールリーダー教育のシステム構築に関する争点─

　　　　　　　　認識枠組と制度的基盤を中心に。

二、授權者：Dr. Kenneth Leithwood & Dr. Rosanne Steinbach, OISE, Canada.

　　獲授權文章：Toward a Second Generation of School Leadership Standards.

三、授權者：Dr. Allan D. Walker, The Hong Kong Institute of Education.

　　獲授權文章：

　　1. From Policy Imposition to Real Learning: New Approaches to Leader Growth in Hong Kong.

　　2. Principal Professional Development: Better by Design?

Acknowledgements

Special thanks are due the following professors for generously authorizing Psychological Publishing Co., Ltd. to translate their articles into Mandarin Chinese for use in this book:

1. Author: Dr. OWAKI Yasuhiro, Osaka Kyoiku University.

　Article: Controversy on Building Educational System for School Leaders: Focused on Conceptual Framework and Institutional Basic.

2. Authors: Dr. Kenneth Leithwood & Dr. Rosanne Steinbach, OISE, Canada.

　Article: Toward a Second Generation of School Leadership Standards.

3. Author: Dr. Allan D. Walker, The Hong Kong Institute of Education.

　Article 1: From Policy Imposition to Real Learning: New Approaches to Leader Growth in Hong Kong.

　Article 2: Principal Professional Development: Better by Design?

❖ 主編簡介

　　林文律（阿律），1951 年出生於臺中市。英文學士（1973），語言學碩士（1977），英語教學碩士（1983），教育行政博士（1990）。自 1977 年起在大學任教英文。1980 年初對學校領導產生興趣，1987 年再度赴美，改讀教育行政博士班，1990 年獲博士學位。自就讀教育行政博士班開始，即認真思考如何讓校長學在臺灣本土廣受探討。回國後，有幸在國立臺北師範學院（後改制為國立臺北教育大學）服務，即以此為據點，歷經多次努力，2001 年初終於促使教育部准許國北師院成立全臺第一所中小學校長培育與專業發展中心，並據此向臺北市及臺北縣、宜蘭縣極力爭取設立候用校長培育班，並連續多年舉辦一系列大型校長學國際學術研討會，全心致力於使校長學在全臺灣普遍受到關注與討論。

　　繼 2006 年主編《中小學校長談校務經營》（上、下冊）之後，2010 年接著主編《中學校長的心情故事》與《小學校長的心情故事》。2012 年主編《校長專業之建構》。以上均由心理出版社出版。這一系列校長學專書對於臺灣本土校長學的推廣有相當程度之助益。

　　在服務於國立臺北教育大學 22 年之後，2012 年 10 月因健康因素申請退休。

❖ 主編序

　　1981 年我首度到美國留學。我感受到的最大文化震撼之一就是美國人所踐行的一句話:「尊敬是贏得的。」在美國,一個人的官位、職位本身未必就能贏得他人的尊敬,但白手起家、奮力向上爬,為人誠實,行事有為有守、負責盡職、不自私、熱心慈善事業,通常都能受到尊敬。相較於美國,在傳統的中華文化之中,老者與賢者、官位高、有權有勢,肯定引人側目,卻未必皆能令一般大眾尊敬,而高位如總統者亦然。社會地位排名較前者,諸如法官、醫生、大學教授又當如何呢?時代似乎在變,但即使連這些長久以來社會地位高的人,現在也未必都能贏得尊敬。究其原因,除了最主要的人品(包括道德操守)、對社會大眾展現無私的愛(如陳樹菊)、人生積極奮發向上、努力走出一片天,並能以專業掛帥(如阿基師、吳寶春)之外,我認為還有眾多同樣重要的因素,那就是一個人的學識、能力、正向積極的人生觀,以及對於所從事的工作全力投入的專業態度。而這些都構成了「專業」的基本內涵。除了剛剛提到的道德操守未必人人都能完全符合期待之外,醫生、法官、建築師、會計師這些一般社會普遍視為專業的行業,大致都具備了專業的基本要素。那麼校長又是如何呢?校長是否如同醫生、法官、建築師、會計師等行業,稱得上是專業呢?

　　在傳統的中華文化之中,尤其是在地方仕紳的眼中,校長的確一向擁有相當高的社會地位。即使到了現代,尤其是在較保守的地區,我相信這種高社會地位的情況依然存在。其實,身為一位好校長,除了奉行正直、廉潔、公正、公平為行事最高準則之外,同樣重要的事情就是在校長專業上建立一定的高度。校長專業,簡單而言,就是由督導校長的專責機構或是在校長眼中具有公信力的機構,對於擬任及現職校長在資格、專業知識、能力、專業特質、專業態度及專業表現等方面訂出嚴格而合理的要求與期望,而且校長也確實能遵守並勉力達成。就實務上而言,此一嚴格要求的目的即在於促使校長能以「把每個學生帶上來」為己任,讓每一個學生都能依照自己的步調,找到自己學習以及人生的一盞明燈,讓學生在學業及各方面的學習與成長產生信心。如果校長不能把學生在學業及正確的公民態度與行為養成等方面的學習視為首要之務,使學校持續在進步之中,他如何能稱得上是一位好校長?

　　依我看來，校長若要獲得他人的尊敬，絕對不是他本身具備校長的身分就必然能獲得。校長若要獲得眾人的尊敬，除了最基本的為人要正直、廉潔，操守言行上要行得正、站得穩之外，我認為首要之務就是要具備高度的專業知識、能力、態度、特質等各種專業素養，更要能展現一番令人不能忽視的專業表現與成效。提到展現高度的專業成效，有一點令我非常難以接受的是，常常會聽到為數不少的校長說，擔任校長，只要學校平安無事就好。沒有錯，這句話充分道出校長辦學的辛苦與難為之處，因此只求學校與學生不要有任何事情就好。可能由於我比較天真無知，我總是認為，一位身居要職如校長者，除了讓組織平安並順利運作之外，他應當盡最大的努力使組織持續在進步。在校長任內，總是要盡力有一番作為，盡量使學校能以所有學生最大程度的學習為首要目標，讓學校持續在進步之中，這才是校長辦學的重點，也是校長要發揮的最大作用。若要讓校長發揮最大的積極正向的作用，校長必須具有相當高的專業知識與能力，必須極為睿智，具有極為高超的智慧與手腕，在各方面的言語、行為、操守、能力以及各項專業表現上能贏得老師心悅誠服的尊敬，如此才比較容易取得老師的認同與合作，共同來為學生的有效學習而努力。那麼，為了當一位稱職的好校長，讓校長能贏得他人誠心的尊敬，個人以為校長應力求將社會地位建立在真正以專業為基礎之上。如果此一主張能成立的話，校長的專業究竟為何呢？其真正的內涵為何？專業有何作用？如何建構校長的專業？

　　校長的專業，其實是包含許多重要層面的，包括校長專業標準，以及以專業標準為核心的校長培育、證照、甄選、儲訓、遴選、導入、績效評鑑、分級與永續專業發展等內涵。正如本書首章所介紹，校長的專業至少包含以下三個核心部分：(1)校長專業之手——校長在校務經營上適任、展現優異作為的能力；(2)校長專業之心——校長具備積極正向的專業特質與人格特質，具備正確的教育理念、行政理念與領導理念。校長能奉行以正直、廉潔、公平、公正為行事的最高準則；(3)校長專業之腦——校長具備堅實、必要的校務經營知識，包括組織運作、人際關係、教學與學習，及影響教育運作的各種環境脈絡的相關知識；校長有能力在實務工作中進行反思，將實務與理論作巧妙結合，將理論與實務進行各種反思性循環，並回饋於實務問題的解決與運作之中。校長專業的手、心、腦若能巧妙結合，並反映在校長專業上的表現與學校進步方面的產出，此種積極正向的結果，正是校長專業的終極目標，是我們需要校長的主要理由，當然也是校長

要能真正贏得人們尊敬的基礎。

至於校長專業體系的建構以及校長職涯的淬鍊歷程，從本書各章可以看出，校長專業體系之建構歷程始自校長任職校長之前從事學校行政工作開始。更確切的說，應是從擔任學校主任開始即已漸漸具備了留意學校運作的思維。從此階段開始，教育行政當局就應好好加強校長專業的素養，此階段的資歷及學經歷，尤其是校務經營的專業表現，應可納入校長甄選的重要參考。接下來，應是訂定適合臺灣國情的一套嚴謹的校長專業標準，以作為校長培育、證照、甄選、儲訓、遴選、導入、績效評鑑、分級與永續專業發展的依據。在校長甄選方面，應以應試者的專業表現為重要依據，不應僅是以資歷積分及筆試甄選成績為主。校長培育與儲訓（包括師傅校長帶領擬任校長或初任校長），以及後續校長上任之後整個任職校長期間，持續的校長績效評鑑及專業發展，都應把重點放在校長績效評鑑，並從其中看出校長辦學的真正產出，以及校長精進校務經營的能力。以上這些重點大致可以看出校長專業的內涵與建構方式。也許有人不禁要問：這些事臺灣不是都已經在做了嗎？我進一步要追問的是：以上每一項，我們真正落實了多少？對於校長專業的普遍提升，發揮了多少作用？

基於上述之旨趣，本書主要的目的即在於勾勒臺灣中小學校長專業標準、校長專業的內涵與校長專業建構的策略，以及建構校長專業體系的一些重要面向。本書由 27 篇校長專業之專文所組成，全書共分成三部分：第一編，校長專業建構的基礎論述，內含第 1 章至第 12 章；第二編，校長培育與專業發展，包含第 13 章至第 21 章；第三編為校長評鑑，由第 22 章至第 27 章組成。這 27 篇校長專業之專文，其中 4 篇分從加拿大兩位學者及日本與香港各一位學者的著作翻譯而成，其餘專文則由臺灣著名校長學學者撰寫而成。非常感謝這些中外傑出學者惠賜鴻文，以成就這一本《校長專業之建構》專書。

此外，我也要特別感謝心理出版社洪董事長有義教授慨允出版此書。同時也要謝謝林總編輯敬堯先生大力協助，執行編輯陳文玲小姐及心理出版社所有同仁的辛苦付出，共同使得此書之出版成為可能。此外，小女秋碩及秋瑾協助打字，助益甚大。

最近十餘年來，由於臺灣教育行政不論是在學術界或實務界均熱烈探討校長學，校長專業之建構已逐漸達到討論成熟並轉進到蓄勢待發的階段。相信這一本《校長專業之建構》的出版，能誘發臺灣中小學校長專業體制加速建置完成，並

進一步促成校長專業在中小學教育現場之具體落實與實踐。果真如此，則本書編輯及出版之目的就可說達成了一大半。讓校長專業真正落實，並反饋到校務經營，從體制上協助校長更有效引領老師與教育利害關係人共同為學生學習福祉孕育出更好的校務經營績效，這將會是臺灣中小學教育的福氣。

林文律

國立臺北教育大學
教育經營與管理學系退休副教授
2012.10.7 序於甫退休之際

❖目次

第一編 校長專業建構的基礎論述

第二編　校長培育與專業發展

第三編　校長評鑑

第一編

校長專業建構的基礎論述

1 校長專業的內涵及校長專業體系之建構

林文律（國立臺北教育大學教育經營與管理學系退休副教授）

壹｜前言

「專業」之名稱也許是近一兩百年所逐漸形成，但是專業的概念據推測應該有相當長遠的歷史。不論中外，自古以來就有各行各業。隨著 19 世紀工業革命以來，百業興起，乃至晚近數十年來科技越來越突飛猛進，各行各業的專精程度逐漸提高，加入該行業的人數增加，同一行業的人彼此之間互動密切，各行業勢必逐步發展出一些行規來規範入行的要求，包括入行資格，擬入會人員在該行業的知識與能力的專精程度，甚至專業特質（包含其信念、涵養，以及對一些充滿價值衝突事件作出犀利正確判斷的能力等），這些都是專業素養的一些面向，也可以說是短期與長期衡量一個人申請成為一個專業協會會員的指標。當然，視各個行業在專業程度方面的要求以及專業進化的程度，每一個行業外顯的專業標準以及內蘊的專業精神，可能並不相同。

本文以專業的基本概念及與校長專業關係密切的教師專業作為前導，藉著此一前導，本文主要的目的在於闡述校長專業之建構應從校長工作的主要內容出發，先釐清中小學校長的工作所具備的主要內容，並從其中再進一步釐清，若要把校務主要工作內容做好，校長須具備何種知識、心向（哲學觀與價值觀）及實作表現。為了清楚了解校長在這些方面要具備到什麼程度，才足以擔任一位適任的校長，亟須由國家訂定一套校長專業標準，以作為衡量的準則。此一校長專業標準一方面形成了校長專業內涵的核心，同時也可以作為校長培育、證照、甄選、儲訓、遴選、導入、績效評鑑、分級以及永續專業發展的整個校長職涯歷程的準則，

並以校長專業內涵及校長職涯歷程共同建構出整個完整的校長專業體系。而以此方式建構出來的校長專業體系，正好是校長職涯淬鍊歷程的具體展現。

本文分為七節，依次呈現：(1)前言；(2)專業的基本概念；(3)英國教師專業；(4)校長專業的內涵；(5)校長專業體系之建構；(6)綜合討論；(7)校長專業建構向前行（代結語）。

貳│專業的基本概念

「專業」究竟所指為何？其實一直都沒有明確的定論。最基本的看法是將專業視為一個行業或職業（occupation）（Evetts, 2009; Gewirtz, Mahony, Hextall, & Cribb, 2009）。但 Gewirtz 等人（2009）認為專業也可以視為專業美德（professional virtues），是根據專技及倫理標準對某種行業角色的人士所作的分類。進一步言之，Gewirtz等人認為「以專業為行業」及「視專業為專業美德」其實可以互相結合。他們認為，一方面強調專業人員的性質，尤其是專門知能、可信賴、同僚情誼及服務等倫理美德，但其實另一方面，專業不可避免地強調專屬性（排他性），以自我利益的意識型態來掩飾其特殊地位及對他人的影響力。換句話說，專業一方面著重關切專業標準、倫理，並力求把自己分內的事做好；另一方面，專業其實也是用來複製某種特定形式的階級、種族和性別的身分與權力，也複製狹隘的包容性（僅包容合乎條件者）及排他性（排除異於己者）。

從以上 Gewirtz 等人的分析看來，當一個行業剛起步時，它可能採取的是敞開大門，對擬入會的人來者不拒。但隨著該行業逐漸發展得更為成熟，工作的專精度越高，在工作上所要求的知識與能力越來越高，會員入會的門檻也逐漸提高，而上述專業之特徵便逐漸顯現，這似乎是順理成章的事。

其實，從社會功能的角度來看，專業是普遍被認為具有社會協調的功能的。有關此點，Freidson（2001，引自Gewirtz et al., 2009: 4）認為，「專業是為了對於工作的環境及工作的執行行使高度的掌握，讓社會生活有條理，以適切運用專門知識。專業是社會協調的模式，而信賴是專業協調的核心成分。藉著信賴，專業人員與廣大社會之間形成一種契約，由專業團體提供專門知識與專業標準。所得到的回報則為人民信賴專業人員可以把工作做得好。」

從以上可知，專業是廣大社會與專業人員之間的一種信賴關係。專業人員要有「本事」，在他們所專精的行業好好表現出一番特定領域的知識、心向與實作表現。此外，一般社會大眾難免會對專業人士在人品及專業倫理上有較高的期待，這種期待應屬合理。如果專業人員只有專業的高度，卻沒有人品的高度，難免會斷送社會大眾對他們的信賴。

Evans（2011）綜合許多學者的看法，初步歸納出專業具有下列九項外顯特徵、性質與社會功能：

1. 一種職業控制的形式；

2. 一種社會建構及動態實體；

3. 一種社會協調；

4. 知識在特定個案之應用；

5. 以知識作為社會資本；

6. 一套具有規範作用的價值體系，包括專業標準、倫理、服務品質；

7. 專業人員服務對象和公眾之間關係的基礎；

8. 特定身分的來源；

9. 社會地位、專業地位及權力的基礎與決定因素。

從以上可知，透過專業所訂定的要求與期望，一個行業可以得到控制，社會群體之間各種互動的體系可以逐步形成並互相協調。知識可以發揮作用並且有助於社會群體的互動。此外，藉著訂定自我規範的專業標準、倫理與服務品質，專業可以為其成員（即專業人士）取得社會地位、權力及特定身分。由於上述這些性質與社會功能之故，相對於一般行業的人士而言，具備某種社會認可及讚許的專業領域人士，基於其專業領域的知識、心向及實作表現，比較容易獲得社會大眾信賴，也就不難理解了。

以上所述是就專業的性質與社會功能而言。就專業的實質內涵而言，Evans（2011）指出專業必須具備實務工作者（從業人員）的身分。要確認一個人是否真的具備專業，下列幾項問題至為相關：

1. 其工作內容為何？亦即，在工作崗位上，所為何事？

2. 是否知曉如何做？為何做？

3. 實務工作者所知道與所理解的事為何？

4. 從何處，如何獲得該知識與理解？

5. 實務工作者抱持何種態度？

6. 實務工作者遵循何種行為守則？

7. 功能為何？（能發揮何作用？）

8. 為了完成何種目的？

9. 提供何種品質的服務？

10. 以上所列各項，一致性的程度如何？

　　從以上可知，專業的身分並不因只是加入一個專業團體（機構或協會）就可以取得，也不是自我宣稱即可。專業身分的取得必須先求通曉一個行業（尤其是一個已進化到專業程度的行業）的知識，對其有深刻的理解，有足夠的實作表現可以執行該領域所期望和要求的工作任務，抱持著令人認同與讚賞的工作態度，能夠遵循社會所認可的嚴謹的專業內部倫理規範，而且有能力提供高品質的服務。總之，專業不是口號，而是將知識、理解、能力蘊藏於內，且在專業領域人士及一般社會大眾眼中，能夠形諸於外，能被社會大眾所認可、讚許並因此而贏得信賴的一種實實在在的表現。

　　其實，在探討專業的性質時，自主性與自由裁量是很受專業人士重視的一環。自主性，簡單而言，就是專業人士對於所從事的實務工作所能掌握與運用的自由裁量的幅度。Evetts（2009）所提到的組織專業（organizational professionalism）與行業專業（occupational professionalism）之間的異同可以用來說明專業的自主性及其它方面的特徵。Evetts 所闡述的組織專業與行業專業，兩者之定義與相異之處如下：

　　組織專業指的是：「工作程序及作法越來越標準化，管理階層的控制也越來越強化。組織專業依賴外部的管控形式、目標訂定及績效考核等各種績效責任措施。」（引自 Gewirtz et al., 2009: 7）至於行業專業，Evetts（2009）的定義則是，「行業專業包含同僚之間的權威。所賴以為基礎的是，在複雜情況之下，實務人員所產生的自主性、自由裁量的判斷與評估。實務人員憑藉專業倫理守則將各種管控以操作化方式處理。專業倫理守則則由專業協會來審訂並監控。」（引自 Gewirtz et al., 2009: 7）

　　有關組織專業與行業專業之相異處，表 1-1 將有助於吾人了解兩者間的區分（Evetts, 2009）：

► 表 1-1　組織專業與行業專業

組織專業	行業專業
1. 在工作組織之中，管理人員使用控制形態的論述越來越多	1. 由專業團體內部建構論述
2. 法理權威	2. 同僚權威
3. 標準化程序	3. 自由裁量並由行業掌控工作
4. 權威及決策顯現出層級結構	4. 基於顧客與雇主對實務從業人員的信賴
5. 相信必須借助於管理層級的掌控	5. 由實務工作者訂定操作程序來施展掌控
6. 偏信績效責任、來自外部的管控、目標訂定及績效考核	6. 由機構及協會留意專業倫理遵守情形

資料來源：Evetts (2009).

從以上 Evetts 對組織專業及行業專業的區分看來，組織專業基本上是「由上而下」的掌控，而行業專業則是「由下自行訂定」的掌控，兩者之間爭論的焦點主要是在於權威幅度、自主性及自由裁量的幅度。這種在自主性方面的分野，主要是顯現在專業人士施展專業的空間（至少從專業人士的角度來看），但對於專業的本質與內涵應該不至於有重大影響。換句話說，專業之所以成為專業，以及專業以外的人要認定一個行業是否為專業，該專業是否能贏得一般社會大眾的信賴與肯定，主要應該是取決於該專業對其入會成員在專業特定領域的知識、能力、專業倫理、專業態度等方面的自我要求，以及在專業表現上是否值得肯定與稱許。當然，有關此一見解，專業人士可能仍難免持非常保留的看法。

在討論過專業的內涵、性質與各種面向之後，本文以下將探討英國的教師專業，以為探討校長專業之建構預作準備。

參｜英國教師專業

英國教師專業之建構主要是以教師專業標準為基礎，並搭配教師績效管理，作為教師分級的依據。接著依照教師專業標準及績效管理的結果，決定教師的職級以及相對應的職務、責任與薪資。Evans（2011）在研究英國教師專業時，以專

業之手、專業之心、專業之腦來說明教師專業的結構與成分。由於英國教師專業結構及 Evans 的思想架構頗有值得臺灣構思校長專業建構與應用的參考，本文特地在本節對英國現行的教師專業制度及 Evans 的思想結構做一個概略性的介紹。

Evans 在探討英國（在此專指英格蘭）的教師專業時，提到英國為形塑教師專業制度，特地採取了以下三個措施：

1. 立法制定教師專業標準；

2. 立法制定教師績效管理；

3. 將教師專業標準、績效管理與專業發展做連結。

據 Evans 指出，2007 年英國立法通過，確定以績效管理取代教師評鑑，而且英國的教師專業標準明白規定教師必須以教師專業標準為準則，根據教師績效管理的結果，在以下每一個教師職涯階段，達到政府訂定的教師特徵、技能及知識與理解的水準。以下所列出的即是教師的等級及與該等級相對應的期望和要求：

1. QTS（qualified teacher status）合格教師身分的預備階段。此階段為教師訓練與導入的階段。

2. C（core standards for teachers）教師核心標準階段。完成此一階段者，即達到教師的門檻（the threshold），正式取得任教的資格。此時即可正式任職教師。在其後的教師職涯，教師是否繼續往前推進到下一個職級階段，教師可自行決定。

3. P（post-threshold stage）後門檻階段。進入此階段，教師具備更深、更廣的專業知識，更純熟的技能，教學責任加重，薪水增加。

4. E（excellent teacher stage）優良教師階段。教師須先通過外部人員的評鑑，領導責任加重，薪水增加。

5. A（the advanced teacher stage）高級教師階段。教師須先通過此等級的外部人員評鑑，領導責任更進一步加重，薪水亦相對增加。

Evans 進一步指出，針對各個教職發展階段的角色而言，教師專業標準雖然有些許差異，但基本上是一致的。教師專業標準與績效管理互相結合，更具體來說，自第二級（即完成導入）之後的職級，教師必須檢附最近兩年績效管理評量的佐證，以確定符合擬申請層級的專業標準。Evans 同時也提到，英國 2007 年績效管理的重點著重在所訂定的目標必須與下列各個項目互相結合：

1. 學校改進與學生進步。

2. 持續專業發展（continuing professional development, CPD）的支援系統。

3. 績效規準共同協議書（由受評教師與評審人員共同訂定）。

4. 共同訂定目標達成的期程表。

Evans 提到，英國自 2007 年以來，以上辦法的細節雖然持續在進行修正，但是教師專業標準、績效管理及專業發展三者之間的連結仍然維持不變。從以上英國教師專業的敘述可以看出，英國教師專業，是以英國教師專業標準為基石，並訂定教師績效標準作為教師職級升遷的依據。五個教師等級之中，英國政府規定以前兩級為基本等級，通過了第二個等級，才能正式執教。其後繼續升遷與否，悉聽教師尊便。而其後的職級越高，所需的專業知識與所負擔的教學與學校行政職責也增加，但薪資也隨之提高。

教師專業標準、績效管理及教師專業發展，三者關係密切，一切都以學校改進與學生進步為核心目標。績效管理過程中的績效規準共同協議書，以及達成各項績效目標的期程都是由受評教師與評審者共同商議決定。

上述英國教師專業的重點，頗有值得臺灣學習與借鏡之處。根據報載（楊湘鈞、陳智華，2012），行政院已經通過教師法修正草案。如果經立法院修法通過，中小學教師評鑑可望於 102 學年度開始實施。雖然臺灣與英國的國情未必相同，但是以學校改進及學生進步為至高原則，這一點應是相去不遠。如果臺灣的教師專業標準能盡速訂定，以教師專業標準為指南的教師評鑑也能充分結合，在臺灣教育界將是一件盛事。本文為文旨在探討臺灣校長專業標準及整個校長專業制度的建構，但臺灣教師的專業若能趨向更加完整，而校長的專業體系也能一併建構妥善，則以學校改進及學生進步的目標更能充分落實。終究，教育的經營與教育目標的達成是需要教師與校長密切攜手共同努力才能竟其功。

以上所提的是英國教師專業制度的概略介紹。另外，有關教師專業的內涵方面，Evans（2011）所提出的個人見解尚稱簡明易懂，對於本文重點所在之校長專業內涵及專業體系建構策略尤具啟發作用。在此特將她的專業思想之概略以其專業內涵架構圖介紹如下頁圖 1-1。

Evans 進一步將她的專業內涵架構圖概略說明如下：

1. 行為內涵（專業之手）——實務工作者實際從事之事。

(1)歷程：工作的歷程（亦即達成某一目的的一系列步驟）。

(2)程序：工作的程序（亦即某件事既定的做事方法）。

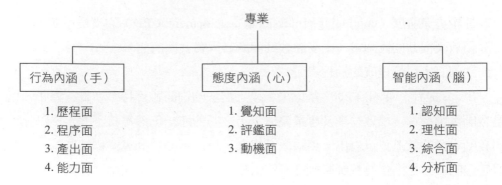

▶ 圖 1-1　Evans 的專業內涵架構圖

資料來源：Evans (2011).

(3)產出：產出、生產力、成果（做了多少事？完成了什麼事？）。

(4)能力：各種分項能力及綜合能力。

2. 態度內涵（專業之心）——實務工作者所抱持的態度為何？

(1)覺知：所抱持的覺知、信念與見解（包括自我覺知）。

(2)評鑑：人們所抱持的價值。

(3)動機：人們的動機、工作滿意度及士氣。

3. 智能內涵（專業之腦）——實務工作者的知識、理解、知識結構。

(1)認知：知識的基礎。

(2)理性：應用於工作實務中推理之本質與程度。

(3)綜合：所知道與所理解的內容為何？

(4)分析：分析的本質與程度。

　　依照 Evans 的看法，專業指的是一個實務工作者，身處在工作實境中時所展現的面貌，包括他執行工作所需要用到的各種知識、能力、所抱持的態度等。這是一種內蘊於實務工作者（他必須具備）並展現於外，可以從行為、表現及產出中檢驗出來的東西。從其外在的表現可以看出其內在是否具備了該具備的東西，也就是 Evans 專業內涵架構之中行為內涵、態度內涵與智能內涵所臚列的這些項目。而這些項目代表的是 Evans 個人的見解。本文認為，Evans 專業內涵架構的這些項目是可以討論的（意指見仁見智），至少可以作為本文後續討論的參考架構，對於本文主要的重點——校長專業建構所賴以為基礎的校長專業內涵，也可以產生相當程度的啟發。

本文在前面第二節已經介紹了專業的基本概念。接著在本節介紹了英國教師專業體系的梗概及 Evans 個人有關教師專業內涵方面的思想。在下一節，將以 Evans 的教師專業內涵為藍本，並參考美國 ISLLC 校長專業標準及 Thomson（1993）所述之美國校長必備的知識與技能，來探討校長專業的內涵。

肆｜校長專業的內涵

有關校長專業的核心內涵，在上一節介紹了 Evans（2011）的教師專業的概念，包括以行為內涵作為專業之手，以態度內涵作為專業之心，以及以智能內涵作為專業之腦。

本文主張，完整的校長專業體系乃是由校長專業的內涵以及以校長專業內涵為基礎的校長職涯的九個階段共同構建出來的。這兩項重點將分別在本節及下一節加以探討。

有關校長專業之內涵，本節擬以美國 ISLLC 的校長專業標準作為校長專業內涵的核心，加上 Thomson（1993）的校長必備的知識與能力，建構成校長專業的內涵，並以 Evans（2011）專業的概念作為校長專業內涵的架構來呈現。本文主要參考美國州主要教育官員委員會（Council of Chief State School Officers, CCSSO）轄下的跨州學校領導者證照聯合會（Interstate School Leaders Licensure Consortium, ISLLC）所制定的 ISLLC 學校領導者（即校長）專業標準（簡稱為 ISLLC 專業標準）（Council of Chief State School Officers, 1996）。ISLLC 專業標準由知識、心向（dispositions）及實作表現（performances）三方面組成。本節擬探討的校長專業標準即以該 ISLLC 標準為主要藍本。至於 ISLLC 的詳細具體內涵，在本書許多篇章均有相當程度的介紹，在此不再贅述。除了 ISLLC 的專業標準之外，本文同時也參考了 Thomson（1993）集眾中小學校長領導與校務經營專家的力量，合力編成的《變遷中學校的校長：知識與能力基礎》（*Principals for Our Changing Schools: The Knowledge and Skill Base*），以及 Evans（2011）專業的心、手、腦的概念，合併組成以校長專業標準為主要核心的校長專業之內涵，茲分項敘述如下：

1. 校長專業之手——校長的實作表現，包括其實作能力、實作歷程以及實作產

出之質與量（績效）。

2. 校長專業之心——校長的心向，包含其哲學觀、價值體系、人生觀（人生態度）、專業態度、專業倫理、人格特質等。

3. 校長專業之腦——校長的知識。要把學校經營得好，校長究竟應該具備哪些必要的知識與理解？從何而來？如何有效運用於實務工作？

茲以圖1-2的簡圖來說明校長專業標準的核心內涵，並將上述校長專業之心、手、腦再增補一些細節，構成校長專業之內涵概念圖（見下頁圖1-3）。

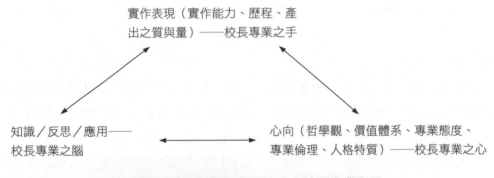

實作表現（實作能力、歷程、產出之質與量）——校長專業之手

知識／反思／應用——校長專業之腦

心向（哲學觀、價值體系、專業態度、專業倫理、人格特質）——校長專業之心

▶ 圖 1-2　以專業標準為核心之校長專業內涵

資料來源：改編自 CCSSO（1996）及 Evans（2011）。

以下將就實作表現、心向、知識三方面來闡述校長專業標準的核心內涵。

一、實作表現與知識

首先是實作表現與知識。由於實作表現與知識是一體的兩面，因此本文將合併來看。所謂實作表現，所指的就是校長得會做什麼？能做到什麼地步？校長能帶出來什麼樣的績效表現？其實，在探討校長實作表現之前，首先要問的基本問題就是：為什麼需要校長？校長要做什麼事情？我們期待校長把該做的事情做到什麼地步？不論國小、國中或高中，究竟學校需不需要校長？由於學校需要有一個人來負統整的責任，因此從實際面來看，學校需要有校長。但是，是否校長需有基本資格（包含背景）的限制，比如說，非得由具備同一個學校層級教學與行政經驗的人來擔任校長才可以嗎？還是任何只要具有良好企業經營能力的人來擔

校長專業

實作表現內涵——校長專業之手	心向內涵——校長專業之心	知識內涵——校長專業之腦
以下四大領域之實踐與有效執行能力：	1. 哲學觀之形塑	下列四大領域之豐富、純熟之知識：
1. 功能（即組織運作）	2. 價值體系及澄清	1. 功能（即組織運作）
2. 教育方案（即教與學）	3. 專業態度	2. 教育方案（即教與學）
3. 人際關係（含教師士氣之激勵）	4. 人格特質	3. 人際關係（包含對教師士氣之有效激勵）
4. 教育脈絡（有能力掌握影響教育經營的政治、社會、文化、法律等各項因素）	5. 專業倫理（正直、廉潔、公平、公正之具體實踐）	4. 教育脈絡（有能力掌握影響教育經營的政治、社會、文化、法律等各項因素）

實作表現內涵：
【附註】
1. 實作表現包括實作能力、實作歷程以及實作產出的質與量（績效）。
2. 實作表現的取得：以歷程為本的學習法（process-based learning）為主，以內容為本的學習法（content-based learning）為輔，並應偏重親自動手做（如實境模擬、腳踏實地而非應付了事的行政實習）。

心向內涵：
【附註】
1. 哲學觀：追本溯源，探尋自己身為人、從事教育工作，想擔任校長的深層理由與深刻意義。
2. 透過兩難困境、交叉詰問進行價值澄清。
3. 面對最艱困的困境，深刻檢討自己對助人、對工作的真實態度。
4. 從各類型的問題困境，自我揭露或由他人質問深層最在乎與最不在乎的事情及個人的反應。
5. 以各種實境模擬測試自己正直、廉潔、公平、公正等方面，裡外、言行及前後一致性。

知識內涵：
【附註】
知識之獲取途徑與歷程：
1. 講授法。
2. 研讀理論與最新研究發現。
3. 透過 Schön（1984）的行中思、行後思、反思→行動→再反思、批判反思等思想、知識與行動之交互反思歷程，使知識活化，以便與行動（實作表現）相輔相成。

▶ 圖 1-3　校長專業之內涵概念圖

資料來源：改編自 CCSSO（1996）、Thomson（1993）及 Evans（2011）。

任學校的執行長（Chief Executive Officer, CEO）即可？一般而言，大多數人還是相信應當由具有深厚教育背景出身且具備同一個層級學校教學及行政實務經驗之工作背景的人來擔任該層級學校的校長。本文在此利用一些篇幅針對這一點來提問，最主要的理由就是擔任校長的人在擬工作領域必須有相當充足的先備背景知

識及實際教學與工作經驗，以熟悉擬任的工作。但這一點只是最基本的要求而已。擔任校長，究竟所為何事？相當的法規提到校長的職掌時，總是用「校長綜理校務」簡單一筆帶過。這種說法，非常難以令人滿意。校長究竟要負責哪些事項？即使不是鉅細靡遺臚列出來，至少也應將一些重要工作項目列出來。Thomson（1993）將美國中小學校長的工作所需具備的知識與能力大致分成以下四大領域，共包含 21 個項目：(1)功能領域（即組織運作領域）：包括領導、訊息蒐集、問題分析、判斷、組織監督、執行、授權；(2)教育方案領域：包括教學與學習環境、課程設計、學生輔導與發展、人員（教師）發展、測量與評鑑、資源分配；(3)人際關係領域：包括激勵他人、人際敏感度、口語與非語言表達能力、書面表達能力；(4)教育脈絡領域：包括哲學觀與文化價值、法律與行政規定在學校運作之應用、政策與政治影響、公共關係。而這 21 個項目中的每一項所牽涉到的知識與能力還是非常可觀。根據美國中小學校長表示，這 21 項校長工作內容範圍非常大，每一項又都非常必要，也非常重要，要能熟練大部分的項目原本就很不容易，更何況要全盤都專精熟練。但也沒有任何校長能否認該 21 項校長必須熟練的工作項目，所反應出來的是代表著中小學校長必須具備的校務經營知識與能力。

另一方面，ISLLC（CCSSO, 1996）列出了中小學校長必須熟練的校務經營相關的知識、心向及實作表現，其中心向涉及校長的價值體系、哲學觀、專業態度，正直、廉潔、公平、公正等專業倫理，而知識與實作表現則為校長在校務經營方面的知與行的熟練程度。

如果將 Thomson（1993）及 ISLLC（CCSSO, 1996）內容中的知識與實作表現合併來看，Thomson 所揭示的四大領域的校長工作內容與 ISLLC 視為校長專業標準的內容，就知識面與實作表現面來看，可以發現知識與實作其實是一體的兩面。換句話說，知識與實作表現所蘊含的實作能力兩者是很難分得開的。其密切關聯性可以從圖 1-3 的校長專業之內涵概念圖及以下的說明中看得出來。

Thomson 及 ISLLC 兩處來源所提到的知識，指的是校長在其工作所涉及的各個面向應具備的認識與理解的程度。校務經營每一項工作所牽涉到的知識，其內容為何？為何需要該知識（亦即該知識在校務經營與領導上能發揮什麼作用）？該知識如何應用於校務經營實務之中，以轉化成校務的實際操作能力？

另外，知識的來源為何？課堂講授、相關領域的理論、文獻或研究報告，以及從實務工作中獲得的知識，這些不同來源的知識是否不可偏廢？此外，知識貴

在應用與反思（含批判反思），應用指的是將知識與實務歷程（即實作表現）連結，如此一來知識的用途才能顯現，否則堆棧的知識只是死的東西。反思指的是隨時針對知識與實務之間的關聯性提出深究式的問題（Schön, 1984）。一方面能看出知識與實務之間的關聯性，同時也能從知識及實務引發更多相關的疑問，以此來深化知識與實務行動之間的關聯性，這也是將知識活化的一種具體作法。

本文不敢斷言說知識只是靜態的東西，只是死的東西，更何況從理論及研究文獻所發現的知識，其價值未必優於實務工作者僅從實務歷程中得來的知識。兩個來源的知識其實各有其價值，兩個來源如果相輔相成，便能如虎添翼。如果再加上上述藉著反思及批判思考的歷程，讓知識與實作的連結更加緊密，以藉此活化知識，知識將能發揮更大的效用。由此看來，將知識與實作表現作為建構校長專業標準的三大基石中的兩項，其實是有很深刻的意義的。當今國內外許多校長培育班，一般而言，都較偏重知識傳播的部分，一方面缺少將知識與實作作緊密的連結，另一方面，也較疏於實作方面的磨練，導致當今不乏初任校長有「當了校長之後，才慢慢學會如何當校長」的感嘆。這個初任校長常常遭遇的問題，其實在將校長專業標準的核心內涵應用於校長培育課程設計時，就應好好留意、面對並加以處理。

二、心向

除了知識與實作表現之外，ISLLC 專業標準亦提到心向。由於心向乃思想與行動的源頭，引導著一個人的思想與行動，ISLLC 專業標準遂將知識、心向與實作表現三者作為 ISLLC 專業標準的三大核心內涵。心向指的是一個人的哲學觀、一整套價值體系，正直、廉潔、公平、公正等專業倫理、專業態度及人生觀，包括對人生（尤其是對人、事、物、生活、行動等）所抱持的一貫態度，或是在非常時期，一個人所偏愛的思維或行動的傾向，甚至也包括一個人的人格特質。哲學觀指的其實就是一個人對人生各種事事物物所持的看法與態度。不論當事人是否能明確分析或表明其哲學觀，其實他的哲學觀都是有一定結構的，是可以分析的。而價值體系則是一個人所重視或不重視（包括最在乎及最不在乎）的事情。

至於人格特質，如果暫且撇開心理學專業的觀點，而以一般通俗的眼光來看，人格特質一方面與個性有關，但除了個性之外，人格特質其實是一個非常空泛的

名詞，把一個人所有的個性、脾氣、人生觀、哲學觀、看事情及判斷事情慣常的切入角度、慣常的生活態度等，全部都包括進去了。換句話說，如果不從心理學專業的角度來看的話，人格特質其實是可以分析的。前述的這些元素，就可以視為人格特質的構成要素。

心向雖被 ISLLC（CCSSO, 1996）校長專業標準視為很重要的一環，並與知識及實作表現鼎足而三，成為校長專業標準的核心內涵，但仍有學者（Leithwood & Steinbach, 2003）強烈質疑心向太過於抽象，很難捉摸，很難具體操作化。也許有人因此質疑將心向列為校長專業標準之內涵的一部分，同時也反對將心向列為校長甄選或遴選的依據。針對此點，本文的主張是，在篩選一個校長候選人的甄選與遴選的關鍵點上，評選校長候選人的主辦單位可以多設計一些模擬實境，所牽涉到的校務經營與領導之兩難困境的重要層面，需要候選人做縝密分析與準確判斷相關問題，以用來測試出校長候選人心向的重要面向，包括價值觀、哲學觀、專業倫理、專業態度，以及人格特質傾向等。至於如何能盡量達到客觀，恐怕就有勞測驗專家費心思考。多增加評審委員，藉此降低評審時的主觀，以減低不利影響，也許是一種可行的辦法。

本文在探討校長專業的核心內涵時，為何要特別使用一些篇幅來闡述人格特質呢？這是因為有太多太多的領導者（包括學校領導者），各方面的表現都非常優秀，但在許多做決策的大大小小場合，卻有出人意表、令人費解的堅持或舉動，而所作的決策常常有超乎上級單位或一般利害關係人的期待，最後可能使得受到決策影響的利害關係人對他敬而遠之。落入這種為人處事的尷尬處境時，對於身為領導者的人要推動日常公務工作顯然是不利的，甚至有可能導致該領導者遭到撤換。但是當事人本身及眾多身旁的人可能仍然不否認當事人是很優秀的呢！顯然，優秀與適任工作與否，不見得是可以劃上等號的。而這一切的關鍵可能在於包含在心向之內的人格特質，可見心向仍有其不可忽視的重要性。

伍｜校長專業體系之建構

前一節中的圖 1-2 及 1-3 可視為校長專業內涵建構之基礎，有了此一基礎架構之後，最主要的任務就是將專業內涵的各個部分具體呈現在校長專業體系之建

構上。校長專業內涵之要項及建置專業體系需要先經過一番前置作業。具體步驟簡單敘述如下：

1. 依照臺灣之國情，並且依照國民小學、國民中學、高中及高職不同學程（層級）校長主要的工作內容，列成一覽表，並參考 Thomson（1993）等探討校長職務內涵之資源手冊，將校長主要工作內容分門別類，諮詢中央及地方教育行政單位、教育行政學者，尤其是具有豐富學校行政實務經驗的校長，進行討論修正，以確保依照校長校務工作實務所制定出來的校長工作內容簡明、精要，務實且具體可行。

2. 將中小學校長工作內容編輯整合成校長專業標準。至於是否分成國小、國中及高中職，以及是否依照ISLLC（CCSSO, 1996）及 Thomson（1993）分成知識、心向及實作表現三大部分，可再行研議。

3. 以校長專業標準作為校長專業內涵的核心，並以專業內涵為基礎，作為校長職涯之歷程中，包含校長培育、證照、甄選、儲訓、遴選、導入、績效評鑑、分級及永續專業發展的基礎，繼而以之建構出一套完整的校長專業體系。茲將校長專業之內涵，及以專業內涵為基礎的校長職涯歷程所共同構築而成的校長專業體系，表示如下頁圖 1-4。

從圖 1-4 吾人可以看出，以校長專業標準為核心，並以校長專業之手、心、腦所構成的校長專業之內涵就好比是一個軸承，而圍繞著這個軸承運轉的就是校長職涯的環狀巨輪。在整個校長職涯歷程之中，有校長培育、證照、甄選、儲訓、遴選、導入、績效評鑑、分級及永續專業發展等九個「環節」，有的環節，比如培育、甄選、儲訓、遴選、導入及分級，在性質上比較偏向階段性的目標或門檻。另外有的環節，如績效評鑑與永續專業發展，在性質上，則是比較偏向反覆性、經常性的校長專業修練作為；而校長證照在性質上則具有校長職涯全面觀照的功能，既包含了校長要跨越的各個職涯歷程的門檻，也是校長職涯其它八個環節的參照與檢核中心，因為所有八個環節都要以校長證照為基準點。校長證照所規範的事項都會涉及到八個環節的實施程序與預期目標。就某種意義而言，校長證照正如同一個發電機，所扮演的角色就是推動校長整個職涯環狀巨輪，讓此一巨輪生生不息地運轉。這是因為校長職涯此一環狀巨輪是以校長專業內涵構成的軸承為根本，承載著體現校長專業的功能，而且校長證照所規範的事項與校長職涯環狀巨輪的每個環節都有直接的關聯，因此可說承載了最大量的專業功能。

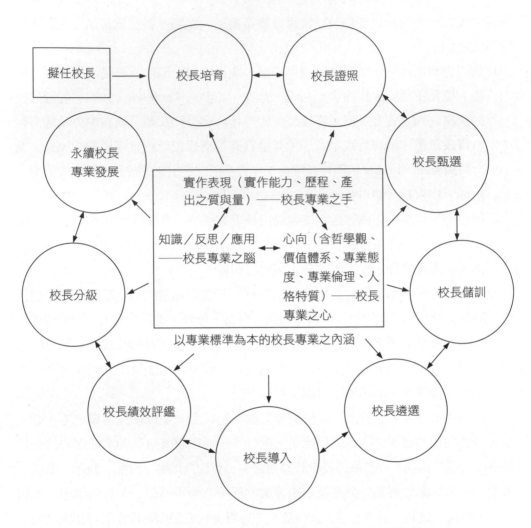

▶ 圖 1-4 校長專業之內涵及以專業體系所建構之校長職涯歷程
資料來源：改編自林文律（2005）。

　　校長專業何所似？從上述的初步敘述中，以及從圖 1-4 的圖示，吾人可以看出，校長專業的內涵與校長整個職涯歷程的九個重要部分共同構成了完整的校長專業的體系。校長專業的內涵，不論其本身是多麼地豐富、有條理、有道理，都應成為校長職涯的具體表徵，都必須要在校長職涯的每一個階段具體實踐。校長專業的內涵必須充分得到踐行，讓校長專業的精神有充分展現的機會，讓校長整個職涯都因為專業的修為而綻放出璀璨的光輝，唯有如此，校長的職涯才能得到

真正的淬鍊，而校長的職務才稱得上是專業。

圖 1-4 相當程度地呈現出校長專業的內涵與校長職涯歷程的九個部分所共同構建的完整校長專業體系。

前文已述及，從圖 1-4 可以看出，圖之正中央方形的部分代表以專業標準為本的校長專業之內涵。圍繞在校長專業內涵之四周的，則為校長職涯歷程的各個階段，從擬任校長開始，歷經校長培育、證照、甄選、儲訓、遴選、導入、績效評鑑、分級，及永續專業發展等九個職涯階段。這九個階段，如果再加上校長培育之前的擬任校長階段，看起來似乎是一個漫長的歷程，但這是就國家校長專業體制規劃的角度而言。如果就擔任校長職務本身的人來看，校長甄選也許才是校長職涯開始的真正第一階段，而校長遴選通過，就任校長職務之際，才是讓校長真正上任，開始擁有正式的校長職務。圖 1-4 所示校長遴選之後的校長導入、校長績效評鑑、校長分級、永續校長專業發展，目前可說仍然付諸闕如。也就是說，普遍而言，目前在臺灣擔任校長的人，大抵只經歷圖 1-4 所示之校長甄選、校長儲訓以及校長遴選這三個階段。其它六個校長職涯階段，校長培育並非各縣市有之，即使有的縣市有此一機制，也並非人人皆須接受不可。校長遴選之後的校長導入、校長績效評鑑、校長分級、永續校長專業發展這四項重點項目，新北市目前已由校長協會逐步推動校長導入；而教育部目前正在研擬校長績效評鑑，校長分級則遠遠落後，偶爾會聽到有人提一提，但尚未看見逐漸密集的討論以形成氣候。至於永續校長專業發展，雖然校長學學術研討會有時會有相關的論文發表，在實務界也有自發性的校長成長進修活動，但學術界與學校行政實務界兩股力量則尚未就校長永續專業發展結合起來。這點仍有賴教育行政當局努力促成。

在對於圖 1-4 以校長專業內涵作為校長職涯歷程的基礎，並由校長專業內涵與職涯歷程共同建構的校長專業體系作一些簡單的背景介紹之後，以下讓我們分項來看，以專業標準為本的校長專業之內涵，如何與校長職涯歷程的每一個階段產生關聯，並建構成一個完整的校長專業體系。

一、擬任校長

在圖 1-4 所示之第三個階段「校長甄選」階段之前的「校長培育」與「校長證照」，由於校長培育並非各縣市有之，而校長證照則尚在徵詢意見階段，因此

校長甄選階段的真正準備期應屬「擬任校長」時期。這個階段並非具體可形諸為各縣市政府所公告之正式表件的一個階段,但對於擬任校長的人(不論在教職的任何階段)卻是很實在的。簡而言之,擬任階段就是一位從事教職(尤其是身兼正式主任之職務至少滿兩年,具備報考校長資格)的正式老師很認真的思考預備踏上校長之路。在報考所服務縣市的校長甄選之前,他必須非常認真思考報考前的各項準備。有鑑於此,就整個以校長專業體系建構而成的校長職涯歷程而言,整個體制上對於潛在的校長候選人,應當把報考校長者在資歷上的一切要求載明於校長甄選的規章之中。除了現行的一些既定規定之外,本文要強調的是,為了讓校長專業體系更為完整,各縣市的校長甄選規章應該特別載明下列各項:

1. 學歷:碩士學位(含)以上。

2. 教學績效及行政績效之佐證:校長必須有「首席教師」角色的認知,在教學方面要著有績效。目前臺北市在積極推動的校長要肩負起教學視導的角色,其潛在、隱含的先決條件之一就是校長必須有輝煌、具有出色口碑的卓越教學表現資歷,而且在任職校長的整個期間,都應保有隨時更新過、鮮明、外顯、可驗證、可接受服務學校的老師檢驗的優異教學表現與能力。此一隨時拿得出手,可供教師觀摩檢驗的能力對於校長身為首席教師的角色至為重要,否則校長的教學視導只不過是借助於行政規定,照章行事而已,無法獲得教師真正的尊敬與認同。

至於教學績效的具體佐證,本文認為在校長甄選簡章必須載明報考者須曾獲得優良教師獎項至少兩項或曾擔任擬服務學校之層級(亦即小學、國中與高中分開來看)正式學科輔導員合計滿四年以上。

行政資歷則不應僅止於曾任正式主任兩年以上而已。為了符應專業之精神,宜具體規定校長候選人須曾任各處室主任至少一年以上,並且在各處室主任任內,行政績效具有優異表現。在每個處室主任之任內,至少提出一項行政績效優異的具體佐證。

二、校長培育

校長培育與校長儲訓極為類似,但為了區分校長職涯歷程的不同階段起見,本文仍分別處理。

　　校長培育目前在臺灣尚未完全普及，並非各縣市均將之明列在校長甄選簡章上，作為校長甄選時積分的重要項目。由於有些縣市的校長甄選簡章並未明列承認校長培育所修學分數及修習證明，校長培育對各該縣市有意報考校長的人幾乎完全沒有誘因作用，因此校長培育在該縣市即無法應運而生，其理至明。這一點有賴教育行政當局（尤其是教育部）在校長證照階段著力。此點容後再討論。

　　目前在鼓勵校長培育的縣市（如臺北市、桃園縣），校長培育的具體作法是由公認或自認有資格與能力、有教育行政相關研究所的大學校院向承認校長培育學分的縣市教育局提出申辦之申請，經核准即可開辦。所需學分通常為 24 學分。學程內容須經主管之縣市核定，通常都會包含教育政策、課程與教學、教育問題與議題、學校行政運作等課程，並安排外埠參觀及師傅指導等。

　　有關校長培育部分，本文在此擬特別提出兩點來討論。首先，各培育單位課程通常由教育行政系所教授及現職資深優良校長共同規劃，其內容力求精實，一方面掌握現行重大的中央與地方教育政策、教育的最新發展趨勢，與教育行政有關的學校組織運作及校務經營相關理論，並呼應臺灣當前學校現場最新的教育現況。但是整體而言，絕大部分的課程均偏向以內容為本（content-based）的課程，主要是由主講者以講授式的方法來傳遞知識給學員。這種單向式的知識傳輸與注入，缺乏雙向式的互動，長久以來一直為成人教育者所詬病，但卻一直持續存在。最主要的原因是因為傳統方式的教學已行之有年，主講者早就熟悉此種授課方式，由於方便省事，因此普遍為主講者所偏愛。而主辦培育的單位通常也是便宜行事，只要盡量將課程內容精緻化，並逐年檢討更新，然後聘請學問及口才俱佳，有良好口碑的講座來授課即可。

　　但本文強烈主張，就成人學習而言，由於成人已經具備豐富的人生體會，而且到了校長培育（及後來的校長儲訓）階段，很多課程內容其實學員們早就非常熟悉，更何況有相當高比例的學員早就具備了碩士，甚至是博士學位，因此主辦校長培育的單位應當嚴肅思考，整個培育（以及後面階段的儲訓）課程的設計，要如何帶給學員校務經營方面知識與能力的提升，更重要的是學員對於未來擔任校長，學員本身對於自我的認識，對於未來整個的人生（包含擔任校長所為何事）及自身深層的價值（包含人性的弱點、生命與潛能的極限、公正、廉潔、公平、正義），自己有怎樣的自我覺知，能堅持並捍衛對的、正確的事到達什麼程度。這些自我探索的眾多面向，恐怕不是透過講授式的授課就可以達成的。更何況，

知識從來就不是單靠單向傳輸、堆積在學習者腦中就可以發揮作用的。知識要在個人身上發酵，要與舊知識進行有機式融合，並與實務現場的工作充分交織，才能發揮作用。理論與實務互相激盪，勢必要透過單向式的知識灌輸以外的方法，透過由外而內，在每個學習個體的心中以及既有的知識與經驗體系中，進行反芻、產生激盪，而後再由內而外，從學習者所產出的作品或實務上的實作表現之中看出他的學習成效。這種由外而內，在內反芻、反思，再由內而外的整個歷程就是以歷程為本（process-based）的學習。以歷程為本的學習方法包括個案教學法、問題導向學習法、情境模擬法等。這是有關學習方法的部分。

　　在校長培育階段，另外有一點很重要，那就是師傅校長的安排方式。很多培育（或儲訓）單位通常都會邀聘一至二位資深優良的校長（不論退休與否）來擔任一個培育班（通常學員人數最適經濟規模為 25～30 位）的輔導校長（或稱師傅校長）。毫無疑問地，受聘的師傅校長都是公認的一時之選、非常績優的校長，而且其治校經驗（包括治校的一些竅門、危機處理的方式等）都很值得後輩學習，但是有一點很需要培育單位改進的地方，就是師傅校長通常都是為數兩位。由於現職校長太忙碌，因此常常邀聘退休校長來擔任，而且在短期三、五年內，通常都是由固定的一兩位退休校長來擔任師傅校長。本文主張，資深優良的退休校長，其經驗豐富而且擁有一身治校絕技，的確是寶藏，非常值得後輩校長去開採。但校長培育單位應當建立廣大的「師傅校長人才庫」，讓同一屆同一批受訓的學員透過四至五人的學員學習小組，每個小組都有機會輪流接受至少五至六位師傅校長四次以上的指導機會。而且師傅校長除了傳授治校秘訣之外，應當多多向學員拋出一些牽涉到許多法律、倫理充滿爭議性、能讓學員就正方反方、就對與錯、恰當性、合宜性、充滿模糊空間之類的問題，誘發學員激烈辯論，透過價值澄清的方式，讓學員對於一些想當然耳、習以為常的事情進行深刻的思考與反省。師傅校長不應僅止於傳授寶貴的成功經驗。師傅校長何妨拋出自己的失敗經驗，反問學員「你會怎麼辦？」，然後將學員個別及互動出來的思考歷程（背後的思維）與結果，拿來與師傅在事發當時的處理過程及問題解決的成效作一比較。此外，師傅校長應該有寬闊的胸懷，除了心中誠心接受同一位（或同一學習小組）學員應當有眾多師傅校長之外（亦即師傅校長並非唯一的），師傅也不一定要抱持著學員應該從一而終，一輩子只能有一位師傅校長的想法。本文前面已經主張，師傅校長愈多愈好。師傅校長寶貴的治校經驗以及言行舉止能夠贏得學員的尊敬，

他（她）就是學員心中一輩子的師傅校長。否則培訓班（尤其是候用校長儲訓班）始業典禮場合的拜師典禮將只不過徒具形式而已。此外，師傅校長也應當有非常開闊的心胸，除了勤於拋出問題來誘發學員的思考之外，也要勇於接受學員提出不同的見解，不要單向式地硬是把不同見解或尖銳的問題看成是對自己的一種挑戰與不敬，而對學員無法釋懷。為何本文強烈主張師傅校長不嫌多？這主要是因為師傅也是人，有優點，但同時也有弱點、有盲點、有偏執點。每一位師傅在知識、視野、思考以及切入事情的角度方面，都有其無法自我超越之處，因此身為師傅的人，看到自己的子弟兵青出於藍，只要其學習態度良好，都應該予以肯定。以上，培育單位多多為學員安排不同風格的優良校長擔任師傅校長，並且師傅校長本身抱持開闊的心胸，都是校長培育階段需特別留意的重點。

校長培育的內涵及歷程，在知識部分，主要在於汲取校務經營相關的新知，引導學員從學校行政現場發掘問題，一方面將理論與最新研究結果得來的新知識引入，同時也要引導學員重新反思並評價既有的舊知識。此外，來自理論的知識必須與實務現場充分結合，一方面將理論與研究發現應用於實務現場，另一方面則從實務現場發掘問題，並與理論及研究發現的知識作結合，這一點前面已約略述及。為達到此目的，培育階段的行政實習是非常必要的。

校長培育課程，如果以總計24學分（每一學分的時數為18小時）來看的話，行政實習學分至少應有4學分。行政實習的安排，切忌僅由實習學校安排簡報或要求實習者參閱書面資料，以及走馬看花的方式為之。行政實習的安排首重真正的體驗式學習，除了由提供實習的學校校長讓實習校長貼身觀察（shadowing）之外，更重要的是，要讓實習校長真正實習校長的職務。亦即在行政實習的期間，由實習校長擔任校長的角色，真正執行校長每一天從早到晚的任務，包括在校門口迎接家長與學生，主持升旗典禮及教師晨會，主持每週一次或臨時的行政會議並出席其它會議，接待洽公的訪客，接公務電話，模擬核閱學校公文，指導各處室工作疑難問題等。真正的校長除了出席必須親自參加的會議之外（但在取得諒解的情況下，可以請求主辦單位准許實習校長在旁觀摩），各項校務宜盡量放手讓實習校長親自處理，學習做決定，由真正的校長在第一天從旁指導。但自第二天開始的至少一校一週的實習期間，即完全放手，讓實習校長盡可能模擬擔任校長，而真正的校長仍留在學校某處（比如圖書館或其它地方）就近從旁了解，以方便有急事時，真正的校長仍可以及時出現。不過，即使學校突然有危機出現，

亦可以試著讓實習校長先行處理。等到一天結束之際，再由真正的校長（指導校長）與實習校長共同討論。當然，無論如何，實習校長只是模擬校長，以近似校長的角色來充分模擬校長的工作，以利原學校的校長來輔導實習校長。而學校校務運作的任何正式決定，仍然要由真正的校長來負責。

培育單位在安排行政實習時，同一個學校，可視方便在不同時間提供給不同學員進行行政實習，但是同一時間，宜僅有一名實習校長。

經學員服務縣市核准開辦的校長培育班，在學員順利完成所有培育課程時，由培育單位頒發給學員的校長培育班結業證書，從校長證照的角度而言，可視為「預備校長證書」。此一證書一方面可作為校長甄選之用，另一方面亦可視為校長證照的一個重要環節。

三、校長證照

校長證照指的是校長證書或執照（如同教育部所頒發給大學校院各級教師的教師證書或中小學的合格教師證）。基本上，校長證照須由國家層級（考選部或教育部）來核發，才比較有公信力，也才能適用於全國。目前各縣市自行核發的是候用校長證書，而且一般而言，該證書的效力只在該縣市才有效。猜想這是因為各縣市教育行政當局（包含校長本身）為了自我保護，不願意開放給其它縣市的校長來競爭。目前除了國立高中職之外，有些縣市立高中職願意開放其它縣市的優秀校長來參與校長遴選，這是好事。但是縣市之國民小學與國民中學校長開放流通，時程恐怕還在未定之天。但若由考選部或教育部等中央單位在時機成熟時，得以核發校長證書，或許可以加速各縣市國民中小學校長的流通，這將是值得期待的事。

就校長證照（亦即國家的校長證書）而言，校長職涯歷程之中，每一個階段都有重大關聯。這是因為由國家頒發的校長執照，理應從建立校長專業的角度出發，應該不只是由中央單位（尤其是教育部）訂定校長專業標準，而且，在取得校長證書之前，符合校長專業精神與實質具體要求的校長培育課程及實施程序（包含校長導入、師傅校長指導、行政實習）等各項規定都需要具體明白列出，以作為校長執照的核發要件。校長甄選及校長儲訓這兩部分可留給各縣市處理，但是自校長任職開始，校長績效評鑑、校長分級、及永續校長專業發展則須與校長專

業證照一併考量，以作為校長執照在效期屆滿之前，執照更新的必要條件。這就是何以本文主張校長證照取得前後的一些相關歷程，都是在規劃校長證照時要一併考量的。而且，校長執照如果要符合專業證照的精神，是需要以校長專業標準為基本準則的。如果沒有一個中心準則，整個制度難免會亂了套。此外，校長執照必須由中央單位的考選部或教育部來頒發，對各縣市才會具有公信力。這一點對於將校長職務提升到一個專業水平，而且在臺灣全面施行，將具有決定性的影響。

在規劃完整的校長證照制度之下，擬任校長在通過地方教育主管當局自行辦理或委託辦理的校長儲訓之際，由主管當局頒發的候用校長證書，應視為「校長資格證書」。俟通過校長遴選，則得以獲頒「臨時校長證書」或「試用校長證書」。接著，校長上任之後進入「初任校長導入階段」，成績及格，才得由服務縣市向中央主管單位申請正式的「校長證書」。

本文多次重申，校長證書要由國家級的考選部或教育部頒發，才比較便於在全國適用。在良好的校長證照制度之下，權責單位在核發校長證時，宜一併規範校長培育、校長績效評鑑、校長分級，與永續校長專業發展。校長培育已如前述。校長績效評鑑自校長任職滿兩年開始（可視情況包含導入階段）即可由現職校長向地方教育主管當局申請辦理。但任職校長每滿四年，至少必須接受一次校長績效評鑑。績效評鑑結果訂定等第，在「卓越」、「熟練」、「待改進」三個等級之中，至少要得到「熟練」等第。如果績效結果被評定為「待改進」，必須針對待改進事項切實提出改進，並於第二年再度接受評鑑。但「待改進」等第不應連續達到三次。如果第三次仍為「待改進」，應由主管機關暫時停止其校長職務，讓其以教師身分繼續加強其校務經營知能的修練。

校長證書應有效期，其效期為七年。屆滿六年，必須由服務縣市訂定一年年度之內的統一換證日期，經審查合格之後，向校長證書發行機關申請換證。換證前的審查條件為，在校長證書有效期間之內，消極而言，並未瀕臨或符合證照撤銷的要件；積極而言，申請人必須按照校長證照相關規定，通過校長績效評鑑，並按照規定持續接受校長專業發展。這兩項相關規定的細節，宜在各該項目之下規範。

校長證書持有人具有下列情況之一者，其校長證書應予停用或撤銷：

1. 行為不檢，有損師道者。

2. 嚴重違反正直、廉潔、公正、公平等教育或行政行為倫理守則,經查證屬實者。

3. 犯有刑事罪、被判決不得緩刑,須入監獄服刑者。

4. 嚴重廢弛職務者。

四、校長甄選

以目前臺灣教育的情勢來看,校長甄選仍是屬於地方縣市教育局的權責的成分居多。就如同本文在擬任校長階段所提到的,校長甄選不宜只強調資積,而應加重教學及行政績效的部分,並須能提供佐證。這是因為過於偏重年資與經歷等資歷的積分,以及強調甄試時的筆試與口試,並不能完全測出一個校長候選人未來擔任校長的潛能。除了這些方面以外,教學及行政工作的績效是可以進一步認識候選人實力的起點,從其中可以了解當事人是如何構思、執行,並獲得最終成效的。

五、校長儲訓

以目前各縣市的作法來看,校長儲訓通常是各縣市校長候選人通過校長甄選階段之後,為了取得候用校長資格必經的階段。目前除了臺北市、高雄市、桃園縣、苗栗縣自行辦理校長儲訓之外,其它各縣市大抵均是委託國家教育研究院代為儲訓,並由各縣市根據儲訓合格證書,頒發校長候用證書,取得候用校長資格。

其次,在為未來的校長形塑深厚堅實的專業基礎以及淬鍊校長未來整個職涯的專業修行方面,校長培育及儲訓階段的學習成效至為重要。有關校長儲訓,本文前面已提到,就學員學習的內容與實施方法而論,校長儲訓與校長培育極為類似。但其實就學員的學習心態與學習情緒來說,兩者卻大異其趣。在校長培育階段,學員通常是抱持著好奇以及熱切期待的心情面對一個尚稱遙遠的目標來上課。但是在校長儲訓階段,由於校長之職只剩校長遴選一步之遙,因此,此階段的學員,人人意氣風發,整顆心都武裝起來,預備擔任校長。雖然不至於志得意滿,但可以看出在整個儲訓階段,學員學習的心情與情緒可說激昂到最高點。

從學習時機與學習成效的角度來看,校長儲訓的主辦單位其實宜「趁勢追

擊」，充分善加利用此一良好機會，為學員設計一套最適合學員需求、最符合校長職務需求的最佳課程內容並具有最佳成效的學習方法與歷程。

本文堅定主張，校長儲訓絕對不應被主辦單位或學員視為一個必經的階段，尤其不應讓學員認為僅是獲取候用校長證書得以有資格參與校長遴選的進身之階而已。無論是對於主辦儲訓的單位或是學員而言，高昂的學習情緒與學習熱情正好是學員特別自發性地努力學習擔任校長的必備知能、宏觀的視野、修練自己的哲學觀，以及修練自己思考與解決問題的能力，並養成窮究反思習慣的絕佳機會。因此，主辦儲訓的單位應當認真思考如何讓學員在此階段的學習極大化，並能真正喚醒或誘發出學員帶得走的思考與治校能力，以備在上任校長之後仍能時常找到許多對於治校創新經營及以系統思考解決問題的靈感。本文前已述及，不論臺灣或國外常有文獻報導，而且吾人平常在與現職校長互動時也不時聽到身為校長者在任職校長之後屢屢喟嘆「我是當了校長之後，才學會當校長的！」也許這是身為校長的人實際的心得與感嘆，但校長儲訓的主辦單位應當以此句校長常見的喟嘆為戒，認真思考如何讓校長在未來的校長任職之路上受惠良多，真正為校長在未來職涯歷程的專業修行奠定穩固的基礎。

除了應該善加利用學員高昂的學習情緒以使其學習極大化之外，校長儲訓的課程內容及實施方式大抵與校長培育的方式相同。在此本文仍須重申，課程以內容導向為重及師傅校長人數偏少，讓學員無法從眾多多元風格的師傅校長中擴大收益效果。這兩項是亟需改善的缺失。

儲訓及格，由地方教育主管當局核發候用校長證書，取得參加各該縣市的校長遴選資格。從校長證照的角度來看，以及從核發「校長證書」的中央單位（教育部或考選部）的角度來看，此份候用校長證書宜定位為「校長資格證書」。正式校長證書則須俟初任校長通過校長導入階段才能正式取得。

六、校長遴選

自從 1999 年國民教育法修正通過，中小學校長由聘任制改為遴選制以來，校長的產生就變成了一個十足的政治角力場。各方勢力，包含縣市長的個人意志，地方教育局官方的立場，各個教育利害關係人，包括校長協會、校長本身、教師會、教師工會、家長協會、出缺學校的教師及家長浮動委員，各方人馬均角力甚

力。由於參與遴選並具有資格的校長，每個人都志在必得，因此參與者本身必須要接受出缺學校教師及家長團體面試，有時候黑函滿天飛。而參與遴選的校長，有的人備受禮遇，有的人卻飽受屈辱，遍體鱗傷。有許多非常優秀的校長面對這種校長遴選制度，大嘆不如歸去。多元參與式的權力分享，是民主的一種展現，但優秀校長卻因不受尊重而選擇不再參與校長遴選。這種現象，對於教育的發展而言，是福是禍，實在難以判定。

民主制度無法走回頭路，但要遴選出優秀的校長，並且把他們留在系統中，有尊嚴地當一位校長，顯然愈來愈是一種奢求。只要現行的校長遴選制度存在一天，這種情況可能仍會繼續存在著。在此制度之下，專業已經受到強烈擠壓，比較明顯的作用力，可能就在參與遴選者各方面綜合呈現的口碑，包括校長為人正派（公平、公正），學校在平穩中進步，獲有適度口碑的辦學績效。說來實在諷刺，辦學績效若太好，意謂著校長對老師要求多，參與他校遴選時，常常會不受出缺學校的歡迎，在教師浮動代表那一關很可能就過不了。不過，如果參選者受到謊言或黑函的攻擊，若無法及時澄清或有效回應的話，所帶來的殺傷力恐怕無法彌補。

總而言之，當今的校長遴選制度普遍讓身在校長位置的人難以接受、無法認同，這大概是不爭的事實。

除了政治性的干預很難避免，從專業面來看，在校長遴選階段，除必備的候用校長證書之外，應實質鼓勵遴選參選人提供校長培育證書；此份證書，在校長專業證照制度之下，宜定位為「預備校長證書」，已如前述。此外，參選人最好也能準備一份由專業鑑定機構提出的校務經驗知能與領導潛力評估報告。此一報告可透過具有公信力、但不直接負責該縣市校長培育的鑑定單位參考國外的「鑑定中心法」（或稱為評量中心法）（assessment center method）來進行包括學校組織運作、教與學及學生評量、人際關係、教育脈絡等方面之校務經營能力，甚至可包括人格特質等之評估報告。評估的方法可透過實境模擬法、角色扮演法。評估的重點在於鑑定遴選參選人的判斷力、情緒穩定性、道德與倫理及法律與人情之兩難困境問題解決方法。鑑定報告的重點為知識、能力、性格或感受力的敏銳度等方面之優勢與弱點（即待改進之處）。待改進之處可供受鑑定人自我成長或專業進修成長的重要參考。評鑑報告可由鑑定中心向當事人以簡報方式或重點說明，並提供具體建議，但亦可由校長遴選單位請鑑定中心直接提供一份評鑑報告，

以作為遴選階段參考之用。

在校長專業證照制度之下，順利通過校長遴選者，可由地方教育局頒發「臨時校長證書」或「試用校長證書」，以作為證書持有人轉進校長導入階段之用。

七、校長導入

在通過校長遴選之後，初任校長前兩年通常稱為校長導入階段。導入階段為期至少一年，至多兩年。初任校長的第一年是最需調適的階段，也是最艱困的階段。地方教育主管當局應當盡最大努力為初任校長在導入階段提供各種必要的協助與服務，其方法如下：

1. 由包含至少一位任滿五年的資深校長，一位任滿三年的校長及一位屆滿第一年的初任校長共同組成的導入小組。這種校長導入的諮詢小組其實可以多多益善，以供初任校長多加利用。平常讓初任校長隨時諮詢，必要時可由導入小組成員前往初任校長服務之學校，實際了解情況，共同交換意見，每個月並由導入小組召開一次會議，以交換導入階段的各項歷程與處理情形，尤其是校務疑難問題解決及調適方法。

2. 每個月開會之前，應由初任校長書面簡述校務經營具體困難與心得，以利開會時討論。每學期期末由導入指導小組撰寫一份導入成果報告。並於導入階段結束時，對初任校長予以總評。此份總評報告應可作為核發校長證之前的重要參考依據。順利通過導入階段者，可由地方教育局向校長證發證機關申請核發正式校長證書。一旦通過，導入階段的第一年（或前兩年）可併入校長年資計算。

八、校長績效評鑑

校長績效評鑑是目前教育部大力推動的重點施政項目之一，主要是由來已久的校長考核制度績效不彰，偏重督導機關對校長的表層印象，幾乎只要沒有黑函或重大控訴案件，就可以給予校長好的等第，因此可說流於形式。目前擬議中的校長績效評鑑，必須有一個評定績效的準則，而且必須參照受評人與評鑑人共同議定的評鑑重點事項及預計完成的期程，並由受評人提供績效作為的實際佐證。

而且績效結果的等第，必須具體指出表現優異、適當、待改進及不能通過，並具體說明給予該等第的理由，包含該改進事項的明確說明。

校長績效評鑑的結果可以與校長分級及校長專業發展緊密結合在一起，主要關鍵因素在於校長分級的設計，績效的比重應當遠高於年資，校長分級才有意義。而績效評鑑結果所顯示出來校務經營成果較弱或校長辦學比較使不上力之處，很可能正是校長專業發展可以著力之處。

九、校長分級

前述所提到的校長績效評鑑，如果評定的等第是「卓越」、「熟練」、「待改進」等這種等第評定制，再加上所打的等第又有具體明確的佐證的話，這種等第其實就可以用來作為校長分級及校長專業發展的主要依據。就校長分級來說，臺灣其實可以參考不同國家的作法，依據臺灣的國情，將校長分成初任校長（校長年資三年以內）、中堅校長（年資滿三年至滿八年）、資深校長（年資滿八年以上），每一種年資級距的校長，自校長任滿兩年開始，都可以申請校長績效評鑑，至多每兩年可申請一次。校長績效評定為「卓越」累計達到兩次以上的校長，就可以加上「績優」的榮譽字眼，比如「績優初任校長」、「績優中堅校長」等，由教育局頒發榮譽證書。如果經費許可，也可以考慮每次得到績優榮譽時，給予榮譽獎金。得過「卓越」等第累計達三次以上的校長，得具備擔任師傅校長的資格。而且如果校長能榮獲教育部頒發師傅校長資格證書的話，也是一種值得珍視的榮譽。

十、永續校長專業發展

首先，校長專業發展應該是永續的。只要身為校長的人任職校長一天，就應該由教育部訂定相關規定追求校長專業成長。其次，校長專業發展應當多元。到大專院校進修單位修課、參加與校務經營相關的研討會，尤其是課程與教學、學生學習及各類學生輔導的活動，都應視為校長成長活動。校長成長活動並不必然要跟教師成長活動做出區隔，因為身為教育經營者，校長有必要了解課程與教學、學生學習困難等最新趨勢及教師時常必須要面對的問題，以便校長能有效協助老

師。

有關校長專業成長的著力點，本文主張校長績效評鑑的結果，尤其是針對該改進之處，校長應有計畫地加強，而且要與專業發展協調人（或稱為指導者）共同訂定專業發展計畫，訂出期程，切實按時完成專業發展目標。

除了用校長績效評等第（包含績效的具體明確說明）以作為校長專業發展的主要依據之外，亦可由一位學者與一至二位資深校長（合計 2～3 人）組成專業發展指導小組，由現職校長申請專業發展需求評估，或自行就自己覺得較弱或特別想加強之處，提出專業發展診斷需求，並由專業發展指導小組提供具體建議，協助安排專業發展活動。當然，設有教育或企業管理系所的大專校院或校長協會等機構，亦可定期或不定期針對一般中小學校長有強烈需求的項目，在上班日、周末或假期開辦專業發展活動，一方面為校長提供多元專業發展機會，另一方面亦可針對校長的需求提供專業發展。在此必須強調一點，並非任何學習都適宜稱為專業發展活動；只有與學習者工作密切且直接相關的學習成長活動，才可稱為專業發展活動。

此外，校長本身也可以尋找校長同儕（不限於同一層級學校的校長）共同擬訂或自訂自己的校務改進計畫，並按照計畫實施。這種作法也是非常好的校長專業成長方式。總之，只要能時時追求校務改進，時時精進自己的校務經營能力，就是校長專業發展的具體展現。

綜觀以上校長專業體系所涵蓋的各個校長職涯歷程，本文上一節以校長專業標準為核心的校長專業之內涵可以作為校長職涯歷程每一個階段的根據，並作為每個階段規畫實施細節的上位參考架構。惟有如此，校長專業體系才得以建立。

陸 | 綜合討論

從以上各節的討論可以看出，專業本身涉及專業領域人士對於該領域的特殊專門知識、能力、專業倫理等面向。他們表現出來的專業成果以及其所能為社會大眾提供的專屬於該領域的知識、能力以及專業成果之展現，能讓他獲得一般社會大眾的信賴，這是專業的價值所在。

Evans（2011）的教師專業對校長專業提供了非常寶貴的啟示，而且既有的美

國及其它國家的校長專業標準及美國 Thomson（1993）所彙整的校長必須熟習的校務經營內容，正好可構成校長專業的內涵。如果臺灣能夠發展出一套適合本土國情的校長專業標準，並從而建構出一套完整的校長專業體系，這將是值得期待的一件大事。

有關第二節所提到的組織專業及行業專業的區分，其主要癥結點在於權威及自主性的展現。以臺灣的國情而論，臺灣的教育界，尤其是校長，一向比較願意配合上級單位的規劃與指示來行事。由教育部及地方教育局等教育行政主管單位來訂定各種辦法，比如由教育部訂定校長證照、校長績效評鑑、校長分級、校長永續專業發展等方面的要點，並由地方教育局訂定校長專業體系的其它部分，以及校長專業建構相關的配套措施，校長的接受度應該會相當高。但是如果將以上這些方面交由校長協會自行處理，亦即讓校長擁有充分的自主性，藉此突顯行業專業，也許時間會耗費相當多，很可能緩不濟急。這是因為絕大多數的校長均以校務為重，很難抽出額外的心力與時間來忙碌這些事，尤其是初期整體性、完整性的規畫方面。倒是由教育主管當局研擬出具體的辦法與實施要點之際，以及其後的實施過程中，校長所提供的回饋必定彌足珍貴。以此而論，組織專業（亦即由組織來掌控事情的發展與執行）未必不是好事。

有關校長專業體系的建構方面，有兩點值得留意。其一為學習內容與講座（可能也包含輔導校長）可能重複的問題。以目前情況而論，至少臺北市及桃園縣都各自辦理校長培育班及校長儲訓。雖然在臺北市校長培育及校長儲訓辦理的單位不一樣，但同樣都在臺北市內，課程與師資（甚至包括師傅校長）有可能雷同或是局部重疊，這一點可能有待培育與儲訓兩個辦理單位事前互相協調，盡量做出一些區隔。當然，參加培育班者未必人人都能通過校長甄選，進入儲訓班。至少，辦理儲訓班的單位可能需要特別留意此點。

其次就是有關師傅校長部分。從本文的探討看來，校長培育、校長儲訓及校長導入這三個階段，師傅校長的角色對學員非常重要，也非常關鍵。甚至在校長績效評鑑及永續校長專業發展這兩個階段，評量者或指導者其實也是相當程度地扮演了師傅的角色。由於師傅是指導者，是治校「秘訣」的傳授者，他（她）是否願意百分之百傾囊相授，其實牽涉到師傅（或稱業師、良師）（mentor）與受業者（門徒）（protege）之間微妙的互動關係（Daresh, 2001; Daresh & Playko, 1991）。終究，人與人之間的互動是很敏銳的，很難以捉摸的。本文前面雖然提

到師傅不嫌多、多多益善,主要是著眼於人人各自有其尚方寶劍,因此要多多拜師,但是師傅收徒弟,由徒弟行拜師禮,並不表示師傅就自然而然會傾囊相授。主辦單位在安排師傅與徒弟之間的匹配時,除了考量師傅的校長年資、校長服務的資歷背景、治校風格,甚至彼此年齡與性別適切性與否之外,其實最主要的是徒弟要有比師傅更加敏銳的覺察力,了解如何與師傅互動,發展出一種人與人之間非常寶貴的信賴關係,這樣師徒之間互動比較會有成效(Daresh, 2001)。中華文化之中所講的人與人之間的「緣份」,是有非常深刻且多面向的意義的。但是人與人之間信賴關係的經營,其實也可以為「緣份」注入新解。師徒之間是否能自然而然發展出一種信賴關係,對於身為徒弟者可能格外重要。這是主辦單位在安排師徒匹配時,以及對於徒弟身分的人來說,都是不可忽略的細節。

柒 | 校長專業建構向前行(代結語)

後現代的特徵之一就是「要怎麼樣都可以」,而訂定專業標準正是後現代論者極力反對之事(English, 2003)。但是這個世界的運作不可能事事都是「要怎麼樣都可以」。專業標準至少可以幫助人們有一個共同認可的參考架構,可以用同樣一套準則來檢驗每一個人所作所為是否從一開始,一直到完成的階段,都能有一個評斷的依據,這也是監控一項專業工作歷程及成果品質的一種好方法。

臺灣的教育,尤其是對校長在知識、能力、辦學思想的方向以及辦學成效方面,人們的期望愈來愈高。校長專業體系的建構或許是當今講究績效責任的時代可以嘗試的一條途徑。

📁 **林文律小檔案**

1977 年起在大學任教,專長為英語教學,後來又發展教育行政為第二專長。主要興趣在教育領導、領導發展與校長學。過去二十餘年來,致力於臺灣本土校長學推廣與校長專業之建構。2012 年 10 月因健康因素自國立臺北教育大學退休。

References 參考文獻

中｜文｜部｜分

林文律（2005）。校長職務與校長專業化的一些思考。**2005 年教育政策與行政學術團體聯合年會**。臺北市：國立政治大學教育行政與政策研究所主辦，2005 年 12 月。

楊湘鈞、陳智華（2012 年 10 月 12 日）。**教師法修正草案通過：中小學教師納評鑑　一直沒過就解聘**。取自 http://mag.udn.com/mag/campus/storypage.jsp? f_ART_ID=417884

英｜文｜部｜分

Council of Chief State School Officers (1996). *Interstate School Leaders Licensure Consortium:* Washington, DC: Council of Chief State School Officers.

Daresh, J. C. (2001). *Leaders helping leaders: A practical guide to administrative mentoring* (2nd ed.). Thousand Oaks, CA: Corwin Press.

Daresh, J. C., & Playko, M. A. (1991). *Professional development of school administrators: Preservice, induction, & inservice applications.* Boston, MA: Allyn & Bacon.

English, F. W. (2003). *The postmodern challenge to the theory and practice of educational administration.* Springfield, IL: Charles C Thomas Pub.

Evans, L. (2011). The 'shape' of teacher professionalism in England: Professional standards, performance management and the changes proposed in the 2010 White Paper. *British Educational Research Journal, 37*(5), 851-870.

Evetts, J. (2009). The management of professionalism. In S. Gewirtz, P. Mahony, I. Hextall & A. Cribb (Eds.), *Changing teacher professionalism: International trends, challenges and ways forward.* New York, NY: Routledge.

Gewirtz, S., Mahony, P., Hextall, I., & Cribb, A. (2009). Policy, professionalism and practice. In S. Gewirtz, P. Mahony, I. Hextall & A. Cribb (Eds.), *Changing teacher professionalism: International trends, challenges and ways forward.* New York, NY: Routledge.

Leithwood, K., & Steinbach, R. (2003). Toward a second generation of school leadership standards. In P. Hallinger (Ed.), *Reshaping the landscape of school leadership development: A global perspective.* The Netherlands: Swets & Zeitlinger.

Schön, D. A. (1984). *The reflective practitioner: How professionals think in action.* New York, NY: Basic Books.

Thomson, S. (Ed.) (1993). *Principals for our changing schools: The knowledge and skill base.* Lancaster, PA: Technomic.

2 新時代校長學的哲學論述

溫明麗（華梵大學前副校長）

> 孫子曰：兵者，國之大事，死生之地，存亡之道，不可不察也。故經之以五事，較之以計而索其情：一曰道，二曰天，三曰地，四曰將，五曰法……凡此五者，將莫不聞。知之者勝，不知者不勝。
>
> ——《孫子兵法》

壹｜前言

　　校長學是否為一門科學？此問題不同於教育學是否為一門科學的問題。探討教育學是否為一門科學，必須考慮教育學本身研究的方法和其所關切的議題是否符合獨立成為一門科學系統的條件。然而，校長學不在於探究「學科或學門」本身是否具有科學體系或符合科學條件——包括方法的一貫性、研究成果的可預期性和推論性，以及研究者的價值中立性等科學條件。相對的，校長學雖能稱為一門學科，一種知識類型，一種行政體系，或一種政策或行動，但並非屬於一個領域的學門，因為，校長學的內涵不同於哲學、教育學、心理學或社會學等人文學科或精神科學，只是一門探討校長角色定位、功能、類型和實質工作內涵等的學科。本文基於此觀點，從哲學的角度探討校長學的內涵，並試圖為其功能的發揮找出理論依據，俾充實校長學的理論與內涵，也提供校長培訓課程設計之參考。

　　析言之，本文之校長學的哲學探討必須思考下列問題：(1)學校何以需要校長？(2)持有不同教育價值觀的校長，是否會影響學校功能的達成？(3)不同的學校

是否需要不同的校長？或對於不同的學校，校長必須使用不同的管理與經營策略？
(4)校長在學校運作中的定位為何？是教師的典範（教學領導者）？抑或為講求績
效的經營者？抑或是學校經營方針的決策者？校長所需扮演的不同角色是否也意
味著其所需承擔的責任和可能產生的影響層面有所不同？上述議題也指出，校長
除了有其固定或法定的任務或功能外，也會因其對學校所抱持的教育觀點不同，
而有不同的學校運作歷程，當然也可能因此產生不同的營運結果。綜言之，上述
問題可以歸納為三大層面：第一，校長的角色和功能為何？此涉及校長對於一個
學校的作為和其影響力（經營和領導）；第二，校長如何定位自己的角色？此涵
蓋校長的自我認同與角色認同（自我認同和社會化）；第三，校長該如何因應時
代的變遷，而讓校長的角色生生不息（校長的價值體系）？此表示，校長管理與
領導的行為舉止恐難有一個亙古不變的律則可以遵循，校長應隨著時空和人事及
組織的變革而有所更迭，此即校長應具備的應變能力。此方面的知能在校長培訓
的不同時期也大都涉獵（林明地，2008；陳木金，2009），只是尚未建立理論的
論述，而上述議題均屬於校長學之哲學的本體論與價值觀的問題。

　　為論述上述問題，本文採取辯證方法，藉由現代主義和後現代主義哲學的對
立思維切入，從知識論、價值論與形上學分別探求現代主義和後現代主義衝擊下
校長角色的本質與內涵，期能確立 21 世紀校長學的內涵和校長之應作應為，俾提
供中小學校長在領導與經營學校的參照，或作為省思之假想性的對話對象。

　　如上所述，校長學的本質和內涵只是一門探討校長角色的定位、功能、類型
和實質工作內涵等的學科，若依據前言中所提的思考面向，則校長學乃研究校長
經營或管理的方法和績效、領導行為、風格和影響力、校長之自我期許和其對所
處環境之價值判斷與價值認定的一門學科。

　　就哲學的範疇言之，校長學的本質不但包含知識論、價值論，也涵蓋形而上
學的層面：知識論所涉及的就是學校的經營和管理，人員的領導與組織文化的建
構，以及資源的運用和創造，屬於校長對於教育理論、教學、領導、經營等各理
論與實務的整合性概念的掌握。此方面與校長的教育專業背景和對其服務經驗累
積的智慧有關，也可稱為校長學的「背景知識」，亦是形構校長經營與管理信念
之所由據，故亦應是校長培訓課程中必須為領導者規劃的內容。

　　價值論所涵蓋的層面，則在經營與領導所依據的倫理守則，此倫理守則可分

為外顯與內隱兩者：外顯性倫理守則涵蓋法令律則、風情民俗、文化慣例等明確規定或約定俗成的價值體系，至於內隱性的倫理守則，則指深藏於校長個人意識與下意識的價值判斷，此意識與下意識的作用猶如 Sigmund Freud（1856-1939）所提之「本我」、「自我」、「超我」的作用一樣，雖未彰顯於外，卻是掌控外在行為與價值判斷的幕後藏鏡者（Freud, quoted from Gay, 1989: 11-36）。內隱的價值觀和外顯的倫理守則之間的關係，將隨著校長處理問題的前因後果，不斷的產生一種 Jean Piaget（1896-1980）所說的認知平衡的調和（Piaget, 1974）。舉例言之，校長處理其學校教師與家長溝通不良所導致的家長要求學生轉班或要求學校更換班級教師的問題之後，校長原來認為，個性溫柔的資深優良教師應該不會和家長產生衝突的「內隱」價值觀，卻因為此事件正發生在一位個性溫柔、教學認真的教師身上，遂改變了校長對教師進行「個別談話」的「外顯行為」。易言之，在事件未發生前，校長的價值觀中雖已存在教師可能和家長產生價值衝突的信念，但是，校長認為，教師之所以和家長產生衝突，乃因為教師過於維護自己的專業或自尊，且對自己較缺乏信心，加上教師的教學讓家長感到不滿等教師本身的問題所致，因此，校長在學校經營中大多會針對教師進行此方面的耳提面命，甚至對新手教師進行個別談話。然而此事件發生之後，校長的內隱價值觀便從「應提升教師的溝通能力和專業素養」，轉為「不但教師需要成長，家長更需要教育」的內隱價值觀；至於外顯行為，亦從要求「新手」教師專業進修，「所有教師均需要終身學習」及「提供家長成長的學習或再教育的活動」。

　　至於校長學之形上學論述則可分為微觀和鉅觀兩個面向：微觀面特別指校長個人潛意識中難以從理性去進行分析，也不易自我覺察的部分，此方面與校長深層的人格特質有所關聯；鉅觀面則指校長的角色在整個社會、文化，甚至宇宙間形成混沌而難有定論或存在爭議的部分。例如，校長是否需要成為學校的靈魂或精神指標？校長的經營或領導是否有一定的、絕對的標準或模式？校長應該具備哪種特質才適合擔任？這些都不是只透過抽絲剝繭的理性思維方式就可以獲得普遍法則者，更甚者，縱令經過長時間的論辯，也可能仍存在「公說公有理，婆說婆有理」的現象，此即屬於校長學之形上學的議題。因為校長學存在此形而上層面，故行政主管單位應該留給校長自我發揮和創造的空間，尤其行政主管單位在追求績效或建立制度之際，更需思考此等形上學的爭論應無法絕對化的現實，故也應提供校長更多元、彈性的揮灑空間。同理，校長學的培育內容與歷程中，需

要讓校長意識到學校的經營都會有此層面，因此，不能不關注民主、自主的精神，更應強調誠正、信實、謙卑和感恩的面向（Saito, 2011: 100）。如此，也才不會因為校長的職位、角色、法令或權力遭到濫用或誤用，而淪為追求經營績效的工具，乃至於形成獨裁或宰制的校園或教育文化，並喪失人之所以為人的人味兒，進而扭曲學校教育的本質。

綜上所述，校長學的本質與內涵之哲學探討亦應從知識論、價值論和形上學加以闡述，再融合此三方面所論述之校長學的本質與內涵，為校長學點出校長對學校之領導與經營應具備的專業知識、專業守則、應有之行為、理念與信念，以及校長應該自我覺知、自我反思和自我實現之道，此即可作為培育校長課程設計之參照。

本文首先闡明校長學知識論的本質與內涵；其次，分析和反省校長學價值論的本質與內涵；最後，從形上學的觀點，依據領導與管理的理論發展，詮釋與批判校長學內涵和本質後設觀點的變遷，並為當代校長學的本質、精神和內涵，提出一個融合現代與後現代主義的辯證觀，期能對校長培育課程設計或校長的終身學習提供參考。

貳｜校長學本質與內涵的知識論探析

所謂「知識論」乃探討何為真知？以何種方法獲取真知？以及探討認識和判斷真知判準的依據之學。就此定義而言，校長學的知識論所涵蓋的議題主要指校長經營學校的專業知能，包括學校願景如何確立？如何確知該願景是「正確的」或至少是「適切的」？對何人而言適切？其判斷的依據為何？該用哪些策略和方法來建立和落實學校的願景？所採取的決策或策略是否有效、適切？若上述的認定可以被接受，則校長學的具體本質在於透過校長的判斷和決策，建立與落實學校的願景，易言之，即為學校願景的確立和落實；至於其內涵，則包括建構學校願景的依據和形式，檢證學校願景內涵之適切性的機制和組織運作，有效達成願景的策略與具體作法等，故就知識論言之，校長學的內涵包括政策的決定、組織氣氛的營建、組織運作的績效與品質、組織成員的良善與有效溝通等（Hoyle & Wallace, 2005: 113）。校長學除了涉及校長自我行為與內在修為，以及專業知能

外，主要的任務是校長領導與經營學校的信念、理念和行動，以及形塑該理念與落實其價值觀或信念過程的決策、行政運作、組織成員的人力統合和潛能發揮（Katz & Kahn, 1978）等。

在上述前提下，校長學的內容至少需要涵蓋：(1)培養擬成為教育領袖者具備宏觀的視野和開放的心胸；(2)需要校長們或未來的校長們都能夠做到自我反省、自我學習及終身學習。能如此，校長方能對是非良窳有精確的認識與判斷，而且，校長必須明確掌握優質的定義和內涵，學校組織成員才會有規可循，也方可能建構優質的校園。簡言之，校長學的實質內涵一則關係校長對於「優質」的認知和判斷；另一方面也與校長是否獨具「慧眼」，且能精確決策、未雨綢繆、應對有方有關。具體言之，若校長具有高瞻遠矚的前瞻性眼光，則其對周遭環境的掌握，對世界潮流的敏感度，以及對人類心靈和社會脈動的了解，均不至於以管窺天，對於何為優質也會有更謙卑的看法，並能不斷精進，這樣的校長也較不至於孤芳自賞，或在領導上因為行事風格或價值觀無法包容異己，而產生孤掌難鳴或曲高和寡的現象；在作法上也會相對的比較開放、比較具有彈性，因為其思路比較多元，故不易陷入僵化的牢籠中，也會對不同的觀點有更大的包容力。

此處所提及的「優質」並未存在固定的規準和內涵。因為學校的優質如何認定？該由誰來認定？優質的依據為何？該依據是否具絕對性或普遍性？抑或可隨時空脈絡有所更迭？均屬於校長學知識論探討的範疇，因為此均與校長對該事件認知的背景知能與經驗有關。故從知識論的優質觀點言之，校長學也應培養校長具備確立、檢證訊息，廣納多方言論，隨時進修以提升優質素質的知能，並豐富其內涵。學校經營的具體成效與校長對人力和物力資源的善用，組織文化的再造，以及創造更多資源等息息相關。簡言之，校長必須具有帶動學校組織成員共同致力於確立組織的願景，提升績效，並掌握邁向優質和達成優質目標的能力。若將學校比喻為一艘船，則校長須兼具船長和舵手的角色，因為校長肩負確立方向、處理問題、應變有方等領導與經營的任務。

為了確立學校願景和制定經營目標，校長必須透過各種方式，制定被組織成員認可，並可執行的優質指標或判準，俾讓組織成員有規可循，也樂於奉獻和服務，否則一所學校的願景無法被組織認同，將宛如一艘沒有方向的船一樣，縱令船隻再好，船員再優秀，均將難以抵達目的地。至於落實學校願景所需制定的判準或指標，端賴校長專業素養的多寡，及其對優質所抱持態度的堅定程度而定。

　　舉例言之，若校長心目中的優質只建立於其個人成長經驗或理性推演的結果，則此優質可能不易獲得學校師生、家長或社會大眾的認同，除非校長個人的經驗與大多數人相類似，但此等情況不太多；一旦校長從個人理性或經驗出發所訂定的願景，又不幸未獲得學校師生和家長及社區的認同，則顯示校長個人的獨斷及其權力的傲慢，甚至是無知；最後，若校長還是一意孤行，僅依賴校長的法理權威強行推動，卻未能放下身段傾聽利害相關人的聲音，也不積極進行理念的溝通和作法的協調，則學校極可能上演一齣鬧劇或獨腳戲，則組織的經營管理績效與領導品質均堪慮（Rogers, 2002: 21）。筆者也認為，此結果演變的結局可能是獨腳戲尚未閉幕，校長就可能因為來自各方的壓力和指責而先行「謝幕」。同理，獨斷式或霸權式的校長經營或領導方式，在民主運作的臺灣勢必難以成就學校具有大家庭的和諧互助和團隊合作的氣氛，而學校也難以成為社區文化傳承和交流中心，學校若欲發揮帶動社區學習型組織之功能也將難以落實。

　　此等組織成員對學校具有強烈疏離感的組織文化，組織成員對校長不是視若無睹，就是敢怒而不敢言，或陽奉陰違，以對策敷衍政策。長此以往，學校的組織文化不但充滿「紅海」的血腥，還可能因為未能凝聚共識而相互破壞（Rogers, 2002: 103）。如此一來，此等學校不僅無法提供教師專業成長的沃土，更可能影響學生學習的氣氛。嚴重者，師生之自我實現與教和學的意義感將會隨著歲月而逐漸消失殆盡，取而代之的則是疏離、冷漠、乏人味兒的學校文化。如此的學校，同仁之間不但情誼不再，彼此缺乏互信，個個離心離德，民主的自由可能成為自我中心或自我利益維護的「藉口」。屆時，學校中非正式組織的「力量」可能因此凌駕正式組織之上，學校組織中的小團體可能無數多，但每個小團體之間卻無法同心協力，也沒有互助合作的心向（mindset），更別期盼學校能在校長的領導下發揮團隊合作，組織同仁間其利斷金的整體力量將難以在此等分崩離析的學校發揮作用。

　　反之，若校長心中雖然因為囿於個人專業、經驗與職位，存在個人所認定的優質定義、條件和達成優質的策略，但也因為校長見多識廣，故能對各種意見抱持傾聽、謙卑、請益的開放之心，並經常自我省思專業信念的是否障蔽，更能隨時精進，進而能廣邀學校同仁和社區民眾，乃至於學生，共同來檢證、論述，或與校長提出的優質內涵進行對話，如此一來，校長理念的不合理處即有機會修正，也使學校利害關係人均有機會參與並共同承擔學校優質化的責任，此即所稱的「投

入式參與」（engaged participation）（Frey, 2011: xi），此等投入式的參與比起互動式的參與（interactive participation）更容易讓學校社群認同領導者或組織的願景和目標，如此，學校欲追求的優質或卓越，將不再只是校長個人的事，而與學校整體的組織成員均有密切關係，每個人也在組織願景達成過程中承擔部分責任，當然也可享有達成目標後的自我實現與生命意義感。這個歷程與結果就是一種理性與關愛融合之組織文化的營造。無疑的，校長的領導也會因此受到更大的肯定和認同，其領導策略和效能也得以與其經營理念與其對學校成就之抱負水準相呼應。學校亦將因此呈顯和諧共生的組織氛圍，校務也必然會因為組織成員與利害相關人體現「我們是一家人」（we are family）的校園文化而蒸蒸日上。

　　如上所述，校長對優質的觀點和其形塑優質的歷程，牽動他個人的領導風格，影響到組織成員對優質內涵的肯定與認同，也決定校長對學校經營的決策、措施及領導成效。因此，從校長如何建立優質學校判準的思維方式和行政經營與領導歷程中，我們亦可了解校長的教育經營理念、領導風格和領導行為，乃至於亦可藉此詮釋學校組織文化特色的後設影響因素，並可預期該組織可能達成的績效。

　　然而學校願景是否由校長自己認定？抑或由學校同仁共同認定？何者為優？何者為劣？並非僅從知識論觀點即可完全論斷，而且此也不是校長學全部的內涵。因為，校長學欲探討的內容除了校長的專業知能及受其影響的學校經營和領導績效外，校長對於學校願景所抱持的理念和態度，更是校長學探討校長辦學理念和價值體系不可或缺的一環；再者，若能更深入的從校長經營和領導的過程中，理解與詮釋校長決策與行為背後的信念與價值觀形成的歷程，則將能更深切的釐清校長設定學校願景的形成歷程，也可以依此檢視校長心目中的學校理想願景與其個人價值觀之間的關係，故亦有助於誘發校長隨時反省願景與事實之間的落差，並掌握兩者產生落差的原因，亦方能有效地解決落差對學校辦學績效的問題。真確的說，校長對學校的經營和領導之學均屬於校長學的內涵，但對該內涵理解的深淺程度，則因為研究方法止於理性分析，或基於觀察描述，或更深入的從現象學和詮釋學進行背景和思想脈絡的釐清而有不同。此乃校長學研究在方法上可以多加著墨處，也是臺灣發展或研究校長學的重點之一。

　　復以組織理論言之，Scott（1998）將組織理論分為理性系統、自然系統和開放系統三種。現代與後現代思維的特質亦可以相對應於此三種系統。Scott 所稱的理性系統，指的是如 Frederick W. Taylor（1856-1915）的科學管理（Taylor,

1911）、Max Weber（1864-1920）的科層體制（Weber, 1946）、Herbert A. Simon
（1916-2001）的管理行為（Simon, 1976）等，即為了達成目的所設計的一套客
觀、具體、明確和穩定的標準與系統。此系統立基於數學式計算邏輯思維之可推
論、可預測、可檢證、可回溯之「量化」與「標準流程」的科學方法，此等科學
方法有助於瓦解領導者走入自我專斷的「非科學性」權力操弄。但是，一旦科學
方法所管理的對象和範圍，從產品、組織結構，再轉回到人身上時，此理性系統
勢必視人為另一種產品、制度或結構，故人也將被納入此等管理體系下，無法擺
脫此等科學所強調的標準化、行為化和可操作性的要求，此時學校的經營與領導
將會落入「目的—手段」緊密連結的工具理性窠臼中，然而領導者若「信奉」此
等理念，則此等工具理性的價值將成為組織存在唯一的價值。

　　此等透顯工具理性「X」理論的特質，其合理性判準卻僅以工具理性的績效
為依歸，人存在的意義與價值將被組織的績效所吞沒。易言之，在此等工具理性
體系下判斷領導或經營本質是否合理，及領導者所領導的組織是否優質的唯一判
準就是績效。就此等理性而言，無論個人或社群都應致力於使學校的優質願景符
合社會的高期待，而且達成願景的方法和策略均必須以具有高實用和績效達成為
最高準則。

　　臺灣教育的升學主義現象就是這種科學工具理性最鮮明的例證。在此等理性
的思維下，「能抓老鼠的就被認定為好貓」，而不會去關心貓如何抓到老鼠，更
不會想去了解貓過度抓老鼠之後可能產生的生態或食物鏈危機，以及貓與貓之間
彼此惡性競爭產生的叢林法則現象。就此等科學工具理性系統論之，無論對學校
優質與否的論斷，或對校長經營和領導良窳的評價，也都是以形式上的組織結
構[1]、系統運作的標準化程度、和組織的生產量為依據。因此，Bennis（1959）和
Boguslaw（1965）均指出，此等體系是一種新的烏托邦，而其所關注的也不是人
本身存在的意義和價值，然而此等體系易於看到暫時性績效，已然淪為「非人」
的行政組織和管理模式，卻又因為領導者擁有「絕對的權威」而持續存在，可謂
根深柢固。

　　析言之，上述之科學工具理性系統偏向於現代主義的思維；後現代主義則相
對應於開放系統；至於強調生存需求與動機的自然體系，則可以作為現代邁入後

1　此「形式上的組織結構」指該組織結構已經被某種既定的「標準」所範限，並認定該標準方為唯
　一的判準卻不必提出論述或論證之謂，故是一種既存「權力」的表徵。

現代的橋接思維。此觀點亦相對應於現代與後現代在時間上的先後次序，而且也隱含著現代與後現代並非截然二分，即思維的發展並非現代性走到盡頭之後，後現代方承繼而起，而是一種現代與後現代不斷辯證發展的關係。

無庸置疑的，學校是人的組合，教育是人的活動，因此，若學校教育的經營完全依賴科學工具理性體系，則學校所教育（生產）出來的「產品」，將不具有人味兒，也欠缺人文性。如此一來，縱令校長將學校經營得再好，充其量也只是視學生為產品，視教師為廠長，視學校為供貨的商店或工廠，如此的學校運作已經和教育啟蒙人類理性、圓熟人類情性和智慧的終極關懷相去甚遠，甚至背道而馳。唯此類學校的經營方式在臺灣的社會仍不少見。更甚者，似乎無論政府對於考試採取何種態度，或提出何種相對應的改革措施，總難擺脫學生、家長，乃至於學校以「明星」或「排名」論英雄的迷思。

在此迷思之下，校長與學校教師均必須汲汲營營、無所不用其極地囊括成績高的所謂「好學生」，至於學校的經營與領導，則均為了成就將此「好材料」再製造成「好產品」，以贏得被社會稱頌之辦學績優的傲人目標。在此過程中，校長既不顧學生的興趣和需求，也不體會師生之間的疏離、無奈、冷漠、甚至怒吼的抗拒聲，校長對學校領導與經營的認識仍堅持工具理性的思維模式，至於符合真正教育本質的理想或教育信念，充其量只是其心中深沉卻不敢彰顯的烙印，故很難在現實的教育與社會氛圍中呈現出來，更甭說是落實了。除非社會對於績效目標的迷思有所頓悟而改變，否則，絕大多數的校長將逐漸從理想回歸到現實，從教育本質落入工具理性的窠臼。

試想，生活在此等充滿工具理性，又缺乏人性的學校中，師生如何能展現其生命獨特的活力和創意，如何能培養學生關懷他人的情操；更甚者，師生心中除了知道如何考第一名或登上第一志願外，對於生命的意義、價值和目標都將被視為事不關己。此等現象絕非教育的宗旨。身為學校領導者的一校之長，難道可以自限於此等理性的牢籠而不自覺？或明知錯誤卻不敢勇於導正社會價值的錯誤？就此言之，校長學亦應啟蒙校長們可能僵化的工具理性思維，並促使校長透過自省和自我批判，意識到人性的尊嚴和生命的多元和活力，更應該強化校長承擔帶動社會進步的勇氣和專業倫理，如此方是教育之福。當然筆者如此建議，並不表示校長就必須完全放棄工具理性的功能，重點在於，校長必須能夠自己判斷何時、對何事需要講求績效，而何事、何時又必須以人性和人文性為最高決策守則。總

之，校長對於工具理性只要能做到「役之，而不使役之」，即可謂為善用之矣。

綜上所述，一位領導者除了必須認知該組織的願景外，也需要掌握該組織的體系和人與環境間複雜而多變的結構和各種不同的關係。質言之，人與環境之間並非僵化不變的結構，也不是靜態無可變通的形式，而具有動態的、具生命脈動、彼此互動的流動性特性，尤其學校教育更需要彰顯人與人之間生命的交融和文化的傳承，故理性雖不可或缺，但卻不可讓理性凌駕其上，進而工具化、制度化、績效化人性或人際關係；相反的，人必須彰顯自我的主體性，需要駕馭工具、建構制度、制定法令，以成就績效，並透過在成就績效歷程中的積極參與（engage-ment）和投入（commitment），進而琢磨出生命的意義，展現生命的光輝，如此才是展現人的理性、自主和尊嚴，也才是 21 世紀引領先鋒的校長學所應大力宣揚的理念。

總之，就知識論言之，校長學旨在幫助校長成為有理性、能自主、有尊嚴的具有主體性的領導者，也讓校長的經營和領導能建立在和學校同仁理性溝通、自由論述，和維護尊嚴之具有民主和人文特質之專業對話社群的優質文化基礎之上。果能如此，則校長學所培養的領導者之專業知能方是涵蓋自我反省、包容善解、謙卑為懷的能力、習慣、特質與態度，進而使校長與一般企業或工廠的領導者在看待自主、尊重自由，和提升仁民愛物、民胞物與之同理心和關懷情方面不同，因為後者只講求績效，而校長則在講求績效中更能展現教育以德為本、以學生為依歸之本質與精神。

Scott（1998）所稱的自然體系雖然不完全等同於重視人際關係的「Y」理論，但是因為其論點提及人類行為的非理性層面，特別指人類追求生存的本能欲求，因此，就物質層面而言，校長學在知識論上，不能排除組織與人維護生存的基本需求；在心理層面，也不能忽視非正式組織及人際關係所發揮的非正式或隱性力量。

1920 到 1930 年代，教育行政領域之研究強調「霍桑效應」（Hawthorne Effect），也重視組織成員的需求和動機，此等理論一則多少可彌補科學工具理性系統所欠缺之人性化；再則也試圖開發人類內在無限可能的潛能。質言之，純粹依據科學或數學理性或技術對人進行管理，並非最理想的方式，嚴格言之，此等行為科學所偏重績效的管理不但不完全切合人性（Blau, 1956），而且將存在社會行為中而理性所無法解讀的非理性或不理性的部分視而不見，此非理性或不理性

的需求猶如 Freud（引自 Gay, 1989）所言之潛意識（subconscious）的作用。依據
Freud（1993）的觀點，潛意識雖可以獨立運作，卻無法依照常理對之進行判斷，
然而潛意識的確具有對意識行為發揮醍醐灌頂之「預警」或「警示」作用，因此，
也有助於避免不良後果的產生。若說意識具有現代性的理性精神，則潛意識顯示
後現代強調內在自我本質（intrinsic self）的潛藏力量。

　　若欲了解所稱的開放系統，則首需了解何為「系統」。Scott（1998: ch.4）在
其《組織：理性、自然和開放系統》（*Organizations: Rational, Natural and Open
Systems*）一書中，從生物學的觀點清楚闡明系統的意義和特性，並指出：系統乃
由若干彼此相互依賴的要素構成；舉凡系統雖然各具有其不同的特性，但也都具
有相類似的基本特性，而且系統的構成要素乃從簡單到複雜，從絕對穩定、相對
穩定到劇烈變化，最後甚至不受系統的約束和影響。析言之，系統乃從簡單的機
械論到複雜多元的社會流動系統，而其系統的穩定度和變化度也從可掌控的聚斂
結構到難以掌控的鬆散結構或混沌狀態，導致原初構成系統的本質不但產生量變，
甚至產生了質變。

　　由上可知，舉凡系統愈簡單、要素間彼此依賴的程度愈高者，該系統就愈穩
定，該系統也就愈顯僵化；反之，該系統就愈具有彈性，愈顯現其靈活度。前者
傾向封閉性系統，後者則屬開放性系統；前者具有現代科學工具理性的特質，後
者則體現後現代講求多元和注重差異的本質。質言之，封閉系統有其固定的特性，
其要素間的關係雖然趨於穩定，但是組織要素所構成的系統和結構卻相較僵化；
相對的，開放系統卻可隨著其組成要素間彼此依賴關係的強弱變化等的不同，而
呈顯不同程度的開展性，故組織系統會相對的靈活、活潑。對組織的變革而言，
封閉系統容易掌控、便於預測，但卻不易改變（Parsons, 1960）；相對的，開放系
統雖然較難以掌控，也難以預估其成效，但是組織卻較易於接受變革，組織成員
的成長也會較為迅速。

　　一言以蔽之，開放或封閉系統是相對的概念，不是絕對的形式，而且是可以
統整的結構（Boulding, 1956: 202）。Buckley（1967: 47）進一步舉出機械系統和
社會系統間的對比來說明封閉系統和開放系統之異同。他（Buckley, 1967: 82）
說：機械系統的組成要素，主要靠時間與空間的作用，將某部分的能量轉換到另
一部分；但是社會系統的轉換就不只是能量的轉換，而是更多信息的流動和傳播。
至於教育體系到底是開放或封閉的體系？哪部分屬於開放體系？哪部分屬於封閉

體系？此乃校長或學校經營者應該深思，而且應該拿捏準確者。析言之，若系統屬於相對的概念，則人所構成的組織應該可以納入系統中，只是哪些組織應該歸屬於機械性封閉系統、哪些可視為開放系統，則教育行政組織理論應該更深入論述。

　　然而，我們可以簡單的說，學校組織中無論心理或符號的因素，都無法被設定為某種可以「自動調控」的必然性系統，而是一個既具有自我更新，又能超越絕對和必然的開放系統，尤其教師的教學和學生的學習之所以能「適性」，主要也是基於此等通權達變的觀點。學校的典章、儀式，乃至於行政體系和組織，基本上都偏向封閉系統，存在相對固定的功能和形式，但這些看似封閉的系統並非均具有普遍性，也不能一概對之採取線性的系統性思考。系統理論之機械論明顯呼應了現代主義的精神；社會建構體系則對此等具有現代性特質的機械論提出反思和修正，也有逐漸偏向後現代主義的多元、差異，和講求個性化特質的趨勢。

　　英國倫敦大學教育研究院的前校長 Geoff Whitty[2]（2002）曾為文，質疑英國工黨鼓吹趨近於現代主義所強調之「市場導向」、「功績社會」的教育政策。他（Whitty, 2002: 128-129）認為，工黨的教育政策在表面上看似走向自由主義的路線，但是實質上仍然是一種中央控制體系，因為國家課程雖然強調學校本位的地方管理策略，也提供家長多元的選校機會，不過這些政策都是奠基於類似市場機制的評鑑系統。中央政策如此，學校的行政體系若也被視為是一個理性的封閉體系，則無論領導者所採取的是否為民主式的領導，仍無法逃脫以校長為決策中心的獨斷或集權模式的組織型態和行政運作模式（Robertson, 2002）。

　　無論行政領導或經營，學校校長也逐步意識到機械論的有限性和社會體系的複雜度，故校長對學校組織的信念也逐漸持開放的觀點，此也是教育領導和經營模式發展的趨勢。然而學校組織除了物質的要素之外，主要的是人。在組織中，人是最複雜、最多變、且最不易被掌握的因素。相對於現代的穩定性、可控制性和可預測性而言，人相對地傾向後現代之不確定性、多變性和差異性特質，因此，相較於一般企業體，學校組織無論產出或投入，都比一般營利或企業組織有更大的不確定性和模糊性，即猶如「垃圾桶模式」（garbage can model）[3]一樣，學校

2　目前該校的校長為 Chris Husbands。

3　垃圾桶模式（garbage can model）是一種非理性的決策模式，指決策行為是在一個裝有一堆問題、一堆解決方法、且成員流通又大的鬆散結構之多元意見的垃圾桶中隨便抽取而成的。此模式最早

組織總不時存在若干堆層出不窮的問題，也導引出各式各樣的問題解決方案，以及一大群流動性的參與者（引自秦夢群，1998：82）。由此可知，欲掌握學校組織成員的行為需要更長的時間，而且不能以固定的、靜態的、不變的觀點看待學校組織成員的行為和態度，畢竟每個人每個時刻都可能不斷改變。有鑑於此，領導者必須警覺到，學校組織成員的行為、態度、信念和觀點難以捉摸，甚至會隨時改變都是必然的現象，學校組織體系趨向開放多於封閉的特質也無庸置疑，故校長的領導與教師的教學均需要採取動態的模式，方足以因應開放性體系的組織運作。若校長了解到學校組織和組織成員的行為具有開放體系特質，則其在管理和領導上也會較具多元性，較具有彈性，其所制定的原則和制度也會容許某種程度的例外，更不會一味的採取民主、專制或放任的唯一領導方式，而會依照實際的情境深思熟慮的解讀與判斷後，方採取適切的抉擇與行動。就此而言，校長不但必須具備精確解讀組織成員符號系統所隱含之內在意義的能力，也必須擁有讀懂組織成員的社會表意行為，亦須「參透」該表意行為背後隱藏的信念和內在動機；此外，基於學校組織體系的開放性，校長更必須能夠預測組織與其成員變化的可能趨勢，且具有未雨綢繆、防微杜漸的能力；其實，校長本身也在此等開放系統中透過不斷溝通和問題解決而不斷成長，故校長也需要有時間、有能力管理和妥善處理個人抱負水準（理想）與事實衝突問題的能力。能如此，校長也方能適切地化解個人需求與組織目標間可能引發之外在管控和自我調控失衡的危機。一言以蔽之，上述種種能力即為具有批判性思考能力之領導者應該展現的專業能力和人格特質或行事風格[4]。

從認識論的角度或就開放的組織體系言之，校長必須是位具有批判性思考能力的人。析言之，一位具有批判性思考的領導者在知識論的思維層面，必能區分

由 Cohen、March 與 Olson（1972）於〈組織選擇的垃圾桶模式〉（A Garbage Can Model of Organizational Choice）一文中提出。垃圾桶模式亦用來隱喻組織決策過程的「無政府狀態」（organized anarchy）。「無政府狀態」通常顯現目標模糊（problematic preferences）、達成目標的方法亦不甚清楚（unclear technology），及流動性參與（fluid participation）三大特徵。

4 本文所稱「批判性思考者」指校長必須具有自主性並能承擔自由抉擇的責任，同時，在為人處事之際應能進行質疑、反省、解放、重建之辯證思維，並藉此達成合理決策與和諧社群生活之美好人生的能力與特質。此能力包括觀察入微、明確認知、演繹、依照邏輯解釋與分析、比較、歸納、預測、推論、反證、對比、放空自我、創造替代方案、專注、包容、類推等多元思維能力和態度（溫明麗，1998：663-664）。

控制的理性系統與擁有共同文化的社會規範系統之異同；也能維繫內部決策與外部環境之間的平衡；並能在組織目標導向和滿足個人生存需求與自我實現的動機中，建立彈性、多元，且具有機動性的自我調控機制；此外，自我反省的人格特質和人文修為是身為領導者不可或缺的特質，有此自我反省的人文素養，校長即能做到開放地接受質疑和理性地應對變革（吳清山，2011），也能展現民主的風度，並能提升受人認同與受歡迎的魅力。總之，一位領導者之所以必須是位批判性思考者，乃基於學校組織基本上不只是科學工具理性或自然系統，而是多元、變動的開放系統。

　　Lawrence 與 Lorsch（1967）以及 Lawrence（1993）進一步擴大去思考組織運作的可能因素，進而提倡「權變理論」（contingency theory），此對領導者需要具批判性思考能力之論述有所支持。畢竟，面對像學校組織一樣摻雜著理性、自然、情感（情緒）和開放的多元化組織，其中包括規模、技術、資源、信息、範圍、地理位置、文化差異、參與者特質及組織的生命週期等要素之變動性均難以捉摸。再者，個人和社群之間的分分合合，組織與組織之間的競爭合作等，在學校組織這種半開放性系統中，不存在絕對和必然的因果關係。就學校行政言之，現代主義與後現代主義之特質亦非各自獨立，而是以各種不同的方式或融合、或摻雜在各種和諧與衝突的平衡→衝突→解構→重組的行為與活動中，此猶如 Etzioni（1964）所提及的，學校組織乃在合理與非合理、限制與自由、領導者與被領導者、正式與非正式之間不斷磨合中尋找各式各樣的辯證合。

　　質言之，從知識論的觀點所釐清之校長學的本質和內涵清楚的點出，校長經營或領導學校的首要之務，在於認清其所面對的各種人與各類環境的條件，並掌握影響人與環境之各構成因素間動態發展的關係；同時也需要確立學校組織並非只存在動態的開放系統，而是同時存在工具理性、自然和摻雜人文的多元系統，故校長應避免僅以某種系統或規範作為其領導或經營學校的準則，即校長不宜只透過線性的思維模式，而採取一元化的政策或制定單面向的目標來經營學校，否則無論領導或學校組織文化，不但可能產生成員間意識牢結（ideology）的謬誤，也可能造成學校整體目標的錯置，因而影響學校的整體發展和績效。

參 | 校長學本質與內涵的價值論分析

　　「價值論」旨在探討與判斷什麼值得追求、什麼應該避免，以及追求價值或避免削弱價值的方法等。雖然價值論未必直接涉及道德或社會正義的問題，但是在衡量價值高低時，道德和社會正義在人的社群和組織中卻應該被納入價值體系中嚴肅以對（Taylor, Rizvi, Lingard & Henry, 1997: 127），學校的組織尤然。質言之，價值論與知識論一樣，均涉及建立價值衡量的依據，俾藉此判斷價值的高低。簡言之，價值高低之論斷，與對該價值抱持絕對或相對的信念有關。舉例言之，若認定價值具有絕對標準，則該價值觀將猶如Scott所稱之理性系統一般，具有絕對性特質的穩定封閉機制，因此，判斷價值高低的依據也有一個絕對客觀的標準可循；相對的，若認為價值並無絕對的標準，則衡量價值的標準將猶如開放體系一般，是動態的，可能因個人的直觀、經驗與思維模式而有所差異，因此，價值的高低也難有一定的標準或程序去檢證或比較，甚至價值的高低亦可能隨著政治和社會因素的介入，而產生不同的判準。

　　學校組織既具有開放性特質，則組織成員的對話也會出現多元性的價值觀。析言之，學校組織既兼具理性、自然（客觀）和開放等多元系統，則對於什麼是學校應追求的價值？什麼又是學校該避免的價值？不應抱持「定於一尊」的價值觀，故校長的決策或組織成員間的溝通，皆需要以開放的態度來面對組織及其成員的意見，即無論追求組織的績效目標，或追求個人的心理需求和動機，校長均應意識到，彈性開放的民主素養和領導與管理，才符合教育價值論的精神。質言之，校長應掌握不同成員、不同次級組織間之次級文化的特色，且能在不同時空下，適度地提供組織成員各自追求組織價值或個人自主的空間和彈性，如此才能發揮共同參與及鼓勵組織成員自我表達的組織對話功能。由此可知，從價值論的論述可以指出，校長之管理或領導必須具備「藝術性」或「倫理性」。

　　因此，校長亦宜視學校組織成員追求「好逸惡勞」的價值為可以理解的「人性」。然而，教育行政領導的X理論學者卻因此而認為，經營者或領導者必須透過強制、管理和威逼利誘等行為的制約「策略」，方能促使組織成員投入領導者所設定的願景，以達成組織的既定目標，則此等價值觀亦是僵化的，甚至違反教

育以德為本的精神。當然，領導者挾著傳統或法理的權威，制定一套「看似」公平合理的組織運作流程，提供組織成員之行為有所遵循，組織的運作也依照此流程分工與分層負責，並據以論功行賞、依法懲處，則對持此等行為理論價值觀的領導者而言，只要能達成組織目標就是適切的作法，更何況這些領導者的價值觀將視人性不具主動積極性，故需要外在的法治與規範強加約束。

　　然而，「Y」理論則認為，X 理論透過外在控制和高壓手段的管理或領導，並無法確保組織目標「使命必達」；反之，領導者或經營者必須考量組織成員對權威的受容力，並適時激發組織成員內在追求自我滿足和自我實現的動機和需求，尤其不可忽視非正式組織對達成組織目標的影響力。質言之，正式組織雖然有其必要與價值，但是校長卻不能小覷非正式組織的價值，並應善用之。簡言之，校長對於組織成員個人內在的需求或動機應具有警覺性和同理心，因為此等內隱性的影響力可能對組織目標的達成與否更具決定性。同理，組織間和組織內人際關係的維繫，更是領導者或經營者應該重視的價值。

　　就上述的分析，民主式領導的價值之所以高於威權領導，乃基於組織成員存在非正式的個別差異，和不可輕忽的人性需求和動機，且從價值論的觀點言之，非正式組織在組織內發揮的功能可能更甚於正式組織。因此，一旦學校領導者意識到，若欲達成組織目標，則除了需要謹守理性系統之規範和價值外，更需要關注人類內隱的心理作用，並設法維護組織成員的非正式運作，對組織間的溝通亦應尊重，而採取民主、開放的價值體系，如此，方能維繫組織成員間的團隊合作，也才能凝聚組織成員對組織的向心力。一言以蔽之，學校領導者無論在管理或領導方面，均應表現出具人味兒的領導風格。畢竟，學校組織乃具動態的開放性系統，其價值也是多元而多變的，組織成員可謂「鐘鼎山林，各有天志」，其包括自尊、自我認同、情意需求與生命意義等之自我實現內涵，或以組織目標為準據，或以個人價值或幸福為依歸，亦可能以社群幸福或社會正義為鵠的，此三者在不同時空的學校組織中可能形成不同的組合，故校長對於此不同組合的動態體系或價值應有所認識，方易於掌握組織成員的行為動向，也較能凝聚組織成員的共識。

　　綜上所述，從價值論或知識論的觀點來論述校長學的本質與內涵，均可看到其中存在共通性，即校長必須是位批判性思考者，他／她必須能在不同組織和系統中，適切的分辨何者才是最高的價值，何種價值才是組織需要追求者，並能抱

持價值具有絕對性和相對性的觀點，又不偏限於定於一尊的意識牢結。總之，校長能有如此的觀點與民主的態度，則該組織將不至於淪落至離心離德或組織氣氛渙散的地步。簡言之，校長因為具有批判性思考，其領導或經營均較能開放其心胸，坦然地面對組織成員的不同價值或意見，也較能理性地思考意見背後的理由，尤其能洞識意見表達者後設的價值體系，故也較能開創、接納組織創新或變革的替代方案，組織間也比較具有可溝通性，組織的和諧與合作也比較可能落實。總之，從價值論言之，校長學的本質和內涵旨在確立行政運作及組織之價值定位、價值的內容，並提出衡量組織價值高低之依據，及具有多元性論述的思辨，此將有助於領導者在行政運作過程中從多方見解中去蕪存菁，以提升組織績效，也能激發組織成員間的自我實現與形塑團隊合作的組織氣氛，此均是營建組織成員和組織邁向更美好生活不可或缺的價值建構歷程。

知識論觀點探討的是校長對於學校經營與領導之「結果導向」的績效體系，此方體系期望產生「標準化」的程序和客觀具體的績效檢核機制，因此，就教育行政的觀點而言，標準化也並非全是壞事，某些時候、某些場合、某些層面上，適度的標準化、客觀化、具體化、績效化也是必要的（Joyce & Calhoun, 2010: 59）。價值論論述的校長學本質和內涵，對應於「價值導向」的領導和經營，此方面雖然不如績效般具有標準化機制和系統，但基本上仍以能凝聚共識為優質校長領導的最大公約數，只是對於需要不斷變革的組織而言，這段磨合的時間會比較長，有時甚至只能要求校長守住價值論的公平與正義原則，即應對事情的處理和組織變革的方針必須在短時間內有所抉擇，無法等到完全凝聚共識才下決定，此即何以校長必須經常自我反省，並將經驗轉化為精確決策的智慧之故。

「價值導向的領導」（value-based leadership）有四個主要的步驟（Strategic Decisions Group, 2006）：

1. 衡量組織的核心價值和其可能的危機：即領導者重視的不僅是績效，更是倫理的價值。此隱含著領導者在講求客觀績效之際，亦同時強調人與人之間的互動、溝通、協調與合作的人際關係，並不斷和組織及成員共同成長。

2. 降低創造未來新價值的障礙：組織願景的達成亦是組織領導者與其成員的逐夢與圓夢的歷程和結果，因此，從價值論的角度思考組織願景之際，勢必涉及組織目標的變動以及組織成員背景知識與心智能力的發展等相關問題，因此，也會隨著組織問題的獲得解決而開創出新的價值或視野。在此過程中，

領導者必須隨時督促或培養組織成員重新思考新的價值體系，也必須在各種不同價值體系間取得共識，俾降低組織成員因為價值觀的差異，而造成組織發展的停滯。

3. 學校與社區合作的方向，將從解決產品問題轉移到解決消費者的問題：此所謂的「產品問題」，尤其指學校內外部的體系、整體學校的績效、政策的執行與落實等，至於「消費者問題」，則指學校利害關係人的需求與目標等，包括學生的學習動機與其身心發展、家長的期待、社會的風俗習慣等。

4. 落實與建立維護組織動力的能力：由於價值觀具有變動的特性，因此，校長必須設法維護組織成員對組織的向心力，讓組織成員願意為組織奉獻，甚至以能為組織服務為榮。就此言之，組織領導者不能僅以法規制度「綁住」組織成員，而必須「動之以情」、「說之以理」，尤其法規制度亦應立於公平正義之基礎上，且須合乎公開公正原則，方能維繫或激發組織成員視組織為「大家庭」的革命情懷。

由上述價值導向領導的四大步驟可以確立，從價值論的角度探討校長學之本質與內涵，更能彰顯批判思考能力對校長學內涵的不可或缺（Joshi & Pushpanadham, 2002: ch. 10, 18, 23），因為無論對於確立學校的核心價值、處理學校的價值危機，或以開放的心胸鼓勵與迎接新創造的價值，即解放舊有的價值觀，重建或更新價值體系，以維繫組織永續發展等，均需要善用批判性思考能力之質疑、反省、解放與重建的能力。此外，學校的經營或領導的趨勢已經從以領導者個人為中心和訴諸專業能力的取向，逐步邁向兼顧對整個組織的創新和變革，並細部化至組織個人的動機、需求與組織願景的關係等多元層面（Joshi & Pushpanadham, 2002: ch. 14），故領導者在經營與領導組織時，更應對組織及其成員的價值有深刻的理解與把握，方可能將組織成員個人的夢想，凝聚成組織的共同願景。

肆｜校長學本質與內涵的形上學論述

本文最後再從形上學的面向來探討校長學的本質與內涵。「形上學」乃探尋終極存在，以及終極存在何以可能的抽象思維。因此，若就形上學的觀點論述校長學的本質與內涵，則校長學之本質與內涵所欲探討的重要議題，包括組織的構

成要素、組織成員、組織願景、組織運作、組織成員之溝通和人際關係，及組織氣氛何以可能，以及領導者價值所以適切的依據或其後設思維，乃至於人性善惡的問題等。質言之，舉凡領導者對經營與領導或教育專業知識與信念所秉持的絕對性或相對性概念、對組織願景的預設和後設依據、認定或評定組織績效的準據、解決組織或組織成員衝突問題之策略等所隱含的價值依據，以及領導者所採取之行政決策、高低價值的抉擇及判斷的依據，乃至於依據對人性善惡的論述和組織文化「緣起緣滅」的解讀等內在信念與思維，均可視為從形上學觀點所探討的校長學內涵。一言以蔽之，形上學的本體論和存在論，旨在從後設與內在思維探討或檢證校長學之「本質」，並檢視與確立知識論和價值論所闡述之校長學「內涵」的依據。可以想見，從形上學探討校長學的本質與內涵，並非如科學實驗般的具體和客觀，甚至存在不少「各說各話」的「神祕」層面，此是人類理性的有限性，也是人類及組織仍存在不確定性的主因。

　　精確言之，形上學關注的是校長之經營與領導本質上難以有絕對是非對錯之抽象信念的部分。果如此，則校長學何以需要從形上學的觀點加以探討？何以校長學需要形上學的基礎才能更透徹、更深入地闡述其本質和內涵？此一則基於形上學本身乃探索本質和存在的學問；另一方面，若欠缺形上學的思考，則無論知識論或價值論所探討之校長學的本質與內涵，縱令具有共識，卻仍存在無法解開或「不知不覺」難以理解的預設，甚至因為校長本身欠缺形上學的概念，遂難以觸及經營與領導的要旨，更甚者，校長亦可能因為執著於某種價值觀或困守某種認識論且毫無察覺，反視之為「理所當然」，以至於形成難以摧毀之「價值硬核」，形成其領導或經營學校時的意識型態，甚至強化該意識型態的合法性地位，如此一來，校長的領導或經營，均已落入獨斷的窠臼中，也勢必阻礙組織成員的創意動能和組織的永續發展。

　　由上可知，若不觸及形上學的層面，將如同對校長本質與內涵之探索預設了無可翻越的藩籬，校長也將因為難以真正掌握何為校長學，而難以確立校長學可以、或應該發展的方向，以致於使校長學的本質和內涵侷限於知識論和價值論所探討的內容和思維。此再度論證，不僅校長需要具有批判性思考的能力，研究校長學的人也不能欠缺批判性思考的素養。易言之，人之所以可以察覺自己的無知，並能知己之所不足，實乃鑑於自我具有主體自我反省的能力。對形上學的認識與探討，即是嫁接自我反省與對外界認識的重要基石，因為，形上學的思考，能讓

人類覺醒自己的渺小，也因之更能認識「人外有人、天外有天」的意義，故也更加地肯認待人處事皆須謙卑以對的理由。

　　另一方面，藉著形上學的觀點，將有助於我們可以更深入的質問：校長之於學校是否絕對必要？其理安在？同理，學校何以需要願景？願景的本質是否可以只是具體的行動方案？抑或也需要涵蓋抽象的、經由創造或天啟而來之亙古不變的「道」？同理，校長的領導與經營是否不存在絕對的必然性法則？抑或僅存在某種程度上可依據形式來判斷事情的準據？再者，領導行為或經營策略，乃至於政策的決定，是否存在某種可以推論或歸納的範式？上述議題均有助於校長們重新檢視自己的價值信念，也有助於校長於反省自己的認識和價值體系後，解放或重建新的價值體系。

　　何以形上學有如此的作用？此乃因為形上學的思考，將促動校長對領導方向與經營目的和選擇策略的評價，包括確立學校願景的歷程、方式和結果，領導理念、領導行為和領導風格的定位和抉擇；此外，形上學也反應在校長看待組織發展與對組織成員態度的開放程度，包括校長看待權力位階的態度和其確立組織架構的依據、確立正式或非正式組織運作的功能、解決組織問題所採取的方式、精確決策的思維歷程、對組織成效的評價，及確立經營方針與策略的準據等；由此可見，對校長學抱持不同的形上學觀點，也將影響組織氣氛營建的方向和方法。析言之，此包括正式與非正式組織的結構與規範的制定、公平與正義的內涵與判準、組織成員間人際的互動和溝通方式，甚至包含對組織情境的看待態度和處理與詮釋組織與外界資訊的方式等。

　　Peter Drucker（Drucker, 引自 Bottery, 1989: 129）也特別提醒領導者：不是任何知識、技能或經驗，皆可以無條件的適用於任何的組織或機構。此說明當領導者對其所領導與經營的對象或所欲處理事務的認知和處理方式之所以會有不同，乃基於領導者對認識、價值判斷與內在隱含之信念的差異。總之，若承認形上學的存在，則領導者除了對於組織的經營與領導應知所權變，並應跳脫「一以定之」的決策或行動方法外，也應能隨時關注人主體性的多元性和變動性的動能和需求。簡言之，從形上學的觀點言之，校長領導和經營的行為和策略，並未存在可以遵循之普遍不變的律則。縱令有暫時性或在有限時空下可據以判斷或依循的行動法規、制度或準據，充其量也只是「類真理」，不宜視之為亙古不變的唯一通則。就此言之，批判性思考之於校長，無論在領導或經營上均不可或缺，因為無論領

導者使用何種法則，校長皆不適宜對任何守則採取「以不變應萬變」的「封閉」態度，反而更因為形上學觀點的加入而意識到法則與規律的可能性而非必然性，故領導者更必須知所權變，才能因應多元複雜之組織成員和相關的行政事務。

綜上所述，形上學所探討的校長學不在於具體臚列校長領導與經營的作為或策略，而著重於抽象的、後設的校長領導理念與經營決策背後的信念與隱性的思維，並據以省思為因應外在環境變化所採行的措施，此明顯地將有助於校長在領導與經營專業知能的精益求精。例如，從形上學的觀點言之，校長之所以重視組織的發展和行政的延續性，實基於其對存在、永生、自由意志等的關切，而非只是認知和價值判斷的結果；此外，校長之所以視學校組織為封閉的理性系統，遂難以兼顧人之內在動機與需求，或相反的，校長之所以能意識到學校組織或教育體系為開放的、不確定性、模糊性、混沌性的系統，乃因為校長認定，學校成員或組織均可以不斷追求超越的信念所致。

此外，校長對於學校的經營與領導之所以會考量時間與空間的因素，之所以會知覺到人之身心靈乃由具體到抽象、從物質到意識、從意識到潛意識等具有可變性與難以精確預測性等現象，亦是校長對學校經營與領導的形上學觀的體現；又，校長所以會考量組織成員之意識和潛意識能量具有不可限量和不可預測性特質，又是基於校長思維中的形上學面向；同理可推，校長心中的形上學觀點也能協助其關照到個人與社群的異同、必然與可能性思維邏輯的關係與差異，以及絕對與相對的辯證等學校經營與領導的思維深度和廣度。

總之，從形上學探討校長學的本質和內涵，一則有助於校長學的研究者掌握校長學具體而微的本質與內涵；再則也能因為意識到形上學的存在，進而體現自我反省之後設動力，而此後設動力也有助於促進校長學之本質與內涵不斷接受檢證的功能，對建立校長學體系的重要性不言可喻。

伍｜尋找現代與後現代的辯證合

若校長對「優質」所抱持的態度和思維不同，則其領導和管理學校的方式和策略也會有所差異，學校呈現的整體樣貌也會因之有所不同。綜上所述，校長學的內涵除包含兼具藝術和技術特質的行政（駱碧輝，2008），及校長進行行政管

理或決策之哲學思維外，也包含領導者與經營者為達成組織目標所提出的計畫和其所採取之必要的政治運作。此外，如前所述，校長進行決策與行動前，必須審慎考量環境及人的因素，確立其採取科學運作模式的適切性；此外，校長也需要透過組織間之人際溝通，進行組織文化的不斷解構與建構的變革，而在此組織文化形塑過程中，校長需要解決組織內部與外部的問題，及時化解組織危機，以確保組織目的能在既定時空中順利達成。

總之，校長學的本質與內涵除了展現組織的績效、價值和存在的意義外，更需要加入倫理的因子，倫理的因子包括價值的因素，也涵蓋社會正義與人之自主和自由選擇的主體性特質。人乃教育活動的主角，故無論校長學的領導或經營本質和內涵為何，都需要立於科學的合理性和認知的系統性之上，然後才能加入個人的自主反省和社群的公正性和公平性正義理念，教育組織也方能因為納入價值論的倫理性（Hodgkinson, 1991），校長或學校組織才能在追求績效、掌握權力、思考決策、執行政策或解決問題的過程中，融入道德的關懷和人文的包容，此也是確保校長領導能邁向民主性、審美性與人文性的關鍵。一個能彰顯民主性的教育組織，也較能彰顯與維護個人和社群的正義與公平性。再者，具有社會正義的學校組織也較能透過溝通或法治，激勵成員自主自律，進而因為學校組織的每個成員均有其自主的空間，故更能在領導者的帶領下形成生命共同體，凝聚團體共識，攜手合作，共同承擔組織的法理，建立組織共通的形式和道德責任，進而確保組織永續發展，不會因為內鬥而停滯不前，甚至萎縮、退化，或被淘汰。

從知識論探討校長學的本質和內涵，不但可以掌握校長領導行為，更能建立校長我思我行的依據；從價值論探討校長學的本質和內涵，則有利於校長確立其領導行為、組織願景、組織成員溝通與互動模式，乃至於對組織氣氛之良窳進行適切的價值判準；從形上學的觀點探討校長學的本質和內涵，則有助於領導者或經營者更深入的思考組織目標的客觀性如何可能的原因，亦可檢視組織成員的價值信念（Hoyle & Wallace, 2005）或自由意志之原由與價值形成脈絡，並可促進校長反思自我之教育理念與領導觀點是否已經在不知不覺中轉變為僵化的意識型態。簡言之，校長若能對知識論、價值論與形上學有充分的理解，並能加以善用，則無論追尋組織目標、圓融組織成員的人際關係、理性化社群的溝通互動，或訂定適切有效的評鑑組織運作準據，均能臻盡可能完美的境界，至少可以做到因為思維的縝密與思考的開放多元，而讓決策更精確合理。

本文對校長學知識論、價值論和形上學的論述，乃「敘說」校長學本質與內涵的發展，應從具體行為到抽象思維；從行政運作績效的考量到利益關係人的內在需求；至於校長對組織體系的掌握，也從靜態的結構轉變為對動態歷程的重視。再者，領導者或經營者之價值體系也因為校長學之知識論、價值論和形上學的分析，遂逐漸從外在目的深入內在動機，從外顯行動推敲內隱理念；同理，對組織運作的掌握也從客觀科學系統的認定，進而知所解構，甚至接納組織可以不斷重建的建構動態觀。同時，校長所扮演之領導者和經營者的角色，也會隨著校長對校長學本質與內涵之知識論、價值論與形上學之理解的深度與廣度的提升，而使校長願意或意識到，自己的角色必須先從領導者轉化為參與者，從管理者變更為經營者，乃至於自我期許，成為一位具有人味兒，也能尊重生命，涵泳意義的服務者。另一方面，校長的經營與領導之所以能從監督、督導，轉而透過協調、溝通或論辯以凝聚團體共識，乃基於領導者具有批判性思考能力所彰顯的自省之功。

領導理論層出不窮，或從科層體制到權變領導；從操作技術到價值體系；從單面向的考量客觀環境，轉向體悟團體規範和角色的自主和多元文化氛圍；更從領導和經營的工具模式到整合績效、倫理和人文之美的行動等，正彰顯著校長學兼具科學理性思維的現代性，和強調多元、自省與差異之後現代性特質。

從上述校長學本質的轉型可知，校長必須提升其批判性思考能力，方能不斷地從正、反之對立思維的論述或對話中找尋適切的辯證合，以化解教育組織經營與領導的科層體制化、機械論與系統性，並試圖從經濟、政治或文化的霸權或獨斷中解放出來（Shor, 1992: 112-236）。果能如此，則校長學最令人刻骨銘心的本質與內涵，無他，乃帶動組織不斷更新和邁向永續發展之卓越性、倫理性與審美性是也。

📁 溫明麗小檔案

英國倫敦大學哲學博士、國立臺灣師範大學教育學博士、香港城市大學企業經營與教育行政管理榮譽博士。曾任華梵大學副校長兼教務長、校務顧問，慈濟大學院長、所長、系主任，國立臺灣師範大學教授兼進修推廣部主任、臺北市立教育大學兼任教授、國立臺北教育大學兼任教授、國立東華大學兼任教授、國立花蓮師範

學院兼任教授。亦曾任北京師範大學、北京大學、首都師範大學、杭州師範大學、山東師範大學、河南大學、呼倫貝爾大學、內蒙古西貝餐飲職業學校講座兼顧問等。另有若干國際經驗，包括美國天主教大學訪問學者、英國倫敦大學訪問學者、訪問教授、英國倫敦大學教育研究院校友會臺灣分會理事長、英國倫敦大學教育研究院駐亞洲大使、馬來西亞新紀元學院等校講座教授等。

　　1983 年第一名通過國家教育行政高等考試、2007 年行政院傑出研究獎教育類甲等、2000 年英國教育哲學領域傑出學者獎、2000 年美國名人機構傑出領導人金像獎、2002 年九年一貫課程論文競賽大專教師組優等獎、2002 年教育部學術特優等獎、2005 年名人機構當代名人獎、2005 年美國聯合文化年會終身學習獎、2006 年亞非名人錄、2007 年亞洲傑出名人錄、2008 年卡內基訓練證照等。

　　個人自 1990 年代開始鑽研批判性思考教學理論與實務，並熱衷教育哲學、倫理學、後現代與女性主義之研究，主張教育乃以德為核心的活動，並呼籲教育應匯集社會之涓涓清流為一股洪大的清流，為教育注入源源不斷的社會改革智慧。

References
參考文獻

中｜文｜部｜分

吳清山（2011）。學校行政教學課程整合領導的理念與實踐。**現代教育論壇，14**，15-25。擷取自 http://192.192.169.230/edu_paper/data_image/g0000305/0n14/20061100/p0000015.pdf

林明地（2008）。校長學——工作分析與角色研究取向。臺北市：五南。

秦夢群（1998）。教育行政——理論部分（二版）。臺北市：五南。

陳木金（2009）。我國國民小學校長儲訓模式的回顧與展望。**學校行政月刊，60**，98-120。

溫明麗（1998）。批判性思考教學——哲學之旅。臺北市：師大書苑。

駱碧輝（2008）。校長必須重視領導和管理藝術。廣州：廣東教育。

英｜文｜部｜分

Bennis, W. G. (1959). Leadership theory and administrative behavior. *Administrative Science Quarterly, 4*, 259-301.

Blau, P. M. (1956). *Bureaucracy in modern society.* New York, NY: Random House.

Boguslaw, R. (1965). *The new utopians: A study of system design and social change.* Englewood Cliffs, NJ: Prentice Hall.

Bottery, M. (1989). The education of business management. *Oxford Review of Education, 15* (2), 129-146.

Boulding, K. E. (1956). General systems theory: The skeleton of science. *Management Science, 2*, 197-208.

Buckley, W. (1967). *Sociology and modern systems theory.* Englewood Cliffs, NJ: Prentice Hall.

Cohen, M. D., March, J. G., & Olsen, J. P. (1972). A garbage can model of organizational choice. *Administrative Science Quarterly, 17*, 1-25.

Etzioni, A. (1964). *Modern organizations.* Englewood Cliffs, NJ: Prentice Hall.

Freud, S. (1993). The structure of the unconscious. From *New introductory lectures on psychoanalysis.* W. J. H. Sprott (Trans.). New York, NY: Norton.

Frey, N. (2011). *The effective teacher's guide: 50 ways to engage students and promote interactive learning.* New York, London: The Guildford Press.

Gay, P. (1989). Sigmund Freud: A brief life. In J. Strachy (Ed.), *An outline of psychoanalysis* (pp. vii-xx). New York, NY: Norton.

Hodgkinson, C. (1991). *Educational leadership: The moral art.* New York, NY: State University of New York Press.

Hoyle, E., & Wallace, M. (2005). *Educational leadership: Ambiguity, professionals and managerialism.* London, New Delhi: SAGE.

Joyce, B., & Calhoun, E. (2010). *Models of professional development.* Thousand Oaks, CA: Sage.

Joshi, S. M., & Pushpanadham, K. (Eds.) (2002). *Value based leadership in education: Perspectives and approaches.* New Delhi: Anmol.

Katz, D., & Kahn, R. (1978). *The social psychology of organizations* (2nd ed.). New York, NY: John Wiley.

Lawrence, R. R. & Lorsch, J. W. (1967). *Organization and environment: Managing differentiation and integration.* Boston, Mass: Harvard University Press.

Lawrence, R. R. (1993). The contingency approach to organization design. In Golembiewski, R.T. (Ed.), *Handbook of organizational behavior* (pp. 9-18). New York, NY: Dekker.

Parsons, T. (1960). *Structure and process in modern societies.* Chicago, Ill: Free Press.

Piaget, J. (1974). *The child and reality.* A. Rosin (Trans.). New York, NY: Harper & Row.

Rogers, B. (2002) (Ed.). *Teacher leadership and behavior management.* London: Paul Chapman.

Robertson, J. (2002). The boss, the manager and the leader: Approaches to dealing with disruption. In B. Rogers (Ed.), *Teacher leadership and behavior management* (pp. 20-39). London: Paul Chapman.

Saito, N. (2011). From meritocracy to aristocracy: Towards a just society for the "Great Man". *Journal of Philosophy of Education, 21*(1), 95-109.

Scott, R. W. (1998). *Organizations: Rational, natural, and open systems.* Englewood Cliffs, NJ: Prentice Hall.

Shor, I. (1992). *Empowering education: Critical thinking for social change.* Chicago & London: The University of Chicago Press.

Simon, H. (1945/1976). *Administrative behavior* (3rd ed.). New York, NY: Macmillian.

Strategic Decision Group (2006). *Project profile: Value-based leadership.* Retrieved from http://www.sdg.com/home.nsf/sdg/OtherIndustries--ConsumerProducts--Profile--Value-BasedLeadership

Taylor, F. W. (1911). *The principles of scientific management.* New York, NY: Harper.

Taylor, S., Rizvi, F., Lingard, B., & Henry, M. (1997). *Educational policy and the politics of change.* London and New York: Routledge.

Weber, M. (1946). *From Max Weber: Essays in sociology.* H. H. Gerth, & W. C. Mills (Trans & Eds.). New York, NY: Oxford University Press.

Whitty, G. (2002). *Making sense of education policy.* London: SAGE.

3 形塑校長學的思維與行動

張慶勳（國立屏東教育大學教授兼教育學院院長）

壹｜前言

如何建構校長學是教育學術界與實務工作者一直在思考並極想要完成的一件工程。但校長學是什麼？具有哪些特性？包含哪些範圍？影響校長學的因素有哪些？要建構校長學須從哪裡切入？等，都是建構校長學所要面對的問題。

校長是學校領導者，也是一位教育領導者，陳永明等（2010：3-12）以科學知識體系為基礎，視教育領導學是一門兼具教育實際性與價值指向交融為一體的學科，並提出領導科學的學科結構。上述作者並提出從教育領導理論的研究開始，以札根實踐領導的學科，同時也要建立教育領導學的科學地位，以及教育領導學課程的研發與建立研究團隊的策略。而林文律（2011.1.25）則認為，要建構校長學，「先從校長專業標準出發。請大家一起來探討西洋的校長專業標準的內涵與啟示，以及如何將西洋的校長專業標準應用來建構適合我國國情的校長專業標準。有了穩固的基礎之後，建構校長專業制度的其他部分，就可以逐步架構起來了。」因此，探討校長領導的相關議題並建構成為一個具有知識性、學科性、專業性的架構，是教育學術界所共同關心及討論的議題。

為能融合形塑建構校長學的思維與行動，首先探討校長學的性質，並據以提出校長學的架構與內涵，最後以形塑校長學的策略作為行動方向，敘述如下。

貳｜校長學的性質

一、校長學是一門學科／課程

校長學的英文字為 "principalship" 或 "headship"（林明地，2005：4）。principalship 一詞是指一位首長的職能或職位，像是學校、學院和大學的校長（the function or office of a principal; esp, the headship of a school, college, or university）（特朗博、史蒂文森，2006：2347），而 headship 一詞是指定位為具有決策主權的校長、領導主管或職位（the position or office of a head or principal; leadership; supremacy）（特朗博、史蒂文森，2006：1210）。也就是，校長學在剖析校長的工作、角色、職責及其所面對的挑戰，也涵蓋探討校長的特質、行為，及其培育、遴選與生涯發展等議題（林明地，2005：4）。

從探討上述相關議題所具有的科學知識體系而言，校長學是探討校長及其工作的一門學科，也可視為一門課程，其目的在探討如何做好校長職位所應具有的條件，如校長的人格特質，校長的工作、任務、角色、職責等。同時也涵蓋如何導入校長的培育、遴選，以及校長的生涯發展等議題。

二、校長學是一門學術研究

不論是從導入校長階段的校長培育、師傅校長、校長遴選，進入校長職場後的初任校長，如何做好校長職位所應具有的條件與校長的人格特質，校長的工作、任務、角色、職責，以及校長的生涯發展等，國內外都有無數的學術研究發表在相關領域的期刊、學術研討會或專案研究上。而為了扮演好一位稱職的校長，其所涉及的範圍相當廣泛，若從教育學門的教育行政與政策領域予以分析，林明地（2011：34-35）歸納為以下的研究議題，而這些研究主題在理論上、研究趨勢上都是極為重要，且兼具理論與實務應用性。這些議題包含以下的類別或領域：

1. 教育政策環境與行政（例如包括教育政策合法化、中央與地方層級教育行政、地方治理、權力結構、家長參與等）；

2. 教育行政與學校管理（例如包括績效管理、學校文化、微觀政治分析、行政
   倫理等）；
3. 學校領導與學生學習（例如包括新興領導理論、領導理論與實際、學校文化
   與學生學習、領導理論與實際、教學與學生學習等主題）；
4. 校長專業生涯制度（例如包括校長培育、師傅校長、校長遴選、校務評鑑、
   校長辦學績效評鑑、校長證照、專業發展反思學習等主題）。

　　此外，從學術研究的研究方法論與研究方法而言，研究者依研究目的的不同
而採用不同的研究取徑或研究典範為導引，探討如何做好稱職的校長。例如，林
明地（2005）從校長的工作分析與角色來探討校長學；張慶勳（2006）以敘說分
析的方法探討校長領導的理念與實踐；Wolcott（1984）以質性研究的取徑探討校
長的決策過程及其角色扮演。這些研究都顯示校長學是一門學術研究，具有學術
性、理論性，並將研究結果予以應用在校長職務的特性。

三、校長學是校長反思學習經驗的歷程

　　校長對於其領導力的形塑、領導歷程的自我反思與學習，不僅是處於共生共
存的關係，且是一個值得探討的重要課題。而校長領導的自我反思與學習，除了
可形塑領導力之外，也關係著校長的個人專業成長與校長領導的專業發展，以及
校長學習成效的評鑑（張慶勳，2009：157-173）。誠如國立臺北教育大學
（2007）在以「校長的學習：概念、內容、方法與成效之思辯」為主題的國際性
學術研討會計畫中所指出的，除儲訓或培育之外，校長在入職階段的學習（即校
長導入），以及任職校長以後直到校長卸任職務為止，都是校長本職上的終身學
習階段與校長的專業發展階段。而其核心不外是校長的學習，且校長在學校經營
的知識面、技能面與心向面等專業上持續精進。因此，校長的學習與專業成長，
實在是一個非常重要的課題。

　　為能探討校長的學習與專業成長議題，張慶勳（2006，2008a，2008b）在有
關校長領導學校的相關研究中，發現校長是歷經不斷的學習與反思以運用領導策
略，而導引出深耕學校組織文化的策略領導與規劃。且張慶勳（2011a）的進一步
研究，更深入探析校長領導反思學習的主要歷程和內涵，發展校長領導反思學習
的評鑑工具，進而實際應用於教育現場，評析校長領導如何藉解決問題以促進組

織的變革和發展。研究發現，校長在解決學校所發生的問題以促進學校組織變革和發展的過程中，即在經由「知、思、行、得」四者循環回饋、同時並進，兼融形而上、誠於中與形而下的整體、循環反思學習體系，體現全人思維的歷程。而且，以校長領導的反思和學習為切入點來促進學校組織的變革和發展，是校長領導的核心所在。

據此，校長學是導入校長階段、初任校長，甚至是校長長期職涯發展過程中反思學習經驗的歷程，校長從反思與學習中導引出實踐的策略，故具有兼融形而上、誠於中與形而下的整體、循環反思學習體系，體現全人思維的歷程的實務性與應用性。

四、校長學是校長專業成長的歷程

不論是在校長的準備及培育階段、導入階段，或是初任校長階段，以及長期的校長生涯發展過程中，校長都一直透過其個人成長及其專業成長而扮演更稱職的校長（張慶勳，2011a：7）。因為校長個人成長所要培育的各種內在特質，以及生活上的均衡和意義，同時亦顯現在校長的個人成長過程及其領導與專業發展之間的均衡意義上。諸如校長的生活與其專業成長及領導的均衡、自我實現、自我改進、價值觀，與其心靈與精神的內在祥和與意義，以及與人我之間或領導行為等的社會性關係，都顯示校長的個人成長和專業成長之間關係的融合性（張慶勳，2011a：7）。

除了校長的個人成長和專業成長之間關係的融合性有助於提升校長的領導效能外，事實上，專業需求在導入校長階段便有其重要性（Clarke & Wildy, 2010: 1-16），即使是已成為校長，校長的專業成長對其領導效能以及個人的成長都是不可缺少的。例如，林文律（2011.1.25）認為，校長專業標準是建構整個校長專業制度的基石，並以其多年從事校長學的研究經驗以及融合相關文獻後指出：

為了要使一個校長所領導的學校更加有效能，吾人有理由多多關注領導者究竟要合乎怎樣的校長專業標準？他必備的各種知識、能力與心向（dispositions）應該達到什麼程度？在就任之前的準備階段（即培育階段）、校長導入階段，以及正式上任以後，擔任校長並實際主持校務的

校長在職階段，他應接受怎樣的專業訓練、專業更新與專業持續成長，以便時時確保他隨時能擔任一個稱職的好校長，有能力、也有心去帶出一所高效能的學校。

據此，校長的職涯是一專業成長的歷程，校長的成長與學習是一不斷發展的歷程，校長學是校長專業成長的歷程，具有專業性與生涯發展的特性。

五、校長學以校長領導的綜效為依歸

校長是學校的領導者，扮演著行政領導、教學領導、課程領導、專業領導等各種領導者的角色，並參酌衡量學校組織架構與學校組織文化的特性，運用適當可行的領導策略，以增進學校組織效能，形塑學校組織文化。亦即是，校長以其領導者的角色帶領學校以達到綜效性的領導效能，邁向深耕優質的學校文化而努力。

為能了解校長的領導效能是何種樣貌，研究者可從各種角度切入，例如，從校長個人的人格特質、領導策略、決策過程等層面；或是從學校組織架構的觀點切入，如組織的靜態、心態、動態、生態架構（張慶勳，2000），或是組織的結構性架構、人群資源架構、政治架構、符號架構等的組織多元架構（Bolman & Deal, 2008），以及足以能影響校長領導的其他因素或理論性與經驗性的觀點切入。

此外，教育行政與學校行政或學術研究者通常會以評鑑的角度了解校長的領導效能，例如，Hoy 與 Miskel（2008）將學校視為一社會系統，以輸入、轉化及輸出的系統彰顯具有全面品質的學校效能。臺北市 100 年度優質學校評選即依據精緻教育理念，參照 CIPP（Context, Input, Process, Product）以及 PDCA（Plan, Do, Check, Action）的精神，採「有什麼」、「想什麼」、「做什麼」、「得什麼」的思維過程，架構「基本現況」、「優質目標」、「具體作法」、「優質成果」的優質內涵，兼重過程及結果，其目的在能提升學校經營品質，帶動學校持續精進。該項評選以學校領導、行政管理、課程發展、教師教學、學生學習、專業發展、資源統整及校園營造等八個向度，作為優質學校經營的指標（臺北市教師研習中心臺北市優質學校資源網，2011）。這些都顯示校長領導效能所具有的綜效

性，以及評鑑校長領導的理論基礎與實務性的融合。

據此可知，校長領導效能是校長本身與學校內外環境，以及校長領導等的各種領導者的角色，運用領導策略後的綜效性結果，故校長學是以校長領導的綜效為依歸。

參｜校長學的架構與內涵

根據前述有關校長學的性質可知，校長學是一門兼重學術性與理論性，並將研究結果予以應用的學科／課程。從校長的培養階段、導入階段，以迄初任校長、資深校長，校長都在不斷的反思學習成長，並以專業發展為取向，以領導的綜效為依歸。因此，校長學具有學術性、理論性、實務性、應用性、專業性等特性。

茲根據校長學的特性與內涵，從 CIPP（Context, Input, Process, Product）的評鑑模式予以思考，將校長學的架構與內涵說明如下。

1. 背景脈絡（C）：是 "Why" 的層面，代表影響校長職涯發展（如培養階段、導入階段或校長生涯等）的校長個人背景、人格特質，以及影響校長領導綜效的各種教育行政與學校行政制度與運作機制、學校組織內外環境、學校組織文化等的因素。此一層面聚焦在校長「為何」以及受到哪些脈絡背景所牽引，而影響校長的所作所為。

2. 輸入（I）：是 "What" 的層面，代表做為一位稱職的校長其所作所為應具備的各種有形與無形的資源。例如，行政支援、經費、人力、圖書設備、建築、時間等。

3. 運作過程（P）：是 "How" 的層面，代表校長扮演諸如行政領導者、教學領導者、課程領導者、專業領導者等各種領導者角色，引領學校發展、形塑學校組織文化、增進學校組織效能的過程中，所運用的各種領導策略，以及諸如計畫、決定等的行政與教學運作歷程。

4. 研究結果（P）：是 "What" 的層面，代表校長領導的綜效，如優質的學校組織文化、教師精進教學與品質的提升、學生學習成果的展現等。

前述有關 "CIPP" 的歷程與 "Why, What, How, What" 的層面構成互為連結的循環，是探索校長如何儲備領導力的能量，以及啟動校長領導力動能的基礎（張

慶勳，2011b：191-192）。另 "CIPP" 的歷程與 "Why, What, How, What" 層面蘊含著「概念架構」到如何扮演好校長角色的「操作技術」，亦即如張慶勳（2011a：43）所指出，從「形而上的哲思」導引至「形而下的操作技術」層面之間的連結，並以「誠於中」的專業知能、敬業與誠懇的態度，以及誠意正心的修為，予以串聯而構成一完整的體系。因此，基於以上的思維脈絡，校長如何融合教育的本質與現象，以及思維與行動，並將所持有的教育哲思運用到教育現場，進而達成教育的目的，則是我們所要思考的課題。

肆 | 如何形塑校長學

茲以校長學的性質與其架構內涵為基礎，提出如何形塑校長學的策略如下。

一、以完善行政形塑優質校長

欲以制度的建置與運作形塑優質校長宜從如何選擇校長開始，例如，校長的甄選機制該選擇具有哪些特質或條件的校長，選擇的程序是什麼，由哪些單位或人員負責甄選作業；校長的導入課程在讓即將成為校長的夥伴學習或知道校長該做什麼，該如何扮演好校長的角色，以及師傅校長的選擇與輔導協助初任校長等。即使是已擔任校長多年的資深校長，有關校長的專業成長與領導實務，或是校長的職涯發展，或是如何有效的評鑑校長等等，都需要建置一套完善且具有循環回饋的制度與運作機制。

二、以哲思為啟動校長領導的根源

校長的哲思基礎是導引校長領導實務與角色扮演的一切根源，沒有哲思基礎將使校長領導陷於迷思與雜亂，沒有方向；校長領導的具體操作技術，因為沒有哲思基礎，也就不會有具說服力的領導策略。因此，為能融合校長的思維與行動、理念與實踐，將所持有的教育哲思運用到教育現場，進而達成教育的目的，須以哲思為啟動校長領導的根源，從「形而上的哲思」導引至「形而下的操作技術」，

並以「誠於中」的專業知能、敬業與誠懇的態度，以及誠意正心的修為，予以串
聯而構成一完整的體系。

三、以反思學習促進校長專業成長

　　反思學習是一種習慣，也是一種修為，校長經由不斷的反思學習，不僅能增
進校長的個人專業成長與領導的專業發展，也能據以導引出如何運用領導策略，
而深耕學校組織文化的策略領導與規劃，促進學校組織的變革與發展。尤其在講
求學校專業化、校長專業成長的趨勢環境下，校長若能養成反思學習的習慣，並
從其中獲得一套教育理念與辦學理念，進而運用到學校教育現場的領導實務上，
則將更能有效彰顯校長領導的專業成長與發展。

四、以評鑑機制確保及精進校長領導效能

　　校長引領學校以達到綜效性的領導效能，並以深耕學校優質文化為依歸。為
能確保校長領導品質，精進校長的領導效能，教育行政與學校行政宜建立一套如
何有效評鑑校長的機制。建議可從校長的個人層面（如學習反思、教育理念與辦
學理念）、領導層面（如領導策略與實務）、學校組織層面（如學校內外環境、
公共關係、學校組織文化等），以及領導效能等各項層面予以思考切入。而在評
鑑模式方面可兼採目標模式、CIPP 模式的精神，以認可制為主的評鑑模式，強調
校長的自我精進與品質確保為首要目標。

五、融合理論、研究及實務豐厚校長學

　　從校長學所具有的學術性、理論性、應用性、專業性、生涯發展的特性可知，
校長學不僅涉及校長個人的因素，也與學校組織內外環境（如政治、社會、文化、
經濟等），以及教育行政與學校行政制度有關；同時，校長學不僅是一種校長反
思學習、專業成長的歷程，也強調如何有效運用領導策略，及領導效能的綜效結
果。因此，校長學兼融制度與實務、個人與組織、歷程與結果、學術與應用的各
項層面之連結。而如何融合理論、研究及實務以豐厚校長學實為當務之急。

伍｜結論

　　本研究的思維脈絡係從校長學的性質開始，據以提出校長學的架構與內涵，進而提出形塑校長學的策略作為行動方向，作為整體性的概念架構，此一概念架構能將形塑校長學的思維與行動予以有效連結，亦即是，校長學係從「形而上的哲思」導引至「形而下的操作技術」層面，並以「誠於中」的專業知能、敬業與誠懇的態度，以及誠意正心的修為，予以串聯而構成一完整的體系。此一架構的思維脈絡，使校長知道如何融合教育的本質與現象、思維與行動，而能將所持有的教育哲思運用到教育現場，進而達成教育的目的。

　　其次，以 CIPP 模式思考所建構的校長學架構與內涵，不僅可從校長的培養階段、導入階段，以迄初任校長、資深校長的職涯發展階段，並與校長的反思學習成長相互連結，可從教育實務現場中彰顯校長學的學術性、理論性、實務性、應用性、專業性等特性。因此，建構兼具思維與行動、融合理論、研究與實務的校長學架構體系，是形塑豐厚校長學的有效途徑與策略。

🗂 張慶勳小檔案

　　國立高雄師範大學教育學博士，臺灣省公務人員基層特考（教育行政人員類）及格（1979），曾任臺南市國小、國中教師，臺南縣、市政府教育局課員，國立彰化師範大學教育學院組員兼秘書、國立屏東師範學院講師兼秘書室秘書、教務處出版組組長、副教授兼學生事務處學務長、國民教育研究所所長、國立屏東教育大學教育行政研究所所長、教育科技研究所所長、師資培育中心主任，國立高雄師範大學屏東縣校友會理事長。現職為國立屏東教育大學教育行政研究所教授兼教育學院院長、中華民國學校行政研究學會理事長、臺灣教育政策與評鑑學會理事、臺灣地方教育發展學會常務理事、國立高雄師範大學屏東縣校友會榮譽理事長。曾獲得中華民國教育學術團體 98、99 年度木鐸獎。學術專長為教育行政、學校行政、學校組織行為、領導‧管理‧決策、教育研究法、學校組織文化、學校組織效能、教育計畫與評鑑。

References
參考文獻

中|文|部|分

林文律（2011.1.25）。「校長專業之建構」專書編輯理念。電子郵件。

林明地（2005）。校長學──工作分析與角色研究取向（初版三刷）。臺北市：五南。

林明地（2011）。99 年國科會教育學門教育行政與政策、師資培育領域專題計畫成果發表：回顧與前瞻。人文與社會科學簡訊，**12**（2），33-40。

特朗博（Trumble, W. R.）、史蒂文森（Stevenson, A.）主編（2006）。牛津英語大辭典（簡編本）。上海市：上海外語教育。

國立臺北教育大學（2007）。國立臺北教育大學 2007 教育行政論壇國際學術研討會實施計畫。收於 2007 年 5 月 27 日國立臺北教育大學教育政策與管理研究所主辦，**國立臺北教育大學 2007 教育行政論壇國際學術研討會會議手冊及論文集**（頁 1-3）。臺北市：國立臺北教育大學。

張慶勳（2000）。國小校長轉化、互易領導影響學校組織文化特性與組織效能之研究。高雄市：復文。

張慶勳（2006）。校本文化領導的理念與實踐。高雄市：復文。

張慶勳（2008a，5 月）。學校在地文化深耕的策略領導與規劃案例故事。收於 2008 年 5 月 30 至 31 日淡江大學策略規劃與教育改革國際學術研討會，「**2008 策略規劃與教育改革國際學術研討會**」論文集（頁 225-237）。臺北市：淡江大學教育政策與領導研究所。

張慶勳（2008b，11 月）。校長領導的反思學習案例故事。收於國立暨南大學 2008 教育領導與學校經營前發展研討會，「**2008 教育領導與學校經營前發展研討會**」論文集（頁 227-240）。埔里鎮：國立暨南大學教育政策與行政研究所。

張慶勳（2009）。校長反思領導：形塑領導力的認知歷程與意義。教育行政論壇，**1**，157-173。

張慶勳（2011a）。校長領導促進學校組織的變革與發展：以校長領導的反思與學習為切入點。香港‧沙田：香港中文大學。

張慶勳（2011b）。論文寫作軟實力──悠遊在研究寫作天地中。臺北市：五南。

陳永明等（2010）。教育領導學。北京市：北京大學。

臺北市教師研習中心臺北市優質學校資源網（2011）。**臺北市 100 年度優質學校評選作業**說明。2011 年 7 月 7 日，取自 http://www.tiec.tp.edu.tw/

英｜文｜部｜分

Bolman, L. G., & Deal, T. E. (2008). *Reframing organization: Artistry, choice and leadership* (4th ed). San Francisco: Jossey-Bass.

Clarke, S., & Wildy, H. (2010). Preparing for principalship from the crucible of experience: Reflecting on theory, practice and research. *Journal of Educational Administration and History, 42* (1), 1-16.

Hoy, W. K., & Miskel, C. G. (2008). *Educational administration: Theory, research, and practice* (8th ed.). Boston: McGraw-Hill.

Wolcott, H. F. (1984). *The man in the principal's office: An ethnography* (2nd ed.). USA: Waveland Press.

4 有關建構培育學校領導者體系之爭論點：
以認知架構與制度基盤為中心

大脇康弘（大阪教育大學教授）著

楊思偉（國立臺中教育大學校長）譯

壹 | 問題意識

　　有關學校領導者（日文稱スクールリーダー）的培育，已經從理論探討的時代，進入實驗性實踐的時代。1990 年代以後，中留武昭及小島弘道兩位所領導的研究團體，已經將日本有關培育學校領導者教育之理論基礎建構完成（中留武昭1995a，1995b；中留武昭編，1998；中留武昭・論文編集委員會，2003；小島弘道編，2004a）。在教育學會層級，有一個團體「日本教育經營學會特別委員會」整理出一份「提案：針對學校行政管理人員之養成及研修的制度建構」，其中建議應以研究所的方式培育學校領導人員（日本教育経営学会事務局編，2001；日本教育経営学会スクールリーダーの資格任用に関する検討特別委員會，2003）。

　　由於受到此研究走向的刺激，教育系統的大學及學院自 2001 年之後，與教育委員會合作，一面試辦多元型態的學校領導者教育，一面針對培育學校領導者的專業研究所進行具體的規劃，並反覆討論落實的可能性（兵庫教育大学専門職大学院検討ワーキング，2003；大阪教育大学学校教育講座・教育学分野，2004；スクールリーダー・フォーラム [SLF] 事務局編、大阪教育大学・大阪府教育委員会合同プロジェクト：第 3 回；2004）。進而，2004 年岡山大學教育學研究所

本論文 2005 年撰寫，2012 年略作補述，原文登於 2005 年 5 月日本教育經營學會紀要第 47 期。

創設「教育組織經營專業專攻」（日文「專攻」即專業或組別之意），2005年兵庫教育大學教育學研究所重新設置「學校領導者專業」，千葉大學教育學研究所也針對設置「學校經營專業」踏出了第一步。

　　雖然教育系統的大學和學院加速進行相關的努力，但是另一方面引起騷動的是中央的教育政策。2004年8月，文部科學大臣河村建夫為提升教師的素質，推出「師資養成相關的專業研究所」（日文稱專門職大學院）之提案，這是中央教育審議會討論的主要議題，當時正在審議中。其後的作業流程預定2005年7月發表中間報告，10月發表最後的諮議報告，然後2006年修訂相關的法令，2007年朝向設置「教師養成專業研究所」之目標。然而這項諮議報告之時間大幅落後，中間報告雖然在2005年12月提出，但最後報告是在2006年7月11日提出，完成修法則延到2007年3月，而「教職專業研究所」的創設已是2008年4月。這類研究所至2012年共有25所大學設立，學生數共有815人。因此，大部分的教育系統大學和學院，受到這種趨勢的刺激，針對2005年6月相關的教師養成計畫，一方面規範「有關培育高素質的教師之支援措施」（教師養成GP計畫），對於具體化落實專業研究所的構想，邁出了重要的一步。

　　雖然如此，以巨觀的角度觀察現況，各個大學其實並無明確的掌握文部科學省（以下簡稱文科省）的政策目標和架構，卻也逐步進行設置專業研究所的計畫，所以在相關人員間的混亂和不安心情日漸增加。在此項問題上，有關培育學校領導人員之理念與制度之再建構，這項根本的重要課題卻被周邊的措施攪亂，以致變成中央和各大學互相干擾，這似乎是問題的根本吧！

　　本文將分析培育學校領導者的制度現況和背景，再針對專業研究所中有關學校領導者教育之基本問題進行深入的探討，主要的討論項目有以下三項：

1. 有關學校領導者教育的基本認識架構——「理論的認知與反省的實踐之統一」。
2. 學校領導者教育制度的基礎——「大學與教育委員會的合作」。
3. 學校領導者教育的制度化——「行政管理人員的證照制度」。

貳 | 形成學校領導者教育的理論基礎

一、學校領導者之定義

　　スタールリーダー是 school leader 的直接翻譯，雖然日本也有翻成「學校指導者」的用語，但卻是語意不明的概念。一般使用「學校管理職」（即我國之學校行政人員）、「教育管理職」等，以指涉校長及副校長（日文是教頭）之職位；1990 年代以後，改以外來語的稱呼──「學校領導者」（Burdin, 1989; Fullan, 2003; NCSL, 2003）代替上述用語。

　　在英美兩國，因致力推動學校自主經營的學校本位行政（school-based management, SBM）或地方本位行政（local management of schools, LMS）政策，乃謀求將身負其重責的校長及副校長的角色功能有所轉換，所以逐漸使用「學校領導者」（school leader; school leadership）的用語（中留武昭，1995a；加治佐哲也，2005）。不過，因為在英美兩國，教育行政職與學校管理職之連結，在功能上的相似性很高，所以上述「學校領導者」的用語，除了指涉校長、副校長外，其概念也包含指涉教育局長（日文是教育長）和督學（日文是指導主事）職位（中留武昭，1995a；加治佐哲也，2005）。

　　日本有關「學校領導者」的定義，可分為狹義、廣義及最廣義三種。即包括只限定在校長及副校長的狹義定義；其次指「組成學校之核心者」之教職員，這是包括法定主任職位及總務主任（日文稱事務長）之廣義定義（大阪教育大学学校教育講座・教育学分野，2004）；進而，再加上教育局長及督學之最廣義定義（中留武昭編，1998；兵庫教育大学專門職大学院檢討ワーキソグ，2003）。

　　在本文中，使用最廣義的「學校領導者」概念，其不僅包含學校行政管理職位，也包含中堅領導幹部的概念。其之所以如此定義，主要不僅是企圖想消弭稱為學校管理職本身所涵涉的重視法之管理的固著印象外，也因此種概念和日本目前組成學校的現況認知、組織構想及建構學校領導者教育（即訓練之意）有深切的相關。亦即，(1)針對擔負學校自主經營重任的學校領導者的角色功能轉換；(2)實際負責學校經營及行政管理任務的中堅幹部對組建學校的充分認知；(3)進而一

方面培養兼具組織理論及技術的廣泛素養之學校領導者，一方面對最上層的校長及副校長施以專業教育的構想（大脇康弘，2003）。

二、校長及副校長研修

　　一般談到學校領導者的能力培養，大致的想法都是指經由學校現場的教職經驗──特別是在負責的學校中參與學校運作時，自己從中所獲得的能力為主。而校長及副校長研修，除一般教師皆有的研習外，在任用前幾乎沒有任何研習，任用後只對新任者給予特別研習，大致是若干天，時數約十多個小時（スクールリーダー・フォーラム [SLF] 事務局編：第 3 回，2004：96-101）。

　　研習內容是有關學校管理者的應有認知、各縣（省級行政區）的重點教育政策、教育法規的應用、教職員服務工作的監督等傳統項目。最近幾年則包括創建開放的學校、學校評鑑、學校評議員制度、教職員評鑑、學校危機管理、學童問題行為的處理等新課題也都被設計進去。教學方法與型態雖仍以講授方式為多，但實踐報告、事例研究、工作坊等方式也逐步引入。整體言之，學校管理職研習仍以個別議題之集結的色彩較強，在體系性與一貫性方面不足，而時間數也很有限（元兼正浩，2003；中留武昭・論文編集委員會，2003：325）。另外，校長協會、副教長協會也獨自辦理一些研習，但其內容也大致以邀請講師演講及討論的方式為主（小島弘道編，2004a）。

三、學校領導者教育的啟動

　　近年來，在圍繞學校領導者的周遭環境產生急遽變化之情況下，要求實施正式的學校領導者教育的呼聲日漸提高。其主要背景包含三項重要原因：即(1)學校自主化政策的推動；(2)學校行政管理職人員絕對不足時代的來臨，以及(3)對研究所教育的特色化與重點化之社會壓力。

　　在第一點方面，因推動學校的自主性與主體性已成為政策目標，所以基於學校願景和經營策略的學校創建，及開放給家長和社區居民參與的學校創建成為必要。而擔負這種自主性學校創建的學校領導者，單擁有依法律管理和解決問題的能力已經不足，具有組織開發型的經營能力已變得不可欠缺。亦即，能夠形塑學

校願景，選擇策略進行學校組建，並執行績效評鑑的「學校領導能力」的獲得，已成為最重要課題。

與此有關的是，導入錄用「民間人當校長」之制度，期待具有企業經營經驗者，能將其經驗活用到學校經營之政策上。這種政策乃是要刺激教育界及校長，迫使其更具活力辦校的特例，我（大脇康弘）認為不會錄用太多人。因此種政策雖說具有廣泛尋求人才的意義，但與提升學校行政管理人員的專業性政策正好相反，這也是不能否認的。

第二點方面，新近錄用許多新任教師，但與此相反地，校長與副校長絕對不足的時代卻已來臨。有關校長與副校長職缺的確保與素質的提升，在教師人事政策上已成為必須緊急對應的課題。其背景是 1980 年代以後，學童數由急增到急減過程中，對錄用政策採取嚴格控制策略，導致形成年長教師較多，中堅層與年輕層教師非常少的「葡萄酒杯」型的年齡結構。2007 年以後，戰後出身的「團塊世代」教師進入退休年紀，將一舉進行大幅度的世代交替，因此有一推估研究顯示，即使同年齡層的全部人員都成為行政管理職，也仍然會有所不足。特別是關東地區和近畿地區，包含大都市部分的「縣」，這種情況特別明顯，所以有關學校行政管理職位的量的確保乃是日後最高的命題。

為此，做為解決策略之道，首先是規劃增加有志成為行政管理人員的數量，是必需的基本策略；其次，可以採取的選擇策略是年輕教師及女性教師的錄用、教育相關職位者，以及民間人士的錄用等。也可思考再錄用有能力的行政管理人員，不過這種限制仍大。再者，為了培育有實力的行政管理人員，應該大量培養具有領導能力的中堅幹部，而從中有計畫地及有組織地培養校長及副校長的有志者。如果沒有這種長遠觀點的教師人事政策，想要重新創建學校新氣象的各種政策都只是空中樓閣而已。

第三點方面，教育系統的大學或學院，在 2004 年國立大學法人化政策中，被要求要更有特色化與重點目標。因此在各大學的中期目標與中期計畫中，做為重點課題，揭示充實師資培育（教師養成─教師錄用─教師研修），甚至提出要創設培育學校領導人員的專業研究所之大學也不少。在研究所中規劃充實和擴充教師教育，對於鞏固研究所的招生人數是有效的，也可以與促進地區的教育發展和學校的活潑化相結合。因為這樣，在研究所辦理學校領導者的養成教育，做為大學教育的活潑化與大學生存策略之一環，是應該優先檢討的課題。

正如上述般，從教育政策、學校現場、大學經營三者交叉的要求，可說有關學校領導者教育議題的關心已經存在，並且其必要性與可能性已經很高。

參｜學校領導者教育的動向

一、學校行政管理職研修的動向

上述針對校長研修及副校長研修做了一般狀況和問題點的敘述，在此針對改革動向做一論述。首先扼要言之，可以發現有關教育行政管理人員研修，已有擴充數量和體系化的傾向，也有多樣化的情況，因為：(1)研修時數和日數的擴充，是以往的兩倍左右；(2)不只是初任者，也導入第二年的研習；(3)分成全體、自願及指定研習，可依照研習對象的職歷實施研習；(4)研習內容和方法多元化，提高了實踐的應用性（兵庫教育大学連合研究科共同研究プロジェクト，2005：15-20）。目前在嚴苛的財政狀況下，督學數量已被削減，因此，雖然管理人員的研習必須改革，但會有多少成果仍有待觀察。

其次，文科省也在推動「學校組織經營（management）研習」。文科省「經營研習課程等研發委員會」製作了「學校經營研習手冊」，明確提示各都道府縣教育委員會及各教育研習中心實施時應有的教育方式、方法及流程。2004年度曾辦過有關研習規劃負責人及講師的說明會，其後各行政單位已經陸續試辦。雖然準備了前所未有的具體性及實踐性的教材，研修方式基本上也以體驗性方式為主，這是劃時代的創舉，但另一方面，在研習過程與方法雖特意多樣化，卻也讓流程標準化了。因此，雖說此種研習逐漸普及的可能性很大，但各縣、各地方、各學校多樣的研習型態要如何統整成一體，將是重要的課題（木岡一明編，2004）。

另外，大阪府為了解決校長及副校長不足時代來臨的問題，以中堅教師（教職經驗11年至15年的人），打出設置「校長養成班」的方針。在府立學校層級，每年選出60人，每年至大阪府教育中心接受八次「學校經營研習」的課程。在研習中，主要著眼在學校經營的相關知識和提升規劃能力及調整能力，設計「如果要改善這所學校時」等具體的課題，透過討論（discussion）和辯論（debate），思考解決方法等，課程相當重視實踐性與應用性，這是由大阪府教育委員會與大

阪教育大學等合作共同建構的研習內容（読売、毎日、産経、日経新聞大阪版，
2005 年 3 月 8 日夕刊）。

二、研究所課程有關學校領導人員教育的構想與具體化

　　近年來，在教育系統的大學與學院中，關於實施學校領導者教育的應有作法，
一直進行各種研究與檢討，而一部分成果也已經落實。其具體方案是在研究所設
置學校領導者教育專業課程，另與以現職教師為對象，在大學或研究所設置研習
課程之事項分開處理，其方式有以下四種：

　　1－1　在現有研究所中創設學校領導者教育之專業與相關課程：共有四所大
學，即九州大學研究所（日文直接寫九州大學大學院，以下同）──人間環境學
府「學校改善專修」（1998，4）、岡山大學研究所──教育學研究科「教育組織
經營專攻」（2004，4）、兵庫教育大學研究所──教育學研究科「學校領導課
程」（2005，4）、千葉大學研究所──教育學研究科「學校經營課程」（2006，
4）（スクールリーダー・フォーラム事務局編：第 3 回，2004）。

　　1－2　籌設專業研究所（日文是專門職大學院，即美國之 profession school）：
雖有很多大學正研擬設置相關組織，但本文撰寫時，手中拿到的資料，只有大阪
教育大學研究所「學校領導學專攻案」、東京學藝大學研究所「教育經營開發講
座案」、筑波大學「學校領導能力開發專攻案」、兵庫教育大學研究所教育學研
究科「學校指導職專攻案」等，其他應該還有（スクールリーダー・フォーラム
事務局編：第 3 回，2004）。

　　2－1　大學之研究所與教育委員會合作，對現職教師開設學校領導的科目：
如大阪教育大學研究所的公開課程（日文是授業公開）、京都大學研究所實施的
科目選讀制度。

　　2－2　大學本身與教育委員會合作，開設學校領導的公開講座：這種方式因
配合各大學的公開講座內容、型態、方法及規模等狀況，同時亦因應教育委員會
之需求，所以可以較容易且多元的導入，因此各大學皆試圖推動。2004 年起，兵
庫教育大學、奈良教育大學、岐阜大學、大阪教育大學等都在實施。

　　其中，兵庫教育大學與兵庫縣教育委員會，推動初任副校長及督學之「學校
管理職、教育行政特別研修」（10 天）；大阪教育大學與大阪府教育委員會、大

阪市教育委員會合作，推動「學校領導研習」（6 天），是較認真且具實驗性的案例，日後可加以分析及檢討（加治佐哲也，2005：225；スクールリーダー・セミナー [SLS] 事務局編，2004，2005）。

如上述般，學校領導者教育的目的、內容、型態、方法及規模並不一致，乃是呈現多元的，不過，要思考之問題的重點是，當實施主體不同時，到底有多少差異存在呢？因為第一，以行政機構為主體推動的研習，與大學和教育委員會合作的公開講座，雖在實踐性與臨床性之目標上，具有很高的共通性，然而，大學教授以理論基礎與政策分析為講授重點，此與想學習政策的具體化內容及如何落實的督學和學校教師之學習期待，有很大的落差，因此對於兩者間的認知基礎及語言涵意等基本的差異性不能疏忽。第二，雖然在研究所有關學校領導者教育是以實踐性與臨床性為主建置的，但與行政的管理職研習仍有相當的差異性。而那不僅是規模大小的不同而已，重點是研究所乃以理論性及體系性為基礎而成立，所以在研究所進行持續地及系統地學習乃是最基本的。正因為如此，重視與實務銜接之實作（internship）及實踐研究時，研究所階段的教育應如何再重新建構，是必須好好檢討的。

肆｜研究所中學校領導者教育的框架與制度基盤

一、理論認知與反省式實踐之統一

在研究所中的學校領導者教育，為了培育高級的專業人士之實踐能力，必須編製重視實踐性與臨床性之課程，此種觀點受到一般人強烈的支持。美國在 1990 年代興起了重視實踐本位之課程（performance-based curriculum）理念，因此問題中心學習（problem-based learning）成為主力的想法。另外，英國在 1990 年代也由強調學術性知識學習轉而重視實踐力之課程（competence-based curriculum）。日本方面，由日本教育經營學會特別委員會及小島弘道為代表之學校經營研究小組，提出「實踐本位課程」（performance-based curriculum），岡山大學研究所「教育組織經營專攻」之課程編製，也是以此概念為本之具體例子（小島弘道編，2004b）。

不過，成為大家討論的焦點所在，是應如何達成上述目標？而一般之作法，也多以個案法、實踐研究及實作等之內容及方法做為主軸，進行實證性討論的情況較多。從理論的觀點考察之，這是「學校經營的理論與實踐之統一」，也可解讀為「學校經營理論之認知與反省性實踐雙向的交流」。若以圖形方式說明時，那是經由反覆作業而實現的，是「從實踐到理論化的方向」和「從理論到實踐分析的方向」的。而在那情況時，加深理論認知的基礎概念與認知方法是必不可缺。為了使理論認知與實踐認知互相交流，乃產生了以下的重要問題：

第一，學校領導者在日常推動的行政實踐工作中，欲進行客觀體會及認知，並使其知識化的轉化過程，必須有一定的理論體系和研究方法。如果此種基礎學習不足時，捕捉的事項會變成複雜且模糊的實務經驗，導致無法深化實踐的見解及反省式的考察，這是很大的問題。

第二，從認知架構及理論進行分析與考察經營實務及教育問題時，存留學校領導者原有的經驗與具備綜合之知識是重要的。當他們某種程度上能活用理論與實證的研究法後，才能從具經營實務的觀點進行與理論及實務的內部對話。

第三，為了促使學校經營的理論與實踐互相刺激並整合，必須確定達成目標的策略與方法，並須構建學習的流程。在此時，教育研究者與教育實務者、教育政策決策者之間的交流與對話是不可缺的。透過這種共同作業與交流，卓越的新課程才能開展出來，也才能促進任課教授的相關能力。

此構想稱作「理論知識─實證知識交流理論」，吾人應以此為主軸，並做為構建「做為實證科學之學校領導學」之課題。若以此重點做為課程建構之基本架構，則可包含：(1)理論與方法；(2)事例研究；(3)實證研究；(4)實作之四個領域。

二、建構學校領導者教育時，大學與教育委員會之合作

當建構學校領導者教育體系時，如何進行大學與教育委員會之合作，是第二個討論的焦點。大學與教育委員會之合作，自2001年以後，開始締結協議書，急速的進行各種案例。原本各自擁有的人力資源、設施設備、財政資源及組織運作力，在簽約合作後，彼此提供資源，並共同推動業務。那不僅是雙方的合作與支援而已，在推動非單一組織所能進行的有關內容、規模及水準的事項上，更變成可能落實之業務。而實際上，在推動合作業務方面，有關主體、內容、型態、方

法及規模上都非常多元，難以一概而論。雖然如此，但從決定合作的品質及方向上而言，若以活動的主體之關係水準為指標基礎，我想可以有效地分成以下幾類：

「水準 0：疏遠」——彼此的關聯很少，處於不關心與非協助的關係。

「水準 1：個人性的協助」——隸屬於某方的相關人員，以個人身分向另一方單位給予協助的方式，與組織的相關性協助幾乎沒有。

「水準 2：組織式的、單方面的協助」——雖然是組織式的合作關係下的協助，但基本上是委託與被委託的單方向關係，在此狀況下，有關運作的資訊交換及聯絡事項有部分進行。

「水準 3：組織式的、調整式的協助」——雖然是組織式合作關係下的組織間的共同運作，但實際的處理方式大致是主體、協助及支援關係（主辦、協辦、協助）。

「水準 4：組織式的共同運作」——組織間的合作是共同的基礎，以此概念落實合作業務。而有關業務的企劃與運作，一方面彼此調整組織間的差異，一方面共同推動。另外，業務需要的經費，各自負擔各自的部分。這種方式可以發揮組織各自的優點，並可推動單一組織所無法做的相關業務。

在此論點下，學校領導者教育的課程發展或組織體制，到底是應以水準 3 所謂組織式的、調整式的協助來進行呢？或以水準 4 組織式的共同運作方式來進行呢？有關這一點，可能會因大學與教育委員會對分工的認知及合作的進行狀況不同，其認知也會有所不同吧？大學與教育委員會若強化彼此合作關係，因兩者充分之信任與協助，建立嶄新的平臺，則營造新的業務也是可能的。但是，我想在建構學校領導者教育的體系時，以水準 3 組織式的、調整式的協助為模式是一般所期待的。其理由乃因能注意到研究所的特殊性，並能推動「理論知識與實踐知識交流」之故。

就原則上而言，大學一方面應維持與教育政策之關係，另一方面，維持對教育政策的相對性的批判立場，以確保兩者間的緊張關係乃是必要的。研究所中的學校領導者教育，為使學校領導者能自由討論，締造「共同學習場所」（professional learning community of school leaders）之故，大學與教育委員會能維持適當距離、進行合作業務，是被期待的基本態度。

三、行政管理職證照制度之應有作法

在研究所課程實施學校領導者教育時，許多大學會面臨各教育委員會有關培育行政管理人員的人事政策問題。如果有如美國般的教育行政職證照制度，在研究所取得的學位與學分成為人事升遷之基本資格的話，則制度上的關係就很明確。然而，目前日本在制度上彼此的結合與行政管理職人事之特殊措施仍沒有設計。關於此點，若沒有積極開展，要促使學校領導者教育能形成制度化是有困難的。

今後，以能確保行政管理人員的數量為最優先的教育委員會，應對培育優秀的學校領導人員投以關心，並對研究所的專業教育給予適切的評價，以逐漸累積更多的成果。為此，研究所方面應與各教育委員會互相協力，開發優良的專業課程，組合卓越的教授教學團隊，以朝向達成最佳成果的目標前進。

📁 **大脇康弘**（OWAKI Yasuhiro）**小檔案**

筑波大學教育學博士課程修了，現任大阪教育大學教育學部教授。專長為教育經營學、學校領導者教育論、學校教育學、教師教育學。著有學校領導者教育之具體構想、六年一貫高中教育之批判等數十篇論文，並編著《学校をエンパワーメントする評価》（ぎょうせい）、《学校評価を共に創る》、《学校を変える授業を創る》（学事出版）。

📁 **楊思偉小檔案**

現任國立臺中教育大學校長，1990 年取得東京大學教育博士學位並返臺任教於國立臺灣師範大學教育學系。長年研究各國教育制度與發展趨勢、課程改革及高等教育，著作等身，引領學術論述發展，尤其對於師資培育發展、高等教育興革、中等教育改革、課程改革、國民教育規劃等皆有相當獨到之著作論述。楊思偉教授的學術成就與聲望獲得學術界長久以來推崇，先後被推選為中華民國師範教育學會理事長、比較教育學會秘書長、教育學會理事、課程與教學學會監事、臺灣地方教育學會監事等職，積極推動我國學術研究之發展，並於 2010 年獲頒教育部優秀教育人員獎、2010～2012 年連獲行政院國家科學委員會特殊優秀人才獎勵之殊榮。

References
參考文獻

英 | 文 | 部 | 分

Burdin, J. L. (Ed.) (1989). *School leadership.* London: Sage.

Caldwell, B. J. (1988). *The self-managing school.* London: Falmer Press.

Eraut, M. (1993). *Developing professional knowledge and competence.* London: Falmer Press.

Fullan, M. (Ed.) (2003). *Educational leadership.* San Francisco: Jossey-Bass.

Harris, A., & Lambert, L. (2003). *Building leadership capacity for school improvement.* Maidenhead: Open University Press.

Hargreaves, A. S., & Fink, D. (2005). *Sustainable leadership.* San Francisco: Jossey-Bass.

Leithwood, K. (2001). School leadership in the context of accountability policies. *International Journal of Education, 4*(3).

National College of School Leadership (2003). *Leadership framework.* Nottingham: NCSL.

Sergiovanni, T. (2003). *Moral leadership.* San Francisco: Jossey-Bass.

日 | 文 | 部 | 分

大阪教育大学学校教育講座・教育学分野（2004），『スクールリーダー教育の基本的考え方と方針―専門職大学院づくりを目指して』，＜大阪教育大学スクールリーダー・プロジェクト(SLP)研究報告書＞。

スクールリーダー・フォーラム(SLF)事務局編、大阪教育大学・大阪府教育委員会合同プロジェクト：第1回『学校教育自己診断を実践する』（2003）；第2回『学校を開く・学校を診断する』（2003）；第3回『スクールリーダー教育の必要性と可能性』(2004)、第4回『授業評価の理論・政策・実践』（2005）。

スクールリーダー・セミナー（SLS）事務局編（2004），『学校づくりの思想と技術』。

スクールリーダー・セミナー（SLS）事務局編（2005），『学習するスクールリーダー』。

大野裕己（2001），「日本における校長のリーダーシップ研究に関するレビュー」，日本教育経営学会編，『日本教育経営学会紀要』第43号。

大脇康弘（2003），「ミドル・アップダウン型の組織開発」，『月刊高校教育』6月号。

大脇康弘・田村昌平編（2002），『学校を変える 授業を創る』，学事出版。
岡東壽隆（1994），『スクールリーダーとしての管理職』，東洋館出版社。
小島弘道編（2004a），『校長の資格・養成と大学院の役割』，東信堂。
小島弘道編（2004b），『新編　校長読本』，教育開発研究所。
加治佐哲也（2005），『アメリカの学校指導者養成プログラム』，多賀出版。
木岡一明編（2004），『学校組織マネジメント研修』，教育開発研究所。
シロトニック, P.A., グッドラッド,J.I., 中留武昭監訳（1994），『学校と大学とのパート
　　ナーシップ』，玉川大学出版部。
デール, T.E.・ピータースン, K.D.、中留武昭他訳（2002），『学校文化を創るスクール
　　リーダー』，風間書房。
長尾彰夫・和佐眞宏・大脇康弘編（2003），『学校評価を共に創る』，学事出版。
中留武昭（1995a），「アメリカの教育指導者養成における大学院カリキュラムの視座
　　と戦略」，『教育経営 教育行政学研究紀要』第 2 号，九州大学教育学部教育経営，
　　教育行政学研究室編。
中留武昭（1995b），『学校指導者の役割と力量形成の改革』，東洋館出版社。
中留武昭編（1998），「学校指導者—教育長、校長、教頭、指導主事の育成」，『季刊
　　教育法臨時増刊号』115 号。
中留武昭・論文編集委員会（2003），『21 世紀の学校改善』，第一法規出版。
日本教育経営学会事務局編（2001)，『スクールリーダーのための専門大学院を構想す
　　る』。
日本教育経営学会スクールリーダーの資格任用に関する検討特別委員会（2003），『提
　　言：学校管理職の養成・研修システムづくりに向けて』。
浜田博文（2004），『「校長の自律性」確立と校長の役割に関する研究』科研報告書。
兵庫教育大学専門職大学院検討ワーキング（2003），『中間報告（概要）』。
兵庫教育大学連合研究科共同研究プロジェクト（2005），『スクールリーダー育成のた
　　めの教育プログラムの開発』，岡山大学。
堀内孜編（2001），『開かれた教育委員会と学校の自律性』，ぎょうせい。
元兼正浩（2003），「自治体における学校管理職の資質力量向上施策の限界と可能性」，
　　『日本教育行政学会年報』第 29 号、教育開発研究所。
八尾坂修（2004），『学校改善マネジメントと教師の力量形成』，第一法規出版。
読売、毎日、産経、日経新聞大阪版（2005，3 月 8 日夕刊）。

5 領導發展的新方向

林文律（國立臺北教育大學教育經營與管理學系退休副教授）

壹｜前言

　　領導者對吾人生活的影響力無所不在，可惜一般人都毫無感覺。主宰著我們生活的領導者，究竟要有怎樣的資質才能為我們所接受，其實是很重要的事。而有關領導者的領導成分究竟是與生俱來，或是後天培養，其實一直很難有定論。一般而言，領導者天生以及後天的成分應該都有一些，都有其不可忽視的地方。就天生的部分而言，關切領導的人所關注的焦點，是如何找出具有良好品德與適當才華的人來就任某種領導職務，也希望被挑選上而就任某一職位的人，真正能夠適才適所。就後天的部分而言，領導發展的作用在於使一個有領導潛力的人，能透過某種發展機制，使其未來組織領導所需的才能得以逐漸擴展，並臻成熟且靈活運用。這是一個非常複雜且未可知的歷程。以當今各類組織面臨日新月異的科技以及日益複雜的環境而言，領導及領導發展顯得格外重要。

　　本文主要的目的在探討領導發展的原理，並提出一些新方向。本文首先試圖揭開臺灣政府部門領導發展的常見景象，並以學校領導發展（校長儲訓）為例，提出一個領導發展模式圖，藉以討論領導發展的一些相關面向，包括評估、挑戰、支持、影響力等。本文在最後的討論與結論之後，對臺灣公務人力發展相關單位提出一些具體建議。

貳｜過去與現在領導發展的景象：以校長甄選與儲訓為例

　　長久以來，政府機關的公務訓練部門及教育訓練部門，在執行訓練計畫時，常常只求某一訓練工作有沒有去實施，但不見得會去探討為什麼要做？有做與沒做之間，究竟有何差別？做過了之後，究竟真正的成效在哪裡？怎麼看得出來？領導發展（包括公務人員儲訓、中小學校長或主任儲訓）就是一兩個很明顯的例子。君不見公務人員訓練及校長儲訓或培育，常常只問受訓與否。受了訓，成績及格就可結業，取得證書。至於受訓的內涵如何？事先是否做過學員需求分析？學員學習的歷程如何？學員學習的成效（包括自我覺知、認知、情意、行為與心智模式的改變）如何？常常不是大家所關切的事。

　　臺灣的公務人力發展中心、國家教育研究院、教師研習中心等人力發展單位，究竟在發揮何種功能，我個人一直充滿好奇。我很想去實地了解，也一直想著：如果要主持這類的人力開發單位，負責領導者的儲訓與培育，或者要主持教育局（處），負責學校領導者的甄選與工作督導（包括校長的專業發展），我會怎麼做？我好奇的事情有哪些呢？

1. 教育局（處）如何找到適當的人來栽培？甄選的準則為何？何種人最適合發展成領導者？如何得知？
2. 領導發展的目標為何？要把人發展成什麼樣子，可否事先有一輪廓？
3. 領導發展單位要如何進行領導發展？領導發展主要的項目有哪些？與未來職場所要擔負的領導任務有何相關？如何看出其中相關？
4. 針對一批很有人生經驗與既定想法的成年人，領導發展單位有何本事，可以讓他們在自我覺知、知識、心向（dispositions）與行為上，甚至是心智模式上，有所改變與增進？

一、學校領導人員甄選的回顧與評析

　　在印象中，臺灣的地方教育主管單位，如各縣市的教育局（處），在甄選儲

備校長或主任時，通常會根據報考人（候選人）的教師服務年資、行政職務的類別與年資、加上一些特殊表現（得獎記錄），就學歷與資歷積分，排出順序，合於最低標準者，即准予報名參加筆試及口試，並以此甄選出一批未來的領導人員。接著，由教育局自行施予領導訓練或委託領導發展中心（即委辦的校長儲訓班或培育班）施予領導訓練。成績及格，准予結業。到此，領導儲訓的部分即大功告成。領導者訓練完成，在以往（1999 年以前）即列冊準備候用，在現在（1999 年以後）來說，則取得校長遴選資格，可以參加校長遴選。針對本文的目的，以校長而論，甄選與儲訓兩個階段，有必要在此加以概略探討。

首先，就校長甄選而論，甄選的項目，大致看來，也許都是跟未來校長的職務有關，但嚴格說來，都只是想當然耳。沒有一項是經過詳細嚴格的檢驗。以結果論來說，吾人有時會聽到某某校長的領導風格無法有效領導教師，或與家長的期望格格不入，於是歸結出一個初步結論：都是因為這位校長的人格特質，導致領導無法順遂。可是這位有問題的校長卻是不折不扣從正規校長班結業的，說不定他（她）還是名列前茅，最先分發或遴選出去擔任校長的呢！照道理說，他過關斬將，百中選一，應該是最優秀的人選，怎麼可能會無法有效領導學校呢？如果是因為人格特質而不適合擔任校長，為何甄選單位未能事先得知呢？栽培一位領導人需要耗費各種有形與無形的成本，但因為未有先見之明，以為資積的分數排在前茅，考試又考得好，就認定此人適合擔任校長。等到他任職後，才發現他未必適合擔任校長。用人單位事後要如何處理此種情況是一回事，但是把一位不適合的人儲訓或培育了老半天，讓他到學校去當校長，去磨練領導技巧，如果到頭來，還是發現他不知如何當好一個校長（有誰知道怎樣才能當一個好校長？），這一路走來，可能已經耗費了相當多的成本。說實在，前述在資歷積分、筆試、口試過關斬將勝出，並接受校長班儲訓或培育的人，也不乏本質上優秀的人，但卻未必是優秀的校長。可見上述的歷程之中，很可能遺漏了某些關鍵的步驟與歷程。這遺漏的部分，有必要去找回來。而且，上述校長甄選歷程，固然有其道理，但充其量只能顯示外表上機會的均等而已。用人單位及校長培訓的主辦單位更應看重的，其實應該是「結果」的合理性。也就是說，所甄選出來、接受嚴格培訓歷程並經遴選通過而擔任校長的人，一定是一位品質保證、可以把校長當得很稱職的人。

究竟想擔任校長的人，需要具備怎樣的人格特質呢？其實，校長應具備的人

格特質部分，就好像是一個黑箱一樣，也沒有人說得準。我倒是覺得國家教育研究院可以開發一套類似「校長職務性向測驗」之類的測量工具，以便事先篩選出合適的人來擔任校長。其內涵究竟為何？信度與效度如何？如何操作？如何經由測試後逐步修正，都有賴關切者、負責發展此測量工具者，以及負責執行校長甄選工作的單位共同努力。

二、學校領導人員儲訓的回顧與評析

就校長儲訓而論，儲訓單位首先應該釐清校長一職的內涵究竟為何？教育人員相關條例在提到中小學校長職責時，所謂「校長綜理校務」，講得非常籠統，對於校長培訓單位訂定校長儲訓課程的內容與方法，可說毫無幫助。

校長一職的內涵究竟為何？校長需要具備什麼樣的知識、心向與實作能力？校長工作的性質為何？工作需求有哪些？假設有一套方法可以挑選出合適的人來擔任校長，我們如何提供給他最好的領導發展內容？學習領導者要經歷怎樣的一套領導發展歷程？校長生涯可以分成幾個階段？職前階段、入職（導入）階段、熟練階段？各階段的需求與限制為何？不同區域、不同類型、不同社區背景的學校，會有哪些類型的需求？針對各生涯階段、各類型學校，校長所需具備的知識、心向、膽識與實作能力，是否會有所不同？如果校長所需具備的知識、心向、膽識與實作能力，可以經由大家共同討論，並指認出來，是否可以明白列舉？可否至少列舉犖犖大者，以做為校長甄選與儲訓的依據。換句話說，在校長工作職務需求力求明確的原則之下，用人單位事先做一妥善的職務分析，並且只挑選出符合職務需求的人來培訓。在甄選階段，如果能事先做好這一點，其他項目，如資積、筆試、口試等項目，反倒是甄選階段比較不那麼要緊的工作。但目前各縣市教育局（處）及公教人力發展中心在進行領導發展時，卻完全看不出在未來領導職務需求分析，以及領導職務候選人與未來領導職務適配度分析方面，有任何具體的作為。捨重點而不由，僅就一般較邊陲末端的項目來處理，難怪領導人與所主持的工作不搭配的情況，屢有所聞。

三、傳統領導學習的方法概覽

　　甄選出適當人員，其實應屬用人單位的責任。就校長甄選而言，各縣市教育局（處）負有甄選校長的重責大任，這點已如上述。領導人員甄選出來之後，領導人員儲訓或培育單位就得負起儲訓或培育的重責大任了。

　　依據個人粗淺的觀察，目前各領導儲訓或培育單位所擬訂的儲訓內容，大體均是由儲訓班主持人根據既定的訓練目標，斟酌儲訓班主持人自己個人的想法，或由他邀聘一些在此領域有專門知識的人來開會討論，訂定數個「區塊」（不能稱為「領域」），每個區塊包含數個科目，每個科目通常授課 3 小時。在儲訓班通常如此，在培育班，則每個科目的授課時數，自 9 小時至 18 小時或 36 小時不等（通常以學分來計算，每個學分 18 小時，每科學分數，自 0.5 學分到 1 學分或 2 學分不等）。而且不論儲訓班或培育班，均以講授式的方式來上課居多，另外再輔以現職或退休的績優校長來擔任學員的輔導員從旁輔導，並於正課之外，傳授領導實務經驗。輔導員間或擔任考核員，負責批閱學員的上課筆記或專題報告並予以評分，以作為學員部分考核的依據。另外，學員可能需要做一些專書心得發表及期末測驗。學員如果請假未超過規定時數，在受訓期間表現良好，成績及格即准予結業。在儲訓班，就由各縣市授與學員候用校長資格。在培育班，學員可根據培育所獲得的學分，在參加校長甄試時，取得較有利的地位。

　　以上的校長培育班或儲訓班，其課程設計究竟與校長職務有多大關聯性，其實是很值得討論的。比如說，儲訓班或培育班所開設的課程究竟是如何產生的？有什麼根據？儲訓班的課程，有一部分是最新教育政策，有一部分是教與學，有一部分是最新科技在教育的應用。校長職務內涵究竟為何？這些科目有哪些是與校長職務密切相關？如何看出？這些其實都有待進一步釐清。而且，所開設的科目，有哪些科目對學員是新知識？有哪些其實是舊知識？有些科目的內容，如果學員已經很熟悉了，對他們究竟有何幫助？這些儲訓班主辦單位是否事先分析過？

　　此外，授課的方式，絕大多數都是使用講授式。眾所周知，講授式有其優點，亦即在短時間內，可以由專家提供大量的知識。就快速吸收新知這一點而言，講授式有其不可取代的優點。但所獲得的知識，如何轉化為未來職務之所需？這點其實是儲訓單位最需要正視的重大課題。

本文擬針對一般領導訓練與發展的內涵與歷程（即方法）做一廣泛之探討，必要時再針對學校領導者的訓練與發展（即校長培育）做一討論，希望能帶動關切此議題的人士更廣泛的關注，尤其希望能提供校長培育的主辦單位重要參考。

本篇文章擬探討下列幾個重點：

1. 領導發展的本質與要素為何？
2. 領導發展（尤其是學校領導培育）的內涵為何？
3. 領導發展的主要方法為何？
4. 領導發展的成效如何得知？
5. 對領導發展的主辦單位可能的啟示與期望為何？

參｜領導發展的基本要素

有關領導發展的重要內涵與歷程，本文擬在此處先提出一套領導發展的基本模式（如圖 5-1），作為說明的架構。

圖 5-1「領導發展模式圖」基本上綜合了 Joyce 與 Showers（1980）的教師進修原理，Van Velsor 與 McCauley（2004）的評估、挑戰與支持等領導發展三要素，Ng（2001）的缺失模式與發展模式，英國、美國、澳洲的校長標準的精神，以及全國教育行政政策委員會（National Policy Board for Educational Administration, NPBEA）所訂定的優良中小學校長所需具備的四大主要實作領域（包含 21 項實作領域）（Thomson, 1993）。現在分別敘述如下。

有關領導發展的基本要素，本文以 Joyce 與 Showers 的教師進修原理，以及 Van Velsor 與 McCauley 的評估（assessment）、挑戰（challenge）與支持（support）三要素為例來說明。

Joyce 與 Showers 在探討教師進修原理時，認為教師訓練的作用可分成下列四個階段：

1. 覺知：開始注意到某件事的重要性；
2. 概念與系統化的知識；
3. 原理與技巧：以此作為展開行動的工具；
4. 應用與問題解決：將概念原理與技巧轉化到工作或學習現場。

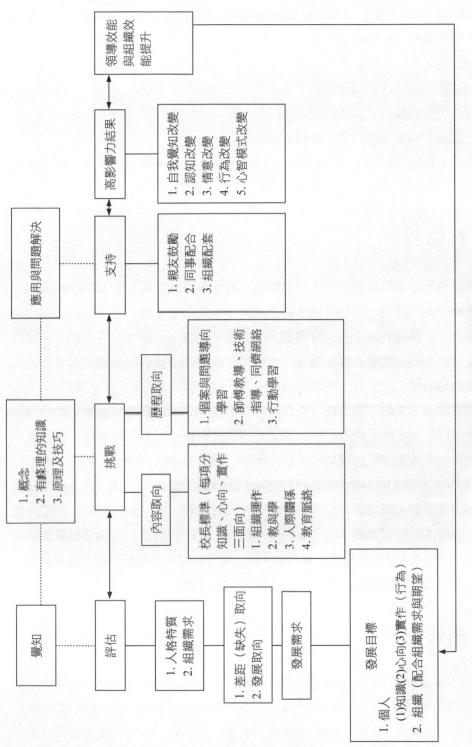

▲ 圖 5-1　**領導發展模式圖**

資料來源：林文律（2009）。

　　基於以上四個階段，Joyce 與 Showers 認為訓練包括下列五個階段：

1. 介紹理論技巧與策略；

2. 示範技巧；

3. 模擬練習或在實際情況練習；

4. 對表現提供結構式回饋或開放式回饋；

5. 提供技術轉化或應用之臨場技術指導。

　　另一方面，Van Velsor 與 McCauley 認為有效的領導發展有三要素：評估、挑戰與支持。茲分述如下（Van Velsor & McCauley, 2004）：

一、評估

　　評估指的是領導發展當事人自己或他人對領導發展當事人有關領導相關事項點點滴滴所做的評估。評估可以分為正式與非正式兩種方式。正式的評估指的是由領導發展人身邊的人士對領導發展人的能力、表現、人格特質等方面，在正式問卷或書面報告所呈現的反映意見。非正式評估指的是領導發展當事人身邊的人士觀察領導發展人的言行、處理事情的方式、辦事能力及綜合的表現等，私下有意或無意表達出來的一些看法。此外，尚有自我評估。自我評估指的是領導發展當事人對自己內在的心理歷程、做決定歷程以及對自己所犯的錯誤等方面，進行反省之後，所產生的心得與省悟（Van Velsor & McCauley, 2004）。

　　Van Velsor 與 McCauley 認為評估有助於領導發展當事人認識自我。從評估之中，領導發展者可以認清自己的各種處境、人格特質、性格上的優點與缺點、辦事能力的優劣、領導效能（包含優點與盲點等）。評估是為了認識領導發展者在領導發展上的需求所在與程度。當前的「我」究竟如何？「理想的我」又是如何？從評估中所看出來的兩者差距，即是領導發展的目標。

二、挑戰

　　Van Velsor 與 McCauley 接著解釋挑戰的意義。挑戰指的是，領導發展者不論是出於主動或被動，把自己從「舒適自在區」的各種活動與經驗之中抽離出來，跳出原本習以為常、既有的行動與思想的框架，去接受全新的思維與做事情的方

法。挑戰能讓一個人看到自己能力、做事與思想的架構，以及方法的不足與不適用之處。如果一個人最近接觸的事情，迫使他跳出日常做事的習慣，或者他所接觸到的事物，危及自身工作的保障或生存，這類的經驗即是挑戰。Van Velsor 與 McCauley 認為挑戰的來源有：(1)新奇的事情，需要新習慣、新方法、新理解的經驗；(2)困難的目標，有賴當事者加倍努力，或運用不同的方式來求得解決。比如說，指定一項工作，當事者必須從零開始，完全沒有前例可遵循；(3)交付的任務充滿衝突，迫使當事者必須努力去找出解決衝突的方法；(4)迫使當事者去面對困頓、失敗。生意失敗、被裁員、因失去好朋友或摯愛的親人而頓失依靠，都屬於困頓的情境。在困頓中學會爬起來，是絕佳的領導發展歷程。Van Velsor 與 McCauley 認為挑戰的種類與來源，愈是多樣化，愈有助於領導發展。

三、支持

最後一項領導發展要素是支持。Van Velsor 與 McCauley 認為：支持的來源為重要他人，包括上司、同事、家人、朋友、專業同僚、技術教練、師傅等。不同人提供不同型態的支持。組織的文化，包括規範與工作程序，也是支持的來源。支持可以使領導發展者有繼續學習與成長的動力。從各種支持，領導者也獲得許多學習資源。Van Velsor 與 McCauley 認為：如果領導學習者沒有獲得支持，挑戰就會把學習中的領導者擊垮，領導發展的目標就會功虧一簣。

Van Velsor 與 McCauley 認為：領導發展主要來自於各式各樣的經驗。從這些經驗之中，未來的領導者可以獲得新技術、新價值、新能力與新經驗。主持領導發展工作的人，要認真思考哪些能力可以發展出來，也要留意個別的領導發展當事人，各自有哪些能力值得發展出來。基於此一原則，Van Velsor 與 McCauley 認為在開發領導潛能時，領導發展者可運用三個主要策略：(1)所提供給領導學習者的學習經驗，要能兼顧評估、挑戰與支持三大功能。具有這種功能的學習經驗，包括 360 度回饋法（360-degree feedback）、回饋密集方案（feedback-intensive programs）、建立技術指導關係（coaching relationships），以及指派特殊任務、派予需建立關係的任務、或派予艱難困頓的工作（hardships）等；(2)要能增進當事人從經驗之中學習的能力，亦即要能讓當事人了解到當前的知識與技術已不夠用，當前的方法已不適用；(3)所使用的領導學習方法，要能把各種學習經驗有效

地整合起來。具體作法包括事先討論學習目標、讓當事者迎接新指派給他的艱鉅任務,在執行指派的工作以及完成指派工作之後,均能提供給當事人回饋與技術指導,並且安排有類似經驗的人,幫助當事人對新挑戰進行反省。

Van Velsor 與 McCauley 所主張的領導發展三要素的最後一項為支持。在整個領導發展的過程當中,領導學習者親友的鼓勵、同事的配合及組織的相關配套,都是一些領導發展的支持因素。

在圖 5-1 的領導發展模式中,Ng(2001)在探討學校領導者的持續專業發展模式時,提到校長訓練班通常有雙重目的:對校長的專業控制與專業發展提供服務。所謂「控制」,指的是為校長證照與不同資格認定所做的總結性評量;所謂「發展」,指的是形成性評量,以便為校長的持續成長找到空間。Ng 並提到控制模式基本上採用的是能力本位模式,是一種著重技術與知識的「缺失模式」,也就是找到基準點,針對當事者能力不足之處予以補足,屬於一種「高原模式」。所謂「發展」,指的是「高峰模式」,是止於至善的。

從 Ng 的探討可以看出:就學校領導者的專業發展而言,不論是缺失模式或發展取向,都有其必要性。缺失模式與發展取向都可以看成是領導發展的基礎。

肆｜領導發展的內容──以校長儲訓或培育為例

Van Velsor 與 McCauley 提到的評估、挑戰與支持三要素中,挑戰毋寧是最重要的部分,也是最關鍵的部分。挑戰指的是領導學習者學的是什麼、怎麼學,這部分可以分「內容取向的學習」與「歷程取向的學習」。「內容取向的學習」指的是要學什麼,領導學習者要學習的內容當然是未來他要就任的職務所需要具備的各種知識、能力以及領導觀。以校長儲訓或培育而論,先進國家如美國、英國、澳洲等國,均已訂出校長標準(準則),從準則中可看出校長要具備的知識、實作能力與心向。以美國而論,美國的「跨州學校領導者證照聯合會」(簡稱「證聯會」)(Interstate School Leaders Licensure Consortium, ISLLC)在 1996 年訂出「學校領導者標準」,共有六大項。以下是「證聯會」所發展出來的六大標準:

1. 學習的願景──能在取得學校社群(school community)的共同認同與支持之下,發展出學生學習的願景,將願景清楚的說明,並加以有效管理,以增進

全體學生的成就。

2. 學校文化與教學方案——能提倡一種有利於學生學習及教職員專業成長的學校文化，並能善加滋養與維護，以增進全體學生的學習成就。

3. 管理——能確保整個組織、各種作業及資源的有效管理，營造一個安全、有效率及有效能的學習環境，以增進全體學生的學習成就。

4. 與家庭及社區合作——能與學生的家庭及社區人士聯繫，對社區的不同興趣與需求做出回應，並且有效運用社區的資源，以增進全體學生的學習成就。

5. 能以正直、公平及合乎職業倫理的原則作為行為準則，以增進全體學生的學習成就。

6. 對於超越學校範圍的政治、社會、經濟、法律、文化等較大的層面能有認識，有能力回應，並能發揮影響力，以增進全體學生的學習成就。

上述六大領導者標準，每一標準之下，均再分成知識（knowledge）、心向（dispositions）及實作（performance）三大部分，每一部分之下均包括每一位領導者應具備的實質內涵（Council of Chief State School Officers, 2005）。

至於英國方面，英國教育技術部（Department for Education and Skills, DfES）於2004年訂定的國家校長專業標準（National Standards for Headteachers）訂定了下列六項校長標準：(1)塑造未來；(2)學習與教學之領導；(3)發展自我並與人共事；(4)組織管理；(5)確保績效責任；(6)強化社群。

以上每一項校長標準，均分為知識（knowledge）、專業特質（professional qualities）及行動（actions）三部分（Department for Education and Skills, 2005）。

澳洲昆士蘭省教育廳所擬定的領導者標準架構（Standards Framework for Leaders），臚列了六項標準：(1)教育領導；(2)管理；(3)人員與夥伴關係；(4)變革；(5)成效；(6)績效責任（針對學生學習成果，對相關人員施以獎勵或懲罰）。

以上每項標準又包括了兩類能力，一類為最佳實務能力（best practice competency），這是指「學校現場全體人員集體所呈現之領導者應有的知識以及各種能力與行為」；另一為個人作為能力（personal performance competency），這是指「基於每個人的深層特質，不論時地，都會表現出來的行為」。在每項標準之下，並將相關的「理論基礎之知識與了解」列出，以增進領導學習者在該項標準所需的相關理論（Standards Framework for Leaders, 2005）。

如果將以上美國、英國、澳洲（昆士蘭省）三國的校長標準整合起來，大致

可以看出下列幾大項：(1)塑造願景；(2)教學與學習；(3)組織管理；(4)發展自我並與他人共事；(5)強化學校社群及社區關係；(6)變革領導並塑造有利文化；(7)正直公正與專業倫理；(8)學校外部環境之經營。

　　就前面三個國家之校長標準而言，英國與美國均把每項標準分成知識、心向（或個人特質）及實作（或稱行動）三部分，每部分均有為數四項至十數項不等之指標。澳洲昆士蘭省則將每項校長標準分為「在學校現場，大家應有的作為」，以及「不論時地，個人應有的作為」兩部分，來當作其指標，另外再輔以每一項校長標準的理論基礎。這些理論明示每一項校長標準所需的知識基礎。雖然英國與美國的校長標準並未具體明示每一標準之知識基礎，但從這兩國每一標準的知識部分，不難看出該標準之知識基礎。這些都值得吾人在擬訂臺灣校長標準時加以參考，也可作為臺灣在規劃學校領導發展課程時，有關「內容取向」的一些基礎。

　　另外，全國教育行政政策委員會（NPBEA）早在 1990 年就訂出了優良中小學校長所需具備的 21 項實作能力，分成四大主要領域：(1)功能領域，包括領導、資訊蒐集、問題解決、判斷、組織監督、執行、授權；(2)方案領域，包括教學與學習環境、課程設計、學生輔導與發展、人員發展、測量與評量、資源分配；(3)人際關係領域，包括激勵他人、人際關係敏感度、口語與非口語表達、書面表達；(4)脈絡領域，包括哲學與文化價值、法律與規定之應用、政策與政治影響力、公共關係（Thomson, 1993）。

　　以上不論是英國、美國或澳洲的校長標準或全國教育行政政策委員會的 21 項校長實作能力，均可看出校長身為學校領導者所需具備的知識、實作能力與專業特質（心向）。就學校領導者而論，以上這些也都可看成是學校領導學習者所需發展的內容部分。

伍 | 領導學習方法的轉變

　　領導者為了當前的領導或未來的領導所需要具備的知識、實作能力與專業特質（心向），究竟是以何種方式來傳遞給學習者？通常最普遍的方式是講授法。O'Connor 與 Day（2007）認為，講授法的優點在於可以發展領導的認知面，比如

增進個人自覺，對關鍵概念加深了解，有時也可以加強領導的情緒面，比如強化學習者對組織目的的連結與認同，以及可以讓學員在安全與私密的環境中停下來，以便思考重要的領導問題。不過，就領導發展而論，O'Connor 與 Day 認為講授法有很嚴重的缺點，因為講授法很難促進行為方面的發展，而且即使可以促成認知、情意及行為方面的改變，也僅止於個人層次（亦即發展領導者個人的認同），並無法對多層次認同的發展有所助益。

有關領導學習的方法，Taylor 及其同僚（Taylor, De Guerre, Gavin, & Kass, 2002: 335）提到傳統上領導教育的原則與作法如下：

1. 從理論進展到實務；
2. 從部分進展到系統；
3. 從各種狀況與角色進展到歷程；
4. 從知識進展到學習；
5. 從個別行動進展到夥伴關係；
6. 從超然的分析進展到批判性的理解。

針對上述傳統式的領導教育，Taylor 及其同僚認為，現代更進一步的領導觀是把上述順序顛倒過來。簡言之，顛覆傳統的新領導發展觀著重下列各項原則：

1. 重實務，更甚於重理論；
2. 重體系，更甚於重部分；
3. 重歷程，更甚於重狀態與角色；
4. 重學習，更甚於重知識；
5. 重夥伴學習，更甚於重個別行動；
6. 重批判性理解，更甚於重超然分析（引自 Cranston, 2008）。

其實，已有愈來愈多的研究顯示，「以內容為本」（content-based）的領導學習法已經不再被認為是唯一有效的方法。相反的，已有愈來愈多的「以歷程為本的學習」（process-based learning）被認為比內容學習法更有效（Bush & Glover, 2003; Bush, Briggs, & Middlewood, 2006; Daresh & Male, 2001）。Bush 與 Glover 主張學校領導發展應著重行動學習（action learning）、師傅教導（mentoring）、臨場技術指導（coaching）、領導學習檔案（leadership portfolios），與問題導向學習法（problem-based learning, PBL）。Daresh 與 Male 主張將同儕技術指導（peer coaching）加入師傅教導的模式之中。Cranston（2008）則強烈主張將個案法與問

題導向學習法結合，才是有效的校長領導發展方法。Ng（2001）認為主題參訪（thematic study visits）、師傅教導、品管圈（quality circle）等方法都能夠促進反思，有助於培養領導者的態度與價值。Day（2001）列舉了 360 度回饋法、臨場技術指導法、師傅教導法、網絡法（networking）、工作指派法（job assignments）及行動學習法等六種方法。Van Velsor 與 McCauley（2004）在其合編的《創意領導中心領導發展手冊》（*The Center for Creative Leadership Handbook of Leadership Development*）中，則列舉了回饋密集方案、360 度回饋法、發展關係法（developmental relationships）、正式技術指導法、工作指派法、難題困頓法（hardships）等六種。Murphy 與 Riggio（2003）在其合編的《領導發展的未來》（*The Future of Leadership Development*）一書中，也列舉了包括回饋密集方案與 360 度回饋法的多來源回饋法（multisource feedback）、行動學習法、多考評員回饋法（multi-rater feedback）與關係發展法。

　　由於篇幅所限，本文僅列出與學校領導學習關係較密切的個案與問題導向學習、師傅教導、臨場技術指導、同儕網絡、行動學習等幾種，來做說明。

一、個案與問題導向學習

　　個案法與問題導向學習法兩者的關係極為密切，主要是後者幾乎都是以前者為基礎。Cranston（2008）對於兩者有清楚的說明。Cranston 提到：個案分為人造品（即個案敘述）及社會性兩部分。個案一定要有一個個案本身，是對於某個領導難題的文字敘述。社會性指的是個案一定要由成員來討論。個案法主要的作用在於提供各種領導可能會遭遇的情境，以供成員分析，另外也提供一些做決定所需的訊息。個案常常不僅探討一個問題。一個個案可能包含許多難解又待解的問題，處理的事件又缺乏結構、難以釐清。個案很適合在個別分析之後，進入團體討論及問題分析與討論的階段，以此來鍛鍊領導發展的學員分析問題、解決問題、規劃行動、評量行動是否有效等技巧。領導者的知識與做決定的技巧是以此方法發展出來的，而領導者的心向（包含態度、價值觀、哲學觀）也可以從中浮現出來，對於領導發展具有一定的作用。臺北市教師研習中心在 2007 年已經開始發展個案，並應用於學校領導之發展，這是很值得喝采的事（吳清山、蔡長艷，2007）。

Cranston 進一步說明將個案與問題導向學習兩者結合的方法。根據他的說法，Bridges 與 Hallinger（1999）所揭櫫的問題導向學習原則很重要：

1. 學習的起點是問題，以個案呈現；
2. 所呈現的問題是學員未來在職場上很可能碰到的；
3. 學員所需要的知識，並非以學科知識呈現，而是環繞著問題呈現；
4. 學員不論是就個人或整體而言，必須負起教與學的責任。但學習過程中，有人從旁協助；
5. 學習以小組方式產生。

從以上的探討可以看出，在結合個案教學及問題導向學習時，適合問題導向學習的個案必須發展出來，以便應用於學習之中。此種學習法對於發展領導者的知識、心向與實作能力，有一定的幫助。

二、師傅教導、臨場技術指導與同儕網絡

Earley 與 Weindling（2004）認為師傅教導與臨場技術指導本質上差異不大，都是由一位或一位以上素有經驗的優秀領導者，對新領導者提供專業上的協助，並隨時提供專業上的意見與精神支持。師傅教導屬於長期性的專業指導，視新人的需要，為時也許是半年至一、二年不等。所提供的協助以專業為主，但也可能包括新人與職業有關的生涯規劃。臨場技術指導則只針對專業上的特定項目提供指導，可隨時視需要提供。

同儕網絡（networking with experienced leaders）指的是領導者與其他領導同儕建立網絡關係，隨時保持聯繫，在非正式場合互相諮詢請教，以便及時得到專業意見，促進專業發展（Hobson, 2003a, 2003b）。

不過，師傅教導、臨場技術指導與同儕網絡有一個潛在的缺點，那就是：所提供的經驗是否有百利而無一害？亦即：對於學習者而言，所提供的專業意見一定能有效解決問題嗎？是否適合照單全收？提供者的知識與「撇步」（即秘訣），有沒有可能隨著時代變遷而無法適用新時代不同情境的需求？這點恐怕有賴於接受意見的領導學習者自行審慎判斷了。任何專業意見恐怕不適合照單全收，而須斟酌自己所面臨的獨特情境，做一思考。事實上，師傅更重要的作用應在於對領導學習者提問具挑戰性的問題、適時提供困境，供其思考，並共同討論看問題及

解決問題的方式，以此來達到啟發的作用。蘇格拉底式的詰問法應該是師傅教導可以嘗試的方向，未必只是傳承寶貴經驗。

三、行動學習

Cranston 認為，行動學習可以與個案法及問題導向學習相輔相成。行動學習法基本上是邊學習、邊反思，以求完成事情。學習者針對實際工作上的問題，在同事的協助之下，探討解決的對策，並將解決對策應用於解決實際問題，並對自己的經驗進行反思，其運作方式屬於一種「體驗式的學習循環」（experiential learning cycle）（McGill & Benty, 2001, 引自 Cranston, 2008）。Paterson 與 West-Burnham（2005）及 Day（2001）均認為，這種方法著眼於解決當前實務上的問題，透過同事的協助完成事情，是一種持續學習與反思的歷程，對領導發展很有幫助。

陸 ｜ 領導發展的成效

O'Connor 與 Day（2007）提到，領導發展最起碼應該具備認知改變、情意改變與行為改變等三方面的作用，其中行為改變可能是最終的目標。行為改變包含了技能的改變。Joyce 與 Showers（1980）在闡述教師進修原理時，也提到了最後階段是應用與問題解決。在此一階段，學習者得以將概念原理與技巧轉化到工作或學習現場。Atwater、Brett 與 Waldman（2003）則探討了多來源回饋（multi-source feedback）的優點與缺點，認為多來源回饋作為領導發展的方法，在行為改變及自我覺知改變方面，有其優點與缺點。Johnson（2008）把領導發展大致分為兩種類型，一種為訊息學習（informative learning），另一種為轉化學習（trans-formative learning）。訊息學習主要的作用在於增進學習者知識與技能的蘊藏量，擴展既有的知識，深化學習者本身可運用的資源。轉化學習並非把新的資源增加到當前正在使用的模式之中，而是改變學習者的意義結構（或稱為心智模式）。Johnson 認為唯有透過「震撼性事件」（disorienting events），也就是透過針對現行作法，對其有效性或實用性提出質疑的一些事件，讓學習者對其現行作法與風

格提出質疑，讓其重新批判反省其行為與基本假定，並進而發展出新的、強而有力的理解，以因應環境的需求。困頓難題（hardships）、充滿挑戰性的經驗（challenging experiences），都是屬於「震撼性事件」，有助於改變領導學習者的心智模式。唯有學習者的心智模式改變，領導才得以發展。也唯有如此，才能真正看出領導發展的成效。光是訊息學習還不夠，透過轉化學習所帶出來的心智模式的改變，才是領導發展真正的成效。這的確是比較令人耳目一新的看法，很值得關切領導發展成效者進一步探討。當吾人回顧當前領導發展普遍的景象時，很明顯可以看出，舉目望去，各人力發展中心在領導發展方面，所作所為，充其量可能只是訊息學習而已；在心智模式方面的改變，可能鳳毛麟角，難得一見。這種情形，很值得關切領導發展者深思。

至於領導發展是否能真正帶來領導效能與組織效能的提升，恐怕是一個非常複雜的問題，超出本文所探討的範圍。

柒 | 討論、結論與建議

基於上述對領導發展基本概念、領導發展內容與方法、領導發展成效等方面的大致探討，本節接著擬進行綜合討論，以做出初步結論，並提出一些建議。

一、討論

本文主要在探討領導發展的重要面向。文中主要以 Van Velsor 及 McCauley 合編的《創意領導中心領導發展手冊》（*Center for Creative Leadership Handbook of Leadership Development*）所開發出來的領導發展的評估、挑戰、支持三要素，作為探討領導發展的基本參考架構。這一個架構指出：領導發展主持者，在從事領導發展，尤其是在設計領導學習者的學習經驗時，應秉持著評估、挑戰及支持的原則來設計，以求領導發展經驗盡可能符合領導學習者的需求，進而能真正開展領導學習者的知識、心向與實作能力，並使所學能夠持久有效。

此外，就領導發展的內容而言，領導發展相關單位有必要考量領導者未來職務所需，釐清該職務所包含的各個重要面向，並能發展出一套領導準則，以作為

領導課程設計的參考架構。以學校領導發展為例，校長儲訓班的內容應有一套校長職務的準則，包含知識、心向與實作三部分，讓領導發展班的課程與領導職務準則緊密結合在一起。

其次，本文主張領導學習應考慮在「以內容為本的學習」（content-based learning）之外，逐步增加「以歷程為本的學習」（process-based learning）。內容為本的學習讓領導學習者具備了一些必要的知識。但知識如何轉化為行動與能力？這是一個頗值深思的問題。本文雖然未對知識轉化為行動與能力的部分多所著墨，但本文主張應呼應以歷程為本的領導發展潮流，盡量去採用以歷程為主的領導學習方式，包括個案研究法、問題導向學習法、師傅教導、臨場技術指導、學習網絡、行動學習法、反省思考、領導學習檔案等方式。這些方法對於使領導學習者獲致領導知識與能力，效用可能會顯著一些。

二、結論

基於以上的敘述與討論，本文得到以下四點結論：

1. 領導發展有其基本要素，即評估、挑戰、支持。領導發展可依據此三要素來設計。

2. 領導發展開始之前的人員甄選階段，相關單位應加強蒐集學員未來職務性向之訊息，充分了解學員的領導發展需求，以求所設計的課程能有助於擴充領導學習者的知識、心向與實作能力。

3. 領導發展班的課程內容，應根據領導學習者未來職務需求，做一深入分析，並力求所設計的課程內容能充分反映學員未來職務的需求。所設計的課程內容，應著重增進「挑戰」的成分，以能改變學員的心智模式為最高原則。換句話說，學員學習的內容，要能超越學員本身「自在」的範圍，適度挑戰學習者的舒適自在，以激發出學習者潛在的能力，擴充其知識與能力的界線，進而獲致新學習，這樣才能構成真正的學習。否則陳舊或刻板的內容，只會扼殺學習者的學習興趣而已，遑論擴充其知識與能力的界線。

4. 為求激發出學習者的潛在能力與實際操作的能力，並真正讓學習者獲取新鮮有用的知識、心向與實作能力，本文主張在內容導向的學習取向之外，多多加強歷程導向的學習取向。

三、建議

基於以上的討論與結論，本文擬強烈呼籲各縣市教育局（處）及國家教育研究院有關下列兩點：

（一）對各縣市教育局（處）的建議

各縣市在進行校長甄選時，最好能事先對報考人（候選人）施予類似「校長職務性向測驗」（有待開發），寄望能以此方式找出較適合擔任校長的人選，將其送到人力發展中心（國家教育研究院或大專院校校長中心）接受儲訓或培育。各縣市教育局（處）並且宜事先對候選人各方面進行準確評估，包括其人格、個性、能力、知識等所具備的情況，將候選人「實際的我」與「理想的我」的差距標明出來。能事先挑出適合未來職務的人，並且把他的領導需求找出來，比較有利於人力發展中心（即儲訓或培育單位）找到具體的努力方向。

（二）對國家教育研究院或相關單位的建議

國家教育研究院或公務人力發展中心在發展人力時，應該很認真地思考一些事情：對領導發展對象，在評估、挑戰與支持三要素的連結方面，做了哪些深刻的思考？國家教育研究院可曾想過：在設計校長儲訓班課程之前，是否有一套校長職務的內涵（或稱為校長準則、校長標準）可供遵循？如果沒有，是否可由國家教育研究院開發出一套中學校長準則、小學校長準則或高中職校長準則？以作為校長培訓課程設計的參考架構。

此外，國家教育研究院在開設校長儲訓班的課程之前，對於學員的學習與領導發展目標，是否事先做過關聯性的分析？所開設的課程，是否真的能縮短學員「原始真實的我」與「理想的我」之間的差距？對於學員「原始真實的我」與「理想的我」，如果事前毫無了解，不論是學員本身或人力發展單位，其實都未盡到應有的責任。人力發展單位若未事先做任何調查或思考，掌握學員的學習需求，也未針對學習需求縝密規劃並設計課程，就提供一些課程，要學員照單全收，這其實是一種非常不周延的作法，也無法得到實際的效果。未經上述較嚴謹的過程，而僅僅以傳統方式來提供課程，所提供給學員的內容，未必是學員所需。只不過

是徒然耗費各項金錢、時間、物力資源而已，對於當事者的領導知識與能力的開展，以及對於學員在自我覺知、認知、情意、行為及心智模式等方面的改變，很可能無法有任何具體的幫助。

此外，本文擬強烈建議中央及地方各人力發展單位，基於其資源都非常豐富，應該很有系統地致力於歷程導向學習方法的課程研發。比如說，國家教育研究院可以致力於「學校行政個案集」及「問題導向學習法」的教材與教案的研發，並廣為推廣與應用。各公立人力發展單位，在類似方面，也可以多加著力，開發一些適合公務員使用的「公共行政或公共事務個案集」或公務領域的「問題導向學習法」的教材與教案，並廣為推廣使用。

最後，成人的學習不應只是為學習者提供一些知識而已，更何況有些知識不見得他不會。本文主張領導學習可嘗試著顛覆傳統的作法，學習應逐步增加實用與問題取向，學習宜盡量講究解決實務問題，從實務的角度出發，以獲得解決實務問題的知識與能力。另外，再搭配以理論知識，以這種順序與方法所獲得的知識與能力，說不定與工作職場更相關，也較能為學習者所看重。而且，領導發展絕不是僅僅著重訊息學習而已，能達到改變心智模式的轉化學習，恐怕才是真正有效的領導發展。

以上這些，都是關心或從事領導發展者可以努力的方向。

林文律小檔案

（同第一章）

References 參考文獻

中｜文｜部｜分

吳清山、蔡長艷（2007）。個案教學在國小候用校長培育課程之應用——以臺北市校長儲訓班為例。論文發表於國立臺北教育大學舉辦之「校長的學習國際研討會」。臺北市：國立臺北教育大學。

林文律（2009）。領導發展的新方向。教育研究月刊，**181**，49-65。

英｜文｜部｜分

Atwater, L. E., Brett, J. F., & Waldman, D. (2003). Understanding the benefits and risks of multi-source feedback within the leadership development process. In S. E. Murphy & R. E. Riggio (Eds), *The future of leadership development* (pp. 89-106). Lawrence Erlbaum Associates, Publishers.

Bridges, E. M., & Hallinger, P. (1999). The use of cases in problem based learning. *Journal of Cases in Educational Leadership, 2*(2), 1-6.

Bush, T., & Glover, D. (2003). *Leadership development: A literature review.* Nottingham, NCSL.

Bush, T., Briggs, A. R. J., & Middlewood, D. (2006). The impact of school leadership development: Evidence from the "new visions" programme for early headship. *Professional Development in Education, 32*(2), 185-200.

Council of Chief State School Officers (2005). *Key state education policies on PK-12 education: 2004.* Washington, DC: Author.

Cranston, N. (2008). The use of cases in the leadership development of principals: A recent initiative in one large education system in Australia. *Journal of Educational Administration, 46* (5), 581-597.

Daresh, J. C., & Male, T. (2001). *Pluses and minuses of British headteacher reform: Toward a vision of instructional leadership.* ED 469 453.

Day, D. V. (2001). Leadership development: A review in context. *Leadership Quarterly, 11*(4), 581-613.

Department for Education and Skills (2005). *National Standards for Headteachers.* Retrieved November 17, from http://publications.teachernet.gov.uk/eOrderingDownload/NS4HFinalpdf. pdf.

Earley, P., & Weindling, D. (2004). *Understanding school leadership.* London: Chapman.

Hobson, A. (2003a). *Mentoring and coaching for new leaders.* Nottingham: NCSL.

Hobson, A. (2003b). *Issues for early headship: Problems and support strategies.* Nottingham: NCSL.

Interstate School Leaders Licensure Consortium (1996). *Standards for school leaders.* Washington, DC: Council of Chief State School Officers.

Johnson, H. H. (2008). Mental models and transformative learning: The key to leadership development? *Human Resource Development Quarterly, 19*(1), 85-89.

Joyce, B., & Showers, B. (1980). Improving inservice training: The messages of research. *Educational Leadership, 37*, 379-385.

Murphy, S. E., & Riggio, R. E. (Eds.) (2003). *The future of leadership development.* Lawrence Erlbaum Associates.

Ng, H.-M. (2001). A model on continuous professional development of school leaders. *International Studies in Educational Administration, 29*(2), 73-87.

O'Connor, P. M. G., & Day, D. V. (2007). Shifting the emphasis of leadership: From "me" to "all of us." In J. A. Conger & R. E. Riggio (Eds.), *The Practice of leadership: Developing the next generation of leaders* (pp. 64-86). San Francisco: Jossey-Bass.

Paterson, F., & West-Burnham, J. (2005). Developing beginning leadership. In M. J. Coles & G. Southworth (Eds.), *Developing leadership: Creating the schools of tomorrow* (pp. 108-126). Open University Press.

Standards Framework for Leaders (2005). Retrieved November 17, 2005, from http://education. qld.gov.au/learning_ent/ldf/pdfs/standards/standardsframework.pdf.

Taylor, M., De Guerre, D., Gavin, J., & Kass, R. (2002). Graduate leadership education for dynamic human systems. *Management Learning, 33*(3), 349-369.

Thomson, S. D. (Ed.) (1993). *Principals for our changing schools: The knowledge and skill base.* Lancaster, PA: Technomic.

Van Velsor, E., & McCauley, C. D. (2004). Our view of leadership development. In C. D. McCauley & E. Van Velsor (Eds.), *The center for creative leadership handbook of leadership development* (pp. 1-22). San Francisco: Jossey-Bass & Center for Creative Leadership.

6 專業標準本位的校長績效評鑑與專業發展

林文律（國立臺北教育大學教育經營與管理學系退休副教授）

壹｜前言

學校是教育組織。任何組織，不論是營利性或非營利性，都要講究績效。一提到學校或學校辦學績效時，吾人常常聽到的一句話就是：「有怎樣的校長，就有怎樣的學校。」這句話主要是在突顯校長對學校的重要性。一個學校辦學成功與否，其關鍵人物就是校長。

其實，在「有怎樣的校長，就有怎樣的學校」這句話的背後隱藏著許多層面的意義，那就是：校長若要把學校經營好，他肩負著哪些重大的使命與任務？他必須承擔哪些重責大任？校長的職務包含哪些核心工作？校長若要稱職，「稱職」的真正意涵究竟為何？校長要具備怎樣的知識、能力、個人特質與專業特質？如何知道校長是否稱職？要使用何種規準，才能客觀評斷出一位校長稱職與否？在對校長稱職與否做了評斷之後，如果發現校長在某些方面不完全稱職，校長績效表現的督導單位要如何有效地幫助校長？由此角度觀之，為了解一位校長稱職與否，既要了解校長的職務內涵，也要了解擔任校長職務的人需具備的核心知識、能力、個人特質與專業特質，以作為評斷校長稱職與否的規準。

在論及校長稱職與否時，「稱職」究竟何所指？如何看出校長是否稱職呢？又如何能確保校長稱職呢？首先，「稱職」一詞不應只是一句空洞的口號，或是一句模糊籠統的績效評斷語而已。「稱職」指的是根據一套某一職務任職者所需具備的各種關鍵知識、能力、積極正向的個人特質與專業特質構成基準點，並由相關單位根據此一基準點，來檢驗該任職者具備這些關鍵要素的程度，同時也檢

驗該任職者在這些關鍵要素的績效面向上，所表現出來的最起碼的績效期望水準。在此必須特別強調的一點是：任職者具備所任職務必備的關鍵要素，僅僅是基本要件而已。更重要的是，「稱職」所著重的應該是在關鍵要素的各個面向上，任職者所表現出來的最起碼的績效期望水準。準此，本文主張，為了評斷校長稱職與否與稱職程度，相關單位有必要發展出一套評斷校長的制度。有關此點，至少必須考慮以下四方面：

1. 要釐清校長所需具備的各種關鍵知識、能力、積極正向的個人特質與專業特質，據以發展出一套校長專業標準，作為衡量校長稱職與否的準則；此一套校長專業標準的效度與信度應該通過檢驗。

2. 要根據校長專業標準，訂定出一套校長績效期望指標，以作為評鑑校長績效的依據。

3. 要確實檢核校長達成績效期望指標的程度。

4. 校長評鑑者要針對校長績效評鑑的結果，為受評者提供中肯的回饋。校長的督導單位應責成受評者提出專業成長計畫並切實執行，並對其提供必要協助。

根據以上評斷校長稱職與否的基本要件的第一點來看，若要掌握校長稱職與否的真正意涵，了解校長的職務內涵或許是一個很好的出發點。探討此一目標或許可從一些角度切入。比如說：在校長的日常工作中，吾人是否了解校長都在忙些什麼？校長是否非常清楚地知道他要做什麼？雖然校長的職責，籠統地來說，就是「綜理校務」，但其實這句話說得不明不白，實在難以令人信服。校長的工作，即使不是鉅細靡遺地列舉，難道不能界定得比「綜理校務」更加清楚一些嗎？當然，在校長日常公務之中，突發狀況非常多，有賴校長立即應變解決。但若以一般情況而言，校長所要做的工作，是否可大致分類？若要分類，是否有依據？有哪些是校長的核心工作？不論是校長本身或是督導校長工作績效表現的上級單位，甚或是一般的學校利害關係人（stakeholders），是否可依據一套大家都接受的校長專業標準，讓所有校務利害關係人都能有所遵循，也都能以這套專業標準來了解並檢視校長的工作內容，來檢核校長的工作績效，以了解校長在執行既定的任務時，在哪些方面表現特別傑出、普通，或有待改進。

本文主張，基於校長一職的重要性，校長及其他校務經營的利害關係人均需要有一套完整的校長專業制度，以作為判斷在職校長稱職與否的規準。關心校務經營績效的人有必要清楚地了解：任職校長的人，在任職之前及任職校長期間，

究竟需要怎樣的關鍵知能與專業特質，在其擬任校長之前就已經大致具備了稱職校長的要件，而在其任職校長期間，又要能確保其稱職。一個校長稱職與否，可以從校長人選本身、校長職務的各種需求、校長的辦學績效及校長如何持續增進並強化其關鍵知能，來看出一些端倪。而這一切都有賴於教育主管單位訂定一套清楚、具體、可行的校長專業標準，實用可行，可用來衡鑑校長辦學績效的評鑑制度，以及可作為績效評鑑之後續追蹤改進的具體行動方案。基於此一主張，本文有下列幾項目的：

1. 探討美國、英國、澳洲等國校長專業標準的內容。
2. 探討校長績效評鑑的內涵及其與校長專業標準的關聯。
3. 探討校長專業發展與校長專業標準及校長績效評鑑的關聯。
4. 協助臺灣教育界建立一套中、小學校長專業制度，以作為衡鑑校長稱職與否的參考架構。

貳｜臺灣中小學校長工作內涵定位、績效面與專業發展的景象

有鑑於本文終極的目標在於探尋稱職校長的真正內涵，並發展出一套衡鑑校長稱職與否的參考架構，本文擬藉著透視先進國家現行的校長專業標準、校長績效評鑑與專業發展的現況，來作為臺灣思索稱職校長的真正意涵，並進而研擬出一套衡鑑稱職校長的操作模式的基礎。在探討先進國家在校長專業標準、校長績效評鑑與專業發展這三方面的現況之前，本節擬先簡略描繪臺灣目前在校長工作內涵定位、績效面與專業發展的一般景象。

觀諸美國、英國、澳洲等先進國家的校長專業制度可以發現，中、小學校長的專業制度，一般而言，包含了下列三個面向：

1. 關鍵知識與能力。
2. 涵蓋優質、積極正向的個人特質與專業特質、關鍵價值與信念體系等要素所構成的心向（dispositions）。
3. 對校長最基本的績效期望（performance expectations）。

這三個關鍵面向在本文第五節將有進一步的討論。如果以這三個面向所構成

的校長專業制度作為基準點,來檢視臺灣當前的情況,就可發現臺灣在這些方面不乏廣大的討論空間。

　　長久以來,臺灣教育界一直缺乏一套衡鑑現職中、小學校長稱職與否的專業制度。就此一校長專業制度的內涵而言,首先,或許可以考慮從建立一套學校領導者標準出發,來定位校長的工作內涵,以作為校長證照、培育、導入、評鑑與專業發展的重要參考依據。其實,在臺灣教育界,關心校長證照、培育、評鑑與專業發展的人很多,但是從先進國家要求中、小學校長在校長關鍵知能、可欲的正向心向與對校長最基本的績效期望出發,所建立出來的一套完整的中、小學校長專業標準、證照、培育、導入、績效評鑑與專業發展制度來看,臺灣似乎尚未見到。

　　為了確保擔任校長職務的人,在終其校長任期之內,都能具備有效經營學校的各種關鍵要素,包括必備的知識、能力、正確的教育與領導理念、積極正向的價值,的確有必要發展出一套客觀、公正、有效度與信度的校長專業標準。如果有一套這樣的校長專業標準,也許可以用來協助檢驗校長如何運用正確判斷的能力,是否敏於覺知錯綜複雜的教育問題,以及教育組織的脈絡環境對學校組織造成的衝擊。而且,如果校長有一個可以依循,並可供自我反思校務經營的參考架構,也許在經營學校時,校長就更能找到校務經營的重點,也更能留意校務經營的績效面,使校長更有能力將學校組織成員的努力導引到對學校有利的方向。

　　校長應具備的關鍵知識與能力、積極正向的特質、理念、價值、判斷問題與解決問題的能力,以及教育利害關係人對校長的績效期望,這些重要面向的實質內涵究竟為何?要如何知道?這些內涵若已具備,又要如何建立一套客觀、公正、有效的校長專業標準,以提供校長培育單位與證照認可單位使用?同樣的,主管教育的教育行政當局是否也需要一套同樣客觀、公正、有效度與信度的校長評鑑標準,來檢核校長的辦學績效?對於這些方面予以應有的重視,起碼有以下兩方面的目的:(1)作為教育主管當局對校長課以績效責任的基礎;(2)作為校長改進校務經營績效的參考架構。這些都是培育優質校長、確保辦學績效、建構校長專業化等各方面,非常重要的課題。

　　也許有人會提出質疑,即使經過這樣一套比較嚴謹的歷程所培育出來的校長,未必就能夠把學校經營得很有績效。而且,未曾經歷過嚴格的檢驗歷程所培育出來的校長,也未必不能成為績效卓著的校長。這種質疑不見得沒有道理,但這是

另一個層次的議題。

　　現在問題的重點是：關心教育組織經營成效的人，對於攸關校長的養成、校務經營績效與持續專業成長的重要面向，可能仍普遍存在著許多該注意而未注意的部分。

　　就衡鑑校長稱職與否所需的要件來看，臺灣教育界除了需要一套學校領導者標準，來定位校長的工作內涵之外，衡鑑校長稱職與否的另一個重要因素，就是發展出一套與專業標準互相緊密連結的校長績效評鑑制度。過去幾十年來，臺灣的中、小學校長績效評鑑一直付諸闕如，更遑論見到校長績效評鑑具體的內容、歷程與方法清楚明白地書面化。誠然，臺灣各縣市教育局（處）過去幾十年來，早就具備了校長考核之明文規定，但此一校長考核之實施，除了學校或校長個人具有特殊優良事蹟，或在行政上有重大疏失，或不利於某一校長的控訴案件之外，教育局所辦理的校長考核很可能流於負責考核者的主觀印象或大致觀察。教育局的校長考核者也很有可能是以籠統的方式，將校長表現的優劣與否歸因於校長的人格特質，但卻很少聽聞有任何教育局以一套經過嚴格檢驗、具有效度與信度而稱得上是客觀的校長績效檢核工具，並且將此績效檢核工具以客觀公正的方式實施，來檢驗校長的辦學績效。一般來說，若只依據對某一位校長的一般印象或校長的人格特質來檢核校長的績效表現，常常會流於主觀。其實，要檢核校長的辦學，除了以客觀公正的方式檢驗一位校長所知道、所奉行的信念及其所表現的具體行動，更應著重於校長在提升學校進步與學生進步所使用的方法及所達成的具體成效。

　　教育經營績效應首重使學生進步。就此點而言，在臺灣，中、小學學校教育現場的教育工作者雖然常常明白宣示「學生第一、教學為先」，但是每一位校長的辦學，果真就是以全體學生的有效學習為重心嗎？關心校長辦學成效的人，要如何提出一套客觀、公正、有效度與信度的校長績效評鑑標準，以檢核校長辦學真正的內涵與方法，並以之協助認真的校長，具體強化其「確保全體學生有效學習」的信念與宣示，從而看出認真辦學的校長在學生學習成果上具體落實的程度？以這一點作為校長績效評鑑的主軸，並藉著此一校長績效評鑑作為判斷校長稱職與否的依據，應是關心學校教育經營成效者極為合理的期待。

　　此外，就中、小學校長專業發展而言，臺灣中、小學教育現場在這方面可以說是一片有待開發的處女地。專業發展何所指？觀乎美國眾多地方學區對校長專

業發展所做規範的相關文件可以明顯看出：校長專業成長與發展幾乎都是緊扣著校長績效評鑑的結果，這一點在本文後續會有比較詳細的討論。但在臺灣，由於僅有校長考核，而尚未見到設計嚴謹並具體落實實施的校長績效評鑑，因此也就沒有類似美國所普遍實施的從校長績效評鑑結果導引出來的校長專業成長。這一點也是臺灣目前有待努力之處。如果校長的稱職與否能從績效評鑑的結果具體看出來，以供校長進一步強化專業知能並改善績效之用，但如果欠缺一套針對校長有待加強之處予以補強，並持續追蹤的專業發展制度，那麼校長又如何能回復並持續維持稱職的水平呢？

從以上初步的討論可知，由臺灣中、小學校長工作內涵定位、績效面與專業發展的角度來看，臺灣目前尚未制定中、小學校長專業標準，也尚未見到地方教育行政當局對於校長主要的工作內容的具體規範。即使有校長考核辦法，但卻尚未見到明確的校長績效評鑑制度，更遑論校長績效評鑑具體落實實施。因此，本文的主體擬從美國、英國、澳洲等先進國家校長專業標準內涵的角度，來一窺這些國家校長工作的主要內容，並且藉著探討美國校長專業標準與校長績效評鑑及校長專業發展的關聯性，來探索先進國家在建構校長專業制度方面的作法是否有值得臺灣借鏡之處，尤其是在思索確保校長稱職所需的一套校長專業制度的方向上，更具深刻的意義。

參｜研究目的與方法

本文隱含的終極目標，在於探尋建立一套以確保校長稱職為核心目的的校長專業制度。本文明示的目的則在於探討美國、英國與澳洲等國家校長專業標準的內涵，以及校長專業標準、校長績效評鑑與校長專業發展三者之間的關聯性，以作為思索此一終極目標的基礎。基於此，本文首先採用文件分析的方法，針對美國、英國與澳洲目前普遍實施的全國性校長專業標準及美國某些州的校長績效評鑑與校長專業發展的現況，做一相當程度的探討。此外，本文也採用文獻探討的方式，將校長專業標準、校長績效評鑑與校長專業發展這三方面的相關文獻，做一整理與探討，寄望從此探討之中，找到臺灣邁向校長專業化的一些可能線索。

肆｜從標準化與標準的概念看校長專業標準

由於本文所探討的重點與標準及標準化極為相關，故擬在此先簡略探討標準化及專業化的相關概念，並探討標準化與專業的可能關聯性。

美國學者 Catano 與 Stronge 在 2007 年的一篇文章中，探討校長辦學績效標準與校長評鑑之連結時，提到了著名的組織理論大師 Henry Mintzberg 的五種組織協調機制，其中三項機制如下（Mintzberg, 1979）：

1. 工作標準化。
2. 產出標準化。
3. 技術標準化。

Catano 與 Stronge 認為，以學校組織為例，校長的工作標準化有賴全國性及各州訂定校長專業標準來達成；而校長的技術標準化則有賴地方學區所訂定的校長績效評鑑工具來達成。至於產出標準化則有賴於全國性或各州藉著統一規定的學生成就測驗，來訂出產出的基準點，以從中看出學校是否通過認可或達到年度學生學習成就進步的目標（Catano & Stronge, 2007）。學校產出的標準化（即學生的學習成就）暫時不在本文探討的範圍。本文僅就校長的工作標準化及技術標準化這兩項概念來加以延伸。

其實，工作標準化及技術標準化的核心概念都是標準，而標準與專業兩者之間具有一定的關聯性。有關此一關聯性，Sykes（1999: 233）提到：

標準（standards）有兩層意義：標準代表著用來主張專門知能的知識與技能，而且標準也可以篩選掉資格不符者。

Sykes 並舉出 1980 年代以來，各種專業標準認定機構紛紛設立，包括全國專業教學標準委員會（National Board for Professional Teaching Standards, NBPTS）、州主要教育官員委員會（以下簡稱「州委會」）（Council of Chief State School Officers, CCSSO）所設置的跨州新進教師評量與支持聯合會（Interstate New Teacher Assessment and Support Consortium, INTASC），以及全國師資培育認可委員會

（National Council for the Accreditation of Teacher Education, NCATE）等，各項與教師專業標準有關的機構之設置，其設置目的無非在提升教師的教學專業。Sykes 認為，專業標準與評量可以使得專家知識與技能的主張有所依據，並從而建立一般大眾心目中的可信度與正當性。此外，Sykes 也指出，以教師初期證照標準為例，專業標準一旦取得法律地位，就具有一定的法律效力。因此，就初任教師而言，取得專業證照就成為首要之務。從上述可得知：美國自 1980 年代以來，不論是官方機構或民間團體所逐步建立起來的各種教師專業標準及認證，對於建立中、小學教師的專業具有相當程度的作用。

與教師專業標準的建立可以相提並論的，就是學校領導者專業標準的設置與發展。「州委會」在 1996 年建立的「跨州學校領導者證照聯合會」（以下簡稱「證聯會」）（Interstate School Leaders Licensure Consortium, ISLLC），這一套校長專業標準（以下簡稱 ISLLC 標準）是美國為中、小學校長建立的專業標準，以增進中、小學校長專業工作在大眾心目中的可信度與正當性的一種具體展現。這一點在本文後續將有進一步的討論。

美國為何為中、小學校長制定了 ISLLC 專業標準？Latham 與 Pearlman 在 1999 年的一篇文章提到：這一套校長專業標準，其實一開始就是專門為中、小學校長設計的。這是因為校長對學校的有效運作與發展非常重要，而且學校校長所需具備的知識與技能對學校其他人員是否能把教育的專業工作做好，至為重要。校長這一項重要的工作，有其一定且獨特的職責與需求，而中小學各級學校校長所做的工作，尤其是基本的核心工作，是非常相像的。因此中、小學校長若能有一套與校務經營密切相關的核心知識與能力的話，對於扮演此一重要職務的人而言，我們對於他的期待就比較有根據（Latham & Pearlman, 1999）。

有關制定校長專業標準的用意，Lashway（1998）認為：以專業標準為本的教育，基本上代表的就是一種績效責任，不僅是為了要讓當事者承擔責任，也是要用來蒐集校務改進所需的資料。當資料分析的結果與預期的結果產生差距時，從有出入之處就可發現問題，並提出改進。而且使用這些專業標準來設定對校長的期望，也能導引出必要的專業發展活動。

有關美國這一套 ISLLC 校長專業標準的用處，Derrington 與 Sharratt（2008）在一項針對華盛頓州教育局長與校長所做的有關運用 ISLLC 專業標準來評鑑校長的研究中，發現以校長專業標準作為校長評鑑的工具，有下列幾項好處：

1. ISLLC 標準與當前學校校長的職責具有一致性，也可以提供比以往的校長評鑑工具更清楚、更優良的指標。

2. ISLLC 專業標準非常明確，因此可以讓教育局長在評鑑校長時更加明確，並且可以幫助教育局長指出校長在校務經營時，何處有缺失且需要改進。

3. ISLLC 標準具有一致性、方向性，而且焦點明確，用來與校長討論校務經營的績效時，很有幫助。

其實，任何專門行業都需要一套專業標準；教師與校長都是教育領域的專業人員，自然亦需要。由於教師在師資培育（含實習）等各方面的專業證照要求，以及在其後的職涯階段維持專業身分所需的要求，仍然沒有一套非常嚴謹的作法，因此，教師與醫生、建築師、律師、會計師等專門行業比較起來，充其量只能算是半專業。可見教師要邁向完全專業化，可能還有一段路要走。教育領域的教師都已是如此了，那麼，校長又如何呢？在臺灣，目前校長這個專門職業要邁向專業化，其路途可能比教師更加艱鉅。

以美國、英國與澳洲等先進國家而言，在校長專業化的路上，已經慢慢開闢出一條途徑來。這也是本文從探討美國的校長專業標準出發，想一窺美國、英國與澳洲校長專業標準大致上的面貌，並一併了解美國校長評鑑與專業發展及專業標準的關聯性的主要理由。

從本節一開始 Catano 與 Stronge（2007）所提到的 Mintzberg 的工作標準化及技術標準化的概念出發，並與 Sykes（1999）對專業標準的概念所做的闡釋互相呼應時，不難看出標準化與標準的概念與專業的概念，關係相當密切。在以下的段落中，本文擬先探討美國、英國與澳洲的校長專業標準的一些重點，繼而探討校長績效評鑑的重要概念，然後再進一步釐清專業標準的概念與校長專業標準、校長績效評鑑、校長專業發展與校長專業化之間的關聯性。

伍 | 美國、英國與澳洲校長專業標準

美國校長的工作標準化，究竟如何依賴美國全國性及各州訂定校長專業標準來達成？而英國與澳洲的校長標準又有何內涵與特色呢？針對此點，本節擬先介紹美國學校領導者專業標準發展的沿革與內涵，其次簡略探討英國與澳洲校長專

業標準的主要內涵，接著對此三個國家的校長專業標準進行廣泛的比較與評析。

　　美國的學校領導者專業標準是一套目前在美國普遍應用於學校領導者培育、證照與評鑑的專業標準。林文律（2000）在探討此一校長專業標準時提到，為了發展適合學校領導者的各項標準及評量方式，以對各州負責學校行政人員證照的權責機構提供必要的服務，美國「州委會」轄下的「證聯會」在 1996 年所訂出的 ISLLC 標準，涵蓋了下列六大學校領導者標準（Educational Leadership Policy Standards: ISLLC）：

1. 學習的願景。
2. 學校文化與教學方案。
3. 管理。
4. 與家庭及社區合作。
5. 奉行正直、公平及合乎職業倫理的行為準則。
6. 對於超越學校範圍的政治、社會、經濟、法律、文化等較大的層面能有認識，有能力回應，並能發揮影響力。

　　這套 ISLLC 標準自 1996 年制定以來，美國許多州即陸續採用，並作為各該州訂定校長專業標準的藍本。迄 2006 年為止，全美國已經有 43 州將 ISLLC 標準廣泛應用於校長培育、證照、導入、評鑑與專業發展（Council of Chief State School Officers, CCSSO, 2008a）。唯因美國高等教育、專業協會及教育行政實務界普遍認為 1996 年所擬定的校長專業標準過於嚴苛，指標數量過多，在實務面不易操作。有鑑於此一改革呼聲，州委會遂以 1996 年證聯會所擬定的校長專業標準為藍本，於 2008 年提出簡要版的教育領導者標準，主要用於引導校長專業相關政策制定之用，並將 2008 年的教育領導標準定位為「政策標準」（policy standards）（CCSSO, 2008a, 2008b）。此項 2008 年新修訂的校長專業標準（ISLLC 2008）與其前身 ISLLC 1996 一脈相承，基本上是同一套學校領導者標準。

　　依據美國「州委會」的定義，「標準」指的是「為了達到某一領域的熟練度，所需精通的知識與能力」（CCSSO, 2008a: 20）。

　　ISLLC 2008 六大教育領導者專業標準，僅定位在政策標準的層次。但由於各州及地方學區在訂定校長評鑑與校長職涯不同階段的需求，以及在制定校長角色、職責與職權時，各項專業標準需要有明確的細則作為施行之依據，州委會遂在制定 ISLLC 2008 六大教育領導者專業標準（政策標準）之後，緊接著於同年（2008

年）發展出一套領導績效期望與指標（leadership performance expectations and indicators）（CCSSO, 2008b）。

依據美國「州委會」所述，績效期望與指標主要由六大期望組成，每個績效期望正好反映出一個政策標準。每個績效期望再各自下轄三個要素（elements），每個要素再各自下轄四至七個不等的績效指標（performance indicators）。績效指標的目的在於描述為了實踐每個專業標準所蘊含的領導概念與領導理想，領導者所需做的事項究竟為何。績效指標「能幫助使用者找出對教育領導者扮演特定的領導角色的期望，以及在不同職涯階段應有的角色期望，從中挑選出哪一種角色應有哪一種期望，並訂定期望的優先順序或一般先後順序。績效指標可用來規劃發展性策略，並掌握在不同職涯階段，對於不同領導角色應有的各種期望，其進展情形如何」（CCSSO, 2008b: 7）。

由於在「州委會」ISLLC 2008 的六項政策標準中，第二項政策標準（學校文化與教學方案，亦即學習的文化）乃是核心標準，「州委會」特別舉出與第二項政策標準互相對應的績效期望二「教學與學習」及其相關要素來做說明，此一期望包含以下三個要素（CCSSO, 2008b）：

要素一：強大的專業文化

其具體指標（indicators）舉隅如下：

1. 教育領導者要能發展共同認同的理解、能力，並致力於對所有學生展現高度期望，終止學生的學習成就差距。
2. 教育領導者要能引導專業發展，此專業發展要能融入於工作中，以專業標準為基礎，改進教學與學習，並滿足每一位學生多元的學習需求。
3. 教育領導者對於改進實務與學生學習成效的各項變革與合作，要能展現坦誠的態度。

要素二：嚴謹的課程與教學

其具體指標舉例如：教育領導者，對於嚴謹的課程以及以專業標準為本的教學方案，要能營造出共同的理解；要能與團隊合作分析學生學習成品，隨時掌握

學生進步情形，並重新設計各項課程與教學方案，以滿足多元的需求。

要素三：評量與課責

　　其具體指標舉例如：教育領導者使用各種不同來源、不同種類的資訊與評量方式（諸如測驗分數、學生學習成果樣品、教師評斷等）來評鑑學生學習、有效教學與教學方案品質（CCSSO, 2008a, 2008b）。

　　從以上有關美國教育領導者的實務標準（practice standards）的描述中可以看出：美國教育領導者的實務標準，乃是以「州委會」接續教育領導的政策標準所發展出來的領導績效期望與指標（CCSSO, 2008b）為主要依據。從其中，吾人不難看出：美國教育領導者的實務標準具有相當具體可行的操作便利性，這種優勢對於各州將校長專業標準應用於校長評鑑與校長專業發展，成就了極為良好的基礎條件。這是因為美國「州委會」（CCSSO, 2008b）所訂定的領導績效期望指標，都能非常具體地明示各項專業標準與績效期望指標的連結，而且校長專業標準所衍生出來的績效期望指標，正好是作為校長績效評鑑時，評鑑者所需要著重的項目。由此觀之，績效期望指標以及將這些指標應用於績效評鑑，正可看出校長專業標準與績效評鑑間的關係非常密切。這一點在本文第七節探討校長專業標準與校長績效評鑑之連結時再詳述之。

　　除了美國之外，其它先進國家也各自訂定了適合自己國情的校長專業標準。茲以英國與澳洲為例來做說明。

　　英國的國家校長專業標準（National Standards for Headteachers）最初由英國官方的教師訓練機構（Teacher Training Agency, TTA）發展出來，並於2004年修訂。該套校長專業標準指出，校長的工作蘊含了下列三項基本原則：

　　1. 以學習為中心。

　　2. 以領導為重心。

　　3. 要能反映出最高的專業標準。

　　提到校長的核心目的時，英國校長標準明白揭示校長必須有效經營教學與學習；必須能讓所有學生發揮潛能；也必須營造一個有助於提升卓越、平等與對學生有高度期望的學校文化。英國的校長標準包含以下六部分：

1. 塑造未來。

2. 在學習與教學上展現領導力。

3. 發展自我並與他人共事。

4. 組織管理。

5. 負起績效責任。

6. 強化社區。

在此六大重要標準方面，校長必須具備必要的知識專業特質，包括技能、心向（dispositions）以及在校長角色上應展現的個人實作能力。另外，也要展現完成核心目標所需要的各種具體行動。英國校長標準對於不同階段的校長，包括擬任校長、初任校長及有經驗的校長均適用，並可作為校長專業發展及行動的方針，也可作為績效管理之用（Department for Education and Skills, 2004）。

除了美國與英國之外，澳洲也有自己的校長專業標準。根據澳洲教學與學校領導研究院（Australian Institute for Teaching and School Leadership, 2011）所提供的資料，澳洲的校長專業標準乃一整合性的模式，目的有下列五項：

1. 提升各層級及各階段的學生成就。

2. 提升公平與卓越。

3. 創造有助於高品質教學與學習的環境，並能持續加以維持。

4. 要能影響、發展並傳達社區期待及政府政策。

5. 在地方、全國及國際等層次，對於 21 世紀教育制度的發展要能有所貢獻。

澳洲的校長標準包含以下三項必備領導要件：

1. 願景與價值。

2. 知識與了解。

3. 個人特質與社會及人際關係技巧。

以上這三項要件乃透過下列五項關鍵的專業作為來達成：

1. 在教學與學習兩方面展現領導力。

2. 發展自我並發展他人。

3. 在學校改進、創新與變革等方面，展現領導力。

4. 在學校經營管理上展現領導力。

5. 能帶動社區參與，並與社區共同努力。

透過以上三項領導要件及五項關鍵專業作為，澳洲校長標準的目的在於引領

出高品質的學習、教學與學校經營，並從而孕育出成功的學習者，有自信與創意的個體，以及積極、具備知識的未來公民（Australian Institute for Teaching and School Leadership, 2011）。

從以上有關美國校長專業標準的探討中，我們可以看出，美國在 1996 年制定了校長專業標準（ISLLC 標準），這套標準在 2008 年加以修正之後，除將指標數目大幅減少，也配合這些標準，訂定了實務指標，下轄了具體的績效期望與績效指標，使得一般人及校長本身，對於校長職務的績效期望非常具體明確，一方面對校長本身很有幫助，另一方面對於督導校長工作績效的上級單位，在實施校長績效評鑑及指導校長訂定專業發展目標時，也有很大的幫助。

另外，從美國、英國及澳洲的校長專業標準中可看出以下幾點：

1. 學生的有效學習是校長工作首要之務與首要責任。
2. 組織管理、社區經營以及教育組織環境中，各種環境元素的有效經營，亦極重要。
3. 校長必須具備良好的個人特質及人際關係技巧，也要能發展自我與他人。
4. 校長要能帶動學校改進、創新與變革。

美國、英國與澳洲的校長專業標準，在界定中、小學校長的角色及釐清校長主要工作內容與重點工作方向等方面，具有相當積極、正向與明確的指引作用。也因此，這些校長專業標準有助於校長的上級督導單位以及一般教育利害關係人，清楚地看出對校長應有的角色期望與績效期望。在本文後續的探討中，吾人將可看出，校長專業標準所指引出來的校長績效期望，對於校長績效評鑑之設計，以及伴隨評鑑之後而來的校長專業發展的規劃，均具備了很好的引領效果。

陸｜校長績效評鑑的重要性

一位校長在校長職務上是否稱職，透過校長績效評鑑或許可以達成此一目的。有鑑於此，本文要探討的重點之一是校長績效評鑑。在本節中，擬先大致討論校長評鑑，接著再討論校長績效評鑑。

美國自 1990 年代以來，基於各種教育改革的呼聲，一般民眾普遍愈來愈重視教育的績效責任（accountability）。在教育方面，績效責任指的是學校經營得是

否有績效。績效要從學校學生的人口變項、教育組織環境的特徵、各種資源的有效運用程度各方面來看，但最終是落實在學生的學習成就是否有達到預期的結果。其實，要負起教育績效責任的人有很多，但一般而言，學校的校長必須負最大的績效責任。因此，至少以美國而論，雖然校長評鑑之實施由來已久，但最近十幾年來，由於績效責任之故，校長評鑑愈來愈受到重視。

校長評鑑與教師評鑑都是人員評鑑。Ginsberg 與 Berry（1990）提到，人員評鑑通常有兩個目的，一是為了改進績效，此為形成性評鑑；另一為將評鑑結果作為職務調動的參考，此為總結性評鑑。Ginsberg 與 Berry 認為校長評鑑通常有三種途徑：

1. 特質取向（trait-based approach）：著重檢核受評者的可靠程度。
2. 行為取向（behavior-based approach）：著重觀察受評者表現出哪些行為，包括計畫、管理、教學領導、預算等。
3. 任務取向（task-based approach）：著重在以事先訂定的績效規準，來檢核校長達成既定績效目標的程度。

從以上三種評鑑取向不難看出，特質取向的評鑑比較容易流於主觀；行為取向的評鑑所著重的比較偏重在觀察受評者的外顯行為，但展現出某種行為並不表示預期的目標確實達成。只有第三種評鑑，由於是根據既定的目標來檢核受評者的工作績效，最能觸及評鑑的核心。

有關校長評鑑，Amsterdam、Johnson、Monrad 與 Tonnsen（2003）透過 Thomas、Holdaway 與 Ward（2000），間接引用 Harris 與 Monk（1992）的看法，認為人員評鑑乃一三階段的歷程：

1. 決定受評人員該會什麼事。
2. 以該具備的技能來看所呈現的績效。
3. 根據受評者所表現出來的熟練度來給予評分等級。

Amsterdam 等人（2003）認為，人員評鑑的重點應該放在可測量的績效，而不應該放在很難評量的個人特質。

由於校長績效評鑑是各類校長評鑑之中，最能顯示校長校務經營績效的一種評鑑，因此本研究在提到校長評鑑時，僅限於第三種評鑑，亦即校長績效評鑑。

要探討校長績效評鑑之前，必須先決定評鑑的是校長哪一部分的工作？哪一部分的內涵？以及要用什麼方法來評鑑校長？其實，有關校長工作的性質、校長

的工作項目如何界定，由於學校教育不同的利害關係人對校長的期望隱含著巨大差異，校長工作中的各種情境變數，以及校長必須配合各種教育政策的需求而行事，這些因素，在在都會影響到校長評鑑的內涵與方式（Ginsberg & Thompson, 1992）。首先，對校長不同的角色期待必然會影響到校長評鑑的重點。大體而言，進行校長評鑑時，評鑑者究竟是把校長定位為學校整個校區的管理者（building managers）或是學習的領導者（leaders of learning）？就校長的工作內涵而言，校長既是學校組織管理者，也是學習領導者，這兩者都是學校校長重要且必要的角色，而這兩種角色也各自預示了校長的工作內涵。但就評鑑的重點而言，這兩者之間其實是有非常巨大的分野（The Wallace Foundation, 2009）。前者指的是，校長是否是有效的學校管理者。學校組織運作所需要的各種人力、物力、時間、空間等資源的取得是否順暢，並做最有效的使用？各種組織要素之間是否充分協調，以使得組織的運作發揮最大的成效？後者指的則是，校長在引導學生學習的方向上是否正確？在學生的學習上著力了多少？為了幫助所有的學生在各方面的學習有所進步，所使用的方法是否有效？全體學生在學習上究竟有何具體成效？依此來看，校長的定位不同，其評鑑的重點就會有很大的出入。

誠如前述，定位校長角色是非常困難的，因為不同的利害關係人對於校長的角色期望不一定相同，對校長角色的需求也會很不一樣，因此，校長的職責也就愈來愈多樣化，而履行多樣化的職責所需的技術及所隱含的價值，也差異很大。更有甚者，這個世界變遷太快速，校長所需扮演的角色，以及所需要具備的知識與技能也因之愈來愈複雜（Catano & Stronge, 2007）。

有鑑於校長的角色愈來愈多樣化，Catano 與 Stronge（2007）認為美國「州委會」於 1996 年所擬定的 ISLLC 標準，除了可以作為各州校長培育與證照的參考依據之外，也可作為績效導向的校長評鑑參考準則。本文在第七節擬針對校長專業標準與校長績效評鑑兩者之間的關聯性，做一探討。

柒｜校長專業標準與校長績效評鑑之連結

本文在第四節已提到，以美國的 ISLLC 校長專業標準而論，Derrington 與 Sharratt（2008）已有研究指出，ISLLC 標準與當前學校校長的職責具有一致性，也

可以提供比以往的校長評鑑工具更清楚、更優良的指標；此一套專業標準非常明確，可以讓教育局長在評鑑校長時，更有所依據，並且可以幫助教育局長指出校長在校務經營時，何處有缺失並且需要改進；此外，ISLLC 標準具有一致性、方向性，焦點明確，用來與校長討論校務經營的績效時，很有幫助（Derrington & Sharratt, 2008）。有鑑於校長專業標準與校長績效評鑑可能存在著相當程度的關聯性，本節擬以美國德拉瓦州及 Catano 與 Stronge（2007）的研究為例，來說明美國校長專業標準與校長績效評鑑結合之情形。

美國德拉瓦州依據全國性的六大校長專業標準，自訂出該州的五項教育行政者（含校長）專業標準，其中前四項內涵即涵蓋了全國性的 ISLLC 標準。茲將這四項內涵分述如下（Delaware Department of Education, 2008）：

內涵一：願景與目標

本內涵與 ISLLC 標準一「學習願景」相同，重點在於檢視校長是否訂定學校的願景與目標，加以執行、推廣並進行溝通。評鑑準則包括：
1. 評估資料。
2. 執行願景與目標。
3. 推廣願景與目標。
4. 傳達願景與目標。

內涵二：學習的文化

本內涵與 ISLLC 標準二「學校文化」相同，重點在於校長在倡導呵護及永續維持有利於學生學習及教師專業成長的學校文化及教學方案，所展現的影響力。評鑑準則包括：
1. 倡導學習文化。
2. 監控學習文化。
3. 永續學習文化。
4. 維護學習文化。

內涵三：管理

本內涵與 ISLLC 標準三「學習的管理」相同，重點在於校長所做的學校管理，以支援學生學習並形塑有利於學習的文化。評鑑準則包括：
1. 解決問題或關注事項。
2. 管理資源。
3. 遵照各項政策。
4. 保護學生及教師的福祉及人身安全。

內涵四：專業職責

本內涵合併了 ISLLC 標準四「家庭與社區」、ISLLC 標準五「倫理」及 ISLLC 標準六「社會脈絡」，關注的重點在於校長如何與教師及社區互動，以及校長在處理學生及教師的事情上是否公平並且前後一致。而且校長要能致力於持續專業發展。評鑑準則包括：
1. 維持專業關係。
2. 提升家庭與社區的參與。
3. 展現公平性。
4. 追求專業成長與發展。

另外，Catano 與 Stronge（2007）在探討校長評鑑與校長績效標準時，對於 ISLLC 校長專業標準中，以 97 個地方學區的評鑑工具的關聯性做了一番比較分析。在 ISLLC 的六項專業標準中，除了第五項以正直、公平及合乎倫理的行動這一項專業標準，從所蒐集到的校長評鑑工具之中找不到校長的職責之外，其餘五項專業標準都找到了各專業標準與校長評鑑工具互相對應之處。茲將 Catano 與 Stronge 的研究發現簡述於下：

專業標準一：推展願景

從校長評鑑工具中找出的相關評鑑項目如下：
1. 建立使命與願景。
2. 蒐集、分析並運用資料以做決定。
3. 將學生需求分析資料應用於教學方案之計畫、組織與執行。

專業標準二：教學方案

從校長評鑑工具中找出的相關評鑑項目如下：
1. 維持一種有助於學生學習的氛圍。
2. 留住學校優秀的教師及支援人員。
3. 對教師進行評鑑。
4. 不挪用教學時間。
5. 人員發展。
6. 課程評鑑。

專業標準三：組織管理

包括財務管理、校園設施管理、學生及校園安全，與其他有助於提升組織運作效率的活動。從校長評鑑工具中找出的相關評鑑項目如下（用於看出校長在以下各方面的效能）：
1. 學校預算管理。
2. 學校各項帳目準確。
3. 各項資源的分配。
4. 維護人身及校園安全的環境。
5. 學校各種設施之維護。

專業標準四：社區關係的責任

包括校長是否有效與家庭及社區互動，並有效回應社區各利益團體的需求與期望。從校長評鑑工具中找出的相關評鑑項目如下：

1. 與各家長及其他社區成員有效溝通。
2. 與社區團體及個人建立關係，以贏得其對多元學生的支持。
3. 主動與企業及實業界建立夥伴關係。
4. 提升家庭與學校有效溝通。

專業標準六：對廣大社會的責任

包括回應政治、社會、經濟、法律及文化等各項脈絡並影響之。從校長評鑑工具中可找出的相關評鑑項目，基本上均是依照政府之法令或規章行事。

以上是 Catano 與 Stronge 對維吉尼亞州 132 個地方學區的校長評鑑工具進行分析，並於 2007 年發表的研究結果。

從美國德拉瓦州依據全國性的六大校長專業標準所自訂的該州校長專業標準，以及 Catano 與 Stronge 在 2007 年所做的研究中，可以明顯看出，美國許多州所訂定的校長標準是參考美國全國性的 ISLLC 校長專業標準而來，而各州又以校長專業標準為本，根據自己的需求、各州的情況，訂定出校長評鑑的各個面向與指標，可見美國全國性的校長專業標準、各州的校長專業標準及校長績效評鑑的關聯性非常密切。

本文第五節在探討美國、英國與澳洲的校長專業標準時，就曾提到美國州委會（CCSSO, 2008b）所訂定的領導績效期望指標，已經非常具體地明示各項專業標準與績效期望指標的連結，這是因為校長專業標準所衍生出來的績效期望指標正好是作為校長績效評鑑時，評鑑者所需著重的項目。而針對每一個指標項目，受評者均須提出具體的佐證，以作為評鑑者評鑑的依據。由此觀之，將績效期望指標應用於績效評鑑，正代表校長專業標準與績效評鑑相互之間的關係非常密切。

捌｜校長專業標準、校長績效評鑑與校長專業發展之連結

美國「州委會」於 1996 年擬定 ISLLC 標準之後，繼而又與全國教育行政政策委員會（National Policy Board for Education Administration, NPBEA）於 2000 年共同編寫了一份「以校長專業標準為基礎的合作式校長專業發展綱要」（Standards Based Professional Development for School Leaders/Collaborative Professional Development Process for School Leaders）（CCSSO, 2000），臚列出六項以 ISLLC 標準為本的校長專業發展綱要步驟：

1. 分析自己的專業發展需求，擬出初期目標，擬定專業發展計畫，包含下列四部分：

   (1) 根據校長專業標準與指標訂定個人專業成長目標。

   (2) 選定某一、兩個學校或教育局之議題作為專業發展目標。

   (3) 列出預期之成果一覽表，以供檢核。

   (4) 訂定預計完成之期限。

2. 針對自己專業發展需求，組成專業發展諮詢團隊。

3. 提出初期「校長專業發展計畫」，包括各項專業發展目標、完成之期程、開會時程等。並逐步修訂自己的「校長專業發展計畫」及目標執行計畫。

4. 提出專業發展歷程中各項成果，並省思所構建之專業發展檔案。

5. 持續分析專業發展歷程中所構建之各項專業發展內容。

6. 重新檢討自己的「校長專業發展檔案」，並提出一份總結性省思及自評，以修正既有之專業發展計畫。

此份綱要提到，一份「校長專業發展檔案」的內容必須至少包含下列項目（CCSSO, 2000）：

1. 包含專業發展目標的專業發展計畫。

2. 說明專業發展目標如何與校長專業標準及指標產生關聯。

3. 完整列出每次專業發展諮詢會議日期與內容之一覽表，包括會議之後的省思。

4. 向諮詢委員報告之各項專業發展成果。

5.針對各項已完成之專業發展目標之自我省思評論。

6.修正後之專業發展計畫，作為下一個「校長專業發展」週期之用。

　　從以上「州委會」這一份有關校長專業發展的資料中，吾人可以看出，美國專業標準在一開始設計規劃時，規劃設計者就已經決定要將校長專業標準應用於校長專業發展。只不過，「州委會」所訂定的這份校長專業發展綱要主要是參考用的。更重要的還是要看各州及其轄下的地方學區，如何從校長績效評鑑中，協助校長找出校務經營有待改進之處，責成其改進，並對其提供必要協助。這一點正是本節探討的重點。

　　其實，論到校長專業標準、校長績效評鑑與校長專業發展之結合時，首先就是運用校長專業標準來訂定對於校長的績效期望，並在每個績效期望之下訂定必要的指標，接著就是以這些指標來作為校長評鑑的基礎。顯然，由於這些指標都是用來看校長的表現（亦即績效），因此以績效為重點的評鑑就是績效評鑑。現在重點就在於評鑑者在進行評鑑時，是要用何種方式來呈現評鑑結果？

　　Lashway（2003）引述 Ginsberg 與 Thompson（1992）的見解，認為校長的工作複雜模糊並且具高度脈絡依賴性（亦即不同人從不同角度所看到的是同一工作的不同面向），因此校長評鑑工作極為不易。提到校長評鑑的執行方式時，Goldring 等人（2009）引述 Lashway 的研究指出，最常見的三種評鑑方法如下：

1.針對受評人的各種行為或特質，以勾選的方式來評定。

2.以開放式的評鑑表，用文字敘述來評鑑。

3.根據一套事先決定的目標，看看目標是否達成。

　　針對常見的校長評鑑方法，Lashway（2003）綜合一些研究結果指出，許多校長評鑑工具所使用的標準模糊不清（如：評鑑項目為「未出現亂象」，請勾選「是」或「否」）或前後不一致、不切實際（如：評鑑項目為「展現有效的組織能力」，請勾選「是」或「否」），且許多評鑑工具把領導技能視為具雙元特性（亦即非「有」即「無」），但其實某些領導特徵要從連續體的角度來看，使用非有即無的雙元決斷方式對受評者並無幫助。Lashway 的研究報告還指出，一般校長評鑑最重大的缺失就是評鑑無法呈現具體結果，無法對受評者提供任何有用的改進建議。而且評鑑者往往只把評鑑當成例行公事，只求執行評鑑工作；工作執行完畢，即將之歸檔。

　　針對以上校長評鑑的諸多缺失，Reeves（2009）強烈主張，有效的校長評鑑

應該植基於清晰的標準（standards），並從而發展出一套非常明確的評鑑規準（criteria），讓評鑑的執行單位及受評者都非常清楚了解，可以從評鑑中期待到什麼，並且受評者在工作績效表現的熟練程度（proficiency）也要能明確劃分。有鑑於評鑑的目的在於分出績效的高下，Reeves 提出了以下四種校長績效評鑑等級作為校長評鑑規準：

1. 堪為表率（exemplary）：在整個教育界具有全面性影響力。
2. 熟練（proficient）：在本校展現影響力。
3. 逐漸進步中（progressing）：具領導潛力。
4. 未見進步（no progress）：未達標準（即未達要求）。

　　由於 Reeves（2009）的這套評分等級頗能針對受評者績效表現的熟練度做出清楚鑑別，而且也能提出受評者有待改進之處，因此非常實用，並廣受歡迎。

　　現在舉一個與此相近的例子。美國肯塔基州傑佛森郡把校長評鑑分為以下四等級（Jefferson County Public Schools, 2011）：

1. 自始至終均符合績效要求（administrator consistently meets job performance requirement）：校長的作為強化其領導績效，並符合規準。
2. 善盡努力以求符合績效要求（administrator attempts to meet job performance requirement）：校長的作為尚稱允當，通常符合規準。績效改進事項可以載明在專業成長計畫，但也可不用載明。
3. 符合績效要求的情況前後並不一致（administrator inconsistently meets job performance requirement）：校長的作為可能不利於發揮績效。證據顯示校長的績效未符合規準，有必要改進。績效改進事項必須載明於專業成長計畫。
4. 未符合績效要求（administrator does not meet job performance requirement）：校長的作為減損績效。證據顯示校長的績效遠低於期望，有必要改進。績效改進事項必須載明於專業成長計畫。

　　茲再舉另一個例子來做說明。美國南卡羅萊納州所採用的校長評鑑工具，其使用的評量規準與上述的兩項評量規準極為類似，只不過南卡羅萊納州使用的規準明確地標明「待改進之處」作為第三項規準（South Carolina Department of Education, 2011）。南卡羅萊納州的校長績效評量規準簡要說明如下：

1. 堪為表率（exemplary）：某一項校長專業標準之下，所列舉的四至六項不等的指標，其分別為：「全部都有做到」、「按時完成」或「確實做到」。

2. 熟練（proficient）：某一項校長專業標準之下，所列舉的四至六項不等的指標，其分別為：「常常有做到」、「有些有做到」或「有時自覺必要時才做到」。

3. 需要改進（improvement needed）：某一項校長專業標準之下，所列舉的四至六項不等的指標，其分別為：「很少做到」、「即使做了，也做得很少」或「做事情所依據的常常前後不一致」。

相較於「通過」與「不通過」這種模糊籠統的評量結果而言，以上這三個例子所呈現的校長績效評量等級劃分方式，其特色與優勢在於其設計對於受評校長的績效（表現）具有相當程度的鑑別力。就評量者這一方面而言，在具備足夠的績效證據之下，評量者可以藉此清楚鑑別受評者的各種績效，明確指出受評者的績效在何處符合或不符合績效期望，以及符合、未盡符合或不符合績效要求的程度，這對於日後評量者與受評者會談，雙方針對受評者在校務經營方面應該強化之所在（亦即待改進之處），比較能明確釐清，而受評者也比較能夠信服。事實上，此種校長績效評量等級劃分方式最後一項所列的「待改進事項」，正好是進行校長評鑑之後，評鑑者即可依據此一結果，為受評者建議研擬校長專業發展計畫時可以著力之處。

從以上的探討不難看出：校長專業標準引導出校長績效評鑑，而藉著校長績效評鑑的結果所顯示出來的校長有待改進之處，受評鑑的校長即據以擬出待改進事項的改進方法，在地方學區的規範之下，訂出自我改進及專業改進的時程，並建構出個人化的校長專業發展計畫。由此可看出，校長專業標準、校長績效評鑑與校長專業發展，三者之間的關係至為密切。這三方面的緊密連結，對於衡鑑一個校長在其職務上的稱職程度，以及是否持續維持稱職的狀態與水平，具有相當程度的意義。

玖｜美國、英國、澳洲校長專業標準與美國校長績效評鑑及專業發展對臺灣的啟示

本文前述已提及，由於校長在校務經營扮演了關鍵角色，一位在職的校長是否稱職，乃是關心校務經營績效的人至為關切的課題。而校長稱職與否，要從校

長職務內涵，擔任校長一職所需具備的關鍵知識、能力、個人特質與專業特質及校長績效等方面來看，而且績效結果呈現之後的後續加強，也是恢復或維持校長稱職的重要考量。

首先，就校長稱職與否的三大重要面向而論，校長專業標準是第一個面向。以美國而論，ISLLC 1996 與 ISLLC 2008 一脈相承，在六項校長專業標準中，均是以第二項標準「教學與學習」為核心，其他五項專業標準則圍繞著「教學與學習」來著眼。而英國及澳洲的校長專業標準在這一方面與美國是一致的。此一以學生有效學習為主軸的校長專業標準架構之設計，是最值得臺灣學習之處。

在臺灣，中、小學辦學一向以「學生第一、教學為先」為最崇高的辦學原則，但此一辦學原則是否真正落實在全體學生的日常學習中，其實是存在著許多值得進一步嚴格檢驗以觀成效之處。美國的校長專業標準正好提供給臺灣教育工作者認真思考學生學習成效的機會。暫且撇開臺灣國中及高中以智育掛帥的辦學作為不論，就學生學習成效而言，值得進一步思考與提問的問題是：臺灣的「辦學績優學校」，有多少學校是真正以學生的有效學習為重心？如果是以學生的學習為重心，又有多少學校真正落實以「全體學生」的有效學習為重心？這是第一項值得臺灣教育界省思的重點。

其次，在美國，教育是各州的權責。全國性的 ISLLC 1996 與 ISLLC 2008 校長專業標準，是由美國為數近半的州的主要教育官員，經過嚴謹的會商歷程，共同商議而成。由於發展歷程非常慎重，思慮極為縝密，因此自 1996 年制定以來，逐漸被各州採用為校長培育、證照、評鑑與專業發展的依據。由於在美國，教育是各州的事務，因此各州所制定的校長培育、證照、評鑑等相關法律與行政命令，在各該州必須確實執行。從此一觀點來看，美國大部分的州，在校長培育、證照、評鑑與專業發展等有關校長的各項要求上，其實是相當趨於一致的。即使各州彼此之間在對校長的要求方面未必完全一致，但至少各州本身對其中、小學校長是有一套相當嚴謹的要求，這一點應是無庸置疑。反觀臺灣，在中、小學校長的培育、證照、評鑑與專業發展方面，有待努力的方面仍然非常多。據此，發展出一套以全體學生有效學習為核心的臺灣本土性校長專業標準，並進而逐步走向校長專業化，應該是一條很值得去努力開發的路。

本文前述已經提到，Catano 與 Stronge（2007）認為 Mintzberg 的工作標準化及技術標準化的概念，對於建構校長專業標準與校長評鑑具有重大的意義。Catano

與 Stronge 主張，工作標準化的概念應用於校長職務，建構了校長專業標準。而技術標準化的概念則適合應用於校長評鑑。就其中之意義進一步引申來看，工作標準化的具體作法，就是將某一職務所需要的各項資格、知識與能力，以及工作期望與績效做一個清楚的釐清；而技術標準化則強調將某一職務的績效期望與績效指標加以制式化（formalization），以利檢核某一職務任職者之績效。

其實，工作標準化與技術標準化，兩者的關係至為密切，很難截然劃分。就校長職務而言，工作標準化及技術標準化對於校長專業化，可說非常重要。而美國所發展出來的校長專業標準與校長績效期望與指標，普遍為各州採用，並應用於校長證照、培育、評鑑與專業發展，正是校長專業化的一種具體體現。

在臺灣，校長專業化是一條亟待開發的路。就臺灣而言，校長儲訓之實施已有數十年之久，而校長培育則是最近十年的事，但以前述所描繪的美國校長專業標準、校長評鑑與專業發展而言，臺灣在校長專業化的路上，仍有一段很長遠的路要走。

再者，校長績效評鑑乃是考量校長稱職與否的第二個關鍵面向。若單獨就建構校長評鑑制度而言，在臺灣，長久以來，僅有校長考核而已。校長評鑑與校長考核，在實質內涵上並不一樣。校長評鑑有許多重點，包括（Stufflebeam & Nevo, 1993）：

1. 校長資格，包含學、經歷及優良表現之記錄，以及技能與知識之部分。
2. 職責與績效之部分。

評審學、經歷及得獎記錄（即傑出表現）比較類似臺灣報考主任及校長甄試的資積審查。而校長的技能與知識部分，以及更有甚者，清楚釐清校長的職責與績效期望與指標部分，以建立校長評鑑制度，正是臺灣在討論到校長評鑑時，最該著力之處。有關此點，臺灣要從校長考核往前邁出一步，提升到校長評鑑的層次，恐怕不易，但仍值得去跨越。

綜觀美國的校長績效評鑑，由於校長專業標準及校長績效評鑑一脈相承，均是以全體學生的有效學習為核心，而教師的有效教學評鑑（即教師評鑑之核心內涵），自然而然就是美國校長評鑑的內涵中很重要的一環。以臺灣最近二十年來的教育政治氛圍來看，論及校長評鑑時，要求校長要在教師評鑑這一部分著力，恐非易事，更何況，截至目前為止，教師評鑑仍在未定之天。但是這種微妙的教育政治氛圍，並不表示教師評鑑就應從校長辦學績效評鑑中排除。畢竟，當教育

的利害關係人要求要檢驗學校的辦學績效時，如果不去檢驗全體學生在各方面的學習成效，而只看學習成效以外的其他部分，這是令人難以理解的事。而這一點正是臺灣教育界以及關心教育的各個利害關係人最應密切關注者。

由於美國、英國、澳洲等國的校長專業標準，都是以學生有效學習為校長的首要核心工作，而以學生最大學習效果為學校辦學的至高無上原則，勢必牽涉到教師教學的品質，而督導教師的教學成效，也就自然成為校長職務的核心工作。臺灣中、小學校長的工作執掌不應僅以「綜理校務」的籠統方式表述。臺灣的教育界其實應該認真思考將校長的工作內容做一清楚的釐清，以讓校長確切地知道要做什麼，哪些事項是必做的？哪些工作是核心工作，必須確實履行？以便符應上級單位及廣大教育利害關係人的期待，而且也可以讓校長本身知道自己在哪些方面確實履行了職責，績效如何？辦學較強及較弱之處在哪些方面？並據以針對較弱之處，透過適切的專業發展設計，來加以加強與補足。就稱職校長所需要的第三個面向而言，校長專業發展正是恢復校長稱職並確保校長持續維持稱職的必要補強措施，同時也是校長此一職務邁向專業化必須嚴肅考量的重點所在。

臺灣如果要邁向校長專業化，首要之務就是藉著釐清稱職校長的真正意涵與具體作法，來作為建構校長專業化的一種途徑。就此點而言，關心校長稱職與否的所有校務經營利害關係人，可能要先致力於清楚地定位中、小學校長的工作內涵，尤其是訂定一套以所有學生有效學習為核心內涵、並從此處出發，考量臺灣特有的國情，訂定一套適合臺灣本土情況的完整的校長專業標準。其次則是發展出相關聯的一套校長績效評鑑系統，清楚標明出對校長的角色期望與績效期望，以用來檢視校長的校務經營績效，然後再藉由一套適切的專業發展制度，來強化校長的教育經營專業。

美國、英國與澳洲的制度不一定是最好的，也未必適合全然移植到臺灣。但這些先進國家的校長專業制度，至少可以引領臺灣教育界深切反思現行的制度與作法之優劣與得失，並進一步思考未來可以努力的方向。如果本文所探討的先進國家校長專業標準、校長績效評鑑與專業發展，能帶給臺灣教育界一些認真思考的動力，並從而慢慢促成臺灣中、小學校長的專業化，實值得深切期待。

拾｜結語

　　本文所隱含的終極目標，在於探究稱職校長的真正意涵與具體作法，並探尋臺灣建立一套校長專業制度的可能方向。為了此一隱含的終極目標，本文明示的目的在於藉著探討美國、英國、澳洲等國校長專業標準的內容、美國校長專業標準與校長績效評鑑及校長專業發展三者之間的關聯，以作為達成終極目標的媒介。

　　經由多方面的探討，本文獲致以下結論：

1. 就校長專業標準而言，美國、英國、澳洲的校長專業標準均清楚揭示：

   (1) 校長的工作是以全體學生的有效學習為核心內涵。

   (2) 校長有責任讓學校組織正常、有效運作。

   (3) 校長必須負起績效責任，有效提升全體學生的學習成效。

   (4) 校長必須與社區有效互動。

   (5) 校長有責任，而且要有能力，因應影響教育組織運作的各種政治、法律、經濟、文化、社會等各項環境因素。

2. 就校長專業標準的作用而言，校長專業標準可作為校長績效評鑑的基礎。以美國為例，校長績效評鑑的各面向乃是依照校長專業標準發展出來，再從各個面向發展出核心指標，以作為校長績效評鑑的依據。

3. 校長績效評鑑的結果最好能以「堪為表率」、「熟練」或「需要改進」三個等級或類似方式來顯示評鑑結果，以明白顯示評鑑的鑑別作用，對於受評者後續應有的作法較能提供助益。

4. 校長績效評鑑結果所顯示的「需要改進」，正是受評校長在專業發展可以著力之處。

5. 美國、英國、澳洲等國的校長專業標準，以及美國的校長績效評鑑與專業發展制度，或可作為臺灣教育界在提升中、小學校長專業或建立中、小學校長專業制度的重要參考。

 林文律小檔案

（同第一章）

References
參考文獻

中 | 文 | 部 | 分

林文律（2000）。美國校長證照制度。國立臺北師範學院學報，**13**，65-90。臺北市：國立臺北師範學院。

英 | 文 | 部 | 分

Amsterdam, C. E., Johnson, R. L., Monrad, D. M., & Tonnsen, S. A. (2003). A collaborative approach to the development and validation of a principal evaluation system: A case study. *J. of Personnel Evaluation in Education, 17*(3), 221-242.

Australian Institute for Teaching and School Leadership (2011). *National professional standard for principals.* Retrieved November 27, 2011, from http://www.aitsl.edu.au/verve/_resources/NationalProfessionalStandardForPrincipals_July25.pdf

Catano, N., & Stronge, J. H. (2007). What do we expect of school principals? Congruence between principal evaluation and performance standards. *Int. J. Leadership in Education,* Oct-Dec. 2007, *10*(4), 379-299.

Council of Chief State School Officers (2000). Council of Chief State School Officers in partnership with the National Policy Board for Education Administration. *Standards based professional development for school leaders/collaborative professional development process for school leaders.* Washington, DC: Author.

Council of Chief State School Officers (2008a). *Educational Leadership Policy Standards: ISLLC 2008.* Washington, DC: Author. Retrieved May 03, 2011, from http://www.ccsso.org/Documents/2008/Educational_Leadership_Policy_Standards_2008.pdf

Council of Chief State School Officers (2008b). *Performance expectations and indicators for education leaders.* Washington, DC: Author. Retrieved May 03, 2011, from http://www.ccsso.org/Documents/2008/Educational_Leadership_Policy_Standards_2008.pdf

Delaware Department of Education (2008). *DPAS II administrator guide.* Retrieved October 10, 2011, from http://www.doe.k12.de.us/csa/dpasii/admin/DPASII_AdministratorGuidecomplete.pdf

Department for Education and Skills (2004). *National standards for headteachers.* Retrieved November, 27, 2011, from https://www.education.gov.uk/publications/eOrderingDownload/NS4HFinalpdf.pdf

Derrington, M. L., & Sharratt, G. (2008). Evaluation of school principals using Interstate School Leaders Licensure Consortium (ISLLC) Standards. *AASA Journal of Scholarship and Practice, 5*(3), Fall 2008, 20-29.

Ginsberg, R., & Berry, B. (1990). The folklore of principal evaluation. *J. of Personnel Evaluation in Education, 3*, 205-230.

Ginsberg, R., & Thompson, T. (1992). Dilemmas and solutions regarding principal evaluation. *Peabody J. of Education, 68*(1), Fall 1992, 58-74.

Goldring, E., Cravens, X. C., Murphy, J., Porter, A. C., Elliott, S. N., & Carson, B. (2009). The evaluation of principals: What and how do states and urban districts assess leadership? *The Elementary School Journal, 110*(1), 19-39.

Harris, B. M., & Monk, B. J. (1992). *Personnel administration in education* (3rd ed.). Needlam Heithts, MA: Allyn and Bacon.

Jefferson County Public Schools (2011). Principal job performance evaluation major summative evaluations. Louisville, Kentucky. Retrieved March 16, 2011, from http://www.jefferson.k12.ky.us/Departments/HumanResource/evaluation/evaluations.html.

Lashway, L. (1998). Standards for administrators. *National Association of Elementary School Principals Research Roundup, 15*(1). Fall 1998. ED424 677.

Lashway, L. (2003). Improving principal evaluation. *ERIC Digest.* ED 482 347. Eugene, OR: ERIC Clearinghouse on Educational Management.

Latham, A. S., & Pearlman, M. A. (1999). From standards to licensure: Developing an authentic assessment for school principals. *J. of Personnel Evaluation in Education, 13*(3), 245-262.

Mintzberg, H. (1979). *The structuring of organizations.* Englewood Cliffs, NJ: Prentice Hall.

Reeves, D. B. (2009). *Assessing educational leaders: Evaluating performance for improved individual and organizational results* (2nd ed.). Thousand Oaks, CA: Corwin Press.

South Carolina Department of Education (2011). *Principal evaluation instrument.* Retrieved October 12, 2011, from http://ed.sc.gov/agency/programs-services/49/documents/PrincipalEvaluation.pdf

Stufflebeam, D., & Nevo, D. (1993). Principal evaluation: New directions for improvement. *Peabody J. of Education, 68*(2), Winter 1993, 24-46.

Sykes, G. (1999). The "New Professionalism" in education: An appraisal. In J. Murphy & K. S. Louis (Eds), *Handbook of research on educational administration* (2nd ed.) (pp. 227-249).

San Francisco: Jossey-Bass.

The Wallace Foundation (2009). *Assessing the effectiveness of school leaders: New directions and new processes.* N. Y.: Author.

Thomas, D. W., Holdaway, E. A., & Ward, K. L. (2000). Policies and practices involved in the evaluation of school principals. *J. of Personnel Evaluation in Education, 3*(14), 215-240.

7 校長專業制度架構之探討

張志明（國立東華大學教育行政與管理學系副教授）

壹│前言

　　教育是百年樹人之大業，也是國家社會永續發展的重要施政項目，因此教育的品質，長久以來深受各國所重視，而教育品質的優劣，乃與教育人員的專業程度息息相關，尤其是負責教育實作的現場領導者——也就是校長們，更是肩負此一重責大任的關鍵人物。何謂專業？簡單而言，就是被替代的可能性低；由於工作本身的技術門檻高，或是工作性質不具吸引力，或是市場上的「供不應求」，導致被替代的可能性低，因此擁有相對較高的「專業性」。那校長是專業的行業嗎？從人類社會發展至今，大概難有其它經驗像學校教育一樣，在每一個人的生命經驗歷程中，有那麼多年的時間，都跟學校生活相關。因此，對於學校的生活作息，在潛移默化中幾乎瞭若指掌，有關教育的議題也能頭頭是道。而當學校教育成為普遍性的共同成長經驗，教育作為成為想當然爾時，如何讓普羅大眾意識和認知到學校教育人員——尤其是校長的專業性，乃是值得挑戰之事。

　　被替代可能性低的專業門檻，從功能面來看，是源自工作本身要求的技術和能力；從程序面來看，是必須符合相當程度的檢核認可；從供需面來看，是物以稀為貴的待價而沽。就校長工作與專業性的相關而言，要具有被替代性低的專業程度，在功能上就要有達成教育目標的具體能力和技術，例如校長專業準則（或標準，standards）所列出的項目；在程序面要有具公信力的檢核認可，例如校長的證照和評鑑；在供需面要有一定的額度控管，例如校長的甄試及候用名額。前兩者是由理性觀點的探討，而後一項則是權力關係的探索。就理性層面而言，校

長專業制度的架構至少包括：專業工作的內容，如知識、心向（disposition）及表現等準則；專業知識能力和技術的取得，如儲訓培育、初任導入及專業發展等；專業資格的認同，例如證照取得和成果評鑑等。而在這之中，校長工作所需要的知識、心向、能力或是表現等，可說是建立整套專業制度的基礎。本文的目的主要在探討校長專業制度架構，包括專業工作的內容、專業知能的取得及專業資格的認可，並根據國內的現況初探專業制度的內容。至於在專業領域常探討的議題，例如專業的內涵、特徵等，則不在本文討論的範圍。

貳｜校長專業工作的知能：校長專業準則

校長專業準則，簡單言之，就是擔任校長職務所該具有的專業條件，這些條件通常也是校長在知識、技術、心向和行為（performance or behavior）等各層面所被期待的表現。從理性觀點探討，這些獨特的知能技術，就是校長職業的技術門檻，如果能力技術的要求程度愈高，相對地降低了被替代的可能性。林文律（1999）提出：準則和指標的建立，對校長培育、證照、專業發展，及初任校長導入均有深遠的影響。張志明（2007：159）亦提到：「校長被期待的角色及其作為，是受時代潮流及社會背景的影響而有所不同，亦即反應各個時期，學校教育的價值、功能及目標。一套校長準則在形而上的哲學層次，呈現當時的學校教育價值，在形而下的技術層面，可當成校長作為的依據。因此，校長準則除了直接決定校長應該扮演的角色外，亦可提供規劃校長培育課程、專業發展方案、認證檢定考試，及績效評鑑的基礎。」教育政策與行政，是目標與方法的連結，有其一定的邏輯關係，並且是缺一不可。校長專業制度的建立亦是如此，一方面必須從源頭了解標準為何，才能據以建置校長證照、評鑑、培育、初任導入，及專業發展的各項具體方案和措施；另一方面，有這些具體配套措施，準則才能發揮實際效果，也才能建構完備的校長專業制度，誠如Latham與Pearlman（1999: 246）所說：「除非準則能具體實施，否則只是理論模型，在書架上收集灰塵。」而藉由校長專業準則整合校長證照、評鑑、培育、初任導入、專業發展，及工作環境等，建構出完整制度，在美國「州主要教育官員委員會」（The Council of Chief State School Officers, CCSSO）於2008年所提出的「教育領導政策準則：ISLLC

2008」（Educational Leadership Policy Standards: ISLLC 2008）中，稱為「改善教育領導的完全策略」（a comprehends strategy to improve education leadership），已有初步的規劃，值得國內建構校長專業制度時作為參考。

英美澳的校長標準，或許在具體主張方面有些許不同，但就其內容的思考而言，都反映當下教育改革的潮流。例如美國 1996 年的 ISLLC（The Interstate School Leaders Licensure Consortium）準則，就是委員會意識到 21 世紀的教育需要重新定義，影響所及，需要何種學校的領導者也就成為重要的議題。當時的委員會藉由大量的文獻探討，歸納整理有關學校領導與學校產出相關的研究，並探究社會及教育發展趨勢下的新興領導觀點，擬定出六大準則。這六大準則，各從「知識」（knowledge）、「心向」（disposition）、「行為」（performance）三個面向，總計發展出 183 個指標，作為學校校長的普遍準則，並提供校長培育、甄試、認證等的改進管道，以及教育改革的槓桿點（Murphy & Shipman, 1999）。近年來，「全國教育行政政策委員會」（The National Policy Board for Educational Administration, NPBEA）從十多年來在教育領導方面的學習，及變遷中的美國教育脈絡，透過全國性的專業團體和利益相關人的探討，於 2008 年提出「教育領導政策準則：ISLLC 2008」，更新 1996 年版 ISLLC 中的內容，在六大準則的敘述中直接將「學校行政者」（a school administrator）更改為「教育領導者」（an educational leader）；將「所有學生」（all students）更改為「每一學生」（every student），此外，精簡每一準則下的指標，從共計 183 項減為 31 項功能（functions），作為學校和學區領導者的高層次引導，及其被期待的責任、工作功能，與人格特質，提供政策產生、訓練方案表現、終身生涯發展，及系統支持的架構。從具體的指標轉化為功能敘述，就是要提供更寬廣的空間，在不脫離主軸又能因地制宜下，能夠產生多元的具體措施和方案。「ISLLC 2008 會是未來思考、研究、對話及論辯學校領導者標準的起點。」（The Council of Chief State School Officers, 2008）表 7-1 摘要校長準則與其整合的培育、證照、初任導入、評鑑、專業發展，及工作環境等之關係。

▶ 表 7-1　專業準則整合的校長專業制度架構

準則	準則所影響和驅動的系統	焦點	結果
教育領導政策準則：ISLLC 2008 提供政策產生、訓練方案表現、終身生涯發展，及系統支持的架構	有預期表現的訓練方案	有著明顯預期表現的高品質認可培訓方案	正向影響學生成就的有效教學領導
	證照和導入制度	確保新任領導者能展現適當的專業知識	
	表現評鑑	對領導表現的高品質年度評鑑，並提供改善計畫	
	在生涯階梯支持繼續訓練和專業發展	透過有品質的生涯計畫和發展，繼續專業改善	
	改進工作條件	整合系統的改變，協助領導者達成目標	

資料來源：The Council of Chief State School Officers (2008: 13).

　　美國在「教育領導政策準則：ISLLC 2008」中所修訂的六大準則如下：(1)一位教育領導者，藉由所有利害關係人的共同分享與支持，促進發展、表達、履行及學習的願景，以促使每一位學生的成功；(2)一位教育領導者，藉由倡導、培養及維持學校文化和教學方案，促進學生學習與教職員專業成長，以促使每一位學生的成功；(3)一位教育領導者，藉由確保組織、運作和資源的管理，提供安全、效率和有效的學習環境，以促使每一位學生的成功；(4)一位教育領導者，藉由教職員及社區成員之合作，回應多元的社區利益和需要，流通社區資源，以促使每一位學生的成功；(5)一位教育領導者，藉由整合、公平的行動及倫理的態度，以促使每一位學生的成功；(6)一位教育領導者，藉由了解、回應和影響政治、社會、經濟、法律及文化脈絡，以促使每一位學生的成功。

　　而英國目前所使用的「國家校長標準」（National Standards for Headteachers）是教育技術部（Department for Education and Skills, DfES）在 2004 年所出版，此一標準指出了 21 世紀要扮演校長角色所必須具備的專業知識、認知與個人特質。

此標準是以研究成果為基礎，加上管理者的構思發展而出，其中包含了六個準則面向，代表校長的角色。六大面向為：形塑未來、帶領學習與教學、自我發展及和他人共事、組織管理、確保績效，及強化社區。在澳洲，多數的省份多有校長準則，以昆士蘭為例，校長能力以教育領導為核心，統攝成就取向的組織領導與智能領導，以及人物取向的個人領導與人際領導。

　　將以上三個校長準則所強調的面向加以整理（如表 7-2），我們可以發現三個校長準則有其重疊的面向，也就是相同的重點，首先是教育領導，英國是為帶領學習和教學；其次是願景領導，英國稱為形塑未來，昆士蘭是智能領導；再來就是組織的行政與管理。也有些準則是部分重疊，例如美國的社區關係和英國的強化社區；道德領導和自我發展、和他人共事及人際領導。而未與他國重疊的有美國的文化領導和時代環境，以及英國的確保績效。

▶ 表 7-2　美國、英國及昆士蘭之校長準則著重面向一覽表

美國	英國	昆士蘭
教育領導	帶領學習與教學	教育領導
願景領導	形塑未來	智能領導
文化領導		
行政領導	組織管理	個人領導、組織領導
社區關係	強化社區	
道德領導	自我發展及和他人共事	人際領導
時代環境		
	確保績效	

資料來源：作者自行整理。

參｜校長專業知能的取得：儲訓培育、初任導入和專業發展

　　從功能面向而言，校長要成為一項專業，除了需要具備完成任務的各項專業

知識、技術、心向及表現外，配合高門檻的專業需求，亦搭配有長期系統性的訓練培育和進修的管道。因此，就專業制度的一致性而言，要建構校長專業制度，另一個構面就是訓練培育進修的設計，無論是課程和教學內容，都必須與校長專業準則相呼應。儲訓培育、初任導入和專業發展都是取得校長專業知能的制度化管道，但所不同的是關係人當時的資格身分：儲訓培育是未取得校長資格或證照前，初任導入是取得資格證照剛擔任新任校長職務，專業發展是擔任正式校長職務之後。校長儲訓和培育，是指取得校長證照前，儲備訓練，及培養和教育擔任校長所需的各項能力和技術。換言之，就校長專業制度的設計而言，在進入校長專業領域的第一道程序，就是學習擔任校長職務所需要的技術和能力。至於進入的門檻資格，在不同國家或地區有不一樣的規定，有些是通過考試甄試，有些是藉由資格審核。以目前的國內情形而言，進入的門檻在資格方面不僅需要教師資格也需要主任資歷，方式大多採取考試甄試，相對地，在英美大多以資格審查為主，英國甚至可以先進入培育階段後再補修教師資歷。

初任校長導入制度，就是取得校長資格證照後，首次擔任校長職務時的銜接輔導。理論與實務的結合需要考量現場的情境條件，並非在培育課程就能完全掌握，因此通常透過師傅校長或是彼此經驗交流進行導入課程。例如在美國，大多數州就有一些方案針對新任一至三年的校長，加以輔導。在英國，1995 年有「初任校長領導與管理專業進修方案」（Headteacher Leadership and Management Program, HeadLamp），之後於 2003 年實行「初任校長導入方案」（Headteacher Induction Programme, HIP），提供初任校長入門輔導訓練課程。反觀國內對於初任校長倒少有輔導機制，各縣市大多數的作法是在儲訓後到教育處實習相關業務，此一作法雖然可以熟悉行政庶務，但是由於尚無法知悉會去哪所學校初任校長職務，對於實際場域並不知情，所以還是少了真實感。因此，在校長專業制度上，對於初任校長的輔導，無論行政或學術界都需要多加著墨。

專業發展是指專業人員在執業生涯中，有計畫、有系統的繼續學習專業上新的知能和技術，及發展專業能力，並能對專業內容反省創新。專業發展不同於儲訓培育，雖然有學者將職前訓練納入專業發展的一部分，但實際上專業發展階段乃著重在新的專業知能和反思創新能力，並不和培育階段屬於職前訓練的一般知能重疊。Duke（1990）認為專業發展重要的是了解新的事物，以及對於習以為常的措施加以反思。羅清水（1999）也指出，專業發展的內容不僅包括專業知識和

技能的獲取，還包含對學校文化的反省。近十多年來，國內大環境的改變，導致初任校長年齡下降、校務經營壓力漸大，及創新發展需求等因素，讓校長的專業發展更加重要（林明地，2005）。國內有許多學者提出未來我國中小學校長專業發展的具體作法與策略，包括：普遍成立校長中心與學校領導學院。如就專業制度的建立而言，藉由國內現有校長培育班的大學系所同時肩負初任導入及專業發展，是為可行之方法。

肆｜校長專業資格的認同：證照與評鑑

要成為一項專業，不僅在實質功能上要具備真正專業能力，提供社會大眾專業的服務，也要經過一定檢核程序，在符號上提出可讓大眾信服認同的象徵物。證照與評鑑是專業制度中，獲取資格認同的重要方式。證照代表著已具有能力擔任專業任務，而評鑑則是實地檢視專業能力的表現是否合乎預期。校長要成為一項專業，無法避免地要經過檢核的程序，並昭告社會大眾已取得專業資格或是專業能力經得起考驗。證照簡單的說就是證書（certification）和執照（license），證書是具有一定能力或技術程度的證明，而執照是可以執行業務或進行特定行為的法律許可依據。實施校長證照制度，是邁向專業化的重要表徵（張鈿富，2001），是重要的途徑（楊振昇，2000），也是提升校長素質，促進教育專業發展，達到提升教育品質的有效方式（林海清，2000）。校長證照制度的規劃，要能夠清楚了解校長的職責是什麼，才能針對這些職責工作，找出校長到底需要具備哪些知能，以做為培育和檢驗是否能擔任校長的重要規準。至於證照的種類、年限，在各國或地區不盡相同。不過令人莞爾的是，在國內各級教師都已具有證照制度時，唯獨學校最重要的人物迄今並未有「校長證」，就專業制度的建立而言，建立國內校長證照制度，可說是刻不容緩。

Anderson（1991）提到，校長評鑑系統的建立，首要在釐清評鑑的目的，才能導引出其他的評鑑步驟和項目。對於校長評鑑的目的，林文律（2000）認為是為了了解校長的表現是否達到預期目標，及在行政運作過程中有何困難。何謂預期的表現目標？如前所述，美國的「教育領導政策準則：ISLLC 2008」已初步整合建構校長專業制度，有關校長評鑑的面向內容亦可參照此一模式，與校長專業

準則相連結。誠如張德銳（2000）所提到，校長評鑑乃根據校長表現的規準，蒐集一切相關資料，藉以了解校長表現的優劣得失及其原因，並藉此協助校長改善其領導品質或行政決定。Buser（1984）亦指出校長評鑑的核心就是評鑑規準，建立規準的標準應反映校長的角色與功能。這裡所提的校長角色和功能，也就是校長的專業準則。而評鑑結果可以和證照制度的分級，以及校長的遴選資格相結合，也可檢視校長專業準則的合適性，讓校長專業制度更有一致性。

綜合上述內容，初步的校長專業制度架構如圖 7-1 所示。

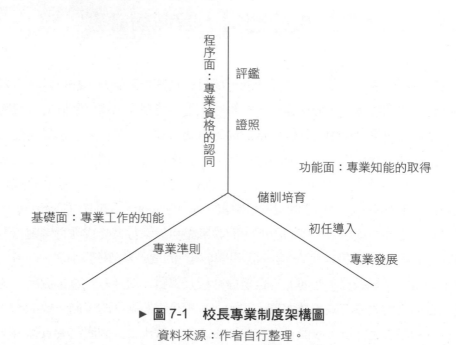

▶ 圖 7-1　校長專業制度架構圖

資料來源：作者自行整理。

伍｜國內國中小校長準則的發展現況

林文律（2000）在論述教育行政專業化時，即已經提出校長儲訓到培育、認證執照化，及專業發展，其所依據的主軸就是校長準則。如前段所述，在美國「州主要教育官員委員會」於 2008 年修訂 1996 年的 ISLLC 六大準則，並依此準則整合校長培育、證照、初任導入、評鑑，及專業發展等措施，建構校長專業制度，此一整合架構提供國內探討校長專業制度的參考。依照美國發展校長專業制度的

經驗，校長專業準則是為制度的基石，唯有奠定適當的準則，才能繼續發展整體的配套制度。

以美國、英國及昆士蘭的校長準則為例，其在發展初期都是先探討針對時代潮流趨勢的變遷，學校教育要如何因應，再勾勒學校校長在各個構面的角色及其作為。當前國內中小學的教改潮流，在教育政策哲學價值層次，是從講求競爭的效用主義到重視學生主體的人本主義、從尊崇大社會的社群主義到重視個體的自由權利主義；在行政操作技術層次，是從中央集權到校本經營、從行政指導課程教學到課程統整學校行事。校長的專業準則，亦當反應此一潮流，過去的校長，只要做好行政管理的角色，今日的校長，在任務層面，是整合行政教學課程的領導者（吳明清，2006；吳清山，2005）；在領導角色方面是道德典範、專業導師、行政督導、變革大師，及協調高手（吳明清，2006）。國內要建構一套可行的校長準則，在理論推論方面需要反應此一教改內涵，當成校長作為的依據，繼而影響校長培育、檢定認證、專業發展，及績效評鑑的內容。準則雖是價值的展現，代表著主流的意識型態，但是準則的實施跟一般教育政策一樣，都須考慮到其所面臨的現場脈絡。校長的信念和價值、學校系統內的各個因素、社區環境及國家政策等，都會動態的交錯影響校長的真正角色和作為。

國內校長的角色為何？江建勳（2006）初步整理國內十二位學者對於校長角色的論述，依其被提到的次數前五名依序為：行政領導者、教學領導者、公共關係營造者、溝通者，及激勵者。此一結果與上述吳明清（2006）及吳清山（2005）的主張類似。就國內的研究論述而言，在校長領導構面已有相當成果，可當成發展準則的依據，在構面逐漸成形之際，再進一步檢視各構面的項目，作為準則進一步發展的基礎。綜上所述，國內校長專業準則面向可包括：教學領導、行政領導、社區與公共關係、道德領導，及人際領導五個面向，至於這五個面向是否合適，或是各面向的內容項目，可藉由學術研究程序加以檢證和建置。

陸｜國內國中小校長的資格取得

國內目前中小學校長任用程序大致為：資格審查→公開甄試→儲訓考核→列冊候用→遴選聘任。以表 7-3 所列的幾個縣市為例，雖然之前有與國內大學系所

▶ 表 7-3　99-100 年度部分縣市國小校長甄試簡章內容摘要表

縣市	學年	評分標準	儲訓內容	分發狀況
苗栗縣	99	(一) 合計積分（佔20%）及筆試成績（佔40%），按類組缺額擇優選取至多兩倍參加口試。 (二) 口試：佔40%，口試人員每一試場十分鐘，由口試委員交互提問。口試採第一試、第二試及第三試，同時交替進行，每位參加口試人員均須參加。	(一) 本次錄取之國中小候用校長均須完成木章訓練（約六天）。 (二) 經錄取公告日起取得儲訓資格之國中小校長均須於一年內通過本縣辦理之資訊檢測，通過者始取得校長結訓證書。 儲訓地點：國家教育研究院籌備處三峽院區。	經候用校長甄選錄取之人員應於 100 年 1 月 1 日起至教育處見習相關教育行政業務，未參加見習之人員不得參加本縣校長遴選作業。
臺中市	99	(一) 積分：20%。 (二) 筆試、口試分二階段：第一階段：筆試佔甄選總成績50%，合計積分成績暨複選筆試成績，按錄取名額兩倍擇優參加口試。第二階段：口試佔甄選總成績30%。	甄選錄取人員應參加候用校長儲訓，儲訓人員與工作人員准予公假，儲訓費用自理。 儲訓地點：國家教育研究院籌備處三峽院區。	儲訓合格者應至臺中市政府教育處見習一年。
臺東縣	99	(一) 積分：20%。 (二) 筆試：40%，學校教學、行政理論與實務。 (三) 口試：40%	校長甄選錄取者，應參加候用校長儲訓課程。 儲訓地點：國家教育研究院籌備處三峽院區。	候用校長調處服務以兩年為原則，於遴選時，優先遴用調處服務之候用校長。
高雄市	100	(一) 資績評分：佔 22.5%。 (二) 筆試：以國民中（小）學學校教學、訓輔與行政實務、情境處理為範圍，佔 40%。 (三) 口試：分二試進行。第一試即席演講（三分鐘，題目抽籤）暨實務處理；第二試專業知能。佔 37.5%。	民國 100 年 4 月 11 日起在高雄市政府公務人力發展中心辦理，期程為九週（含國內參訪及實習、木章訓練）。	

▶ 表 7-3　99-100 年度部分縣市國小校長甄試簡章內容摘要表（續）

縣市	學年	評分標準	儲訓內容	分發狀況
臺南市	100	(一) 資績評分：佔25%。 (二) 筆試：佔35%。教育專業科目。 (三) 口試：佔25%。表述學校經營企劃理念，佐以儀容、舉止、表達能力、對國家政策之體認、教育見解、領導才能、機智反應為主，分組口試。 (四) 平時表現：佔15%，由教育局遴請公正人士對當事人平日表現深入訪評。平時表現評量項目另行訂定之。	經複試甄選錄取者，原則委由國家教育研究院籌備處辦理；若前述單位無法辦理，則由教育局自辦，其費用由參加儲訓者自付，教育局並視情況酌予補助。 儲訓地點：國家教育研究院籌備處三峽院區。	候用期間，為增進其行政歷練，應至教育局暨所屬機關協助相關業務（另視業務需要調整）。 本次錄取候用校長者得視需要參與由教育局主辦國外行政實習課程，並應以公假自費方式辦理。
嘉義市	100	(一) 積分審查：30%。 (二) 筆試：題型為申論題，40%。 (三) 口試：分第一、二試場交互進行，每場每人均須參加，30%。	甄選錄取人員，得參加本府委託國家教育研究院籌備處辦理之儲訓，如須繳費由儲訓人員自行負擔。 儲訓地點：國家教育研究院籌備處三峽院區。	
新竹市	100	(一) 積分：30%。 (二) 筆試：40%，教育專業科目、教育行政及學校行政。 (三) 口試：30%，依第一階段成績（積分＋筆試）高低，錄取前70%考生（採無條件進入法）參加第二階段口試（口試分組交叉進行，採T分數計算）。	凡甄試錄取人員均應參加儲訓，未參加者取消其錄取資格。 儲訓地點：國家教育研究院籌備處三峽院區。	儲訓合格者應至本府教育處及所屬學校見習。

▶ 表 7-3　99-100 年度部分縣市國小校長甄試簡章內容摘要表（續）

縣市	學年	評分標準	儲訓內容	分發狀況
新北市	100	(一)積分：30%。 (二)筆試、口試分二階段： 　第一階段：筆試佔甄選總 　成績40%，合計積分成績 　暨複選筆試成績，按錄取 　名額三倍擇優參加口試。 　第二階段：口試佔甄選總 　成績30%。	(一)委託國家教育研究院籌 　備處開設八週之儲訓 　課程。 (二)本縣自行辦理為期三週 　之儲訓課程（另含師 　傅校長制度）。 儲訓地點：國家教育研究 院籌備處三峽院區。	至教育局實習一學 期。
宜蘭縣	100	(一)筆試科目兩科：50%，國 　民教育理論與政策、宜蘭 　縣國（中）小學校經營管 　理與實務議題分析。 (二)口試成績佔總成績的 　30%。 (三)學歷與資歷積分：20%。	錄取人員須完成國家教育 研究院籌備處之儲訓課 程。 儲訓地點：國家教育研究 院籌備處三峽院區。	借調教育處行政實 習，視業務需要調 整。

資料來源：作者自行整理。

的校長培育中心合作，如苗栗縣和宜蘭縣，但此次對於校長資格的取得，還是採
取甄試方式，而不是以較開放的資格審核方式進行。其中原因，就理性觀而言：
就是培育後的證照檢定制度尚未建立，因為即便完成校長培育，在沒有具公信力
的獨立單位可以執行檢定時，如果直接由培育機關檢定，恐怕造成「球員兼裁判」
的問題。不過，於 2011 年 3 月 30 日正式掛牌成立的國家教育研究院，應可以擔
負此一需要獨立專業及公信力的工作，至於培育工作仍可由大學所設置的培育中
心來負責；就權力觀而言，如本文前言所提，市場供需也是探討校長專業所需面
對的問題，在師資培育開放後，從市場供需法則來看，取得教師證不代表一定可
以擔任教職，是此一機制必然產生的問題。如果校長證照的取得，一樣採取開放
立場，資格條件通過者即可進入培育階段，再經過檢定合格後，可取得證照參加
遴選，在市場供需上一樣會造成供過於求。從市場機制來看，有競爭才有進步，
然而從社會文化面向及現有遴選制度來看，是否能正面的競爭成長，還是淪為負
面的競爭角力，需要更謹慎的思考。除非修改現有法規，例如對於校長證照取得

的管控，採取先開放廣納有志者參加校長培育，但要求各縣市辦理校長遴選時，參加的校長一定需要國家教育研究院檢定合格的證照，方得參加遴選，當可兼顧市場機制與風土民情，國內校長專業制度的建立才有可能。

柒 | 國內國小校長的儲訓、初任導入和專業發展

目前多數縣市的國小校長儲訓都委託國家教育研究院辦理（如表 7-3），以 100 年度為例，共有來自 12 個縣市 106 位儲訓人員，在三峽園區受訓。在為期八週的課程中，主要可分為主題課程、分組活動及其它活動，而分組活動常是配合主題活動的進行，其它活動除了一般社團及休閒活動外，亦有配合當下節慶安排儀式或參訪活動，詳見表 7-4。

從課程設計來看，國教院的主題內容涵蓋校務發展、行政管理、教學領導、公共關係、專業責任、師傅教導，及博雅通識，這些面向與目前英美澳等國在校長專業準則的構面相似，也與國內外一些校長培育單位的課程雷同。換言之，如就講授主題而言，100 年國教院國小校長儲訓課程已涵蓋校長專業知能的重要主題。此外，分組活動中的案例分享、實作規劃、成果發表等，讓儲訓人員除了理論探討外，亦可進行實況模擬演練。再者，一些學校機構的參訪活動，除了具體了解體驗優秀組織單位外，也提供學員聯誼交流的機會。而在第六週所安排的返回縣市實習，除了近距離接觸教育處相關科室，了解其主管業務，也初步知曉行政現場所面臨的問題及解決技巧。無論就課程內容或是教學方法，100 年國教院國小校長儲訓內容及授課時數，不亞於英美澳各國的校長培育。

就校長儲訓培育而言，國內已有相當的基礎和經驗，100 年度所辦理的已是 125 期的國小校長儲訓班，但就初任校長導入方案而言，目前全國性的課程規劃付之闕如，各縣市也未見類似課程，只有儲訓合格取得證書後必須進入教育處見習（見表 7-3）稍具有雛形，卻不全然是初任校長導入方案。因此，以初任校長而言，在遴選擔任校長後，只能各憑本事尋求前輩指點及協助。另外有關校長專業發展方案，在配合職涯發展方面更是鬆散，大都零星見於中央或地方政府、大學系所、區域聯盟或是個別學校的研習活動，而並未有針對新興議題或是反思能力，配合現任校長的職涯發展做全面系統化的設計和提供。

▶ 表 7-4　100 年度國家教育研究院國小校長儲訓班課程表

主題課程	分組活動	其它活動
校務發展： 校務發展規劃 學校團隊經營 國民教育政策 亮麗校園規劃 學校組織領導 校務評鑑理論與實務	生活禮儀 班會分組 即席演講	拜師儀式 休閒活動 自由研究 社團活動 經驗分享 自治幹部政見發表選舉
行政管理： 學校公文書管理 SOP 標準作業程序 心教育與學校經營 學校會計管理 校務經營理念分享 營造良好教學環境 學校效能理論與實務 學校危機管理實務、知識管理	班會分組 個案研究 研訂學校校務發展計畫 校務發展與行政管理主題研討	休閒活動 自由研究 社團活動 經驗分享
教學領導： 學校本位課程發展實務 課程領導 教師評鑑專業發展 環境永續與蔬食	即席演講 個案研究 班會分組	專題演講 休閒活動、社團活動 校務推動經驗分享 教學卓越與教學創新 教學參觀、特色學校參訪
公共關係： 學校與社區關係建立 校際交流與國際交流 學校行政溝通實務 行銷管理與創新經營	學校與媒體關係建立	社團活動 休閒活動 校務經營理念分享
專業責任： 問題分析與解決（含案例分析 　與演練） 校長研究知能與專業進修 專業學習社群營造 性別主流化 會議主持與決策技巧 創意行政管理	教學領導與公共關係主題研討 校務推動經驗分享 即席演講實務演練	社團活動 休閒活動 慶生聯誼會 花卉博覽會參觀活動

▶ 表 7-4　100 年度國家教育研究院國小校長儲訓班課程表（續）

主題課程	分組活動	其它活動
返縣市學校行政實習： 研訂學校發展計畫 校長人際關係之建立 資源運用技巧 問題解決技巧 化解衝突技巧	校務推動經驗分享 校長經營理念傳承	實務演練 實習學校校園巡禮 綜合座談
師傅教導： 學校本位課程評鑑 校長藝文素養與教育美學 校長壓力調適與情緒管理 品德教育 童軍木章與探索教育 健康素養與保健促進	班會分組 SOP 標準作業程序實作報告 學校校務發展計畫報告 期末測驗	自習 社團活動 休閒活動 教學創新教學參觀
博雅通識： 專題演講──閱讀人生 學校行政領導的哲學與實務 與大師對話	班會分組 校長執行力 個案研究成果發表	社團活動 休閒活動 經驗分享 互動分享與省思 鶯歌陶瓷博物館及老街 參觀、標竿企業參觀 結業聯誼晚會

資料來源：作者自行整理。

　　雖然國內在進入校長領域的門檻設計方面較為嚴格，但是大多數縣市在培育方面，只有幾週的儲訓課程，反觀英美，大多有中長期的培育課程，充分進行專業知能的培育。2001 年教育部核准國立臺北師範學院成立我國教育史上第一個校長培育專業單位：「中小學校長培育與專業發展中心」，並接受臺北市政府委託甄選培育國小校長，邁開國內校長專業培育的第一步。之後國立臺北師範學院改制的國立臺北教育大學、臺北市立教育大學、國立臺中教育大學、國立暨南大學，以及臺灣師範大學等校，也都陸續開設校長培育班。就培育的機構而言，國內已具有專業制度的雛形，而需要再著力的是培育課程與校長專業準則的相關性，及儲訓培育後的能力及技術的檢定。

由上可知，在校長專業制度架構下，校長專業知能取得的三個階段：儲訓、初任導入和專業發展，有其個別的不同目標方向，參加者的專業背景和需求也不同，需要不同的課程教學設計，及不一樣的檢核方式。而沒有系統化的設計，將造成課程之間的銜接有所重疊或落差，或是教學方法的不切實際，導致培育進修工作反而阻礙專業性的發展。此外，就專業制度的一致性而言，無論哪一階段的課程和教學設計，必須與校長專業準則相呼應。如就前段初探國內校長專業準則的面向來看，教學領導、行政領導、社區與公共關係、道德領導，及人際領導是五個重要的範疇。以儲訓培育來看，對照國教院 100 年度國小校長儲訓的課程主題，除了專業倫理及人際關係方面的主題課程稍少外，大都已符合潮流趨勢和需求。不過就初任導入和專業發展而言，需要學術界和行政界來共同努力研究和發展。

捌 | 國內國中小校長證照與評鑑

檢視國內的現況，校長專業制度的建構，首要之務除了建構校長專業準則外，就是校長證照制度的建立，前一項是學術界的責任，而後一項需要教育相關團體的遊說和推動。如前文所言，校長專業制度的架構可簡單分為三部分：專業工作的知能（專業準則）、專業知能的取得（儲訓培育、初任導入，及專業發展），及專業資格的認同（證照和評鑑）。就專業工作的知能而言，雖然未見校長專業準則全貌，但可以從學術論述或實務需求，拼湊出大概的型態。現階段需要努力的是將這些校長專業知能，透過形塑公共政策程序加以組織建立。就專業知能的取得而言，目前國內在校長儲訓培育方面，無論是國教院或是大學系所及培育中心，在課程教學方面都有豐富經驗及實際成果，需要補充部分只是初任導入和專業發展方案，以國內現有人力和資源，在實施方面難度不高。就專業資格的認同而言，校務評鑑在各縣市都已實施多年，部分縣市也已具體實施校長評鑑，在評鑑內容或是方式上都具有不錯成果，唯獨需要注意的是評鑑內容與專業準則的一致性，及對準則的回饋修正。審視校長證照制度，自修法將校長甄選權責交付地方政府後，導致校長甄選產生一國多制的現象，近年來雖然有漸漸趨於一致的態勢，但對於專業資格的認同實有待努力。目前國內國中小校長只有儲訓合格證書，

並未有「校長證」，有關校長證照制度的設計，仍處於起步階段，有待政府及學術單位共同努力。綜言之，國內建立校長專業制度已具雛形，只需校長專業準則的整理發展後，即可以此為基礎整合培育導入發展和證照評鑑等措施，建構完整的校長專業制度。

玖│結語

　　校長要成為真正的專業，當然必須具備專業的特徵，雖然對於專業的內涵，單位團體或學者各有其不同定義和看法，但實際上差異不大、相去不遠。因此了解校長專業的簡單作法，就是回到功能和程序兩層面，從基本目的開始探討發展。組織團體及其對應的職位之所以存在，當有其目的和目標，而完成目標的知識和能力，就是校長所必須具有的專業知能。參照美英澳等國的經驗，這些專業的知識、能力或表現，已被歸納整理成「校長專業準則」，做為校長培育、初任導入、專業發展、證照及評鑑的依據，以美國為例，2008 年的 ISLLC 準則已明確被當成整合其它措施建構專業制度的基礎。校長的專業與否攸關學校教育品質，然而在國內迄今未有校長證照制度，因此建構國內校長專業制度乃是值得學術和實務界共同努力的目標。本文嘗試將專業工作的內容、專業知能的取得，及專業資格的認可，當成校長專業制度的架構，逐一探討國內外經驗，初步討論建構校長專業制度的途徑和方式。綜合而言，在萬事俱備的條件下，國內要建構完整的校長專業制度乃是指日可待。

📁 張志明小檔案

　　國立臺灣師範大學畢業後曾在當時的省立宜蘭高中任教，後來前往美國明尼蘇達大學取得博士學位，主修教育政策與行政。在國立東華大學教育研究所擔任副教授期間，曾借調擔任臺東縣政府教育局局長，花蓮縣政府教育局局長、副縣長，在國立東華大學亦擔任過學務長和總務長。

References 參考文獻

中｜文｜部｜分

江建勳（2006）。析論「國民教育階段」學校校長應有之角色與作為。學校行政雙月刊，**46**，1-16。

吳明清（2006）。學校領導的整合架構。台灣教育，**642**，2-5。

吳清山（2005）。校長行政教學課程整合領導的理念與實踐。台灣教育，**635**，2-7。

林文律（1999）。從校長必備能力看校長培育。現代教育論壇，**5**，168-177。

林文律（2000）。美國校長證照制度。國立臺北師範學院學報，**13**，65-90。

林明地（2005）。適用於校長專業發展的 PBL 教案設計。教育研究月刊，**129**，79-91。

林海清（2000）。從校長培育與專業發展看校長證照制度。教育資料與研究雙月刊，**37**，21-25。

張志明（2007）。校長準則在我國實施的可行性評估：以英美澳（昆士蘭省）為例。收於國立臺北教育大學教育政策與管理研究所主辦，**臺北教育大學 2007 教育行政論壇國際學術研討會會議手冊及論文集**（頁 159-182）。

張鈿富（2001）。校長證照制度的意義與發展趨勢。收於國立嘉義師範大學國民教育研究所（主編），**中小學校長專業制度規劃**（頁 429-445）。高雄市：復文。

張德銳（2000）。國民中小學校長評鑑系統的初步建構。臺北市：師大書苑。

楊振昇（2000）。校長證照制度與校長專業發展。教育資料與研究雙月刊，**37**，26-31。

羅清水（1999）。校長評鑑與專業發展。教育資料與研究，**29**，30-39。

英｜文｜部｜分

Anderson, M. E. (1991). *Principals: How to train, recruit, select, induct, and evaluate leaders for America's schools.* University of Oregon: Eric Clearinghouse on Educational Management.

Buser, R. L. (1984). *A self-directed program for developing teacher and administrator evaluation procedures.* Falls Church, VA: National Study of School Evaluation.

Duke, D. L. (1990). Setting goals for professional development. *Educational Leadership, 47*(8), 71-75.

Latham, A. S., & Pearlman, M. A. (1999). From standards to licensure: Developing anauthentic assessment for school principals. *Journal of Personnel Evaluation in Education, 13*(3), 245-262.

Murphy, J., & Shipman, N. (1999). The Interstate School Leaders Licensure Consortium: A standards-based approach to strengthening educational leadership. *Journal of Personnel Evaluation in Education, 13*(3), 205-224.

The Council of Chief State School Officers (2008). *Educational Leadership Policy Standards: ISLLC 2008.* Retrieved from http://www.wallacefoundation.org.

8 行動智慧導向的校長專業標準之探究

林志成（國立新竹教育大學教育學系教授）

壹｜緒論

「有什麼樣的校長，就有什麼樣的學校！」卓越、專業的好校長，能營造優質的好學校；反之，則可能讓學校停滯不前、欲振乏力、死氣沉沉、勾心鬥角，甚至分崩離析。換言之，校長的專業知能、專業發展、專業表現與行動智慧的高低會影響一個學校發展的良窳。茲析述行動智慧培育與校長專業標準係校長學的重要性，並簡述相關重要名詞。

一、重要性

(一) 行動智慧培育與校長專業標準係校長學的重要議題

行動智慧包括亞里斯多德（Aristotle）的實踐智慧與哲學智慧中的「理智的德行」，是理性知識與道德倫理實踐的統一，是理論與實踐間互相辯證生成的智慧。行動智慧的學習強調以個人的實踐經驗為學習與省思的重要素材，係一種理論、實踐與省思之間動態的實踐認知學習，強調反省思考，並統整個人的實踐知識與理論觀念。

行動智慧強調從知識導向的教學目標到智慧導向的教學目標，也強調從固定的教學綱要到師生共同對話的不斷修正歷程，重視讓學習者從案例討論中，學到理論與實務的辯證、自我的覺知、專業自我的建構、學習動機的提升與待人處事

的智慧。

　　校長專業標準不但關係著校長的角色、能力的要求，還關係著校長表現的良窳、學校品質的好壞、辦學效能的高低，也影響校長的培育、儲訓、遴選、任用、評鑑考核及人力資源的管理、應用與發展（林志成、張淑玲，2011；褚宏啟、楊海燕，2009）。

　　行動智慧培育與校長專業標準係校長學的重要議題，但行動智慧培育與校長專業標準的探究，則仍屬有待積極研發的重要議題（林志成，2001，2005；林志成、范揚君，2010；林志成、張淑玲，2011；林志成、劉世涵，2008）。

（二）行動智慧導向的專業標準可透視校長專業相關難題

　　解決校長專業的相關問題與盲點的對策很多，強調「覺↔知↔行↔思」的行動智慧是箇中關鍵對策之一。現行校長專業發展方案與課程雖羅列各種目標，但偏重知識的講授、學習與培養，未強調培養校長的批判省思精神與教育行動智慧之目標，故不易培養具備省思能力、行動熱忱、人文素養與完全專業權能的卓越校長，當然難以因應變局、有效解決問題，進而開創新局。過去的校長培育較忽視其專業角色、專業身分、專業主體的覺察與認同，故較難協助校長建構專業自我，當然更難培養校長化解各種困境與問題的行動智慧（林志成，2005）。

　　林志成與劉世涵（2008）認為，培養校長具備行動智慧，才能讓校長卓越圓融、展現績效。校長的專業生涯發展包括職前、入職與在職進修等三個階段；精心規劃、基於需求、問題導向及系統授能的校長在職進修，能強化校長的專業，精進校長專業知能系統與精緻校長專業智慧。在開放多元的時代裡，校長面臨人事（人事安排、不適任人員處理……）、經費（經費不足、資源分配……）、關說（民代、長官……）等問題，亦面臨遴選、教師會、家長會等紛至沓來的多重壓力，校長要能持續專業發展，培養行動智慧，才能舉重若輕、執簡馭繁，有效回應各種巨大壓力的挑戰。

　　中國大陸在教育部人事司領導下，由全國教師教育學會（2008）進行「中國中小學校長專業標準研究」項目調查研究工作方案。澳洲也自2010年開始以教育部長為主，擬定校長專業標準（王延煌，2010）。

　　臺灣自1999年國民教育法修訂條文第九條，中小學校長由「派任」制改為「遴選」制，縣市政府「應就所屬國民小學、國民中學校長辦學績效予以評鑑，

以為應否繼續遴聘之依據」，其中並沒有校長遴選或校長專業的一套標準，更遑論達到林文律（2000）所強調的：「應發展本土性學校領導者準則及指標」之理想。

在面對教師法、教育基本法、國民教育法、校長遴選與課程革新……等的衝擊下，如何提升校長專業知能使其有足夠的能力應付當前所面臨的挑戰？面對培育、訓練、遴用與評鑑，哪些是校長必備的專業標準？筆者希望運用「覺↔知↔行↔思」的行動智慧架構，透過有效的方案、課程、教材、教法及評量，培養校長的行動智慧，以減少理論與實際的落差及培育訓練與任用表現不合的現象。

（三）行動智慧導向的專業標準可提升培用與評鑑的成效

培養卓越且專業的好校長很重要，唯卓越校長的專業標準與培訓成效仍亟待探究；行動智慧導向的校長專業標準係規範卓越專業校長所需要的理念、覺察、知識、技能、特質、行為、智慧、省思與表現等之參考準據。

行動智慧強調協助校長覺察大環境的變化、專業主體的能動性、根本的問題癥結，進而以系統化的專業知識及高槓桿的策略處理問題，經過持續不斷的批判省思，讓一切行政作為回歸教育本質，以符應後現代變動不居的嚴峻挑戰。若能研訂行動智慧導向的校長專業標準，則能成為校長培育、訓練、甄試、培訓、考用、遴選、任職和評鑑回饋等更客觀公平的有效視框、工具與參考架構。

二、重要名詞釋義

（一）校長專業標準

要建構一套放諸四海皆準的校長專業標準並不容易，因為指標繁多，且初任校長、資深校長、校長專業發展、校長評鑑等的專業標準並不盡相同。

校長專業標準係校長證照制度、校長培育制度（培育目標的釐訂、課程內容之安排、培育成果之評鑑等）及校長評鑑的依據與核心。

本文之校長專業標準包括校長專業知識標準、校長專業能力標準、校長專業特質標準、校長專業發展標準、校長專業行為標準、校長專業表現標準、校長證照標準與校長評鑑標準等相關概念，但不包括校長專業發展方案成效評估標準與

校長辦學績效標準。

(二) 行動智慧

　　行動智慧是一種專業發展的歷程與結果，它是一種「系統理論—實踐經驗與專業自我建構」之間的辯證發展歷程，也是「覺↔知↔行↔思」的圓融體證成果。它強調面對問題時，能經由主體覺察、批判省思、專業對話而能省察目的之合理性；能經由實證的慎思、詮釋的理解與批判的省思，獲得整體的了解，而能視情境脈絡狀況，善用行動知識與多元智能，以做出統觀整全而睿智圓熟的判斷與決定，並透過對話的、解放的與倫理的教育行動，有效而根本的解決問題，俾實踐教育的理念與理想。行動智慧的核心概念詳如圖 8-1。

貳｜行動智慧導向的校長專業標準制定之重要性、省思與析述角度

一、行動智慧導向的校長專業標準制定之重要性

　　國際標準組織（The International Organization for Standardization, ISO）將不同的品質保證模式進行標準化，建立各國所認同的品質標準，並於 1987 年制定眾所皆知的 ISO9000 系列標準。GMP、CAS、CEN、CENELEC、OHSAS18001⋯⋯等，則是其他不同範疇的標準或標章的認證，通過認證的標準也是品質保證。標準或標章的認證，可確保品質；校長係學校經營成敗的主要負責人，其專業標準的研訂更是重要（林志成、張淑玲，2011）。

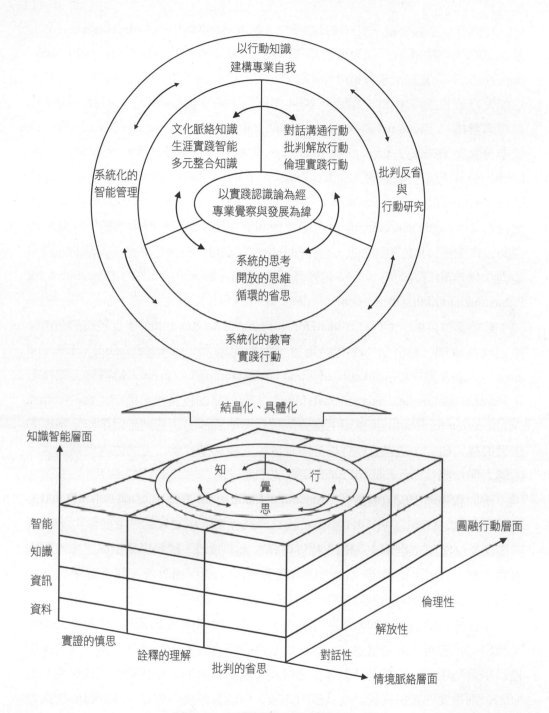

> 圖 8-1　行動智慧的構面與核心概念

資料來源：林志成（2004：155）。

　　1998年，英國公布「國家校長標準」（National Standards for Headteachers），並在 2000 年規劃成立「國家學校領導學院」（National College for School Leadership, NCSL），專職從事校長培育、導入、專業成長訓練事宜，而要成為校長者，也須先修讀並通過NCSL的課程。2004 年修訂「國家校長標準」，推動「國家校長專業資格」（National Professional Qualification for Headship, NPQH），將校長標準分為塑造未來（shaping the future）、領導學習與教學（leading learning and teaching）、發展自我並與人共事（developing self and working with others）、管理組織（managing the organisation）、確保績效責任（securing accountability）、強化社群（strengthening community）等六個關鍵領域；英國校長專業標準建立在校長的工作職責與角色基礎之上，它詳細分析校長在每一個角色上應當具備的知識、能力、態度和行為，唯也隨時代變遷而有不同（林天祐，2004；Department for Education and Skill, DfES, 2004）。

　　蘇格蘭校長標準（The Standard for Headship in Scotland, 2005）從校長的角色，確定校長標準三種要素：(1)策略願景、價值與目標（strategic vision, values and aims）；(2)知識與理解（knowledge and understanding）；(3)個人特質與人際技巧（personal qualities and interpersonal skills）。而蘇格蘭校長檢定標準（The Scottish Qualification for Headship, SQH）係確保校長標準的能力，它結合以工作為基礎的學習與學術研究，透過五種課程，培養校長五種專業行動，尤其強調批判性省思的能力與行動（University of Edinburgh, 2011）。

　　澳洲教學與學校領導協會（Australian Institute for Teaching and School Leadership Limited, AITSL）於 2011 年公布校長專業標準，主要包括三項要素：(1)願景與價值；(2)知識與理解；(3)個人特質與社會人際技巧。校長專業標準五項主要的專業實務：(1)引領教與學；(2)發展自我與他人；(3)引領改善、創新與變革；(4)引領學校管理；(5)整合社區協作（AITSL, 2011）。

　　李江樺與劉振疆（2007）進行美國、英國、紐西蘭三個國家的校長專業標準比較研究，發現美國希望建立一套可以全國廣泛實行的校長專業標準，而英國則是以學習為中心，重視發揮領導作用以及體現專業水準；紐西蘭制定校長標準的原因，則是要明確規範校長應具備的知識、技能與態度，顯見各國因應國情與社會現況之不同，對校長角色亦有不同的看法與標準。

　　秦夢群（2007）認為校長專業指標在培育制度中佔有舉足輕重的地位，舉凡

校長培育目標的釐訂、課程內容之安排、培育成果之評鑑等,皆以校長專業指標為依據。質言之,唯有先將校長所需具備的專業知能界定清楚,方能確立培育制度之走向。進入 21 世紀後,由於全球化與知識經濟的發展,校長之角色絕非傳統之培育方式所能完備。經由學界與實務界之整合,方能將成功校長之專業指標予以確立,進而設計相關課程,以使校長培育制度符合所需。

美國州主要教育官員委員會(Council of Chief State School Officers, CCSSO)所提的教育領導政策標準(Educational Leadership Policy Standards: ISLLC 2008),包含建立學習願景、發展學校文化與教學方案、有效的學校經營、重視社區資源、遵守職業倫理原則,以及關注校外環境的變遷等六大標準;其七項特色如下:重視學生學習、認知校長多變的角色、認同學校領導的合作本質、提升高品質的領導專業、提供校長績效評鑑的重要參考依據、整合校長領導的連貫性與統整性、增進校長增權賦能於教育利益關係人(黃姿霓、吳清山,2010;CCSSO, 2008)。

2008 年,「中國中小學校長專業標準研究」成為中國大陸教育部人事司批准立項的重點項目,調查對象包括北京、上海、江蘇、廣東、吉林、安徽、湖南、內蒙古、廣西、重慶、雲南等十一個樣本;研究方式除進行校長專業標準的國際比較研究,也進行普查、問卷調查,對不同類型學校校長進行深度訪談,召開教育行政領導幹部、教師和中層幹部、家長、社區人員以及學生的座談會。國家標準的廣泛適應性,具有可行性和可操作性,並且不否認區別性的校長標準(張曉峰,2009)。

中國大陸上海市為全面提升中小學辦學品質,擬訂三個階段性目標:第一階段,制定符合上海市校長專業標準,並完善上海校長職級制度的認定標準和認定程序;第二階段,制定校長任職資格標準和建立考試機制,並制定校長任職前與履職崗位培訓制度與培訓課程大綱;第三階段,研究校長培養機制、選拔任用機制,探索中小學校長職級制度(新華網,2010)。

綜要言之,各國雖因國情與社會文化脈絡之不同,對校長角色與標準有不同的看法,但均重視校長專業標準的研訂,以作為設計校長專業課程之依據,使校長培育制度符合所需。唯培育校長的行動智慧則仍未見諸校長專業發展的目標或校長專業標準之中,若能研訂明確具體的行動智慧導向之校長專業標準,則校長行動智慧的培育不但能成為一種高遠的理想、理念或設證,也能成為可具體追求

的目標。行動智慧導向的校長專業標準制定的重要性更可見一斑。

二、行動智慧導向的校長專業標準與研究的省思

　　校長面對教育改革的風潮、社會環境的劇變、教師自主的要求、家長及社區參與校務的呼聲及培養學生競爭力的期許等期望，校長所承受的角色變遷及其工作任務與壓力隨之益形複雜而沉重。透過訂定校長專業標準，可以提升學校經營的效能。但面對學者們提出不同的專業標準，校長能經專業標準的檢核，進行高效的行動、反省與覺察嗎？張明輝（2009）曾提出學校經營的硬實力與軟實力，其中硬實力包括學校建築、學校教學設施及設備等；軟實力則包括校務規劃、領導、溝通、決策等實際行政運作過程。而為發揮學校經營的實力，則需要有效整合及運用硬實力及軟實力，進而發揮巧實力，而巧實力的發揮，更需仰賴學校經營者的行動智慧及敏銳的觀察力與判斷力。其中，巧實力的養成就是一連串「覺↔知↔行↔思」的過程。

　　理論上，明訂校長專業標準後，即可依校長專業標準的要求，不斷改革培訓模式，建立系統化的校長培育、遴用與評鑑，提高校長的素質。臺灣亟需明訂校長專業標準，但若囿於實證的派典、單一的派典、技術取向、行為取向或偏於某一理論與角度，則即使經由科學化的過程，研訂系統化的校長專業標準，因未提供校長主體覺察、批判省思與深度詮釋的架構，仍無法透過制式與形式的校長專業標準，提供校長自我精進的有效參考架構；也無法提供校長培訓考用與評鑑的啟發性參考架構，無法突破或根本解決校長專業的相關難題。

三、行動智慧導向的校長專業標準之析述角度

　　析述行動智慧導向的校長專業標準之角度很多，茲從校長角色與職務、特質與能力、行為與評鑑、專業發展能力及行動智慧的視框（frame）等角度論述專業標準如下：

（一）從校長角色與職務論述專業標準

　　教育革新的成敗，與教育領導者息息相關。在社會巨變的大環境裡，民主開

放、多元觀念、改革浪潮及後現代的帶動，教育領導工作亦出現本質及方式的轉變而產生派典轉變（paradigm shift）。學校除了面對新時代的學生之外，還要面對上級行政單位、社區、教師與家長，這些不同區塊的成員對校長這個角色的期望往往不太一致，甚至相互矛盾衝突。校長的角色隨著社會變遷，也不得不隨之轉變（林志成，2004；林明地，2010；鄭燕祥，2006；賴志峰，2010）。

「角色」因不同情境、對象、事件、研究範疇而有不同之詮釋，卓越領導者的角色組合圖像為：(1)人生理念的點傳師；(2)優良組織文化的倡導者；(3)執行法令政策的詮釋者；(4)省思行政計畫的擘劃者；(5)成員工作動機的激勵者；(6)解決學校問題的溝通者；(7)學校革新發展的領航者；(8)學校效能的視導評鑑者；(9)課程與教學的領導者；(10)多元權變領導的實踐者。新世紀的校長應扮演好卓越領導者的多元角色組合（role set）。他／她應善用各種領導理論，兼重命題知識（proposition knowledge）、行動知識（knowledge for action）、實踐知識（practice knowledge）與內隱的默會知識（tacit knowledge），視組織情境，權變採用各種領導行為（林志成，1994，2000）。

校長為學校的首長，負責學校經營成敗的責任，其工作與職責主要包括：(1)規劃學校校務發展的計畫、目標與願景；(2)領導與管理校務；(3)執行經費預算的爭取與監控；(4)省思課程與教學發展；(5)學校決策與執行；(6)溝通與協調；(7)經營對內與對外良好的公共關係；(8)主持會議與批閱公文。

校長專業標準的建構應以校長的任務與工作為核心，包含個人素養與職業素養。校長個人素養包含應該具備的教育思想、管理理念與價值追求；校長職業素養包括六大領域：規劃學校發展、保障德育實施、領導課程教學、引領教師成長、提升組織效能與協調公共關係（魏志春、高耀明，2010）。

從校長角色與職務論述專業標準，行動智慧導向的專業標準強調校長面對不同的單位與人員、角色組合、表現要求與工作職務的多元化、專業標準的構面應包含多元的面向與內涵外，更應讓校長覺察外在社會環境、工作職責要求、學校問題及校長角色的變化，讓校長能主體覺察，進而主動建構專業自我的角色。

（二）從校長特質與能力論述專業標準

國立教育資料館所建構的「國民中小學校長專業能力發展標準」，分為校務發展與評鑑、行政管理、教學領導、學校公共關係、人格特質與態度、專業發展

等六大領域合計 19 項行為、60 個行為指標（張德銳、王保進、丁一顧，2003）。

　　蔡金田（2009）曾透過國際間教育機構對於校長能力論述之比較分析與歸納，建構出四個層面（行政管理、課程與教學、資源管理與運用、專業涵養）、11 個向度（校務行政、事務決定、政策執行、教學領導、課程領導、學生學習與成就、教育經費與資源、校內人力資源、學校外部資源、專業能力、一般學養）之中小學校長能力指標。

　　陳木金與楊念湘（2011）歸納校長專業應涵蓋校務發展、行政管理、教學領導、公共關係、專業責任等五大核心能力。

　　李安明與張佳穎（2010）探討桃竹苗四縣市的校長專業發展能力，將校長專業發展能力指標訂為「一般知能層面」、「專業知能層面」、「態度層面」、「技能層面」四個項目。

　　要言之，學者專家對有關校長應有的特質與能力雖各有所重，唯主要包括誠信、務實、自信、自律自制、負責、主動敏捷、彈性變通、創新（innovative）、誠正（integrity）、投入（involvement）、智能（intelligence）、同情心、魅力（charming & attractive）、整合力（integration）、活力精力、統觀遠見、洞察洞見（insight）、追求卓越、道德操守良好、情緒穩定、人格成熟、定力、專業力、執行力、影響力、公信力、耐煩力、強烈的企圖心、達觀、樂觀、重然諾的形象力、富有服務奉獻熱情、勤慧誠懇、待人謙和、具親和力、敏銳、變通的直覺力、團隊意識、尊重他人、度量大、意志堅毅、主動積極、認真負責、大公無私等特質。其次，校長應具有思考力、觀察力、企劃力、勝任力、溝通力、決斷力、說服力、激勵力、管理力、清楚的願景表達力、知人善用、識人之明、適應力、完全的職位權力（full power leader）（如：獎懲權、強制權、傳統權、法職權、人情權、關係權、資訊權、知識權、參照權、專家權等）（林志成，2000，2004；戴瑜，2008）。

　　從校長特質與能力論述專業標準，行動智慧導向的專業標準強調校長應培養上述之開放包容的特質及多元權變的能力，如此才能覺察外在環境的變化，對問題與對策進行批判省思，也才能以多元的能力，因應變動不居的社會之挑戰。

（三）從校長行為與評鑑論述專業標準

　　校長除應表現真誠耐心的傾聽（listen）、完整清楚的表達（express）、積極

的輔導協助（assist）、友善的對話討論（discuss）、授能的考核評鑑（evaluate）、主動正向的回應（response）等領導者（leader）行為；更應權變採取民主、目標倡導與人性關懷的行為，做對的事情、發揮影響力、以身作則、鼓舞激勵同仁，共同為願景與願諾而奉獻投入。

Anderson（1991）以「傑出校長量表」（Excellent Principal Inventory）中，學生成就、教學與學習、學校教職員、革新、領導等五個層面，作為評鑑美國校長表現的標準，每一個層面中均含有數個行為類型，整個量表中包括 89 項具體行為項目。

北卡羅萊納州教育委員會（North Carolina State Board of Education, 2001）所訂的校長和助理校長評價標準，包括願景（vision）、高學生表現（high student performance）、安全和有秩序的學校（safe and orderly schools）、高素質教師、行政人員和學校人員（quality teachers, administrators, and stuff）、有效的運作（effective and efficient operation）等五個領域，39 個項目。

臺灣地區各縣市均曾進行不同形式的學校評鑑或校務評鑑，其中，也包括對校長治理校務的評鑑，茲以 2011 年桃園縣校務評鑑及新竹縣市校長辦學績效評鑑為例，簡要評述其評鑑層面及內容。桃園縣校務評鑑主要包括校務發展、教務發展、訓導發展、總務發展、輔導發展等五大層面；其中，校務發展評鑑表主要針對校長表現及學校整體績效進行評鑑；新竹縣校長辦學績效評鑑表主要包括：(1)卓越領導績效管理；(2)課程領導創新教學；(3)促進學習學生展能；(4)家長互動社區經營；(5)校長經營能力；(6)學校特色發展；(7)政策推動情形等七大評鑑項目；新竹市校長辦學績效評鑑表包括領導能力、校園環境、學生事務與輔導、教職員專業發展、社區經營、政策執行、其他特色、發展規劃等八大評鑑項目。就上述三縣市校務評鑑或校長評鑑指標而言，新竹縣校長辦學績效評鑑表已將促進學習學生展能列為評鑑重點，明確標示校長專業表現要回歸到學生的展能，此為三縣市指標中明顯的優點；但三縣市的指標與目前所有的指標一樣，仍忽略批判省思、主體覺察、情境覺察、問題覺察等無形且重要的指標之評鑑。

上述評鑑標準的研訂歷程大都包括專家學者及校長同道的參加，涵蓋範圍與項目也大致周全，唯若能邀請教師會及家長會參與修訂，透過評鑑標準促進教育人員反省，則評鑑的標準應能更多元，評鑑的效果也會更高。其次，若能透過評鑑的標準促動學校、教師及家長對校園內的各種行動，進行批判省思，使其更符

合教育的本質，則評鑑的工作也會更具有意義與價值。

　　從校長行為與評鑑論述專業標準，行動智慧導向的專業標準強調除了現有的行為與評鑑標準外，應特別強調覺察、主動敏捷、整合創新與批判省思的行為與評鑑。

（四）從行動智慧的視框論述專業標準

　　從校長角色、職務、特質、能力、行為與評鑑論述專業標準，都只是系統化校長專業標準的一部分，單一層面的校長專業標準有其侷限性，行動智慧導向的專業標準強調「覺↔知↔行↔思」的有機螺旋循環，能建構系統化的標準，並能確保校長扮演好其角色，發揮其角色功能，提升學校效能，確保學校品質。

　　教育行政單位應加速建立行動智慧導向的校長培訓考用與評鑑制度，培養校長行動智慧。正如杜威（Dewey）所提出之「做中學」，學習應有所實踐，實踐後應有所省思，在這不斷循環辯證的歷程中，個人的專業能穩健成長與圓熟。行動智慧為一「覺↔知↔行↔思」的圓融體證，也是一種「系統理論↔實務經驗淬鍊↔專業自我建構」之間的開放性辯證發展歷程。因此，在實際的問題情況中，校長應以開放的心靈去了解、實踐行動和探究摸索，在周詳思慮下做出比較合理且實際可行的決定，一方面促成個人與組織的解放，一方面實踐教育的理念與理想，而達圓熟的行動結果（林志成，2005）。

　　以行動智慧的視框論述專業標準，強調除了從能力的視框，透過「國民中小學校長專業能力發展標準」自我省思外，還可考慮下列標準（林志成，2004，2005，2007；童鳳嬌，2008）：

1 培養校長覺察的智慧

　　分為主體、問題、脈絡覺察三部分，在主體覺察部分乃校長能覺察人（親、師、生；人的主體與本質）、事、物與環境脈絡的變化，亦能覺察根本的問題與高槓桿的關鍵因應策略；在問題覺察部分乃校長能覺察專業自我、領導方式或風格的優缺點，亦能覺察專業自我的發展狀態，培養敏銳的統觀力、遠見力與洞察力；在脈絡覺察部分乃校長能覺察自己的人格特質、價值觀念與信念對教育的影響，亦能覺察並堅持教育工作的本質（以愛傳愛）、意義與價值。如此，才能主動、敏捷的有效因應，並能以敏銳的統觀力、遠見力與洞察力，有效化解難題，

提升學校品質與效能。

2 培養校長知行合一的智慧

從知識融通、高效行動、知行辯證三個面向來論述，知識融通係指校長能以系統觀與融會貫通的知識，分析學校發展脈絡及未來方向，並能具備有效行動的專業知識、情境知識與行動知識；高效行動係指校長能帶領同仁、團隊與組織進行知識管理，達到知識分享與創價的功能，同時更能不斷進德修業，具備多元的專業力與高度的影響力；知行辯證係指校長能知能行、知行合一且能展現行動研究力；並且能展現具有圓融智慧的高執行力與問題解決力。

3 培養校長批判省思的智慧

係指校長能在行動前，對問題情境進行深入的反省思考，以洞察問題的癥結；校長能在行動中，隨時反省或修正行政作為，以確保行政能支援服務教學；校長能在行動後或批判反省之後，修正自己的想法、作法與學校發展方向。

四、行動智慧導向的校長專業標準檢核量表之建構

茲初步建構三種行動智慧導向的校長專業標準檢核量表供參考，此三種量表均為四點量表，校長愈能達到標準者分數愈高，三種量表為：(1)「覺↔知↔行↔思」的校長專業標準檢核量表15題；(2)校長行政策略專業標準檢核量表24題；(3)校長業務處理專業標準檢核量表 24 題。學校行政人員可當作自我檢討修正與批判省思的自評量表，教育行政單位也可參考修訂為校長評鑑量表或校務工作評鑑量表。

(一)「覺↔知↔行↔思」的校長專業標準檢核量表

向度	評核指標	評核細目	待改善	合格	精良	圓熟
覺察的智慧	主體覺察	1. 校長能覺察自己的人格特質、價值觀念與信念對教育的影響				
		2. 校長能覺察專業自我的發展狀態,培養敏銳的統觀力、遠見力與洞察力				
	問題覺察	3. 校長能覺察專業自我、領導方式或風格的優缺點				
		4. 校長能覺察根本的問題與高槓桿的關鍵因應策略				
	脈絡覺察	5. 校長能覺察人(親、師、生;人的主體與本質)、事、物與環境脈絡的變化				
		6. 校長能覺察並堅持教育工作的本質(以愛傳愛)、意義與價值				
知行合一的智慧	知識融通	1. 校長能以系統觀與融會貫通的知識,分析學校發展脈絡及未來方向				
		2. 校長能具備有效行動的專業知識、情境知識與行動知識				
	高效行動	3. 校長能帶領同仁、團隊與組織進行知識管理,達到知識分享與創價的功能				
		4. 校長能不斷進德修業,具備多元的專業力與高度的影響力				
	知行辯證	5. 校長能知能行、知行合一且能展現行動研究力				
		6. 校長能展現具有圓融智慧的高執行力與問題解決力				
批判省思的智慧	行動前省思	1. 校長能在行動前,對問題情境進行深入的反省思考,以洞察問題的癥結				
	行動中省思	2. 校長能在行動中,隨時反省或修正行政作為,以確保行政能支援、服務教學				
	後設省思	3. 校長能在行動後或批判反省之後,修正自己的想法、作法與學校發展方向				

(二)校長行政策略專業標準檢核量表

向度	評核指標	評核細目	待改善	合格	精良	圓熟
願景、計畫與決策	學校願景	1.覺察願景的重要性、創造性張力、發展困境與可能影響				
		2.知道願景相關的專業知能（理論、研訂方法與檢核機制）				
		3.訂定並執行成員共同研訂的願景使其發揮創造性張力				
		4.省思學校條件、狀況及社會脈絡變化，隨時檢討修正願景				
	計畫與決策	1.覺察計畫的重要性、地方資源、特色及時代社會需求				
		2.知道計畫與決策的理論、原理原則、策略與方法技巧				
		3.明訂並執行長程、中程、短程、年度計畫及行事曆				
		4.省思計畫與決策實踐理念、政策及目標的程度				
領導、溝通與激勵	領導與溝通	1.覺察領導力、溝通力與影響力的重要性				
		2.知道領導與溝通的理論、原理原則、策略與方法技巧				
		3.以身作則、知人善任、分層負責、高效溝通、公關與行銷				
		4.省思領導與溝通實踐理念、政策及目標的程度				
	激勵與增強	1.覺察激勵增強，讓同仁安身立命、為志業奉獻的重要性				
		2.知道激勵與增強的理論、原理原則、策略與方法技巧				
		3.獎勵優良教職員生，改善教師休閒福利措施				
		4.省思激勵與增強功能發揮的程度				
視導、評鑑與效能	教學視導與評鑑	1.覺察視導與評鑑的重要性、發展困境及可能對策				
		2.知道視導與評鑑的理論、原理原則、策略與技巧				
		3.執行視導與評鑑計畫，協助教師改進教學品質				
		4.省思視導與評鑑的本質，發展辦學及教學特色				
	行政效能	1.覺察學校行政電腦化、知識管理與效能的重要、困境及對策				
		2.知道如何落實知識管理及提高行政效能的方法				
		3.整合各項資源與工作，提高執行力、執行率與執行效能				
		4.省思目標、計畫、執行、考核、修正過程，提高行政品質				

(三)校長業務處理專業標準檢核量表

向度	評核指標	評核細目	待改善	合格	精良	圓熟
課程教學效能	課程領導與發展	1.覺察課程發展品質的重要性、發展困境及可能對策				
		2.知道課程發展的理論、原理原則、策略與領域能力指標				
		3.擬定課程發展計畫,落實教學研討會及領域會議				
		4.省思課程計畫,檢討修正課程教學內容及評量方式				
	教學方法與研究	1.覺察教師為教改主體及教學研發者的重要性				
		2.知道教學行動研究、創新、適性及協同等教學的理論與技巧				
		3.執行教師增能計畫,善用資訊科技提高教學成效				
		4.省思落實教學研究會,並展示具體紀錄及成效				
學生學習與輔導	生活與學習輔導	1.覺察學生生活、學習及成長的需求、問題及可能困境				
		2.知道生活、安全教育、體育衛生保健等訓導工作重點				
		3.落實學習輔導與補救教學工作,有效提升學生學習效能				
		4.省思學生自主學習及身心健康樂活的真實狀況				
	學生身心輔導	1.覺察新新人類身心變化、輔導需求、問題及可能困境				
		2.知道學生輔導工作的理論、原理原則、策略與方法				
		3.落實生命教育、生活教育及各項多元智能輔導工作				
		4.省思各項輔導工作計畫落實的情形,並隨時檢討改進				
總務經費與設施	經費爭取與應用	1.覺察經費分配以購置教學設備、支援教學為優序的重要				
		2.知道如何爭取並應用資源及經費				
		3.妥善運用經費與社會資源,高效執行,發揮經費最大效益				
		4.省思經費分配與管理辦法的合理性,使其能滿足教學需求				
	教學環境與設施	1.覺察經費分配以購置教學設備,改善教學環境為優序的重要				
		2.知道如何活化空間,以建構安全、多元的境教空間				
		3.高效執行活化空間及環境設施改善計畫				
		4.省思經費、設備管理辦法的合理性,使其能滿足教學需求				

參 | 結論與建議

一、善用行動智慧導向的校長專業標準，涵養校長的行動智慧

知識、智能與智慧不同，高知識、高學歷不一定有高智慧、高學力、高專業與高表現，校長專業發展成效、專業能力與專業表現應從校務經營的創新與成果加以檢核。若校長專業發展活動僅止於口耳之間的知識學習，則無法培養校長因應挑戰、回應問題、有效領導的實戰智慧，也無法培養校長轉型領導、卓越領導、道德領導與整合領導的行動智慧，使校長成為全方位的領導者。

校長專業標準係培育校長行動智慧的重要基礎，行動智慧導向的校長專業標準是一種理想的狀態，也是一種理想的標準；教育行政機關或校長培訓單位可善用行動智慧導向的校長專業標準，明定待改善、合格、精良、圓熟等不同的層次，涵養校長經營學校的行動智慧。培養校長行動智慧包括下列幾項作法（林志成，2004，2005；林志成、劉世涵，2008）：

(一)釐清角色定位與任務標準，使權責相符

當前的教育改革，對校長界定出一套新的角色，而這新角色絕非校長藉助過去的經驗所能完全勝任（Lam, 2002）。

為切合校長職責的轉變，必須明確定位校長角色地位與職務權責；更需使校長覺察其主體性、認同其專業角色，並依其學識經驗、人格特質、思想價值、專業智慧、強弱優缺等不同條件，協助其釐清專業角色、澄清價值觀念，進而建構專業自我，不斷主動追求專業成長，讓校長能扮演學校的領航者、點傳師、擘劃者、激勵者、溝通者、研究者、權變領導者、文化倡導者、法令執行者、問題解決者、視導評鑑者、反思實踐者、課程與教學的領導者等多元的角色，並能以卓越的行政專業，勇於面對挑戰、承擔責任、承先啟後、開創新局。

(二)學習標準化系統知識，並加以融會貫通

1. 透過實際問題的討論：加強系統化理論與教育新知的學習與應用，此部分除包括行政科學理論與實證研究發現外，應充實解決問題的各種新知能與行動知識。

2. 充實行政專業技藝層面知能：如變革計畫、組織再造、人際溝通、公共關係、教育行銷、授能評鑑等行政的技巧與實作練習，使其經由實踐與內化，進而加強其行政運作、人際處理與情緒處理等多元智能。

3. 豐厚學習社會文化脈絡的行動知識：使校長能洞悉人情世事與社會脈動，進而能在變化不居的動態情境中，將教育的理念轉化成具體的行動方案，並使自己的權變行動不會因外力干預而使理念產生質變。

4. 省思並加強有關主體覺察、批判省思、專業自我建構等心靈性與生涯性的知識：充實校長的人文素養，使其成為能省思、有創意的卓越領導者。

5. 強化行動研究的知能：校長應強化並善用行動研究的理念及方法，以了解問題與事實，俾有效解決問題。

要言之，校長應學習標準化系統知識（包括專門知識、專業知識、文化脈絡知識等），並加以融會貫通，培養校長多元的視框，使其能從各種理論視框、經驗視框去看待問題，從而發現解決問題的創新作法。

(三)修練行動科學知能，有效體證專業標準

校長若能覺察與認同其專業主體角色，則能自主性的持續追求專業成長；校長的專業倫理信念暨圓融的實踐行動，可減少理論與實踐的落差。過去的校長專業發展方案仍未能完全符合系統化、長期性、授能性、實用性與專業自我建構等規準，即職前、入職與在職等階段的培育方案之系統性與連貫性較不足；課程內容雖事先規劃，但講題與講題之間的內容仍有重疊，講座與學員之間的互動對話也較為有限，學員透過實踐省思，進而消化、內化與轉化所學的可能性因而減低。

校長宜修練行動科學知能，透過實踐的行動、批判的省思、行動的研究、專業的對話與知識管理等專業實踐方式，以展現校長領導實務的最佳樣貌，俾能有能力解決所面臨的問題，並獲得更生動、更深入的經驗與啟示，進而建構專業自我，有效體證專業標準。

（四）應用專業標準批判省思，建構專業自我

教育科學不但是人文科學、社會科學，也是行動科學，教育人員實踐教育專業理念時，行動前、行動中、行動後都要不斷的進行知識辯證與省思的工夫。校長的教育領導與管理經驗豐富，但這些寶貴經驗卻常常因為缺乏行動科學的視框、實踐行動的機制、批判省思的方法與對話分享的點化（illumination）等，因而無法將理論知識有效的消化與內化，也無法將寶貴的實踐經驗與內隱的默會知識萃取提升為行動的智慧與外顯的系統理論。

因此校長專業發展應具「學思並重，專業實踐」的觀念，鼓勵校長進行自我SWOTS分析，透過專業自我建構方案，經由專業自我成長導向、以問題為中心、理論與實務之間的批判反省、經驗轉化與理論內化、兩難案例的剖析、困境經驗的分享等學習方式，培養覺察問題的意識與改善問題的動能。

要言之，行動智慧導向校長專業標準係一種供校長個人省思的參照視框，校長們宜修練行動智慧導向的專業標準，使自己成為能解決學校經營難題，有效提升辦學績效，專業卓越、傑出優異的樂活新校長。

二、明訂校長專業標準，規劃系統化專業標準課程與配套措施

教育行政機關或校長培訓單位應明訂校長專業標準，學術單位也應加速研究校長專業標準，透過能培養校長行動智慧的專業標準，提升校長的專業知識、能力、智慧與表現。

其次，應規劃系統化專業標準課程與配套措施，如：在學習時間方面，許多研究者均提到校長專業發展的時間困境因素，筆者認為以三小時為原則設計課程，提供時間管理的策略，將專業發展學程安排在方便校長進修的夜間或寒暑假等固然重要，但更重要的是專業發展學程中，是否重視校長們對話、消化與轉化的時間。若儲訓或培育單位能事先蒐集進修校長所想要探究的問題，了解其學習需求、規劃啟蒙師傅，並規範成長歷程檔案評量事宜，則進修校長必會以更多的學習時間，進行對話分享與實踐省思，以培養消化與轉化的能力，進而將理論知識與先行智者的經驗內化成為智慧。

　　校長專業發展課程應兼顧個別化的多元需求與專業化的品質標準：過去，校長專業發展課程設計偏重教育者的角度，只考慮如何教，較少考慮如何學。未來，應兼顧「學習者」與「教育者」的角度，培養校長主動求知的熱忱與自我導向學習的能力。其次，為滿足進修校長實務研習、假日進修、分享討論等多元的需求，專業社群規劃時應進行校長專業發展需求調查，俾協助校長發現其專業發展的困境，進而不斷突破專業發展限制，建構專業自我。最後，應進行課程評鑑，再由其回饋意見中，適時強化進修校長所需的課程內容，俾兼顧個別化的多元需求與專業化的品質標準，以有效協助校長專業發展，並確保專業發展方案的品質。

　　蔡書憲（2008）曾對服務年資三年（含）內之現職國小校長進行調查，在參與「儲訓機制」、「專業素養」、「行為表現」三個向度及 20 項指標內涵未達「符合」程度，顯示我國國小校長儲訓仍有改進與提升的必要性。

　　校長在職進修方案應創新課程教材教法，引進卡內基訓練或圓桌教育……等體驗教育方式，培養高人文素養與高行動智慧的校長。童鳳嬌（2008）表示，卓越領導得分愈高之國中校長，其行動智慧得分愈高；行動智慧得分愈高之校長，其創新經營得分愈高；卓越領導與行動智慧對創新經營具有正向的預測作用。

　　根據中小學校長專業標準的要求，不斷改革培訓模式，建立系統化的校長培育、遴用與評鑑，才能整體提高校長的素質。不同服務年資的校長，對於職後專業發展課程內容的需求也有相當差異。初任校長以行政領導、問題解決、溝通協調、行政決定、人際與公共關係等實務性的課程為優先；中堅校長以革新發展、課程與教學知能、問題解決、資源管理運用，以及人際與公共關係為優先；資深校長則以革新發展、法令規章、專業精神與態度、課程與教學知能，以及教育政策等課程內涵為優先。從校長的生涯發展來看，校長在工作生涯中，每一階段都有不同的特點與專業表現，因此，需要有不同的專業發展。教育部應統籌規劃不同階段的專業發展方案，設計多元的專業發展模式，建立多元的認定標準與計算方式，採用問題本位之校長專業發展課程設計，以引領校長的專業發展，並滿足不同的需求（林志成，2001；周百營，2010；謝富榮，2009）。

　　陳木金與楊念湘（2011）認為校長儲訓應包括四大課程，其中，「專業培育課程」應兼顧理論與實務的需求；「實務實習課程」應深入了解學校所面臨的問題，兼顧標竿與個案學習；「師傅教導課程」應強調師傅校長經驗傳承與互動分享；「博雅通識課程」應重視大師專題講座，培養領導者的博雅通識氣度，並以

2000 年之後的英國國家校長專業資格（NPQH）制度為例，英國重視個別差異以彈性調整訓練時間的作法，較我國不分個人專業知識起始點而一同儲訓的作法，更為貼近儲訓的精神。

要言之，教育行政機關應明訂校長專業標準，校長專業課程設計應以校長的學習需求為核心，透過問題導向的學習，讓校長從「學習者」的角度出發，培養校長主動求知的熱忱與自我導向學習的能力。在課程規劃上，應兼重主體性、系統化、彈性化與實踐性等原則，即以協助校長覺察專業主體、培養行動智慧為培育主軸，使理論、實務與實踐並重。

三、建立校長培訓考用、認證分級、評鑑與輔導等系統化制度

林文律（2000）認為應設立全國性教育人員專業標準檢定協會，建立完善的校長評鑑制度與校長分級制度，結合校長證照制度與校長專業發展。

建立校長專業標準係校長專業化重要的一環，教育行政機關應積極建立校長培訓制度、考用制度、專業資格證照制度、認證制度、分級制度、評鑑制度與輔導制度等系統化專業制度，有效培養校長行動智慧，如此，將可透過具有行動智慧的校長啟動深層長久、寧靜革新的教育基層改革工程。

總之，若能建立校長專業體制與標準，持續鼓勵校長專業進修，培養具有行動智慧的校長，則不但能協助校長個人專業成長，提升其執行力，也能為我們的教育營造優質的時代競爭力。

林志成小檔案

　　國立政治大學教育學博士、英國倫敦大學研究，教育行政高考及格、督學課長甄試及格、行政院公費留考及格、臺灣省政府公費留考及格。曾任教育部夥伴關係攜手計畫及行政院國家科學委員會專案計畫主持人、教育部校長領導卓越獎召集人、教學卓越獎及特色學校評審、教育部「健康促進學校」中央輔導委員、國立新竹教育大學教授兼系（所）主任、臺灣體育學院教授兼推廣教育中心主任、臺灣教育大學系統委員、臺灣省教師研習會校長儲訓班主任輔導員、學校行政學會及臺灣教育政策與評鑑學會理事；新竹市教育局主任督學、文化中心主任、計畫室主任，桃竹苗各縣教育審議委員會委員。曾榮獲傑出社會青年、新竹教育大學傑出校友；經常與各級學校分享專業發展、行動研究、創新經營及「覺↔知↔行↔思」的教育行動智慧。

References
參考文獻

中 | 文 | 部 | 分

王延煌（2010）。澳洲中小學校長職能標準初探。**教育研究月刊，194**，116-121。

全國教師教育學會（2008）。「中國中小學校長專業標準研究」項目調研工作方案。**全國教師教育學會簡報，18**。擷取自 http://www.teacherclub.com.cn/tresearch/channel/company/hot/8590.html

李江樺、劉振疆（2007）。進行美國、英國、紐西蘭三國校長專業標準比較及其啟示。**外國教育研究，34**（12），39-43。

李安明、張佳穎（2010）。桃竹苗四縣市國民小學校長專業發展能力與其相關策略之研究。**學校行政，68**，27-43。

周百營（2010）。國民中小學校長職後專業發展現況及制度規劃之研究。國立臺中教育大學教育學系博士論文，未出版，臺中市。

林天祐（2004）。英國中小學教育品質管理策略及方案——近十年教育改革分析。**教育研究月刊，123**，49-65。

林文律（2000）。美國校長證照制度。國立臺北師範學院學報，13，65-90。

林志成（1994）。卓越領導者的角色組合。竹市文教，9，10-12。

林志成（2000）。多元派典的教育行政領導研究與實務。初等教育學報，7，1-26。

林志成（2001）。行動知識對校長專業發展課程設計與教學方式之啟示。載於國立嘉義大學國民教育研究所主編，中小學校長專業成長制度規劃（頁 349-367）。高雄市：復文。

林志成（2004）。教育行政行動智慧的概念建構與實踐之研究。臺北市：師大書苑。

林志成（2005）。從行動智慧概念看校長專業發展。**教育研究月刊，129**，5-14。

林志成（2007）。覺知行思的教育行動智慧暨其實踐省思。載於教育改革的挑戰與省思：黃光雄教授七十大壽祝壽論文集（二）（頁 57-88）。高雄市：復文。

林志成、范揚焄（2010）。授能導向校長專業發展的理念與策略。載於 **2010 年兩岸三地校長學學術研討會——校長的學習與學校改進論文輯**（頁 B2-1～B2-16）。

林志成、張淑玲（2011）。行動智慧培育與校長專業標準。載於 **2011 校長論壇論文集**（頁 43-68），臺北市。

林志成、劉世涵（2008）。校長在職專業進修。載於校長專業成長——培育、領導與在職進修（頁 349-360）。臺北市：冠學。

林明地（2010）。校長關鍵能力中的關鍵：品質確保與永續發展。教育研究月刊，**189**，5-15。

秦夢群（2007）。校長培育制度之趨勢分析：以英、美及新加坡為例。學校行政，**51**，1-18。

張明輝（2009）。學校經營的軟實力。**教育研究月刊，188**，27-35。

張德銳、王保進、丁一顧（2003）。校長專業能力發展標準及其資源檔之研究。初等教育學刊，**15**，109-136。

張曉峰（2009）。中小學校長專業標準建構研究。**教育發展研究，2009 年第 4 期** 。2011年 2 月 18 日，取自 wuxizazhi.cnki.net/Article/SHGJ200904003.執行 html

陳木金、楊念湘（2011）。我國國民中小學校長儲訓課程規劃之研究。教育政策論壇，**14**（1），143-180。

童鳳嬌（2008）。國中校長領導卓越、行動智慧與學校創新經營關係之研究。國立新竹教育大學教育學系博士論文，未出版，新竹市。

黃姿霓、吳清山（2010）。美國證聯會 2008 年校長領導國家層級新標準及其對我國國民中小學校長培育制度之啟示。**教育研究與發展期刊，6**（1），199-227。

新華網（2010）。**上海市探索中小學校長職級制度改革試點實施方案**。2011 年 4 月 22 日，取自 http://big5.xinhuanet.com/gate/big5/news.xinhuanet.com/edu/2010-12/22/c_12907596.htm

褚宏啟、楊海燕（2009）。**走向校長專業化**。上海市：上海教育。

蔡金田（2009）。中小學校長能力論述之跨國分析與指標探究——中、美、英、紐、澳五國教育機構的觀點。屏東教育大學學報——教育類，**32**，245-294。

蔡書憲（2008）。國民小學校長儲訓成效評鑑指標之建構及實證研究。臺南大學教育經營與管理研究所博士論文，未出版，臺南市。

鄭燕祥（2006）。**教育範式轉變／效能保證**。臺北市：高等教育。

賴志峰（2010）。**學校領導新議題：理論與實踐**。臺北市：高等教育。

戴瑜（2008）。勝任力取向的校長專業標準研究。**教育研究與實驗，122**，49-52。

謝富榮（2009）。**問題本位之國民小學校長專業發展課程設計研究**。國立中正大學教育學研究所博士論文，未出版，嘉義縣。

魏志春、高耀明（2010）。**中小學校長專業標準研究**。北京市：北京大學。

英｜文｜部｜分

Anderson, M. E. (1991). *Principals: How to train, recruit, select, induct, and evaluate leaders for*

America's schools. University of Oregon: ERIC Clearinghouse on Educational Management.

Australian Institute for Teaching and School Leadership Limited (2011). *National professional standard for principals.* Retrieved from http://www.aitsl.edu.au/verve/_resources/National-ProfessionalStandardForPrincipals_July25.pdf

Council of Chief State School Officers (CCSSO) (2008). *Educational Leadership Policy Standards: ISLLC2008.* Retrieved from http://www.ccsso.org/publications/index.cfm

DfES. (2004). *National standards for headteacheres.* London: The Stationery Office Limited.

Lam, Y. L. (2002). Balancing changes and stability: Implications for professional preparation and development of Hong Kong principals. In W. L. Lin (Ed.), *Proceedings of International Conference on School Leader Preparation, Licensure/Certification, Selection, Evaluation, and Professional Development* (pp.271-286). Taipei, Taiwan: National Taipei Teachers College.

North Carolina State Board of Education (2001). *Standards for principal and assistant principal evaluation.*

University of Edinburgh (2011). *The Scottish qualification for headship in the standard for headship in Scotland.* Retrieved from http://www.sqh.ed.ac.uk/

9 校長專業標準證照培育與專業發展之連結

楊振昇（國立暨南國際大學教育政策與行政學系教授兼教育學院院長）

壹｜前言

　　「有怎樣的校長，就有怎樣的學校」，因此，如何建立適切的校長專業標準，有效實施校長證照制度，強化校長培育，進而落實校長專業發展，均為不容忽視之重要課題。尤其在 20 世紀的資訊社會中，乃是一個充滿「變動」（change）、「競爭」（competition）、「混淆」（confusion），與「複雜」（complexity）4C 的社會型態，隨之而來的政治民主化、經濟自由化、科技進步化，以及文化多元化，更帶動一波波的教育變革，其中校長的角色更與學校的發展息息相關。

　　校長綜理校務，位處 Parsons（1960）所強調的機構（institutional）層級，以及 Simon（1976）所指出的行政（administrative）層級，係組織的最高領導者，其領導方式與風格，自會深深影響組織成員的心態與工作士氣。本文即以中小學校長為範圍，分別針對上述各項課題進行探究，期能有助於提升日後校長之素質，促進學校教育發展。全文共分成五大部分，首先分析校長之角色，繼則探討校長之專業標準，再者析述校長之證照制度，其次則研析校長之培育制度，最後則闡述校長專業標準、證照、培育與專業發展間之連結與今後應有之前瞻作為。

貳｜校長之角色分析

　　值此社會變遷快速的時代，校長角色不容忽視（Orr, 2001; Youngs & King,

2001）。值得注意的是，過去在執行相關教育改革時，教育部或教育局／處往往採用「由上而下」（top-down）的改革模式，認為只要政策傳達下去，自然而然就能看出成效，殊不知若陷入這樣的迷思中，有時會在應然與實然之間產生甚大的落差，其中的重要關鍵之一就是校長能否發揮其應有的角色功能。故就校長之「執行力」而言，根據 Hall 與 Hord（1987）的研究指出，校長的角色可區分為倡導型（initiator）、經理型（manager），以及反應型（responder）等三種類型，以下分別加以簡要說明：

一、倡導型

倡導型的校長對於各項教育改革的推動以及學校教育的變革，往往比較能掌握具體明確的遠程目標；這類型的領導者能深入了解學校教師、學生家長、學生及其本身應如何因應教育的變革，使學校朝向預定的發展目標前進。同時，這類型的校長具有前瞻性（proactive）的思維，對於學生、教師與本身都有甚高的期許，因此，往往能主動倡導並推動教育的改革（do the right thing and make it happen）。

二、經理型

經理型的校長在教育改革的過程中，雖然也能支持學校教育的變革，唯其較重視與教師以及上級單位相關人員建立良好關係。因此，這類型的校長較重視教師需求，而當其得知上級主管單位將推動某項教育政策的變革時，往往僅是依照上級指示主動（active）配合實施（do the thing right and help it happen）。

三、反應型

反應型的校長則較關心校內教師及家長對於學校運作的意見，重視如何與教師、家長維持和諧的關係，因而偏向有意取悅他人，故學校各項決定往往欠缺長程的規劃，而當面對各項教育變革時，往往不能主動支持配合，僅是被動的（passive）靜觀其變（let it happen）。

　　平心而論，就臺灣之校長而言，大多數屬於經理型，部分屬於反應型，屬於倡導型的校長較不多見。就此而言，學校校長必須重視本身變革領導者的角色責任，亦即應重視反思實踐（reflective practice）的過程（林明地，2002；陳依萍，2001；York-Barr, Sommers, Ghere, & Montie, 2001），藉由不斷反省、檢視本身的教育理念（educational platform），強化前瞻性的思維，進而調整或接受本身的認知與作為，以達到激勵個人成長與促進組織發展的目標。

　　其次，就校長「工作性質與內涵」而言，各家論述頗多（林明地，2002；秦夢群，1997，2010；楊振昇，2003，2006；Angelle, 2006; Gupton, 2003; Huddleston, 1993; Marzano, Waters, & McNulty, 2005; Ricken, 2007; Wanzare & Costa, 2001），囿於篇幅，無法詳述；然歸納言之，可分從「行政領導者」與「教學領導者」兩方面加以論述：

一、行政領導者

　　秦夢群（1997）從教育行政不同典範的轉移分析校長行政領導的角色，亦深具參考價值；詳言之，校長應扮演「執行家」、「協調家」、「權變家」，與「洞察家」的角色，以下分別說明之：

1. 校長乃「執行家」：「理性系統」強調教育組織應研訂明確的目標，而成員應依其角色確實執行工作並提高效率，因此，校長乃是按部就班的執行家。
2. 校長乃「協調家」：「自然系統」強調學校為一動態組織，教育人員應有溝通與協調的能力，必要時可循非正式管道處理問題，因此，這類校長必須扮演「協調家」的角色，兼顧組織正式與非正式的溝通，以及員工的需求。
3. 校長乃「權變家」：「開放系統」強調對環境變遷的調適，必須對環境的變化制定適當的權變策略，因此，校長應扮演權變家的角色，以有效因應周遭環境的變遷。
4. 校長乃「洞察家」：「非均衡系統」則主張組織充滿許多未可預知的事件，具有非線性、非均衡的特性，因此，校長須扮演「洞察家」的角色，具備對周遭事務的敏感度，以採取必要的因應措施。

　　此外，楊振昇（2006）則指出，中小學校長所要扮演的「行政領導者」角色，主要包括以下幾方面：

1. 學校權力的分享者：學校領導者對權力的認知必須有所調整。首先，學校領導者必須將所謂的"power over"轉換成"power with"，也就是將過去「控制」的心態轉換成權力的「分享」。

2. 成員潛能的激發者：學校領導者應積極扮演成員潛能激發者的角色，一方面體認學校成員如同人體骨幹，成員間溝通如同人體血液的重要性；另一方面，應擴大意見參與的機會，積極營造民主開放的學校氣氛，充分暢通溝通的管道，並適時提振成員的工作士氣。

3. 社區關係的營造者：學校並非一種孤立的組織，也不能淪為社會上的陌生人（stranger），其結構與功能往往會受到所在社區（community）的影響。學校領導者應深刻體認，營造良好、和諧的社區關係乃是順利推展校務的重要影響因素。

4. 學校發展的規劃者：組織發展（organizational development, OD）理論係從生態的觀點來探究組織，不僅強調組織必須因應外在環境變遷的必要性，更強調組織必須培養自我更新的能力，始能與外在環境維持動態平衡，進而提高組織效能。學校領導者必須扮演學校發展規劃者的角色，匯集相關成員的意見與智慧，為學校規劃出系統性、長遠性、且具有學校特色的發展願景（vision），作為日後校內成員共同努力的方向。

二、教學領導者

　　校長的另一項重要角色，乃是「教學領導者」。就此而言，林明地（2002）認為，校長應扮演教育者及專業社群的一份子等兩種角色。其次，楊振昇（2006）也指出，「教學領導者」乃是校長必須扮演之重要角色。

　　此外，Gupton（2003）也強調校長應扮演教學領導者的角色，尤其應重視學校發展願景的擬訂、促進教師專業成長、營造學習氣氛、關注學生學習成效，以及凝聚學校同仁之向心力。

　　綜上所述，可知對校長角色之探討，切入角度不盡相同，基於此，欲對校長角色做一統整界定誠屬不易；然整體而言，校長「行政領導者」與「教學領導者」角色之扮演，兩者猶如車之兩輪、鳥之雙翼，均為校長辦學時不容忽視的重要課題。

參｜校長專業標準之內涵

　　校長的角色攸關學校的發展，而要明確、周延地訂定校長之專業標準並非易事。以美國為例，美國在 1996 年由「跨州學校領導者證照聯合會」（Interstate School Leaders Licensure Consortium, ISLLC）提出六項「學校領導者準則」（秦夢群，2007），包括：(1)在學習願景方面：能在學校社群的支持下，建構出學生的學習願景，並明確傳達，進而提升學生成就；(2)在學校文化方面：能提倡有利於教職員生專業成長的學校文化，以增進學生學習成效；(3)在學校經營方面：能確保校務運作順暢有效，並提供安全的學習環境；(4)在學校與社區合作方面：能與社區保持聯繫，維持良性互動，且能有效運用社區資源，協助學校發展；(5)能以正直、公平及合乎倫理的原則，增進學生的學習成就；(6)能認識學校範圍外的政治、經濟、法律、文化等議題，並有能力回應。

　　另外，在美國科羅拉多州的校長專業標準（Colorado Professional Standards for Principals）方面，2011 年 1 月 31 日的草案指出，有效能的校長攸關學生學習成效與教師教學品質，尤其必須聚焦於人力資源運用的最大化、形塑合作的氛圍，以及促進建設性的變革。具體言之，校長的專業標準包括以下七方面：

標準一：校長需展現策略領導

1. 建立學校願景、任務與策略目標。
2. 擬定學校發展計畫。
3. 引導變革。
4. 分散式領導。

標準二：校長需展現教學領導

1. 重視課程、教學、學習與評量。
2. 鼓勵教師善用教學時間。

3. 執行高品質的教學。

4. 對所有學生抱持高度的期許。

標準三：校長需形塑學校文化與展現公平領導

1. 強調企圖心與合作式的學校文化。

2. 重視學生全人教育（the whole child）的發展。

3. 對多種族的學生提供公平的教學。

4. 強調成效、授權與持續進步的文化。

標準四：校長需展現人力資源領導

1. 建構專業發展與學習社群。

2. 建立招募、安置、協助與解聘的制度。

3. 落實教職員的評鑑。

標準五：校長需展現行政領導

1. 重視學校資源與預算。

2. 強化衝突管理與問題解決。

3. 善用溝通技巧。

4. 對全校師生有明確的期望。

5. 支持上級政策。

標準六：校長需展現對外發展的領導

1. 擴展家庭與社區對學校的參與及支持。

2. 強化專業領導的責任。

3. 擁戴學校。

標準七：校長需展現對學生成長的領導

1. 重視學生學習成就。
2. 重視學生成長與發展。
3. 善用學生學習成效的資料。

　　其次，在阿拉伯聯合大公國的首都阿布達比（Abu Dhabi）的酋長管轄區，校長至少必須符合以下的資格：具有碩士學位、具有合格的教師證書、具有七年以上（含教學管理）的經驗、具有教育領導的資格、國際英語測驗系統（International English Language Testing System, IELTS）考試達到 6.5 以上，以及具備阿拉伯語及英語專長者優先。基於前述校長必備的資格，阿布達比的酋長管轄區進一步訂定校長專業標準的五大領域，包括：具備領導策略、領導教與學、領導組織、領導成員、領導社區。就阿布達比的酋長管轄區而言，可發現除了重視校長的領導能力外，也特別強調校長的語言能力，除鼓勵具備阿拉伯語及英語專長外，也重視 IELTS 的成績；IELTS 分成聽、說、讀、寫四大項目，各項目皆會獨立計分，最後再以四個分數合計除以 4 得一平均分數，IELTS 滿分為 9 分，若成績能達至 9 分者，代表其英語能力與母語為英語的人能力相當，反之，若只有 1 分者，則表示不具有英語的能力。

　　而在澳洲方面，澳洲教學與學校領導研究所（Australian Institute for Teaching and School Leadership, AITSL）在 2010 年間，與主要的教育利害關係人共同致力於發展全國校長專業標準，最後結果於 2011 年 6 月左右公布。就 AITSL 所訂定的全國校長專業標準草案而言，係植基於三大要件，包括：願景與價值、知識與理解、個人特質與人際技巧。而為了能達成上述三大要件，則必須藉由以下五大核心專業作為，包括：領導教與學，發展自我與他人，領導進步、革新與變革，領導學校經營，以及與社區共同努力。就前述三大要件中的願景與價值而言，強調校長必須在公平、倫理、民主，與終身學習的原則下，致力於學生與成人的學習。其次，在知識與理解方面，校長必須了解當代領導的理論與實務，並將相關知識應用於促進學校進步上，而校長也必須了解最新的教學、課程及評量的研究與發展，且須具備教育法令相關的知識。另外，在個人特質與人際技巧方面，校

長必須認清情緒智商（emotional intelligence），及同理心在領導及經營學校的重
要性，而校長也必須經常反思在領導與經營學校上所進行的各項變革，尤其應聚
焦於校長運用倫理內涵與社會技巧，有效處理衝突事件，進而為全校師生建立正
向的學習氛圍。

再就五大核心專業作為而言，領導教與學強調校長必須營造支持有效教與學
的正向文化；發展自我與他人指校長必須與他人共同努力於建立專業學習社群，
且須聚焦於教與學的持續改善；領導進步、革新與變革則強調校長必須擬定與執
行促進學校發展的改善計畫，尤其校長應認清本身在領導革新與變革上所扮演的
關鍵角色；在領導學校經營方面，強調校長必須善用資料管理的方法與技術及重
視績效責任，以確保學校資源及人力能做有效分配與運用，提供有效與安全的學
習環境；至於與社區共同努力則強調校長必須協助建立高期待的文化，兼顧學校
社區與其它教育系統中的多元文化。

就臺灣而言，毛連塭、張德銳與王保進（2004）曾以「國民中小學校長專業
能力發展標準建構問卷」，針對臺灣地區 3,235 所公立國民中小學校長進行問卷
調查，其校長專業能力發展標準包括：「校務發展與評鑑、行政管理、教學領導、
學校公共關係、人格特質與態度、專業發展」等六大領域，合計 19 項行為、59
個行為指標。

綜上所述，可知各國有關校長之專業標準不盡相同，然整體而言，有關行政
領導、教學領導、人格特質、公共關係，及專業發展可說是共同強調的領域。

肆｜校長證照制度之分析

有關校長證照部分，各國之作法與規定亦不盡相同，囿於篇幅，僅臚列美英
兩國之概況說明之（楊振昇，2006）：

一、就美國而言

(一)科羅拉多州

在科羅拉多州，中小學校長的聘約多為一年一聘，而中小學校長的證書包括所謂臨時（provisional）證書，獲此證書的校長必須具備大學以上之學歷，而其有效期約為三年，其間必須完成引入（induction）課程。另一種是稱為專業（professional）證書，獲此證書的校長必須具備碩士以上之學歷，而其有效期約為五年。取得專業證書的校長，仍然必須修習相關課程或參加各項專業的學術會議，並出具證明，才能更新校長證書。

(二)麻薩諸塞州

在麻薩諸塞州方面，在 1993 年所通過的教育改革法案中，規定校長的證照區分為「高級臨時證照」（Provisional Certificate with Advanced Standing）與「標準證照」（Standard Certificate）兩種，均為五年換證一次（張鈿富，2001；賴志峰，2000；Massachusetts Department of Education, 1995）。其中，校長的「高級臨時證照」強調五項能力，包括「特定領域知識、教育領導、學校管理、專業發展、促進均等」等五方面，至於校長「標準證照」的取得，則除了具備高級臨時證照所要求的能力之外，並特別重視進一步的臨床實務經驗。

(三)加利福尼亞州

在加利福尼亞州方面，將中小學校長證照分成初步資格（證書）與專業資格（證書）兩類。其中初步資格（證書）（preliminary credential）之取得，須符合以下的條件：具有有效的教育工作者證書（如教師證書）；三年的教育工作經驗；修過特殊教育（回歸主流）；在受認可的教育行政培育方案中受訓過；由一受認可的學院推薦；以及通過加州基本教育能力測驗（California Basic Education Skills Test, CBEST）。但此項資格無法更新（nonrenewable）。另外，專業資格（證書）（professional clear credential）之取得，須符合以下的條件：具有初步資格（證書）的兩年行政服務經驗；一個受核可方案高級課程的研究與實務經驗。此項資

格有效期限五年，可更新（renewable）；其更新標準為接受過 150 小時的專業成長活動，以及半年的適切服務經驗。

（四）康乃狄克州

在康乃狄克州方面，將中小學校長證照分成初始教育工作者、初級教育工作者，及專業教育工作者三類。初始教育工作者須符合以下的條件：在被認可的機構取得碩士學位；碩士學位外，還需完成 18 小時的學期制研究所學分；在公立或受認可之私立學校，或其它需要公立學校教師證書之職位服務滿 50 個月；由被認可之行政人員培育方案機構推薦，證明個人與專業均具有相當能力，且至少在該機構修畢 15 個相當於研究所的學分；必須修過心理學與學習的教育學基礎、課程發展與方案監督、學校行政、人事評鑑與視導、當前教育問題與解決方案等課程；修畢一個完整的特殊教育課程（不少於 36 小時）。此項資格有效期限為 3 年。初級教育工作者資格之取得，須符合以下的條件：完成初始教育工作者之要求與訓練，且連續服務 10 個月成功，或累計 30 個月擔任教育行政工作者的工作；在申請之前，為該州教育董事會委員。此項資格有效期限為 8 年。專業教育工作者資格之取得，須符合以下的條件：在初級教育工作者證書條件下，成功地工作 30 個月；碩士學位之外，在核可之研究所修習不少於 30 個小時的研究所學分。此項資格有效期限 5 年，可更新；其更新標準為 6 個研究所學分，或接受 90 小時的繼續教育進修。

二、就英國而言

「國家校長專業資格」（National Professional Qualification for Headship, NPQH）制度是英國第一種校長的國家專業證照制度，而英國教育與就業部（Department for Education and Employment, DfEE）則宣布，該項證照制度係對所有新任中小學校長的要求（張明輝，2000）。

其次，就英國校長證照之申請而言，包括需求評估、擬定訓練與發展計畫、領導知能和績效責任的標準性評量、進行訓練與支持，以及相關專業能力之考核等等，以了解其是否能勝任領導者之角色。而就領導能力之鑑定而言，包括個別面談、團體討論及個別作業等方式，根據應考者的臨場表現來評定。同時，在訓

練與發展方面，則包含四套課程，分別是教學領導與績效、策略性領導與績效、人員之管理與領導績效、資源之運用與管理績效等，藉由理論講授、實務研討、工作坊、個案研究、觀摩、實習、團體審查及口頭報告等方式為之，以了解應考人之專業素養（張明輝，2000；張鈿富，2001）。

綜觀上述美英兩國的校長證照制度，可謂各有其特色。就美國科州、麻州、加州與康州而言，校長證照資格的明訂與換證制度的強調，值得肯定；而就英國而言，所實施的中小學校長國家專業證照制度，充分突顯出該國對於建立校長的國家專業標準的重視程度，期能藉此強化校長的專業素養與領導能力，這一點值得做為國內日後推動校長證照制度時之參考。

伍｜校長培育制度之分析

當社會各界逐漸建立「只有受過專業訓練、具備專業知能者，才能因應各項變遷與挑戰」的認知與共識時，如何建立中小學校長完善、周延的培育制度，強化其專業知能，形塑其專業形象，攸關學校之發展。

Hallinger（2003）曾強調，校長的培育與發展，乃是一項全球性的趨勢與挑戰；而 Martin 與 Papa（2008）指出，數十年前，軍隊與企業發現，靜態的訓練並無法符合日後真正的需求，也不能因應真正生活中的挑戰；也因此，全國教育行政教授學會（The National Council of Professors of Educational Administration, NCPEA）強調，有效的校長培育需要建立學區與大學之間的夥伴關係（partner-ship），並積極致力於縮小兩者之間的落差，尤其應該慎選有強烈動機、具有相當程度之教育人員進行培育。此外，Martin 與 Papa 進一步強調，在校長的培育方式上，往往過於偏重講述，內容又大多流於理論，而忽略了實務上的應用；同時，對於準校長實習時間過短的問題，Martin 與 Papa 也提出呼籲，建議應有一年的時間，並由現職校長與大學教授共同進行輔導。

囿於篇幅，以下扼述美國、英國及新加坡之校長培育制度：

一、美國之校長培育制度

美國校長的培育廣受學者重視（Daresh, 1997; Lauder, 2000; Murphy, 1998），基本上，美國的校長培育制度約可分為以下四個時期（Murphy, 1998, 2006）：

（一）觀念期（ideological era）

約在 1820-1899 年，由於此時期學校組織較簡單，一般而言，接受過師資教育者即可勝任學校行政工作，故並未實施教育行政人員的證照制度。

（二）規範期（prescriptive era）

約在 1900-1946 年，由於學校行政人員的培育課程逐漸受到重視，且受到科學管理運動潮流的影響，較偏重技術性層面，而忽略了學校行政理論的探討。

（三）科學期（scientific era）

約在 1947-1985 年，此時期強調學校行政的科學化與專業化，重視學校行政理論基礎之強化，藉以提升學校行政人員的社會地位；另一方面，學校行政人員的培育機構也明顯增加，由 1946 年的 125 所，到 1986 年已有超過 500 所大學參與校長培育工作。

（四）辯證期（dialectic era）

約在 1986 年以後，強調應該訂定校長領導的標準；其後 1993 年全國校長委員會（National Commission for the Principalship）所發表的報告，重新界定校長所需具備的領域知能。再者，1996 年「跨州學校領導者證照聯合會」（ISLLC）與全國教育行政政策委員會（National Policy Board for Educational Administration, NPBEA）則合力研訂校長標準，期能藉由州政府主導校長證照、換證與認可制度，強化校長培育工作。其中 ISLLC 係由全美 24 個州的「州主要教育官員委員會」（Council of Chief State School Officers, CCSSO）組成，至 1998 年為止，該會針對全美 50 個州做過調查，發現已經有 31 個州採用該會所提出的典型標準（Shipman, 2001）。

　　以下臚列數州有關校長培育的概況，以期進一步探討美國之校長培育制度（王玉麟，1996；秦夢群，1999）：

（一）亞利桑那州

1. 在學歷方面：必須具碩士以上學位。
2. 在經歷方面：必須具有合格教師證書，且有三年以上的成功教學經驗。
3. 在專業訓練方面：必須在被認可校院修習 54 小時以上的教育行政相關課程，諸如組織計畫、課程發展、員工發展與評鑑，及視導和評鑑計畫等等。

（二）密蘇里州

1. 在學歷方面：必須具碩士以上學位。
2. 在經歷方面：必須具有合格教師證書，且有兩年以上的成功教學經驗。
3. 在專業訓練方面：必須修畢特殊兒童心理與教育課程；另外，要有各種教育課程的學分，例如：教育行政學基礎、初等教育、學校視導、教學管理、教育測量與評鑑等等。

（三）紐澤西州

1. 在學歷方面：必須具碩士以上學位。
2. 在經歷方面：必須具有合格教師證書，且有三年以上的成功教學經驗。
3. 在專業訓練方面：修習研究所 24 學分，諸如教育行政學基礎、初等教育、學校視導、教學管理、教育測量與評鑑等等。

（四）肯塔基州

1. 在學歷方面：必須具碩士以上學位，並曾修習研究所 15 學分。
2. 在經歷方面：必須具有合格教師證書，且有三年以上的成功教學經驗。
3. 在專業訓練方面：必須修習研究所 45 學分，其中必須包括：教育行政學、學校行政、初等教育、學校視導之課程。

　　一般說來，由於美國在教育制度上係屬各州自主，對於教育相關規定很難一概而論。然誠如 Daresh（2001）指出，在人才培育上，美國正面臨一項重要議題，那就是如何為學校校長的培育提供高品質的專業發展。例如，雖然各大學的教育

行政研究所所提供的課程與訓練，對於校長的專業化有其貢獻，唯有時難免重理論輕實務，換言之，在理論與實務之間欠缺適宜的轉化機制，致使部分初任校長上任後，對於複雜的學校情境、學校與社區關係，以及人際互動產生困擾。這乃是我國在思考革新中小學校長培育制度時所應注意的問題，以免重蹈覆轍。

二、英國之校長培育制度

英國的校長培育制度，也值得加以介紹，其中國家校長專業資格（National Professional Qualification for Headship, NPQH）檢定制度乃是擔任校長所必備的國家證書。英國國家校長專業資格（NPQH）檢定制度的流程，基本上包含申請與篩選、起始需求評估、訓練和發展，以及總結評鑑等四個階段（陳木金、陳宏彰，2006）：

(一) 申請與篩選（application and selection）階段

NPQH 的申請審核由地方的訓練與發展中心負責，主要檢視並考量申請人士的發展需求，以及是否有從事 NPQH 的能力。資格的申請是以申請者能證明他們過去的成就與經歷，包含學校政策的方向與發展、教學與學習、人員的管理和領導、人力與資源效率與效能發展、績效責任、持續專業發展的證明，與陳述想要申請成為校長的原因。這七大領域的論證作為評斷候用校長在最近三年是否具有領導能力。

(二) 起始需求評估（initial needs assessment）階段

指候用校長向評鑑中心提出需求評估，用以幫助辨別其於訓練與發展需求的類型。候用校長約需花費兩天時間於評鑑中心進行一系列的活動，包括個別晤談、團體討論、個別練習等。這些能夠幫助候用校長分析出自己的優勢能力和較須加強的部分，以決定訓練課程的方式和個人行動計畫。

(三) 訓練和發展（training and development）階段

指候用校長向訓練與發展中心正式提出訓練的核心模組，包含學校政策的方向與發展，以及績效責任；他們可直接以三種重要領域方面來評估，包括教學與

學習、人員的領導和管理，以及人力與資源的發展。

（四）總結評鑑（final assessment）階段

本階段需要候用校長證明其在領導上完全的準備程度，即藉由一系列校長會遭遇到的情境，來檢視其判斷力與領導應用的情形。此評鑑更著重在校長國家標準上的技巧與態度，如領導技巧、做決定的技巧、溝通技巧，與自我管理方面。通過最後評估的學員代表已符合擔任校長職務的資格，將參與證照授予典禮，獲得 NPQH 證書。

三、新加坡之校長培育制度

新加坡教育管理人才的培訓，一直是教育學院所關注的議題（陳木金，2006）。在課程上，其專注的焦點在於改善傳統單向講述的培育模式對於理念傳承的限制，而積極因應成人學習者的不同需求，發展一套問題解決、強調實務實習、能夠使成人學習者學以致用、在工作現場發揮學習效用的培訓模式，使大量的工作經驗與資歷轉化為方案中的有效資本（Chong, Low, & Walker, 1990）。基於此，新加坡校長培育制度開始發展關於學徒制（apprenticeship）以及實習制（internship）等各種不同模式的可能性。

師傅校長（mentoring）制度乃是新加坡校長培育的重要特色，該制度係將 "mentoring" 定義為一個成為專家的歷程，或者是資歷較深專家引導資歷較淺者的發展，其發展包含個人成長、工作經歷與生涯的指引。換言之，透過這個過程，生手校長將能期待獲得師傅校長直接而建設性的實務指導，以縮短自我探索的時間。基本上，師傅校長必須在一個學期中安排兩次為期各四週的實務實習課程，以強化理論與實務兩者間的連結。

整體言之，新加坡之校長培育，對於師傅校長的各個面向均有詳細的探討與考量，包括師傅校長的選擇、與實習校長的配對、實務現場的實習，均以完整的規劃為積極發展的目標（陳木金，2006）。

囿於篇幅，以上僅臚列美國、英國及新加坡之中小學校長培育制度，期能作為我國革新中小學校長培育制度之參考。

陸｜校長專業標準、證照、培育與專業發展之關係及前瞻

以下分別就校長專業標準、證照、培育與專業發展之關係，以及國內應有之前瞻作為兩部分加以探討：

一、校長專業標準、證照、培育與專業發展之關係

有關校長專業標準、證照、培育與專業發展間之關係，可彙整如圖 9-1。

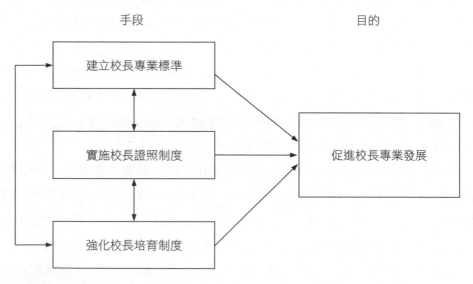

▶ 圖 9-1　校長專業標準、證照、培育與專業發展之關係

由圖 9-1 可知，校長專業標準、證照、培育與專業發展間存在著「手段與目的」、「過程與結果」之關係；換言之，建立校長專業標準、實施校長證照制度，及強化校長培育制度，僅是手段及過程，其最終目的在於促進校長專業發展。

旰衡當前社會的快速變遷，全球化的浪潮席捲而來，國與國之間的藩籬不復存在，影響所及，不論是營利之企業組織、非營利之企業組織，或是教育組織，

均面臨到前所未有之挑戰。作為學校的領導者，尤應不斷提升本身之專業知能，積極展現卓越之領導作為，始能促進學校發展！

二、國內今後應有之前瞻作為

在校長專業標準方面，誠如前述，由於各國有關校長之專業標準規定不盡相同，然整體而言，有關行政領導、教學領導、人格特質、公共關係及專業發展，可說是共同強調的領域，就此而言，國內宜在既有的基礎之上，結合理論與實務，並因應社會變遷，針對校長的專業標準做必要的修正與調整。

其次，在校長證照方面，睽諸以往，校長證照制度早已成為相關會議的重要討論焦點。舉例言之，2000 年 5 月 17 日由國立教育資料館主辦之「現代教育論壇」，即以「校長證照制度與校長專業發展」為主題；而次年 3 月由教育部主辦之「第七次教育行政論壇」，則以「中小學校長培育、證照、甄選、評鑑與專業發展」作為研討會的主題；再者，同年 6 月教育部也委請國立嘉義大學舉辦「中小學校長專業成長制度規劃」學術研討會，會中有關中小學校長證照制度之議題，均受到廣泛的討論與重視。尤其，教育部在 2001 年 12 月 15、16 日所召開的「2001年教育改革檢討與改進會議」結論中，也指出 2003 年底前將完成「建立校長及學校行政人員之培育體系及專業證照制度」之研究，足見政府推動中小學校長證照制度之用心，然卻始終停留在紙上談兵的階段，未見付諸具體行動。

就中小學校長證照制度之建立而言，有助於獲取社會認同、提升自我肯定、達成專業目標，以及促進專業發展。以下謹依個人管見所及，提出在研擬與推動中小學校長證照制度時，所應思考的重要課題，以作為相關主管教育行政機關之參考（楊振昇，2006，2011）：

(一)校長證照制度之法源

在推動中小學校長證照制度之前，應考慮其法源基礎，其中尤應針對許多學者們關心的「正名」問題加以研議；亦即針對究竟應採用「校長證照」、「校長證書」或「校長執照」的名稱，廣泛邀集法界、教育界與相關人士共同研商，期能為中小學校長證照制度建立法源基礎；同時，對於應配合修正的相關法令也必須一併考量。

(二)權責單位之定位問題

今後在推動校長的專業證照制度時，應考慮權責單位的定位問題，究竟是責成教育部的相關單位來統籌相關事宜，以收統合之效？抑或授權由各直轄市或縣市政府自行辦理，以符應並落實去集權化（decentralization）的趨勢？或者考慮由政府與民間單位及學術機構共同成立專責單位，來辦理相關事宜？等等問題，均值得進一步加以研議，仔細分析其利弊得失，必要時可觀摩、參酌他國的作法，以作為我國的參考。

(三)證照本身之相關問題

在推動校長之證照制度時，有許多與校長證照有關之實質問題值得思考。例如證照的取得是否採雙軌制的方式進行，也就是檢覈與考試的方式併行。然所應思考的問題是：如果採用檢覈的方式，則申請者所要具備的資格或條件應包括哪些？另一方面，如果採用考試的方式，係以筆試或口試方式進行？抑或兩者兼採？再者，每年檢覈或考試的日期與次數為何？

其次，中小學校長的證照是否加以區分為高中、高職（高工、高農）、國中與國小等不同層級？而證照本身是否加以分級？如果加以分級，分級的名稱為何？升級的標準如何訂定？另外，證照的有效期限應為幾年較為適合？此外，在何種情況，經過何種程序，校長的證照將被吊銷？以及若由不同縣市所頒發的校長證照，在其它縣市是否具有可轉移性（transferability）等等問題，都是在規劃校長的證照制度時，必須予以審慎考慮的。

(四)如何與教師分級結合

在中小學校長遴選制度實施以後，未連任的校長之回任教師問題，一直頗受各界討論。許多人士（如林文律，2001；劉奕權，2001）主張在規劃中小學校長證照制度時，應考慮如何與教師分級制度結合，使未連任校長回任教師的問題，能獲得較佳的處理。就此而論，在規劃中小學校長證照制度時，應與教師分級制度一併思考，始能跳脫頭痛醫頭、腳痛醫腳之窠臼，而發揮系統思考之功能。

(五)重視局部試辦之過程

任何有關教育政策的推動或是各項教育革新的作法，必須全盤審慎規劃、深入分析探究、重視過程評鑑，與積極檢討修正，才能達成預定的目標。今後在推動校長的專業證照制度時，應採行局部試辦的原則，例如，可以由臺北市或高雄市先行試辦，在試辦的過程中必定會發現許多原先預料之外的問題，或是原先擬妥的解決方案，並無法因應各種不同問題等等情形，而這些都是主其事者在試辦過程中極為珍貴的「回饋」，足以作為進一步分析與研究的重要題材，進而能夠在全面推動與執行之前，將可能引發的問題與負面影響，減至最低程度。

(六)加強證照制度之宣導

一般而言，安於現狀、不喜歡變革可說是人的通性，因此，在進行有關的教育革新時，必須強化宣導的過程，以降低相關人士的抗拒程度，否則既定的方案或目標不僅容易胎死腹中，有時更會導致主其事者因此而離職。過去教育部有意推動的教師十年換證，立意頗佳，可惜忽略了宣導的過程與相關配套措施的規劃，導致民怨四起，並造成部長離職的結果（謝文全，1995），「殷鑑不遠」，值得深思。

再者，在校長培育方面，張德銳、王保進與丁一顧（2002）指出，我國向來較重視中小學教師的培育與進修，而對於中小學校長的培育與專業發展，則並未受到應有的重視。就此而言，陳世哲與劉春榮（2005）也指出，國內中小學校長主要係由甄試儲訓制度，走向培育認證制度，再轉為培育甄試儲訓制度或甄試培育制度。然若深入析論之，甄試儲訓較偏重於教師或行政人員通過校長資格甄試後，針對其上任後所需專業知能所進行的短期職前訓練；至於培育制度，則強調系統性、長期性的培養，結合嚴謹的認證程序，篩選出適當的學校校長，此乃當前中小學校長培育所面臨之重要課題。

就我國中小學校長之培育而言，仍有許多亟待改善之處，而受到學者們的關注（如：李安明，2002；林志成，2005；林明地，2004；陳木金，2005；陳世哲、劉春榮，2005；楊振昇，2001，2011）。李安明（2002）認為在校長培育上，目前的甄試儲訓制度存在以下的缺失，包括：欠缺校長教學領導的課程、過分強調行政管理導向的理論課程，以及缺乏長期性的校長實習課程。另外，陳木金

（2005）則強調在校長培育過程中，應重視實習課程與師傅校長制度的重要性。再者，林明地（2004）則強調校長培育應重視強化「持續改善」的專業知能，必須成為積極主動的學習者、反思實踐者。此外，楊振昇（2011）強調，在校長儲訓過程中，有關課程設計、上課方式，與實習制度之規劃，均值得進一步檢視。

尤有進者，陳世哲與劉春榮（2005）更提出國內中小學校長培育的未來展望，包括：(1)建構本土化的校長培育政策，培養優秀的中小學校長；(2)研議適切可行的校長培育課程，兼顧理論與實務之方向努力；(3)建構校長專業成長機制，以落實校長終身學習理念；(4)建立校長的專業支持系統，包括專業支持導引、校務發展計畫建構、人際網絡社群建立，以及人才資料庫運用等等；(5)重視校長課程與教學領導，以協助校長成功扮演課程與教學領導者之角色，並有效發揮其功能；(6)提升校長甄試的鑑別力；(7)進行校長培育制度之長期追蹤研究，包括培育、甄試、儲訓制度之優劣與成效為何？有何改進方向？國外有哪些制度可供參考等等，均有待進一步研究。

柒｜結語

在當前社會各界強調高品質、專業性的趨勢之下，如何使教育人員也能逐漸由半專業走向專業，可說是一項重要的課題，也是教育人員自我成長、自我提升的重要途徑。Drucker（1999）曾在 *Management Challenges for the 21st Century* 一書中指出，變革乃是無法避免的時代趨勢，我們無法駕馭變革，我們只能走在變革之前；現在開始準備迎接新挑戰的，將會是明天的領袖；反之，那些反應遲滯者，就會被遠遠拋在後面，可能永遠沒有趕上的一天。

誠如 Porter（1990）強調國家人力資源的重要性，他指出，國家擁有豐富的天然資源固然是一種競爭優勢，然在激烈的國際競爭中，高級而專業化的人力資源尤顯重要。吾人須知，投資教育即是投資未來，尤其臺灣並無足夠的土地資源與自然資源，所能夠依賴的即為人力資源；校長身為一校之長，負有綜理校務之責，唯有透過建立校長專業標準、實施校長證照制度，以及強化校長培育制度，才能有效促進校長專業發展，此乃主管教育行政機關與教育工作者所必須共同面對的重要課題。

楊振昇小檔案

　　美國北科羅拉多大學教育領導與政策研究博士，全國教育行政高考及格，教育部公費留學考試及格。曾任教育部中等教育司科員、幹事、專員，國立暨南國際大學課外活動組組長、教育政策與行政學系系主任、通識教育中心主任，美國北科羅拉多大學訪問學者；亦曾任中華民國教育行政學會理事、臺灣教育政策與評鑑學會理事、臺灣地方教育發展學會理事、大學校院系所評鑑委員，並榮獲中華民國教育學術研究木鐸獎。現為國立暨南國際大學教育政策與行政學系教授兼教育學院院長。主要研究領域為校長學、組織變革與發展、教育行政學、教學領導等。

References
參考文獻

中｜文｜部｜分

毛連塭、張德銳、王保進（2004）。國民中小學校長專業能力發展標準及其資源檔建構之研究。臺北市：國立教育資料館。

王玉麟（1996）。國民小學校長培育制度之探討。教育資料與研究，**9**，96-102。

李安明（2002）。發展學校本位的校長培育方案以因應校長教學領導的新趨勢。發表於中小學校長培育證照甄選評鑑與專業發展國際學術研討會，第七次教育行政論壇，國立臺北師範學院。

林文律（2001）。校長專業發展的新取向。**學校行政雙月刊**，**16**，2-16。

林志成（2005）。從行動智慧概念看校長專業發展。**教育研究月刊**，**129**，5-14。

林明地（2002）。**校長學——工作分析與角色研究取向**。臺北市：五南。

林明地（2004）。國民中小學校長培訓的重點之一：培養「持續改善」的專業知識。**教育資料與研究**，**56**，15-19。

秦夢群（1997）。**教育行政——理論部分**。臺北市：五南。

秦夢群（1999）。校長職前教育之分析與檢討。**教育資料與研究**，**29**，11-16。

秦夢群（2007）。校長培育制度之趨勢分析：以英、美及新加坡為例。**學校行政**，**51**，1-18。

秦夢群（2010）。**教育領導理論與應用**。臺北市：五南。

陳木金（2005，3月）。國民小學學校領導人才培訓課程規劃之研究。刊載於國家教育研究院籌備處舉辦之**93年度研究成果研討會研究成果報告彙編**（頁111-143），臺北市。

陳木金（2006）。國民小學校長主任培訓模式之研究。教育部國家教育研究院專案計畫期中報告。

陳木金、陳宏彰（2006）。NPQH模式系統對我國校長培育制度建構之啟示。**教育研究月刊**，**142**，68-89。

陳世哲、劉春榮（2005）。我國中小學校長培育之現況與展望——以臺北市立師範學院校長培育班為例。**教育研究月刊**，**129**，61-78。

陳依萍（2001）。**校長反省實踐之研究**。國立臺灣師範大學教育研究所博士論文，未出版，臺北市。

張明輝（2000）。英國中小學校長的專業成長計畫及啟示。輯於國立政治大學教育學系主編之第六次教育行政論壇（頁 47-67），臺北市。

張鈿富（2001）。校長證照的意義與發展趨勢。輯於國立嘉義大學國民教育研究所主編之中小學校長專業成長制度規劃（頁 429-445）。高雄市：復文。

張德銳、王保進、丁一顧（2002）。國民中小學校長專業能力發展標準及其資源檔之研究。載於國立臺北師範學院中小學校長培育與專業發展中心主編之校長中心經營與校長專業發展國際研討會論文集（頁 213-235），臺北市。

楊振昇（2001）。美國中小學校長培育制度及其對我國校長培育之啟示。發表於國立嘉義大學主辦之「中小學校長專業成長制度規劃」學術研討會，嘉義市。

楊振昇（2003）。教育系統組織變革模式建構之研究。國科會專題研究（計畫編號：NSC 92-2413-H-260-002）。

楊振昇（2006）。教育組織變革與學校發展研究。臺北市：五南。

楊振昇（2011）。我國中小學革新之困境與因應策略分析。學校行政，**71**，1-16。

劉奕權（2001）。校長證照制度的未來規劃——林瑋茹、林淑萍採訪。教育研究月刊，**90**，5-9。

賴志峰（2000）。美國校長證照制度及其在我國實施之可行性。現代教育論壇，**17**，127-137。

謝文全（1995）。教育行政——理論與實務。臺北市：文景。

英｜文｜部｜分

Angelle, P. S. (2006). Instructional leadership and monitoring: Increasing teacher intent to stay through socialization. *NASSP Bulletin, 90*(4), 318-334.

Chong, K. C., Low, G. T., & Walker, A. (1990). Mentoring-A Singaporean contribution. *Singapore Education Administration Society, Monograph No. 3.*

Colorado Professional Standards for Principals (draft) (2011). Retrieved Feb 26, 2011, from http://www.cde.state.co.us/···/downloads/Colorado_Standards_for principals.pdf

Daresh, J. (1997). Improving principal preparation: A review of common strategies. *NASSP Bulletin, November 1997,* 73-80.

Daresh, J. (2001). *US school administrator development: Issues and a plan for improvement.* Paper presented at the International Conference on School Leader Preparation, Licensure/Certification, Selection, Evaluation, and Professional Development, Taipei.

Drucker, P. F. (1999). *Management challenges for the 21st century.* New York: Harper Business.

Gupton, S. L. (2003). *The instructional leadership toolbox: A handbook for improving practice.*

Thousand Oaks, CA.: Corwin Press.

Hall, G. E., & Hord, S. M. (1987). *Change in schools: Facilitating the process.* Albany, NY: State University of New York Press.

Hallinger, P. (Ed.) (2003). *Reshaping the landscape of school leadership development: A global perspective.* Exton, PA.: Swets & Zeitlinger.

Huddleston, W. D. (1993). *Principal selection procedures: A descriptive assessment of current practices used in Florida school districts with a comparative analysis of 1992-93 and 1983-84 practices.* Unpublished Ed. D. Dissertation. The Florida State University.

Lauder, A. (2000). The new look in principal preparation programs. *NASSP Bulletin, September 2000,* 23-36.

Martin, G. E., & Papa, R. (2008). Examining the principal preparation and practice gap. Retrieved Feb 26, 2011, from http//www.naesp.org/resources/1/Principal/2008/S-Op12.pdf

Marzano, R., Waters, T., & McNulty. B. (2005). *School leadership that works: From research to results.* Virginia: Association for Supervision and Curriculum Development.

Massachusetts Department of Education (1995). *Regulations for the certification of educational personnel in Massachusetts.* MA: Author.

Murphy, J. (1998). Preparation for the school principalship: The United States' story. *School Leadership & Management, 18*(3), 359-373.

Murphy, J. (2006). *Preparing school leaders: Defining a research and action agenda.* Lanham, MD.: Rowman & Littlefield Education.

Orr, M. T. (2001). *Transforming or running aground: Principals in systemic educational reform.* Paper presented at the annual meeting of the American Educational Research Association, Seattle, Washington, April, 2001.

Parsons, T. (1960). *Structure and process in modern society.* New York: Free Press.

Porter, M. E. (1990). *The competitive advantage of nations.* New York: Free Press.

Ricken, R. (2007). *Mastering the balance of the principalship: How to be a compassionate and decisive leader.* Thousand Oaks, CA.: Corwin Press.

Shipman, N. J. (2001). *School leader higher education preparation program reform in the United States: The song that never ends.* Paper presented at the International Conference on School Leader Preparation, Licensure/Certification, Selection, Evaluation, and Professional Development, Taipei.

Simon, H. A. (1976). *Administrative behavior.* New York: Free Press.

Wanzare, Z., & Costa, J. L. (2001). Rethinking instructional leadership roles of the school principal: Challenges and prospects. *Journal of Educational Thought, 35*(3), 269-295.

York-Barr, J., Sommers, W. A., Ghere, G. S., & Montie, L. (2001). *Reflective practice to improve schools: An action guide for educators.* Thousand Oaks, CA: Corwin Press.

Youngs, P., & King, M. B. (2001). *Principal leadership for professional development to build school capacity in urban elementary schools.* Paper presented at the annual meeting of the American Educational Research Association, Seattle, Washington, April, 2001.

10 校長評鑑分級與專業發展之結合

黃三吉（新北市私立裕德雙語中小學校長）

壹｜前言

　　由於校長角色的重要性，使得校長需要不斷的進修與成長，同時應有一公平公正的考核制度，但是國內各縣市政府卻很少辦理與校長有關的評鑑工作，目前雖有校務評鑑項目，可惜的是評鑑結果與校長或老師績效考核幾乎沒有相關，加上評鑑項目不切實際，使得校長是否勝任幾乎無法可管。長期以來對如何強化與提升校長的專業領導能力與表現，一直都是學者、教育決策者與實務工作者所共同關心的課題。

　　我認為校長的專業成長至少應該包括：專業進修與研習、校長分級與校長評鑑三個部分。至於如何將校長評鑑、校長分級與專業發展結合在一起，我個人認為應先實施校長分級，校長進階到最高級之後（或對不願意參加分級者），再實施評鑑，而校長專業進修與研習是每個階段都必須要做的事。其進程如圖 10-1。以下段落將逐步分析上述各概念：

▶ 圖 10-1　校長評鑑分級與專業發展結合之進程圖

貳｜實施校長專業進修與研習

　　校長是學校領導者、專業領導人，想成為一個成功的領導人，必須經由不斷的培育與進修成長，才能發揮專業領導與教導的能力。校長專業發展的內容包括（王如哲，2007）：

1. 學校領導者必須學習如何引進一項持續的改進過程，並建立支持性的文化，以強化成人和學生學習間的連結。
2. 校長必須學習如何建立校內的學習社群（learning communities）。
3. 校長的專業發展應該包含個人和組織的變革過程，以及有效的人員發展策略之深度知識。
4. 校長應該學習運用各項有關資料，以追求持續的改進。
5. 公眾參與策略和人際關係的訓練，可以協助校長獲取社會大眾及其成員的支持。
6. 校長必須將本身的教學知識列為優先項目，並指認出哪些是本身需要的學習和追求的專業發展。

　　王如哲教授的提示其實很有道理，我覺得校長的進修與研習是非常必要的工作。因此我將專業進修與研習分成幾個面向來探討：

一、初任校長導入研習

　　我國的中小學校長甄試，想要考上真的很難，尤其是小學校長甄試，錄取率極低。所以曾有人戲謔說考上校長以後從此就不用讀書了，也有人把校長這兩個字的「解釋名詞」定義為：校長就是走路走前面，照相站中間，吃飯不付錢。以上的形容詞對於過去的校長頗為貼切，但現今時代不同了，如果校長還繼續這樣做，應該很快就會被淘汰掉。當前不論家長或老師都很優秀，尤其是知識經濟時代的來臨，校長不能不努力。

　　新（初）任校長因為沒經驗，所以常會出錯。常出錯的地方包括：教師管理寬嚴度抓不準、辦學方向出現偏差、總務採購法令不清楚、急於出鋒頭愛作秀……

等。為解決上述問題，教育局可從實施「初任校長導入研習方案」（Headteacher Induction Programme, HIP）著手，提供初任校長者的入門輔導訓練課程。臺北市立教育大學中小學校長培育及專業發展中心這兩年推出初任校長導入發展與訓練課程（臺北市立教育大學，2011），因為可以現學現賣，而且都是辦學馬上會碰到的問題，所以學員反應熱烈，效果不錯。課程內容包括：學校公共關係之經營、學校課程規劃、激發職工潛能促使適才適任、如何準備校務評鑑、少子化衝擊的學校經營、讓校園專業團隊動起來⋯⋯等，課程相當實用。

新北市教育局同樣也推出類似的研習活動，由新北市中小學校長協會所協辦的「新北市國民中小學 100 學年度初任校長及輔導校長」研習，就明訂研習重點，其主要的研習目的包括：

1. 透過專業進修成長方案，提升初任校長專業領導新知與能力。
2. 透過經驗傳承與分享，增進初任校長辦學知能。
3. 促進校長同儕互動學習，增進校長專業素養。

此一研習，上課科目內涵包括：學校特色及資源分析、新北市教育發展與深化、校長角色與定位、如何與地方互動、如何組織學校團隊、做個有格調的校長、衝突及危機的處理策略、經費資源爭取與應用、如何發展出學校特色、校務經營與領導、教育的創新作為、學校行政的力與美、學校品牌行銷、學校教育的合夥人、壓力釋放與專業成長、當代國際教育思維、品德教育促進、校園防災教育、教育政策與績效責任等（新北市政府教育局，2011）。這些課程內容對初任校長而言都非常實用，而且可以現學現用。

二、師傅校長輔導制度

剛當上校長之後會很緊張，將碰到很多事，因此如有資優校長從旁輔導一段時間，會是一件美好的事。所以由初任校長提出需求，針對問題請資優校長或專家針對子題進行授課或指導，在一些先進的國家通常都會進行。以美國為例（蔡秀媛，2010），美國在為初任校長選擇資深優秀的校長時，不是挑選一般所謂能為初任校長提供任何答案的人，而是不僅能和別人分享其豐富的經驗及專業之知能，而且也在聆聽和學習者。因此，他必須負起：(1)提供建議、(2)溝通觀念、(3)諮商輔導、(4)帶領引導、(5)以身作則、(6)保護維護、(7)改進技巧的責任。此外，

要擔任傑出的輔導校長需具備以下的特質：

　1. 有實際經驗並為屬下所認同；

　2. 具有積極性的領袖特質；

　3. 能指出初任校長的問題所在，而非只會回答問題；

　4. 實施方法多元化；

　5. 激勵初任校長潛能發揮；

　6. 塑造願景；

　7. 對大環境有明確的認知；

　8. 願意投注時間和精力在專業發展領域；

　9. 有堅定的信念；

　10. 對自己的能力有自信；

　11. 自我期許頗高；

　12. 相信「導入輔導制度」是有效的教學相長互動模式，能讓校務蒸蒸日上。

　　找一些優秀卓越的資優校長擔任師傅輔導校長，初任校長隨時可向他們請教與學習，是一項很好的制度，但須防止結黨結派。我總覺得校長培育課程效用不是那麼大，因為他們還沒去當校長之前，不知道要什麼、學什麼？反而是當了校長之後一段時間，才知道哪裡不足，學起來也比較起勁。

三、校長的在職進修成長

　　很多行業，對於專業人員的不斷進修與提升都有嚴格的要求。比如說專科醫師取得專科醫生證照之後，在一定的年限之內，規定必須進修多少時數或學分，才能換證。有些大學對於副教授、教授的升等，一樣有年限的規定。國軍軍官在晉升時也與進修制度做搭配，尉級軍官升校級，校級軍官升將級皆然。中小學校長要為國家教育把關，負責一所學校的成敗，更應該不斷的進修，當然進修的內容和方式可以多樣化、彈性化，如參加研習、座談、聽演講、看展覽、閱讀、專題研究、國際旅行、當訪問學者……等皆可。

　　我發現上海市華東師範大學校內有一「教育部中學校長培訓中心」，北京師範大學校內也有一「教育部小學校長培訓中心」，這兩個機構專責辦理中國各省市示範（實驗）學校校長研習進修的工作，並與其它國家進行交流，成效不錯。

我覺得臺灣可訂定一校長進修辦法,因校長一任四年,可用四年為一階段,規定校長必須進修的時數、學分或要項。未符合上述條件者,不得再參與校長分級或遴選。當然教育當局也應該擔負起開辦這樣的研習課程或委託大學院校辦理。

四、實施休假進修制度

在臺灣,老師有寒暑假,校長寒暑假一樣要上班。2008 年 3 月,澳洲昆士蘭省布里斯班市斯特雷頓州立學院(Stretton State College)的小學部校長 Roger 先生到文化國小來當義工三個月,他告訴我,澳洲的教育人員每七年可休有薪假三個月,無薪假三個月,合計半年。他還說布里斯班的學校寒暑假時,所有教職員是不必上班的,學校完全交給保全人員看守,所以他們可以放心地去進修或旅行,讓我非常羨慕。2000 年我在北京師範大學做研究時,也碰到一位來自湖北咸寧的校長在此擔任一年的訪問學者。

臺灣的校長也有進修的需求,此一休假制度應該可以盡早研議實施。記得我參與教師聘約準則訂定時,裡頭曾有一條有關休假進修的規定,但一直沒有實施,可能與地方政府財政困難有關。對於教育行政領導者來說,領導的責任已不限於教育組織目標的達成,更應喚醒教育工作人員的意識,進而改造教育以邁向更為理想的社會。而臺灣教育界想要達成這樣的理想,一定要改善制度,看重品質、績效與家長滿意度。

參 | 實施校長分級

校長常常要求教育部要對老師實施分級制,自己何不先以身作則?2008 年我訪問上海時,當地的學者告訴我,上海的校長也試辦實施職級制。我知道過去上海是依學校大小來實施校長分級,當校長職級依附學校時,萬一哪個學校辦不好要調優秀的校長去改革時,就很難把好的、資深的、大學校的校長調到較差的、較小的學校去擔任校長進行改革,因為職級不相稱,後來他們做了改善,把以前隨學校做分級的規定改為依校長個人做分級。

1995 年，上海市在靜安、盧灣兩個區進行校長職級制改革試點。 2000
年 2 月，在全市全面推動校長職級制改革。通過設置「橄欖型」五級十
二等的校長職級制度（中小學各設置五級十二等。即特級校長；一級一
等、一級二等校長；二級一等、二級二等、二級三等、二級四等校長；
三級一等、三級二等、三級三等、三級四等校長；四級一等、四級二等
校長），對全市中小學校長按照幼稚園、小學、初中、高中四個序列分
別進行了職級評定。上海市教委負責一級及以上等次校長職級的認定，
區縣教育局負責一級以下校長等次的認定。2006 年，隨著各區縣教育局
對校長職級認定工作操作不斷規範，上海市教委將一級校長的評審權下
放到區縣教育局，只負責特級校長的認定。2007 年，上海將中等職業學
校和其他系統所屬職業類學校校長納入職級管理。

上海市建立了基於考核的職級動態晉升制度和完善的考評體系，突出「精
細」和「民主」。 在校長職級認定過程中，分別對校長的辦學思想、學
校管理、教育教學、師資建設、個人素養、辦學成效等方面按照 A 、 B
兩個標準，逐項量化打分。同時考評採取指標分工、整體合成的方法，
即不同評審委員對不同校長的相同具體指標等級、分數進行評定，各項
具體考評指標評定以後，再對整個指標進行彙總和綜合評定。具體在操
作過程中根據不同學校的具體情況，靈活選擇評價方式，力求全面真實
地展現校長業績。在每年的年度考核中，教職工民主評議占 50% 的分
值，同時規定教職工不滿意率達到三分之一的，校長要免職，校長的民
主測評情況要向學校教職工公開，進一步強化了學校民主管理和校務公
開的力度，教職工對校長考核的參與權得到落實。

實行校長職級制，校長走向專業化，而不是科級或者處級幹部，不管是
在哪所學校當校長，只要幹得好，都可能成為特級校長。優秀校長到薄
弱學校任職，在校長職級評價時，可享受最高加 6 分的獎勵。 也許是因
為早已推行職級制，上海的校長習以為常，而我們很想探究，而且從激
勵校長專業發展的角度看，總覺得職級制值得推廣（周爛，2010）。

俞玲萍（2011）表示，中小學校長職級制評鑑研究的依據包含以下四方面：

1. 有利於中小學校長在貫徹黨的教育方針中更好地體現先進的教育思想觀念；執行有關教育法規、政策與條例；並根據學校自身的特點，提出切合實際的特色發展目標及達標方案；努力提供學校教育改革所需的人、財、物；注重並通過教科研帶動學校的整體改革。

2. 有利於中小學實行校長負責制，確保黨支部的政治核心作用，充分發揮工會、教代會等組織的民主管理和監督作用；加強編制管理，注重減員增效；學校在事業發展上有規劃，積極爭取並得到社會多方支持，重視師資隊伍建設，優化師資隊伍結構；在資產管理上爭取保值增值。

3. 有利於學校校長重視學校教育工作，落實育人工作的具體內容與措施，並形成有特色的學校傳統教育項目，校長熟悉教育教學工作業務，為本校的學科帶頭人，熟悉教學理論和課堂教學模式，並指導推動教師的課堂教學改革。

4. 有利於學校的教育教學秩序穩定，提高教學質量與效益；學校形成有個性的辦學經驗與特色，在同類學校中起示範作用。

依據上述要點，評鑑方案採用三級指標體系。一級指標 4 個，主要從教育理論、學校管理、教育教學、主要業績四方面考核中小學校長的水平，體現了校長的辦學過程、辦學能力與水平以及工作實績，並與中小學校長的工作性質界定相一致。二級指標 8 個，教育理論包括教育思想、觀念和教育改革；學校管理包括常規管理和事業發展；教育教學包括教育工作和教學工作：主要業績包括辦學成效和個人成就。二級指標主要是測評的具體因素與打分點。三級指標 32 個，即每個二級指標包含 4 個三級指標，是給二級指標打分時的觀察點與依據。這些指標比較全面地涵蓋了中小學校長應當具備的基本素質和必須履行的職責。

雖然在貫徹黨的政策與思想管理項目一項在民主國家看來並不妥當，但其有關校長分級制精神的作法仍然值得參考。我個人覺得實施校長分級，可以培養校長積極主動的精神，是一個不錯的方法。所以我會建議先實施校長分級，再實施校長評鑑。我以為臺灣的中小學校長分級指標可以包括：

1. 校長年資：原則上配合校長四年任期，以擔任校長三至四年為一個階段。

2. 品格操守：校長必須要有比較高的品德和操守，此也應列為重點。

3. 辦學績效：辦學是重點，一切端看績效及家長滿意度。

4. 各項進修：校長需與時俱進，不斷的進修。

　　當然辦學績效可再細分細項，如學生數是增長還是減少？學校及師生得獎數多寡？學校文化與風評如何？……等。臺灣其實可以研究看看，如能將進修、校長個人表現、辦學績效與對學校、縣市教育局的貢獻度……等做綜評，實施分級，讓校長有一升遷及追尋成就感的管道，其實應該也不錯。如此教育局也可以節省一些力氣，不用一直去逼校長做事，讓校長自己主動追尋目標。

肆｜實施校長評鑑

　　一個學校經營成功與否，取決於校長的領導，校長作為一個學校的領導者，其領導品質與專業深刻影響一所學校的辦學績效與表現。而校長的素質，除在校長培訓與遴選任用階段，提供良好的培訓制度與公平的遴選機制外，尚須仰賴校長評鑑（principals evaluation）制度的運行，對校長表現進行判斷與評估，了解校長的優劣與辦學績效，進而提供改善缺失之道（陳瑞玲、鄭芳瑜，2007）。

　　當校長分級實施之後，很多事情應可迎刃而解，而校長評鑑應該針對在校長晉到分級制的最高級後四年，以及那些不願參加分級的人而為，如此教育局可以節省很多的工作和人力。

　　有關校長評鑑指標部分，江文雄（1999）在《臺北市中小學校長評鑑方案之探討》中指出，校長的評鑑指標應包括：第一，政策執行：(1)遵守教育法規、(2)達成教育政策目標；第二，教學領導：(1)營造教學環境、(2)指導教學策略、(3)管理教學活動、(4)落實教學評鑑；第三，學校管理：(1)規劃校務發展、(2)正常發展校務、(3)營造學校氣氛、(4)有效處理學校問題；第四，人際關係：(1)與教職員工的關係、(2)與學生的關係、(3)與社區／家長的關係、(4)與其他人員的關係；第五，專業責任：(1)專業職責、(2)專業成長。

　　李玉惠與黃莉雯（2007）在訪談調查 35 位學校教育現場相關人員，包括校長、家長和教師之意見，經分類整理之後，將校長辦學績效評鑑層面，歸納區分為九項：

(一) 校長個人理念和知能：例如人品操守、專業知識和能力、EQ、辦學理念、人格學養、關懷弱勢、親和力、對學生能仁慈有愛心等。

(二) 校長領導與實踐力：例如整合性的領導、教學領導、校務領導、風格領導、專業發展、願景和策略、理念的實踐、落實教育局推動目標、校長政策執行、教職員工配合度、學校特色、辦學宗旨、方針、目標、溝通協調、校長經營團隊的成效、辦學理念是否落實、與教師溝通協調、對師生的親和力、倡導、關懷等。

(三) 行政管理：例如創新前瞻經營規劃、行政管理、課程管理、家長參與、校園安全、無重大事故或異常、人事管理、校長出缺席、處室協調分配、校內財務透明、處理家長干預教學、學校財務管理、行政與教學的結合度等。

(四) 學校環境與文化：例如校園文化、校園環境、校園倫理、師生及家長關係和諧、教職員學童快樂指數、教師教學態度、全校向心力、良好氣氛、向心力、學習環境、校園整體維護、良好教學及學習氣氛等。

(五) 課程與教學：例如課程規劃與教學活動、生活教育、學校本位的教學活動、教學支持等。

(六) 專業發展績效：例如校際間的競爭力、帶領教師專業成長、辦學成效、教職員進修狀況、學生教職員身心發展等。

(七) 學生學習：例如學生表現、學生學習成效、品性與行為、學生學習成績、學生學習情況、特殊教育辦學情況、輔導工作等。

(八) 資源取得與整合：例如校內外人力物力資源統整、爭取經費改善環境、學校資源與設施、資源運用、校內社團發展、謀求教師學生福利等。

(九) 公共關係：例如人際互動與溝通、家長與社區滿意度、親師生滿意度、師生與家長的認同度、與社區及家長會及教師會之互動、現任家長意見、學生及老師的反應、與社區的關係、社區居民與家長的互動等。

當然，校長評鑑不是都沒有問題，美國在實施中小學校長評鑑制度之後，發現它的問題包括（王如哲，2007）：

1. 最近美國校長評鑑的發展走向為何？

2. 校長評鑑可分為哪幾種類型？

3. 校長評鑑的目的為何？

4. 校長評鑑的重點為何？應包含哪些重要層面或核心領域知能？

5. 對於校長評鑑之相關法令規定如何？

6. 對於誰有資格來實施評鑑，以及對於實施校長評鑑的單位有何規定？

我想以上的問題必須一一去釐清，這一部分仍然有待努力。但是個人覺得臺灣的中小學校長評鑑指標應該可以包括：

1. 品格操守：校長必須要有比較高的品德和操守。

2. 辦學績效：辦學是重點，一切端看績效及家長滿意度。其實一個有經驗的評鑑者在校園走一回，看一些簡單的資料，就能了解這個學校辦得好不好。

3. 各項進修：校長需與時俱進，不斷的進修，而且進修應該是多樣化的。

筆者認為推動校長評鑑成功的因素，其關鍵在於：須建立在互信、專業及共同參與的基礎之上。因此學校本位管理的理念應包含以下精神：(1)權力下放：學校有權力管理屬於本身的教育事務；(2)學校自主：強調學校自主與參與決策，並建構決策機制；(3)共同參與：注重授權、權力下放、共同參與及分享決策等；(4)績效責任：賦予學校權力的同時，也要求績效責任。而評鑑模式，我認為可以從以下三項做改善：

(一)評鑑項目要符合績效量化原則

目前的評鑑結論都從人性化、質性敘述、不得罪人的角度下筆，看起來很典雅，但很模糊，雖有優缺點，但不夠準確。也就是說，完全不考慮學校績效、成敗，毫無企業管理、科學管理的概念可言，這樣怎麼會進步呢？評鑑好壞、評鑑之後有沒有改善，也沒有人管，一樣加薪拿年終與考核獎金，一樣任滿調校升遷。像類似評鑑績效不好的事，在私人的企業機構或私立學校肯定是要負責的。

另一方面，學校願景目標的訂定，如快樂、卓越……等，幾乎看不出可以用量化檢驗的規準，不像企業界的目標願景都以數字做指標，如三年後要開幾家分店？年營業額要達到多少金額？都是可以檢驗的。因此學校首先應有數字指標願景，如語文能力要提升多少？學生數學能力要達到多少？學生閱讀量要達到多少？而評鑑時也應提出達成率，清楚的交代經營績效，同時依辦學績效論功行賞才對，否則學校哪會進步。

(二) 改變督學視導方向

　　目前我國的督學視導制度偏重在政策宣導、行政督促及查弊部分，我問過幾位督學，他們告訴我，目前的工作，查弊約占 80%，看起來是比較消極的。我覺得督學可以多做一些教學視導或學校年度績效考評的事。以美國為例，美國當地的中小學督學視導，通常都是學年度開學之前，校長會針對本校缺失提出重點改善計畫（如提升國語文能力），和督學討論確認計畫可行之後，雙方共同簽字，督學會於學年度終了時，再來學校檢視校長這一年內對所提的重點事情做到什麼程度，一點都不馬虎。

(三) 校長和教師共同承擔評鑑結果

　　先前我曾經說過，評鑑最大的問題在於，評好評壞都沒關係。以往評鑑不好，不會處分，最多只是列入追蹤改善。要是評鑑很好，也只是給予少數人獎勵，通常都是由校長和行政人員包辦，好處哪輪得到教師。記功、嘉獎只是一張紙，教育行政機關都吝於發給了，何況是獎金。我認為應建立校長、行政、教師生命共同體的制度。評鑑結果應列出等級，依等級給予獎勵和懲處。獎勵時，校長、行政、全體教師都有；懲處時，校長、行政、全體教師也一樣都有。該記功、嘉獎、記過、加薪、扣薪的時候，大家應該都有份，讓大家都知道學校辦學的成敗，校長和全體教職員工都須負責。

伍 ｜ 結語

　　當然，實施校長分級與評鑑制度必須要有法源依據，同時要有配套制度，如與薪水、獎金、遴選升遷、休假、獎勵等做結合，都是必要的手段，必須謹慎規劃。目前公立中小學辦學績效不彰，其原因很多，像是校長有責無權、教育經費嚴重不足、受限於法令辦學缺乏彈性、校長缺乏前瞻與膽識、少子化衝擊……等問題一籮筐，但我認為最大的問題在於辦學績效缺乏嚴密的考核制度，難與薪資、獎金、升遷、獎勵掛鉤，說得不好聽一點，是根本就沒有什麼評鑑考核的功能。

　　以往常常有人會提到教育的城鄉差距，但因校長的素質不同，我要呼籲重視

校與校之間的差距。由於學年度考績過於浮濫，不管校長對於學校經營得好不好，幾乎不會影響到薪水、考績、升遷或校長遴選。會造成這樣的結果，一則是因為制度設計不良；一則是大家都想當爛好人，以不得罪他人為最高原則，久而久之，學校經營只能過一天算一天。

另外，目前校長淘汰機制不佳，校長如果真的不好，在分級及評鑑之下，該換就換，不必為了校長個人工作考量，基於同情心而犧牲整個學校的學生，一切應以學生福祉為考量。同時法令應該授予校長更大的權限，如人事權、經費權，我也認為應該給予教育主管機關（教育局）更大的權限才對。

黃三吉小檔案

　　1997 年獲得國立高雄師範大學博士學位，現任私立裕德雙語中小學校長。臺南縣將軍鄉人，一位出身貧苦農家的小孩，讀小學時，每天放學之後的工作就是要負責家裡的挑水、撿材、餵豬、升火煮飯等工作。靠著苦讀，他是臺北市第一位擁有博士學位的小學校長，工作之餘也在大學研究所兼職教書二十餘載。黃校長曾經榮獲教育界最高榮譽——教育部校長領導卓越獎、教育部教學卓越金質獎、臺北市第一屆校長類師鐸獎，得獎無數。黃校長最為人所熟知的成就，就是在他任職於臺北市文化國小的 11 年期間，經營績效超乎想像的卓越，在教育局所辦理的優質學校評鑑中，一直保持全臺北市 286 所公私立中小學的第一名，此項殊榮至今令人印象深刻，也獲得教育主管單位的肯定，讓文化國小成為全國第一所免受校務評鑑的學校。馬英九總統（時任臺北市市長）在某次市政會議中稱讚他是教育家，吳清基部長（時任教育局局長）在某次接受議員質詢時表示：黃校長的經營績效是國內第一人。黃校長致力於提升所有學生的品德教育、基本能力、中英語能力、國際交流、接待家庭和品味教育，其成功的典範還獲得美國 CNN 專題報導，商業周刊在四年內曾經兩度專訪他，此項殊榮在企業界都很難見，何況是在教育界，他所經營的學校，經常是教育及外交部門建議外賓參訪的地點。

R eferences
參考文獻

中 | 文 | 部 | 分

王如哲（2007）。美國中小學校長評鑑制度及其啟示──兼論校長專業發展。北縣教育，**62**，14-20。

江文雄（1999）。臺北市中小學校長評鑑方案之探討。臺北市教育局委託臺北市文化國民小學專案研究。

李玉惠、黃莉雯（2007）。中小學校長辦學績效評鑑初探。學校行政雙月刊，**50**，46-62。

周爛（2010）。關於上海名校长專業發展動力的思考。2010 年 11 月 11 日，取自 http://www.csedu.gov.cn/site/shanghai/23zc.htm

俞玲萍（2011）。上海市中小學校長職級制測評研究。2011 年 3 月 8 日，取自http://media.openonline.com.cn/media_file/rm/dongshi2004/jiaogai/wenjian/xgbjcl/chapter5/shszxxxzzjzcpyj.htm

陳瑞玲、鄭芳瑜（2007）。校長評鑑指標之探討。北縣教育，**62**，79-82。

新北市政府教育局（2011）。新北市 **100** 年度中小學初任校長專業成長教育講座暨論壇進修研習計畫。2010 年 11 月 11 日，取自 http://qql.tpc.edu.tw/ezfiles/1/1001/attach/61/pta_354_6372000_80503.pdf

蔡秀媛（2010）。初任校長導入輔導制度設計理念。2010 年 11 月 11 日，取自 http://192.192.169.230/edu_pdr/data/relatedresource/symposium/vol6/6-9-6.pdf

臺北市立教育大學（2011）。初任校長導入發展與訓練課程。2011 年 3 月 8 日，取自 http://principal.tmue.edu.tw/front/bin/cglist.phtml? Category=166

11 邁向第二代校長專業標準

Kenneth Leithwood （安大略教育研究院教授）著
Rosanne Steinbach （安大略教育研究院研究員）著
林文律（國立臺北教育大學教育經營與管理學系退休副教授）譯

壹｜前言

　　在教育界，專業標準幾乎無所不在。政策制定者總是特別喜歡（為別人）訂定專業標準——為學生、老師、家長，以及所有與學校教育有利害關係的人訂定專業標準，就是沒有為自己訂定專業標準。專業標準運動雖然沒有把學校領導者忽略，但學校領導者也不用太高興。面對校長專業標準這件事，雖然還有其它理由可以讓人冷靜下來，但大家已經愈來愈注意到第一代校長專業標準有其站不住腳的地方，這是很重要的事。基於很多不同的理由，這些校長專業標準需要有「救命丹」來將其撐住，以讓其延續。如果不盡快採取行動，插頭就會被拔掉。而這些專業標準，以及訂定這些專業標準的原始目的，也都將煙消雲散。

　　由於第一代校長專業標準乃是集眾多有才氣的人，大費周章才努力訂定出來的結果，以上我們所說的話，聽起來可能會格外刺耳，對他們顯得不留情面。他們所做的這些努力已經獲得相當肯定，這一點殆無疑問。他們發展出校長專業標準，也讓我們學到很多，尤其是在專業標準的執行方面。大體來講，第一代領導專業標準可說相當不容易。而且，我們也期望，專業標準所展現的方向應該是站

本篇論文為原作者 Kenneth Leithwood 與 Rosanne Steinbach 發表於 2003 年出版的 *Reshaping the Landscape of School Leadership Development: A Global Perspective* 一書中，由 The Netherlands: Swets & Zeitlinger Publishers 出版。本篇原文為 Toward a Second Generation of School Leadership Standards。本文經原作者之一 Kenneth Leithwood 授權翻譯成中文刊登。

得住腳的。本篇文章主要的用意在於說明，由於這些專業標準制定者已經提供給吾人許多機會以供我們學習，我們應在第一代專業標準制定者所開創出來的路途上繼續前進。

本篇文章的目的雖然是在為發展出一套更站得住腳的第二代專業標準而鋪路，但其目的並不在於提出第二代領導者專業標準。本文的目的其實是要將五組廣為人知的第一代專業標準的性質作一簡要整理。本文接著主張，如果第二代專業標準要比第一代專業標準有明顯進步的話，就應採用我們所提供的七項標準。

在因應第一代領導專業標準不足之處時，逐漸邁向一套更站得住腳的第二代專業標準並非可以擬議的唯一方向。也許最清楚不過的選項就是乾脆把領導專業標準捨棄不用。不過，基於兩個理由，我們並不作此一主張。首先，一套站得住腳的專業標準的確可以將學校領導實務推向更高層次的專業，就好像專業標準對其它專業團體的幫助一樣。其次，提出不要專業標準，意味著違反當前極為強大、以績效責任為導向的學校改革之時代潮流。花力氣來主張去除掉專業標準，在我們看來，到頭來難免徒勞無功。

貳｜第一代學校領導者專業標準

本節擬探討五組具有影響力的學校領導者專業標準，以說明第一代專業標準的一些重要特徵。五組專業標準中，兩組為美國，一組為英國，一組為紐西蘭，一組為澳洲。

一、跨州學校領導者證照聯合會（ISLLC 專業標準）

經過兩年的努力，「學校領導者範例型專業標準」（Model Standards for School Leaders）在 1996 年 11 月 2 日為「州主要教育官員委員會」（Council of Chief State School Officers, CCSSO）所採用。這些專業標準由來自 24 個州的教育單位以及來自許多專業協會的代表「從有效能的教育領導相關研究，並集教育界同僚的智慧所構築而成」。這些專業標準有兩個目的：「刺激優質教育領導強力思考與對話」，並且能「提供原始素材，以協助教育利害關係人……提升美國各

個學校的教育領導品質」（頁3）。

ISLLC 專業標準（Interstate School Leaders Licensure Consortium, ISLLC）有六項。每一項都就知識、心向（dispositions）與實作（performances）三方面提供更詳盡的細節。每一項專業標準都以下列文字起頭：「學校行政者乃教育領導者，以⋯⋯來增進全體學生的學習成就」。每一項專業標準各自處理領導的不同面向：共同願景；學校文化及有助於學生學習及教師專業成長的教學方案；組織的安全及有效率的管理；與家庭與社區合作；以正直、公平及合乎職業倫理的原則行動；了解、有能力回應，並能影響較大層面的政治、社會、經濟、法律與文化脈絡。

二、澳洲昆士蘭省：領導者專業標準架構

領導者專業標準架構（Standards Framework for Leaders）是為了澳洲昆士蘭領導者的專業發展與訓練、招募與遴選，以及昆士蘭省校長證照而發展出來。此一領導者專業標準架構「勾勒了達成『教育卓越』的共享願景⋯⋯所需的各項綜合能力」。這些綜合能力要能寬廣，以便使「領導者反思其作為，並且以每個人個別的方式來達成所設定的結果」（頁2），其目的在於引導領導評鑑與專業發展。此一領導者專業標準由昆士蘭省教育廳所發展出來。該教育廳並聲稱此一架構乃以「當前的理論知識」（頁5）為基礎。視學校領導者的工作情境脈絡而定，此一領導者專業標準架構有三個認證層級。

此一領導者專業標準架構包括六個關鍵角色：教育領導、管理、人與夥伴關係、變革、成果，及績效責任。針對每一種角色，「最佳作法」與「個人績效」的綜合能力都清楚列出。最佳作法的能力指的是「在工作現場的人員以集體學校本位的行動所示範出來的領導者的知識、能力與行為」（頁6）。這是由 70 位教育領導者在工作坊互動中所研擬出來的領導者綜合能力。此外，700 位學校領導者將這些原始資料作了分析並加以修正，同時也在三個場合針對草案做出了回應。

每一項最佳作為能力由下列四部分組成：

1. 學校現場的集體行動（亦即個人或團體的作為／行動）。
2. 深層的知識與理解。
3. 脈絡「指標」（與特定脈絡有關的行為之例子）。
4. 提出有助於展現能力的佐證（比如計畫、會議紀錄等）。

每一個關鍵角色由三到六項最佳作為能力組成。

三、英國：國家校長專業標準

英國的校長專業標準是由教師訓練機構（Teacher Training Agency, TTA）發展出來，其明示的目的在於藉著改進領導的品質來提升學生的學習成就。

英國校長專業標準強調的是國家的優先項目，目的在於「提供一個更結構化取向的評鑑基礎」，以及對擬任校長及現職校長提供專業發展。這些校長標準一開始擬定以及隨後的修正，都是透過諮詢教育界各階段以及教育領域內、外的機構之人士來進行，並且必須定期接受檢討。

這些國家專業標準就校長在以下幾方面所表現出來的知識、理解、技能與特質來界定專業知能：校長的核心目的、校長職務的關鍵成果、專業知識與理解、技能與特質、校長職務的關鍵領域。技能與特質再依次分類為領導技能、做決定技能、溝通技能、自我管理、特質（比如像自信或熱誠這類的「心向」）等。

校長專業標準所載明的關鍵領域，包括學校的策略方向與發展、教學與學習、人員領導與管理。此外，關鍵的領導領域還包括人員與資源的有效率與有效能配置與運用，以及績效責任。

四、紐西蘭：校長績效管理

紐西蘭的校長專業標準乃是透過密切諮詢為數眾多的校長與學校管理委員會委員所發展出來，並以下列為前提：「校長的領導與管理技能對於學校的成敗具有重大的影響」（頁2）。校長與學校管理委員會的關係在校長專業標準中居於核心地位，因為學校管理委員會要負校長績效之責。「清晰的方向與共同同意的校務優先順序，終究會帶來學校管理委員會與校長更強而有力的夥伴關係，並增進學生的學習成效」（頁2）。更明確而言，紐西蘭校長專業標準是為了以下四方面的目的而發展出來：

1. 協助學校釐清全體校長應該展現的知識、能力與態度。
2. 增進校長績效管理的品質與成效。
3. 提供一個可供發掘校長專業發展需求的架構。

4.提供一個能將績效管理與訂定待遇兩者相互結合的方法（頁7）。

校長的專業標準分成六個範疇或專業面向，包括：專業領導、策略管理、人員管理、關係管理、財務與資產管理、法令規定及向上呈報的規定。紐西蘭訂定了小學校長專業標準，也為中學及區域學校（area school）的校長訂定了修正過的校長專業標準。此外，這些專業標準也附帶建議各個學校可以加上其它專業標準，以適合其特殊的情境脈絡，也可以發展特定的「指標」或「績效規準」，以「澄清對校長的期待」（頁7）。學校也被要求檢核其績效協議書，以檢驗這些績效協議書是否準確反映了校長專業標準。

五、美國：康乃迪克州校長專業標準

校長效能的研究及「關於未來學校特性的一組明確的基本假定……」構成了康乃迪克州專業標準及相關評鑑程序初期的基礎（Leithwood & Duke, 1999: 303）。這一份原始的規劃，後來透過康州州內為數頗多的校長焦點團體所提供的回饋意見，而歷經了廣泛的改良與檢證。發展這些校長專業標準的目的是為了提供一個指引，以作為新校長培育、證照及遴選，以及現職校長的專業發展與績效評鑑之用。

這些領導專業標準的架構包括學校設計的七項內涵。從研究中得到的佐證所綜合出來的結果顯示，這七項內涵，校長可加以運用，並繼而對學生產生正向作用。這些特色包括使命、願景與目標、學校文化、政策與程序、組織與資源、教師方案與教學，及學校與社區關係。在每一內涵中，有關未來學校的基本假定，以及有效能領導者的作為所牽涉到的相關因素，都清楚明列。

參 | 第二代領導專業標準應有的準則

在對上述五套第一代校長專業標準作了批判檢驗，同時也做了廣泛的文獻回顧之後，我們在本節提出評鑑學校領導專業標準適切性的七項準則。我們認為，這些評鑑準則有許多並不需特別提出理由來說明。倒是其它評鑑準則可能需要我們以更廣大的篇幅加以辯護。

一、領導專業標準要能處理領導概念及領導實務經常面臨的挑戰

　　現行的領導專業標準似乎把領導的概念與領導實務看成是沒有問題的。但實際情形絕非如此。就領導的概念這件事而言，領導文獻一般都必須處理以下問題：

1. 領導要如何定義？比如，是人際影響力的施展？是一種倡導行為並維護所倡導的事情（Yukl, 1994）？或是獨特的一組關係（比如，Yukl, 1994; Brower, Schoorman, & Tan, 2000）？

2. 領導與管理究竟是否有所不同？如何不同（比如，Kotter, 1990; Bennis & Nanus, 1985）？

3. 是否最好把領導理解成一組可複製的行為，具有可預測的結果？或是把領導理解成問題解決的歷程，視情境而有獨特的行為（比如，Lord & Maher, 1993; Leithwood, & Steinbach, 1995）？

4. 組織中領導來源的實然面與應然面究竟為何？是個人、團體，或組織中非關人的特徵？比如政策或文化，有時稱作領導的「替代物」（比如，Ogawa & Bossert, 1995; Podsakoff, MacKenzie, & Fetter, 1993）。

　　至於領導的實務面同樣歷久一直存在的挑戰，舉例如下：

1. 如果真的找得到的話，哪些模式真的夠強而有力，可用來指引領導實務？就如 Leithwood 與 Duke（1999）所指出來，教育領導的文獻固定都會包含「教學領導」、「轉型領導」、「策略領導」、「道德領導」、「參與領導」、「權變領導」的模式或取徑的分析。每一種領導模式都各有其擁護者，也各自提出佐證。

2. 領導對學校產能（效能）真的有很大幫助嗎？領導對學校產能的作用真的大到值得投入很大的資源在領導發展方面嗎？有關此點可說正反面的佐證都有。最近的量化方面之佐證顯示，校長領導所能用來解釋學生學習成就的變異量不會超過 3-5%（見 Hallinger & Heck, 1999; Leithwood & Jantzi, 1999）。不過，卻也有相當可觀的質性（個案研究）佐證，主張學校領導的作用事實上很大（比如，Morris, 2000; Gronn, 2000）。

3. 就如 Bass（1997）在轉型領導作為所主張的，是否有些領導的作為很值得用

在大部分的組織情境？還是說，大部分有效領導的作為，其實都是受到情境或文化影響（比如，Hallinger, Bickman, & Davis, in press; Hartog et al., 1999）？或者，甚至會因不同的被領導者而有所不同（比如，Mumford, Dansereau, & Yammarino, 2000）？

希望藉著第二代校長專業標準來處理以上這些有關領導持續存在的挑戰，究竟何義？我們認為，其意義至少有一點，那就是把上述這些挑戰說明得很明白，並且採取某一種立場來處理這些領導挑戰個中的關係。比方說，某一組校長專業標準應當觸及有關領導定義的爭議，至少也要針對校長專業標準的目的訂出某一種主張。領導專業標準也可以運用某一個領導理論模型，該理論要相當程度能夠處理校長專業標準所謂的各項領導作為。在上述的五組校長專業標準之中，康乃迪克州的領導專業標準針對這兩點至少處理了一些，但其它四套領導專業標準，這兩件事都沒做到。

二、校長專業標準呈現的乃是有效能領導實務的主張，而且必須能與現有的最佳理論與佐證互相呼應，方能令人信服

就此點而言，大部分第一代校長專業標準都不及格。這些校長專業標準並未有系統地證明他們所依據的有何佐證，而在前述的五套專業標準之中，除了康乃迪克州的校長專業標準外，其它四套校長專業標準都未提到相關研究之效度或作用。開發 ISLLC 專業標準的這些人只不過宣稱「我們藉著研究來處理教育領導與有產能學校之間的連結，特別是針對小孩與青年的成效方面」（1996，頁 5）。由於在 ISLLC 校長專業標準文件的其它部分均未再提到該研究，讀者只得相信該主張所言為真。開發英國領導專業標準的人則稍微作了以下說明：「這些領導專業標準反映了教育界以外的管理專業標準所做的相當可觀的事」（1998，頁 3），卻沒有進一步說明到底其所指為何。

為了廣為宣傳以讓大眾了解這些領導專業標準，專業標準本身是否簡單、可讀性高、簡明，當然會影響到 ISLLC 專業標準及英國專業標準開發者所做的決定，而所做的決定就成為專業標準本身一種隱含的標準。實際上，此一隱含的標準意謂著，使用這些專業標準或閱讀這些專業標準的人不應該去在乎系統性的佐

證。也許此一隱含的標準也在向讀者宣示，領導乃是「不用提出佐證的一件事；好的專業實務方面的研究，不需要麻煩各位大忙人來操心，你們在閱讀這類研究時，不用懷抱著批判的眼光」。

在此時此刻，有關學校領導如果有這類具傷害作用的訊息的話，真的很難想像。過去這 20 年來，由於教育與領導方面的理論與研究已有巨大的成長，將領導實務大幅提升到一個更高的專業水平，此其時矣！這就好比 1900 年代早期，隨著佛列斯納報告（Flexner Report）的出版（Barzansky & Gevitz, 1992），醫學教育與實務得以大躍進一般。的確，在英國的領導專業標準（1998）中，就有以下兩個主張，從其中，可看出英國領導專業標準開發者贊同此一立場：

1. 校長必須有能力根據相關資料與資訊做出分析、解釋與了解，以便做決定（頁 7）；及

2. 校長應知曉並理解到，從視導與研究所得到的佐證對於專業發展與學校發展所能帶來的貢獻（頁 6）。

看來，以上所述，我們正應如此。

未能以系統性的佐證來證明這些專業標準的正當性，有做的部分與未做的事，都各有不當之處。有做的部分所犯的錯誤來自於所訂定的領導專業標準列入了一些與有效領導無關的特質，這樣做不只浪費了許多用於領導發展的稀有資源，而且也鼓勵一些會導致學校運作不當的領導作為。沒做的部分所犯的錯誤在於，在準則中未能納入對有效能學校極為重要的一些領導特質。

針對上述這項標準，本文前述這五組第一代的領導專業標準表現得如何？這個問題若要面面俱到來回答會很複雜。由於本文篇幅所限，我們在此僅就沒做的部分失當之處來回應，並且將最近所做的一項理論與研究文獻回顧做一敘述（Leithwood, Jantzi, & Steinbach, in press）。此一文獻回顧把五組第一代的領導專業標準拿來比較，並提出有效能學校領導對於各項政府績效責任政策回應的佐證。由於此一學校領導所聚焦的範圍相當有限，因此，從這些領導專業標準所看到的差距，會低估了這些領導專業標準實際上無法反映出當前有效能領導方面的理論與佐證的程度。低估了多少無從得知，但低估的程度很可能頗為可觀。

雖然我們文獻回顧的結果顯示，整體而言，這五組第一代的領導專業標準反映了相當多位學者在績效責任脈絡中重要的作為，不過卻也有許多該做而未做的缺失。比如說，

1. 除了康乃迪克州的領導專業標準之外，看不到教師領導有大力強調或明白強調，雖然昆士蘭的專業標準主張有效能的學校領導者「會力促每個成功的人達到更高的績效層次」（頁44）。文獻回顧均提到藉著分享式的決定與分布式的領導，教師領導非常有助於績效責任。然而，未能把教師領導列入領導專業標準，這種情形似乎與領導專業標準所提倡的新型態管理與學校組織並不一致。

2. 這五組第一代的領導專業標準都未明白提到我們在文獻回顧中所看到的，在績效責任較鮮明的脈絡中學校領導者所應有的均等顧及所有職責。這些隨著績效責任而來的校長職責，有些以前並未出現過，而且往往是學校本位管理政策之下的產物，隨之而來的是工作量大增（紐西蘭及英國的領導專業標準的確提到了「訂定優先順序」的重要性。）

3. 在五組第一代領導專業標準中，與老師有關的部分往往是績效評鑑或課程創新。不過，文獻回顧卻清楚顯示，處理老師的壓力與士氣，在大部分「高風險後果」的績效責任脈絡中，對校長可說是巨大挑戰。「士氣」這個字在這五組領導專業標準中，連提都未提到，除非是被解讀成「支持」這個字眼已涵蓋了士氣之意。

4. 支持新方案以協助績效責任政策的執行可說很重要，但這一點在第一代專業標準中，充其量似乎只有暗示，但卻未明白提到。

5. 除了康乃迪克州專業標準之外，上述多個第一代領導專業標準都沒有明白提到高風險結果的測驗會有何後果。「處理學習的障礙」、「表達關心與尊重」、「找出可能的困難」等之類的一般性作法，可以被解讀為包含這類結果的某些層面。不過，在當今的政策情境中，為了要有效因應這種具高風險結果的測驗之後果，領導專業標準中應更加留意領導應有何種作為。

6. 在當前的政策脈絡之中，很明顯可以看到，最引人注意的作為就是學校領導者基於績效責任，各個學校都會搶學生。可是學校行銷在五組第一代領導專業標準中都沒有看到。倒是有兩個小例外：昆士蘭的專業標準主張校長要「行銷構想與活動」，美國的ISLLC專業標準則把行銷視為「知識」！紐西蘭強調的則是其人口的獨特特徵。

7. 兩套美國的學校領導專業標準同樣地也都沒有提到學校領導者要如何與學校委員會（school councils）共同有效運作。學校領導者與學校委員會共同運作

是為了藉著決策下放及對家長增權來增進績效責任而設計的一項主要的結構內涵。

8. 最後一點，除了 ISLLC 專業標準之外，大部分學校領導者績效責任所採用的方式，都會要求校長要走到校外去招募學生或創業。雖然昆士蘭及康乃迪克專業標準的確有提到「取得必要資源」；可是這一點在領導專業標準之中卻都沒有清楚提到；除此之外，重點是在既有可用資源的有效利用。

顯然，我們所審視的第一代領導專業標準只不過是對當今有效領導作為的理論與佐證所做的一些差強人意的省思而已。

三、領導專業標準應顧及領導者工作中，對於有效領導作為的性質有重大影響的政治、社會與組織等方面之脈絡特徵

上述的分析顯示，本文所提到的第一代領導專業標準，對於許多已開發國家校長所共同面對的全國及各州廣大的教育改革脈絡雖有留意到，但充其量，其留意的程度並不均勻。學生就學的社會與組織脈絡，有否注意到呢？就社會脈絡而言，有證據顯示，學校社區與學生人口的性質，包括都市／郊區／鄉村，有利／不利等，對於什麼是有效領導作為，具有重要的關係（Hallinger, Bickman, & Davis, in press）。此外，研究一再顯示，諸如學校規模及學校層級的組織特徵，對於領導應如何才能使得上力、會有何結果，也都會帶來重大差異。當以如此更加聚焦的方式來界定脈絡時，現行的校長專業標準對於何謂校長有效作為，幾乎沒有提供吾人進一步了解。也因此，其價值自然就大大降低了。

對於本節所述之準則做出了回應，對於第二代領導專業標準有何意義？一個直截了當而且甚為有用的回應，就是讓這些專業標準能顧及脈絡的這些關鍵因素所需具備的不同領導作為。以組織規模而言，一項準則如果是為了提供教師教學支援以改進教學與學習，就會要求小型學校的校長盡可能直接給予老師此一支援。不過，就較大型學校而言，同一個基本的準則，其重點很可能在於提供誘因，為教師領導者、科主任及類似人員提供訓練與學習機會，藉此來提供這類的教學支援。

四、專業標準必須僅載明有效領導的作為或表現，而非技術或知識

雖然大部分的第一代專業標準載明了有效的學校領導作為、表現或學校領導者的外顯行為，但有些專業標準也試圖載明學校領導者所應獲取的知識及能力，以實踐這些領導作為。未必具備了這方面足夠的認識，卻膽敢提出這種大大超出自己知識的主張，此為一例。

在最好的情況之下，吾人當今以研究為基礎的知識只能提出有效學校領導的作為。根本找不到具有研究根據的佐證顯示領導者究竟需要何種知識才能遂行這些領導作為。除了使用問題導向學習策略的領導培育班之外，幾乎每一個領導培育班都會教導特定的知識領域，而每一項所挑選來講授的知識，都是根據培育單位對知識與實務作為之間，一種想當然耳（合乎邏輯）的關係。

這種想當然耳的假定處處可見，其中無庸置疑地隱含了當今北美洲（美國與加拿大）想要清楚說明校長必須具備的知識與能力的一種目標至為遠大的努力。這裡指的是全國教育行政政策委員會（National Policy Board for Educational Administration, NPBEA）所編纂的《變遷學校的校長：知識與技術基礎》（*Principals for Our Changing Schools: The Knowledge and Skill Base*）（Thomson, 1993）。該書包含了21個領域的知識與能力。該書的序將其方法摘要敘述如下：

> 領域專案計畫始自下列這一個問題：「當今及不久的將來，小學、初中及高中校長所需要的各種任務、期望及所應負的責任為何？」接著，此一專案計畫找出校長為了因應這些挑戰所需的知識、能力與特質……（頁xviii）。

就每一領域而論，專案計畫的規劃團隊探討了相關文獻，以便找出與各領域有關的各項職務所需具備的知識與能力。

茲舉「領導」領域為例。專案計畫規劃小組找出了三個範疇及21組較為明確的知識與能力。「形塑學校文化及價值」這一範疇所包括的特定知識及技術群組包括「發展得很好的教育綱領」、「高度期望」及「了解學校文化」。不過，在

這些群組中，大部分都只描述了領導的實際作為或表現。此乃因教育領導文獻就只講到這一點。如果想要了解校長塑造學校文化所需的實際知識或技能，可能就需要專精學校文化塑造的校長所運用的程序性與陳述性知識這方面的研究。就我們所知，這類的研究在教育領導領域都沒有人做過。更進一步來講，要認清每一位校長在工作時所運用到的知識的社會建構性質及獨特的認知資源，可能會顯示出每個校長在從事有效的作為時所需要的知識可能有極大的差異，不管這些有效的作為究竟為何。任何有效的領導作為，可能是許多不同類型知識的產物。至於將「技能」列入，大部分現有的領導專業標準並未包括技能（英國的專業標準為例外）。這是好事，因為，大體而言，有關技術的陳述句也沒說什麼，只不過以「必須能⋯⋯」或「能⋯⋯」等字眼來引導出想要的表現。比如說，從英國專業標準，我們讀到「校長必須能在不同場合運用適當的領導風格以便⋯⋯（1998，頁7）。與其說這是一種技能，倒不如說它是一種修辭的花招。

五、心向不應包括在任何專業標準之內

我們所分析的五組專業標準之中，有兩組專業標準特別標明了有效領導者的「特質」（比如熱誠、活力）或「心向」（比如信賴他人，並信賴其判斷）。為了讓納入特質具有合理性，英國的專業標準僅聲明「其為專業知識、理解、技能及特質的總和，以之界定該角色所需的專門知識」（1998，頁1）。美國 ISLLC 專業標準則把心向界定為信念、價值與承諾。與英國的特質比較起來，美國ISLLC 專業標準的心向與實作表現更有直接關聯。

在第二代領導專業標準，我們主張把心向刪除，此一主張所牽涉到的情況比我們反對知識與技能要複雜得多，因此需多花一些篇幅來說明。我們要用 ISLLC 專業標準來說明納入心向會引發的問題，因為 ISLLC 專業標準的開發者對使用心向的必要性的確努力做了一番清楚的說明。他們所用來說明心向必要性的一部分理由是他們套用了 Perkins 對心向的主張，略謂「心向乃智能之靈魂，若非心向，理解及實際知能無法發揮什麼作用」（1995，頁278）。根據 ISLLC 專業標準開發者所言，心向在其專業標準專案中占了核心地位：「在很多基本方面，心向為實作表現提供養分與意義」（CCSSO，1996，頁8）

(一)反對心向的主要論述

如果我們暫且認定Perkins（1995）乃是關於心向方面的知識可站得住腳的來源，我們可以提出三個理由來說明，將心向列為學校領導者專業標準，以用於校長培育、證照或評鑑是具有殺傷力的。首先，對於要如何有系統地影響或改變成熟大人的特質與心向，我們可說一無所知。也因此，如果我們真的覺得非得做不可的話，我們很可能無謂地浪費了稀有的領導發展資源。舉例來說，Perkins（1995）對於如何發展心向，在他名為「後設課程」（頁332-338）的文本中，以六頁長度作了大致的敘述。該文本有大約三分之一的篇幅都在處理（據推測應是）一堂中學校史課，以此來說明一般常見的心向教學法。不過，其實也很可以當作是舉例來說明「歷史推理」或「批判思考」的教學。在這幾頁的篇幅中，Perkins隱約提及其它兩本他自己寫的書，在其中他將這些想法闡述得更清楚。但是他根本連提都沒提到這些普通教學方法對小孩，更不用說對成年人有何影響的實徵性佐證。

把心向納入領導專業標準有不良作用的第二個理由是，即使我們知道如何改變發展成熟的成年人的特質或心向，我們仍未具備如何決定發展什麼心向的知識基礎。Perkins所提心向對人類行為重要性的主張，吾人並不需對其加以否定，才能說將心向視為領導專業標準的核心特色有所不當。我們只需針對領導專業標準開發者並未能提出佐證，未能將特定的心向與領導作為進行因果關係之連結，就能證明以心向來看領導專業標準之不當。誠然，Perkins所提有關心向的睿智的領導作為之主張，對於吾人試圖將心向與領導實務作為做出此種明確連結，可說毫無幫助。

由於 Perkins 所指的心向的意思，與 ISLLC 專業標準中的心向有極大差距，因此對ISLLC專業標準而言，此一問題特別嚴重。Perkins所提的是少數一小撮的一般心向，而 ISLLC 專業標準所提的心向數目則超過 40 個。說實在，ISLLC 專業標準的原創者把心向與Perkins所提到的心向來源（各種信念、價值、承諾）混淆在一起了。由此可見，把特質或心向納入專業標準所造成的一部分問題，與將知識納入專業標準的問題是一樣的。

不應將心向納入領導專業標準的第三個理由，其實是植基於我們一直在討論的知識基礎不當這一點。亦即，擬任校長因未能取得校長證照，或現任（在職）

校長被解職，所引發的法律問題；如果僅訴諸於他們並未具備適當的心向，這在法律上是站不住腳的。

(二) 專屬於 ISLLC 專業標準中有關權威來源的問題

由於 ISLLC 專業標準以 Perkins 作為其專業標準之中，心向的權威來源，ISLLC 領導專業標準又另外增加了一批問題。當然，Perkins 身為認知心理學家，其享有的聲望令人稱羨而且實至名歸，而且與他大部分的學術同僚比較起來，Perkins 更願意以更有系統及更完整的方式將他的研究應用於學生學習。不過，ISLLC 專業標準的原創者以 Perkins 1995 年所出版的書作為 ISLLC 領導專業標準採行心向的唯一來源，其做此一決定的合理性非常令人質疑。

在 Perkins 所提出的主張中，他認為有些心向比其它心向更容易為某些專門職業的成員所持有。當 Perkins 在提出此一主張時，他舉了「一般而言，學術專業相當看重佐證、論辯及紮實理論等相關事項」（頁 281）。不過，Perkins 在針對心向的貢獻、性質及來源進行核心探討時，Perkins 在 1995 年的這本書只能看出此一心向的運作相當有限的。

至於心向對於睿智行為的貢獻，Perkins 宣稱「心向形塑吾人的生活」（頁 275-6），並且代表了對睿智行為的一種重要解釋。他這一說法因為簡短提到了兩位哲學家（Ennis 與 Paul）及兩位心理學家（Baron 與 Perkins 等人）而得到初步支持。Perkins 接著宣稱：

> 「對於以上這些作者以及更多人而言，心向這個概念的魅力源自於一個基本的邏輯點：技能是不夠的。不論一個人多麼地擅長於解決問題、作決定、推理，或建構出解釋，除非這個人對於這些及其它類的思考大力投入很多心力，否則那又怎麼樣呢……？」（頁 276）

但是此一「邏輯點」很容易就引導我們去捍衛動機的概念以及關於該概念屹立已久且相當可觀的研究與理論（比如 Bandura, 1990；Ford, 1992）。在此，Perkins 似乎想要展示他所謂的不幸發生的「我方偏見」（見下方），即使在他對心向意義的導論中，他的確提到了「思考的動機面」（頁 275）。

在「淺嚐經驗主義」（A Taste of Empiricism）這一篇文章中，Perkins 提到了

三項額外的佐證，以用來支持以心向之概念做為解釋睿智行為至為重要。第一項佐證是有關 Carol Dweck 及其同僚（Dweck & Bempechat, 1980; Dweck & Licht, 1980）所做的研究。不過，這項佐證最好還是看成用來支持自我效能的重要性以及其在動機所扮演的角色以解釋睿智行為比較妥當。誠然，Perkins 所引用的 Dweck 的一篇文章，其實是一本名為《教室的學習與動機》（*Learning and Motivation in the Classroom*）這本書中的一章。

Perkins 在他那一本書同一個章節所引用的第二項佐證包括 Tishman、Jay 與 Perkins（Tishman, 1991; Tishman, Perkins, & Jay, 1995）的「數項實驗」，這些實驗展現了他們稱之為「我方偏見」的存在（亦即有些人會顯現一種傾向，只專注於支持他們自己信念的佐證，而忽略不支持他們自己信念的佐證）。Perkins 主張此一偏見應當被重新概念化為一種心向，但其他人卻必定會將之解釋為對認知偏見及啟發式教學法（如 Tversky & Kahneman, 1974）屹立已久的研究，根本毫無原創性的貢獻。

Perkins 在解釋睿智行為時，用來支持心向概念的第三項佐證是 Facione 與 Facione（1992, in press）。不過，此一佐證似乎是關於(1)「與批判思考運動有關的人們」的信念。但當我們進一步仔細閱讀時就會發現，這些人並不是很支持心向這一概念；(2)用來發展心向的分類系統所做的因素分析工作，而非用來證明心向對睿智行為的貢獻。

至於心向的本質，Perkins 的書把心理的心向界定為「以某種方法來表現出行為的傾向」或「一種能在我們行動自由的範圍內引導我們往某個方向而非另一個方向的癖性」（頁 275）。在 Perkins 整個有關心向的本質的討論中，Perkins 引用了許多心向的例子，以便進一步解說該概念的意義。這些例子包括懷疑的傾向；心靈閉鎖或開放的傾向；對新構想不自在或樂於接受的傾向；心胸寬廣或狹隘的傾向。書中所用到的其它例子包括能以不同參照架構思考的傾向、模糊及任意馳騁思考的傾向、自我防衛的傾向，以及（在我們看來，有點奇怪的）短期記憶有限度的問題。

不過，以上這些特質乃是單純地用來做為說明用途，因為 Perkins 發展出一套他自己的心向分類表。他自認他的心向分類表與 Faciones 的因素分析作品有相當程度的重疊。此一心向的分類表包括：廣泛且具冒險性的思考、持久性的智能好奇心、澄清並尋求理解、做事有計畫並具策略性思考、智能上細心尋求道理並評

估道理、會隨時追蹤並引導自己的思考（即後設認知式的自我管理）。在為此一分類表做辯護時，Perkins的書只提到「似乎可從既有的文獻中看出來很有道理」（頁278）。但是對於那些慣於懷疑或智能上很小心謹慎的人來說，卻看不出這種所謂有道理的確切來源何在。

有關心向的來源，Perkins的書並沒有提出實徵性的佐證。不過，該書卻主張這些來源可以在「心靈的複雜心理機轉」中找到（頁279）。這些心向的來源是根據一個人對於孰為重要、孰為實用所累積的概念、信念及價值而定。這些心向的來源也可能與深層的認知風格有關。而且，這些心向的來源並非僅僅是情緒或感覺，它們也是有助於這類情緒與感覺的發展。

根據Perkins的看法，心向乃是因自身親身經驗、他人所提供的範例，或自身工作的職業所訂定的規範或準則發展而來。雖然實際的佐證應比Perkins所引述用來支持他所謂的心向的來源多得多，在缺乏這些佐證情況之下，我們倒是很可以下結論說，心向的原因純粹是源自基因。

基於以上這些原因，將心向納入的這些第一代的領導專業標準，不論是在概念上、實證證據上或法律方面，可說都是如履超薄之薄冰。

六、領導準則應該描述想要達成的實作表現水平，而非描述實務作為的類別

大部分的第一代領導專業標準事實上都是沒有準則的「規準」，因此這些專業標準充其量只能指出哪幾方面的能力可以開發，但卻無法指出要代表學校把一件工作做好的校長，需要多少能力，比如說：

1. 校長協助教師找到相互合作的機會（康乃迪克專業標準，頁318）；
2. 行政人員（含校長）檢視個人價值及專業價值（ISLLC專業標準，頁14）；
3. [校長] 決定組織、並執行課程，也負責課程評量。校長追蹤並評鑑其成效，以便找出該改進之處並加以改進（英國專業標準，頁10）。

從以上這些例子可以看出，大部分第一代領導專業標準都找出需要相當高專業知能來「執行」的廣泛的實務類別，但卻完全不會有效果，或者只能達到介於兩者之間的程度。就此而言，專業標準無異僅僅等同於工作描述中所列的「職責」之類的事而已，用於改進實務的可能性殊屬有限。

為了顯示的確有比第一代領導專業標準有明顯改進，第二代領導專業標準應就其大部分的規準至少清楚標明入職階段的領導標準、熟練及成熟作為應有的領導標準，以及高水平專業知能的領導標準。即使不談別的，如果能這樣明示的話，應可以協助負責規劃領導發展的人清楚了解，針對每一類不同的服務族群，該擔負的任務的份量有多少。

七、領導專業標準應反映學校領導具有分布的性質

當前第一代的領導專業標準幾乎完全著重於個人能力，但學校的集體領導或是分布式領導對學校效能仍有起碼的關鍵重要性（Hunt & Dodge, 2000; Spillane, Halverson, & Diamond, 2000）。更有甚者，此種分布式或共享式的領導更甚於個人所能提供的領導的總和（Chrispeels, Brown, & Castillo, 2000），包括最近專業學習社群方面的研究（Louis & Marks, 1998）所提出來的集體能量及學校組織學習（Leithwood & Louis, 1999）。

第二代領導專業標準如能處理學校領導來源中的分布式領導概念，可說是好事一樁。這可能會涉及開發以學校為分析單位的領導專業標準，而非僅止於如第一代領導專業標準清楚明白設定，是專為個別行政領導者開發的領導專業標準而已。

肆 | 結語

情況最好時，一套站得住腳的領導專業標準應該為負責領導培育、遴選，及評鑑歷程的人提供指引，以降低這些歷程中的核心問題所牽涉到的各種模糊性與不確定性。此種領導專業標準也要能有助於增進大家對有效能學校領導的專業共識，以便在與政策制定者與學校層次的教育利害關係人，就有效能校長的合理期待進行溝通時更有效率。一套領導專業標準若要站得住腳，就要能提供學校領導實務應有表現的基本水平，以使得校長們比較不致於表現出與我們所知的「最佳實務表現」大相逕庭的作為來；但此種領導專業標準卻也不能保證校長一定能展現優異的實務表現。而且，與這些目的一樣重要的一點是，一套站得住腳的領導

專業標準可以提供一套清楚明白的期望水平，以供領導者用來衡鑑並反思他們自己以及校長同僚的實務表現。

第一代領導專業標準已廣泛使用。此一情形意謂著，至少上述這些目的，有些是辦得到的。因此很重要的是，不管是使用哪一套專業標準，都要能使領導培育、實務與評鑑朝著最站得住腳的方向前進。就此而論，第一代領導專業標準仍有相當大的改進空間。在本文中第二代領導專業標準已勾勒了領導專業標準該具備的標準，對我們應更有幫助。

當我們邁向第二代領導專業標準時，我們應留意到，任何專業標準要用來改進實務時，都會有其極限。在將許多來源（Levin, 1998; Darling-Hammond, 1996; Wise, 1996; Eisner, 1995; Apple, 1998）的主張與所提的佐證加以調整並逐步架構起來時，領導專業標準可能會侷限了教育領導實務的差異性，並從而減低了有關有效學校領導性質的組織學習的重要來源。領導專業標準會使得領導者脈絡之間各種關鍵性差異的重要性減低，而且，假以時日，領導專業標準會逐漸將有效作為僵化成一成不變的看法，而無法反映出現有的最佳佐證。在面對更新且更佳的佐證時，這種情形有可能對於未來持續變化的領導實務作為產生抗拒。

上述這些問題，沒有一項光是透過發展第二代領導專業標準就能得到解決。這些問題須透過定期週期式的方式（或許是每五到七年）將專業標準加以檢討並修正。此外，如果全國性領導專業標準或州領導專業標準要能對每個地方學區有幫助的話，這些領導專業標準應當被定位為發展地方學區領導專業標準的基礎。以此方式，所發展的地方學區領導專業標準要能真正反映出個別學校真正有幫助的領導形式，而非針對假想中的一般學校。意思是說，領導專業標準將因為無法對學校領導改進提出一體適用的解決方式，而不再具有魅力。而這樣將會是一件很好的事。

Kenneth Leithwood 小檔案

　　加拿大多倫多大學安大略省教育研究院教育領導研究所教育行政教授兼副院長。在轉型領導、問題解決、學校改進及領導發展等學校領導議題方面有廣泛研究，因而在國際教育行政界廣受稱譽。

 Rosanne Steinbach 小檔案

　　加拿大多倫多大學安大略省教育研究院研究員。身為該教育研究院學校領導領域之研究團隊長期成員，Steinbach女士與其他研究成員在校長領導、問題解決及學校改進等領域，共同合著了為數頗多的文章及專書。

 林文律小檔案

　　（同第一章）

References
參考文獻

Apple, M. W. (1998). How the conservative restoration is justified: Leadership and subordination in educational policy. *International Journal of Leadership in Education, 1*(1), 3-17.

Bandura, A. (1990). Self-regulation of motivation through anticipatory and self-reactive mechanisms. *Nebraska Symposium on Motivation, 38,* 69-164.

Barzansky, B., & Gevitz, N. (Eds.) (1992). Beyond Flexner: Medical education in the twentieth century. New York: Greenwood.

Bass, B. (1997). Does the transactional/transformational leadership transcend organizational and national boundaries? *American Psychologist, 52,* 130-139.

Bennis, W. G., & Nanus, B. (1985). *Leaders: The strategies for taking charge.* New York: Harper & Row.

Brower, H. H., Schoorman, F., & Tan, H. (2000). A model of relational leadership: The integration of trust and leader-member exchange. *Leadership Quarterly, 11*(2), 227-250.

Chrispeels, J., Brown, J., & Castillo, S. (2000). School leadership teams: Factors that influence their development and effectiveness. *Advances in Research and Theories of School Management and Educational Policy, 4,* 39-73.

Council of Chief State School Officers (1996). *Interstate School Leaders Licensure Consortium.* Washington, DC: Council of Chief State School Officers.

Darling-Hammond, L. (1996). What matters most: A competent teacher for every child. *Phi Delta Kappan, 78*(3), 193-200.

Dweck, C. S., & Bempechat, J. (1980). Childrens' theories of intelligence: Consequences for learning. In S. Paris, G. Olson, & H. Stevenson (Eds.), *Learning and motivation in the classroom* (pp. 239-256). Hillsdale, NJ: Erlbaum.

Dweck, C. S., & Licht, B. (1980). Learned helplessness and intellectual achievement. In J. Garbar & M. Seligman (Eds.), *Human helplessness.* New York: Academic Press.

Eisner, E. W. (1995). Standards for American schools: Help or hindrance? *Phi Delta Kappan, 76* (10), 758-764.

Facione, P. A., & Facione, N. C. (1992). *The California critical thinking dispositions inventory.* Millbrae, CA: The California Academic Press.

Facione, P. A., et al. (in press). The disposition toward critical thinking. *Journal of General Education.*

Ford, M. (1992). *Motivating humans: Goals, emotions, and personal agency beliefs.* Newbury Park, CA: Sage.

Gronn, P. (2000). Distributed properties: A new architecture for leadership. *Educational Management and Administration, 28*(3), 317-338.

Hallinger, P., & Heck, R. (1999). Next generation methods for the study of leadership and school improvement. In J. Murphy & K. Louis (Eds.), *Handbook of research on educational administration, second edition* (pp. 141-162). San Francisco: Jossey-Bass.

Hallinger, P., Bickman, L., & Davis, K. (in press). School context, principal leadership and student achievement. *Elementary School Journal.*

Hartog, D. N., House, R. J., Hanges, P., & Ruiz-Quintanilla, S. (1999). Culture specific and cross-culturally generalizable implicit leadership theories: Are attributes of charismatic/transformational leadership universally endorsed? *Leadership Quarterly, 10*(2), 219-256.

Hunt, J. G., & Dodge, G. (2000). Leadership déjà vu all over again. *Leadership Quarterly, 11*(4), 435-458.

Kotter, J. P. (1990). *A force for change: How leadership differs from management.* New York: Free Press.

Leithwood, K., & Duke, D. (1993). Defining effective leadership for Connecticut's future schools. *Journal of Personnel Evaluation in Education, 6,* 301-333.

Leithwood, K., & Duke, D. (1999). A century's quest to understand school leadership. In J. Murphy & K. Louis (Eds.), *Handbook of research on educational administration.* San Francisco: Jossey-Bass.

Leithwood, K., & Jantzi, D. (1999). The effects of transformational leadership on organizational conditions and student engagement with school. *Journal of Educational Administration, 38* (2), 112-129.

Leithwood, K., & Louis, K. (Eds.) (1999). *Organizational learning in schools.* The Netherlands: Swets & Zeitlinger.

Leithwood, K., & Steinbach, R. (1995). *Expert problem solving.* Albany, NY: SUNY Press.

Leithwood, K., Jantzi, D., & Steinbach, R. (in press). School leadership and teachers' motivation to implement accountability policies. *Educational Administration Quarterly.*

Levin, H. M. (1998). Educational performance standards and the economy. *Educational Researcher, May,* 4-10.

Lord, R. G., & Maher, K. (1993). *Leadership and information processing.* London: Routledge.

Louis, K. S., & Marks, H. (1998). Does professional community affect the classroom? Teachers' work and student experiences in restructuring schools. *American Journal of Education, 106* (4).

Morris, A. (2000). Charismatic leadership and its after-effects in a Catholic school. *Educational Management and Administration, 28*(4), 405-418.

Mumford, M. D., Dansereau, F., & Yammarino, F. (2000). Followers, motivations, and levels of analysis: The case of individualized leadership. *Leadership Quarterly, 11*(3), 313-340.

Ogawa, R., & Bossert, S. (1995). Leadership as an organizational quality. *Educational Administration Quarterly, 31*(2), 224-243.

Perkins, D. (1995). *Outsmarting I. Q.: The emerging science of learnable intelligence.* New York: The Free Press.

Podsakoff, P. M., Mackenzie, S., & Fetter, R. (1993). Substitutes for leadership and the management of professionals. *Leadership Quarterly, 4*(1), 1-44.

Spillane, J., Halverson, R., & Diamond, J. (2000). *Toward a theory of leadership practice: A distributed perspective.* Paper presented at the annual meeting of the American Educational Research Association, New Orleans, April.

Teacher Training Agency (1998). *National standards for headteachers.* London: Teacher Training Agency.

Thomson, S. D. (Ed.) (1993). *Principals for our changing schools: The knowledge and skill base.* Fairfax, VA: National Policy Board for Educational Administration.

Tishman, S. (1991). *Metacognition and childrens' concepts of cognition.* Cambridge, MA: Harvard University Graduate School of Education, unpublished doctoral dissertation.

Tishman, S., Perkins, D., & Jay, E. (1995). *The thinking classroom.* Boston, MA: Allyn & Bacon.

Tversky, A., & Kahneman, D. (1974). Availability: A heuristic for judging frequency and probability. *Cognitive Psychology, 5,* 207-232.

Wise, A. E. (1996). Building a system of quality assurance for the teaching profession. *Phi Delta Kappan, 78*(3), 190-192.

Yukl, G. (1994). *Leadership in organizations: Third edition.* Englewood Cliffs, NJ: Prentice-Hall.

12 從學校機構計畫探討中學校長之能力
以法國為例

李雅慧（國立中正大學成人及繼續教育學系助理教授）

壹 | 前言

　　學校自主性的要求是法國近二十多年來備受矚目的議題。1970 年代末期，有鑑於全球競爭壓力，企業界提出學校教育所培育出來的學生不能適應工作市場的要求，這些學生對於所面臨的工作並無充分的準備。此外，學生的家長（尤其以中產階級為主）認為學校教育並沒有提供學生選擇的權利，也沒有根據他們居住地區的特色提供多元的選擇。國家教育因此為社會大眾所詬病。雖然國家教育的預算支出是全國首位，但是其結果並非如人們所期待的。在這些因素交錯影響之下，1982 年開始，國家教育部開始實施去中央化（décentralise）改革。此次改革中，有兩個政策格外引人矚目，一是政府賦予權力給地區性的教育行政單位，另一個政策則是將權力賦予學校機構。值得注意的是藉著這兩個政策的實施，地區性的教育機構有其特定的權限建構，並發展其教育發展藍圖，而學校也獲得更多做決定的自主空間，亦即學校機構獲得做決定的自主性（Picquenot, Michel-Khayat, & Leblond, 1996: 5-6）。

　　有鑑於學校自主意識的升高，為使學校運作更有效率，法國教育部於 1989 年 7 月 10 日頒布導向法令（Loi d'orientation）。此法令主要為達成四個目標：知識以及文化的傳輸、進入職業生活之預備、在民主中的公民訓練，以及公平之要求等。自從導向法律頒布之後，每個中小學必須訂定計畫以做為學校發展的引導與

方針。其中，學校計畫（le projet d'école）適用的主體是幼稚園與小學，而學校機構計畫（le projet d'établissement scolaire）則以中學為主體，其目的在於執行學校定期之校務並預測、考量其學校環境之變遷。本文的內容將側重於後者，亦即針對中學之學校機構計畫為探討的主題與內容。

1990 年 5 月，教育部頒布兩個關於學校計畫的法令，以引導所有中學依據各校的發展需要設計學校機構計畫（De Saint-Do, 2000: 85）。在制定並執行學校機構計畫的過程中，校長的角色不容輕忽，其身兼計畫的發起者、倡導者、溝通協調者、管理者、評鑑者等多重任務。由此可知，學校機構計畫的實施成效，將與校長的能力有密切的關係。

本文將針對 1990 年 5 月 17 日法國中學所頒布的學校機構計畫通函（Circulaire N°90-108 du 17 mai 1990），探討計畫目標、制定計畫之基礎與程序，並藉由校長在學校機構計畫中所扮演的角色，從中歸納中學校長為制定並執行此計畫所需要的能力。

貳｜何謂學校機構計畫

為了解學校機構計畫意涵，本文先介紹學校機構計畫之歷史演進，接著將闡述學校機構計畫之定義。

一、學校機構計畫之歷史演進

「計畫」（le projet）此議題在法國國家教育部存在著久遠的歷史，其所關注的是教育的計畫（le projet éducatif）或教育學的創新計畫（le projet d'innovation pédagogique）。1967 年，教育計畫（le projet d'éducation）被引用於特殊教育中，翌年在法國北方的亞眠市（Amien）的研討會中，受到熱烈的討論（Les dossiers éducations & formations, 1992: 7）。1972 年開始，有鑑於學校機構自主性的呼聲逐日升高，計畫因而成為達成學校機構活動之創新不可或缺的工具。

自從 1970 年代開始，計畫雖然廣泛、多元地應用在學校活動中，然而，學校機構計畫於 1982 年底才正式問世，且受益於 1989 年導向法令的實施，促使學校

機構得以在法令的基礎上訂定其組織發展所需的計畫。學校機構計畫亦是促使機構自主性的一個有效工具,其主要的宗旨是其在教育部所訂定的國家教育的導向目標中進行其學校事務的運作(Picquenot, Michel-Khayat, & Leblond, 1996: 46)。

值得一提的是 1989 年 7 月 10 日所頒布的導向法令(Loi d'orientation)中,第十八條明文規定:專業學校、國中,以及一般高中、技術高中及職業高中等應該設計機構計畫。其主要目的在於促進國家之教育方案與教育目的之落實。1990 年教育部所頒布的通函中,更進一步地說明訂定學校機構計畫的原則與條件。

二、學校機構計畫之定義

所謂的計畫,是對於未來的理想有一個詳細的描述(Broch & Cros, 1991: 16)。根據 J. Ardoino 的觀點,計畫包括兩方面:一是意圖的描述(l'intention exprimée),另一則是有條理之細節的描述(le détail ordonné)(Ardoino, 1986)。前者指的是想要在未來做的某些事,其實施方法或策略。後者指的是預見最終想要做的,是對於某些特定方法的描述,且在方案或規劃之中加入有邏輯並可以預測的模型、雛形等。而計畫是否能夠付諸實行,最重要的是意圖與實際行動之間的連結。

根據 Rioult 和 Tenne(2002: 67)的觀點,學校機構計畫是有價值的合約書,其包括下列對象:教師、家長、協會、教育部的行政、合作夥伴以及學生等。此外,在學校機構計畫中,校長扮演關鍵的角色。因為校長是此計畫的重要人物,是此計畫的概念者與主要執行者。簡而言之,學校計畫是教育學與教育行動的起點,此計畫的主要內容包括提升學校的整體表現以及提升學生的學習成就等。此外,學校機構計畫亦強調教師所需要的繼續教育或職業訓練等內容。換句話說,為了達成國家的教育目標,預測環境變遷以及促進中學生的學習成就,以有效的結合學校之教師、學生之家長、學校所在地之地方社區或社團以及學校之合作夥伴之努力與資源,學校機構計畫因此成為達成上述目的的重要方法與手段(Bonnevie, 2006)。

參｜學校機構計畫之內容

　　學校機構計畫主要包含兩個部分，首先，計畫中需要陳明計畫目標，以引導整體計畫之進行。其次，決定計畫的基礎，以做為制定計畫的程序之依據。

一、學校機構計畫目標

　　學校機構計畫的內容，首先必須要先訂定學校機構所欲達成的目標。校長必須先了解學校成員對於學校發展的願景與期望，並在計畫中予以具體的陳述，使所有的參與成員同享共同的目標。此外，學校機構與外部環境的關係亦是考量重點之一。計畫中亦應陳明地方的需要、特色以及地方合作夥伴參與學校機構計畫的意願，並將其納入計畫執行之目標。所以計畫中除了應指明學校中的活動之外，亦應加強學校與其外部環境之互動與合作關係。此外，在 1990 年的法令中強調，學校機構計畫訂定的目標與內容，不能與教育部所欲達成的目標、法令、規章等相抵觸。校長必須在達成國家教育目標之條件限制下，並根據學校以及地方之需要與特色，引導學校計畫目標與內容之訂定。

　　計畫目標愈清楚，其計畫的運作與執行將愈有效率。值得注意的是，校長應引導參與計畫設計的團隊明訂目標的優先順序。由於計畫不能涵蓋學校機構中所有的層面及其行動計畫，因此，計畫的主要目標所應該著重的首要是教育學計畫方案、學生之導向政策、學生之社會與職業的適應訓練，以及學校機構對其外部環境之開放等。

二、制定學校機構計畫之基礎與程序

(一)學校機構計畫之基礎

　　學校機構是組成國家教育系統之元素，亦是使國家教育體系得以順利運作之特定群體。1990 年教育部之通函中明訂學校機構計畫應包括兩方面：其一是使國

家的教育目標得以落實於學校教育中；另一則包含學生的學習成就、教學情況以及每個學校機構的貢獻。有鑑於法國中學學校機構的多元化，包括國中、一般高中以及技術或職業高中等，所招收的學生，其社會與文化之階級與背景均有顯著的不同，然而皆與學校機構所在的當地環境有密切的關係。因此，每個學校機構計畫的需求與著重點亦隨之不同。

由計畫訂定之過程可以得知，參與計畫的人員應該包括：學生、專業人員、家長、教學者以及校長等（Picquenot, Michel-Khayat, & Leblond, 1996: 49）。此外，雖然法令上明文規定學校內外部所需要執行的活動，但是在此計畫內容中，最重要的還是教育學的方法，因為此攸關學生的學習成就。因此，教師的素質是首要的重點（De Saint-Do, 2000: 86）。因為教師身兼幫助學生設計個人的學習計畫，更確切的說是導向計畫，此導向計畫對於國中、高中的學生更形重要。在這計畫中，學校有義務幫助他們了解學校教育系統、未來的職業、實習、職業與訓練之間的關係以及就業市場等（Picquenot, Michel-Khayat, & Leblond, 1996: 51）。

(二)學校機構計畫之制定程序

根據 1990 年教育部所頒布的通函中，制定學校機構計畫主要包括診斷、定義計畫的主軸、設計並呈現行動方案，以及計畫的評鑑等四個步驟。以下將說明每個步驟的內容。

1 診斷

訂定學校計畫的首要步驟，需要評估學校機構的內外部環境。其診斷內容包括學校內外部資源、學生與教師等方面。在學校環境方面，需要確認學校機構組織的特色、歷史、學校外部的價值、地區性、社會文化、學校與外部環境的關係、物質資源、環境文化之外界的資源等。在學生方面，所著重的診斷內容包括：學生的年齡、重讀率、考試結果、學生的家庭背景、學習成就、造成學生輟學的因素等（Nazé, 1997: 281）。在教師方面，需要考量教師的專長、能力、教學知能等因素。校長可以根據上述的因素加以評估，先列舉學校的優勢與劣勢，最後歸納出幾個重要的因素以做為計畫規劃的方向與內容（Picquenot, Michel-Khayat, & Leblond, 1996: 47-48）。

在此計畫中，校長必須主導診斷的過程並蒐集一些切合學校需求，並可以代

表學生人口特色的資料，以使國家的教育目標得以透過教育學實務的操作、評鑑以及反思等教學過程，確實地落實在學校生活中，並得以與當地的自然或人文環境資源相結合。在此診斷階段中，校長應鼓勵所有學校機構內的成員參與，依其不同的教學專長與能力，彙整組織內所有的人力資源，以訂定合適的教學目標。

2 定義計畫的主軸

學校機構計畫的核心主要在於尋求整體教學品質的提升，故此計畫內容必須與學校機構內部以及外部的活動一致。因此，計畫中所要強調的是教育學方法與實務，以促使所有的教師朝向共同的目標，以增進教育行動的效率。在強調教育學方案的同時，校長必須尊重教師的專長以及教師的責任。在計畫中，必須明訂教師在教育學方案中所需承擔的責任。

此外，每個計畫都必須謹慎地將家長—教師—學生三者之間的關係納入考量。其中包括學校機構應提供學校機構的資訊給家長，以供家長委員代表的諮詢。教師與學生之間的關係更是密切，教師的責任是幫助學生學習學校的課程，克服他們在課業中所遭遇的困難，並協助學生獲得職業的技能與認定。因此，學生的社會與職業訓練之適應，也是學校團體成員所需努力的任務之一。教師必須幫助並提供諮詢管道以建構學生的個人計畫，以利於他們未來繼續升學或職業生涯的發展。此外，教學計畫的主軸應該根據教育部所頒訂的方案而訂定，其目標在於提升學生的學習成就、促進學生能力的獲得（Nazé, 1997: 281）。在制定計畫的討論過程中，校長應鼓勵全體成員參與，並以學生為主要討論的核心對象。

校長亦應鼓勵計畫團隊於設計學校機構計畫時，可以根據過去個人或學校機構所獲得的經驗，做為改善教學結果的參考依據。此外，創新能力以及資源的流動、團隊工作的效率等，亦應成為計畫中的重點（Broch & Cros, 1991: 30）。

總而言之，計畫的主軸以落實並改進教育學方法與實務為主要內容，計畫中應陳述學校對於教學團隊之期望的結果，並共同尋求可能的解決方案，以定義每一個教育學的行動目標，並確保每個目標之間有一致性，沒有衝突與矛盾。校長應鼓勵教學團隊在每個教育學行動或教育行動中尋得待解決問題的答案。

3 設計並呈現行動方案

當計畫團隊完成學校內外部環境的診斷並決定計畫的主軸之後，接下來應該思考的是如何設計並呈現具體的行動方案。當學校機構內的行政委員會提出第一

次的計畫時，國家教育目標應已包含在學校機構計畫之內。根據 1990 年教育部的通函，在第一次所提出的計畫中，應強調學術權威，其所指的是計畫內容應與教學內容一致，以尊重並達成國家教育以及學術目標的一致性。因此，此計畫應先提送到地方所設立的學術委員會審核。在訂定計畫時，首要強調的是計畫團隊與學術權威之間的對話。此外，計畫中應詳細說明計畫執行年度中主要的實施方法和管理方法的參考依據。

為了確保計畫的執行效率，學校機構的校長必須與不同的行動者溝通。此外，校長還需致力於幫助機構內教育團隊的能力與期望達成和諧一致，並與國家教育的政策相符。因為計畫中包含許多不同的目標，因此，機構計畫中必須說明其實施步驟，並定義行動途徑、先後順序、所欲採用的方法以及預期的結果。

簡而言之，設計並發表學校機構計畫包括以下的階段：定義目標、定義實施領域（如教學、教育學、導向、對外界環境的開放等）、界定目標群體（班級或特定的對象）、建立實施日程表、定義實施方式所需要的團隊或訓練、參與人員名單、列出合作人員姓名、預測所需要的訓練與評鑑。

4 計畫的評鑑

最後一個步驟將是最困難的階段，亦即評鑑每一個教育行動並對於計畫進行整體的評鑑。在此，我們可以預測評鑑的問題將包括：

1. 計畫中所訂定的目標是否與國家的教育計畫目標一致？
2. 每個行動是否與計畫目標相符合？
3. 計畫目標是否有缺點？
4. 每個行動是否有果效？
5. 學校機構計畫是否為學生的學習、學校生活或其未來的導向帶來價值？

上述所提出的評鑑問題符合 J.-P. Obin 和 F. Cros 提出計畫的評鑑所應含括的四個指標：一致性、精確性、效率與效能（Obin & Cros, 1991: 35-36）。因此在行動報告或持續性的評鑑中，其主要的目的在於蒐集新資料，以做為目標修正的參考依據，並將計畫整合在新的資訊中。此外，校長可以引導計畫團隊針對已經實施或正在實行的計畫提出問題，此種評鑑方式有助於預見所預期的效果，甚或可以發現第二種非預期的效果。

以上對於學校機構的目標、基礎以及制定程序有一個扼要的介紹，我們可以

發現校長在每一個階段中皆扮演重要的角色。因此，我們將繼續探討校長在學校機構計畫中的主要角色為何，以了解校長在學校機構計畫架構中所需要具備的能力。

肆｜學校機構計畫中校長的角色

　　要從學校機構計畫的脈絡中探討法國中學校長的角色，首先我們從 M. Lobrot 在《學校服務什麼？》（*À quoi sert l'École*？）一書中所提出的三個問題開始，他根據不同的對象提出三個答案：學校是傳輸知識與控制知識的場所，這是以教師的觀點為出發點所產生的答案；學校也是青年人發展的地方，亦即未來的成年人品格培養的場所，這是以教育諮詢者的角度為出發點；此外，學校也是預備未來成人的職業生活的場所，這是以家長的角色為出發點（Lobrot, 1992）。但是如果我們對中學的校長提出此問題，相信他們的答案相較於上述三種對象更為多元。因為他們背負起社會賦予他們的責任，相對於他們的角色與職位而言，學校的功能是更多元的，中學校長必須背負起社會對學校的期望（Grellier, 2000: 94）。那麼，中學校長的責任是什麼呢？根據學校機構計畫之架構我們可以得知，首先他們必須尊重法令，依此引導並管理學校的發展。

　　此外，我們再從學校功能的角度探討中學校長的角色。根據 A. Picquenot 等學者在其《學校機構》（*L'établissement scolaire*）一書中所提出，學校的功能包括以下七個：教育學的功能、教育功能、導向功能、管理功能、人力資源管理功能、資訊—溝通功能，以及政治的功能等（Picquenot, Michel-Khayat, & Leblond, 1996: 34-39）。其中前三個功能是學校教育的主要功能，而隨後的三個功能則是促使學校能夠生存得更好的功能，至於最後的政治功能目的則是執行國家政府政策傳達的功能。

　　更確切地說，教育學的功能指的是為學生創造學習的情境以及相互信任的良好學習氣氛，以幫助學生獲得正向的學習成就。其次，教育功能指的是對於隱含或顯著的社會價值的傳輸。其中不僅包括傳輸知識，人際之間的關係亦是學校教育的重點。再者，學校亦需要對學校生活適應困難的學生提供協助，並引導他們未來的繼續學習與職業準備訓練。因此學校教育的第三個功能是導向功能。

至於管理的功能，A. Picquenot等學者認為，校長的角色首重於上課時數的管理（La Dotation Horaire Globale, DHG）。透過DHG，可以決定班級數，以及教師們的服務內容，最後並可依據學校的需要決定最適合的專業人員及其職務的安排。專職教師的流動將影響學校的整體表現。如同在所有的組織中，組織成員的素質很重要，其繼續教育的情況也很重要。一個學校繼續教育計畫是評估一個學校人力資源管理的良好指標。因此，人力資源管理可以看出參與人員的涉入情況，同時，繼續教育的情況可以看出人力資源管理的能力。至於資訊—溝通，首先需要蒐集大量且正確的資訊，以利於做為學校內部以及外部溝通的基礎。最後，學校教育的政治功能，指的是國家的教育計畫藉著賦予學校教育相當程度的自主性，以達到國家計畫的目標。

由上述校長所扮演的角色，我們可以得知校長在學校機構計畫架構中，為維持學校機構內之各項功能的運作，其所需要提供的協助與服務，包括：加強教師對於教育學與教育活動的參與、學生導向服務、提振組織團隊的士氣、幫助團隊進行自我評鑑、監督計畫之設計與實施、介入學校內外部關係，以及教師之間的溝通與協調。由此我們將可以歸納出校長於設計並執行學校機構計畫時所需要的能力。

伍 ｜ 學校機構計畫中校長應具備的能力

經由對法國學校機構計畫歷史之演進、計畫的主要內容，以及校長在計畫中所扮演的角色之探討，本文試圖將中學校長應具備的能力歸納為以下八種：

一、精熟與應用法律規章的能力

為了領導所有成員在學校機構計畫架構中執行所有的目標與教育行動，對於相關的法令與規章，校長需要具備相關的知能。就如 M. - L. Morin 所言，所謂法律的知能指的是以法律、法令、規章、規則等為基礎所建構的一切活動。更確切的說，法律知能是指引所有行動能夠切合合法的原則。而這些法律規章訂定所有的措施、行動的參考依據，皆以理性原則為出發點（Morin, 2003: 169）。由此可

知，中學校長必須具備精熟並應用法令規章的能力，以引導在學校機構計畫內的所有活動，並確保每個計畫行動都在法定的程序與範圍中，並且不與國家教育部所訂定的目標矛盾或抵觸。

此外，當校長具備相關的法律知能，他便能夠解釋、應用並設定相關的規定，以適應不同情況的需要。因此每個計畫行動目標的設計以及每個教育活動的執行，都能在不抵觸法令規定的範圍中施行。由此可知，精熟與應用法令規章的能力，將有助於校長在執行學校機構計畫時，可以更精確地引導計畫團隊規劃與執行所有的教育方案與行動。

二、教育學的能力

教育學在拉丁文的原意指「引領、引導、陪伴、提升孩童」之意。今日在法國，教育學已廣泛地應用到許多人文科學領域中。本文中的教育學指的是教學或教育的方法或實務，亦是傳輸知識所必需的專業知能。因此，本文中所指的教育學不僅是教學的任務，更確切地說，它是一切教育活動與教育方法的總和，其亦含括教育群體、教育者、家庭、學校、休閒中心等學生日常生活之處對學生所產生的影響。因此校長需應用其教育學的能力，幫助學生依據其需要與興趣，並結合環境可得的資源，建構其知識，並且幫助學生能夠具體的將所學得的知識應用於生活或學習活動中。因此，校長的任務不僅在於幫助學生在學校或日常生活中獲得知識，更要進一步地幫助學生精熟應用知識的技巧與方法（Legrand, 1981: 764-765）。亦即校長需要引導學校的教學者依據學生與地方的需要，並整合學生在校內或校外的活動，以訂定學校的教學與教育的方法及實務。

三、倡導能力

所謂的倡導指的是在一個組織中，適當地引導、激勵團體中的成員，根據其組織的需求，以決定實施的方法，最終能夠達成組織的目標。校長亦是學校機構計畫的倡導者，他在此所扮演的角色在於鼓勵每個計畫成員可以自由地表達想法，校長必須保護意見表達者以及其所表達的意見不受到負面態度的影響或攻擊。因此整個計畫的倡導過程是動態的，校長必須將計畫的發展與目的做一適合的連結

（Besnard, 1981: 77）。此外，校長必須在討論過程中，建立民主、安全、和諧的氣氛，促使個人或團體之間的意見整合。最後，校長藉由倡導機構計畫的規劃，對一切的措施、所獲得的資訊或意見做最終的分析並總結（Eldin, 1998: 179）。

四、溝通能力

溝通是每個組織中於傳達訊息或做決定時不可或缺的要素。根據 L. Shimon 等人（2002: 153）的觀點，溝通的主要目的之一在於交換訊息並促進彼此之間的了解。此觀點於設計並執行學校機構計畫時更形重要，由於為了達到計畫目標，團隊中的成員必須達成相當程度的合作，愈密切的合作，必定需要愈好的溝通模式（Eldin, 1998: 82）。良好的溝通不僅可以促進計畫團隊內的個人得以針對學校機構的需要充分地發揮其專長，亦可以促進團隊於提升教學品質時發揮整體的功能（Eldin, 1998: 79）。因此，校長需要具備在組織內部之溝通能力，一方面，可以幫助團隊成員藉由其他的成員學得經驗與知識；另一方面，藉由校長居間的溝通，可以增進團隊之間的凝聚力，能共同地完成學校機構計畫中的任務。

由上述探討的學校機構計畫可以得知，學校需要與外部環境建立良好的關係，因此，校長不僅需要具備與團隊內部成員溝通的能力，更需要與學校外部的合作夥伴保持良好的溝通，以利於結合地方或合作夥伴的合作並獲取資源，促使計畫活動能夠順利執行，最終能達成計畫目標。

五、管理能力

為了在既定的目標中，使學校內外部的資源做最妥善的運用，以使所有的成員達到最大的滿意度，校長需要運用其管理的能力。首先，校長需將其所做的決定排定優先順序，其中最重要的是學校機構內人力資源的管理。因為教師是主要的人力資源群體，他們的素質攸關計畫目標的達成與否。為了增進校長對於人力資源管理的效能，最重要的途徑之一，便是校長督促並鼓勵教學者參與教師之繼續教育課程或各類相關訓練活動。教師藉由繼續進修教育獲得新的知識與能力，將有助於整體人力資源之發展，亦有助於校長幫助每個教學者得以適性、適才地發揮其專長。

　　此外，計畫管理亦是中學校長不可或缺的能力。校長必須熟悉並掌握整個計畫的流程，包括學校內外部相關資料的蒐集、資料的選擇與萃取、計畫執行的進度、計畫執行的品質的監控、所有計畫參與人員的參與及表現之監督與評鑑、每個教育方案或教育活動是否達成既定目標、非預期因素的因應，以至於最終計畫的完成等。每個步驟都需要校長的親身參與，以確保計畫能夠在期限內如期完成，並達成計畫目標，同時引導計畫團隊可以在過程中發揮其能力與專長。

六、導向能力

　　校長應致力於對學生未來的發展提供導向服務。學生的導向在法國中學教育中占有很重要的角色。所謂的導向，指的是針對學生過去的學習背景、學習困難因素、學習所獲得的知識、能力與經驗等因素綜合評估，並且幫助學生訂定適合的個人計畫，以幫助學生未來繼續升學或進入職業市場做最好的準備（Landreau, 1997: 118）。因此，學生必須要跟教師或導向的諮詢者有密切的互動，以利於目前的學習，最終幫助他們未來的生涯發展。

　　因此，校長對於學生進行導向時，必須對於學生過去的背景，以及未來可能的發展性向與潛力，做出正確的判斷。一方面可以幫助學生適應目前的學習環境，另一方面可以為未來的發展提早做準備。此外，為了使導向功能得以充分地發揮，校長必須監督教師或諮商者對於學生的互動與輔導。總而言之，校長需要定義所有學生應該發展的目標知識與能力，藉由這些知能的養成與發展，對於準備繼續升學的學生，促使他們對於下一階段的學習得以順利接軌；對於準備進入職業市場的學生，則可以幫助他們建立職場能力以符合企業界的期待。

七、評鑑能力

　　所有的評鑑活動均與最終所做的決定有密切的關係（De Ketele & Roegiers, 1991）。當校長對於計畫進行評鑑時，首先必須針對計畫目標蒐集大量且精確的資訊，以做為決定的依據。更確切地說，蒐集資料的能力將是決定校長評鑑能力的關鍵。此外，校長還必須從所蒐集的資訊中，萃取符合計畫目標所需的訊息，以利於做判斷時之分析。

　　此外，校長需要具備評鑑計畫的能力，以評估教師的教學以及學生的學習是否達成計畫的目標。藉由計畫評鑑的進行，校長能夠掌握學生的表現是否達到基本能力的要求，以做為修正或改進學生學習成就以及教師教學目標之依據。

　　計畫的評鑑可以幫助校長對於學校機構計畫進行管理。當計畫實施時，評鑑的過程將可以整合執行過程與未來的行動，並且加強資源的使用以及提升計畫所欲達成的結果。

八、協調能力

　　在任何組織中，當目標或意見有所分歧，甚或資源分配不均時，不可避免地會產生成員之間的衝突。在學校機構計畫中，所有參與人員，包括教師、家長、專業人員、學生以及校長等，當他們對於教育學理念、教學目標、課程設計，甚或與組織外部合作夥伴等意見相左時，要解決這個困境，需要校長居中做協調。

　　校長可以直接使用其工作上的權限，下達命令，此即所謂的「政治協商」（la négociation politique）（Mucchielli, 1995: 245-246），亦即，這是較有效率的方式，適用於階層制度明顯的學校體系中。此外，校長亦可採取民主開放的態度，鼓勵所有參與計畫的成員提出意見進行討論，最後則以多數人的意見為制定計畫的目標與實施內容。或者，校長可以採取投票表決的方式，解決成員之間意見不同的困境（Bondon, 2004: 288-289）。藉由所有成員參與決定，由多數人的意見決定學校的未來發展。不管使用哪一種協商方式，校長需要具備協商的能力並掌握協商的技巧，以促使計畫團隊順利地達成計畫目標。

陸 | 結語

　　近二十多年來，學校機構計畫對於法國中等教育產生很大的影響。其為地方教育的自主發展，以及對學校機構更多的自主決定權，提供了一個改革與發展的利器。此外，藉由學校機構計畫的實施，國家的教育目標可以落實到地方教育與學校教育中，因此學校機構計畫可稱為國家與地方教育之間的中介角色。學校機構計畫對於學校組織內外部環境、教育發展方針、教育內容的設計、教學方法的

實施等，藉著接納學校成員的意見，使得學校整體的發展目標更為具體及明確。

　　中學校長所扮演的角色即是此計畫的概念者與主導者。因此校長的能力一直是社會大眾所關切的，其攸關計畫規劃與執行的成效。藉由本文對於中學校長能力之探討，法律規章能力是一切計畫執行的基礎，為確保每個活動內容都在法定的範圍內，校長必須依此能力監督、管理每個計畫內容。為引導校內教學事務之進行，教育學能力、導向能力、倡導能力與評鑑能力是校長必須具備的，以使整體的教學成效得以提升。而溝通能力與協調能力則有助於校長與外部環境建立關係，以獲取外界環境的資源與合作。

 李雅慧小檔案

　　法國國立波爾多第二大學（Université Bordeaux Segalen）教育科學博士，目前擔任國立中正大學成人及繼續教育學系助理教授。研究領域聚焦於比較成人教育、中高齡人力資源發展、高齡學習以及退休規劃。

References
參考文獻

Ardoino, J. (1986). Pédagogie de projet ou projet éducatif ? *Pour,* 94, mars/avril.

Besnard, P. (1981). Animation. *Dictionnaire encyclopédique de l'éducation et de la formation* (pp. 76-78). Paris: Nathan Université.

Bondon, R. (2004). Théorie du choix rationnel ou individualisme méthodologique ? *Revue du Mauss, 24,* 281-309.

Bonnevie, P. (2006). *Projet d'école-Document de travail pédagogique.* Retrieved from http://www.ac-nantes.fr:8080/ia49/ecole/projet-ecole/index.php3

Broch, M.-H., & Cros, F. (1991). *Comment faire un projet d'établissement.* Lyon: Chronique Sociale.

De Ketele, J.-M., & Roegiers, X. (1991). Le recueil d'informations, l'évaluation, le contrôle, la mesure, la recherche: serviteurs et maîtres. *Les évaluations, colloque international francophone* (pp.143-161). Carcassonne, 9-10-11 Mai 1991, AFIRSE/PUM Toulouse le Mirail.

De Saint-Do, Y. (2000). *Le rôle pédagogique du chef d'établissement.* Paris: Berger-Levrault.

Eldin, F. (1998). *Le management de la communication de la communication personnelle à la communication d'entreprise.* Pairs: L'Harmattan.

Grellier, Y. (2000). Les chefs d'établissements secondaires. In *Demain l'établissement scolaire* (pp. 89-97). Lyon: Centre Régional de Documentation Pédagogique de l'Académie de Lyon.

Legrand, L. (1981). Pédagogie différenciée. *Dictionnaire encyclopédique de l'éducation et de la formation* (pp. 762-767). Paris: Nathan Université.

Landreau, J.-M. (1997). Alternant, auto-orientation et complexité. In J. N. Demol (Ed.), *Projet, orientation et évaluation, Alternance I* (pp.117-132). Paris: L'Harmattan.

Les dossiers éducations & formations. (1992). Les projets d'établissement: le management au service de l'animation pédagogique. n° 15, octobre.

Lobrot, M. (1992). *À quoi sert l'école?* Paris: Armand Colin.

Morin, M.-L. (2003). La régulation des relations d'emploi à l'épreuve de la gestion des compétences: une rationalité procédurale? *Réfléchir la compétence: approches sociologiques, juridiques, économiques d'une pratique gestionnaire* (pp. 167-186). Paris: Editions Octares.

Mucchielli, A. (1995). *Psychologie de la communication.* Paris: PUF.

Nazé, Y. (1997). *Guide de l'école: De la maternelle à l'entrée en 6e.* Paris: Albin Michel.

Obin, J.-P., & Cros, F. (1991). *Le projet d'établissement.* Paris: Hachette Education.

Picquenot, A., Michel-Khayat, M., & Leblond, F. (1996). *L'établissement scolaire.* Pairs: Ellipses.

Rioult, J., & Tenne, Y. (2002). *Concevoir et animer un projet d'école.* Paris: Bordas.

Shimon, L., et al. (2002). La communication et son rôle dans l'organisation. In G. Morin (Ed.), *Psychologie du travail et comportement organisationnel* (pp. 151-177). Québec: Gaëtan Morin Editeur.

法令依據

Loi d'orientation sur l'éducation n° 89-486 du 10 juillet 1989.

Bulletin officiel de l'Education nationale N°21 du 24 mai 1990, Circulaire N° 90-108 du 17 mai 1990.

第二編

校長培育與
專業發展

13 認知學徒制作為 校長培育策略的挑戰[1]

王麗雲（國立臺灣師範大學教育學系副教授）
謝文全（國立臺灣師範大學教育政策與行政研究所名譽教授）

> 像我是覺得我們可以花一年的時間來培育一個實習老師，校長是這麼重
> 要的一個人，為什麼……？而且校長才二、三十個，實習老師若全縣講
> 起來幾百個、一兩千個，若有一年的時間或更多的時間來培育校長，就
> 比較有實際的效果。（焦一，15）[2]

壹｜前言

　　教育行政人員（特別是校長）培育與專業發展近來受到國內行政界的重視，一方面與教育行政界對此議題的關注有關，另一方面則與國內學校和社會生態轉變、校長工作的挑戰日益增加（陳靜嵐，2001）有關，校長如果要扮演好其角色，不得不有更好的準備來因應，而這一切都有賴學習。國內多所大學都已設立校長中心，或開設校長培育課程，進行校長培育與專業發展的工作。隨著校長中心或學校領導中心的設立，以及各種教育行政或學校行政在職進修專班的成立，下一個重要的問題是：「要怎麼培育這些學校未來的領導者？」本文即是希望在這個主題上能有所貢獻，以使得國內的教育行政人員培育與專業發展除了有好的硬體（中心與專班的成立與證照制度的完備外），也能夠有好的軟體（校長培育之課

1　本文根據原發表於國立臺北教育大學教育政策與管理研究所主辦（2007 年 5 月 27 日）的 2007 教育行政論壇「校長的學習：概念、內容、方法與成效之思辯」國際學術研討會之論文修改。

2　代表是第一場焦點團體座談資料。

程與教學），使校長修習良好的武功，以有效經營學校，帶動教育革新。

　　國內教育行政人員培育的方案與制度已有研究者進行檢討與反省（王保進、邱鈺惠，2001；李新鄉，2001；林明地，2000a；陳金生，1999；Hsieh & Wang, 2001），介紹國外教育行政人員培育制度與方案者亦不在少數（李新鄉，2001；陳木金、楊念湘，2011；馮丰儀、謝文全、王麗雲，2001；楊振昇，2001）。在課程內容方面，有探討教育行政知識範疇者（王麗雲，1999b；林文律，1999b；林志成，2001；林明地，1997），也有對各種教學方式進行介紹的，例如個案教學（王麗雲，1999a；洪志成、王麗雲，1999；張民杰，2001）、問題教學法（林明地，2001）。事實上，對知識基礎的討論和對課程的設計與教學方法的採用是不能夠分開的（王麗雲，1999b），例如，如果認為教育行政的知識基礎是植基於科學知識之上，那麼就會認為經過研究發現證實的知識，才是教育行政人員必須學習的知識，而在教學的重點上，會以研究知識和研究方法的學習為主。

　　如果以最近的研究成果來看，會發現教育行政人員的知識基礎有了典範性的轉移，由意識型態時代轉向處方時代，轉向專業／行為科學時期，再轉向辯證時期（Murphy, 1992），這些轉變都牽動了教育行政人員的培育課程。學者如 Bjork 與 Ginsberg（1995）甚至主張完全改革現有的教育行政人員培育模式，主張教育行政課程不應該再以混合／前典範的科系（hybrid/preparadigm departments）自居，而應該針對實務需要，發展屬於自己的課程。扼要來說，教育行政人員培育與專業發展新近的趨勢，在課程上，強調的是實務知識與經驗知識的重要性，在教學方法上，也受到建構主義（Prestine, 1995）與反省批判實務（Schon, 1984, 1987），以及成人學習（田耐青，1996）的影響，強調問題解決，由學習者主動建構知識，反省所為，以促成真正的學習與改變（McCarthy, 1999）。在這些晚近的進展中，一個教育行政人員培育和發展值得注意的取向，也就是本文所要探討的認知學徒制（cognitive apprenticeship），晚近的探討寥寥無幾（丁一顧、高郁婷，2011）。以下將先說明認知學徒制的意義，接著說明認知學徒制對教育行政人員培育與專業發展的重要性。

貳│認知學徒制的意義與內涵

　　認知學徒制始於心理學和課程與教學的發展，除了應用於學科的學習上（Collins, Brown, & Newman, 1989），也應用到其它領域的教學與學習，其中包括教育行政人員的培育與專業發展。以下分別說明學徒制與認知的意義，接著說明認知學徒制，作為本文後續討論的基礎。

一、認知學徒制的意義

（一）學徒制

　　學徒制是一種傳統的學習方式，在正式學校興起之前，這幾乎是許多行業的主要學習方式，也是一種授證的過程。近年來這種學習方式又再度受到注意與提倡（Singleton, 1998），學徒制是一種養成的訓練方式，由師傅級的老手帶領新手，學得特定行業所需要的知識與技能，在這過程中，不見得有課本，也未必有系統性的教學，是靠著師傅的示範或講解，讓新手一邊觀察，一邊學習，經由不斷的互動與回饋，使得新手能夠具備專精這行所需要的知識與技能，而這段期間內師傅與新手之間的互動、觀察、討論與回饋，是學習的關鍵。學徒制應用在教育行政人員的培育上，在國內外都已受到注意，以國內而言，部分校長的儲訓課程已採取類似的實習制度，或強調田野經驗（field experiences），不過其範圍與時間卻不大，組織性不強，也不是學習的主要重心。

（二）認知

　　有關人類認知的理論發展很早，Evers 與 Lakomski 指出柏拉圖對範例知識（knowledge of examples）和原則知識（knowledge of principles）的區分，就是對人類認知的一個很好的討論（Begley, 1996: 562）；範例知識是基於對許多事項的知覺，而原則知識則是對每一個範例背後的形式、本質或觀念的知識。就認知學徒制而言，這兩種知識同樣重要，可是在傳統的教育行政人員培育上，原則知識

的重要性顯然大於範例知識。

另一種心理學上對學習的分類是典範型（paradigmatic）的學習與敘事型（narrative）的學習（Shulman, 1992），這種學習理論對於理解認知學徒制的學習觀也有幫助。典範型的學習多是分析的、普遍的、抽象的、與脈絡無關的、情感中立的，敘事型的學習則是特定的、人性化的、情境化的。認知學徒制的學習觀顯然是較注重敘事型的學習。

究竟哪一種知識對個人的學習較有幫助呢？學者間未必有一致的看法，但是獨尊某一種知識內容或是認知過程，可能都是偏頗的，把知識和應用分隔，也是有問題的，如以學術聲望相當高的哈佛大學商學院來說，就認為「理論的教學必然先於實務的教學，甚或優於實務的教學」此一信念，乃是有問題的信念（Barnes, Christensen, & Hansen, 1994: 34）。

認知理論，特別是個人的社會認知部分，對於認知學徒制應用於教育行政人員培育與專業發展上，提供了很好的支持基礎。例如，Dimmock（1997）提到如果要培養有效能的學校行政人員，其中的一個途徑是由對校長本人的認知著手，了解校長對影響其工作的社會和政治脈絡的知覺、對工作情境中問題的知覺，以及克服問題所需的問題解決策略的知覺。因為這些知覺都是行政人員據以採取行動的根據。

最近認知理論的發展，受到建構理論的影響很大，強調由個人主動建構其知識，不過建構論應用在學習理論上卻有被誤導之嫌，一般持建構論者認為學習是一種個人的活動，是一種自我中心的（egocentric）取向，強調的是個人在學習過程中的努力與精進，所以就忽略了文化和社會對個人學習的影響。這類型建構論的認知觀受到了批評，修正者強調在學習過程中，個人不是獨自學習的，而是透過和文化與社會的互動而學習，是一種社會中心的（sociocentric）取向，我們現在所學得的知識，乃是經由人與人之間長期的互動所建構而成，團體中的人共同決定如何將紛亂的世界排序，以理解他們所存在的世界，形成一個對話社群（a discourse community），這個對話社群可以是學術界，可以是任何具有相同興趣、思考、寫作方式的社群，個人所在的社群提供了個人思考與理解的架構，所以學習事實上是經由與他人的互動而發生的，教師的責任就是讓學生接觸各種不同的對話社群。這種由 Vygotsky 等人所發展出來的認知發展理論，強調認知的社會性，提供了認知學徒制學習理論的基礎（Putnam & Borko, 1997: 1240-1244）。

（三）認知學徒制

　　國內外學者都曾經對認知學徒制提出定義，楊順南（1996：58）認為，認知學徒制是教育一個新手成為專家的歷程，透過合作式的社會互動與知識的社會性建構，來逐漸演化其角色的觀點。田耐青（1996）則認為認知學徒制是一種教學方式，由一位具有實務經驗的專家示範如何了解問題並解決問題，然後由這位專家帶領學習者試著自己執行一次解決這個問題的程序。認知學徒制的大力倡導者之一 Prestine 與 LeGrand（1991: 62），則把認知學徒制定義成一個經由互助合作的社會互動（collaborative social interaction）以及知識的社會建構（social construction of knowledge），來獲得情境知識（situated knowledge）的過程，而不是像大部分教育機構所強調的被動、孤立、去脈絡化的歷程。Begley（1996）則指出，認知學徒制的主要部分，是要能夠將專家通常在內部運作的後設認知過程外顯（externalizing the metacognitive processes），將原本抽象的知識放在當下相關的專業實務環境中，以發展自我更正（self-correction）、自我監督（self-monitoring）的技能。Brown、Collins 與 Duguid（1989）則認為認知學徒制是選擇真實的行動，透過學生的參與活動，涵化（enculturate）其進入真實的實務工作。

（四）認知學徒制的內涵

　　由前面的討論，作者歸納認知學徒制的重要內涵如下：

1 在知識內涵上

(1) 不以理論知識的教學為唯一目的

　　認知學徒制的學習重點，不光是抽象或理論的知識，也要教導訣竅。以醫生看病來說，如果具備醫學、生理學、藥學等知識，並不代表這個醫生就是一個好醫生，因為一個好醫生不光是具備這些原則知識或是理論知識而已，他還要能夠敏銳的由病人敘述的幾個病癥中，整合出幾個可能的病因，排除不可能的病因，觀察病人並未敘述的癥狀，知道該繼續問病人哪一方面的問題，需要做哪一方面的檢查，以做成看診的結論。他可能還必須是個心理學家，要能由對病人的察言觀色中，判斷病人自述癥狀的真實程度，拿捏判斷的證據，這些都是靠經驗累積而來的，不是靠書本或原則性知識的學習能竟全功的。專家醫生和新手醫生的差

別是：有的病人白白做了許多檢查，或是錯過了診治的時機，多受病痛之苦，甚至喪命，而有的病人卻能藥到病除（田耐青，1996；Collins, Brown, & Newman, 1989）。

(2) 重視隱匿知識

認知學徒制所要傳授的知識內涵，不只是原則知識，更是「江湖一點訣」中的訣竅，以免實務工作者白走冤枉路。而首要之務是要能將專家的「訣竅」外顯化，呈現專家經常默默運作的認知與後設認知歷程（cognitive and metacognitive processes）（Prestine & LeGrand, 1991: 62），成為可學習的知識內涵，傳遞給新手（楊順南，1996），以使學習者能夠學得真正能應用的情境知識。

(3) 重視實務知識

認知學徒制不是否認原則知識的重要性，但是如 Prestine 與 LeGrand（1991: 62）所言，即使是概念或抽象的知識，也要將其架構或置於實務的脈絡中，以示範或展現專家是如何解決問題。所以原則知識不是不重要，但是不能以呈現原則知識為滿足，原則知識也不一定是學生學習的唯一進路，還是要重視實務知識。

2 在教學的方法上

認知學徒制在教學上有幾個重點：

(1) 強調情境學習

如同社會認知論者的啟示，學習是一種與社會和文化互動的過程，知識則是一種社會建構，因此學習不能在孤立的情境中發生，而必須透過社會互動，這種學習方式對於習慣敘事型學習的人特別有幫助，情境脈絡的提供就成了教學方法的重點之一。值得注意的是，這種情境脈絡是一個真實的（authentic）、完整的、有意義的情境，而不是段落式的零碎、無意義的學習情境，符合認知的情境觀（situated view of cognition）（Putnam & Borko, 1997）。如 Prestine 與 LeGrand（1991: 62）所強調，即使是概念或抽象的知識，也要能夠將其架構或置於實務的脈絡中。

(2) 強調指導與回饋

在認知學徒制中，新手是跟著專家學習，由專家進行說明與示範，再由新手

邊做邊學，透過專家的指導，而精熟領域內的工作，所以指導與回饋的過程就格外重要，這是傳統演講式的課堂中比較不容易看到的。

(3) 強調團體學習

有些學者（田耐青，1996）似乎把認知學徒制描述成一對一的學徒制，不過根據作者初步文獻分析的結果，團體學習是認知學徒制的一項特色，使其不同於師徒制（mentorship），因為認知學徒制強調互助合作的社會互動，就社會建構論而言，學習也不是獨自進行的，所以團體學習應當是認知學徒制的教學特色，這正是 Prestine 與 LeGrand（1991: 68）所指出認知學徒制學習的社會性（互助合作的、合作式的）。

3 在學生的學習活動上

(1) 強調學習者的思考、探索、反省、批判

採用認知學徒制，在學習者的學習活動上特別強調學習者的反省、思考，以及探索活動。因為知識不是被動灌輸，而是學習者主動獲得，所以主動的探索、思考與反省乃是認知學徒制學習活動的特色。雖然專家在學習的過程中會給予指導與示範，與生手共同參與問題解決的過程，但是最後的目的乃是在於發展學生的自我更正與自我監督的技能。

(2) 強調由活動中學習

學習不只是注重記憶與背誦，還強調活動，因為建構論者強調知識不光是在心智運作中建構，也在行動中建構（Guyton, Rainer, & Wright, 1997: 152）。

(3) 強調主動的學習

認知學徒制另一個特色是強調主動的學習，這與過去被動的學習有所不同，所以學生不是被灌輸的（溝通理論的原則教學），而是主動學習（怎樣能把事情溝通清楚？我要怎麼做？）。

（五）認知學徒制研究之重要性

就算認知學徒制真的如學者所言，具有這些特色，教育行政人員培育與專業發展課程為什麼值得提倡這種模式呢？作者整理文獻後，提出下列理由，說明本

研究之重要性：

1 彰顯教育行政隱匿知識

　　認知學徒制與傳統的學院式教育有別，學院式教育強調的是原則性的知識（knowledge of principles），而認知學徒制重視的是例證知識（knowledge of examples）。在教育行政人員的知識領域中，固然有理論的知識（theoretical knowledge，例如對溝通理論研究發現的了解），也有技術的知識（technical knowledge，例如如何採買教科書），這些都是在一般教育行政人員培育或專業發展課程中可以學到的（但不一定代表能用得到或用得出來），可是還有其它知識卻是「存乎一心」，靠口耳相傳、心領神會的（王麗雲，1999b：469-470）。其中的一種就是隱匿知識（tacit knowledge），這種知識可能是一種直覺，或是一種習慣性的知識，個人未必明白自己具備這種知識，也未必能夠清楚說出個人思考或推理的過程（Anderson & Page, 1995）。林明地（2000b）在其文章中所舉的例子，正是這種知識的表現，經由事後的追問與探討，有些人可以說明個人的行動邏輯與考量。在很多情況下，我們發現受過同樣訓練或有相同證照的人，對於某些事情的處理比起一樣條件的其他人差，而其差別之處，就是在這種隱匿知識的有無。這種知識類似一些學者提到的技藝知識（craft knowledge）（林明地，2000b），或是一種策略知識（王麗雲，1999b）。如何能將這種知識顯明化，就成了學校行政人員培育與專業發展中的重要課題，因為我們不希望行政人員由嘗試錯誤中摸索，或者永遠坐困愁城，摸索不出個所以然來，認知學徒制即是使教育行政中將此種隱匿知識顯明化的培育與專業發展途徑。

2 教育行政領域的特徵

　　Shulman（1992）指出，教育行政與教學、醫學、法律、商學等領域都是屬於結構不全的領域（ill-structured domains），因為在這些領域中，往往需要當事人針對複雜的情境進行判斷，同樣概念在不同情境之下，也可能具有非常不同的意義與重要性，此時認知的彈性（cognitive flexibility）對於解決行政問題就格外的重要（Leithwood, Begley, & Cousins, 1992），敘事型的學習可能優於典範型的學習，在教育行政人員的培育課程與專業發展課程中，就要發展這種認知的彈性。在最近學校革新、學校重建（school restructuring）如火如荼的過程中，教育行政人員所受的挑戰更大，面臨的兩難情境也越多（Dimmock, 1997），認知學徒制就

成為重要的學習方式（田耐青，1996）。

3 能知能用

　　教育行政是個專業領域，嚴謹的學術研究固然是專業的一部分，但是如果不能夠應用專業知識來服務所要服務的對象，就稱不上專業，就如同一個醫學知識豐富，但卻不會看病、開刀或開藥的人，是不會被認為是一個好醫生的。學會原則知識，並不代表能夠應用這些知識解決問題。對於專業領域來說，能知能用、再由實務工作中反省，是專業表現中很重要的一部分，認知學徒制強調知行合一，所以在評量的方式上主張給學生一個真實的問題情境，以解決問題（田耐青，1996），對於教育行政人員培育與專業發展來說，是一個理想的教學模式。誠如Milstein（1999: 542）所言：「我們應該放棄文理學院的模式，也就是我們只教內容，但是讓學生自己去創造未來領導角色的意義的模式。相反的，我們應該採用專業學院的參照架構，也就是一般大學醫學院和商學院的架構。」否則，教育行政人員的培育與專業發展課程將是自欺欺人，也有愧其職守。

4 引發真正的改變

　　擔任學校行政工作者都是成人，本身都有較固定的價值觀、偏好或是行為的模式，個人的認知影響到個人的行動，如果不能改變個人的認知架構，是很難引發個人行為上的改變，學得再多，知道再多新名詞或觀念，回到工作場合上，還是按照過去方式表現。認知學徒制多採取問題解決的情境，呈現難題（dilemmas），在這種情況下，個人在專家指導與團體歷程中受到挑戰，較容易產生認知的改變，進而影響其行為（Dimmock, 1997: 141; Glidewell, 1993），危機或具挑戰性的情況下是個人認識自己和別人的好機會，較有可能打破常態的封閉鏈鎖反應（normal closed loop response），引發真正的改變，這是傳統演講式或原則式的學習所做不到的。

5 反省與批判的重要性

　　Schon（1984, 1987）所提倡的反省實務的重要性受到教育行政界的肯定，問題是如何能夠在已經是成人，本身多已受過長期正式的訓練或教育，也有豐富工作經驗，工作又十分忙碌，思想、價值、習慣與行動上都已經十分固定（甚或僵化）的教育行政人員身上，引發反省批判，促進其專業實施的改進呢？這將是教

育行政人員培育與專業發展課程重大的挑戰。認知學徒制與最近成人專業發展課程上所重視的轉型學習（Pohland & Bova, 2000），正好可以提供教育行政人員培育與專業發展課程的參照，且與認知學徒制的精神一致，都是強調經由問題的挑戰、人際的互動與社會脈絡中的學習來促發反省與批判，進而改變一個人的作法（見圖 13-1）。

　　認知學徒制強調社會情境，強調問題的挑戰（人、事件、脈絡改變）、強調學習者主動的探索思考與反省，這些都有助於培養批判反省的教育行政人員。而批判反省能力是教育行政人員相當重要的能力。

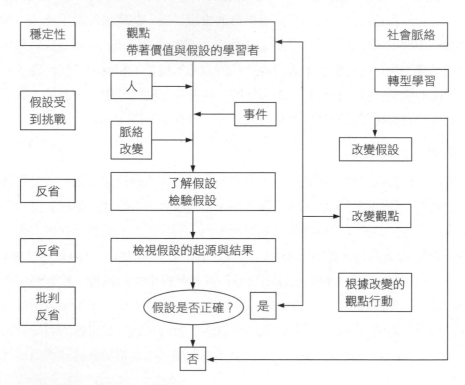

▶ 圖 13-1　轉型學習與批判思考

資料來源：Cranton（1994）；轉引自 Pohland & Bova（2000: 142）。

6　注重民主與團體參與

　　最近學校革新的趨勢，強調彰權益能（empowerment）（王麗雲、潘慧玲，2000），以及學校成員參與決定（Prestine & LeGrand, 1991），這些都不是說了就

能做到，必須在實作之中落實。認知學徒制中的團體歷程，將有助於培養教育行政人員民主素養與帶領團體參與的能力。

參 | 研究目的

前面已說明教育行政人員培育與專業發展的新趨勢，認知學徒制的意義，以及其在教育行政人員培育與專業發展上的重要性。國內教育行政人員現正面臨極大的挑戰，教育革新卻不能不有一流的行政人員來推動，因此教育行政人員培育與專業發展的軟體工程，就變得格外重要。如前所述，認知學徒制用在教育行政人員培育與專業發展上有其重要性，也與最近教育行政人員培育與專業發展課程的趨勢一致，又是國內較陌生的一部分，值得介紹與評估，作為改進我國教育行政人員培育與專業發展方案的參考。具體而言，本文研究目的如下：

1. 探討認知學徒制的理論基礎、實施方式與國外實際應用情況。
2. 進行課程實驗，探討認知學徒制對我國教育行政人員培育與專業發展的貢獻與限制。
3. 根據研究結果，提出具體建議，說明認知學徒制應如何運用，以改進我國教育行政人員的培育與專業發展方案。

肆 | 國內外研究與文獻評述

國內有幾篇學位論文曾經對認知學徒制的理論與應用進行探討（方吉正，2000；林美伶，1997；顏瓊芬，1998），不過多是用在學科教育（如數學、生物）上，用在教育行政人員培育與專業發展者則並未發現。針對認知學徒制做說明的期刊文章也有幾篇（請見田耐青，1996；陳木金，1995；楊順南，1996），文中除了對認知學徒制做初步介紹之外，也分別對此一教學途徑的應用方式（如準備順序、教學順序）做了說明，如田耐青是針對成人教育的部分做介紹，舉的例子是教師專業發展的例子，陳木金則提到一般教學的應用，楊順南舉的是在學校領導上如何應用認知學徒制，丁一顧與高郁婷（2011）則探討認知教練歷程，算是

比較接近本研究主題的介紹。其它大部分的研究仍不是針對教育行政人員培育與專業發展所進行的討論，或因為篇幅的限制，這些文章只對認知學徒制做了基本介紹，作者擬利用對其理論背景、實施策略、施行成效在教育行政人員培育上做更詳盡的介紹。此外也將進行實驗，了解這個方式在協助培育教育行政人員與協助其專業發展上的貢獻。

國外對於認知學徒制的意義及如何將其應用在教育行政人員培育上已有豐富的成果，例如由Hallinger、Leithwood與Murphy（1993）所編的*Cognitive Perspectives on Educational Leadership*，就是一本專門討論教育領導認知觀點的專書，書中討論教育行政所面臨的問題性質、行政專業知識的本質，以及如何應用認知的觀點於教育行政人員的培育上。其它相關的著作有一部分挑戰過去培育方案與教學方式（Bjork & Ginsberg, 1995; Donmoyer, Imber, & Scheurich, 1995; McCarthy, 1999; Milstein, 1999; Murphy, 1992; Putnam & Borko, 1997），也有說明認知學徒制的理論基礎（如建構論、成人教育中的轉型學習、反省實施等）及其應用者（Collins, Brown, & Newman, 1989; Cranton, 1997; Cranton, 1994; Mezirow, 1991; Mezirow et al., 1990; Prestine, 1995; Prestine & LeGrand, 1991; Pohland & Boca, 2000），為認知學徒制的出現預先鋪了路。

探討認知學徒制應用於教育行政人員培育與專業發展上的必要性的，則有Anderson 與 Page（1995）；Begely（1996）；Leithwood、Chapman、Corson、Hallinger 與 Hart（1996）；Prestine（1993）。認知學徒制的具體實施方法有不少，如剖面圖法、個案教學法、問題解決法、電腦教學等，針對這些途徑提出說明的（但未必是針對教育行政人員培育與專業發展的），更是不勝枚舉（請見Barnes, Christensen, & Hansen, 1994; Begley, 1995; Bridges & Hallinger, 1995; Cunningham & Cordeiro, 2000; Dimmock, 1997; Hallinger, Leithwood, & Murphy, 1993; Kowalski, 1991）。這些都值得介紹給國內，並可進一步評估其實施成效，以了解其在國內應用的可行性。

綜合來說，認知學徒制應用於我國教育行政人員培育上，尚有如下待努力的方向，也正是本研究努力的焦點。

1. 深入周全的介紹認知學徒制的理論基礎、實施策略、在教育行政人員培育上的應用方式，以及已有研究發現的實施成效。
2. 根據理論與文獻分析的結果，進行教育行政人員培育與專業發展的課程設計

以及教學方法工作坊，以發展出能落實認知學徒制精神的方案。

3. 進行課程與教學實驗，了解職前與在職進修的教育行政人員利用認知學徒制學習的成效。

伍 | 研究設計與實施

一、研究方法

本研究透過課程實驗與訪談，了解運用認知學徒制培育學校行政人員的優缺點。在課程實驗部分，利用之課程為國立臺灣師範大學在職進修碩士專班之學校行政專班課程，學生多為國中校長或主任，課程名稱為「教育行政倫理研究」，授課教師為研究者與教育系洪仁進老師，其專長為教育哲學，研究者的專長則為教育與學校行政，主要負責工作為課程大綱的擬定與講授。

該門課程的上課目標如下：

1. 探討各種道德哲學、道德原則，以及道德推理架構。
2. 分析比較不同道德哲學、道德原則，以及道德推理架構可能的後果。
3. 利用案例、問題解決等方式，分析教育行政實務中所碰到的倫理議題、立場，以及倫理衝突。
4. 分析教育制度、教育政策、組織結構、組織文化的倫理意涵。
5. 協助成員清楚說明個人的倫理立場及理由。
6. 嘗試對教育行政重要議題建立較具客觀性的倫理立場，俾作為教育行政人員從事教育行政工作之考量依據。

由上述的目標可知該門課的內容與教育行政人員倫理成長較有關係，除了一般文獻閱讀與講授外，更重視學生個人倫理意識的建立與澄清，對於個人專業成長應有幫助。該門課的課程進度安排如表 13-1，每次上課時間為四小時，學生除須先閱讀指定文獻與個案外，並須繳交個案分析報告。在課程進行上，前面三次由兩位教師講授倫理學概念，包括一般概念介紹、義務論與目的論、效益論與契約論。後面五次則分別請四位師傅校長就同學根據各週主題所撰寫之個案帶領討論，詳細分工表如表 13-1，這些主題包括正義／均等、關懷／多元文化、公共利

益／個人利益、權威／權力、自由。

▶ 表 13-1　課程進度表

次	上課內容	上課教師
1	本門課簡介	王麗雲、洪仁進
2	倫理學概念 義務論與目的論 行政專業倫理守則	王麗雲、洪仁進
3	效益論與契約論 行政專業倫理守則	王麗雲、洪仁進
4	正義／均等	李錫津主任、林山太校長
5	關懷／多元文化	李錫津主任、余霖校長
6	公共利益／個人利益	林山太校長、丁亞雯校長
7	權威／權力	丁亞雯校長、余霖校長
8	自由	李錫津主任、林山太校長

　　同學所繳交之個案大多為個人經歷或觀察的個案，所以在必要時，都能提供關於個案豐富背景資料以供討論。由第四次上課開始，每次上課時，教師先針對該週主題概念介紹，接著各花一小時討論同學的個案，由授課教師及兩位師傅校長共同帶領。最後一小時由師傅校長提供符合該主題概念之個案，請同學應用文獻閱讀與討論心得進行分析，最後一階段的討論是由兩位師傅校長各自帶開進行。

　　研究進行過程中除了進行兩專家座談，邀請有經驗之學者與專家提供對於認知學徒制作為校長培育方式的心得與建議外，課程結束後，共針對學生進行兩場焦點團體座談，也詢問師傅校長對於課程的意見。研究者在研究過程中也將個人心得記錄，這些都是作為分析整理的資料。

二、研究對象

　　本研究之課程實驗對象為國立臺灣師範大學教育系所開設之「教育行政在職

進修碩士專班」，在職進修碩士專班並非專為培育校長而設立之學程，學校成員，包括校長、主任、組長或老師，只要對學校行政感到興趣，通過考試，就能入學。學程重點在培養學生之學術研究能力，並協助其在教育與學校行政專業領域獲得成長。本研究之培育乃採廣義之定義，該門課之授課方針較偏向專業成長，符合本研究之目的。

該門課程共有十五名學生修習，身分多為國中及高中校長、主任，年紀亦不等，由三十多到近六十都有，均來自臺北縣市及桃園地區。資深的教育行政人員在討論過程中常常可提供經驗分享，但並不代表他們沒有困惑之處，特別是在教育行政倫理部分，異質性的參與者（非師範體系出身者）也常能提供另類的觀點。另班上同學有幾位文史哲底子較強者，對於教育倫理學的討論，也提供不少新視野與想法，對教師與同學都很有幫助。

三、研究流程

課程實驗共八週，前面三分之一的課程由兩位教師講授，說明倫理學中多元、正義、公共利益等概念，後面三分之二的課程，則由四位師傅校長輪流授課。師傅校長為上課同學推薦而得，經整理後共邀請李錫津、余霖、丁亞雯、林山太四位擔任師傅校長。師傅校長的工作為提供案例並帶領討論。

學期結束後，由授課教師擬定討論提綱，交由碩士班研究助理分兩梯次與上課同學進行焦點團體座談，座談的時間在期末成績繳交之後。時間點的選擇及焦點團體主持人選擇的考量是希望同學能暢所欲言，不必因為成績或是倫理壓力而不敢發言，研究者向學生保證焦點團體逐字稿資料將不出現學生姓名，請學生暢所欲言。逐字稿的資料也顯示學生的確對授課教師提供相當多針砭，應能反映同學對認知學徒制作為專業成長方式的意見。

除了課程實驗外，研究者也邀請學者專家及高國中校長針對認知學徒制作為校長培育方式的優缺點進行討論，共舉辦兩場焦點團體座談。座談會的紀錄也將進行整理分析。

陸｜結果分析

一、誰適合當師傅？

有學徒就會有師傅，推動認知學徒制於校長培育與專業發展，師傅端究竟需要哪些考量？

（一）師傅是完人？

師傅校長一詞似乎給一般人完人的概念，擔任師傅校長者，被認為應該是資深、相對完美、高階的校長。

> 那真正經驗成長的開始需要校長，或者是我們的同儕，但這個同儕是我仰慕的對象的話，當然就是他的知識，他的服務熱忱，待人處世的原則，如果讓徒弟覺得是值得向他學習的榜樣的人，這個人的影響力就很大，並不是任何一個人都可以的。（焦二，3）[3]

> 關於師傅校長的條件……要具備校長專業領導的知能，第二個，要經驗相當豐富，第三，他的形象要非常好，第四，善於溝通與表達，第五，人格特質和態度要樂觀，有領導特質跟各方面人格特質。（焦二，1）

上述條件是修課同學所提出師傅校長的條件，要求相當高，這或許也就是為什麼本班學生雖然以國中服務者居多，但是所推選出的四位「師傅」校長，清一色都是高中校長或是教育局長，這些人被認為具有威望，經驗豐富，堪稱典範，是學員願意向其學習的對象。至於不推選國中校長為師傅，是否有瑜亮情結，彼此不服，本研究並未探究。果真如此，則在制度上，師傅校長的安排，恐怕很難免俗，須挑選資深、孚眾望者。

---

3 代表是第二場焦點團體座談資料。

惟在本班及學者專家與校長的焦點團體座談中，參與者又大都同意「三人行必有我師」，也就是師傅校長未必得是完人，失敗的經驗可以是學習的契機，了解如何由失敗中站起來，也是一種學習成長。受訪者似乎相信師傅校長一定碰過失敗，如何由失敗中走出，邁向成功，這種經驗學習更為珍貴（或許因為本班同學有部分已經是校長，正面臨這樣的挑戰）。從另一角度來看，負面或失敗的案例也可以成為學習的對象。

> 我是希望說我們四個師傅校長裡面，能夠舉出一些負面案例，更多的負面案例，他們的處理狀況或是他們示範的經驗是怎麼處理，他們怎麼走過來的。因為我們這些將來可能是一個新任的一個領導者，我們不一定照一些……我剛剛講，從舊式的觀念、舊式的方式來處理，因此我覺得就是說，是不是我們的師傅校長裡面能夠用一些不是很成功的案例？或者說他在處理當中，過去他們是怎麼走過來的一些經驗，讓我們了解說，他們的整個生涯規劃當中，生涯走過當中，他們今天能夠成為今天這個樣子的，足以當我們楷模的，是怎麼走過來的。（焦一，8-9）

至於誰可以當「師傅」，和「徒弟」目前的生涯發展階段也有很大的關係，剛當組長、主任或候用校長的行政人員，任何較資深的組長、主任或校長都可以擔任其師傅。

> 我覺得在過去做組長的時候，很多的經驗我覺得是典範學習。我覺得像上面的那些領導人對下面的那些人的那種學習觀摩的機會，在整個教育行政的經驗當中，它恐怕是占很重要的一部分……當我做這個教育行政工作的時候，我面對的是上面的校長主任，其實在他們身上，我們可以學到很多東西。（焦二，2）

> 其實不管怎樣的校長，好或者我個人不是覺得很好的校長，對我來講都是我的師傅。（焦一，6）

> 我覺得不管哪一類型的校長，他都有可學習的地方，像我自己跟過幾個

校長，幾乎每個校長類型都不同。我跟過一個很霸氣的校長，甚至他會教我就是說，當一個領導者就是要有三分的霸氣，才夠資格當領導者。（焦一，12）

同儕之間也可以互相學習，尤其在上課討論個案時，每一個人都面對相同的個案問題，當同學提出相當不同卻又具有啟示性的看法時，對其他地位相同的同學所帶來的震撼與衝擊，有時比起老師或師傅校長的意見要更有影響力，激發學員自我反省、成長與學習的動力。在相同的個案情況下，學員的倫理思考、決策與表達能力高低立判，沒有理由認為自己所碰到的情況是個案，別人的經驗不能應用，作法不能直接比較，也不能以「師傅校長本來就比較有經驗，我跟他一樣厲害我就是師傅了」等藉口，為自己找台階下，直接比較促使學員自我反省更強，而這是成人成長重要的動力。知道自己的不足，是更重要的學習。

我們來上這門課的時候，我本來覺得自己實在是還不夠成熟，知道的不夠多，所以我來。可是我學完一學期之後，我發現更是無知，那種無知的感覺更可怕，我只能用可怕來形容，尤其是每次同學都這樣對談的時候，不管是 XX 講話，班長講話，或者是校長講話，每天談完的時候，我會覺得很可怕就是：我知道的怎麼這麼少？人家怎麼可以講出這樣的話來？可是我做不到！那我就會回歸到我自己說，我實在太沒學問了。我曾經有一次跟我的同事談，我跟他說我覺得我好痛苦，我沒有學問，可是他聽不懂我在說什麼。（焦二，10-11）

因為說實在的我一直都在學習，當碰到瓶頸或困難的時候，我會抓很多書本來念，或者我會去修很多學分，可是這些學分當中會有一些盲點，而且覺得每次我跟一個人討論的時候，只是跟單一個討論，我們有一種群聚的、深刻的這種會談方式，那我覺得從這個課程當中，我收穫最大的就是說，我去分享別人處理的經驗，而且是很多人的經驗，而這個經驗當中大家是做一個釐清、更清楚。（焦一，8）

在整個討論的一個過程當中，我可以聽到大家各個不同的價值觀的一個

思辨的一個方式，那讓我自己覺得印象比較深刻的是那個，在座有兩位是 XXX 學長跟 YYY 學長，我從他們兩個身上，我一直覺得，他們的發言都可以補我的不足……那我覺得這個對我來講，有一個很大的一個楷模學習作用。（焦一，2）

（二）師傅應具備的能力

承上，對於師傅校長應具備的能力，至少可以歸納出三種版本的答案，一是完人版的答案，也就是師傅校長在專業、領導知能、經驗、溝通、形象、人格特質、態度上，都必須是佼佼者，要能獲得眾人的認可，自然也必須有長時間的觀察與淘汰，所以這類校長絕大部分是資深校長。

第二種版本的答案是能對未來校長成長有幫助的人都可擔任師傅校長，這些人未必是完人或資深長者，但卻能促進未來或現在的校長專業成長，幫助他們以不同的角度看待或解決事情。甚至與徒弟校長越不像的人，也是一個可考慮的師傅校長人選。

就我們的經驗來講，因為我們本身有實務的經驗，然後師傅校長再講下去，我們大概也可以了解這個風格是什麼，也許有不同風格的校長，可能會有不同……因為我們會想去學習的是，可能就是跟我們風格比較類似的校長，因為每個人的理念跟特質確實不太一樣，那也許透過這樣不同的風格，可以為自己找到自己想要……比較能夠深入學習的典範在那邊。……另外一部分，不同風格也可以帶給我們不同思考方向。（焦一，16）

其實不同的校長思考問題的時候，切入的思考點其實是有他們的差異性的，那其實對一個培訓人員來講它是很好的一個方式，因為我們常常會有一個固著的思考模式，可是我們需要的是說，有一些腦力激盪的機會，我覺得就是它有很大的貢獻在這裡，除了可以看到不同的風格之外，我覺得那個可以刺激，讓每一個人有一個比較不同的思考的方向。（焦一，16）

　　我覺得師傅校長的條件其實比較沒有關係，主要是學生的吸收能力，他
能不能由各種不同類型的校長裡面去吸收，如果說請來的都是至高無上、
很完美無瑕的校長也不太好，好像在無菌的實驗室裡面，也不太健康。
所以各種校長我覺得都可以這樣。（焦一，7）

　　第三種版本的答案是人人皆可為師傅校長，也就是前面所提「三人行必有我
師」的概念，不過表現不佳的校長恐怕無法為政府機關或校長培育單位聘為師傅
校長，而「徒弟」如何由這樣的師傅校長身上學到有用的東西，也要看徒弟轉化
應用的能力了。

二、徒弟的條件

　　徒弟怎麼學，可能比師傅怎麼教還要重要。如一位學生所言：「不管用言教
或身教，不管正面還是負面，重要的還是徒弟自己怎麼學，我們做徒弟的自己有
能力這樣」（焦一，12）。首先，徒弟必須要有一定的準備，才能由師傅處獲得
比較大的收獲。

　　叫你學武功你可能三個月會學好，那麼可能他本身的方法是對的，可能
起碼是對的，所以說如果徒弟的能力或他的起碼是架式夠，他學得會比
較快，所以我想，應該是先讓徒弟具備某一些能力，然後某些校長來然
後談什麼，都比較妥當。（焦二，16）

　　徒弟本身與師傅契合，同時本身又有學習的動機，乃是師徒制成功的重要因
素。

　　所以我覺得這個師徒制的過程裡面，可能我們要從自己本身去做起的，
就是我會覺得有心投入行政工作或他無心。（焦二，1）

三、認知學徒制對教育行政人員培育與專業成長的貢獻

其實在沒有「師傅／學徒」這類名詞出現之前，類似認知學徒制的學習在教育行政人員之間早就已經開始了。行政人員碰到問題，便經常詢問專家。因此，這似乎是校長重要的專業成長方式。

這一門課上課的方式，跟我們平常處理事情的方式有些類似，就是會找一個師傅校長來幫我們澄清一些問題，那平常我自己在處理事情的時候，我就是用這個方式，除了自己思考之外，我還會去找一些有經驗的人，來問他們的意見，來參考他們的意見，然後來處理我的一些狀況。（焦二，1）

但是透過計畫式的課程設計，學員反映能夠讓他們由師傅校長及同儕間獲得多元視野，改變個人固著的思考習慣，這或許是將認知學徒制系統化地引入校長培育與專業發展的重要理由，不同觀念與思考間的激盪，將有助於儲備或初任校長的快速成長。

其實不同校長思考問題的時候，切入的思考點其實是有他們的差異性的，那其實對一個培訓人員來講也是一個很好的方式，因為我們常常會有一個固著的思考模式，可是我們很需要的是說，有一些腦力激盪的機會，我覺得它就是有一個很大的貢獻在這裡，除了可以看到不同的風格之外，我覺得那可以刺激，讓每一個人有一個較為不同的思考方向。（焦一，17）

以往都是老師教授在講我們在抄，教授在說我們在問，或是教授在要求我們做一個專題報告，就這樣，但這有個直接雙向，而且多向的溝通，這種深度會談互相激盪，就像剛剛所說有不同觀點，還有多元思考模式，我真的學到很多。（焦二，7）

透過彼此的詰問，也常能讓同學釐清自己的概念，了解自己的立場。特別是師傅校長其實認識部分學員，所以對學員的問題，常能直搗黃龍的指出問題核心，這也是私下問答所不能及的。

在上課的過程中，很少說有這樣給我們思辨、澄清的一個對話……實質上，我們在實質的運作場域裡面，我們對一個問題的思考，可以借助於這樣子的一個訓練或學習，在實際的職場上會有很大的幫助，最起碼現在跟兩個月以前不一樣，我常常在想，還好我參加這個課程，不然的話都沒有機會。（焦二，3）

那我覺得更震撼的是，當我們在對談的過程中，其實我看到的是師傅校長對那個寫個案的同學的那種……其實他就直接問到他問題的核心點，可是我覺得那個同學的收穫應該非常的大，因為他終於在這次的課程中去正視到……我不知道他有沒有，因為他沒有表達出這一點，可是我的感覺是，如果我是他的話，我親自直接去面對到我那一陣子在處理這件事情的核心點。（焦二，10）

針對師傅校長的教學，部分成員反映受益相當大的不是行政知能，而是領導者信念、價值觀的部分，包括對他人、對自己的檢視。

我覺得上這門課程我們是討論了很多爭議、多元、公共利益，以及以後在工作上我會思考更多有關倫理議題……那跟其它課有什麼不同，我認為課程比其它課程多了一些有關於領導者信念的問題，還有價值觀，倫理道德的層面，比如過去我們都比較重視領導的理論、技術，在這裡就比較多道德領導的部分，因為過去道德領導的部分都比較少。（焦二，1）

那我覺得對一個新生的校長非常棒，所以將來如果有培訓，這些校長我還是覺得說師傅校長很重要，因為這個寶貴的經驗，實務的經驗，還有他們那種領導特質是書上看不到的，他坐下來就是很穩，天塌下來都有

他在頂著。那就是……一個校長就是要這樣子，那這個是課本看不到的
啦。（焦二，6）

四、認知學徒制作為校長培育方式的挑戰

根據蒐集的資料，以下討論認知學徒制作為校長培育方式須注意之處或可能
面臨的挑戰。

（一）課程部分

1 衝突情境

與前面文獻分析的結果相符，學員指出在衝突的情況下個人的成長最快，學
習也較有動機，當個人碰到行政危機時，也最希望能有有經驗的人提供意見，給
予支持。據此，認知學徒制要能發揮提升教育行政人員專業能力的最大功效，必
須要在正式與非正式的課程中安排衝突，作為學習的引子。若為正式的訓練課程，
可以透過案例討論；在非正式的學習上，則可以在學校發生問題時，讓校長隨時
有可靠、了解自己的師傅校長可以諮詢。

在處理問題，可以讓我成長的，通常是在一個衝突的狀況發生，然後你
去處理它，然後你在這處理的過程裡面，你一定會學到一些東西。這是
一種很奇怪的現象，就是說，為什麼那種成長，好像一定要在衝突發生
後才會產生。那是因為你在衝突發生中，你就會思考說：發生了什麼事？
為什麼會這樣？我可以怎麼去處理這樣的一個狀況？所以呢，我才會真
正去思考一些東西，所以我會覺得說，在衝突發生的時候，比較容易有
成長的一種經驗。（焦二，1）

衝突是讓每個人成長最快的時間。（焦二，1）

一般平靜無事的話，其實是比較不會去感覺到……比較不會去反思啦！

　　但是當有任何事情有衝突的時候，當中其實所學到的經驗是很多的……
我覺得衝突是讓每個人成長最快的一段時間。（焦二，2）

　　如果認知學徒制只是讓學徒跟在校長身邊看，或跟著做，未必具有效率，因為學校中的衝突狀況不是天天發生，經常只是處理常態性的行政事宜，如果讓學徒天天跟在師傅旁邊，卻沒有建設性的成長，提升教育行政人員能力的功效必然打折。比較好的方式是常態性事務的學習不必太長，計畫式的學習，特別是衝突案例的討論可多安排，整個學習歷程也不限於培育階段，擔任行政人員之後，仍可把握衝突案例進行機會學習。

2　理論與實務的配合

　　在進行課程實驗的過程中，學生對師傅校長與同學間的互動相當肯定，認為這種經驗分享有助於個人成長；但另一方面，因為是經驗分享，就比較容易淪為經驗之談，對於行政人員成長幫助有限，受訪學生表達對理論與專業知識的重視，認為這是個人言談與行動的基礎，師傅校長不能只是教經驗，還要將經驗與理論結合。

　　原先研究者進行課程設計時，是希望透過兩位學者進行教育行政倫理理論的研討，再由師傅校長帶領實務的討論，這樣可以收「理論與實務交融」的優點，但實際實行的狀況卻發現「相輔相加」不是那麼容易達成，雖然上課之前兩位老師已經介紹過教育行政倫理基本概念，出席的校長也知無不言的進行經驗分享，但是在處理實際案例的時候，師傅校長大多仍談經驗，上課教師在時間與經驗不足的情況下，也多談理論。對於學員來說，自行將經驗與理論結合不太容易，只是經驗分享，但卻無法充分說明背後理論基礎，也讓學員感覺不足。

　　我們每個人那個哲學思維可能還要再充實之後，然後再來驗述這個部分，
　　那就我們的討論，我是覺得都滿經驗性的啦，滿經驗性的。（焦一，4）

　　我們討論的時候好像沒有用一個，一個哲學的思考去討論它，而是說就
　　我們經驗上不斷的論述。（焦一，4）

這樣的一個倫理我們不是說要有一個定案，但是那一個會比較偏我們的
哲學立場，會不會因個人的價值有關，那這些價值又牽涉到很多自我哲
學的問題，那所以……可能，我是覺得說老師還可以在哲學的部分給我
們一些東西。（焦一，4）

換句話說，徒弟不僅想知道經驗，也想知道道理（理論或原則），師傅校長
除了經驗豐富外，也要能將道理傳授給徒弟，以免經驗與個人價值混淆，處理的
專業性不足。前面文獻分析提到認知學徒制在教學上希望能夠不限於理論教學，
而能補強學生教育行政的隱匿知識、實務知識、範例知識。但是學員的反映卻發
現他們需要的不是分割的知識，而是統整相互為用的知識，隱匿知識、實務知識、
範例知識雖然重要，不過背後所根據的理論或原則為何，如果不知道，同學也會
覺得焦慮或不踏實。甚至有學員表示實務知識不是其所缺的，理論知識才是他們
學習的重點。

像我們實務人員來上學院的課程，一直存在一個落差就是說，其實我們
來這邊是很需要理論的，但是在學院授課的老師他又很需要實務，所以
說很多學院的老師常要我們報告，我們一直講我們的經驗，那其實我們
講我們自己的經驗已經講很多了，我們在各次的主任會議或是什麼會議，
大家都在講現場的東西講很多，那我們來這裡其實是需要理論的東西，
所以這個我一直覺得存著這種落差。（焦一，10）

對於師傅校長來說，就不能只提供經驗或實務，還要告訴學徒「所以然」，
將理論與實務（以本門課而言是倫理原則與個案判斷）完善結合。具備這種條件
的校長，恐怕比起「完人」式的校長更少了。

有時候我會質疑，所謂的校長儲訓或主任儲訓到底是在做什麼？因為我
從後面幾個校長看了之後，不管再怎麼儲訓，過去在省教育廳，儲訓所
謂八週那麼長的一段時間，可是在學校現場我感受不到那麼專業的東西，
看到的是什麼？是人格特質，以他的行事風格在做事，沒有用專業倫理

在解決問題。（焦二，3）

上述看法認為專業本身具備一致性，所以好的師傅校長不能只是人格好、手腕好的校長，還要是一個能夠本於專業行動，而非本於個人好惡、個人經驗或成見出發處理問題的校長。專業性的展現就相當重要，而這需要理論的支援。

3　實務搭配

本課程之設計，是以個案代表社會環境，讓同學有身歷其境的感覺，不過透過學徒制培育校長，究竟可行性如何？有少部分學員不表樂觀，因為光聽光說不練，成效有限，必須改變進行方式。

> 學徒制在教育人員的培育上可行性有多高？可行性不高。學徒制的話就不是像我們這樣，來一次，然後談一談。學徒制應該是在工作的現場，你要培訓的人實際到工作現場去，然後就跟著校長，一直跟著他，也有實習，實地觀察。（焦一，13）

大部分的學員都認為個案討論部分就已經帶給他們相當多的成長，這些個案中就有徒弟做的部分，徒弟說完自己的作法看法後，再讓師傅教。與現場學習相較可能缺乏的部分是實際處理的技能（與人溝通協調），但就時間效率而言，目前的方式在時間上也較有效率。

4　地方知識的融入

本課程實驗談論的都是西方倫理學的理論或原則，用的是臺灣的個案，請的是本土的師傅，不過學生反映有缺陷，最主要的是中國傳統倫理觀並未納入討論，例如如何與長官相處，便是中國式行政倫理與哲學的重要課題，而這是現場同學感到相當困惑的部分，也是未來開設相關課程應該改進的地方。

> 那我覺得還有那個中國哲學的東西也要加強一點，因為倫理……中國哲學主要就是談道德跟倫理，我們這個課很少去觸及那個中國的東西……而且中國的東西跟臺灣是比較接近的，可能從裡面得到東西會更有效。（焦一，12）

（二）近親繁殖的危機

師傅校長另一個令人擔心之處在於師徒制較容易導致近親繁殖，對於專業發展與成長恐有不利的影響。換句話說，師徒制有可能限制了校長的發展與思考。

> 一個徒弟可能要跟兩三個師傅，這樣可能他整個規格、整個格局才會變大。（焦一，14）

> 那我提一個比較危險的地方就是怕「近親繁殖」啦，就是一個教一個，一個教一個，一直教下去，教到第五個、第六個可能就走樣了，從第一個一直這樣教一教，那第二個學到百分之八十，第三個學到百分之七十，一個一個教下來，而且他是在同一個系統裡面，同一個系統的人在培育同一個系統的人，他還是缺少外面的那些思考。（焦一，7）

> 那其實以前古代的師徒制是一個師傅教很多徒弟，當然教得好的話，好幾個徒弟當中總會有青出於藍的，這的確有可能，可是在我的看法裡面，現在可能要倒過來，一個徒弟要跟兩三個師傅，這樣才可能避免近親繁殖。（訪1,4）

（三）信賴關係的重要性：法不傳六耳

不論是師傅校長或徒弟都指出，信賴感是認知學徒制要能夠運作很重要的先決條件，因為經驗的傳承難免涉及人與事的針砭。甚至師傅或徒弟須在對方面前暴露個人弱點或缺點（訪1, 2），如果彼此間缺乏信賴感，將無法順利完成經驗的傳承。特別當共同學習的徒弟不只一個時，更是如此。

> 我覺得應該有一些限制，當然我覺得就是說要有一個滿好的班規，那因為我覺得這個地方如果要研習的話其實是滿危險的，因為他們討論到很多內在的一些處理的價值觀念，或者可能一些個案影響到學校的一些問題，因此我想班規，或者一個比較安全的團體，我是覺得滿重要的。（焦一，9）

前面曾提到，師傅校長能夠直接指出同學處理問題的核心點，但卻因為師傅與徒弟之間信賴度不夠，無法再深入處理的困境，可見團體間的信賴感，是師徒制能充分運作的條件。師徒之間，以及徒弟之間，都一定要有相當的信賴感，不怕在團體中丟臉、被看穿，或是對外揭露，願意分享自己真正的想法與感覺，這也是一位師傅校長提到「法不傳六耳」的原因。

> 可是非常可惜的是，這樣的東西就點到為止，但是它比較適合在小團體裡面進行，我們的團體還是太大了，而且彼此的信任度不夠，所以那個部分沒有辦法再繼續深入，我覺得如果能夠再深入的話……那對那個同學的成長，或對周圍有同樣感受的人的成長會非常的大。（焦二，10）

（四）時間

就教學者與研究者的觀察來看，認知學徒制要推行成功，促成校長培育與專業發展，並不容易。一個相當大的挑戰是時間。師傅校長雖然經驗豐富，憑著判斷與直覺處理事情，都能處理得很好，但是卻未必能夠清楚說明個人教育作為的理論基礎，更遑論將整理而得的系統性知識傳遞給徒弟校長，讓徒弟校長不只長經驗，也能長理論，提升專業水準，促進教育發展。如果沒有長時間讓師傅校長將其內部知識外顯，再傳給徒弟校長，學習成效有限，徒弟要完全將自己所學釐清應用，也無法在短時間內奏效。

> 那再來是這個課，其實我覺得現在才剛好漸入佳境，就要停了滿可惜的，所以如果有經費那要開一年。（焦一，19）

柒 | 討論與建議

一、認知學徒制作為校長培育與專業發展的重要利器

對於已經是成人的校長而言，要改變其思維面向與固定行為模式，使其成為領導者，認知學徒制無疑是一個利器。透過系統性的安排，「學徒」由問題或衝突的情境中，學會認識自己，學習不同的思考面向，強化個人專業知識與核心價值，再落實到實踐層次，校長方能作為辦學的火車頭，引領教育向上發展。學校校長所面臨的環境與個案殊異性大，如何處理這些問題，單靠理論知識是不足的，有些隱匿知識的價值，重要性可能不亞於理論知識，可以協助校長帶領學校安然渡過激流中的巨石。

其實校長透過觀察與請益，早已是以一個學徒的身分在進行學習，但是以此精神納入培育與專業成長課程中，可以讓校長獲得較多面向、系統性與效率性的成長。推動認知學徒制作為校長培育與專業發展的管道，也要注意認知學徒制可能產生的缺點，如近親繁殖，思想過於接近，反而不利校長的成長與專業發展。

二、師徒制的建立

師傅校長如果要制度化，甚至給予尊榮或福利（加薪或補貼），恐怕不可免俗的必須挑選「完人」擔任師傅校長，才能讓當「徒弟」的人心服口服，心甘情願的跟著學習。矛盾的是學員與焦點團體座談成員又認為學習的對象未必得是典範校長，也未必得是成功的經驗，學習的目的未必只是模仿師傅校長，而是超越師傅校長，學習對象更未必要是校長，要進行怎樣的學習也要看「徒弟」目前的發展階段需求，更何況某些較敏感部分的學習，也要師傅徒弟彼此間有很強的信賴感才能討論。

準此，由行政機關或校長培育單位主導，選拔「師傅校長」，建立師徒制，恐非良策，研究者提出兩項建議。第一是打破師傅校長需為「完人」的概念，改

以教練（coach）的方式進行，教練不必是「完人」[4]，但他了解學員，了解專業，能夠提供良好的成長規劃與建議。教育行政機關或校長培育中心如果能建立類似「校長教練團」的校長諮詢人才庫，透過練習（如定期或不定期個案討論）、協助（個別問題諮詢）、經驗交流分享、觀察討論，協助校長（甚至教育與學校行政人員）成長，應較師徒制更具彈性，也較不會有上對下或是「完人」的壓力。

第二項作法是避免讓師徒傳承制式化，尤其應避免指定、配對的方式建立師徒關係。如前所言，信賴感是師徒制能夠運作的重要因素，在信賴感不強的情況下，師傅敢點，徒弟能受的程度都有限，傳承半天，可能還是在外圍繞圈子。師傅校長對於徒弟也是有所選擇的，如一位校長所言：「有些主任是拿來用的，有些主任是拿來教的」，校長對於誰比較能夠栽培，有其看法，強迫建立師徒制，效果未必良好。比較好的方式是透過管道（研習班、讀書會等等），讓一群徒弟校長與師傅校長能在熟識之後自由配對，建立起學習關係，是項關係也未必需一對一，能夠多對一或多對多，甚至一人可以屬於多個團體，獲得多元的視野與觀點，這樣自然組成的方式比較容易有真正的學習發生。

三、強化理論與實務的結合

師傅校長這個概念容易讓人想到魅力型的領導者，將焦點集中在人格特質或處事手腕上，但是辦理教育不能只憑個人人格特質，專業要有其普遍性，所以師傅校長要能夠將其經驗法則理論化，讓徒弟由師傅校長處學到的不僅是零碎的知識，還有專業的理論，好讓徒弟能夠有所本的去面對更多的個案，憑專業而非憑直覺或個人喜惡推動行政。

由此次上課的經驗來看，這項工作對師傅校長或是安排課程的教授都是不容易的事，在理論的深化、實務的轉化、在地或脈絡知識的融入，以及課程的安排上，都需要有更好的準備。如果沒有制度的支持，包括金錢與時間上的投注，是不容易期望透過系統性的師徒制，達成校長培育與專業發展的目的，師徒之間還是只能流於經驗的分享，而非專業的提升。專家或學員都認為時間與經費是師徒制發展重要的配套措施，作者同意一部分，但認為部分的金錢與時間應該花在師

---

4 如同體操教練不見得是體操冠軍，體操選手表現超越體操教練也是正常的。

傳校長經驗的凝萃與專業化，並提升其理論與實務間互相轉化的能力，學界在這部分也可以有貢獻，共同投入課程與教學的發展，改進校長培育的「軟體」。

四、實作的帶入

個案討論其實是相當經濟有效的方式，節省師傅校長與徒弟的時間。不過練功半天，還是要有實戰經驗，才是學習成效最後的判準，在實作過程中，師傅校長所提供的針砭，對徒弟的幫助應該更大。前面所提校長教練團的概念，或是校長專業社群互動的強化，都可以讓新任校長在實作中得到即時指引或諮詢。

 王麗雲小檔案

　　國立臺灣師範大學教育學系副教授、教育研究與評鑑中心資料組組長、高等教育評鑑中心研究發展處處長，研究專長為教育政治與政策分析、教育社會學、高等教育、教育評鑑，曾任國立臺灣師範大學研究發展處企畫組組長、師資培育與就業輔導處地方教育輔導組組長。

謝文全小檔案

　　國立臺灣師範大學教育學系名譽教授，美國愛荷華大學哲學博士，曾任國立臺灣師範大學教育學系系主任、進修部主任，研究專長為學校行政、教育行政、比較教育，編著有教育行政相關書籍多種。

References
參考文獻

中 | 文 | 部 | 分

丁一顧、高郁婷（2011）。認知教練歷程與國小校長省思能力關係之研究。嘉大教育研究學刊，**26**，1-24。

方吉正（2000）。**認知學徒制在國小數學解題教學成效之研究**。國立高雄師範大學教育學系博士論文，未出版，高雄市。

王保進、邱鈺惠（2001）。國民小學校長培育方案規劃之研究——以臺北市為例。載於國立嘉義大學國民教育研究所（主編），**中小學校長專業成長制度規劃學術研討會論文集**。高雄市：復文。

王麗雲（1999a）。個案教學法之理論與實施。**課程與教學季刊，2**（3），117-134。

王麗雲（1999b）。教育行政知識基礎與教育行政人員培育。載於中華民國比較教育學會（主編），**新世紀的教育挑戰與各國因應策略**（頁451-482）。臺北市：揚智。

王麗雲、潘慧玲（2000）。教師彰權益能概念與實施策略研究。**教育研究集刊，44**，173-198。

田耐青（1996）。認知學徒制及其對成人教育教學設計之啟示。**臺北師院學報，9**，1-18。

李新鄉（2001）。以校長專業成長組織及學術機構附校長中心作為校長專業成長制度規畫策略之探討——美國芝加哥市的經驗。載於國立嘉義大學國民教育研究所（主編），**中小學校長專業成長制度規劃學術研討會論文集**。高雄市：復文。

林文律（1999a）。校長職務與校長職前教育、導入教育與在職進修。發表於國立臺北師範學院承辦，**現代教育論壇，4：校長專業教育與專業發展**。

林文律（1999b）。教育行政人員培育的新潮流。發表於中正大學教育學院主辦，**迎向千禧年——新世紀的教育展望國際學術研討會**。

林志成（2001）。行動知識對校長專業發展課程設計與教學方法的啟示。載於國立嘉義大學國民教育研究所（主編），**中小學校長專業成長制度規劃學術研討會論文集**。高雄市：復文。

林美伶（1997）。**認知學徒合作學習對國中生英語科學習成就表現、動機信念、學習策略之影響**。國立臺灣師範大學教育心理與輔導學系碩士論文，未出版，臺北市。

林明地（1997）。兼重技術性與藝術性角色的均衡領導。**人力發展月刊，44**，12-22。

林明地（2000a）。校長專業發展課程設計理念與教學方法之探討。**教育資料與研究，37**，10-20。

林明地（2000b）。學校行政的「技藝」性質及其對學校行政理論與實際的啟示。**學校行政雙月刊，5**，45-62。

林明地（2001）。從「以問題為基礎的學習」談校長專業發展。載於國立嘉義大學國民教育研究所（主編），**中小學校長專業成長制度規劃學術研討會論文集**。高雄市：復文。

洪志成、王麗雲（1999）。個案教學與師資培育。載於中華民國師範教育學會（主編），**師資培育與教學科技**（頁111-136）。臺北市：台灣書店。

國立臺北師範學院（主編）（2001）。**中小學校長培育、證照、甄選、評鑑與專業發展國際研討會論文集**。臺北市：作者。

張民杰（2001）。**案例教學法——理論與實務**。臺北市：五南。

陳木金（1995）。「教與學」的另一種原理——認知學徒制。**教育研究雙月刊，45**，46-53。

陳木金、楊念湘（2011）。我國國民中小學校長儲訓課程規劃之研究。**教育政策論壇，14**（7），143-180。

陳金生（1999）。國小校長職前儲訓課程與相關措施之研究。國立中正大學教育學研究所碩士論文，未出版，嘉義縣。

陳靜嵐（2001）。公立中小學校長提早退休原因分析及其社會支持系統之研究。國立中正大學教育學研究所碩士論文，未出版，嘉義縣。

馮丰儀、謝文全、王麗雲（2001）。**我國學校領導專業發展課程的設計與實施——美國三個中心之啟示**。發表於國立嘉義大學主辦，「中小學校長專業成長制度規劃」學術研討會，2001年6月23日。

楊振昇（2001）。美國中小學校長培育制度及其國校長培育之啟示。發表於國立嘉義大學國民教育研究所（主編），**中小學校長專業成長制度規劃學術研討會論文集**。高雄市：復文。

楊順南（1996）。認知學徒制與剖面圖在學校領導上之應用。**教育研究雙月刊，47**，56-85。

謝文全、王麗雲（2001）。所學何用——中小學校長專業培育與發展課程的評估與反省。發表於國立嘉義大學主辦，「中小學校長專業成長制度規劃」學術研討會，2001年6月23日。

謝文全等譯（出版中）。**學校行政倫理**。臺北市：學富。

顏瓊芬（1998）。職前生物教師進行開放式科學探究過程之研究。國立彰化師範大學科學教育學系碩士論文，未出版，彰化市。

英 | 文 | 部 | 分

Anderson, G. L., & Page, B. (1995). Narrative knowledge and educational administration: The stories that guide our practice. In R. Donmoyer, M. Imber & J. J. Scheurich (Eds.), *The knowledge base in educational administration: Multiple perspectives* (pp.74-95). Albany, NY: State University of New York Press.

Barnes, L. B., Christensen, C. R., & Hansen, A. J. (1994). *Teaching and the case method* (3rd ed.). Cambridge, MA: Harvard Business School Press.

Begley, P. T. (1995). Using profiles of school leadership as supports to cognitive apprenticeship. *Educational Administration Quarterly, 31*(2), 176-202.

Begley, P. T. (1996). Cognitive perspectives on the nature and function of values in educational administration. In K. A. Leithwood et al. (Eds.), *International handbook of educational leadership* (pp. 551-588). Norwell, MA: Kluwer Academic Publishers.

Bjork, L. G., & Ginsberg, R. (1995). Principles of reform and reforming principal training: A theoretical perspective. *Educational Administration Quarterly, 31*(1), 11-37.

Bridges, E. M., & Hallinger, P. (1995). *Problem based learning.* Eugene, OR: ERIC.

Brown, J. S., Collins, A., & Duguid, P. (1989). Situated cognition and the culture of learning. *Educational Researcher, 18*(1), 32-42.

Cranton, P. (1994). *Understanding and promoting transformative learning: A guide for educators and adults.* San Francisco, CA: Jossey-Bass.

Cranton, P. (1997). *Transformative learning in action: Insights from practice.* San Francisco, CA: Jossey-Bass.

Cunningham, W. C., & Cordeiro, P. A. (2000). *Educational administration: A problem-based approach.* Upper Saddle River, NJ: Allyn & Bacon.

Collins, A., Brown, J. S., & Newman, S. E. (1989). Cognitive apprenticeship: Teaching the craft of reading, writing, and arithmatics. In L. B. Resnick (Ed.), *Knowling, learning, and instruction: Essays in honour of Robert Glaser* (pp. 453-494). Mahwah, NJ: Lawrence Erlbaum Associates.

Dimmock, C. (1997). Dilemmas for school leaders and administrators in restructuring. In K. A. Leithwood et al. (Eds.), *International handbook of educational leadership* (pp.135-170). Norwell, MA: Kluwer Academic Publishers.

Donmoyer, R. (1995). A knowledge base for educational administration: Notes from the field. In R. Donmoyer, M. Imber, & J. J. Scheurich (Eds.), *The knowledge base in educational administration: Multiple perspectives* (pp. 74-95). Albany, NY: State University of New York Press.

Donmoyer, R., Imber, M., & Scheurich, J. J. (Eds.) (1995). *The knowledge base in educational administration: Multiple perspectives.* Albany, NY: State University of New York Press.

Glidewell, J. C. (1993). How CEOs change their minds. In Hallinger, Leithwood, & Murphy (Eds.), *Cognitive perspectives on educational leadership.* New York, NY: Teachers College Press.

Guyton, E. M., Rainer, J., & Wright, T. (1997). Developing a constructivist teacher education program. In D. M. Byrd & D. J. McIntyre (Eds.), *Research on the education of our nation's teachers, teacher education yearbook, V.* (pp.149-171). CA: Corwin Press.

Hallinger, P., Leithwood, K., & Murphy, J. (1993). *Cognitive perspectives on educational leadership.* New York, NY: Teachers College Press.

Hsieh, W. C., & Wang, L.Y. (2001). Evaluating the way we prepare our educational leaders: A curricular perspective. In *International Conference on School Leader Preparation, Licensure/ Certification, Selection, Evaluation, and Professional Development Papers.* Taipei, Taiwan: Taipei Teachers' College.

Kleinfeld, J. (1996). Our hero comes of age: What students learn from case writing in student teaching. In J. Colbert, K. Trimble, & P. Desberg (Eds.), *The case for education: Contemporary approaches for using case methods* (pp.79-98). Upper Saddle River, NJ: Allyn & Bacon.

Kowalski, T. J. (1991). *Case studies on educational administration.* Upper Saddle River, NJ: Longman.

Leithwood, K. A., Begley, P. T., & Cousins, J. B. (1992). *Developing expert leadership for future schools.* London, UK: The Falmer Press.

Leithwood, K., Chapman, J., Corson, D., Hallinger, P., & Hart, A. (Eds.) (1996). *International handbook of educational leadership.* Norwell, MA: Kluwer Academic Publishers.

McCarthy, M. M. (1999). The evolution of educational leadership preparation program. In J. Murphy & K. S. Louis (Eds.), *Handbook of research on educational administration* (pp. 119-140). San Francisco, CA: Jossey-Bass

Mezirow, J. (1991). *Transformative dimensions of adult learning.* San Francisco, CA: Jossey-Bass

Mezirow, J. et al. (1990). *Fostering critical reflection in adulthood: A guide to transformative and emancipatory learning.* San Francisco, CA: Jossey-Bass

Milstein, M. M. (1999). Reflections on "The Evolution of Educational Leadership Programs". *Educational Administration Quarterly, 35*(4), 537-545.

Murphy, J. (1992). *The landscape of leadership preparation: Reforming the education of school administrators*. CA: Corwin Press.

Pohland, P., & Boca, B. (2000). Professional development as transformational learning. *International Journal of Leadership in Education, 3*(2), 137-150.

Prestine, N. A., & LeGrand, B. F. (1991). Cognitive learning theory and the preparation of educational administrators: Implications for practice and policy. *Educational Administration Quarterly, 27*(1), 61-89.

Prestine, N. A. (1993). Apprenticeship in problem-solving: Extending the cognitive apprenticeship model. In Hallinger, Leithwood, & Murphy (Eds.), *Cognitive perspectives on educational leadership* (pp. 192-212). New York, NY: Teachers College Press.

Prestine, N. A. (1995). A constructivist view of the knowledge base in educational administration. In R. Donmoyer, M. Imber, & J. J. Scheurich (Eds.), *The knowledge base in educational administration: Multiple perspectives* (pp. 267-248). Albany, NY: State University of New York Press.

Putnam, P. T., & Borko, H. (1997). Teacher learning: Implications of new views of cognition. In B. J. Biddle (Ed.), *International handbook of teachers and teaching* (pp. 1223-1296). Norwell, MA: Kluwer Academic Publishers.

Schon, D. A. (1984). *The reflective practitioner: How professionals think in action.* New York, NY: Basic Books.

Schon, D. A. (1987). *Educating the reflective practitioner: Toward a new design for teaching and learning in the professions.* San Francisco, CA: Jossey-Bass.

Shulman, J. H. (Ed.) (1992). *Case studies for teacher problem solving.* New York, NY: Teachers College Press.

Singleton, J. C. (Ed.) (1998). *Learning in likely places: Varieties of apprenticeship in Japan.* Cambridge, MA: Cambridge University Press.

14 個案教學在國小候用校長培育課程之應用

吳清山（國家教育研究院院長）
蔡長艷（明道大學副教授）

壹｜緒論

個案是一個故事，也是一個真實的事件。善用個案進行教學，不僅能夠激勵學生學習動機和興趣，同時亦可提升學生高層次的獨立思考和問題解決能力。

個案教學應用在醫學教學和法律教學，已經有一段很長的時間，而且收到良好的效果；後來哈佛管理學院（Harvard Business School）加以推廣，成為該學院的教學特色，並享負盛名。

1984 年「世界個案教學研究與應用學會」（The World Association for Case Method Research & Application, WACRA）成立，更積極倡導個案教學的應用。該學會曾對個案教學提出下列的說明（The World Association for Case Method Research & Application, no date）：

個案教學係採用特定情境之部分、歷史的描述，讓學生發現和發展自己獨特的問題解決架構。個案教學能夠有效達成其目標。它採用敘述性方式呈現資料和訊息，激勵學生主動參與問題解決、確認解決問題的必要訊息來源，並透過小組活動進行批判思考。

從上述這段話中，可以了解個案教學的核心概念，在於透過有效教學，幫助學生建立問題解決的思考架構。所以，個案教學的最大價值，就是學生經過個案教學之後，在類似問題的情境下，能夠以有效的策略解決問題。由於醫學、法律、

企管等方面有很多實際的問題案例，經由個案教學和討論，學生立即可以發現問題解決的方式，因而個案教學應用在醫學、法律、企管等教學上，要比其它領域更為普遍。

觀之國內中小學校長培訓方面，其課程與教學之規劃，個案教學並未受到應有的重視，亦未能廣泛應用，至為可惜。其實，校長每天所面對的形形色色問題，並不比醫師、律師或企業經理人少，所以更需要培養獨立思考和問題解決能力，此更加突顯個案教學對校長培育的必要性和重要性。

有鑑於此，臺北市教師研習中心特別於國民小學校長儲訓班採行個案教學方式，以培養候用校長具有更高層次的問題解決能力。這種革新校長培訓的教學方式，能夠展現哪些教學效果，值得加以探討。

因此，本文首先說明個案教學的意涵和特色，並以臺北市教師研習中心推動個案教學於候用校長儲訓班為例，闡述該課程設計理念與架構，接著分析個案教學在校長培育課程之應用，以及實施之具體成效，最後提出建議，以供參考。

貳｜個案教學的意涵和特色

個案研究（case study）是指對事件或情境的描述，這類描述通常具有多種目的，它可以是一種研究方法、一種評鑑方法、一種政策研究的方法，或是一種教學方法。個案教學法（case-study teaching method）則是把個案研究當作一種教學的典範，目的是使學生探討問題解決的技巧（王麗雲，1999；Kowalski, 1991）。司徒達賢（2004）特別強調個案教學在互動式教學的價值。互動式教學不僅是提升學生知能的最佳途徑，對教師本身的成長也最有助益。如果運用得當，個案教學較能有效結合教學與研究，使研究方向與結果更能契合社會的脈動與需求，教師的研究知能可以隨著教學經驗而不斷增進，更能使教學生涯充滿樂趣。

美國哈佛大學校長（1869-1909 年）Charles William Eliot，從根本上使哈佛蛻變為現代美國的研究型大學，他指出哈佛大學的問題是在如何教，而不是教什麼。除教學內容外，在研發教學技術與方法以及師資培育上具有舉足輕重之影響。個案教學法在 1870 年由當時哈佛法學院院長 C. C. Langdell 首倡，並於 1919 年受到當時哈佛企管研究所所長 W. B. Doham 的推廣，成為此兩學院的教學特色和享負

盛名的原因之一（張民杰，2001）。

　　落實個案教學之成效，所需具備之基本面向包括「師資」、「教材」、「學習風氣」與「學習環境」（許書銘，2008）。Roberts（2001）指出：個案是將一個真實情境、面臨的挑戰、機會或問題，以文字呈現在教學個案中，透過個案情境的描述，讓課程參與者如同教學個案中的主角，根據現實狀況及所擁有的資訊，進行分析、制定決策，進而突破企業面臨之困境。個案教學是以個案為基礎，讓老師與學生進入真實的情境中，老師藉由問題的引導刺激學生思考決策者必須處理的難題（司徒達賢，2004）。劉常勇（1998）強調學員應主動的、積極的參與在課程進行的過程，而教師僅扮演從旁指引、協助討論進行，並創造一個能激發學員主動學習、積極討論的氛圍。應用在學校經營上，則是透過個案描述學校經營的事件情境與過程，引導學員主動發覺其中潛藏的經營問題，分析討論問題解決的可能方案，並經由課程中互動討論的方式，來達到教學目的。

　　個案教學是一種課程，也是一種學習方式，它是基於問題的學習或問題解決的方式學習，透過安排學習情境，使學習者能在其中，根據真實的詳盡資料，使用系統的方法去解決問題，以及處理在運作中可能遇到的難題（Wheatley, 1991）。

　　Guth 與 Marsh（2005）指出透過個案教學的思辯過程，學生可以鍛鍊自我的決策技巧，成為解決問題的高手。Llewellyn（2007）認為，個案教學會幫助學生透過個案中決策者的角色了解真實的情境與壓力，學生透過個案分析、解釋資料與做決策經驗累積個人能力。Colvin（2007）指出，學生經由參與個案問題的分析、與課堂中學到的理論對話、對個案進行邏輯推理等，來提升自我的判斷與思考能力。個案教學主要在培養學生分析能力、批判能力、創造能力、溝通能力、人際關係能力、問題解決能力與應用理論之能力。

　　馬秀如、吳安妮與劉子珈（2006）指出，個案教學是對實際情況加以描述，為某個時間點的事件快照，藉此進行討論，在討論過程中不涉及評判個案經營之良窳，僅是個人之判斷與抉擇。透過個案教學可達到四種目的：(1)讓參與者身歷其境；(2)作為進行決策的一般性指導原則；(3)連結理論概念與實務應用；(4)測試參與者對於理論之了解程度。

　　根據以上所言，個案教學係提供學習者一個實際的問題情境，把學習設置到複雜的、有意義的問題情境中，讓學員有機會設身處地，面對情境中所引發出來

的問題，進行思考、與同儕學習合作解決真實性問題及隱含於問題背後的專業知識，形成解決問題的技能及自主學習的能力。

不同的情境適合不同的個案教學風格，而每位進行個案教學之教師必須自行決定適合的教學風格。根據 Erskine、Leenders 與 Mauffette-Leenders（2003）指出有下列三種教學風格類型：

1. 激勵者：此類型教學風格的教師，認為參與者本身是唯一應對其學習效果負責的人。
2. 指示者：此類型教學風格之教師，則認為教師應對參與者的學習效果負責。
3. 夥伴角色：此類型教學風格之教師，則認為教師與學生應共同為參與者的學習效果負責。

個案教學法中，教師的正確角色應該是：引導而不控制；參與而不干預；整理而不修正；鼓勵而不強迫；維持良好的師生互動關係；發展課堂討論的氣氛（劉常勇、莊立民、張麗華，2007）。

在校長儲訓課程中，個案教學有助於培養候用校長的分析思考能力和解決問題能力，這種教學方式為配合教學活動之進行，於現實世界中蒐集相關實際個案——個案通常是與學校經營活動有關的內容，依據過去發生的事實來撰寫，編製成能充分表達教學內容的實例。個案的內容必須隱含一些可以進一步討論的問題，經由個案分析討論，參與者可以獲得與學校經營及經驗應用有關的專業知能學習。在個案教學中，學員是整個課程學習的主角，學員要有積極參與討論的態度，來實現自我學習的成果。個案教學也是一種團隊學習的方式，它有增進人際互動與團隊關係的效果，也有同儕相互學習與相互影響的效果，這種學習環境較為近似學校真實運作的環境。因此個案教學強調自主學習、參與學習，與團隊學習方式，此正符應現代學習理論建構主義的教育觀（張世忠，2000），學習者是學習的主體，不能只是捕魚給他吃，還要引起他想捕魚，並且教他捕魚。

個案教學係一種個案的判斷與有多種抉擇的問題解決方案，可促進學員於學習成效上有加倍之效果。綜合來說，個案教學是一種技術，也是一種藝術，其主要特色如下：

1. 強調意義，重視學習者學習的自主性。
2. 促進學習者高層次的理解與良好的問題解決知能發展。
3. 學習者能學得較強的自我管理能力、人際溝通與團隊合作精神。

4. 教師不是絕對的權威，以學習者為中心，形成良好的師生關係。

5. 從學習的效果和學習者意義建構的歷程而言，個案教學是一種高層次、高效能的學習。

參│候用校長儲訓課程設計理念與架構

有鑑於卓越領導、高尚品格及持續追求成長乃是扮演成功校長的基礎，臺北市教師研習中心 2006 學年度國小候用校長儲訓課程規劃，以臺北市教育願景「卓越、優質、精緻、創新」為儲訓課程之依歸，儲訓校長能在自我反思、團隊學習的歷程中，在積極成長的思維和態度中，臻至自我省察、洞察見解、兼容並蓄、通權達變，逐步圓滿達成八週校長儲訓之目標。

本儲訓課程架構經學者專家與一群優質校長經多次會議研商，訂出強化互動教學之課程，以「週主題」為經，每週均環繞週主題深入校長領導之知能，並以「帶狀課程」為緯，貫串儲訓各週以達成統整學習。八個週主題包含態度、制度、法度、領導度、執行度、績效度、廣度及高度。「帶狀課程」則包括個案教學、優質校務經營計畫、典範學習、師徒學習、草山論壇等為個案教學的主軸，另配合每週主題進行，安排三至四個理論與實務兼具之單元課程，建構成完整的校長學，詳如圖 14-1。

一、課程目標

本儲訓以「卓越、優質、精緻、創新」為課程願景，期許候用校長透過八週儲訓，達成下列目標：

1. 熟悉教育政策，落實卓越、優質、精緻、創新之教育願景。

2. 培養高尚品格、健康身心及自我發展與省思之專業能力。

3. 激發團隊合作、領導知能及良好的人際關係。

4. 精進校長應備之專業知能與態度之學習，建構完整校長學與使命感。

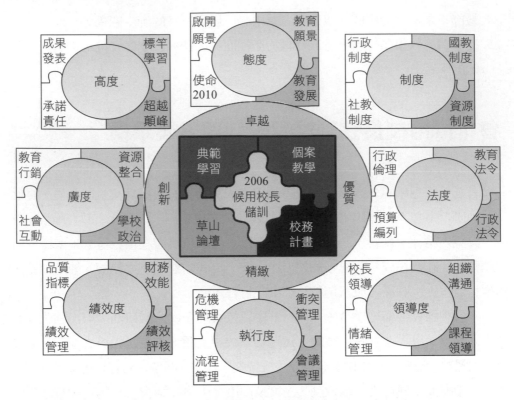

▶ 圖 14-1　2006 學年度國小候用校長儲訓課程架構

二、週主題

週主題請參見圖 14-2，茲說明如下：

(一)態度

1. 說明：以教育之發展趨勢為前導、本市之教育願景為依歸，期候用校長能建立正向之態度，澄清校長角色之任務，形塑未來校務經營願景與使命。
2. 單元課程：(1)啟開願景，(2)願景與使命 2010，(3)臺北市教育願景，(4)教育政策發展。

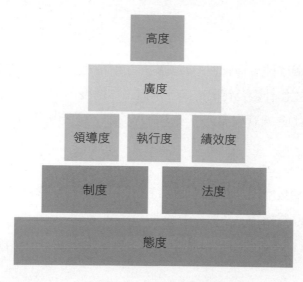

▶ 圖 14-2　週主題架構

（二）制度

1. 說明：綜觀我國從中央到地方之教育行政制度全貌，析釐臺北市教育行政制度之優勢，透過對話分享機制，了解各主管機關工作重點，提供良性互動平臺，建構政策討論之理想溝通模式，以整合教育行政機關與學校之資源，提升教育品質。
2. 單元課程：(1)教育行政制度，(2)國民教育，(3)社會教育，(4)校園營造。

（三）法度

1. 說明：了解教育相關行政法令，掌握校長角色與行政倫理，建立正向之價值選擇及決策思考。
2. 單元課程：(1)行政倫理，(2)預算編列與執行，(3)教育行政法令。

（四）領導度

1. 說明：塑造 21 世紀之校長領導特質，體察並合宜紓解自我情緒，有效運用個人及組織溝通技巧，營造良好組織溝通氣氛，建構學校願景與策略。
2. 單元課程：(1)校長卓越領導，(2)課程領導，(3)組織溝通，(4)情緒管理。

（五）執行度

1. 說明：能檢視學校流程管理之關鍵點，了解危機管理與衝突管理的原則，完善擬訂各項工作計畫及行動方案，掌握工作進度。
2. 單元課程：(1)會議管理與主持，(2)流程管理，(3)衝突管理，(4)危機管理。

（六）績效度

1. 說明：清楚績效管理之概念，發展符合學校經營策略之績效管理及評核，深入探討教育品質指標，落實績效管理。
2. 單元課程：(1)績效管理，(2)績效評核，(3)財務效能，(4)教育品質指標。

（七）廣度

1. 說明：深入了解學校行政體系與家長、社區及社會運作模式，導向實際互動層面，以統整相關資源並營造良好夥伴關係，建立優質學校。
2. 單元課程：(1)教育行銷，(2)資源整合與運用，(3)學校政治運作實務，(4)學校與議會互動實務。

（八）高度

1. 說明：透過內省、成果發表及外埠標竿學習，吸取優質標竿學校校長辦學理念與學校經營優勢，在深刻體驗中藉以提升學員視野高度，使之勇於承擔校長使命。
2. 單元課程：(1)成果發表，(2)標竿學習，(3)承諾責任，(4)超越顛峰。

三、帶狀課程

帶狀課程以高互動教學設計並圍繞個案來學習，請參見圖14-3，茲說明如下：

1. 個案教學：以團隊合作學習方式，採四人為一組促進知識共創，以學校實際問題現象為導向，經由授課講座指導，進行個案研究方法規劃、資料蒐集、分析及反思回饋，激發學員對問題之敏覺力、解決問題之判斷力，及創新改進之執行力，俾引領回歸校長專業之核心。

2. 優質校務經營計畫：每週邀請優質學校校長進行實務分享，深入了解優質校長之校務經營計畫，藉他山之石發現差異性，並根據學校的發展需求、校內外環境優缺得失，修訂適切之優質校務經營計畫。

3. 典範學習：自第二週起，配合每週學習重點，參訪典範學校，臨床學習典範學校經營、領導的實際情形，並透過觀摩、體驗實作與分享學習，深化領導實務要領。

4. 師徒學習：由師傅校長扮演領航的角色，傳承工作實務經驗與訣竅，以促進候用校長實務問題之解決能力，啟發治理校務行政的發展與創新。

5. 草山論壇：配合各週主題，邀請跨領域學者專家、企業人士專題研討，以拓展學員之宏觀視野，典範學習。

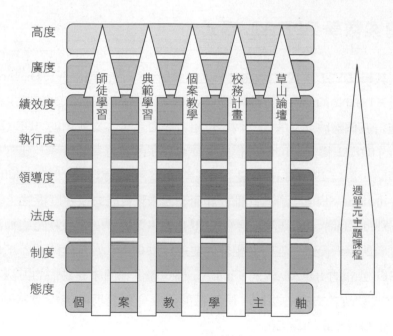

▶ 圖 14-3　帶狀課程示意

肆｜個案教學在校長儲訓班之應用

個案教學的功能在培養學員分析和解決問題的能力、提升處理人際關係的能

力、增強學習能力。因此個案教學過程重在能：(1)發覺複雜現象中的各項潛在問題；(2)能有系統的分析問題結構，並進行必要的推理與歸納；(3)能做出正確的判斷，並提出一套完整的解決方案；(4)能將自己的觀點有系統的陳述，並與他人溝通；(5)能聆聽他人的意見，並加以判斷等。此項課程由作者親自擔任講座，在個案教學中，講座主要扮演著激勵者的角色，引導學員就各種不同情境進行思考與討論。

候用校長培育透過儲訓課程個案教學IDEAL模式的設計，提供適當的個案教材討論與分析、有效的個案教學方式、教師引導個案教學的技巧，以及學員投入參與的意願，達到激發學習的動機、增進師生互動與團隊學習的效果，促進學員個人專業知識、學習能力，以及思考分析能力的增長。

一、個案教學 IDEAL 模式

個案教學IDEAL模式包含初始階段（Initiating）、診斷階段（Diagnosing）、建立階段（Establishing）、行動階段（Acting）、學習階段（Learning）等五個階段。根據這五個階段英文的第一個字母組合來命名，本文使用的 IDEAL 係修訂SEI公布的IDEAL模式。IDEAL模式主要專注在改善方案的管理及建立一個長期改善的策略，源自 1986 年由美國卡內基美隆大學的軟體工程學院（Software Engineering Institute, SEI）受到國防部委託而發展的整合能力成熟度模式（Capability Maturity Model Integrated, CMMI）。CMMI 的主要內容就是要執行組織流程改善與提升品質的參考模式，在一個組織內要進行以CMMI為基礎的改善工作，一般都使用 SEI 公布的 IDEAL 模式。IDEAL 模式提供一個淺顯易懂的方法，它詳細描述建立成功改善方案的步驟，使組織能建立一個長期的流程改善制度（Fan, Chang, Wu, Liang, & Chen, 2006）。

本次個案教學過程，發展解決方案就以 IDEAL 模式五個階段作為發展的依據，詳如圖 14-4。

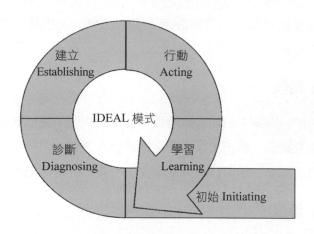

▶ 圖 14-4　個案教學 IDEAL 模式示意

（一）「初始」階段

這是 IDEAL 模式的起點，在這個階段藉由個案資料、文獻探討及訪談利害關係人以了解個案運作實況及困難，組成改善方案的基礎架構，定義方案內每個角色及其職掌，根據個案組織的願景、策略及過去的經驗，擬定改善的方案。此階段作業重點包括：(1)說明問題，(2)收集有關此問題的事實資料。

（二）「診斷」階段

藉由 IDEAL 模式建立假說，做出落差分析，確認現行個案的問題及改進的方向，診斷目前的工作模式，並界定未來個案發展的目標。首先確定需要執行的基準評鑑項目及種類，然後規劃並收集所得的實際資訊，最後製作診斷結果及建議解決方案。此階段作業重點包括：分析問題的關聯原因，提出可行的問題解決方案（alternatives）。

（三）「建立」階段

根據診斷分析，得知可改進或須增加的項目，選擇一個最佳方案，說明需如何達到目標。在此階段學員需決定改善的行動和其優先順序，並尋找適當的解決方案，轉換在初始階段所定義的一般流程改善目標為可度量的目標，並製作監控基準，建立組織全體的共識，並配置行動所需的資源。此階段作業重點包括：(1)

評估各項方案的優缺得失；(2)發展評選方案的基準；(3)根據上述之評選方案基準，選出最佳的方案。

(四)「行動」階段

根據選出最佳的方案，處理診斷階段所發現的問題，完成改善的細部規劃並試行可能的解決方案後，修正出最適合組織需要的個案解決方案，然後將經過證實的解決方案導入流程，提出行動方案的實施步驟，推廣至全組織。

(五)「學習」階段

依照評估行動方案實施的可能結果，作為未來繼續學習的基準，從經驗中學習並提升自我的能力。進行 IDEAL 模式下一個循環時，收集先前的各項學習心得，在整個過程所學得的體驗都將收集、分析、彙總及記錄成文件。確保所使用的策略、方法及組織架構是最佳的，修正或調整改善流程，使下一循環的運作流程更為順暢並更有效率。

二、個案教學進行過程

討論是個案教學進行的主要教學方式。如何有效的進行討論，其中教師的角色與所需具有的技巧、進行的程序、學員的角色與職責、如何確保效果的實現，以及需要怎樣的周邊環境設施配合等，皆為重要的因素。課前的小組討論與書面報告作業，以及課堂中在教師引導下的互動討論與決策分析，有助於學員的書面分析能力、口頭表達能力、傾聽他人意見、說服他人接受自己的觀點、人際關係發展、綜合分析判斷他人意見等能力的養成。

本校長儲訓課程之個案教學進行過程包括：個案研讀、小組討論、繳交課前作業、個案口頭報告、課堂討論、課後報告撰寫等階段。

(一)個案研讀

在課程進行前一週，全班分成五組，每組（四人）須先討論出自己的個案並公告在網頁上，且要在課前完成閱讀與準備其它組個案之分析及討論。學員在課前對於個案要做充分的準備，在課堂中能主動參與討論，並積極捍衛自己的觀點，

個案教學的效果方能彰顯。所以教師必須定時透過閱讀網頁，掌握學員在課前已對於個案分析討論所做的準備。此階段準備的重點：

1. 當學員選定個案討論作業，首先要進行全文閱讀，然後判定這個個案討論的重點與隱含的問題。
2. 閱讀與分析討論其它組上傳的個案報告內容。

(二)小組討論與繳交課前作業

　　小組討論是課前準備的一部分，經由小組成員意見的交流，分工收集資料，使學員對於個案內容有更深入的了解。小組討論屬非正式的討論形式，小組的人數較少，學員有較多的發言機會，擔心發言失誤的顧忌也較少，有助於團隊合作關係的培養，並可作為課堂正式討論前的一種演練，要求學員確實進行課前小組個案研究與討論的工作，並提出討論的紀錄與重要的研究發現。此階段準備的重點：

1. 小組依據 IDEAL 模式討論個案，產生強而有力的分析成果。
2. 繳交課前作業：(1)每組均得在上課週前的週日午夜十二點前上傳該組的個案書面報告（每組一份含投影片）。(2)學員每人一篇一頁有關他組（其它四組）個案研讀心得與問題，須於上課前繳交。
3. 決定課堂陳述的方式與攻防策略。

(三)個案口頭報告與課堂討論

　　個案口頭報告與課堂討論是整個個案教學活動的重點，也是個案教學學習成效的驗收。在課堂討論前，個案報告組先介紹個案內容與關鍵的情節，以IDEAL模式提出問題，再針對這些問題進行剖析原因，然後提出各種建議的解決方案，進行各項方案的利弊得失分析與批判，再對選出最佳方案研擬執行步驟，展現出該組獨特的問題解決方案。質詢組則針對報告組方案內容提出質疑，攻防論戰，產生更多的異質觀點。教師在課堂討論中的角色是隱性的，不主導討論的進行，但不能使討論內容失控，又要兼顧每位學員的主動參與。在雜亂的討論過程中，未必有結構、有秩序，但每一個意見都能受到重視，學員從課堂討論中獲得學習成長，同時也能從他人學到更新的觀點。每週由五組抽出三個案報告組與質詢組，交錯報告與質詢，讓大家輪流攻防。此階段準備的重點：

1. 每次進行三個案演練。

2. 每一個案進行流程 50 分鐘，分三部分進行。

3. 第一部分，個案報告組報告時間 15 分鐘，個案質詢組質詢時間 10 分鐘。

4. 第二部分，其餘學員對上述二組提出質詢，時間 10 分鐘。

5. 最後，由教師詢問學員問題及討論 15 分鐘。

(四)課後報告撰寫

個案討論結束時會呈現不一致的看法或答案，個案討論的目的並不是為了尋求正確的答案，如何發展自己認為最適合的問題解決方案，才是個案分析與討論的主要用意。因此學員在課堂討論結束後，提出一份自己對於這項個案的綜合心得報告，作為這次個案討論過程學習的總結報告，內容如下：(1)前言；(2)事實簡述；(3)問題及分析；(4)可行方案；(5)方案評估；(6)行動方案的實施步驟；(7)評估方案實施的可能結果與未來學習重點；(8)結語。

伍｜個案教學學習成效之分析

歷經七週「個案教學」之淬鍊，逐漸建構學員處理個案的邏輯思維與解決個案的能力，在小組成員的集思廣益中，對個案進行反思，經由合作學習、小組討論、課堂分享、對話的機制，讓大家在學習過程中，不僅能改變心智模式，更能透過全員參與及團隊學習的動力，進行系統的思考，學習到如何發現問題、分析問題，進而診斷問題，發展解決問題的策略。

一、個案教學學習滿意度

七週來 20 位學員對個案教學學習的滿意度，在「儲訓課程安排」與「授課講座」兩方面，包含：(1)能改變行政教學觀念；(2)能提升校長專業成長；(3)授課時數適當；(4)內容非常充實；(5)口語表達清晰；(6)教學方法得宜；(7)教材內容適當；(8)激發互動研討；(9)教室氣氛營造良好等九個指標；並採取五等量表來評測學員對課程滿意的程度。由表 14-1 可見所有指標在各週滿意程度平均皆在 4.85 至

5.00 間，顯示出學員對個案教學這門課有非常高的滿意度。

▶ 表 14-1　2006 年度國小校長儲訓班個案教學一至七週課程評鑑彙整表

週次 （平均數 標準差）	儲訓課程安排方面				授課講座方面				
	能改變行政 教學觀念	能提升校長 專業成長	授課時 數適當	內容非 常充實	口語表 達清晰	教學方 法得宜	教材內 容適當	激發互 動研討	教室氣氛 營造良好
第一週	4.95 0.22	5.00 0.00	4.95 0.22	5.00 0.00	5.00 0.00	4.95 0.22	5.00 0.00	5.00 0.00	5.00 0.00
第二週	5.00 0.00	4.90 0.31	4.90 0.31	4.90 0.31	4.90 0.31	5.00 0.00	4.90 0.31	4.90 0.31	5.00 0.00
第三週	4.95 0.23	4.95 0.23	4.89 0.32	5.00 0.00	5.00 0.00	4.95 0.23	5.00 0.00	5.00 0.00	4.95 0.23
第四週	4.95 0.22	4.95 0.22	4.90 0.31	4.95 0.22	4.95 0.22	4.90 0.31	4.95 0.22	4.90 0.31	4.95 0.22
第五週	5.00 0.00	5.00 0.00	5.00 0.00	5.00 0.00	5.00 0.00	5.00 0.00	5.00 0.00	5.00 0.00	5.00 0.00
第六週	4.90 0.31	5.00 0.00	4.90 0.31	5.00 0.00	4.90 0.31	4.95 0.22	4.95 0.22	5.00 0.00	5.00 0.00
第七週	4.94 0.25	4.94 0.25	4.94 0.25	4.94 0.25	4.94 0.25	4.94 0.25	4.94 0.25	4.94 0.25	4.94 0.25

註：N=20。

二、學員對個案教學質性回應

　　除了量化分析學員對個案教學之學習滿意度外，並對學員之學習省思，進行質性分析，以確實掌握個案教學成效之深層意涵。分述如下（引述之學員以編號表示）：

（一）高層思考、團隊合作的展現

　　個案教學並不針對特定之個案尋求解答，而是提供策略性之方案來解決問題。

學員要扮演校長之角色，從全新之觀點檢視個案，並尋找解決方案。透過全班之討論、小組討論及個人之研讀，學員習得多元思考、多種可能之詮釋，也因此獲致更多樣之可能解決方案，實屬高層思考。

> 「個案教學」是高層次的學習，以個案為媒介，培養我們分析和解決問題的能力，提升處理人際關係的能力與增強學習能力（01）。

> 它不僅兼具理論與實務，透過群組的不斷辯證、澄清，提升個人「隨機應變的能力」、「批判思考的能力」、「歸納統整的能力」、「問題解決的能力」、「團隊合作的能力」（02）。

> 相對於被動、灌輸、靜態、講授、結構、理論的傳統教學方式，個案教學是參與、思考、動態、討論、自由、實務，因此屬於高學習成效的一種學習方法（19）。

> 個案教學課程進行中考驗小組裡的每一個人，是否能主動積極的參與，放下主觀，以開放的心聆聽別人的意見，有時是對自己的價值要有所堅持，有時也對別人的意見進行判斷，在競合的關係中尋找答案，這種經驗是身為校長在校務經營上，時時都會面臨的挑戰。討論的過程是一種尊重，更是一種學習，當團隊裡的成員，有一致的共識，也都願意為組織貢獻個人的智慧與經驗時，學習的內容將變得多元而豐富，看到的面向也更為客觀，對於決策的方向就更具可行性與效能性。在個案研究學習中，小組討論提供了我們愉快的學習體驗，證明了團隊合作，確實為組織帶來最大的動力（13）。

(二)運用 IDEAL 模型使思考系統化，真理越辨越明

IDEAL 就像戴明（W. Edwards Deming）的 "Plan-Do-Check-Action（PDCA）" 作業循環，目的在強調系統觀的導入，除培養學員建構思考體系外，並可促使學員發展獨立性、創造性及系統性思考，這樣的作業觀念才會有不斷的改善，永續

發展。

IDEAL 的個案教學模型以學校實際問題為導向，運用 IDEAL 模式（初始、診斷、建立、行動、學習）建構整個學習流程，從完整描述和掌握個案事實、仔細分析詮釋和診斷個案核心問題、建立標準提出各種可行的方案、進行方案質量化評估、選擇最佳方案建立行動步驟、落實執行和省思發展的系統化歷程，讓我們可以完整的描述、解釋和判斷整體個案的成功或失敗經驗，以成功典範為師，從別人的失敗中學習，達到「他山之石，足以攻錯」的學習效果（07）。

不斷修正研究方法，從資料蒐集、分析及各組的反思回饋中，激發我們對問題的敏覺力、解決問題的判斷力及創新改進之執行力（11）。

每個個案的初始階段皆有其外顯及衍生之因素，因此訊息掌握宜清楚，有明確事實依據後，診斷分析才不會偏離主題。個案診斷分析從法、理、情三個不同層面剖析，考量不同因素，構思多樣的問題解決方案（10）。

藉由IDEAL模型建立學習鷹架的觀察學習，從初始階段來了解個案的事實；在診斷階段中，進行問題與分析，並試著從中建構可行方案；在建立階段中，利用質化與量化的方式，進行方案評估，以從中選擇較佳的可行方案；在行動階段中，確認行動方案的實施步驟；在學習階段中，評估方案實施的可能結果，並從中建立未來的學習重點（19）。

透過IDEAL個案教學的系統流程，相信可以讓候用校長在面對問題時，做合理性、最滿意與最好的決定（07）。

（三）透過真實個案，剖析發覺潛在問題，提出具體對策

個案教學之焦點，係探討真實個案，而真實生活中很多事情之來龍去脈本即相當隱晦不明，重要之資訊通常不易獲得或者並不完整，必須由學員自行搜尋線

索，並深入分析研判。正如同真實生活，通常個案所提供之資訊，僅提供學員在該個案之實際狀況下可獲得之資訊。而要求得一個「最佳之解決方案」並非易事。正因答案並非顯而易見，故在進行個案研究時，必須反覆思索與推敲，才能提出具體對策。

> 每一週的個案教學時間，每一小組必須提供一個具有明確教育目的之真實個案，供大家進行討論，期望透過以真實具體經驗之教材，診斷校務經營潛在問題，讓每個人在課堂上有充分參與的機會，增加學習動機。為達到此學習目的，每週安排不同的研討方式，以報告組、質詢組、結論組等分組提問方式進行，或依個案不同性質，以角色扮演（分為校長組、主任組、教師組、家長組）提出解決問題方案報告、相互提問、答詢等方式進行，經由不同角度分析問題，提出最佳決策方案，期能達成明確課程學習目標（14）。

> 以學校曾發生的具體事實與經營經驗為研討資料，做為討論的依據與藍圖。經由各組學員的互動討論，共同來探討學校中的教育行為與決策的原由，或發覺學校中潛在的問題，並設法提出一些解決的對策（19）。

（四）個案教學增進隨機應變和解決問題的能力

在個案教學擬出處理問題之方案前，學員須從大量、複雜而具有相當難度之背景資料中找出癥結，使其在面對複雜之事件時，更有問題意識，能隨機應變、蒐集資料、歸納與研判。每個學員所提出之報告，仍須引據相關資料，並參酌時空環境背景評析個案，表達自己之觀點與立場，在課堂上還要積極參與深入之討論，以提升解決問題能力。

> 「個案教學」的特色是以真實具體的經營經驗為教材，和真實事例分析診斷經營的潛在問題，以及課堂參與增加學習的動機，培養發表自己意見及聆聽他人的意見，並經由激盪式的意見交流，從不同層面、不同角度分析尋求最佳決策（01）。

個案的提出、討論、辯證、省思，是連續性的學習歷程。從個案探究出發，讓學習者深切剖析事件原委，進而提出質疑、給予建議。個案討論的答案不是學習的目的，過程中的思考、激盪、交互質疑才是真正的核心。緊張的氣氛讓學習者因為壓力而快速成長，是另一種腦力激盪的課程（09）。

這樣的安排看似增添了大家的壓力，但從細微的小地方細細品味，這樣的活動激盪了大家的智慧、增加成員互動研討的機會，雖然震撼卻溫馨感人（04）。

「個案教學」的課程有系統性、價值性、延續性等特色，在進行個案研討前，先講授「個案的要素」、「個案教學目的」、「個案教學特色」、「個案教學功能」、「個案教學的IDEAL模型」、「個案教學流程」等面向的學習意義及準備方式，每週發展出不同的「個案研討模式」，除了要大家學習經由課前問題回應、課堂報告、答詢、激辯、腦力激盪、回饋反思等步驟，提供精闢見解，學會掌握問題核心、大膽假設、果決提出方案、小心評估風險的問題解決能力之外，也激發出大家面對「計畫總是趕不上變化」的「危機應變」能力（04）。

（五）個案教學運作過程，反思中追求卓越

個案教學著重學員之參與，學員可以堅持己見，為自己之立場辯護，但亦要傾聽他人之意見，不斷地讓學員思考過去之個案，在互動的過程中獲得思考之啟發與知識之累積，更新個案中解決方案，使個案具備更有價值之答案。

個案教學是針對教育現場困境之解決，提出模式之思維和辯證的歷程。以現實個案為起點，以分組討論為過程，以方案研擬評估為手段，以報告質疑為方法，以集思廣益、重新學習為目標；在個案事實中，可以看到別人的案例，體認教育現場多元困境的面貌，宛如身歷其境，縮短經驗之狹隘性；在分組討論中，可以觀摩夥伴之想法論點，擴展想法廣度，

避免思維僵化和盲點，透過討論澄清讓思慮更周延；在方案研擬評估中，體認解決方案之多重選擇性，並透過評估基準之定義和思維，來進行方案可行性評估，有助沉澱心情，冷靜面對，提高處理方案之選擇正確和有效降低風險；在報告質疑中，重新思考分組之盲點和方案之缺失，並透過相互澄清說服的歷程，培養正確溝通觀念和技巧。以適時澄清疑慮，化解紛爭，有助理念分享和想法傳達；在課後修正中，對理念重新釐清，對質疑提出說明，對方案提出修正，對基準進行調整，對個案整體評估，最後呈現集思廣益的群體智慧，宛如脫胎換骨（01）。

陸｜結論與建議

儲訓課程主要目的，在培養候用校長進入教育實務場域的經驗、專業知能、健康身心及高尚品德。為協助候用校長從情境中獲取深刻的體驗，本課程設計係以「實務」為出發點，進行情境演練、專業對話等課程，澄清自我校務經營理念，釐清校長之角色功能；同時也以「任務」為導向，期藉由各帶狀課程，透過發現、分析及問題解決等過程，建構候用校長所需具備之能力。

儲訓後，學員皆回應八週的課程內容充實，而歷程更為珍貴，有忙碌、歡笑、汗水交織，反思、辯證、增能、專業、理想、現實兼籌並顧，獲益良多，從知道什麼是好校長（learning to know）、學會如何當好校長（learning to do）、體會團隊合作（learning to live together）至點燃自我實現熱情（learning to be）。

個案教學在儲訓課程應用的特色在於有具體、生動與實際的教材，學員須主動投入研究分析、參與討論的方式，來獲得學習上的效果。教師在討論過程中，要引導大家學習吸收各種不同的觀點，並從這些分歧的意見中，歸納出更具有包容性與可行性的方案，進而從個案教學中學習到學校經營的理念及執行過程中所可能遭遇的問題，形成獨有的問題分析與策略選擇的能力，並掌握學校經營之趨勢及未來之走向。IDEAL模式每一個階段都有不同的感受與學習，每個歷程都令人深刻的反省。

　　在七週的個案教學過程中[1]，從候用校長的量化資料的反應，可以發現對整體的教學滿意度相當高（在五點量表中接近五分），且認為課程有助於校長的專業成長；此外，再從候用校長的質性描述中，亦可發現個案教學能有效增進候用校長的獨立思考能力、團隊合作能力、隨機應變能力、解決問題能力等方面。不管從量化或質性資料，都可看出個案教學對候用校長專業成長的幫助，值得國內加以推廣。

　　為了使個案教學在校長培育班更發揮其成效，以及達到推廣分享之效果，茲提出下列建議，以供參考。

一、講座宜扮演激勵角色，刺激學員討論與思考

　　講座是個案教學成敗的關鍵，在個案教學過程中，學員是學習的主角，講座應扮演激勵者、引導者和協助者的角色，幫助學員了解個案內容並適時澄清；同時不斷鼓勵學員熱烈參與討論，並注意每位學員的表現。講座要勝任激勵和引導個案討論的角色，必須做好事前準備，對個案內容深入了解；此外，也要有效掌握討論時間和注意團體間互動。經過討論之後，最後能夠告知一個較佳的解決方案。

二、個案應選擇真實教材，主題採中性化為原則

　　個案是學員討論最重要的素材，它應是在真實情境中發生過，本身具有衝突或爭議性，不是單一方案即可解決，它需要從多種方案中選擇其中一種較為適切的解決方案。有了真實個案，較易引起學員討論興趣，而且較容易融入討論情境中。由於個案也需要一個題目，讓學員了解個案的核心，為避免誤導學員討論方向，所訂題目不宜帶有暗示性，應採中性呈現較為理想。

1　校長儲訓課程為八週，而個案教學只實施七週，最後一週由候用校長撰寫個案教學的學習省思報告。

三、個案討論時間宜充裕，成員能充分表達意見

個案教學與一般講授法不一樣，前者重視學習者之間的討論和互動；後者則是強調由上而下的知識灌輸。因為個案教學重在討論和反思，所以它需要較長時間，才能讓學習者有充裕時間思考問題的根源及其有效解決策略；同時在個案教學中小組成員的腦力激盪，也要給予充分時間，每位學習者才有表達意見的機會。因此，未來有心推動個案教學的運用，足夠和充裕討論時間是必要的，每個個案討論至少要有二至三小時。

四、個案教學成效評估，宜兼採量化和質性方式

個案教學只是眾多教學方法中的一種，它不可能取代所有的教學方法；亦不能將個案教學視為增進學生學習的萬靈丹，它仍有其應用上的限制，包括學習者的經驗和先備知識、時間的多寡、引導教師本身的能力、教材的適切性等。為了使個案教學能夠持續改進，仍有必要對學習者學習滿意度和效果做評估，以便做為檢討改進的依據。這種評估方式，宜採質量並重進行，才能獲得完整有效的資料。所以進行個案教學，不能只重視過程，結果評估表格的設計和實施亦屬相當重要，不能偏廢。

📁 吳清山小檔案

國立政治大學教育博士，美國紐約大學水牛城分校（State University of New York at Buffalo）博士後研究。現任國家教育研究院院長，並獲頒俄羅斯教育科學院（Russian Academy of Education）海外院士；曾任臺北市政府教育局局長、財團法人高等教育評鑑中心基金會執行長、臺北市立教育大學校長等。專長研究領域為教育行政、高等教育、師資培育、學校評鑑與效能、教育改革等；著有教育概論、學校行政、學校效能、教育辭書系列等書。兩度榮獲中華民國教育學術團體聯合年會木鐸獎；擔任臺北市政府教育局局長期間，首倡「教育 111」政策和「三生六零教育」政策，深獲肯定、影響深遠。

 蔡長艷小檔案

　　美國愛荷華大學（ISU）科技教育學博士，曾任臺灣省中等學校教師研習會與臺北市教師研習中心研究員，長期從事教育人力資源研究與規劃，對學校候用校長與主任儲訓課程設計，有十幾年的成功執行經驗。協助臺北市優質學校評選活動規劃與推動，于民國 99 年曾榮獲臺北市政府選拔為模範公務人員。

　　校長儲訓課程設計除兼顧理論與實務，要有宏觀視野，更要能激勵學員的熱誠，建立承諾與使命感。課程實施透過理念引導、案例討論、實況演練，激發創造力達到厚植實力。

References 參考文獻

中｜文｜部｜分

王麗雲（1999）。個案教學法之理論與實務。課程與教學季刊，**2**（3），117-134。

司徒達賢（2004）。打造未來領導人——管理教育與大學發展。臺北市：天下雜誌。

馬秀如、吳安妮、劉子珈（2006）。教學個案之撰寫。會計研究月刊，**253**，126-134。

許書銘（2008）。透過個案教學，達成參與式學習的目標（上）（下）。游於藝電子報，
84-85。臺北市：行政院人事行政局公務人力發展中心。

張民杰（2001）。**案例教學法：理論與實務**。臺北市：五南。

張世忠（2000）。**建構教學：理論與應用**。臺北市：五南。

劉常勇、莊立民、張麗華（2007）。企業個案的教與學：管理個案集。臺北市：前程文化。

劉常勇（1998）。管理教育中之個案教學。教育研究資訊，**6**（2），101-114。

英｜文｜部｜分

Colvin, J. W. (2007). Peer tutoring and social dynamics in higher education. *Mentoring & Tutoring: Partnership in Learning, 15*(2), 165-181.

Erskine, J. A., Leenders, M. R., & Mauffette-Leenders, L. A. (2003). *Teaching with cases* (3rd ed). Canada: Richard Ivey School of Business.

Fan, C. K., Chang, T. L., Wu, L. H., Liang, C. T., & Chen, L. (2006). CMMI practices and experiences: Implementing CMMI with the IDEAL model. *Journal of Software Engineering Studies, 1*(1), 18-28.

Guth, D. W., & Marsh, C. (2005). *Adventures in public relations: Case studies and critical thinking.* Boston, MA: Pearson.

Kowalski, T. J. (1991). *Case studies on educational administration.* New York: Longman.

Llewellyn, S. (2007). Case studies and differentiated realities. *Qualitative Research in Accounting and Management, 4*(1), 53-68.

Roberts, M. J. (2001). *Developing a teaching case.* Boston: Harvard Business School.

The World Association for Case Method Research & Application (no date). *Advancing the use of the case method and other interactive methodologies in teaching, training, and planning.*

Retrieved from http://www.agecon. uga.edu/~wacra/

Wheatley, G. H. (1991). Constructivist perspectives on science and mathematics learning. *Science Education, 75*(1), 9-21.

15 從英美兩國校長專業標準看我國校長培育制度之設計

陳木金（國立政治大學教育學院教授兼心腦學研究中心研究員）
陳宏彰（英國倫敦大學教育學院（IOE）博士研究生）
溫子欣（博士）

壹│前言

　　「校長培育制度」乃指有志成為校長者，透過一系列專業的職前課程及實習，得以獲得校長任用資格且兼備校長職務所需的各項知識、心向與能力的一段長時期的、有完整系統規劃的教育歷程，其重要內容包括校長證照、校長培育、校長導入（師傅教導）……等議題。陳木金與李俊湖（2006）的研究嘗試歸納校長培育模式內涵包括：(1)專業培育：提供校長之角色職務專業化發展所需之知識、技能與心向。(2)實務實習：係提供接受校長儲訓課程的學員，能具備學校行政事務運作之經驗。(3)師傅教導：係由資深優秀的師傅校長，帶領著實習校長學習如何擔任校長，使得師傅能將豐富珍貴的經驗與智慧加以傳承。雖然，陳木金與李俊湖（2006）的研究統整我國自 1965 年第 1 期迄今 104 期之校長儲訓模式，區分我國校長儲訓發展為九個階段，分別為板橋期課程草創、中興思想、愛國精神、民主開端、博雅教育、教育改革六個階段；以及三峽期行政管理、專業成長、師傅校長三個階段；但是，對於 40 年來我國「校長儲訓模式」之運作，也發現許多值得深入探討的議題，例如，「校長專業標準」及「校長專業培育」、「校長實務實習」與「師傅校長教導」之制度設計問題。校長是學校的靈魂主腦，也是學校發展的領航者。中小學校長為學校的領導者，其領導是否得法關係著學校行政與教學的成敗，因此校長的素質與表現相當重要（謝文全，1999）。對照英美兩國

之校長專業標準及校長培育制度方向，我國若能研究發展規劃設計一套符合未來校長所應具備的專業能力標準及培育制度，相信對於提升學校經營品質與保障學生學習成效有相當大的幫助。

國內外許多校長學的研究顯示，校長的領導方式對於學校組織氣候有影響、對教師的組織承諾有影響、對於學校變革的能力有影響，而且，對於學生的學習成就更有正向而非直接的影響。許多學者亦指出，有效能的學校和有效能的校長密切相關，例如：林文律（2000）認為校長培育是使有志成為校長者，得以獲得校長任用資格且兼備校長職務所需的各項知識、心向與能力的一段過程。秦夢群（1999）指出，我國在校長遴選制度上已經跨出一大步，今後的努力方向，應先從培育制度著手，才能孕育真正的人才。陳木金（2001）以學校經營實務之校務發展、行政管理、教學領導、公共關係及專業發展等五向度，來探討學校領導人才培養與訓練的實務內容。Fullan（2001）也指出，校長的角色無疑地變得更複雜、更驚人，然而對於學習領導變革的人而言，則更有意義。楊振昇（2001）指出，中小學校長培育制度之革新與建構，有助於培養校長的專業知能，建立校長的專業形象，促進校長的專業發展。林明地（2002）認為校長職前儲訓，乃針對將擔任國小校長的人員，所預先進行的一種職前儲備訓練，以使其在擔任校長職務時，能夠立即勝任，並據以追求成長與發展。

英國的國家校長專業資格（National Professional Qualification for Headship, NPQH）起源於 1997 年，由英國師資培訓局（Teacher Training Agency, TTA）制定證照資格與負責營運。1999 年，NPQH 權責由師資培訓局轉移至英國教育與就業部（Department for Education and Employment, DfEE）進行檢討與修正。接著，於 2001 年，再度轉移至全國學校領導學院（National College for School Leaders, NCSL）之下，與其它的國家校長培育計畫共同營運（NPQH, 2004）。英國國立領導學院從 2000 年 8 月開始運作，校長專業資格檢定係屬於教育技術部（Department for Education and Skills, DfES）的重要政策，提供有意擔任校長者的培育訓練與資格檢定（陳木金，2000；DfES, 2004）。NPQH 係擔任校長者所必備的國家證書，也是一套校長職前培育的制度，整個制度根植於嚴謹訂定的國家校長標準（National Standards for Headteachers），建構具有計畫的、一致的，以及彼此連貫的校長培育制度。另外，美國跨州學校領導者證照聯合會（Interstate School Leaders Licensure Consortium, ISLLC）認為，舊有的、各州離散的校長標準已無法滿足劇

烈變遷的現代社會所需。他們認為現代社會具有兩個重要的本質性變遷，其指出，現代社會是一個「分化的社會」，包括種族分化、性別分化、宗教分化等等；另外，現代社會也是一個「全球化的社會」。舊有的校長標準與校長證照制度無法反映與滿足這些變遷所造成的需求，因此需要一套新的校長標準（CCSSO, 1996）。美國跨州學校領導者證照聯合會認為其發展的 ISLLC 校長標準具有嚴謹的品質，它以學生學習成就表現為核心，標準的選取處處以領導與高效能學校的相關研究結果為準，並符合領導研究的最新潮流（CCSSO, 1996）。這是美國跨州學校領導者證照聯合會希望大家了解的 ISLLC 標準的重要特質───一切都以研究為基礎。因此，英國國家校長專業資格（NPQH）與美國跨州學校領導者證照聯合會（ISLLC）的校長專業的標準與作法，相當值得我國在校長培育制度規劃之參考與借鏡。

我國於 2010 年修訂的「國民中小學校長主任教師甄選儲訓遷調及介聘辦法」（教育部，2010）中，明確授權各縣市政府之校長儲訓作業除了自辦外，亦可委託師範學院、設有教育系所的大學或各級政府所設之教育人員在職進修機構辦理。而各縣市對於校長培育工作作法與注重態度不一致，各個受委託的單位是否能提供良好的培育制度與培育課程規劃，是否對於校長職務角色與專業能力（亦即理想的校長圖像）有一共通的認定，係成為接下來我國校長培育工作所要面臨的重要問題。因此，近年來我國教育界對於校長標準與教師標準不斷投以熱切的關注，以及其教育行政單位與家長對於現今校長專業素養的關心，校長專業證照與校長培育制度成為被熱烈討論的焦點議題。對照英美兩國之校長專業證照的先備條件，以校長專業標準的建立，架構校長培育制度的設計，也就是說，當我們授予校長專業證照時，我們可以確認校長專業證照就是「適任校長」或「好校長」的標準，也是優質學校經營的品質保障。以下，本文擬從後現代主義研究脈絡來探討：(1)校長專業標準與培育制度的相關研究；(2)英國國家校長專業資格（NPQH）的標準與作法；(3)美國跨州學校領導者證照聯合會（ISLLC）的校長專業標準與作法等議題，以供我國在校長培育制度規劃之參考與借鏡。

貳｜校長專業標準與培育制度的相關研究探討

　　林文律（2001）認為，身為學校領導者的校長，天生與後生的比率大約為30與70之比，天生的部分為智力及人格特質，這可以在校長甄選初期藉由客觀的方法鑑定出來；至於後生的部分就是培育可以著力的作為。這樣的觀點開啟了校長角色職務所需具備的專業能力是可以透過培育而習得的，擺脫領導者特質理論的束縛。確立了校長係能藉由培育而孕育產生的此等假設，校長培育制度即有探討的必要性。另外，Hallinger（2003）研究指出，亞太地區的學者在面對移植西方體系的學校領導知識基礎所造成的缺乏文化認同與文化適應的批評後，也逐漸鼓吹發展學校領導的「本土知識基礎」。因此，本文即是立基於這樣的問題思考角度出發，先分析探討：(1)Collarbone 的經驗學習理論；(2)Crow 知識本位學校領導人才培育系統模式；(3)Daresh 與 Playko 學校領導人才培育之「三維概念化模式」；(4)Ovando 三面向學校領導者才能模式；(5)陳木金與李冠嫺之「校長學→學校長→長學校」三階段的校長培訓模式的相關研究與理論，作為規劃省思與建構我國未來中小學校長培育制度可行作法的參考。

一、Collarbone 的經驗學習理論

　　Collarbone（2000）指出，NPQH 之校長培育制度的理論基礎主要根據學者 David Kolb 的經驗學習理論發展而成，延伸為整體培育制度的學習理論。Kolb 的經驗學習模式強調的是成人學習過程中，經驗所扮演的重要角色，在方法上有別於認知理論（Kolb, 1976）。根據 Kolb 的經驗學習理論，係指個體在學習的過程中，首先要能開放心胸、不存偏見地投身於新經驗之中（具體經驗）；進而從不同的觀點，觀察與反思這些新經驗（反省觀察）；合於邏輯地結合自己的觀察於理論中，創造新概念（抽象概念化）；最後能夠運用新的理論概念於做決定或解決問題（主動的經驗）。Collarbone（2000）更進一步指出，她根據 Kolb 的經驗學習，指出 NPQH 訓練的重點有如下幾點：(1)具體經驗：NPQH 會先進行需求評估，了解學員先前的學習與經驗。(2)結構的反思：NPQH 的學員於學習日誌、師

傳輔導、資訊與通訊科技元素（Information and Communication Technology, ICT）
的運用等活動中，持續地觀察與反思自己的成長。(3)概念化：NPQH 的學員於彈
性的訓練模式、校長角色、ICT 運用、學校參訪、活動學習與住宿計畫活動中，
將所習得的理論與觀察結果概念化。(4)實驗活動：NPQH 的學員將所學得的理論
與經驗知識運用於學校改善計畫、活動學習、住宿計畫等現場活動中。(5)新經
驗：對於 NPQH 的學員而言，新經驗提供持續的發展，新經驗是不斷產出與積累
的。其並指出 NPQH 的訓練過程乃根據學員自己獨特的專業發展需求與學校環境
脈絡發展而成。NPQH 培育制度之概念模式可參見圖 15-1，相關概念說明如下：

1. 校長領導的「理論知識」是動態的，且與學校環境脈絡密切相關。
2. 校長領導的「經驗知識」是動態的，且相當重要。
3. 訓練過程根植於國家校長標準要求的知識、技能與理念，體現現在與未來的
   校長圖像。
4. 培育的方法，包含虛擬訓練，以及更有效能的校內和校外的面對面訓練。

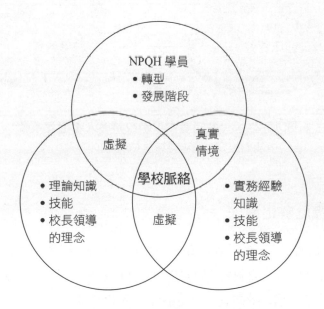

▶ 圖 15-1　NPQH 培育制度之概念模式

資料來源：Collarbone (2000).

二、Crow 知識本位學校領導人才培育系統模式

Crow（2002）在其〈學校領導人才培育：知識本位的短評〉（School Leader Preparation: A Short Review of the Knowledge Base）一文中，以角色社會化的觀點，提出了學校領導者之培育，應從領導人才的「普通知識社會化」出發，同時採用「臨床實習」與「師傅教導」的具體方法（詳見圖 15-2），培育能夠創新領導的 21 世紀校長。以下分別簡要介紹此三面向的意涵：

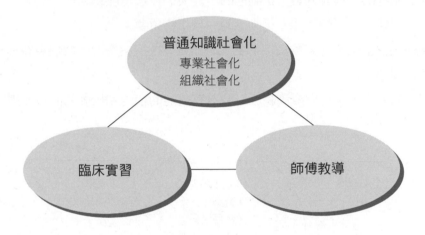

▶ 圖 15-2　Crow 知識本位學校領導人才培育系統
資料來源：作者整理自 Crow (2002)。

（一）普通知識社會化面向

普通知識社會化可分為兩種：第一，專業社會化，提供個人實現責任時所需要之知識、技能與價值，使個人擁有足以擔任該職責角色（如校長）的專業知能。第二，組織社會化，發生在該職責角色所處的環境脈絡之中，使個人成為組織中一位有效能的成員。普通知識社會化的影響來源是多元且豐富的，其社會化的方式，又有正式與非正式、維持現狀與鼓勵創新的方式；而社會化的結果，又有創新與守成兩種。守成強調維持現狀，創新則邁向改革與改進。

（二）臨床實習面向

臨床實習會受到幾項特徵的影響，包括實習的期程、學校的特徵與層級、校內外實習的交互影響。實習的階段可分為五期：初始階段、刺激階段、沉澱階段、效能階段、獨立階段。再者，臨床實習的學習對象來源為：同儕、師傅、行政人員、家庭成員、朋友等。臨床實習的內容，主要有對於校長實務的操作基本知識、資訊收集及問題解決的策略、有效的工作方式、時間規劃等；而臨床實習的方式不只是明顯的、清楚的工作需要（例如：如何評定教師表現），還包括潛在的、隱微的假定及信念。

（三）師傅教導面向

師傅教導係一具體的社會化工具，典型地使用在臨床實習的計畫中。師傅本身可扮演三項功能：專業的、生涯的與心理社會發展的功能；而在師傅的挑選上，有效能的師傅具有四項特徵：(1)成功的、受尊重的、有好名聲的；(2)本身的發展就像個師傅；(3)鼓勵反省；(4)有時間去做指導。師傅教導的優點則有：(1)引導新觀念及創意；(2)與重要人員會面；(3)學習免受來自情境的傷害；(4)挑戰及冒險的機會；(5)增加自信及能力；(6)增進反省反思。師傅教導的缺點則為：(1)師傅自己有自己的日常工作事項；(2)造成實習生過度依賴師傅；(3)僅師傅經驗的再製；(4)產生僅維持現狀不願創新的風險。

三、Daresh 與 Playko 學校領導人才培育之「三維概念化模式」

Daresh 與 Playko（1992）在其《美國學校行政人員的培育：鑑往知今》（*The Professional Development of School Administrators: Preservice, Induction, and Inservice Application*）一書中，檢視了教育行政歷史趨勢文獻的啟示，包括科學管理、人際關係與人力資源發展三時期。進而提出了一套學校領導人才培育的「三維概念化模式」（tridimensional model），此模式包含三項主要元素，包括：(1)學術培育；(2)現場本位學習；(3)專業形塑；以及三段生涯發展，包括：(1)職前階段；(2)導入階段與(3)在職階段。Daresh 與 Playko（1992）認為，在培育校長過程裡，

學術培育、現場本位學習、專業形塑此三維主要元素皆要包含在其中。

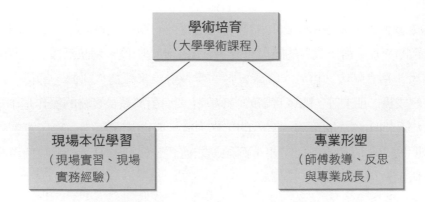

▶ 圖 15-3 Daresh 和 Playko 學校領導人才培育之「三維概念化模式」

資料來源：Daresh 與 Playko (1992).

四、Ovando 三面向學校領導者才能模式

Ovando（1998）的三面向模式中，第一面向為研究所課程中的理論知識學習；第二面向為現場的行政實習，由一位現場指導員負責實習的學習、輔導與評鑑；第三面向為反思研討會（reflective seminar），由一位教授帶領研討會成員間的相互學習，綜合課程知識與現場實務經驗的學習。此三面向的共同結合，培育出學校領導者的才能。

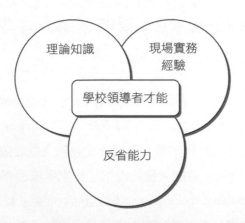

▶ 圖 15-4 Ovando 三面向學校領導者才能模式

資料來源：Ovando (1998).

五、陳木金與李冠嫻之「校長學→學校長→長學校」三階段的校長發展模式

　　陳木金與李冠嫻（2009）研究「臺灣中小學校長專業發展與專業培訓」之運作，統整歸納四十多年來發展出的臺灣中小學校長的「校長學→學校長→長學校」三階段發展模式（詳如圖 15-5 所示），協助有志成為國中小校長者，透過一系列專業的職前課程及校長實習，得以獲得校長任用資格且兼備校長職務所需的各項知識、心向與能力之一段長時期的、有完整系統規劃的校長專業核心能力開展。其內涵包括：(1)專業培育（profession）：提供校長之角色職務專業化發展所需之知識、技能與心向的制度規劃，內涵包括校務發展、行政管理、公共關係、教學領導與專業責任，對於理想校長角色職務的圖像，會決定校長專業能力的定義，進一步決定了校長專業儲訓制度的規劃。(2)實務實習（internship）：係提供接受校長儲訓課程的學員，能具備學校行政事務運作之實務經驗，其內涵包括聽、說、讀、寫、做、唱、跳，以培養校長具有實務經驗之實習設計的內涵及制度規劃，是一種臨床實習，也稱為一種現場本位學習經驗。(3)師傅教導（mentorship）：係由資深優秀的師傅校長，帶領著實習校長學習如何擔任校長，使得師傅能將豐富珍貴的經驗與智慧加以傳承，其內涵包括帶人、做事、應對、溝通、身段、行動，師傅校長不僅傳授自己的經驗，且引導學習者去思考、去判斷，學習如何做決定，學習解決問題的能力。(4)博雅通識（principalship）：以大師講座辦理博雅通識課程，邀請學養俱優的學者專家做專題分享，培養校長能感受到經營學校的專業責任與精神使命，在傳統與創新間追求學校經營的穩定與發展、進步與創新，並透過綜合活動增強校長的專業發展知能，導引學校組織的發展，並透過自我超越、改善心智模式、建立共同願景、團隊學習及系統思考之修練，進而強化學校組織因應變革與持續創新的能力。

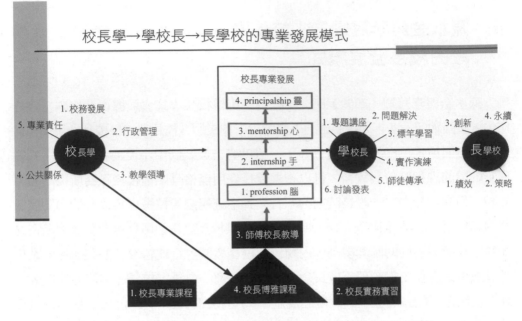

▶ 圖 15-5　校長學→學校長→長學校的專業發展模式圖

參｜英國校長專業標準的探討──以NPQH標準為例

英國 NPQH 的運作模式，主要可分為 NPQH 的流程、NPQH 的三條路徑與 NPQH 的三層階段來加以了解：

一、NPQH 的流程

英國校長專業資格檢定制度（NPQH）的流程（詳如圖 15-6），包含申請與評估、導入階段、發展階段、最後階段與證照授予。NPQH 的申請基本上是開放的，除了學校人員外，在新右派主政提倡教育市場化的脈絡下，也歡迎優良的企業經營人士申請。NPQH 的申請審核由地方的訓練與發展中心負責，主要檢視並考量申請人士的發展需求，以及是否有從事NPQH的能力，申請人將透過線上自我評估問卷，選擇合適的訓練路徑。

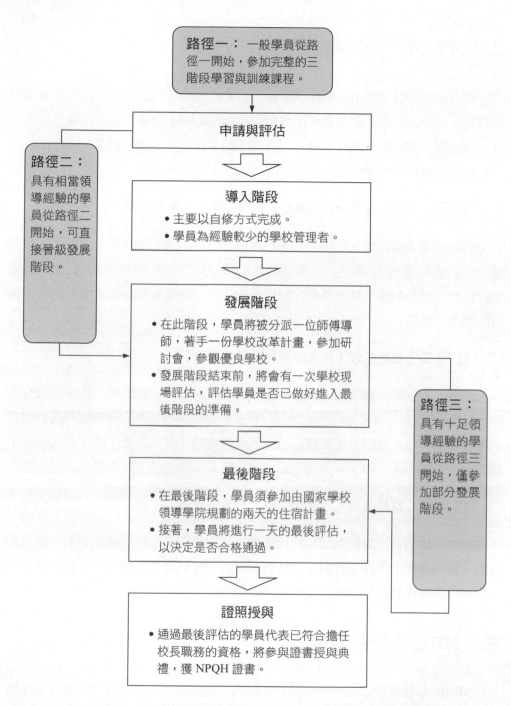

▶ 圖 15-6　英國校長專業資格檢定制度（NPQH）之流程

資料來源：DfES (2004).

二、NPQH 的三條路徑

　　地方的訓練與發展中心根據學員線上需求評估問卷、最近三年的持續專業發展證明，並提供自身與國家校長標準相關的能力證明進行審查，以決定申請人由哪一個培育路徑開始 NPQH 計畫。以下為三種 NPQH 的路徑（NPQH-intake 9 information, 2004；周幸吟，2002）。

(一)路徑一〔導入階段→發展階段（包含訓練）→最後階段〕

　　路徑一開始於「導入階段」，花六個月至一年完成進入階段，接著進入發展階段與最後階段。採取路徑一的整個過程約需一年半至兩年的時間。此路徑是提供給較沒有學校領導經驗的學員，學員必須參加一個導入性的師傅導師個別指導以開始導入階段。

(二)路徑二〔發展階段（包含訓練）→最後階段〕

　　路徑二開始於「發展階段」，花一年完成此階段。採取路徑二的整個過程約需 15 個月的時間。發展階段的訓練與評估是針對在學校領導的深度與廣度都已有相當經驗的學員，他們想要證實自己在某些領域的知識與技巧，並在其它領域中擴展自己的能力。

(三)路徑三〔發展階段（不包含訓練）→最後階段〕

　　路徑三開始於「發展階段」的後半段，採取路徑三的整個過程約需六個月的時間。這個路徑的設計是針對在學校各方面的領導已有十足經驗的學員，這些學員可能已經是校長或是即將成為校長者。

三、NPQH 的三層階段

　　NPQH 根據學員本身不同的能力與經驗，發展出不同培育時程的路徑；不同的路徑則會影響進入 NPQH 的階段。完整的 NPQH 包含三個階段，以下分成導入階段（access stage）、發展階段（development stage）以及最後階段（final stage）來

探究 NPQH 制度之模式內涵。

(一) 導入階段

導入階段是針對較沒有高層管理經驗的學員而設計的，讓學員在進入核心部分前，能先改善技能與知識。此階段融合了多樣的學習方式，例如：自我學習、線上學習活動、面對面訓練與師傅教導（如圖 15-7）。學員須花費一年的時間完成這個階段的要求。在這個階段中的學習重點是與不同性質的學員混合在一起，不論是中學、小學或者是特殊學校的校長都在同一個團隊中學習。在英國的約克郡及漢伯塞郡地區有 35% 的學員採用此培育路徑（Tomlinson, 2002）。

導入階段的培訓活動包含兩次的團體師傅教導活動（一次是在計畫開始的第一天，另一次是在最後一天）、兩天面對面的訓練以及四個模組的學習單元。在導入階段裡基本上沒有正式的評鑑活動，學習的品質與進度由學習者本身負責，輔導教師扮演的只是督導的角色。以下分為團體師傅教導活動與訓練及發展活動兩部分進行說明。

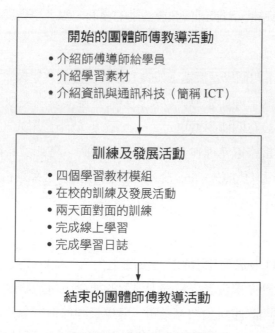

▶ 圖 15-7　導入階段之流程

資料來源：DfES (2004).

1 團體師傅教導活動

在這個部分,英國校長資格檢定制度(NPQH)採用「師傅導師」、「學習素材」及運用「資訊與通訊科技元素」(ICT)的方式。NPQH地區培訓中心將邀請學員參加一個半天的導入性輔導活動,學員在一開始的團體師傅教導活動時,會與輔導教師以及其它個別輔導團體的成員會面。學員將被告知導入階段的要求,包含如何使用線上的學習素材以及線上討論的分享。而在最後完成導入階段之前,學員將受邀參加一個結束的團體師傅教導活動,協助其釐清自己的學習。

在1997年實施的舊NPQH中,由四位輔導教師輔導48名學員,也就是每一個輔導教師將帶領12名學員,但在2001年時已修改為由四個輔導教師專屬負責四個學習模組,其他八名輔導教師負責個別12名學員的小組。此項改革讓輔導教師的工作單純化、專職化,也讓學員與其他輔導教師有更多的互動(周幸吟,2002)。

2 訓練及發展活動

導入階段的訓練及發展活動包含:四個學習教材模組、在校的訓練及發展活動、兩天面對面的訓練、團體師傅教導活動的會面、線上學習與學習日誌的完成。

(1) 四個學習模組

導入階段規劃了四個學習模組(如表15-1),分別為學校政策的方向與發展、教學與學習、人員的管理與領導,以及人力與資源的效率與效能四個部分,在四個模組之下,分別設有四個學習單元,一共是16個學習單元(Tomlinson, 2002;周幸吟,2002)。這些單元裡包含了一些實務活動,譬如資料研究和實行一個學校發展計畫,學員可以依照先前的經驗、知識和技術,選擇是否完成所有的模組,或是僅選擇參與其中一些面向。

(2) 線上的學習

線上學習為NPQH領導學習的主要要素之一,「虛擬校長」(Virtual Heads)的資訊網路平臺設計,提供了學員線上學習的機會,包括研讀NPQH線上學習教材、與國家級的熱門講座討論教育議題、與校長同僚進行專業的網路論辯與交流(Duncan, 2002);其廣受歡迎的程度,使得虛擬校長與說話校長(Talking Heads,屬於現職校長領導知能進修計畫 [LPSH])成為國家學校領導學院(NCSL)中最

受歡迎的線上學習網站。

▶ 表 15-1　導入階段的四個學習模組

1. 學校政策的方向與發展	2. 教學與學習
單元 1：課程的決定	單元 1：學校變革與資料分析
單元 2：願景與實踐	單元 2：學校變革的目標設定
單元 3：學校發展計畫	單元 3：教育機會均等
單元 4：學校變革的績效責任	單元 4：監控、評鑑與檢討
3. 人員的管理與領導	4. 人力與資源的效率與效能
單元 1：和利益關係人共事	單元 1：經費預算管理
單元 2：團隊的領導與管理	單元 2：課程的計畫與執行
單元 3：表現管理	單元 3：人員的招募與甄選
單元 4：個人效能	單元 4：健康、福利與安全

資料來源：DfES (2004).

(3) 學習日誌

　　學習日誌讓每位學員都可以取得一個與師傅導師接觸的學習機會。其目的在使學員成為具反思能力的實務執行者，並鼓勵學員進行以下各項目的學習：第一，反思現在正在進行的事以及如何進行；第二，釐清自身的學習；第三，記錄自身的學習；第四，檢視自身所學。學員在導入階段可在線上與專家校長進行討論，與其他成員分享優良的學校實務工作，並且拓展支持的人際網絡。導入階段的訓練活動，也包含了一個由當地英國國家校長專業資格（NPQH）中心策劃的兩天面對面訓練，這個訓練的重點在於實作與問題解決。

(二) 發展階段

　　學員可直接進入發展階段或是已經先完成導入階段。直接進入發展階段的學員必須具備較高層次的管理經驗，在英國的約克郡及漢伯塞郡地區有 55% 的學員採用此培育路徑（Tomlinson, 2002）。大部分進行發展階段的學員須費時一年完成，但有一些學員已具備相當領導的經驗，並不需要接受任何的訓練課程，他們只需參加導入日以及學校現場評估的部分。

　　在發展階段中可能會有最多八天的時間，學員必須離開工作崗位進行學習，

而本階段的培訓活動內容包含導入日、契約訪問、訓練及發展活動,以及在學校現場的評估,詳如圖 15-8 所示(DfES, 2004)。

1 導入日

學員在進入發展階段後,必須參加由 NPQH 地區中心所舉辦的導入日,在這個階段,學員將會了解資訊與通訊科技(ICT)的介紹、會見個別的輔導教師、與線上學習團體(Online Summary of Learning Group)的同儕會面,這些同儕都是來自相同層級的學校脈絡,以利日後有關學校領導議題的討論。這樣的作法是為了因應 1999 年所做的諮詢,其中的建議為,讓學員在導入階段中對問題有一廣泛的了解,而在發展階段中則有必要將重點放在未來校長職務的相關事項上(Tomlinson, 2002)。

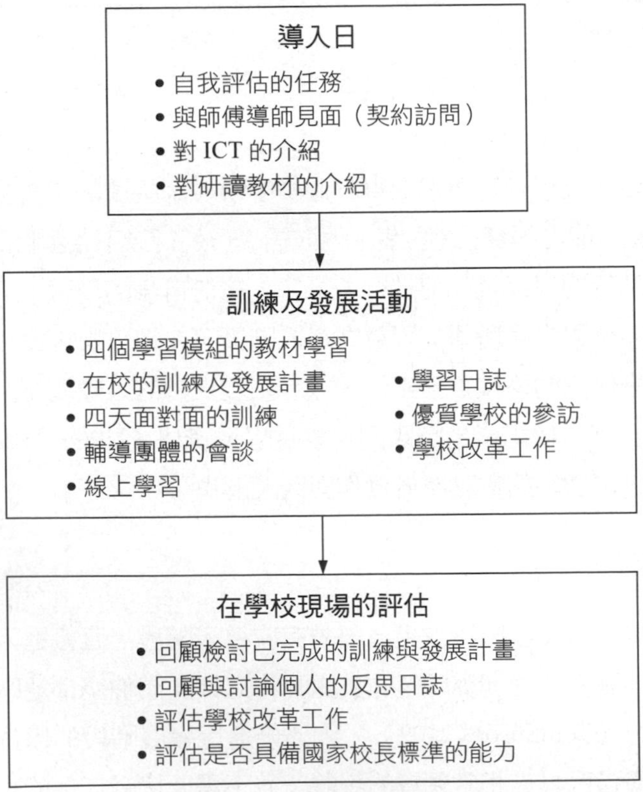

```
┌─────────────────────────────────┐
│            導入日                │
│  • 自我評估的任務                │
│  • 與師傅導師見面(契約訪問)     │
│  • 對 ICT 的介紹                 │
│  • 對研讀教材的介紹              │
└─────────────────────────────────┘
              │
              ▼
┌─────────────────────────────────┐
│         訓練及發展活動           │
│  • 四個學習模組的教材學習        │
│  • 在校的訓練及發展計畫    • 學習日誌 │
│  • 四天面對面的訓練       • 優質學校的參訪 │
│  • 輔導團體的會談        • 學校改革工作 │
│  • 線上學習                      │
└─────────────────────────────────┘
              │
              ▼
┌─────────────────────────────────┐
│         在學校現場的評估         │
│  • 回顧檢討已完成的訓練與發展計畫 │
│  • 回顧與討論個人的反思日誌       │
│  • 評估學校改革工作              │
│  • 評估是否具備國家校長標準的能力 │
└─────────────────────────────────┘
```

▶ 圖 15-8　發展階段之流程

資料來源:DfES (2004).

2 契約訪問（半天）

在導入日之後，學員必須完成一些自我評估的任務，將自身的成就及專業知識與國家校長標準比對，藉以了解自身領導能力的優缺點，以便協助學員界定個人特殊的訓練及發展需求。輔導教師將到學校裡拜訪學員，與學校校長和學員共同商議，取得共識來決定個人的訓練與發展計畫。並共同擬定一份契約，勾勒出學校改進的計畫、將來的個人訓練計畫，以及發展活動的重點。

3 訓練及發展活動

發展階段的訓練及發展活動包含四個學習模組、在校的訓練及發展計畫、四天面對面的訓練、個別輔導團體的會談、線上學習、參訪優良學校、學校改革工作與完成學習日誌。在發展階段的四個學習模組中，大部分的標題與導入階段的相同，有一些單元名稱不同，主要涉及更為策略性及概念性的知識，依舊由學員自修完成，但師傅導師會提供意見和資源，並監控整個流程。學員也必須參加一個四天面對面的訓練會議，重點與四個模組的問題解決活動類似，但將鎖定在實作與問題解決。學員也可以在學校校長與輔導教師的同意下，依個人職務進行學校改革的工作。

4 學校參訪

在發展階段裡，參與成員有機會進行二到三所校園或相關組織的參訪，了解不同的學校領導方法，以幫助參與成員改進學校的能力。

5 學校現場的評估

當學員完成發展階段的訓練及發展計畫，並且蒐集了學校改進的工作，另一位輔導教師（非學員個人的輔導教師）將到學校中拜訪學員以證實其成就表現，並根據國家校長標準完成一份形成性的評估，決定是否進入下一階段。在學校現場的評估有以下項目：

(1) 檢視學員是否完成訓練及發展活動；

(2) 由學習日誌中的記載，檢視並與學員討論學習的重點；

(3) 評估學員關於學校改革工作的書面或口頭紀錄；

(4) 根據國家校長標準能力，評鑑學員的書面或口頭的資料。

（三）最後階段

最後階段開始於 48 小時的住宿計畫，將與來自各個不同學校背景的同僚接觸、與專家互動。該計畫主要著重在「策略領導」與「願景」的學習。接著，學員將進行一天的最後評鑑活動，以確保學員是否符合國家校長標準的要求而具有獲頒 NPQH 證書的資格（NPQH-intake 9 information, 2004）。

1 兩天的住宿計畫

這將提供學員擴展專業校長人際網絡的機會。它主要以個案研究的方式進行團體的分享，學員將有機會了解優秀校長如何擴展治校理念與專業網絡。於國家學校領導學院（NCSL）舉行之住宿計畫也提供了國家級或世界級主題演講。此項兩天的住宿計畫重點在於：

(1) 學校的領導及願景；

(2) 未來的學校；

(3) 國家教育的優先事項；

(4) 個人的效能。

2 總結評鑑

最後階段有一個整天的總結評鑑，功能在確保所有的學員都已具備做校長的專業能力。學員將被要求利用本身的專業知識與技巧反映一些校長可能每天都會遭遇的核心議題，並且與 NPQH 評量中心的輔導員做一個深入的個人面談。最後的評估由當地的評量中心主辦，學員必須在總結評估中完全地成功，才得以獲得 NPQH 證照。通過的學員將有資格參加證照授予的典禮。

綜合上述，NPQH 的運作模式根據學員的不同需求和能力，決定不同的路徑與階段（詳見表 15-2）。立基於英國國家校長標準，落實於學校環境脈絡，強調校長理論知識與實務經驗知識的結合，運用多元的教學方法與評量方式，體現現在與未來的校長圖像。

▶ 表 15-2　NPQH 培育活動之路徑與階段一覽表

階段	活動	路徑一	路徑二	路徑三
導入階段	學習模組素材	■		
	面對面訓練學習	■		
	線上學習	■		
	學習反思與回顧	■		
發展階段	契約訪問	■	■	■
	學習模組素材	■	■	
	面對面訓練學習	■	■	
	線上學習	■	■	■
	學習反思與回顧	■	■	
	學校改善工作	■	■	
	學校參訪	■	■	■
	學校現場本位評鑑	■	■	■
最後階段	兩天的住宿計畫	■	■	■
	總結評鑑	■	■	■
正常完成 NPQH 的時間		12 至 18 個月	15 個月（大約）	6 個月（大約）

資料來源：NPQH-intake 10 information (2005).

肆｜美國校長專業標準的探討—以 ISLLC 標準為例

　　1994 年，美國州主要教育官員委員會（Council of Chief State School Officer, CCSSO）建立了美國跨州學校領導者證照聯合會（Interstate School Leaders Licensure Consortium, ISLLC），此聯合會的成立代表美國學校領導者培訓及認證上的一個巨大改變，就是將「標準」這樣的議題直接引入了教育領導的領域（Hackmann, Schmitt-Oliver, & Tracy, 2002）。根據 CCSSO 本身於 2005 年完成的調查，美國有 46 州設有校長標準，以為其州校長認證系統與培訓課程參照與設計的準繩，而其中有 41 州是直接採用或是小幅改寫 ISLLC 標準以作為該州的校長標準。因此 ISLLC 標準已經成為全國性的校長領導標準，也成為州政策與教育界中的共通語言（CCSSO, 2007）。在美國重視學生學習成就提升的國家政策走向下，以學

生成就表現為中心設計的 ISLLC 標準迅速為各州採納。以下分別從 ISLLC 校長專業標準的分析探討與 ISLLC 校長專業標準的施行檢討等兩層面來探討美國 ISLLC 校長專業標準：

一、ISLLC 校長專業標準的分析探討

　　美國跨州學校領導者證照聯合會發展校長專業標準的初衷，是在於建立可供校長證照機制遵循的一套統一的校長標準，以作為授證與否的判準。此套標準（簡稱為 ISLLC 標準）於 1996 年公布，在該年所發行的《跨州學校領導者證照聯合會：學校領導者標準》（*Interstate School Leaders Licensure Consortium: Standards for School Leaders*）手冊中，CCSSO（1996）表示，此套標準的建立乃是透過縝密的研究與溝通而來，這些校長標準立基於：(1)在學校或學區層級針對教育領導效能的徹底分析；(2)一個為未來學校需求所做的領導類型最佳思考，所設計的綜合測驗；(3)針對行政標準，透過不同國家組織、專業公會以及改革委員會，經過縝密思考運作後的綜合成果；(4)遍及 24 州，加入跨州學校領導者證照聯合會的教育領導人員對領導及行政標準的深度討論。

　　美國跨州學校領導者證照聯合會認為其發展的校長標準具有嚴謹的品質，它以學生學習成就表現為核心，標準的選取處處以領導與高效能學校的相關研究結果為準，並符合領導研究的最新潮流（CCSSO, 1996）。這是美國跨州學校領導者證照聯合會希望大家了解的 ISLLC 標準的重要特質——一切都以研究為基礎。美國跨州學校領導者證照聯合會認為舊有的、各州離散的校長標準，已無法滿足劇烈變遷的現代社會所需，他們認為現代社會具有兩個重要的本質性變遷。首先，現代社會是一個「分化的社會」，包括種族分化、性別分化、宗教分化等等；其次，現代社會還是一個「全球化的社會」。舊有的校長標準與校長證照制度無法反映與滿足這些變遷所造成的需求，因此需要一套新的校長標準（CCSSO, 1996）。

　　ISLLC 校長標準是一組六大類、以研究為基礎所得的領導標準，其標準乃特意以「教與學、有效學習環境的構築」為其焦點（CCSSO, 1996: 8）。這些標準的設計刻意涵蓋了廣泛的面向，分別強調了模範校長所須具備的知識、心向、表現三個部分。ISLLC 校長標準的設置與設計，是希望校長從此脫離管理（management）學校的層次，而進入領導（leadership）這個無限寬廣的領域（Engler, 2004）。但CCSSO（1996）不避諱的明確指出，ISLLC標準的核心關懷在於學生學習成就的表現，ISLLC標準是設計來含括學校領導者角色所須具備的必要條件，而這些條件正可用以解釋為什麼部分學校可以為所有的學生提供正向的學習經驗以導向成功。ISLLC 標準透過聚焦於領導的基本面向——學生學習的成功——試圖協助將教育行政專業導入學校行政角色之中。每個標準都是以「一個學校的行政領導者是一個有能力提升所有學生成功的教育領導者，透過……」這樣的陳述方式標明了本標準所強調的「一個學校領導者作為教育領導者並且為所有學生的成功而努力」。簡而言之，ISLLC 標準以績效與問責導向為其核心，以學生學習高成就為其目的。CCSSO（1996: 7）也在手冊中列出了本標準設立的中心原則：(1)標準須以學生學習為中心；(2)標準必須能反映現今校長角色的改變；(3)標準必須蘊含學校領導中合作的本質；(4)必須是專業的高標準；(5)標準必須是可評鑑的、並以成果導向為其基礎；(6)標準必須是完整與協調的；(7)標準必須能給予學校所有成員評鑑與機會，並達到彰權益能的效果。在此原則下，CCSSO最終擬定的ISLLC標準有六大分項，六個標準分項所涵蓋的知識、心向、表現三部分的分類，共 184 個指標，內容頗多，囿於篇幅，故不詳列在此。其六大標準分別為：

1. 標準一：一個學校的行政領導者是一個有能力提升所有學生成功的教育領導者，透過發展、連結、執行以及管理，實現學校社群共同分享與支持學習的願景。
2. 標準二：一個學校的行政領導者是一個有能力提升所有學生成功的教育領導者，透過提倡、培養、維繫學校文化以及教育計畫，促成學生的學習以及教職員工的專業成長。
3. 標準三：一個學校的行政領導者是一個有能力提升所有學生成功的教育領導者，透過確保組織管理、運作管理以及資源管理的有效性，導向一個安全與高效能的學習環境。
4. 標準四：一個學校的行政領導者是一個有能力提升所有學生成功的教育領導者，透過與社區成員及學生家庭的合作，回應多變的社區需求與興趣，並引入社區的資源。
5. 標準五：一個學校的行政領導者是一個有能力提升所有學生成功的教育領導者，透過正直、公平、道德的方法達成之。

6. 標準六：一個學校的行政領導者是一個有能力提升所有學生成功的教育領導者，透過對於政治結構、社會、經濟、法律以及文化脈絡的了解、回應與影響達成之。

二、ISLLC 校長專業標準的施行檢討

雖然 ISLLC 校長專業標準迅速為各州州政府教育主管單位所接受，但在實際施行數年之後，其執行上之問題逐漸浮現。其中首先被提及的嚴重執行問題，就是此標準的繁雜與嚴苛對現職校長留任及未來校長的就任意願都造成重大打擊。在《學校領導標準：文獻批判回顧》（*Standards for School Leadership: A Critical Review of the Literature*）（Ingvarson, Anderson, Gronn, & Jackson, 2006）報告書中，研究群對西澳校長表現標準（Performance Standards for School Principals in Western Australia）、英國國家校長標準（National Standards for Headteachers in England）、荷蘭初等教育校長專業標準（Professional Standards for Educational Leaders in Primary Education in Holland）、蘇格蘭校長標準（The Standard for Headship in Scotland）、美國 ISLLC 校長標準等，進行後設分析與綜合比較，報告書指出 ISLLC 校長專業標準實行上遭遇的難題是：當校長標準對於校長領導的期望愈來愈顯繁複，愈來愈顯廣闊無涯時，這樣的發展態勢對吸引有潛力成為未來校長的人這件事具有明顯的負面衝擊。

其次，《奈特里德論壇商業報導》（*Knight Ridder Tribune Business News*）在〈校長更迭破紀錄：校長標準興起讓更多校長離職；許多新校長不具經驗〉（Principal Turnover Hits Record: More May Leave as Standards Rise; Many New Ones Inexperienced）（Hirsch, 2006）這篇專文報導中指出，校長的工作日形艱困的原因，是因為他們越來越被要求對學生的學習成就負責，數千個學區都遇到同樣的問題，大量的現職校長都接近了退休年齡，近來校長離職的比率因此屢創新高，這對於學生與家長來說，都是一種巨大的改變。當校長的標準越來越高，無法達到標準的校長紛紛被開除之後，校長出缺的問題更形嚴重。有潛力的未來校長見到這些不斷增加的要求，大都只得放棄成為校長的夢想。另外，這篇專文中專訪了 Charlotte-Mecklenburg School 的負責人 Peter Gorman，他表示，Charlotte-Mecklenburg School 所管理的 150 所學校中，2005 年時將近三分之一的學校校長一職出缺，新

聘45位校長中，八成為沒有治校經驗的初任校長。他無法想像一個領導層級的工作有可能出現那樣高的出缺比率。而且，十年前，每個校長空缺都會吸引 20-30位職位競爭者，現在每個校長職缺的申請人大約只有 5-10 位。Peter Gorman 認為，校長標準的嚴苛與繁雜已經到了不切實際的地步，對於具有資格可以申請或應徵校長的教育精英來說："It's just not worth it." 為了那些即便鞠躬盡瘁都無法達到的標準努力，還因為無法達到標準受人嫌棄，使得大家對於擔任校長都不再存有意願。

第三，Archer（2004）也提到，針對校長的那些不斷複雜化與擴增的要求，《教育週報》（*Education Week*）已經將這樣的情況命名為「不可能的任務」（impossible job）。這些「完人化」甚或「超人化」的標準要求，除了方便以雙向細目表的方式化為校長證照考試的考卷題目外，還有何實質意義？再者，Storey（2006）進一步指出，由於 ISLLC 校長專業標準的設立過程偏向於 "forward mapping"（由上到下），而非 "backward mapping"（由下到上）的政策決定模式，現職校長並無足夠的發言空間與發言權。因此 ISLLC 校長專業標準缺乏跨越理論與實務鴻溝的功能，也就是說，這套標準連結理論與實務的能力薄弱（Ingvarson, Anderson, Gronn, & Jackson, 2006）。

綜合而言，前述學者批評 ISLLC 校長專業標準所關注的焦點主要為二，首先，ISLLC 校長專業標準所採取的基本立場是卓越校長的高標準，並且其標準過度要求完美，幾乎包含學校所有事務和所有能夠想得到的行政能力與特質，這樣的要求雖然「理想」，卻不切實際。當教育行政當局、地方教育委員會或是輿論要求校長達到這樣的標準時，不但無異緣木求魚，並且同時扼殺了卓越人才投身校長一職的意願。其次，ISLLC 校長專業標準的設計雖易於用在證照考試的試題設計，但在校長實務運用上卻顯得力不從心。也就是說，ISLLC 校長專業標準在為 ISLLC 證照考試設計或是上級進行校長評鑑設計上顯得詳細而方便，但是若作為校長實務上所設計以供遵循與自我檢視激勵之用途，則因過度細目化而難以採用。另外，English（2006）也指出 ISLLC 校長專業標準所帶來的問題，他認為國家校長標準不但沒有提高校長培育的品質，反而造成了素質低落的問題。並特別指出三大核心議題供 ISLLC 校長專業標準作為檢討參考。

（一）ISLLC 校長專業標準的知識基礎中，只包含一組有限的責任要求，造成了系統性的化約論，接受並假定了一種靜態社會系統下靜態知識基礎的存在

　　ISLLC 校長專業標準中所包含的執行技巧，本質上也包含了缺乏彈性以及反民主的特質。English（2006）指出，ISLLC 校長專業標準不但將專業納入決定論的範疇，而且將專業細瑣化。非但未獲其利，反而降低了校長培育的標準。他認為，將標準視為知識基礎的概念打從一開始就是有問題的，它近似於一種迷思。知識基礎的選擇與確立本身就是政治權力的運作過程，這種權力涉入的情況，與其它領域相較，實為有過之而無不及；為什麼某些特質被選入校長標準，而某些特質排除在外？其進一步指出，對於實務工作與現狀富於影響力的歷史與脈絡不應該被邊緣化或是忽略。重要的不是去尋找「人造的永恆」，而是去了解政治角力的本質和標準可以驗證的面向，由一個寬廣的範疇、透視觀點、規律規則、運作中的擁護勢力活動等等廣泛的視野，去了解其中的隱晦之處。

（二）ISLLC校長專業標準允許教育人員透過大學以外的管道取得校長證照，而相關培訓課程評鑑標準也不見專業，亦降低了校長的水準

　　English（2006）指出，ISLLC 校長專業標準知識基礎的發展中，最為荒謬與諷刺的，應該是此標準成為校長培育與證照核發的支柱之後，地區性的教育領導培育課程可以從大學校園裡抽離出來。這種去專門化的形式，同時也容許了線上訓練課程的存在，如此的發展將造成學生素質低落、授證評比鬆散以及學生實際學習到的成果品質欠佳等問題。且其更進一步指出，線上課程的索價因為省卻了人事成本或是招生業務的成本，可以盡量壓低，而低價策略卻扼殺了大學內優質課程的生存空間。校長證照考試相關公司大肆宣揚課程的方便性以及便宜價格，大量的使用遠距教學或是線上課程的方式。因為這些課程以降低售價為主要訴求，他們努力「模仿」傳統課程，以便更容易通過州政府的審核，這些校長證照考試的「補習班」便以更低價、更方便的學習傳統課程為訴求。

（三）ISLLC 校長專業標準可能成為校長培育課程與研究領域的終點

English（2006）指出，ISLLC 校長專業標準初始設計的目標，是在包含一個「提升所有學生成功」的好校長在領導時的「所有」必備要素，而其重要性、完整性與正確性又受到不斷的朝拜，而基於課程營利上的生存問題，準備課程的提供者又不得不向這樣的標準低頭。因此，ISLLC 校長專業標準成為校長考試的標準，而基於「考試領導課程、考試領導教學、考試領導學習」這種牢不可破的原則，English 認為，所有關於領導的研究都會被這個「最終、最完整而標準」的答案所圈禁，而猶如窒息一般被限制住。他指出，當一個校長培訓課程以國家教師教育認證協會與國家退休教育協會認證系統作為架構，並以 ISLLC 校長專業標準作為核心指標時，大學研究單位若試圖去挑戰或突破這樣的邊界，則會被認為是不恰當的，甚至開罪於他人。當我們把國家教師教育認證協會與國家退休教育協會認證系統定位為認證的標準時，也就意味著這些技術模組以及指標是應該納入實際運用並且事先教導的，不只這些標準將會是培育課程的全部與終點，而且當我們採取這些標準用以評鑑大學所提供的教育行政課程時，將會窄化課程的範圍，而且也會削減以研究為主的科系的相關研究活動。

伍｜代結語──我國校長培育制度設計的芻議

歸納本文從「校長專業標準與培育制度的相關研究探討」、「探討英國國家校長專業資格（NPQH）的標準與作法」，及「美國跨州學校領導者證照聯合會（ISLLC）的校長專業的標準與作法」等議題，探討校長專業發展與校長專業培訓的觀點，可以統整出校長培育制度內容包括：培育目標、儲訓對象、校長專業能力標準、正式課程、潛在課程、成績評量及校長資格證書授予等細目的展望，並可運用部分企業經營概念，如創新、專業、績效的理念運用，以確保我國校長培訓對象為兼顧人格涵養、專業知能並擁有實踐行動力之能人。因此，筆者嘗試再度以「校長學→學校長→長學校」之三階段專業發展模式，來建構我國校長培育制度的設計，內涵包括：(1)校長學階段：以「校長專業培育」為核心，包含校務發展、行政管理、教學領導、公共關係、專業責任五大項目；(2)學校長階段：

以「校長實務實習」為核心，包含專題講座、問題解決、標竿學習、實作演練、師徒傳承、討論發表六大項目；(3)長學校階段：以「師傅校長教導」為核心，包含績效評估、策略管理、創新經營、永續經營四大項目等三個模式，對於我國校長專業能力發展及經驗的累積傳承，找出一條可循的理路，作為我國未來設計校長專業培育制度的參考。以下分別說明「校長學→學校長→長學校」之三階段專業發展模式概念之具體實施內涵，並繪製如圖15-9所示，提出我國校長培育制度設計的芻議：

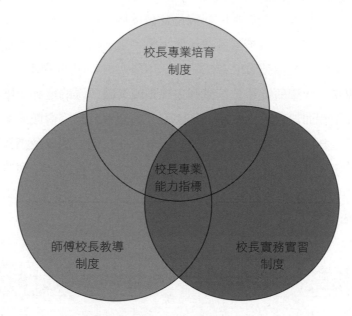

▶ 圖15-9　建構我國理想中小學校長培育制度之概念模式圖

資料來源：作者自行製圖。

一、校長學階段：校長專業培育

本文歸納多位學者的觀點認為，校長專業培育制度係提供校長角色職務專業化發展所需之知識、技能與心向的制度規劃。「專業培育制度規劃」涉及校長培育過程中所需要的配套制度，包括：培育機構、時程、經費、師資、學習評量等。而專業培育制度的決定，牽涉到對於校長專業能力的認定問題，意即我們對於理想校長角色職務的圖像（picture），會決定校長專業能力的定義，進一步地決定

了校長專業培育制度的規劃。此三者間具有層層環扣的關係，為規劃校長培育制度時的核心觀。本文建構之校長專業培育的內涵有以下六項：

1. 培育機構之設立：培育機構係指進行中小學校長培育之單位機構，負責校長培育之培育流程、培育課程、教學活動等。
2. 校長培育時程：校長培育時程係指進行校長培育完整過程之所需時間，完整過程包含培育專業課程、實務實習與師傅教導的過程。
3. 學員學習需求評估：學員學習需求評估係指進行校長培育之前，針對學員之專業能力、經驗資歷與學員需求先行調查評估。
4. 培育課程授課講座之甄選方式：培育課程授課講座之甄選，係指校長培育專業課程之授課教師的產生來源。
5. 培育之學員學習成效評鑑之負責單位：培育之學員學習成效評鑑之負責單位，係指針對學員培育課程學習成效有責任進行形成性與總結性評鑑的單位。
6. 培育經費：校長培育之經費，係指學員經過招生而進入校長培育課程所需之學費與相關費用之支出對象。

二、學校長階段：校長實務實習

本文歸納多位學者的觀點認為，校長實務實習制度係提供接受校長培育課程的學員，能具備學校行政事務運作之實務經驗，以培養校長具有實務經驗之實習設計的內涵及制度規劃。根據成人學習理論，臨床實習對於有志校長者的工作學習乃是一種理想的學習方式，且研究結果顯示，採取臨床實習制度之教育領導培訓計畫的效能良好，肯定了現場實務實習對於培育學校領導人的功能，透過實習表現的評鑑可以提高學校領導人培育計畫的效能。根據臨床實習的現場本位學習經驗，幫助學校領導人在培育過程中成長與精進。本文建構之校長實務實習的內涵有以下兩項：

1. 校長實務實習時程之安排：校長實務實習時程，係指校長培育除專業知識課程外，進行臨床經驗之實務實習課程的時間之安排與規劃方式。
2. 校長實務實習學校之決定：校長實務實習學校之決定，係指進行實務實習課程之學校的規劃方式、學校的類型。

三、長學校階段：師傅校長教導

本文歸納多位學者的觀點認為，師傅校長教導制度係由資深優秀的師傅校長，帶領著實習校長學習如何擔任校長，使得師傅校長豐富珍貴的經驗與智慧能得以傳承並轉化的制度規劃，師傅教導計畫確實能提高新任校長的領導效能，支持了師傅教導制度的實施。許多研究結果證實，影響師傅教導效能與過程共有四項重要因素，包括：(1)實施師傅教導的時間；(2)師傅與徒弟的配對方式；(3)師傅本身的素養與態度；(4)師傅教導技能的訓練。師傅校長教導不僅傳授自己的經驗而已，更不是期待學習者複製自己的經驗，而是引導學習者去思考、去判斷，學習如何做決定，學習解決問題的能力。本文建構之師傅校長教導的內涵有以下三項：

1 師傅校長的師徒配對方式

師傅校長的師徒配對方式，係指由具有豐富經驗與教學意願的校長，帶領與輔導學員學習之模式中，師傅與學員之間的配對形式。

2 師傅校長的甄選方式

師傅校長的甄選方式，係指甄選與產生豐富經驗與教學意願的校長，以進行師傅教導的方式。

3 師傅校長的參與方式

師傅校長的參與方式，係指由具有豐富經驗與教學意願的校長，帶領與輔導學員學習過程之參與時程。

陳木金小檔案

國立政治大學教育學博士、美國斯克蘭頓大學研究學者。現任職國立政治大學教育學院專任教授，在政大教育系博碩士班講授「校長學專題研究」與「學校領導研究」等課程，學術研究領域聚焦於校長培育、學校領導、教育創新發展理論與實務。目前已出版著作及論文，包括《學校領導研究》、《校長之學校經營研究》及《校長學研究》等書，並發表近百篇校長學相關專業論文及二十多篇專題研究計畫報告。在校長學研究推廣方面，建置了「校長學專題研究資訊網」及「師傅校長經驗傳承資訊網」，期望能透過校長學研究與教育經驗的傳承，協助校長們從實務經驗→理解→內化→統整→建構校長學專業發展知識，傳承與幫助校長們推動優質的學校經營！

陳宏彰小檔案

服務於教育部技職司，現就讀於英國倫敦大學教育學院（IOE）博士班，主要研究領域為學校領導發展、教育政策研究及教育研究應用。國立政治大學教育系學士、碩士，國立臺灣師範大學教育系博士班修業。94 年考取高考三級教育行政、98 年獲教育部公費留考教育行政與政策學門。曾服務於臺北市政府教育局，負責辦理國小校長遴選與校務評鑑等業務，始終關心教育現場問題與教育學術研究的連結，投身於教育行政工作的同時，也以學術的研究新知來互為參照與理解。

溫子欣小檔案

國立政治大學教育學博士，曾任國立空中大學教學發展中心主任、私立光隆家事商業職業學校教師。博士論文「成功校長領導行為研究」，獲得中華民國學校行政研究學會優秀論文獎──優秀博士論文獎。

References
參考文獻

中｜文｜部｜分

周幸吟（2002）。中英中小學校長培訓與任用制度之比較研究。國立臺北師範學院國民教育研究所碩士論文，未出版，臺北市。

林文律（2000）。學校行政：理想與實際。學校行政雙月刊，**6**，24-37。

林文律（2001）。剖析校長證照制度——專訪國北師院林文律主任。教育研究月刊，**90**，10-15。

林明地（2002）。**學校領導：理念與校長專業生涯**。臺北市：高等教育。

秦夢群（1999）。校長職前教育之分析與檢討。**教育資料與研究**，**29**，11-16。

教育部（2010）。**國民中小學校長主任教師甄選儲訓遷調及介聘辦法**。取自http://law.moj.gov.tw/LawClass/LawAll.aspx? PCode=H0020027

陳木金（2000）。從英國國立學校領導學院之功能看校長專業能力的訓練。載於 2000 年 11 月 25 日中華民國學校行政研究學會主辦之「**學校行政論壇第六次研討會——英國教育改革經驗**」論文集（頁 1-10），臺北市。

陳木金（2001）。從發展型管理看校長的學校經營。載於 2001 年 11 月 17 日中華民國學校行政研究學會主辦之「**學校行政論壇第八次研討會——邁向二十一世紀的學校行政的應為與當為**」論文集（頁 71-87），臺北市。

陳木金（2004）。**學校領導人才培訓課程計畫之研究**。國立教育研究院籌備處專題研究計畫成果報告（NAER-93-07-C-2-01-00-02-02）。

陳木金、李俊湖（2006）。**國民小學校長培訓模式之研究**。國立教育研究院籌備處委託專題研究計畫。臺北市：國立政治大學。

陳木金、李冠嫻（2009）。臺灣中小學校長專業發展與校長培訓改革芻議。載於 2009 年 10 月 25 日國立臺北教育大學舉辦之「**2009 年兩岸三地校長學學術研討會：校長專業之建構**」論文集（頁 127-143），臺北市。

楊振昇（2001）。美國中小學校長培育制度及其對我國校長培育之啟示。載於國立嘉義大學國民教育所（主編），**中小學校長專業成長制度規劃**（頁89-114）。高雄市：復文。

謝文全（1999）。中小學校長培育、任用、評鑑制度。**教育資料與研究**，**28**，1-5。

英 | 文 | 部 | 分

Archer, J. (2004, September 15). Tackling an impossible job. *Education Week.* Retrieved from http://www.edweek.org/ew/index.html

Bush, T., & Chew, J.(1999). Developing human capital: Training and mentoring for principals. *Compare, 29*(1), 41-52.

Bush, T., & Coleman, M.(1995). Professional development for heads: The role of mentoring. *Journal of Educational Administration, 33*(5), 60-74.

CCSSO (1996). *Interstate School Leaders Licensure Consortium: Standards for School Leaders.* Washington, DC: CCSSO.

CCSSO (2007). *ISLLC standards.* Retrieved from http://www.ccsso.org/projects/Interstate_Consortium_on_School_Leadership/ISLLC_Standards/

Collarbone, P. (1998). Developing a leadership programme for school leaders: An NPQH assessment center manager reflects. *School Leadership & Management, 18*(3), 335-346.

Collarbone, P. (2000). Developing a model for the national professional qualification for headship (NPQH) . *Leading Edge, 4*(1), 104-111.

Crow, G. M. (2002). *School leader preparation: A short review of the knowledge base.* Retrieved from http://www3.nccu.edu.tw/~mujinc/teaching/9-101principal/refer1-1(randd-gary-crow-paper).pdf

Daresh, J. C., & Playko, M. A. (1992). *The professional development of school administrators: Preservice, induction, and inservice application.* Boston: Allyn and Bacon.

DfES (2004). *National Professional Qualification for Headship. England : NCSL.* Retrieved from http://www.ncslonline.gov.uk/programmes/npqh/18_NPQHRef.asp

Duncan, D. (2002). *Leadership lessons from Nottingham.* Retrieved from http://scholar.google.com/url? sa=U&q=http://www.nswppa.org.au/Duncan.pdf

Engler, C. M. (2004). *The ISLLC standards in action: A principal's handbook.* New York: Eye On Education.

English, F. W. (2006). The unintended consequences of a standardized knowledge base in advancing educational leadership preparation. *Educational Administration Quarterly, 42*(3), 461-472.

Fullan, M. (2001). The role of the head in school improvement. Retrieved from http://home.oise.utoronto.ca/~changeforces/Articles_00/06_00.pdf

Hackmann, D. G., Schmitt-Oliver, D. M., & Tracy, J. C. (2002). *The standard-based administrative internship: Putting the ISLLC standards into practice.* Lanham, MD: Scarecrow Press.

Hallinger, P. (2001). *School leadership development: State of the art at the turn of the century.* Paper presented at the International Conference on School Leader Preparation, Licensure/Certification, Selection, Evaluation, National Taipei Teacher College, Taipei.

Hallinger, P. (2003). The emergence of school leadership development in a era of globalization: 1980-2002. In P. Hallinger (Ed.), *Reshaping the landscape of school leadership development: A global perspective.* Lisse: Swets & Zeitlinger.

Hirsch, D. (2006, November 22). Principal turnover hits record: More may leave as standards rise; many new ones inexperienced. *Knight Ridder Tribune Business News*, p.1.

Ingvarson L., Anderson M., Gronn P., & Jackson, A. (2006). *Standards for school leadership: A critical review of the literature.* Canberra: Teaching Australia.

Kolb, D. A. (1976). Management and the learning process. *California Management Review, 18*(3), 21-31.

Lodge, C. (1998). Training aspiring heads on NPQH: Issues and progress. *School Leadership & Management, 18*(3), 347-357.

Male, T. (2001). Is the national professional qualification for headship making a difference? *School Leadership & Management, 21*(4), 463-477.

Murphy, J., & Louis, K. S. (1994). *Reshaping the principalship: Insights from transformation reform efforts.* Thousand Oaks, Calif.: Corwin Press.

NPQH (2004). *Guidance on the mandatory requirement to hold the National Professional Qualification for Headship.* Retrieved from http://www.ncsl.org.uk/mediastore/image2/npqh-regulations-guidance.pdf

NPQH-intake 9 information (2004). *National Professional Qualification for Headship-intake 9 information.* Retrieved from: http://www.ncsl.org.uk/mediastore/image2/intake10information.pdf

NPQH-intake 10 information (2005). *National Professional Qualification for Headship-intake 10 information.* Retrieved from http://www.ncsl.org.uk/media/F7B/50/intake10information.pdf

Ovando, M. N. (1998). *Assessment of intern's performance: A key to enhance school leader preparation program.* (ED426982)

Storey, A. (2006). The search for teacher standards: A nationwide experiment in the Netherlands. *Journal of Education Policy, 21*(2), 215-234.

Tomlinson, H. (2002). *School leader preparation, licensure/certification, selection, evaluation.* Paper presented at the International Conference on School Leader Preparation, Licensure/Certification, Selection, Evaluation, National Taipei Teacher College, Taipei.

16 我國中小學初任校長導入輔導制度改革芻議

張德銳（輔仁大學師資培育中心教授）

壹｜緒論

　　由於當前中小學校長工作複雜性日劇，加上社會大眾對於教育改革與學校品質的要求日高，所以如何提升校長的專業知識、技能與態度，使其有效的面對日益艱鉅的挑戰，實是當前校長培育的重點工作之一。而提升校長專業能力的有效途徑，除了加強校長職前培育與在職成長之外，便是建構初任校長導入輔導制度。

　　國內外已有相當多的研究（林文律，1997；蘇小娟，2009；Cullen & Luna, 1993; Daresh & Playko, 1994; Hill & Ragland, 1995; Jeruchim & Shapiro, 1992; Southworth, 1995; Wardlow, 2008）發現，初任校長最常表現出：孤獨、焦慮、挫折感、懷疑自信、對工作產生不確定感等心境，以及角色複雜、工作量過重、工作技能不足、無法有效時間管理、無法融入學校文化的隔閡等問題。要克服這些困境，除了靠自我努力與學習外，最快速有效的方法便是擁有一位有經驗、具專業的校長，以協助、輔導其解決問題與發展專業。而最近卡內基基金會（Carnegie Foundation）的研究也發現：校長導入輔導方案乃是提供初任校長生涯發展最有效的培育方法（引自 Malone, 2001）。由此可見初任校長導入輔導制度的重要性。

　　然而很可惜的，長久以來我國中小學校長甄選儲訓雖然行之有年，但在導入輔導方面，不但校長儲訓人選甚少接受長期的實習輔導，就任之後，也欠缺由受過專業輔導訓練的資深優良校長所提供的協助和輔導。反觀英美先進國家在校長培育方面的作法，其不但在職前培育方面有充分的訓練，也能針對初任校長工作及專業上的需求，施以嚴謹的導入輔導制度，以提供初任校長必要的支持與協助，

更進而提升校長行政專業品質與專業承諾。有鑑及此,本文擬先介紹初任校長導入輔導制度的內涵,然後再論述建立我國中小學初任校長導入輔導制度的具體建議。

貳│初任校長導入輔導制度的內涵

一、校長導入輔導制度的意義

　　Daresh 與 Playko(1993)認為「輔導」(mentoring)是一個連續不斷的歷程,在此一歷程中,輔導者(mentor)提供受輔導者(protégé)支持、協助和指引,以使受輔導者能對組織目標的達成有較大的貢獻。Douglas(1997)則認為,校長導入輔導應該是資深校長對於初任校長生涯發展與心理發展的一種輔導關係,透過這種師徒關係,以提供初任者支持、諮詢、保護、回饋,並促使輔導校長(mentor principal)以及初任校長(beginning principal)不斷提升其個人、生涯上的專業發展,進而提高學校辦學表現與效能。

　　「師徒輔導制度」源於希臘羅馬神話 Odyssey。神話中,國王 Ulysses 在赴特洛伊戰爭前,將兒子 Telemachus 與產業託付給一位忠實的朋友 Mentor,希望他能教育並輔佐兒子繼承其產業,結果 Mentor 果然不負所託完成任務。從此 Mentor 便成為有經驗並值得信賴的諮商者的代名詞,其定義為值得信賴的師傅,強調被輔導者與輔導者之間是親密的、互相尊重的,並且是互相需求與回饋的關係(江雪齡,1989;黃淑玲,1997;張德銳等人,2000;Lowney, 1986)。

　　師徒輔導制度最先運用於企業界,例如在美國通用汽車公司,不同單位的主管會引導新手,介紹公司的目標、習俗和文化,提供諮商並解答問題,甚至拓展新手的社交層面。由於良師輔導制度的成效良好,良師輔導制度的理念遂被陸續應用在訓練護士(Fagan & Fagan, 1983)、心理學家(Pierce, 1983)、社會學家(Phillips, 1979)、科學家(Rawles, 1980)等行業。

　　良師輔導制度運用在教師界亦相當普遍。在歐美先進國家「教學輔導教師」(mentor teacher,簡稱教學導師)已是一個被普遍推展的實務(Huling-Austin, 1998; Odell, 1990),目前在臺北市中小學所辦理的教學輔導教師制度,對於受輔

導的夥伴教師以及教學輔導教師本人的教學專業成長,亦有相當的成效(張德銳等人,2002,2003,2004;張德銳,2009)。但反觀良師輔導制度在國外校長培育的應用上,雖晚了教師導入輔導近一、二十年,但在20世紀末就已廣為應用在學校行政人員的導入輔導(Aiken, 2001; Bloom, 2005; Ricciardi, 2001)。唯就國內而言,國內教育行政機關對於初任校長的導入少有規劃,亦大都缺乏師徒輔導的機制(沈進發,2000),直到2010年臺北市政府教育局才開始委託臺北市立教育大學,對於初任前三年的國民中小學校長進行導入輔導。由此可見,初任校長導入輔導體制在我國中小學有尚待研發與推廣的空間。

二、輔導校長的特徵

Daresh與Playko(1993)認為成功的輔導校長應具有下列特徵:(1)豐富的行政經驗;(2)能展現良好的領導品質;(3)對學區的政治與社會生態有所掌握與理解;(4)能示範不斷的學習和省思;(5)能對行政問題展現多元的解決對策;(6)能對受輔導者提出正確的問題,而不只是回答問題;(7)有協助受輔導者表現更上一層樓的欲望。由此可知,輔導校長的特徵還是以豐富行政經驗與領導品質、能理解問題並提出問題解決策略、具輔導及楷模的角色與功能等三項為要。

三、輔導校長的培訓

Hopkins-Thompson(2000)認為,輔導者的訓練應該基於輔導方案的需求與技能,也就是以能力本位為訓練方案,因此,輔導方案所訓練的能力應包括:觀察、溝通、傾聽、需求分析、回饋。

而Daresh與Playko(1993)亦認為,為了使輔導者能勝任輔導任務,輔導者有必要在職前及在職期間接受足夠的訓練。這些訓練包括四個層面:(1)對學區輔導方案有正確的認識;(2)有效的教學領導;(3)人際關係技巧;(4)傾聽、觀察、回饋與問題解決等之輔導過程技巧。

四、輔導的時程與配對

　　雖然，不同的校長導入輔導方案有不同的輔導時程的考量，不過，整體來說，持續的接觸與輔導是相當重要的。例如，Bolam、McMahon、Pocklington 與 Weindling（1995）認為，至少要有五至六次面對面的會議，而時間也應是十二至十五個月的輔導時程；此外，美國喬治亞州普林斯喬治郡公立學校所舉辦的初任校長輔導方案則認為，應提供半年至一年的輔導方案，以引導、支持、回饋初任校長，而且，每學期至少要有五天以上的學校訪視，以確保持續接觸（Prince George's County Public Schools, 2001）。

　　初任校長與輔導校長間適當的配對，乃是輔導制度成功與否的重要因素（Cordeiro & Smith-Sloan, 1995）。Daresh 與 Playko（1993）認為宜從下列因素來考量配對問題：(1)相同的學習風格；(2)相同的教育哲學或理念；(3)不同的領導風格。相同的辦學理念與學習風格，有利於輔導校長與初任校長雙方合作關係的建立和維持；不同的領導風格則有益於雙方彼此學習對方的優點，彌補自己的不足之處，並開拓領導的視野。

　　Hopkins-Thompson（2000）在檢視文獻與調查時發現，資深校長與初任校長的配對，可考量的方式有：(1)兩者間的互選；(2)分析校長個人檔案以確認兩者間的風格、型式、偏好，並進行最佳配對；(3)以興趣量表調查兩者間的反應，並實施配對。

五、輔導方案的評鑑

　　Daresh 與 Playko（1993）認為要評估校長導入輔導制度成功與否，可針對下述問題加以檢視：(1)是否達到初始計畫的目標？(2)整個輔導過程所花費的資源是否有效運用？(3)是否切合所有參與者及學校的需求？(4)對初任校長與學校是否真的有幫助？(5)對輔導方案是否同等列出其優、缺點？(6)參與者是否得到專業的成長？(7)在整個評鑑過程中，是否提供給參與者充分的回饋？

六、輔導制度的優點與限制

許多研究（Ashby, 1991; Bolam et al., 1995; Brock & Grady, 1996; Daresh & Playko, 1993; Murray, 1991; Playko, 1995; Wardlow, 2008）發現，校長導入輔導制度對於初任校長的幫助有：(1)獲得不同管理與領導實務的觀點；(2)協助校長更快速融入新角色與新學校；(3)反思校長職務的真正內涵；(4)克服疏離感；(5)增加自信心；(6)對校長長期的生涯發展有正向影響；(7)協助對實務問題的了解與關注；(8)降低行政理論與實務間的差距；(9)減低因工作不熟悉所產生的壓力；(10)增進人際溝通技巧；(11)可以學到本行專有的「行業秘訣」（tricks of the trade）；(12)使其對本行更有歸屬感。

校長導入輔導制度對於輔導校長的助益則包括（Ashby, 1991; Bolam et al, 1995; Daresh & Playko, 1994; Playko, 1995）：(1)拓展自我專業經驗；(2)與受輔導校長共享經驗及協助他人；(3)能反思自我態度、行為與價值；(4)對於專業議題提供不同的觀點；(5)因協助他人而產生自我滿足感；(6)可減低疏離感；(7)對工作重燃熱誠；(8)提供生涯進階的機會；(9)能從同儕間獲得較多的認可。

校長導入輔導制度對學校或組織亦有其效益，其效益可包括：(1)達成管理上的延續以及管理的發展；(2)減低人員流動率；(3)增加組織生產力與效能；(4)獲得有能力的員工；(5)使員工具終身學習觀；(6)讓學校員工充滿高激勵與高工作滿意度；(7)提高員工自尊；(8)發展員工反省思考（Clark & Zimmer, 1989; Daresh & Playko, 1993; Shelton, Bishop, & Pool, 1991）。

從上述發現，校長導入輔導方案有相當不錯的成效，不過目前還是有許多亟待克服的困難（Bush & Coleman, 1995），諸如：(1)缺乏足夠的導入輔導時間，以適當的發展雙方的關係；(2)會造成初任校長對輔導校長過度依賴；(3)不適當的配對，導致雙方不佳的關係。同樣的，Daresh 與 Playko（1993）也提出，如果初任校長導入輔導實施不當，可能會有下列困難：

1. 輔導校長也許會對初任校長過度保護或過度控制。
2. 輔導校長也許會以個人目標為優先考量而忽略了初任校長的權益。
3. 初任校長從單一的輔導校長所獲得的辦學觀點會相當有限。
4. 輔導校長也許不會承認其輔導對象的缺失或限制。

5. 初任校長也許對輔導校長過度依賴。

6. 初任校長也許會理想化或偶像化輔導校長。

7. 初任校長也許會亦步亦趨地模仿輔導校長的言行。

8. 正式的輔導安排也許會因為太結構化而失去彈性。

9. 輔導校長也許會要求初任校長達成一個無法達成的表現標準或願景。

七、國內外輔導方案示例

Daresh（1995）在〈教育領導人員輔導方案的研究基礎〉（Research Base on Mentoring for Education Leaders: What Do We Know）一文中指出，美國已有超過 20 個州實施，而且明文規定初任校長須接受一年的輔導方案。楊深耕（2004）說明，美國墨西哥州的阿布奎基市（Albuquerque）在 1994 年開始實施「校長外加式支持方案」（Extra Support for Principal Program, ESP），該方案的實施程序大致如下：(1)先診斷初任校長的背景，包括學經歷、興趣、教育哲學觀、領導風格、性向等；(2)挑選資深優良且辦學績效良好的校長，作為輔導校長；(3)列出願意擔任輔導校長的清單，供初任校長選擇；(4)依輔導校長及初任校長意願予以配對；(5)鼓勵輔導校長及初任校長互動，實施校長良師輔導方案。從 1994 年實施迄今，發現在「校長外加式支持方案」中，輔導校長與初任校長均能從中獲得實質的助益。

賴慧玲（2001）曾介紹英國初任校長領導與管理專業進修方案（HEADLAMP），而該方案是英國國家領導課程的其中之一。參與方案的初任校長會得到二年的資金補助，俾利初任校長能將特殊專長訓練與專業發展結合在一起，以滿足他們個別性的需求。在進修方案進行中，一位輔導校長會與二位初任校長一起工作，幫助初任校長分析他們的專業發展需求以及開展他們個人的專業發展計畫，並支持初任校長從事他們新服務學校的組織分析，以及對初任校長在學校中的表現進行評鑑。輔導校長也要在初任校長任期第一年結束時，實施一個正式的檢討會議；並與大學的指導教授共同指導初任校長製作他們的專業發展檔案。

此外，蔡秀媛（2000）依其在新加坡南洋科技大學教育學院（School of Education, Nanyang Technological University）所附設的「校長中心」（Principal Center）的考察經驗，描述新加坡中小學校長的實習導入制度內涵如下：

1. 新加坡教育部審核各學區所推薦適合當校長者（通常為表現優異之副校長）推派到校長中心接受校長培育訓練。
2. 訓練時間共十個月，包含最後二個月的實習導入輔導。
3. 導入輔導採「師徒制」，實習校長至實習學校與一位輔導校長如影隨形的見習、實習、討論，並予以做決定的機會，如果實習校長所做決定錯誤，後果仍由輔導校長負責。
4. 受訓合格取得證書，可抵碩士班學分。
5. 由教育部指定有意願的優秀校長擔任輔導校長，實習前一週先由輔導校長現身說法，並帶領實習校長參觀學校，介紹其辦學理念。
6. 實習校長參觀五至八所學校後，彼此協調、評估，選擇一位切合自己風格、理念、特質的校長擔任輔導校長。
7. 輔導校長在帶領實習校長之前，必須參加校長中心所舉辦為期一週的職前訓練，共同討論如何成功的帶領初任校長，並提出各種模擬情境，而新任輔導校長則須接受強化輔導知能的訓練。

最後，為提升臺北市國民中小學初任校長在學校領導與經營管理上的專業知能，增進初任校長在學校領導與經營管理方面的知識、技能與最佳實務經驗，臺北市立教育大學中小學校長培育及專業發展中心（2010）受臺北市政府教育局委託，從 2010 學年度開始，就臺北市國民中小學校長職涯開始關鍵的前三年，給予必要的協助與支持。該導入培育方案中，初任校長參與相關輔導與訓練課程的部分，以每學期至少 36-72 小時（2-4 學分）為原則；初任校長亦採配對方式，由資深校長或退休校長，每學期訪視與觀察記錄以至少兩次為原則。該方案是國內第一個初任校長導入輔導方案，其採用主題演講、工作坊、領導課程方案研討、問題解決、焦點座談、經驗分享等方式，對促進校長同儕間的相互支持、幫助初任校長對自己及其學校產生新的視野，並持續發展領導與專業學習的技能有相當的貢獻，唯對輔導校長的遴選、培訓、配對、工作職責與時程、方案評鑑等作為之細緻化，仍有提升精進的空間。

綜合上述，可知初任校長導入輔導，係由一位輔導校長（師傅校長）對於初任校長的個人與生涯發展，所提供的支持、諮詢、保護、回饋等服務。此等服務在校長的專業發展歷程中，有其重要性與必要性。輔導校長的特徵以豐富行政經驗與領導品質、能發展多元問題解決策略、具輔導及楷模的角色與功能等三項為

重。輔導校長的培訓主要宜強調導入方案的介紹、人際關係與溝通、教學領導、觀察與回饋、問題解決術等。

初任校長與輔導校長的配對除了尊重雙方意願外，宜考慮雙方具有相同的教育哲學或理念以及相同的學習風格。至於輔導時程以一至二年為佳。輔導方案的評鑑除了要檢討方案的目標、歷程、資源運用外，主要聚焦在對初任校長、輔導校長以及服務學校是否有實質上的幫助。國外研究（Bush & Chew,1999; Florence 1998; Walker & Stott, 1994; Wardlow, 2008）顯示，初任校長的導入輔導方案的實施，除有助於初任校長角色的釐清與扮演外，更減低校長的行政孤立感。同時對輔導校長本身的工作滿足感，以及整個學校教育體制的文化、規範的傳承，都有所助益。至於研究（Bush & Coleman, 1995）亦指出，實施的主要困難在於不適當的配對，導致雙方不佳的關係，以及缺乏足夠的導入輔導時間，以發展雙方的合作關係。

參｜我國初任校長導入輔導制度改革建議

我國中小學近幾年來由於社會大眾對於教育品質的重視、家長對參與校務權利意識的覺醒、教師組織的興起，使得校長在辦學時所面對的壓力愈來愈大，所面對的問題愈來愈複雜，復由於校長遴選制度以及公教人員退休制度等因素的推波助瀾，使得校長提早退休的情況日益嚴重，造成初任校長必須提早補位。以臺北市公立國民小學為例，在 94 學年度 143 位校長當中，有 12 位係初任第一年的校長；初任第一年校長佔全體校長的比例已近十分之一弱。換言之，由於校長的工作壓力增大，資深校長的任期縮短，初任校長必須提早接班，而此種初任校長的普遍化和年輕化現象，是教育行政機關必須加以有效面對和因應的。

為利資深校長做辦學經驗的傳承，以及讓初任校長早日新手上路，初任校長導入輔導制度有其時代的需求性和迫切性。唯我國中小學除臺北市之外，目前並無初任校長導入輔導制度，初任校長為了解決問題、求生存，大多會依其社會關係與人際脈絡，尋找非正式的前輩校長做為辦學的諮詢對象。但有鑑於非正式的諮詢關係對初任校長的辦學成長效益的侷限性，吾人建議教育行政機關應早日為初任校長規劃、推動正式的導入輔導機制。

　　唯我國中小學初任校長導入輔導制度的建立，宜建立在研究的基礎下，方是明智之舉。我國中小學初任校長導入輔導制度的研究目前並不多見，但仍可從少數幾個研究中獲得一些參酌意見。沈進發（2000）研究發現：初任校長對於入職困境的因應狀況良好，其困境的知覺度較低；在政府或相關單位的導入規劃與安排方面，雖沒有強烈的問題意識，但是對於輔導機制的建立、諮詢與經驗交流的提供、校務視導的改善、專業發展的規劃、合作支持網絡的建構都有強烈的需求。其入職最需協助的前三個項目依次是：學校建築與校園規劃、危機管理、衝突管理。陳怡燕（2007）的研究則指出，初任校長所面對的困境主要包括：校長自身的角色衝突、家長對學校措施的抱怨、教師專業能力仍待提升，以及教師與校長認知差距難以縮小等。

　　丁一顧與張德銳（2002）曾以問卷調查臺北縣市 200 位公立國民小學校長，以「國小校長對校長導入輔導制度之意見調查問卷」為研究工具，獲得以下結論：

1. 輔導校長的特徵宜具有：足夠的經驗、助人的意願、開放的人格、了解教育生態、能不斷省思、高領導品質等；而輔導校長的主要職責為：協助熟識規範、提供訊息、楷模、分享工作技巧等。

2. 輔導校長培訓以由教育行政機關委託師資培育機構辦理較適合；培訓的能力為問題解決、人際與溝通技巧、行政專業、導入輔導知識、教學領導，以及觀察回饋技巧；至於培訓後則應由教育行政機關辦理認證。

3. 輔導校長具備的校長年資以「八年以上」較適當；輔導的配對，則以教育行政機關提供學校名單，再由初任校長根據自己的情況挑選輔導校長；輔導的時程，以半年或一年較適宜；且以一位資深校長輔導一位初任校長的方式較適合。

4. 輔導校長的任期以「一年」較適宜，而以「可連任一次」較合理，此外，導入輔導的方式可包含參觀學校、全時式實習、省思式研討會、問題本位學習等過程。

5. 導入輔導制度對初任校長、輔導校長與學校系統，都有其助益；但實施時宜注意不適當的配對、行政支援不足、專業訓練與輔導時間不足等問題。

6. 導入輔導方案的主要評鑑方式為訪談輔導校長與初任校長。

7. 提供出國考察、進修機會、研究資源、校長遴選參考，都是對輔導校長較具吸引力的工作條件。

8.學校行政管理、課程與教學領導是初任校長最需要的專業成長領域。

　　根據上述三個研究以及研究者長期推動初任教師導入輔導制度的經驗，研究者對於我國中小學初任校長導入輔導制度的建立，提供下列教育改革芻議：

一、教育行政機關宜有計畫有步驟地推動初任校長輔導制度

（一）廣徵各方意見，規劃健全完善的初任校長輔導制度

　　從國內外研究結果（丁一顧、張德銳，2002；Ashby, 1991; Playko, 1995; Wardlow, 2008）都可發現，初任校長輔導制度對學校系統、初任校長與輔導校長都會有助益，可見其重要性。因此，如何建立一套健全且適用的初任校長輔導制度，應當是現今教育行政機關，尤其是教育部的重要任務之一。比較理想的方式係由教育部先行規劃出初任校長導入輔導的基本原則與實施方針，供各縣市教育行政機關依地方的特色與需求，發展出更具體可行的實施辦法或方案。如教育部仍無暇顧及，各縣市教育行政機關應本於職責主動規劃實施，迨有初步成效時，再行經由縣市間教育經驗交流，推廣至其它縣市。

　　教育行政機關欲建立健全且適當的初任校長輔導制度，則可辦理下述活動，以廣徵多方意見，諸如：舉辦公聽會、座談會、說明會或研討會、進行訪談、實施焦點訪談、問卷調查蒐集資料等，此外，也可透過不同層級的教育相關人員（教育行政人員、師資培育機構代表、教育專業組織代表、學校行政人員等），共同研擬方案施行重點與過程，以規劃適合我國國情的校長導入輔導制度。

　　依作者的淺見，作者初步建議我國中小學初任校長輔導制度內涵如下：

1. 制度目的：除便利資深優良校長經驗傳承外，主要以協助初任校長解決問題，促進初任校長專業成長，提升初任校長辦學品質為目的。

2. 採強制參與制：凡初任各級中小學校長者，皆應接受輔導校長的輔導。輔導期程以一年為原則，必要時得延長輔導期限一年。

3. 輔導校長的甄選：輔導校長儲訓人選之甄選程序，係由教育行政機關主管科室提名，經公開審議通過後，送請教育局長推薦接受儲訓。甄選審議方式以文件審查為原則，必要時得進行口試。受提名輔導校長儲訓人選應符合下列

條件：(1)八年以上校長年資；(2)良好的領導品質與績效；(3)具有協助初任校長的意願與熱誠；(4)開放、溫暖的人格特質；(5)能就辦學問題，提供多元的問題解決策略。

4. 輔導校長的培訓：由主管教育行政機關委託師資培育機關或教師研習中心實施三週之職前教育課程。經儲訓合格者，由教育行政機關頒發輔導校長證書，為候聘輔導校長。課程內容宜著重：(1)導入輔導方案的理念與知識；(2)人際關係與溝通技巧；(3)問題解決技巧；(4)觀察回饋技巧；(5)教學領導知能；(6)危機管理與衝突管理知能。

5. 輔導校長與初任校長的配對：由教育行政機關提供輔導校長名單，再由初任校長根據自己的情況挑選；至於配對最應考量的因素則為相同的學習風格與辦學理念，但具有不同的領導風格。

6. 輔導校長的工作任務：輔導校長之聘期一任為一年，連聘則連任，任職期間以執行下列任務為原則：(1)協助初任校長分析學校的正式和非正式規範；(2)針對初任校長的需求提供訊息；(3)協助初任校長學習完成工作所需的技巧；(4)提供初任校長在專業和能力表現上的楷模。

7. 輔導校長的工作條件：主管教育行政機關宜根據財政狀況，提供輔導校長出國考察或訪問機會以及適當的研究資源，另輔導校長參加校長遴選時，其對初任校長的服務與輔導成效宜列入遴選考量標準之一。

8. 導入輔導制度訪視與評鑑：主管教育行政機關應將初任校長辦學績效與專業成長情形，列為重點視導工作，必要時得專案訪視。另為評鑑制度成效，宜專案訪談或問卷調查輔導校長、初任校長、教師與家長對制度的興革意見。

(二)循序漸進地實施初任校長輔導制度

有了初任校長導入輔導的可行方案，初任校長導入輔導制度的推動仍需經一段長期、不斷修正的歷程。換言之，初任校長導入輔導制度的推動較宜採逐步漸進的策略，由小範圍到大範圍，逐步實施。例如由某縣市中小學先行試辦，再逐步擴及全國各縣市中小學；亦可由第一年的初任校長先接受輔導，再逐步擴及第二年的初任校長，甚至辦學有困難的非初任校長亦需接受輔導。在推動的過程中，可採「規劃—執行—考核—修正行動」（Plan-Do-Check-Act, PDCA）的歷程如圖16-1，邊做邊修正，使得初任校長導入輔導方案更臻於完美的境界。亦即，教育

行政機關規劃了初任校長導入輔導的變革，接著加以執行，並評鑑執行成果，根據評鑑結果改善實施不良的地方，或依據新資訊發動另一個新的變革。輔導方案的推動，都可以使用此一循環加以不斷地改進。

▶ 圖 16-1　初任校長導入輔導推動的 PDCA 循環

資料來源：出自李青芬、李雅婷、趙慕芬譯（2001：492）。

（三）建立適當支援系統，強化校長導入輔導制度之施行

國內外研究發現（丁一顧、張德銳，2002；Bush & Coleman, 1995），實施初任校長導入輔導制度時所面臨的限制與困境，計有「輔導校長的專業訓練不足」、「輔導校長與初任校長不適當的配對」、「導入輔導時間不足」、「教育行政支援與資源不足」等。因此，建立適當支援系統，以強化初任校長導入輔導制度之施行，實是教育行政機關的工作任務。例如，加強輔導校長的訓練與培育等，以提高初任校長導入輔導制度施行成功的機會；提供經費補助或員額編制，以協助輔導校長因輔導初任校長，而減輕其處理校務的時間與工作量；給予輔導校長與初任校長公假時間，俾利雙方有足夠的時間進行專業互動。總之，教育行政機關應體認到一個有效的校長導入輔導工作是一項費時、費人力、費財力的投資工作，然後給予參與人員足夠的心理支持與實質支援，才能順利有效地推展導入輔導方案。

除此之外，作者亦建議各縣市政府教育局宜早日設置「校長諮詢服務中心」，一方面可結合退休資深優良校長在退休後繼續協助教育局或學校推展教育工作，另方面可提供校長辦學諮詢，特別是協助初任校長解決辦學的疑難雜症，增益其辦學績效。國內一項研究（張德銳等，2005）顯示，受訪的優秀中小學校長期望

教育行政主管機關能設置「校長諮詢服務中心」，此一中心為全縣性或區域性研究與諮詢服務機構，並可與師資培育機構策略聯盟，協助校長專業成長。

二、師資培育機構宜參與初任校長輔導制度的研究與推廣工作

(一)主動成立校長培育中心，參與初任校長導入輔導活動

從國內外研究結果（蔡秀媛，2000；Daresh, 1995）可知，初任校長的導入輔導活動中，不管是省思性培訓、理論與實務兼重的三明治式培訓、反思研討會等活動，通常都是由教育行政機關與大學機構共同辦理，可見師資培育機構在初任校長培訓過程實居重要角色。有鑑於此，師資培育機構應集合校內學術專業人員，加強研究初任校長行政專業需求與困境，並透過辦理各種初任校長研討會與工作坊，讓初任校長、輔導校長、學術專業教授共聚一堂，經由面對面的實務討論、經驗分享，並據以提出問題解決方案。當然，為利校長培育研究與推廣工作的有效推動，各師資培育機構宜盡早設置「校長培育中心」。目前國內設有校長培育中心的師資培育機構為國立政治大學、臺北市立教育大學，唯這二所校長培育中心皆位於臺灣北部地區，是故校長中心的設置實有必要普及至臺灣中南部以及東部地區。

(二)辦理校長專業成長專班，增進校長行政領導效能

國內外研究發現（丁一顧、張德銳，2002；Daresh & Playko, 1993），輔導校長應有其專業的特徵，也應具有專業的能力，更需擔負主要的輔導職責。然而，國內除部分校長已具備此多方面的能力與素養外，大部分的校長還是有賴專業機構施以計畫性的培育與訓練，以促使其能面對複雜的教育環境和有效解決問題。因此，擔任教育人員培育的師資培育機構，實應擔負起規劃、實施與評鑑教育行政專業成長課程，以一方面培育出能立足專業、永續成長的卓越校長，另方面亦可厚植輔導校長的人力資源。

（三）持續探究校長導入輔導制度，提供改進之具體方案

國內外研究發現（丁一顧、張德銳，2002；Bush & Coleman, 1995; Daresh & Playko, 1993），實施校長導入輔導制度，必須面臨許多困境與限制，諸如：支援與資源不足、不適當的配對，以及輔導專業訓練和時間之不足。準此，為有效推行此一制度，教育學術單位應持續進行初任校長導入輔導制度的研究，深入探討初任校長的成長需求，分析與比較各國初任校長導入輔導制度的利弊得失，繼而研擬具體可行的實務方案與策略，以提供教育部以及各縣市政府教育局規劃與推動校長導入輔導方案之參酌。

肆｜結論

校長的工作乃終身發展的歷程：從準校長的職前訓練開始，歷經初任校長導入輔導階段，一直到在職和資深校長的再教育。其中，尤以初任校長的導入輔導階段位於承先啟後的關鍵階段，且是一位校長真正開始獨當一面承擔辦學成敗的階段，實在值得國人無論在教育理論界或者教育實務界對初任校長的輔導工作，投入更多的心力。

近年來由於中小學校長大量的提早退休，使得各級學校初任校長人數遽增。由於缺乏導入輔導機制，使得一方面資深校長的辦學經驗無法傳承，另方面初任校長面臨艱困的辦學環境，也只能自力更生，這種不理想的狀況，實在有改革的空間。中小學初任校長的導入輔導工作確是一件刻不容緩的工作，因為今日我們不努力，明日我們恐將後悔。

唯要國人重視並體認初任校長導入輔導工作是一件長期的工程。當務之急的第一項工作便是要加強宣導喚醒教育行政人員、學校行政人員和社會大眾對初任校長的心理關懷和實質協助。唯有喚起現職校長對初任同事的「同事愛」而願意擔負起「同僚輔導」的神聖天職，初任校長的輔導才會踏出成功的第一步。

其次，教育行政機構和立法部門應有設定初任校長導入輔導機制的遠見。唯有政策和法令的強制推行，全國性的初任校長培育輔導方案方得以全面推動。衡諸歐美先進國家的初任校長的輔導在一、二十年前已經開始啟動，而我國教育行

政機關仍未加以重視，實在是一件令人惋惜的事。

但是「徒法不足以自行」，除了制定健全法令政策之外，政府應體認投資在初任校長前一、二年的專業成長上，是可以獲得未來十多年服務期的長期回收，因此，投資在初任校長輔導上是非常值得的。如果能夠給予各縣市教育局足夠的經費來培訓輔導校長、提供輔導校長良好的工作條件以及購買行政輔導書籍刊物等，那麼各縣市教育局在執行初任校長輔導工作將可順利多了。

最後，制度的推動還是要靠人，而輔導初任校長的關鍵人物係輔導校長。因此如何大量的培訓輔導校長，然後給予後續的專業成長機會，也是必須同時加以考慮的。當然，「工欲善其事，必先利其器」，所以如何研發出初任校長導入輔導的利器，例如觀察與回饋技術、行政檔案製作技術、行政省思程序與步驟等，也是一件教育學界可以努力的事。有鑑於國內在這一方面的研發嚴重不足，國內教育學術單位應對此一研究領域投入更多的人力、物力、財力和心力。

張德銳小檔案

美國奧瑞岡大學教育政策與管理研究所哲學博士（1985 年教育部公費留考）、美國伊利諾大學香檳校區及加州大學洛杉磯校區訪問學者。曾任國立新竹師範學院初等教育系副教授、教授、實習輔導室研究組組長、初等教育研究所創所所長，臺北市立教育大學初等教育系教授、教育行政與評鑑研究所教授、初等教育系主任、國民教育研究所所長、教育學院院長。現職為輔仁大學師資培育中心教授。教學與研究領域為師資培育、教育行政、教學領導、教學視導、教師評鑑、組織行為，曾出版專書十餘本、學術期刊論文百餘篇。

R eferences 參考文獻

中｜文｜部｜分

丁一顧、張德銳（2002）。國民小學校長對校長導入輔導制度意見調查研究。初等教育學刊，**13**，1-24。

江雪齡（1989）。由美國良師制度探討實習教師的問題與輔導途徑。國教研究雙月刊，**7**，49-52。

沈進發（2000）。臺北縣國民小學初任校長工作內涵、入職狀況及其相關因素之探討。國立臺北師範學院國民教育研究所碩士論文，未出版，臺北市。

李青芬、李雅婷、趙慕芬（譯）（2001）。S. T. Robbins 著。組織行為學（Organizational Behavior）。臺北市：華泰文化。

林文律（1997）。美國中小學初任校長適應困難及校長培育重點之探討。國立臺北師範學院學報，**10**，53-110。

陳怡燕（2007）。一位初任校長之辦學理念與實踐策略。國立花蓮教育大學國民教育研究所碩士論文，未出版，花蓮市。

黃淑玲（1997）。英國實習輔導制度之研究。國立臺灣師範大學教育研究所碩士論文，未出版，臺北市。

張德銳（2009）。美國教學輔導教師制度及其在我國中小學教師專業成長之應用。教育資料集刊，**42**，181-202。

張德銳、張芬芬、鄭玉卿、萬家春、楊益風、高永遠、張清楚、彭天建（2000）。臺北市中小學教學導師制度規劃研究。臺北市政府委託專案報告。臺北市：臺北市立師範學院國民教育研究所。

張德銳、張芬芬、邱錦昌、張明輝、熊曣、萬家春、鄭玉卿、葉興華、張嘉育、高紅瑛、李俊達（2002）。臺北市中小學教學輔導教師九十學年度實施成效評鑑報告。臺北市政府委託專案報告。臺北市：臺北市立師範學院初等教育學系。

張德銳、張芬芬、邱錦昌、張明輝、熊曣、萬家春、鄭玉卿、葉興華、張嘉育、王淑俐、丁一顧、許雅惠、高紅瑛、李俊達（2003）。臺北市國民小學教學輔導教師九十一學年度實施成效評鑑報告。臺北市政府委託專案報告。臺北市：臺北市立師範學院初等教育學系。

張德銳、丁一顧、高紅瑛、李俊達、簡賢昌、張純、魏韶勤、吳紹歆、蔡雅玲、曾莉雯（2004）。臺北市教學輔導教師制度九十二學年度實施成效評鑑報告之二——中等學校問卷及訪談調查。臺北市政府委託專案報告。臺北市：臺北市立師範學院教育學系。

張德銳、陳明印、丁一顧、簡賢昌、吳順火、梅瑤芳、謝雅惠、張雲龍、詹惠瑋（2005）。中小學校長辦學經驗及專業發展歷程之研究。臺北市：國立教育資料館。

楊深耕（2004）。初任校長的輔導方案。研習資訊，**21**（5），85-91。

臺北市立教育大學中小學校長培育及專業發展中心（2010）。臺北市國民中小學初任校長導入發展與訓練實施計畫，未出版，臺北市。

蔡秀媛（2000，5月）。初任校長導入輔導制度設計理念。載於國立教育資料館主辦之「現代教育論壇——校長證照制度與校長專業發展」論文集（頁 73-100），臺北市。

賴慧玲（2001）。英國初任校長領導與管理專業進修方案（**HEADLAMP**）應用於我國之調查研究。國立臺北師範學院國民教育研究所碩士論文，未出版，臺北市。

蘇小娟（2009）。臺北縣國民小學初任校長領導行為與學校組織文化關係之研究。國立臺北教育大學教育政策與管理研究所碩士論文，未出版，臺北市。

英 | 文 | 部 | 分

Aiken, J. A. (2001). Supporting and sustaining school principals through a state-wide new principal's institute. *Planning and Changing, 32* (3&4), 144-163.

Ashby, D. (1991). On the job mentoring for administrator renewal. *Planning and Changing, 22* (3&4), 218-230.

Bolam, R., McMahon, C., Pocklington, K., & Weindling, D. (1995). Mentoring for new headteachers: Recent British experience. *Journal of Educational Administration, 33*(5), 29-44.

Bloom, G. (2005). Passing the baton: A new program form ACSA and the new teacher center at UC Santa Cruz is improving the way a new generation of site leaders is prepared and supported. *Leadership, 35*(1), 30.

Brock, B. L., & Grady, M. L. (1996). Keepers of the keys. *Momentum, 27*, 48-50.

Bush, T., & Chew, J. (1999). Developing human capital: Training and mentoring for principals. *Compare, 29*, 41-52.

Bush, T., & Coleman, M. (1995). Professional development for heads: The role of mentoring. *Journal of Educational Administration, 33*(5), 60-73.

Clark, R. W., & Zimmer, B. P. (1989). Mentoring: Does it work? *Lifelong Learning, 12*, 26-28.

Cordeiro, P. A., & Smith-Sloan, E. (1995). *Apprenticeships for administrative interns: Learning to talk like a principal.* Paper presented at the Annual Meeting of the American Educational Research Association, San Francisco.

Cullen, D. L., & Luna, G. (1993). Women mentoring in academy: Addressing the gender gap in higher education. *Gender and Education, 5*(2), 125-138.

Daresh, J. C. (1995). Research base on mentoring for education leaders: What do we know. *Journal of Educational Administration, 33*(5), 7-16.

Daresh, J. C., & Playko, M. A. (1993). *Leaders helping leaders: A practical guide to administrative mentoring.* New York: Scholastic Leadership Policy Research.

Daresh, J. C., & Playko, M. A. (1994). *Mentoring for school leaders: A status report.* Paper presented at the Annual Meeting of the American Educational Research Association, New Orleans, LA.

Douglas, C. A. (1997). *Formal mentoring programs in organizations.* Greensboro, NC: Center for Creative Leadership.

Fagan, M., & Fagan, P. (1983). Mentoring among nurses. *Nursing and Health Care, 4*(2), 77-82.

Florence, M. (1998). Twenty recommendations for an administrative mentoring program. *NASSP Bulletin, 82*, 96-100.

Hill, M. S., & Ragland, J. C. (1995). *Women as educational leaders: Opening windows, pushing ceilings.* Thousand Oaks, CA: Corwin Press.

Hopkins-Thompson, P. A. (2000). Colleagues helping colleagues: Mentoring and coaching. *NASSP Bulletin, 84*(617), 29-36.

Huling-Austin, L. (1998). Teacher induction programs and internships. In W. R. Houston, M. Haberman, & J. Sikula (Eds.), *Handbook of research on teacher education: A project of the Association of Teacher Education.* New York: Macmillan.

Lowney, R. G. (1986). *Mentor teacher: The California model* (ERIC Document Reproduction Service No.ED 275646).

Jeruchim, J., & Shapiro, P. (1992). *Women, mentors, and success.* New York: Fawcett Columbine.

Malone, R. J. (2001). *Principal mentoring.* Retrieved from http://www.eric.uoregon.edu/publications/digests/digest149.html

Murray, M. (1991). *Beyond the myths and magic of mentoring: How to facilitate effective mentoring programs.* San Francisco: Jossey-Bass.

Odell, S. J. (1990). *Mentor teacher programs.* Eugene, Oregon: University of Oregon Library.

Phillips, G. M. (1979). The peculiar intimacy of graduate study: A conservative view. *Communication Education, 28*, 329-345.

Pierce, C. A. (1983). *Mentoring, gender, and attainment: The professional development of aca-*

demic psychologist. Unpublished doctoral dissertation, The University of Texas at Austin.

Playko, M. A. (1995). Mentoring for educational leaders: A practitioner's perspective. *Journal of Educational Administration, 33*(5), 84-91.

Prince George's County Public Schools (2001). *Department of staff development.* Retrieved from http://www.pgcps.org/~staffdev/leadership.html.

Rawles, B. (1980). *The influence of a mentor on the level of self-actualization of American scientists.* Unpublished doctoral dissertation, Ohio State University.

Ricciardi, D. (2001). A role paradox for new administrators: Challenges of daily practice and demands for reform. *Planning and Changing, 32*(1&2), 24-45.

Shelton, M. M., Bishop, A., & Pool, B. (1991). Mentoring: A synthesis of research. *Educational Administration and Supervision, 11*(2), 24-28.

Southworth, G. (1995). Reflections on mentoring for new school leaders. *Journal of Educational Administration, 33*(5), 17-28.

Walker, A., & Stott, K. (1994). Mentoring programs for aspiring principals: Getting a solid start. *NASSP Bulletin, 78*, 72-77.

Wardlow, R. L. (2008). *Induction and support of new principals.* Unpublished doctoral dissertation, California State University.

17 從政策強制到真正學習
香港校長成長新取向

Allan D. Walker（香港教育學院國際教育領才講座教授）著
林文律（國立臺北教育大學教育經營與管理學系退休副教授）譯

壹｜前言

　　本篇論文概述香港特別行政區校長領導發展晚近的歷史與當前的現況。由於觸及的範圍甚廣，在一篇文章中無法辦到全面性的敘述，因此，我的目的是概略論述當今香港校長發展晚近的歷史，大略描繪香港現行情況的圖像，並且提供一些香港教育制度及／或領導發展班負責人在未來可考慮的一些議題，也附帶提供一個發展班，用來描述最近的發展趨勢。簡而言之，本文的目的在於提出近 15 年以來對香港領導發展的一些了解，對未來可能的發展提出一些看法，並且勾勒出最近針對校長學習新推出來的領導發展班。

　　本文分為五大部分，第一部分敘述香港在 2000 年以前的領導發展班（Leader Development Program, LDPs）。一般公認 2000 年是香港政府密切參與校長發展並且為即將正式推動的證照政策奠定基礎的一年。第二部分探討香港自 2000 年至今校長發展的情況。此一階段見證了此一領域熱鬧的活動，包括執行概念性的導引架構，強制性校長證照的實施，以及不同學校層級領導的差異化等。雖然我在本文限於篇幅無法詳細敘述，但仍指出：領導發展乃是在一個比較寬廣的社會脈絡與教育改革脈絡之中逐漸孕育而成。

本篇論文由原作者 Allan D. Walker 發表於 2007 年 5 月 27 日國立臺北教育大學教育政策與管理研究所主辦的，2007 教育行政論壇「校長的學習：概念、內容、方法與成效之思辯」國際學術研討會。原文為 From Policy Imposition to Real Learning: New Approaches to Leader Growth in Hong Kong。本文經原作者授權翻譯成中文刊登。

本文第三部分與此活動有關，第三部分揭示了對新政策的某些部分所做的評鑑。雖然此一新的領導架構某些部分仍在起步階段，初期的方案評鑑顯示出發展是正向的，即使未臻成熟。

第四部分摘要敘述了當前校長發展的情形，並且對其未來發展提出建議。包括加強嵌入式的網路學習，對領導發展在學校以及對學生學習影響的深入評鑑，而且應把重點自結構轉移到學習歷程等等。第五部分是附帶部分，此部分以一個香港中階領導發展班為例，來說明校長的發展。

貳｜香港校長發展最近的沿革

香港校長證照是由政府來掌控，而非由高等教育機構來掌控，因此，若要成為校長，或想要在學校辦學團體（School Sponsoring Bodies, SSBs）或學校得到升遷，並不需要經由取得碩士學位等學術資格才能成為校長。因此，雖然我會大致探討一下大學所頒設的學位班別，本篇論文泰半均在探討由教育統籌局（Education and Manpower Bureau, EMB）架構訂定出來，並且外包出去的領導發展（主要是校長發展）。三所大學有三個校長領導中心，各自開設領導發展班（LDPs），見表 17-1。另外一個大學也在教育研究以外開辦發展班。這些機構彼此競爭，爭取政府的經費來開辦校長班。這樣的情形意謂著：大家所開辦的班，彼此缺乏相互關聯性。

▶ 表 17-1　香港現有領導中心

領導中心／所屬機構	連接網址
• 香港中文大學：香港教育領導發展中心	http://www.fed.cuhk.edu.hk/leaders/
• 香港大學：教育領導研究中心	http://www.hku.hk/educel/
• 香港教育學院：亞太教育領導及學校素質中心	http://www.ied.edu.hk/apcelsq/prime2/
• 香港浸會大學：教育學系	http://educ.hkbu.edu.hk

以下的討論主要是與香港本地的學校領導班有關，並非指國際學校的領導班。有關後者，在本文較後面的段落，會針對其最新發展做一小篇幅的探討。

一、2000 年之前的學校領導發展

在 2000 年之前的好幾十年，香港的校長培育與發展，既沒有章法，而且也零零落落（Walker & Dimmock, 2006）。新派任的校長只需上九天（小學校長）或十天（中學校長）的基本課程，而且上課內容只著重在行政事項（見表 17-2）。

▶ 表 17-2　2000 年以前的學校行政課程內容

小學學校行政課程（9 天）	中學學校行政課程（10 天）
目標 • 協助新任小學校長獲得基本管理概念與技能，以協助其經營學校更有效能且有效率。 • 完成升遷所需之訓練要求。	目標 • 提供新任中學校長必要基本管理概念與相關技能，以便能將學校經營得既有效能也有效率。 • 完成升遷或校長指派所需之訓練要求。
參與者 • 接受資助的學校之新任小學校長。 • 公立小學的候選校長。	參與者 • 接受資助的學校之新任中學校長。 • 公立中學的候選校長。
內容 • 基本管理概念： 管理功能及校長角色、人力資源管理及學校願景之重要性。 • 管理技能： 溝通技巧、與人共事之道、知人善用、教師導入、績效管理、臨場指導藝術、團隊經營、實際演練、變革管理、傳媒與學校關係。 • 專業知識： 教育政策及學校位置之分配。	內容 • 基本管理概念： 學校願景與任務；學校校長角色及功能；校長為領導者；激勵；賦權。 • 管理技能： 溝通技巧、知人善用、績效管理與人員發展、協助處理教職員之教學／情緒問題、危機管理、團隊經營、擔任一日校長（實際演練）、變革管理、校長與傳媒關係之經營。

　　校長導入班目的在於讓新派任的校長預備學校領導與管理的知識與能力。其它為擬任校長（aspiring principals）、新派任校長及已經在職的現任校長所提供的各種學習機會，既分散在各處，而且也是教育局、不同的學校贊助單位、高等教育機構及其所屬專責中心，以及其他專業協會特地提供（Lam, 2003; Walker, 2004）。校長培育班僅僅是與主要的教育改革新方案勉強有關，卻很少觸及學校領導的真實面貌。校長培育班及其「升級」的課程，是依照正式教育體制（含各種層級）、香港本地大學教授及來自海外的訪問學者的偏好或專長而決定。就培育方法而論，2000 年之前的這些少數由教育當局協助開辦的校長培育班，絕大多數都是課堂講授式、委託大學辦理，幾乎很少讓現職校長參與，即使有參與，充其量也只是為了增加培育單位辦理的正當性而已。而且，幾乎沒有例外的一點是：這些校長培育班幾乎都與學校現況脫節（Walker & Dimmock, 2005）。自 1992 年開始，額外的資源被引進來，以協助學校執行學校管理新方案（School Management Initiative, SMI）。香港教育局委託香港本地的大學校院，為學校督學、校長、主任開辦 30 小時的訓練班。自 1998 年 6 月開始，教育局也為各地方學區開辦工作坊與研討班，以便為非屬「學校管理新方案」（SMI）的學校校長提供類似的訓練（Task Group on Training and Development of School Heads, 1999; Walker & Dimmock, 2006）。

　　1999 年，香港行政長官在其年度政策演說中宣布：自 2000/01 學年度開始，所有新派任的校長必須在上任之前完成某些規定事項（HKSAR Government, 1999）。這項訓令帶動了開辦校長領導發展班政策活動的風潮。

1999 年啟動的改進校長專業發展諮詢工作

　　在教育統籌局逐步擴大的改革方案——尤其是有關教育治理結構的改革，以及教育社群愈來愈強烈的呼聲等各種因素的帶動之下，教育局在 1999 年 6 月設立了一個體檢學校校長訓練與發展的專責小組。這個專責小組擴大了諮詢範圍，並且草擬了一個方案與架構「來讓學校校長具備並發展必備的知識、技能與特質，以便成為適任的領導者，帶領學校進入新的千禧年」（Cheng, 2000: 68）。此份文件也建議下列事項：

1. 自 2000/01 學年度開始，新派任的校長在上任之前，必須修完指定訓練的某些部分；

2. 在 2004/05 學年度之前，所有新派任的校長在上任之前，必須先取得校長證書；

3. 所有已經在任的現職校長，必須在 2007 年 9 月之前取得校長證書（Task Group on Training and Development of School Heads, 1999）。

但即使此項廣泛諮議的主要主張廣受好評，校長利益團體對於某些建議事項仍持保留態度，包括設置一個所有校長（以及有可能擔任校長者）一體適用的訓練方案，以及規定現職校長必須取得「校長證書」。有鑑於這些關切事項，這項諮詢以及其後的行動轉而在檯面下運作，為時一年多，終於在 2002 年初以不同面貌重新浮出檯面。在此時（2002 年初期），教育局發布了第二份諮議報告書，並且終於將之納為正式政策而定案。在本文下一個小節中，我會詳加探討此一政策，不過，在此我要先回溯敘述新派任校長訓練方案的發展與執行的歷程。

新派任的校長乃政府的第一優先，此點不難理解。此一初任校長的領導發展班之所以重要，乃因在此訓練班的發展與制定過程中，整體校長訓練班架構的正反面意見與立場都還在攻防階段，尚未塵埃落定。初任校長領導發展班見證了第一套香港校長專業標準的建構，而且也引進了跟以往迥然不同的校長領導發展班。有鑑於此，吾人可將初任校長領導發展班視為後續基礎更廣的領導發展班，以及各種領導發展方法的試驗場。

二、2000 年以後的學校領導發展

(一)新派任校長的領導發展班

為新派任校長（newly appointed principals, NAPs）開辦的領導發展班，於 2000/01 學年度開辦，目的在於提供這類校長必要的支持，以助其適應新角色。此類正式校長發展班包括四項內涵，每個班為期兩年。此一領導發展班是以香港自行開發的「素質」（標準）為基礎，形成多群組的價值、知識、技能、特質，再加上下列六項學校領導核心領域：策略方向與政策環境；教學學習與課程；領導者與教師成長與發展；人員與資源管理；品質保證與管理；外部溝通與聯繫（Education Department, 2002; Walker, Dimmock, Chan, Chan, Cheung, & Wong, 2000）。此一領導發展班的梗概如表 17-3 所示。

▶ 表 17-3　新任校長領導發展課程 2000

年份	部分	目的
第 1 年	1. 香港校長需求評估（NAFPhk）。	讓新任校長對其專業發展需求有所了解。
	2. 入職課程。	讓新任校長了解校長常常會面臨到的議題。
	3. 包含三天住宿工作坊（根據校長需求評估所建立之團體檔案）的學校領導發展（SLD）課程。	發展領導技能。
第 2 年	4. 延伸課程（根據校長需求評估所建立之團體檔案）。	提供與校長職務相關的理論基礎並發展行動學習技能。

　　此一領導發展班試圖以學校領導發展（school leadership development, SLD）再加上以需求評估作業（將小學與中學結合）聚合而成的擴大訓練班為基礎，來「內建」領導發展班的連貫性與相關性。在設計此訓練發展班時，必須呼應新任校長的需求，以便增進領導發展班的相關性。此一目的原本看似崇高，但在實際運作時，往往無法達成預計目標。此乃因各個領導發展班內涵並不相同，領導發展班是由不同的機構來主其事，而這些不同的機構原本就是競爭對手。如果暫且將此點略而不談，在政策上能體認到將新校長的學習植基於校長的真正需求，並反映在許多學習內涵上，這種體認與企圖心亦可視為往前邁進一大步。

　　初任校長必須在上任兩年內完成指定的校長領導訓練課程。此一訓練班經評鑑之後，大致上得到了肯定（見 Walker & Dimmock, various years; Walker, various years; Wong, 2005; Cheung & Walker, 2006）。2002 年之後此一先驅初任校長班更成為全面性校長領導班的基礎（Education Department, 2002a）。

（二）2002 年領導者持續專業發展架構之執行情形

　　「追求學校卓越之持續專業發展」（Continuing Professional Development for School Excellence）之政策（Education Department, 2002a）在 2002 年正式生效（見圖 17-1）。此一架構將較早期諮詢文件中對現職校長所訂定之嚴格規定加以鬆綁，但卻提出了更具連貫性的整體發展架構，其用意在於更能契合香港現任校長及擬任校長在不同發展階段的需求。此一政策之基礎架構乃植基於「香港校長職務的

核心素質」（The Key Qualities of the Principalship in Hong Kong）。

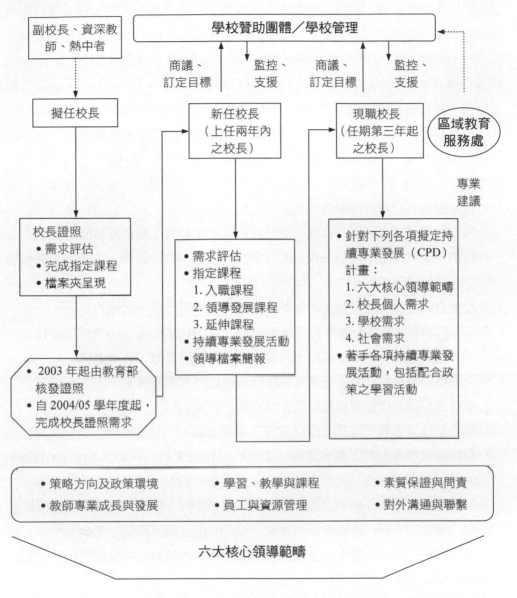

▶ 圖 17-1　學校校長持續專業發展架構 2002

資料來源：Education Department (2002b).

　　香港教育局／教育統籌局這一項政策在整個發展過程並非全然沒有困難，過程之中的激烈對話甚至很常見，但此一政策與既有的現況迥異，其差異之處從以

下數點可知。此一政策：(1)勾勒了領導發展的不同層次；(2)引進了強制性的規定以及限期完成的結構，包括校長證書；(3)採用了一套香港本土的校長領導信念與專業標準；(4)鼓勵校長為其自身及同僚的學習承擔起責任；(5)目的在於大幅提升正式的、非大學認可的校長發展訓練班的價值。其後的持續專業發展班（continuing professional development, CPD）（包括訓練中的初任校長發展班），在設計時都考量到了提升校長的持續學習文化（Education Department, 2002a）。

校長發展的政策架構目的在於透過文化途徑及結構途徑來帶動變革，相關的信念與主要的規定，摘要敘述如下（Education Department, 2002a）。以下先列出信念：

1. 校長要為其自身的專業發展負責；
2. 校長在專業上必須與時俱進，而且在持續專業發展上要作為教師的表率；
3. 持續專業發展有助於提升校長的專業意識，也有助於領導。這是為了造福學生，並協助學生學習；
4. 持續專業發展以校長個人的優點為基礎，在本質上是發展性的；
5. 各種持續專業發展的機會，需隨時視情況而有所不同，以充分反映擬任校長、初任校長以及有經驗校長的不同需求，並且能讓每個人有所選擇；
6. 持續專業發展宜從教育及其它領域同儕察納雅言與支持。
   主要規定則是依不同領導層級來做要求。茲說明如下：
1. 擬任校長（各處室主任、學科主任、資深教師）。自 2004/05 學年度開始，擬任校長在派任校長職務之前，必須取得校長證書（Certification for Principalship, CFP），而且必須遵照現行的工作派任情況。校長證書效期五年。
2. 初任校長（新派任兩年之內的校長）。自 2002/03 學年度開始，初任校長必須(1)參加需求評估測驗並參加分成三部分的指定訓練課程；(2)參加與個人及學校需求有關的持續專業發展活動；(3)每年向學校贊助單位或學校管理委員會提交一份個人專業成長檔案報告。
3. 現職校長（serving principals, SPs）（擔任校長職務兩年以上者）。自 2002/03 學年度開始，現職校長每年必須參加 50 小時的持續專業發展活動，在以三年為一週期的期間，必須參加至少 150 小時的持續專業發展活動。此一專業發展活動包含以下三個明確界定的活動型態：(1)結構化學習；(2)行動學習；(3)對教育界及社群提供服務。在以三年為一週期的期間，每一活動型態至多可

達 90 小時，至少 30 小時（Education Department, 2002b）。

(三) 2004/05 學年度初任校長必修之領導發展課程修訂

2004/05 學年度開始實施的校長證書之規定，意謂著所有初任校長在新派任職務之時，應已完成了相當可觀的校長培育歷程。此乃意謂著：為新任校長所提供的現行校長訓練課程，其大部分的內容至此已涵蓋在校長培育（Preparation for Principalship, PFP）課程之中。因此，此時有必要加以檢討並重新調整。為了減少學習內容的重複，為了要正視原本課程有缺失之處，也為了要適度找出領導發展的新方法，以利實施並試辦（有關原始培育課程的研究及所做各項評鑑，參見 Walker & Dimmock, 2006），此點有其必要。由於在此時，原來的領導課程已運作了大約四年時間，對其加以檢討，此其時矣。

根據「初任校長指定課程檢討小組」（Panel for the Review of the Designated Programme for Newly Appointed Principals）所提出之報告（EMB, 2004a），以及後續的多項評鑑，教育統籌局（2004/05）調整了此一領導班的課程（見圖 17-2）。調整內容如下：(1)將一項基礎課程加入指定的領導發展班；(2)必須在初任校長上任之前提供；(3)開發一項結構化的支援課程，以進一步納入在學校進行的學習（此項措施後來被稱為「藍天」[Blue Skies] 方案）（Walker & Quong, 2006）。此一新修訂的領導發展班，其目的在於取代下列各項：(1)需求評估；(2)學校領導發展班；(3)透過自初任校長上任第一年屆滿開始，至上任第二年屆滿為止，為初任校長所提供的結構化支持性領導學習社群而構成的延伸課程（見圖 17-2）。會有此一措施，主要的用意在於：因為這些初任校長領導發展班相當耗費時間，最好能多留一點時間，讓初任校長在上任第一年能專心辦學。

此項名為「藍天」的結構化支援性課程，包括：(1)在學校進行的自我評鑑與各項「學校實務符合度檢驗」（reality-check）活動；(2)為期一天的領導論壇；(3)為期兩天的集中駐班（residential）課程；(4)認真參與一項為期 12 個月，與一位資深校長及多位初任校長同儕在學習廣場（Learning Squares）共同進行的正式與非正式的合作學習計畫；(5)能從資深校長辦學經驗與智慧中受益；(6)供自學用的迷你學習模組；(7)擬出一套整個學習歷程的計畫並做記錄的方案；(8)持續進行的同僚支援系統；以及(9)充分運用其它各項自我分析與學習的機會。「藍天」方案於 2005 年 5 月開始實施（Walker & Quong, 2005a）。此一領導發展計畫咸信能讓

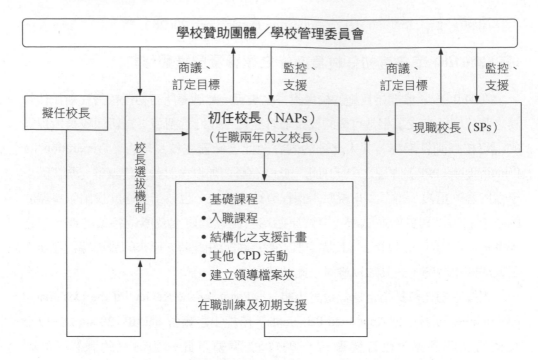

► 圖 17-2　學校校長持續專業發展架構──初任校長（2004 年 9 月）

初任校長以及願意認養初任校長協助計畫並提供協助的資深校長雙方都能增進專業發展。此一方案對學校產生何種影響，目前正接受外部評鑑中。

（四）其它的校長領導發展班

　　教育統籌局的專業發展與訓練處（Professional Development and Training, PDT）負責制定校長專業發展架構的相關政策並加以執行。此外，也有其它單位已經開發或正在開發領導發展班，並且正在實施中。這些單位包括教育統籌局的其它部門、各個學校辦學團體以及大學附設的領導中心。教育統籌局其它部門所辦理的領導發展班（通常以正式工作坊的方式提供）主要的目的，在於特別著重特定政策新措施的執行面（見表 17-4）或特定內容的專業發展（見表 17-5）。與此同時，另外也有一些由其它單位所開發出來的領導發展班，只不過這些領導發展班與政府自行辦理或委託辦理的領導發展班的關聯性未必很密切。舉例來說，2002 年教育局所做的一項調查顯示：自 1999 年至 2002 年，有 17 個學校辦學團體自行為校長開辦專業發展班（見表 17-7）。教育局的調查顯示：這些領導發展

班的內容大體上合乎領導發展的六大核心領域；這些發展班為期自半天至十天不等。

▶ 表 17-4　針對政策執行之額外領導發展課程

政策／新方案	負責規劃之單位	訓練班範例
新學制	課程發展處（CDI）及專業發展與訓練處	兩天的規劃工作坊
發展高中新課程以配合新學制。例如：通識教育及生命教育	課程發展處及學校發展處	半天經驗分享「通識教育」教學演示，10 小時「校園生命教育推動」課程
課程改革	課程發展處	「新通識教育核心學習要素」12 小時的訓練課程
資訊科技教育	素質教育處	「專案學習、通識教育及資訊素養」，及使用「網路英語學習系統（WELS）以增進初級英語學習效率」半天工作坊
融合教育	學校行政及支援處	「幫助自閉症／亞斯伯格症學生融入主流學校」一日研討會
學校自評	素質保證處	舉行「運用資料於學校發展」、「教室觀察之內涵理由方法與成果」、「透過學校自評及校外評核追求學校永續發展」、「透過學校自評改進學校」等半天的研討會及工作坊
校外評核	素質保證處	半天「香港校外評核影響」研討會
教學媒介	教育委員會及企劃處	利用半天分享英語授課之學校學生學習適應支援計畫

▶ 表 17-5 教育統籌局針對特定內容設計的額外領導發展課程範例

特定內容	負責部門	課程範例
現職校長領導訓練	專業發展與訓練處	6 到 10 天為北京或上海的學校校長設計的離岸專業發展計畫 17 小時的通識教育課程
師傅教導	專業發展與訓練處	12 小時的師傅教導訓練課程
學校發展	學校發展處	「校園學生情緒及行為問題管理」、「養成正面學校文化」、「啟發潛能教育經驗分享」等主題之半天研討會
道德及公民教育	課程發展處	10 小時的道德及公民教育面面觀訓練課程，例如：偶像崇拜、沉迷網路世界、性傾向、色情書刊／電影

　　除了開辦正式發展班之外（見表 17-6），大專校院也為校長或其他人士提供了各式各樣的專業發展班（見表 17-7）。根據教育局調查顯示：香港本地的教育機構，不論是自發性或接受政府委辦，也為校長及其他領導者提供了各種形式的領導發展班。這些領導訓練班大部分都是根據校長的需求來設計，並與當前的教育議題有關。最近，國際學校的領導發展也有一些運動出現。舉例而言，英基學校協會（English Schools Foundation）最近辦理了一項為期一年的領導發展班，目的在於增進中階學校領導者的能力。此一領導班稱為「清源」（Leading Upstream），是以行動學習為基礎，以跨學校、小領導學習社群的方式實施（Walker & Quong, 2006）。香港教育學院也為特定的學校辦學團體的中階領導者開辦了特定對象的領導發展班。

▶ 表 17-6　提供學校領導（高等學位）課程之大專校院

機構	課程
香港中文大學	• 教育碩士（學校領導與行政） • 文學碩士（學校改進與領導） • 教育博士（教育領導與政策研究）
香港大學	• 教育碩士（教育行政與管理） • 教育博士（政策、行政與社會科學教育）
香港教育學院	• 教育碩士（教育管理與領導）

註：在上述機構之網站可查到更多資訊。

▶ 表 17-7　其它領導發展班範例

機構	課程範例
香港中學校長會	6 小時的行動學習法訓練課程
香港學校領導發展網絡	為行動學習法校長舉辦的「教育新知識」研討會，以及「專業表現評估（PPR）」半天研討會
各種學校贊助團體	關於教育改革、課程改革、壓力管理、基督教教育等之半天以上訓練
香港中文大學所屬香港教育領導發展中心	清源：為國際學校中的前線領導者所設計的訓練班 第五條路（The Fifth Way）：為英基學校協會英皇佐治五世學校裡的中階領導者所設計的學習課程 現職校長需求分析訓練班（SpNAP）（由教育統籌局專業發展提供經費，以「開啟文件文本」[open document text, ODT] 之檔案格式來操作） 超越（藍線）領導課程計畫，建立專業校長學習網路（2007 年開始） 將學校改造為學習型組織 學校自評，校外評核及學校發展
香港教育學院，教育行政與政策學系	天主教香港教區小學中層管理領導培訓課程 循道衛理聯合教會小學校本中層管理領導培訓計畫

　　雖然才剛剛要起步，但可以看出大家愈來愈覺得有必要更徹底地評鑑這些領導發展班。下一個段落簡述了迄今為止已執行過的領導班評鑑。評鑑之後的建議則在本文最後一節敘述。

參｜校長領導發展班早期評鑑

迄今為止，大部分的評鑑均集中在初任校長領導發展班的評鑑。此乃因此類領導發展班比其它課程提早三年實施。不過，校長領導班課程初期評鑑已經逐漸出現。現在我們先看看此一課程。

一、擬任校長對校長培育班課程的看法

根據此一校長培育班課程（Preparation for Principalship Course, PFP）主辦單位提出的正式評鑑報告（迄 2004 年 6 月止），整體而言，構成此一培育班主幹的主力課程應算成功。校長培育班課程各模組廣受歡迎。所有課程平均整體評分為「滿意」。在六分等級評量表中，得分為 4.68 至 5.10。在六個模組之中，「策略方向與政策環境」及「人員與資源管理」（重點放在財務管理）評鑑得分高於其它模組（Department of Educational Administration and Policy, The Chinese University of Hong Kong, 2004）。參加校長培育班的學員咸認行動學習法很有用。不過，許多學員對於校長檔案夾之製作深感吃力。

整體而言，參加領導發展班的學員認為需求分析的部分有幫助。在整個過程中，有經驗的校長身為領導發展班的評量者，學員很肯定在這方面與有經驗校長的互動。此外，大部分的學員認為需求分析的部分在達成整體目標上是有效的（Walker, 2005）。在其素質保證報告中，Hickman（2004）所下的結論是：「整體而言，此一課程相當耀眼，運作極佳，很專業，也很能開發出潛力。擬任校長由於其提供的內容都是高品質，高度有效的管理，以及具激發力的領導而受惠。」本課程另一個好處是以校長證照方式對擔任評量者的校長予以肯定。顯然，這些擔任領導發展班評量者的資深校長在整個培訓班順暢而有效的運作上，扮演了極重要的角色。而且，對他們而言，這也是很有效的專業發展方式（Hickman, 2004: 1）。迄今為止，大約已經運作了十個週期，涵蓋了 30 天的需求分析。迄今為止，已經有 1,100 位擬任校長經歷了此一歷程。

二、教育統籌局對初任校長必修的領導發展班之檢討報告

　　為了要追蹤在 2001/02 學年度開始施行的校長證書之規定的成效，教育統籌局在 2004 年組成了一個審查小組，針對此一領導發展班提出建議。此一審查小組透過意見調查及焦點團體，向 123 位初任校長蒐集資料。針對此一領導發展班的設計與組織運作，審查小組提供的建議包括下列幾項：

1. 此一領導班的大目標不需改變，但在某些方面應微調，以便能達成以下目標：(1)在當前整個脈絡之下，一般人對於初任校長的期待在於應協助初任校長對其自身之領導特質有所反思；(2)針對校長在上任最初兩年常會碰到的問題，應增進初任校長的知識與能力，以助其將理論運用在實務中；(3)在校長持續專業發展的架構下，要協助初任校長澄清深層的價值，並形塑相關的校長特質。

2. 此一領導發展班的設計與組織運作，在實施第一年，應著重在下列各點：(1)協助初任校長找出專業發展需求，以便進一步建立個人發展目標；(2)培養其管理技能；(3)在其日常行政運作中，為其提供實務上及專業上的支持。在實施第二年，重點應放在能對各項問題做進一步的理論探究、開發新的技能，並加以精緻化，包括自學所需的技能。

3. 此項審查也強調素質保證的重要性，包括由不同的機構來開辦這種訓練班。更重要的是，要能確保領導發展班各項內容的連貫性（EMB, 2004a）。

三、關於領導訓練對初任校長影響的看法

　　Wong（2005）針對領導訓練對初任中學女校長的各種影響因素做了研究，並且將這些因素與英格蘭類似的領導訓練班做了比較。在其進行研究之際，香港的初任校長領導發展班是強制性的。據 Wong（2005）指出：「看來，所有香港接受問卷調查的校長均認為：初任校長領導班在提供支持體系方面有效。此一支持體系包括資訊資料庫以及一項以連結其他初任校長或資深校長的校長連結網絡，這些都很有用。這些初任校長知道自己並不孤單。而且透過經驗與實務分享，填答問卷的這些校長感覺更有信心，能以更寬廣的視野看事情。此外，香港（與英格

蘭）的初任校長都認為初任校長領導發展班很有必要，對於增進他們的信心以及提供情緒支持很有幫助，雖然他們並未明確說明這種影響力究竟為何。」（頁15）

四、關於學校領導發展與延伸領導發展班對初任校長影響的看法

不同的領導發展班辦理機構所提出的報告顯示：初任校長對於為其提供的領導發展班感到滿意，認為有用，而且頗能引人思考（Wong, 2004）。初任校長認為此一領導訓練班的目標順利達成。所提供給他們的教材中，可獲得相當多的資訊。此一發展班很實用（Wong, 2005a, 2005b）。

五、關於初任校長對於「藍天」方案效用的看法

「藍天」訓練班開辦之後半年，參加「藍天」訓練班的47位小學、中學及特殊學校的初任校長，在2005年10月至12月接受訪談。幾乎所有人都給予此一訓練班高度肯定，也肯定主辦單位對這一個訓練班經營的用心。他們對藍天班的看法，包括藍天班的效用、所提的建議、所碰到的問題，都記錄了下來。大部分的問題都圍繞在時間與結構這兩方面。雖然有些初任校長認為上課方式要改進，但大部分人都未明確提到要如何改進。初任校長認為：此一領導發展班，於此開辦初期，可說符合初任校長的需求與期望（Kwong, 2005）。此一初任校長領導發展班目前進入第二年，對第一期學員的影響，目前正由外部評鑑單位評鑑中。

肆｜當前現況、面臨挑戰與未來可能的調整

香港的領導發展在很多方面正處於十字路口。就制定政策結構以提升校長培育與發展而言，在過去五至七年已有長足的進展。當前面臨的挑戰在於保持前進的動力，同時要把領導發展班及歷程更著重在領導者的學習（Walker & Dimmock, 2006）。即使自2000年開始，香港的學校領導發展已有長足的進展，愈來愈多人認為應該逐漸變得更具彈性。從以上已經發展的情況來看，本節擬摘要敘述香港

當前的領導發展現況，梳理出持續存在的一些難解問題，並且針對領導發展班與政策要如何調整，以增進相關性與效能，提出一些看法。本節擬探討的問題分成以下幾大類：

1. 架構、政策與擴展。
2. 彈性、脈絡敏感度、文化敏感度。
3. 專業涉入、控制與管制。
4. 評鑑、回饋與連結。
5. 網絡與實務社群。
6. 各種機制、內容與學習入口。

以上雖然分項列出，但仔細閱讀這些問題之後，即可清楚看出：上述各項彼此關聯密切。舉例來說，政策調整會影響到領導者對自身學習的掌控程度，並進而影響到相關的學習方法與設計等等。雖然我不敢說所有相關的問題都能面面俱到，但我會盡可能探討一些比較重要的問題。

一、架構、政策與擴展

（一）現況

中央政策已順利建立了一個架構，將學校領導發展法制化，以便引領領導發展。起碼也可以看出政府正朝著培育未來校長，並讓現職校長「與時俱進」的方向在努力。與此同時，教育統籌局也願意在此方面的政策改弦易轍，依照需求來調整領導發展班的內容，並且也願意依照新構想來試辦看看。

（二）挑戰

中央政策制定者至少還面臨兩項挑戰。首先，中央政策制定者是否會回過頭去維護現狀，而將持續變革與試辦新構想的作法扼殺掉。如果過度拘泥於科層體制的層層規定與程序（怯於嘗試新作法）；如果對於來自高等教育開辦領導班的壓力反應過度；或是如果過度執著於簡單容易測量的結果，上述這種情況就有可能發生。迄今為止，政策清楚鎖定在校長一職。雖然說，要栽培未來有效能的校長，這是非常必要的起始點，但是各項領導發展也必須包含初任校長以外的校長。

（三）調整

　　政策制定者其實應看遠一點，並且要將領導學習看成是為了追求進步，以便讓校長領導班的開發單位與辦理單位，能在一個更有彈性的中央控管的架構之下，積極發展出既新穎又更有效的校長發展班、架構與訓練方法。此一架構固然重要，但必須能引領變革，而非限制變革。政策制定者也應更進一步認清在學校全面性形塑領導能力的重要性，如此既能增進學校效能，也能培育下一代的資深學校領導人。的確，迄今為止，大部分的資源與精力都用於栽培擬任校長及初任校長，現在應該把更多的精力與資源用在現職校長、中階領導者及教師領導者的學習上。從很多方面來看，擴展政策架構，並將後者納入，乃屬順理成章之舉。到現在，校長以外的領導者所需的領導知能很少受到考量。在考量此一架構時，應注意到中階領導者有人想擔任校長，但也有些人並不這麼想（Kwan & Walker, submitted），這兩種人的持續專業發展都應該兼顧到。

二、彈性、脈絡敏感度、文化敏感度

（一）現況

　　至少在以下兩方面，有一股力量正在慢慢將領導學習逐漸導向以本地的脈絡為根本，即使速度緩慢。第一種情況是將領導發展班本身的內涵植基於領導者的工作現場。此乃透過行動學習，舉辦以脈絡為本的論壇，以及要求學員的作業是要學員如影隨形（shadowing）跟隨在領導者身邊學習，貼近領導者，以就近觀察學習。第二種情況是要體認到：不論是就知識或容易挑起敏感神經的學習與領導而言，領導發展班都必須植基於本土化的課程。不過，除了某些例外之外，大部分的領導發展班仍然以主辦單位或教育行政當局所認可的標準化套裝知識為主。

（二）挑戰

　　即便前景看好，增進彈性以及將學習內容及歷程在地化的一些新措施，仍然面臨許多挑戰。首先，大部分的正式知識與領導發展班的教與學的方法都源自西洋的理論與研究（Walker & Dimmock, 2004）。在一個逐漸國際化的世界，如此方

式的確能提供許多訊息。可惜，對於香港本地的學校領導者而言，這種西洋的基本價值及教學法未必適合。其次，即使有許多學校領導者將領導發展班所學到的內容轉移到學校現場或以之為基礎，仍然免不了受到一些根深柢固的想法所左右，那就是：領導發展只能從大學課堂取得，而且來自「專家」。這一點本文稍後將會討論。第三，由於必須配合中央的管控，而且涉及到為數眾多的領導者，而導致大學所提供的是靜態、統一的套裝課程的情形。這一點不難理解。從新興的需求、個人的需求或新改革的角度而言，這種情況並不利於創新與彈性。

（三）調整

　　領導發展班必須配合領導者工作所在的在地文化與脈絡來設計，而非反其道而行。若要這樣，就必須在內容、歷程與方法上，盡量給予彈性。這也意味著領導發展班必須盡量考量到對學校與整個教育體系的預期成效，並滿足來自各方面的不同期待。領導發展班在設計與執行時，必須留意：在專業真空或組織真空的狀態下，是無法學會做一件事的。學校領導者在扮演各種角色時所依循的社會脈絡，會影響到校長的社會化歷程。因此，校長、整個教育行政體系的領導人、大學教授以及政策制定者，都須體認社會變遷對校長的社會化及學習的影響。有一點很清楚：學習必須植基於學校運作的實際情況與學校改進。即使有愈來愈高比例的領導發展班是在校長自己的學校或其它學校舉辦，並不表示所有的學習都必須在「校內」產生，而是意味著領導發展班開班的目的及課程設計，就是為了要與校長在學校所做的事有關，才有可能使校長的學校經營獲致成效。也因此，校長領導發展班必須納入真實的、問題導向或故事導向的重點，提供能肯定多元觀點的學習機會，增進個人的覺知意識，以及個人的行動學習或合作式的行動學習。固然，將理論架構與知識做有意義的融合，以及來自「外部」的激勵與鼓舞仍然有其必要，不過，領導發展班所提供的學習如果無法對校長的校務經營產生有意義的影響，就是偏離了目標。就價值與文化塑造方面的學習而言，必須如此。就符應績效責任的要求而言，也必須如此。

三、專業涉入、控制與管制

(一)現況

　　過去這五年來，愈來愈多的學校領導者在校長領導發展班扮演了師傅教導的角色。事實上，中央現在已強制要求校長領導班開辦單位，在向政府提出開辦申請時，所提出的開班計畫必須納入有經驗的校長。校長在領導發展班擔任講座、學習檔案評量者、師傅校長、臨場教練校長，並且在政府的研擬小組及諮詢單位也都可看到校長著力之處。因此，校長在許多領導發展班新措施的建構與評量上，都扮演了某種角色。此種情況可視為政府賦予實務工作者某種形式的專業控制與管制的權限。

(二)挑戰

　　雖然校長參與人數逐漸增加的情況令人欣慰，但當更深層檢驗時，我們便可看出校長參與的品質與深度令人存疑。就許多校長參與個案來看，校長的參與只不過是被當作彰顯正當性的一種手法，而非為了改進領導發展班的品質。從務實的層次來看，校長無暇投入領導發展班；許多人甚至只是象徵性地參與，就心滿意足了。雖然校長時間受限的確是個問題，但這也可能意味著校長對工作與學習的關聯性認識不清（Bredeson, 2003）、資源提供不足，而且從未有人認識到，校長有意義地參與此類活動，與校長自身的學習是頗具關聯性的。

　　就展現專業控制與管制而論，由於校長只是蜻蜓點水式地參與專業發展班，卻並未被賦予實際掌控的權限，因此校長也不太可能要求更多的掌控。由於認證是掌控在他人手中，校長可能認為沒有必要自我管制，也不會希望自我管制。此種情況顯示出來的問題是，科層體制的掌控，以及各種正式規定的管制，不論是官員或許多校長都不認為有直接關聯。換句話說，認證與其它形式的管制被看成是強加在校長身上之物，而不是為了校長著想或是與校長共同會商出來的結果。認證和管制與校長真正有意義的學習，是切割開來的。

（三）調整

對於參與香港領導發展班的人而言，有一點很清楚：價值與結構密不可分，兩者都需轉變。為了讓校長的參與有意義，政策制定者與開辦領導發展班的單位，都要努力擴大校長參與的幅度，並增進其參與之品質。這意味著：除了邀請校長參與師傅教導、臨場教練指導、提供意見諮詢，及教學工作之外，校長也可以在專業學習的設計、課程內容，及監督等方面參與（參見 Walker & Dimmock, 2005，有關校長參與的正面與反面功能的探討）。雖然校長的時間仍然應該受到保障，不過，更完整的參與能帶來更大的投入，如此才能進一步帶動更有效的師傅教導，並使得領導發展班與學校校務經營更相關。簡言之，優秀的學校實務工作者的參與，對於領導發展班聚焦於學校經營的現實面，會有幫助。這一點，在高等教育機構及政府部門常常是見不到的。只不過，若要強化校長參與的力道，仍然有必要與學術界及教育行政體系的官員密切合作，而且在結構安排上，要具有前瞻性，而非僅止於複製學校現行的作法。此外，校長以及參與其事的其他人士，都應接受適切的訓練，都應被公認是有效的領導者，在領導發展班扮演的角色要很明確，而且，很重要的一點是，要具備一套堅定的倫理規範。

校長領導發展泰半仍由大學校院及中央政策制定者掌控。以目前而論，並未看到有任何重量級的專業機構，來確保所開辦的校長領導發展班的品質、內容的連貫性，以及，更重要的是，確保校長的意見能有效傳達。在香港設置此種代表制的監督／治理機構（比如校長研究中心），來扮演此一角色，此其時矣！這一點在目前實施上有困難，因為有關此事，政府的管轄部門及專業組織過於分散、缺乏充分資源，而且更關鍵的因素在於根本缺乏一筆必要的資金，以利登高一呼，展開行動。

四、評鑑、回饋與連結

（一）現況

長期以來，校長領導發展班都是由開辦機構與教育統籌局評鑑。比方說，所有的開班機構都必須正式評鑑自己的領導發展班，通常在開班期間評鑑，並在領

導發展班結束時再評鑑一次，並將評鑑報告呈報給教育統籌局。教育統籌局會把評鑑報告的審查回饋意見書，以直接或間接方式提供給領導發展班原辦理機構，納入下一次再次開辦此種班別的投標申請文件中。本文在之前所述及的架構，即在提供某種連貫性。

(二) 挑戰

就提供指導、結構與內容等三方面而言，此一政策架構比以往提供了更多的連貫性。這一點值得肯定。不過，在很多情況下，連貫性僅止於正式層次。就知識層次或實用層次而言，不見得有回饋。雖然連貫性不應等同於嚴格要求而來的一致性，不過卻有必要透過評鑑來確保該納入的各方面內涵都有納入，而且要力求不重複。

最近的各項評鑑，大體上可分為領導發展班評鑑（甚至可說是政策達成的機制評鑑），而非方案影響力評鑑。換句話說，這些評鑑只使用在方格內打勾的方式，以檢視學員是否喜歡某一領導發展班，來衡鑑領導發展班的效能，卻很少就領導發展班對學員的學校經營實務是否有幫助來評鑑領導發展班的效能。如果領導發展班並沒有強化學員的領導能量，而且如果領導發展訓練沒有達成改善學生學習的終極目標，領導發展班開班的目的是很值得懷疑的。

(三) 調整

藉著一些實徵性的研究，來探究一下領導發展班究竟對於校長如何當校長有何影響，顯然很有必要。這類研究可包括校長的領導技能與知識水平、價值與態度，以及這些因素如何影響到校長在校務經營的成效。校長領導發展班對於學生學習究竟造成何種影響，尤其更需要好好研究。針對單一領導發展班，以及針對跨領導發展班所做的各種形成性、總結性與縱切面的長期追蹤式的評鑑，以探究學員從領導發展班所學習到的知識如何遷移，的確有必要。此外，有關領導發展班效能的探究，也必須與範圍更廣的體系改革與變革做連結。除了領導發展班的影響力研究以及領導發展班評鑑之外，參加領導發展班的學員本身也應多多深入了解領導發展班對於他們的個人學習及專業角色究竟發揮了什麼功效。

要確保領導發展班的連貫性並非易事。因為領導發展班的主管當局在建立領導發展班的架構並進行調整時，其實是踩在很細微的線上，有如如履薄冰。主管

當局一方面擔心在師資方面對於開辦單位過於嚴格要求，另一方面又擔心給予領導發展班太大的運作空間，而使得領導發展班亂了套。藉助專業監督團體來監督領導發展班，不要讓領導發展班太集中在某些開辦單位，評鑑領導發展班的影響力，以及透過價值結構、正式架構與內容重整等方式，來將領導發展班的結果回饋給開辦單位，這些都是確保連貫性的一些方法。

五、網絡與實務社群

(一)現況

香港教育的治理可說是一團亂，處處充滿眾多正式與非正式機構、網絡與利益團體。這一種現象充分反映在學校領導社群。不論是從政治面或教育面來看，這些學校領導社群絕大多數的附屬單位關注的重點都很狹隘。沒有幾個學校領導社群的單位把持續的領導學習明白地訂定為其目標。最近有一些新設立的領導發展班（Walker & Quong, 2006, 2007）特別一心一意要建立實務社群，並用心加以呵護，以專注於領導學習。這類領導發展班正慢慢成長茁壯中。

(二)挑戰

在現有結構下，把各個領導實務社群結合在一起並不容易。不過，看似不易的事，正好突顯出將領導實務社群好好扶持以助其壯大的重要性。就目前學校各自為政的情況來看，如果不將不同類別學校的校長集合在一起並分享學習的話，因各個組群互不聯繫，好的作法與不好的作法都將一直持續。不過，社群的形成仍會受制於時間因素及其它資源的限制，而且，除了提供「如何做」方面的一些提示之外，校長們對於其他校長究竟能提供什麼幫助，其實並不敢抱太大信心。如何讓校長（以及開辦校長班的單位）看出藉網絡連結來學習的價值，如何幫助校長將網絡連結用於學習，以及如何讓大家從專業的角度以及從整個體系的角度來看出網絡學習的價值性，的確是一大挑戰。在此一挑戰背後，也存在巨大的權力差距，以及學校彼此之間高度的競爭性。這些情況在整個體制內所在多有。這種情形並不利於公開分享，也不利於在網絡之內的學校建立公平性。

（三）調整

　　本篇論文自始至終都主張，如果學校領導者能夠成為學習與支持網絡的會員，就比較能夠帶出學習。雖然大部分校長都是各個網絡的會員，重要的是，這些網絡的形塑與擴充應該更加強調學習，並形塑更容易產生學習的條件。此點可以透過特別建置的學習組群（藉著興趣或結構式的任務來連結），以小組為運作模式的師傅教導，以及方便使用的電子會面點，以利於隨時保持聯繫。網絡可以在很多層次開關使用，從日常生活圈到國際性，從教育性質到產業性質，從校長同儕到其他領導者以及教育工作者。不過，如果將各種網絡都做連結，則沒有必要。各種領導發展班也可以在教育圈內或跨越教育界限或科層層級界限帶動非正式的自發性網絡。這就是真正的關鍵所在。與校長共同會商出辦法，讓校長能重視共同學習，這就是香港需要大力調整之處。就此而言，整個教育行政體系以及領導發展班的開辦單位，應該定位在提供各種結構及資源機制，激勵並協助校長保持學習的動力，而不要要求校長將太多心力用於處理與領導發展班相關的組織作業與文書作業。

六、各種機制、內容與學習入口

（一）現況

　　最近五年來，越來越多的領導學習管道紛紛出現。各種領導發展班也都把內容重新做了修正。舉例來說，學習內容已經不再是技能本位的導入課程，轉而逐漸改變為較有難度、而且較為精緻。領導發展班的架構乃是以香港本地開發，而且有具彈性的專業標準為基礎。許多領導發展班也試辦了一些專門用來開發不同的學習與發展的方法。這些在前面都已提過。不過，這些領導發展班的結構，大部分都還是以正式的面對面講授法為主。

（二）挑戰

　　此處的挑戰在於如何啟動下列兩部分：(1)構成領導發展班的內容與運作機制為何；(2)這一套東西如何透過學校領導者來運作。多元學習入口所指為何？如何

得知並加以運用？要如何開發出與在地文化相契合的機制以及與各個脈絡互相關聯的學習內容，以利於不同領導發展階段的領導者都能根據其需求來把握這些學習機會？此處所提到的，大部分都取決於學校領導者是否能更深層的學習。對於日常已有繁重校務的校長而言，這一點是有困難的。

（三）調整

　　以上所提到的這些事項，可以從反思、彈性安排、學習方法與內容設計等角度，來不斷進行調整。首先，各種個人反思與團體反思的機會對於學校領導者體會學校實際運作的情況，並將所學習到的東西在學校加以應用，非常重要。複雜的學習以及將各種脈絡因素納入考量的學習，需要耗費時間，而且涉及複雜的思維歷程。個人反思（或稱自我對話）可以透過領導發展班結構化的課程來要求，也可以透過自由寫作的日誌或報告的方式來引導。透過校內或校外人際互動來進行反思，也很重要。前面已述及，校內、跨校或跨學程的各種不同形式或規模的學習網絡，也可以用來置入反思性的討論，並帶動這種討論。這些都可試試看。而且，這樣做也有助於建立彼此互相信賴的專業關係。各種不同型態的反思式論壇有助於帶出不同層次的專業學習，並能帶動終身學習。

　　第二，學校領導者不僅需要為其自身以及同儕的學習擔負起更大的責任，而且也有責任留意如何帶動學習，何時來帶動學習。校長都很忙，太多事情會佔用到他們的時間。校長的學習與學校的脈絡要更加緊密連結，而且要能擺脫過於簡化的課堂式學習，因此領導發展班必須「在結構中具備彈性」，讓學校領導者對於他們自己的學習步調、形式、學習的涉入程度、學習時段的選擇，以及學習的重點，都能有所掌握。固然領導發展班的主辦單位有責任提供充分的資源並激發學習，學習若要更划得來，領導者對於他們自己的領導發展亦應有所掌控。

　　第三，由於擬任校長與現職校長學習的方式不一樣，他們所需要的多元學習機會與學習方法，必然不一樣。不同的學習渠道必須要搭配不同的教學與學習模式（比如說，電子論壇、問題導向的學習、跨學校的合作式的內含於工作中的學習，或焦點式的學習組合），這些都能適應不同的學習目的與風格。不同學習入口的內容也應保留彈性，以便讓領導發展班既能納入必要的基本知能，也能因應不同情境的需求。學習入口可以納入大量的個人內涵與倫理內涵，並且在學校裡裡外外，甚至是教育界裡裡外外，處處都可學習（Walker & Quong, 2005b）。建

置多元的學習入口也有助於終身學習。

第四，雖然領導學習訓練班需要運用多元的學習機會，讓學員有更大幅度的掌控，並聚焦於當前的學習相關脈絡，但這並不意味著邁向更有效的學習之路可以鬆散或隨便。學習必須有一定的形式與指引。簡而言之，如果學習能使用務實的方法，能植基於各種學習情況，並且學習設計能具有目的性，學習就能夠產生。再次強調，此種領導發展班的設計必須遵循著「在結構中具備彈性」的原則。學習設計必須有清晰的目的（要以學生學習為重，以追求學校改進），要與社會化經驗互相連結，要具備內部品質保證與外部品質保證，也要能符合文化的期待與情境。領導發展班既然已經逐漸從內容導向轉移到過程導向，未來領導發展班逐漸增加一些有用的跨國及跨文化的融合並非不可能。

以上所討論到的問題，雖然重要，卻僅僅觸及到香港校長領導發展所面臨的一些挑戰而已。其它問題，比如如何釐清個別的校長領導發展班與正式的大學學位之間的關聯性，也有待探討。雖然正逐漸要啟動，不過，重量級的教育單位都不大願意在其正式的學位結構中認可校長專業發展班。因此，有些校長必須在同一時間，一方面在有密切相關的校長專業發展班修課，另一方面卻又同時在修學位，即使這兩種班可能都是同一所大學所開辦的。與此相關的所有單位或人員，有必要尋求一個解決辦法，以便能讓校長所學到的東西更具有連貫性，減少重複，並且改善學習品質。

伍 | 結語

本文有一點必須特別留意。本文所討論的領導發展班與架構，都不在正式的大學學位之內。正式的大學學位並不涉及領導者的認可。這一點，香港與其它脈絡（如美國）是有所不同的。本文主要的目的在於描述過去 15 年來香港領導發展景象的重點所在。1990 年代，香港的領導發展可說是寥寥可數，而且幾乎都是七拼八湊，很不連貫。香港政府當前所著力的各種中央政策新措施，已針對此種情況進行有效處理，這一點無庸置疑。在短短的一段時間內，香港政府的這些改革措施已經將具有前瞻性的領導發展結構、架構及領導發展班，注入到擬任校長與

現職校長的內心與計畫之中。在這些改革政策中，有許多規定被訂定出來，以用來導引出無關乎學術資格的學校領導培育，並以此改變了大家對於不同型態的領導學習的既有想法。不過，有待努力的事情仍有很多。未來努力的方向在於強化既有的架構與政策要求，同時也要迎接更具彈性與創意的結構，以便將具有價值性、以學生為中心的領導發展，能夠在專業社群中逐漸鞏固。針對此目的，我把一份名為「清源」的領導發展班實驗計畫的節要，以補遺方式附在本文後面，作為說明領導學習之用。

附註：1. 本研究專案由校長研究經費委員會以指定用途經費（CUHK4619/05H）贊助。本文（扣除補遺部分）之一部分已納入 John MacBeath 與 Chen Yin Cheong 合編，由荷蘭鹿特丹 Sense 學術出版公司所出版的國際領導發展專書之一章。

2. 有關香港改革脈絡之進一步資訊，參見 Cheng（2003, 2005）、Mok 與 Welch（2002）、Morris 與 Stott（2003），和 Walker（2003）。

附錄：Leading Upstream 清源（略）。

 Allan D. Walker 小檔案

　　Allan D. Walker（汪雅量教授）為香港教育學院國際教育領才講座教授，同時擔任教育政策與領導學系系主任及亞太領導與變革研究中心總監。汪教授於 1994 年定居香港，曾任香港中文大學教育行政與政策學系主任、香港教育領導發展中心副主任及教育行政與政策學講座教授。

　　汪教授長期與校長社群及國際教育學者共同開發校長學習課程，包括擬任、新任、資深校長的學習網絡與持續發展。

　　汪教授在學校領導與領導學習方面學術著作甚豐，作品經常發表於 *Educational Administration Quarterly*、*Journal of Educational Administration* 等知名學術期刊。（取材自香港教育學院網路資料）

 林文律小檔案

　　（同第一章）

References
參考文獻

Advisory Committee on School-based Management (ACSBM) (2000). *Transforming schools into dynamic and accountable professional learning communities — School-based management consultation document.* Hong Kong: Printing Department.

Advisory Committee on Teacher Education and Qualifications (ACTEQ) (2003). *Towards a learning profession — The teacher competencies framework (TCF) and the continuing professional development (CPD) of teachers.* Hong Kong: Printing Department.

Bredeson, P. (2003). *Designs for learning: A new architecture for professional development in schools.* Thousand Oaks, California: Corwin Press.

Cheng, Y. C. (2000). The characteristics of Hong Kong school principals' leadership: The influence of societal culture. *Asia Pacific Journal of Education, 20*(2), 68-86.

Cheng, Y. C. (2003). Trends in educational reform in the Asia-Pacific region. In J. P. Keeves & R. Watanabe (Eds.), *International handbook of educational research in the Asia-Pacific region* (pp. 3-16). Netherlands: Kluwer.

Cheng, Y. C. (2005). Globalization and educational reforms in Hong Kong: Paradigm shift. In J. Zaida, K. Freeman, M. Geo-JaJa, S. Majhanovich, V. Rust, & R. Zajda (Eds.), *The international handbook on globalization and education policy research* (pp. 165-187). Dordrecht, The Netherlands: Springer.

Cheung, M. B., & Walker, A. (2006). Inner worlds and outer limits: The formation of beginning school principals in Hong Kong. *Journal of Educational Administration, 44*(4), 389-407.

Chiu, C. S., & Chung, Y. P. (2003). The quality school project: Final report. Hong Kong: Faculty of Education, The Chinese University of Hong Kong.

Curriculum Development Council. (2001). *Learning to learn: The way forward in curriculum development.* Hong Kong: Curriculum Development Council.

Department of Educational Administration and Policy, The Chinese University of Hong Kong. (2004). *Preparation for principalship course (Cycle 2 to Cycle 4).* Unpublished report, Hong Kong: The Chinese University of Hong Kong.

Dimmock, C., & Walker, A. (1998). Transforming Hong Kong's schools: Trends and emerging issues. *Journal of Educational Administration, 36*(5), 476-491.

Education Commission (2000). *Learning for life, learning through life: Reform proposals for the education system in Hong Kong.* Hong Kong: Printing Department.

Education Commission (2000a). *Reform proposals for the education system in Hong Kong (September 2000).* Hong Kong: Printing Department.

Education Department (2002, February & September). *Continuing professional development for school excellence consultation paper on continuing development of principals.* Hong Kong, Education Department, Hong Kong Government.

Education Department (2002a). *Continuing professional development for school excellence − Consultation paper on continuing professional development of principals.* Hong Kong: Printing Department.

Education Department (2002b). *Administration Circular No. 31/2002 − Principals' continuing professional development.* Hong Kong: Education Department.

Education and Manpower Bureau (2003a). *Enhancing school development and accountability through school self-evaluation and external school review* (Education and Manpower Bureau Circular No. 23/2003). Hong Kong: Education and Manpower Bureau, HKSAR.

Education and Manpower Bureau (2003b). *Enhancing school development and accountability through school self-evaluation and external school review: The use and reporting of key performance measures* (Education and Manpower Bureau Circular No. 269/2003). Hong Kong: Education and Manpower Bureau, HKSAR.

Education and Manpower Bureau (2004a). *Report of the panel for the review of the designated programme for newly appointed principals.* Unpublished report, Hong Kong, Education and Manpower Bureau, HKSAR.

Education and Manpower Bureau (2004b). *Committed parents, quality schools.* Hong Kong: Printing Department.

Education and Manpower Bureau (2005). *The new academic structure for senior secondary education and higher education − First stage consultation report (Executive summary).* Retrieved from http://www.emb.gov.hk/FileManager/EN/Content_4745/exe_sum.pdf

Education and Manpower Branch, & Education Department (1991). *The school management initiative: Setting the framework for quality in Hong Kong schools.* Hong Kong: Government Printer.

Hickman, R. (2004). *Quality assurance report on needs assessment for principals in Hong Kong workshops for Aspiring Principals.* Unpublished report, England: University of Cambridge.

HKSAR Government (1999). *Policy Objectives.* Hong Kong: Printing Department.

HKSAR Government (2005a). *Hong Kong: The facts (education)*. HKSAR: Information Services Department.

HKSAR Government (2005b). *Hong Kong in brief.* Retrieved from http://www.info.gov.hk/yearbook/2004/en/index.htm

HKSAR Government (2005c). *Hong Kong 2004*. Retrieved from http://www.info.gov.hk/yearbook/2004/en/index.htm

Kwan, P., & Walker, A. (submitted). *Vice-principalship in Hong Kong: Aspirations, competencies and satisfaction.* Manuscript submitted for publication.

Kwong, S. C. I. (2005). *Perception of beginning principals on the usefulness of the 'Blue Skies' programme.* Unpublished paper. Hong Kong: Hong Kong Centre for the Development of Educational Leadership, The Chinese University of Hong Kong.

Lam, Y. L. J. (2003). Balancing stability and change: Implications for professional preparation and development of principals in Hong Kong. In P. Hallinger (Ed.), *Reshaping the landscape of school leadership development* (pp. 175-190). Netherlands: Swets & Zeitlinger.

Li, Y. Y. (2004). Issues encountered by programme facilitators during comprehensive school reform: The first year of the Quality Schools Project in Hong Kong. *Educational Research Journal, 19*(1), 93-120.

Lo, L. N. K. (1997). Policy change and educational development in Hong Kong. *American Asian Review*, *15*(4), 325-370.

Mok, J. K. H., & Welch, A. R. (2002). Economic rationalism, managerialism and structural reform in education. In J. K. H. Mok & D. K. K. Chan (Eds.), *Globalization and education: The quest for quality education in Hong Kong* (pp. 23-40). Hong Kong: Hong Kong University Press.

Morris, P., & Scott, I. (2003). Educational reform and policy implementation in Hong Kong. *Journal of Education Policy, 18*(1), 71-84.

Programme for International Student Assessment Hong Kong Centre (HKPISA) (2005). *The second HKPISA report (PISA 2003).* Hong Kong: The Chinese University of Hong Kong.

Task Group on Training and Development of School Heads (1999). *Leadership training programme for principals consultation paper.* Hong Kong: Education Department, Hong Kong Government.

Walker A. (2003). School leadership and management. In J. Keeves & R. Watanabe (Eds.), *The handbook of educational research in the Asia-Pacific region* (pp. 973-986). Netherlands: Kluwer Press.

Walker, A. (2004). Constitution and culture: Exploring the deep leadership structures of Hong

Kong schools. *Discourse: Studies in the Cultural Politics of Education, 25*(1), 75-94.

Walker, A. (2005). *Report on the 5th cycle of Needs Analysis for Aspiring Principals.* Unpublished report, Hong Kong: Hong Kong Centre for the Development of Educational Leadership.

Walker, A. (various years). *The developmental assessment of newly-appointed principals in Hong Kong — Final reports, 2003 & 2004.* Hong Kong: Hong Kong Centre for the Development of Educational Leadership.

Walker, A., & Dimmock, C. (2004). The international role of the NCSL: Tourist, colporteur or confrere? *Educational Management Administration and Leadership, 32*(3), 236-287.

Walker, A., & Dimmock, C. (2005). Developing leadership in context. In M. Coles & G. Southworth (Eds.), *Developing leadership: Creating the schools of tomorrow* (pp. 88-64). Milton Keyes: Open University Press.

Walker, A., & Dimmock, C. (2006). Preparing leaders, preparing learners: The Hong Kong experience. *School Leadership and Management, 26*(2), 125-147.

Walker, A., & Dimmock, C. (various years). *Needs assessment for (newly-appointed) principals in Hong Kong (NAFPhk) - final reports 2000, 2001, 2002.* Hong Kong, Hong Kong Centre for the Development of Educational Leadership.

Walker, A., & Kwong, K. S. C. (2006, June). *School management training — Country report: Hong Kong Special Administrative Region, People's Republic of China.* Oslo, Norway: University of Oslo.

Walker, A., & Quong, T. (2005a). *Blue Skies: A professional learning programme (package) for beginning principals in Hong Kong.* Hong Kong, Hong Kong Centre for the Development of Educational Leadership.

Walker, A., & Quong, T. (2005b). Gateways to international leadership learning: Beyond best practice. *Educational Research and Perspectives, 32*(2), 97-121.

Walker, A., & Quong, T. (2006). *Leading Upstream: A learning programme (package) for frontline leaders in international schools.* Hong Kong, Hong Kong Centre for the Development of Educational Leadership.

Walker, A., & Quong, T. (2007). *Blue line: A professional learning programme (package) for serving principals.* Hong Kong, Hong Kong Centre for the Development of Educational Leadership.

Walker, A., Dimmock, C., Chan, A., Chan, W. K., Cheung, M. B., & Wong, Y. H. (2000). *Key qualities of the principalship in Hong Kong.* Hong Kong: Hong Kong Centre for the Development of Educational Leadership.

Wong, K. C. (2005a). *Report on the school leadership development and extended programme for newly appointed principals (secondary and special schools)*. Unpublished Report, Hong Kong: The University of Hong Kong.

Wong, K. C. (2005b). *Report on the school leadership development and extended programme for newly appointed principals (primary schools)*. Unpublished Report, Hong Kong: The University of Hong Kong.

Wong, P. M. (2004). The professional development of school principals: Insights from evaluating a programme in Hong Kong. *School Leadership & Management, 24*(2), 139-162.

Wong, S. L. (2005). *Impact of leadership training on newly-appointed female principals in middle/ secondary schools in England and Hong Kong*. Nottingham: National College for School Leadership.

18 英格蘭與美國校長專業發展政策之比較

陳怡如（國立暨南國際大學國際文教與比較教育學系副教授）

壹 | 前言

　　我國自從 1999 年立法院三讀通過國民教育法修正案後，國民中小學校長的甄試、儲訓、遴選聘用，確認由各縣市政府負責，也因此各縣市發展出不同的校長培育、甄試與儲訓辦法與規定。學者研究指出，各縣市的校長培育常只涵蓋甄試與儲訓，且重視甄選甚於儲訓，甚至甄選偏重學歷與筆試，忽視實務與教學專業能力（周幸吟，2002；黃姿霓、吳清山，2010），由此可見，我國校長專業發展政策仍有許多發展空間。值得注意的是，全國中小學校長協會、全國高中校長協會、北市公私立小學校長協會於 2011 年召開的「2011 校長論壇」，討論了校長評鑑及分級、校長專業證照等重要議題（胡清暉，2011）。由此可見，此一議題在臺灣重要性日增。而英美有關校長專業發展政策實施已久，因此作者認為介紹英美的經驗與作法有其必要。

　　英美兩國在校長專業發展方面，因不同政經脈絡而有不同的發展。和美國相比，英國的校長專業發展政策傾向於中央集權，唯英國因為英格蘭、蘇格蘭、威爾斯與北愛爾蘭政府相關規範各異，因此本文僅著重於英格蘭政策介紹。以下針對(1)兩國校長專業發展、政策發展之歷史沿革；(2)國家級校長專業標準的制定；(3)具體教師專業發展政策；與(4)問題與挑戰，來進行探討。最後比較兩國差異，並提出具體建議，作為我國發展相關政策的參考。

貳 | 英格蘭校長專業發展

一、英格蘭校長專業發展相關政策之歷史沿革

有關英格蘭校長的專業發展與相關法規的發展，1988 年教育改革法影響極大，該法也影響後續相關法規的頒布與官方機構的成立。政府更在 1998 年公布「國家校長標準」（National Standards for Headteachers），據以進行校長評鑑，並結合校長專業發展課程。

在 1980 年代之前，校長培育和訓練課程極為缺乏，1967 年的普勞頓報告書（Plowden Report）指出，校長和副校長專業訓練的不足，其後「大英國協教育行政與管理協會」（Commonwealth Council for Educational Administration and Management）以及「英國教育管理與行政協會」（British Educational Management and Administration Society）的成立，對於大學中相關課程的發展有重要影響。而 1980 年代產業界以及美國相關課程模式，也對於英格蘭校長專業課程發展影響極大（Brundrett, 2001）。

1988 年教育改革法通過後，政府將學校管理責任下放給校長和校管會委員，校長權責因此有很大轉變。在 1994 年之前，英國政府並沒有持續性的校長專業發展計畫，1989 至 1992 年間運作的「學校管理特別小組」（School Management Task Force, SMTF）針對新校長提出補助顧問指導計畫，以同儕支持的觀念為基礎，進行校長專業發展（馮丰儀譯，2003）。

英國政府在 1994 年成立「師資培訓署」（Teacher Training Agency）〔2012 年已更名為「教學署」（Teaching Agency）〕，該機構成立後，發展出許多對於校長培訓與相關規範。英國教育與就業部（Department for Education and Employment, DfEE）在 1997 年公布的教育白皮書——「追求卓越的學校教育」（Excellence in Schools）以及 1998 年的綠皮書「教師——迎接變革的挑戰」（Green Paper: Teachers—Meeting the Challenge of Change）即宣布，2002 年時，英國中小學新進校長將實施校長證照制度，要求初任中小學校長必須具有校長專業證照，現任中小學校長也能參與全國性專業成長計畫，並取得相關資格證書。

　　另一方面，政府並於 1999 年在諾丁罕大學（University of Nottingham）成立「全國學校領導培訓學院」（National College for School Leadership, NCSL），提供新校長培訓與現任校長在職訓練。受訓者修業完畢後，獲頒校長證書。2009 年，配合教育部的更名，該學院曾一度更名為「國家中小學暨兒童服務領導學院」（National College for Leadership of Schools and Children's Services, NCLSCS），將目標擴展到中小學領導者之外，涵蓋學前教育領導者以及兒童服務領導者（children's services leaders），但政黨輪替後，現已回復原名。

　　在校長評鑑方面，1986 年教育法（第二號），授權教育部長要求地方教育局評鑑老師與校長，因為「仲裁調解諮詢委員會」（Advisory Conciliation and Arbitration Service, ACAS）的協助，六個校長和教師團體對於教師薪資和工作條件達成協議，其中包括支持全國校長與教師的評鑑試辦計畫。因此，中央政府進一步於 1991 年公布「1991 年教育（學校教師評鑑）規程」（The Education [School Teacher Appraisal] Regulation 1991），明文規定中小學校長與教師須定期接受評鑑，評鑑於該年開始進行。1996 年師資培訓署和教育標準局（Office for Standards in Education, Ofsted）進一步對校長與教師評鑑政策提出檢討，認為評鑑結果應和績效薪給與生涯發展有更多連結，校長評鑑模式應是績效責任重於專業發展（鄭新輝，2003）。在 1998 年的綠皮書中，政府進一步建議，校長應由學校管理委員會（以下簡稱校管會）根據雙方同意的目標進行評鑑，並由專業顧問協助校管會，根據校長辦學目標與「國家校長標準」來進行評鑑，校長的薪資等級和校長績效表現連結。

二、國家校長專業標準的建構

　　學者（Taylor, 2010）指出，英格蘭近年來已形成「職能文化」（competence culture），受學校本位管理的影響，學校需要發展自己的願景與目標，因此對學校領導者與管理者的角色越來越重視。原因來自 1988 年教育改革法通過後，每個中小學被要求要有自己的學校管理委員會（board of governors），協助校長管理學校，學校被給予更多的經費權和人事權。自此之後，校長不僅要擔任資深和有效能教師的角色，也要肩負領導者與管理者的角色。因此，有許多校長選擇辭職或是回任教師，而留任的校長發現他們需要領導和管理方面的訓練（Taylor, 2010;

Mertkan, 2011）。

1998 年之後，英格蘭政府針對校長、教師、特教（special educational needs co-ordinators）與學科主任（subject leaders）都發展出國家標準，其中，最重要的是針對校長與教師的國家標準，因為政府在這方面提供國家級的訓練，同時也給予評鑑。1998 年公布的校長國家標準明訂：校長的核心目的、重要成果、專業知識與理解、技能與特質（attributes）、校長學的重要範疇，如教與學、學校策略方向與發展、領導與管理教職員、有效率且有效能的運用人力與資源，並展現績效。校長專業標準公布後，根據此一標準所設計出的國家校長專業資格（National Professional Qualification for Headship, NPQH），也成為取得校長資格的必要要求，上過此一課程並通過的人，才可以在公立中小學擔任校長職。

此一專業標準在 2004 年時，已進行第三版的修正，並且運用於修訂後的 NPQH。專業標準所列出的職能（competences）都是適任校長的基本要求，也就是說，新校長在每一標準都會被評鑑。此修訂標準包含：以學習為中心、集中領導，以及反應最高的專業標準。這些原則引導校長的發展，且加強了其核心目標（core purpose）及專業領域（key areas）（NCLSCS, 2011a）。

該標準指出，校長的核心目標主要在於提供專業的領導和學校管理。要達到一個成功的願景，校長們必須藉由有效管理教學與學習，以及運用個人化學習激發學生的潛能，以建立一個高品質的教育。

在校長的專業領域中，涵蓋六個不同領域（NCLSCS, 2011a）：

1. 塑造未來：校長與校管會以及其他人建立一個可啟發和激勵學生、工作人員和所有其他學校成員的共同目標和策略計畫。此願景應表現出教育的核心價值及道德的目的，也須包含利益關係人的價值觀和信仰。此策略重要的是對於支持學校的改善以及確保學校發展方向是朝著學生的利益前進。

2. 領導學習和教學：校長的核心責任就是提升教學與學習的品質以及學生成就。這也意味著要設定一個高期望以及監控與評估學習成果的有效性。一個成功的學習文化可以使兒童變得更有效率、更熱忱且獨立學習，並致力於終生學習。

3. 發展自我與和他人的合作：好的校長可以管理好自己以及人際關係。換句話說，領導者的角色就是在建構一個專業的學習社群，其可以使他人一起達到目的。透過成果的管理以及有效的專業知識繼續發展的實現，校長支持所有

教職員去達成目標。

4. 組織管理：校長必須提供學校一有效的組織及管理，且尋求以嚴格自我評鑑為基礎之改善團體架構及功用的方法。同時確保學校、人事及資源方面都在有效規劃及管理下，提供高效率、有效果及自我學習的環境。

5. 確保績效：校長有責任對整個學校負責，特別是學童、家長、職員、董事以及「地方教育局」（Local Educational Authorities, LEAs）。需要確保學童快樂學習並且從高品質的教育中獲利，並在更廣泛的教育服務中促進其學校社區裡的共同責任。也就是在法律和契約上對整個董事會、校園環境和運作負責。

6. 強化社群：學校存在於特定的背景下，校長應跟外界合作，以共同分享專業知識並為學校帶來正面效益，特別是跟家長、教職員以及其它機構一起為學童的福祉提出策略。校長應知道學校改善和社區發展的關係是相互依存的。

在這些領域裡，知識的追求、專業素質呈現以及個人能力都必須是為達到其核心目標，因此這六個領域的知識是彼此互相依賴且共通。因為政府的重視，此一標準目前已廣泛用於校長培訓課程、校長的表現管理，以及各地方當局規劃校長專業發展的依據。

三、校長專業發展：培訓課程、表現管理與跨校夥伴關係的三軌發展

近年來，英格蘭校長專業發展是由 NCSL 專業發展課程的規劃、對校長的表現管理與跨校夥伴關係的三軌發展來進行，以下詳述這三種策略：

（一）NCLSCS 專業發展課程的規劃結合校長職涯發展

英格蘭政府由 1997 年起設置「國家校長專業資格」（NPQH）培訓班，讓有志擔任中小學校長的教師接受為期一年的培訓。自 2004 年起，NPQH 成為擔任中小學校長的必備資格。除了 NPQH 外，另有針對上任未滿兩年的中小學校長所實施的計畫，即 1995 年開始實施的「初任校長領導與管理專業進修方案」（Leadership and Management Programme for New Headteachers, HEADLAMP），以及於

1998 年推出，提供在職校長研習進修與經驗交流分享的「現職校長領導知能進修計畫」（Leadership Programme for Serving Heads, LPSH）。

其中，LPSH 是 1998 年由商業顧問公司 Hay/McBer 與 TTA（現已更名為教學署）、空中大學和全國校長協會（National Association of Headteachers）發展出的課程，目的是希望讓在職校長獲得重要職能，成為高效能的領導者。Hay/McBer 在產業界訓練過領導者多年，在 1990 年代，他們經由研究找出高效能學校領導者的特質。學校領導者可以在受訓並受評通過後，在 NCSL 註冊成為一個顧問校長（consultant leader）。此一計畫在 2007 年告終，續以「未來的校長」（Head for the Future）取而代之，申請者同樣必須具有三年以上的校長資歷，該計畫結束於 2009 年時。連同之前的 LPSH，共有一萬四千名校長曾參與此類課程（Brundrett, 2001; NCLSCS, 2011b）。

為了配合其專業發展課程，NCSL 也在 2001 年發展出「領導發展架構」（leadership development framework），將學校領導分為五個階段：(1)初級領導（emergent leadership）：開始承擔領導管理責任的教師；(2)領導（established leadership）：如助理校長或是副校長，但沒有意願成為校長者；(3)入門校長（entry to headship）：預備校長的儲訓和新校長導入；(4)精進領導（advanced leadership）：學校領導者的精進；(5)顧問領導（consultant leadership）：領導者擔任訓練、指導與視導的角色（Earley & Weindling, 2004: 23）。

目前 NCSL 為學校領導者提供的專業發展課程已經越來越多元。在校長的養成與在職進修方面，除了於原有的 NPQH 外，目前又發展出極為多元的方案（NCLSCS, 2011c）：

- 菁英領導方案（Fellowship Programme）：針對最優秀的校長提供有關理論與實務的領導與管理課程。
- 新進校長方案（Head Start）：針對剛完成NPQH課程的新進校長的兩年課程。
- 地區卓越校長方案（Local Leaders of Education Programme）：目標是經由學校之間的合作，改善學生成就，同時確保進步可以持續下去。此一方案是希望訓練優秀的校長來和附近的學校合作。此一方案已被證明不止受支持的學校水準得到提升，他們自己的學校也是。2010 年白皮書宣布LLE方案將進一步擴充，目前約有 1,400 位 LLEs，未來希望可以增加到 2,000 人

（DfE, 2010）。

- 「國家級校長」（National Leaders of Education and National Support Schools Programme）：白皮書也希望可以在2014年增加到1,000位（DfE, 2010）。
- 「國家教學學校」（National Teaching Schools）：以教學型醫院的模式引領教師與校長的培訓與專業成長，提供表現卓越的學校在培訓師資與教師專業發展方面扮演領導的角色，以校際合作的夥伴關係，協助教職員與校長提升教育水準。
- 「國小執行長校長」（Primary Executive Headteacher, PEH）：針對現任執行長校長或是想成為執行長校長者的課程。
- 「副學院校長方案」（Associate Academy Principal Programme, AAPP）：給予希望成為學校校長的領導者所需的技巧和信心。此一課程包含實習以及資深教師的指導。
- 「校長快速養成計畫」（Accelerate to Headship）：2009年NCSL開始推動密集訓練兩條快速軌道：一是「明天的校長」（Tomorrow's Heads），針對教師、離職教師、未曾擔任教職的專業人士，但有意願擔任校長的人。其中，沒有教學經驗者需要有兩年管理經驗，這樣資歷的人最快四年後就得以擔任校長職。預計一年有約170人參與。第二管道是所謂的「未來領導者」（Future Leaders），那是一個為期三年的計畫，針對現任或是有教學經驗的教師，申請在特定區域如倫敦、西密得蘭（West Midlands）、約克夏或是布理斯托（Bristol）等地的狀況不佳的中學服務，完成NPQH後，他們可以申請擔任校長，獲選後仍需要三年訓練，並有一位「領導發展顧問」（leadership development adviser）給予指導。
- 「領導之路」（Leadership Pathways）：為資深領導者或是想成為資深領導者的人所預備的。
- 「學校視導方案」（School Inspection Shadowing Programme）：是為了非裔與亞裔資深教師設計的，為協助他們申請校長與資深領導職位。課程包含與Ofsted視導小組共同參與兩個學校的視導，目標是提升參與者有關學校表現與效能的技能與知識。

除此之外，該學院也進行許多中高級主管培訓計畫：

- 卓越教與學促進計畫（Outstanding Facilitation Programme）：NCLSCS 與教育部合作，希望訓練 360 位卓越教師來提升學校的教與學。
- 「升遷公平方案」（Equal Access to Promotion, EAP）的設計：是為了協助非裔與少數族群的學校中級主管成為資深主管。
- 「中級領導方案」（Middle Leadership Development Programme）：針對學校與兒童中心（children's centres）中級主管的專業發展課程，希望發展出有效能的教與學領導。
- 「教學領導者」（Teaching Leaders）：是為了協助具挑戰性學校學生的學業水準而設計的方案，希望協助老師成為優秀的中級主管如學科主任與年級主任。
- 「持續專業發展的策略領導」（Strategic Leadership of Continuing Professional Development）：是網路課程，和教學署共同開發。也可以視為「領導之路」課程的一部分，是針對在學校負責教師專業發展的領導者。

其中特別值得一提的是，快速培養校長管道的建立。1998 年之後，英格蘭政府試圖發展快速培養校長的機制，經由密集課程或是實際工作表現的評估，讓有意願者可以在短期內成為合格校長。由 2001 年開始，政府提出「快捷教學方案」（Fast Track Teaching Programme, FTT），協助有潛力的教師在四、五年內成為助理校長、副校長、進階級教師（AST）或是地方當局的顧問。此一計畫因為花費過高，所以雖然滿意度高（Jones, 2010），但已在 2009 年結束。而同年英格蘭政府開始推動密集訓練的「校長快速養成計畫」，由 NCSL 規劃成為校長的兩條快速管道。管道之一「明天的校長」引起許多爭議。此一規劃是因政府委託研究顯示，學校中可以有一位校長負責教與學，另一位負責行政事務。但是全國校長協會反對沒有教學經驗的老師擔任校長，不認同偏「執行長」角色，而不是領導教與學的校長（Watson, 2010）。

英國學者認為 NCSL 所強調的也是所謂的教學領導與學習中心領導（learning-centred leadership），而此一概念則是由轉型領導與教學領導（instructional leadership）的論述演變而來（Earley & Weindling, 2004: 14）。但有趣的是，目前英格蘭學校領導也越來越重視不具教師身分的「學校商業經理人」（school business managers, SBMs）。過去這些商業經理人只支援學校領導，但現在也被邀請加入

學校領導團隊，在某些涵蓋地區醫療中心或是運動設施的學校，甚至是由他們來領導學校。全國學校領導培訓學院目前也針對這些管理者設計課程，並發展出相關的能力架構（NCLSCS, 2011d）。

(二) 表現管理提升校長辦學績效

英格蘭的校長和教師表現管理，可說是專業發展的一環，而其評鑑內容也都以校長的國家標準作為依據。英格蘭中小學校長與老師的表現管理，基本上和薪資密切連結，學校校長表現管理政策、措施、程序與申訴方式，是由該校管理委員會決定。強制的教師評鑑在 1991 年就開始實施，研究顯示當時學術界反應也相當良好（Brundrett, 2001），但是五年後教育標準局（Ofsted）的報告顯示，該計畫並沒有達到期望中提升學生表現的良好功效。2000 年，英格蘭公立學校的校管會被要求每年檢視校長與教師的表現，當時的教育技術部引進「表現管理架構」（Performance Management Framework），要求學校要建立自己的表現管理政策，結合學校的其他規劃，並和教師薪資掛鉤，明訂表現管理的追蹤與評鑑方式。

目前實施校長與教師表現管理的法源基礎是「2001 年教育（學校教師績效管理）（英格蘭）規程」（The Education [School Teacher Appraisal] [England] Regulations 2001）（DfES, 2001）。2006 年，再度修訂「2006 年教育（學校教師績效管理）（英格蘭）規程」（The Education [School Teacher Performance Management] [England] Regulations 2006），新的法規從 2007 年起生效。為了迎接上述新通過的「學校教師績效管理規程」，政府於 2006 年透過「獎勵和誘因研議小組」（Rewards and Incentives Group），訂定了「教師與校長績效管理指南」（Teachers' and Headteachers' Performance Management Guidance），而最新版則在 2009 年公布（RIG, 2009）。這些方案從校長與教師的績效與表現切入，企圖以獎勵與誘因改善其品質。

在 2005 年之前，外聘諮詢委員（external adviser）在校長的表現管理中扮演重要角色，2006 年「與學校建立新關係」（New Relationship with Schools, NRwS）實施後，學校改善夥伴（School Improvement Partner, SIP）就開始取代其在校長評鑑上的角色。根據「與學校建立新關係」，英格蘭所有學校都必須有一位 SIP。如果學校尚未聘任此種委員，就需要另外聘一位校外委員，對校長的表現管理給予建議（RIG, 2009: 7-8）。

(三)跨校夥伴關係

英格蘭政府近年來提升學校品質的一些新作法，也影響到校長專業發展的實施，例如集群學校（cluster of school）的概念，強調學校藉由校際間網絡達到經驗的共享，學校經由夥伴關係，良性的比較並檢視自己的不足。表現較不佳的學校可透過此網絡接受他校的建議來改進（Hargreaves, 2010）。

另一相關的概念是將校長視為「系統領導者」（system leaders）。過去此一概念用於優秀校長幫助其它有困難的學校，現在則普遍運用於學校間的合作與支持（Hargreaves, 2010）。2002 年「投資於教育改革」文件提到以最好的校長領導其他校長，擔任類似執行長的角色（DfES, 2002）。或是結合辦學成效良好與不佳的學校，組成聯盟（federations）[1]，以成功的學校接管失敗的學校；最好的校長領導學校聯盟，擔任聯盟執行長（chief executives）。聯盟可以擴展最好學校領導者的影響力，學校能夠彼此分享最好的作法。聯盟模式可以有很多：例如一個辦學良好與一個辦學不佳的學校；幾個學校共有一個學校管理委員會與一個執行長；某一區域特教學校的聯盟等。卓越學校群（Excellence Clusters）的應用則是另一個例子[2]。

(一)國家卓越校長與地區卓越校長

這是另一個以跨校合作模式，協助校長專業發展的機制，一方面對於卓越表現的校長給予認可，一方面擴大這些卓越校長的影響，協助其它學校校長專業發展與改善學校水準。這個設計希望表現卓越的校長可以和任職學校的教職員合作，協助狀況不佳的學校。國家卓越校長（National Leaders of Education, NLEs）申請者必須是優秀的在職校長或是執行長校長，曾參與其它學校的改善計畫，也要有

---

1 「聯盟」泛指學校之間不同形式的合作。主要是：(1)基於 2002 年教育法案，允許兩所以上學校由 2003 年 9 月開始，成立單一校管或是共同校管會；(2)經由簽定正式書面合約，一群學校共同努力提升水準、提倡融合、尋找教與學的新方法等。這將會造成學校在領導和管理上一些結構性的改變。聯盟學校期望幫助一群學校達到更高水準。

2 卓越學校群開始於 2001 年 9 月，屬於「城市卓越計畫」（City Excellence）的一部分，由學校、地方當局和其它組織共同組成的團體。每一個學校群包含一個優良核心中學，以及一個狀況不佳的中學，通常也會涵蓋一些小學。希望解決中學成績表現不佳的問題（Ofsted, 2003）。

學校管理委員會以及地方當局的支持。2010 年的中小學白皮書宣布將此一方案進一步擴充，預計 NLEs 將由 2010 年的 393 人增加到 2014 年的 1,000 人（NCLSCS, 2011e; DfE, 2010）。

地區卓越校長（Local Leaders of Education, LLEs）幫助區域內夥伴學校發展出進行永續改善的能力，具體扮演的角色很彈性，視情境而定。需要 LLE 幫助的對象是：(1)需要確保重大改善計畫成效的校長；(2)適應期的新校長；(3)對於有挑戰性議題需要新觀點的校長。此一運作模式著重和地方當局建立夥伴關係，每個地方當局下有一群 LLEs 來彈性運用。LLEs 是由全國學校領導培訓學院招募和訓練，再和地方當局簽約，經費由地方當局或是「領導策略方案」（Leadership Strategies）[3] 提供。

2007 學年度受 NLEs 支援的小學，該校 11 歲學生達到預期學習目標的比例平均增加 10%，中學的部分，學生在 16 歲「普通教育證書」（General Certificate in Secondary Education）考試進步幅度是全國的兩倍以上。也因此政府希望在 2015 年之前，將卓越校長的人數加倍。而沒有達到標準的校長，將撤銷其卓越資格（DfE, 2010）。

(二) 執行長校長（executive heads）

英國學者（Caldwell & Spinks, 1988）曾指出，和大企業一樣，最有效能的學校是採取合作（collaborative）模式的管理，此一論點在當時具有相當影響。而 1980、90 年代之後，因為學校管理委員會的重要性日增，英國校長不再以權威和階級的方式來領導，而是走向專家執行長（expert chief executive）的模式（Grace, 1995: 45）。如前述，這一類領導者有別於傳統的個別責任制，重視跨校支持與連鎖學校方式的運作，以及校長間的共同領導與相互支持。

執行長校長強調分布式領導（distributed leadership）。關於分布式領導的定義，根據國內學者的看法，係指在一個組織中領導活動散布於各個成員，每個成員在其負責領域和信任與合作氛圍下，參與領導實務運作，擔任領導角色並承擔領導責任，以利達成組織任務及提升組織效能（吳清山、林天祐，2010）。執行校長產生的原因是希望可以拯救面臨關閉危機或是失能的學校。此一概念在 2002

3 「領導策略方案」是一個由國家校長培育學院發展的三年計畫，目的是提升倫敦、大曼徹斯特區域、黑區（Black Country，英格蘭中部的工業區）的年輕人的學業成就（NCLSCS, 2011f）。

年「投資於教育改革」中就曾提出。目前仍有爭議，有人認為這是一種危險的嘗試，也有人認為這種創新的模式已經為學校、學生、教職人員甚至是整個教育體系帶來效益。執行長校長在 2004 年約有 25 位，2010 年時已增加到 450 位（NCLSCS, 2011g）。

（三）國家教學學校（national teaching school）

2010 年教育部公布的中小學教育白皮書「教學的重要性」（The Importance of Teaching）引進教學學校的概念，希望這類學校在校長和教職員的訓練和專業發展中，扮演領導者的角色，藉由學校間的彼此支持來提升水準，採取類似教學醫院（teaching hospitals）的概念。教學學校的業務涵蓋職前師資訓練與發展，也包括校長領導。所有英格蘭各類型中小學都可以申請，但是校長和學校都要符合嚴謹的標準。學校可以單獨申請，也可以和其它學校一起提出申請。時間最可能是四年。學校之間結盟成由教學學校領導的教學學校聯盟（a teaching school alliance），聯盟可以是不同階段的學校，分屬不同地方當局，甚至和不同類型組織結盟（DfE, 2010）。

四、問題與挑戰

關於英國當前校長專業發展的實施，可由以下層面來探討。首先就培育課程來說，NPQH 等制度的實施，讓部分學者擔心過度官僚化的組織，將會有負面影響出現（Brundrett, 2001）；也有學者質疑這些國家發展出的方案缺乏理論觀點，而且和大學相關教育行政與管理課程脫節（Bush, 1998）。也因此政府意識到公立學校新校長必備資格 NPQH 證書可能太偏重如何執行政府政策，而不是培養校長需要的重要技能。因此要求重新檢視 NPQH 的內容，並鼓勵大學等相關機構發展新的資格證書（DfE, 2010）。

其次是卓越校長在校長專業發展中的重要性增加。一方面因為校長角色逐漸擴展到自己學校以外，研究顯示學校和地方當局的關係有所轉變，NCSL 與地方當局大量運用在職校長或資深校長當顧問。而因應 SBM 等非教員專職工作的產生，校長開始扮演更策略性的角色，越來越多校長把自己視為轉化型與分布式領導者。同時，績效考量強烈影響校長的決策，因為唯有視導報告有優良結果，校

長的自主性才能維持（Robinson, 2011）。

　　最後是校長專業發展政策所達到的多元功效。如前述，有些發展出來的職前或在職訓練課程過度重視教育政策的執行，而這也影響了參與學員的心態，即他們參與的可能原因，試圖在學校推動一些改變的動機大於個人成長。根據 Simkins 等人（Simkins et al., 2009）針對 NCSL 三個方案（NPQH, LPSH & Leading from the Middle, LftM）所進行的研究，發現這三個方案都很強調受訓者與目前服務學校的工作相結合，也都有相當的成效。因此就成果來看，可以分為學校改善和領導發展兩個層面，前者強調方案的設計有助於學員的學校表現的改善，後者則強調學員能力和技能的成長。他們發現三個方案對兩個層面成果的偏重不同，例如 NPQH 比較強調的部分是前者，因此某些方案的參與者可能試圖藉此在學校進行一些改變，而有些參與者只是將此一課程視為個人成長的機會。因此，幾位學者認為此一方案成效的複雜性，可以有更多的探討。

參｜美國校長專業發展

一、美國校長專業發展相關政策的歷史沿革

　　1980 年雷根總統就任後，聯邦政府臨時設立教育委員會於 1983 年公布「危機中的國家」（A Nation at Risk）報告書，說明美國教育體系的缺點，和學生學業成績低落的嚴重性（National Commission on Excellence in Education, 1983）。因為中小學校教育水準不佳，校長的角色持續受到重視。2002 年 1 月小布希總統簽署了「不讓孩子落後法案」（No Child Left Behind Act），講求教育績效責任（U. S. Department of Education, 2002），強制實施全國性的測驗，以學生測驗結果作為學校辦學績效責任的改革方案。也因此對於校長角色益發重視，其中提出高效能校長（Highly Effective Principal）的建議，將教師品質與校長品質連結在一起，認定有效能的校長是可以促進並維持學生的高度成就，有能力去改善低表現學校（Commission on NCLB, 2007）。聯邦教育部於 2008 年發布「負責任的國家：危機中的國家二十五週年成效」（A Nation Accountable: Twenty-five Years after a Nation at Risk）報告書，也指出：「有好的教育領導者才可能創造好的教育體系」

（U.S. Department of Education, 2008）。

　　由以上政策脈絡來看，各州政府對於美國中小學校長之專業發展之重視，並不令人意外。唯美國各州作法有異，不同於英國的中央集權模式，但多傾向配合校長專業證照的分級來推動校長專業發展。其中，1996 年公布的「ISLLC 學校領導者標準」與其修正版「教育領導政策標準：證聯會 2008」，對美國校長專業發展有極大影響，各州與專業協會許多相關校長專業發展方案、校長評鑑機制的設計與證照，都是依據這兩個標準而規劃。以下針對這兩個標準與其應用加以介紹。

二、校長專業標準的發展：以「ISLLC 學校領導者標準」與「教育領導政策標準：證聯會 2008」為例

　　黃姿霓與吳清山（2010）認為在 1950 年代以前，美國並不積極設立國家層級的領導標準。1960 年代晚期興起的教育績效責任運動，要求校長必須達到州政府預設的教育目標，因此開始重視校長績效評鑑，也因此各專業學會開始規劃校長表現標準。此一標準本位的校長績效運動，促成各種全國性的領導標準的發展，藉由設立標準來釐清校長績效責任，確保校長有足夠的基本能力。

　　而美國最早有關教育領導者的國家層級標準起源於 1954 年，由「全國師資培育認可委員會」（簡稱師證會）（National Council for Accreditation of Teacher Education, NCATE）針對培育教育專業人士的學術機構提供自願性認可，以其發行的「學校行政人員培育課程準則」作為行政人員培育和證照制度的基礎。但該準則太過抽象，所以 1982 年「美國學校行政人員協會」（American Association of School Administrators, AASA）發行「學校行政人員培育準則」（Guidelines for the Preparation of School Administrators）後，各州政府與學會態度有所轉變，成為第一個獲得普遍認同的學校行政人員國家層級能力標準，建立一套包含各種領導能力、領導技巧與領導心向的要求。「人員會」設定的七個領導能力和技巧的面向，成為後來許多州的教育部、大學培育行政人員方案、專業行政人員學會發展領導標準指標的基準點（Hoyle, 2005, 2006，轉引自黃姿霓、吳清山，2010）。

　　在 1987 年時，美國國家教育卓越委員會（National Commission on Excellence in Education）推動由十個國家層級的專業組織成立「美國教育行政政策董事會」（簡稱政策會）（National Policy Board for Educational Administration），目的在改

善教育領導者的培育與實務工作，協調各組織對校長證照的意見，並進行與校長領導相關議題的意見協調（Young, 2004）。「政策會」所列出的表現標準為：策略性領導、教學領導、組織領導、政治與社區領導及實習。而美國小學校長學會（National Association of Elementary School Principals），曾提出校長的能力（proficiency）：領導能力及管理與行政能力。前者又分為領導行為溝通技巧、團體過程、課程與教學及評鑑。管理與行政能力則包括組織管理、財務管理與政治管理（林明地，2002）。

美國教育因實施地方分權制，各州對校長領導能力各有要求，但因 1995 年之後的標準本位的校長績效運動，加上行政專業組織發展出的全國性領導標準，被大部分的州政府、其它專業組織、學區及學校所接受，因此雖然不像英國如此中央集權，但是全國趨於一致。而其中影響力最大的可謂是「跨州學校領導者證照聯合會」（簡稱「證聯會」）（Interstate School Leaders Licensure Consortium, ISLLC）。「證聯會」是由美國各州的「州主要教育官員委員會」（Council of Chief State School Officers, CCSSO）所組成的聯盟機構，目的是為了發展適合學校領導者的各項準則及評量方式，以對各州負責學校行政人員證照的權責機構提供必要的服務。

1996 年，「證聯會」與「政策會」共同合作發展校長證照標準，發表「證聯會學校領導者標準」（簡稱證聯會 1996 年標準）（Interstate School Leaders Licensure Consortium: Standards for School Leaders），從知識（knowledge）、心向（disposition）和表現（performance）三個角度、六項標準與 183 項指標，建立學校領導者的國家層級標準（CCSSO, 1996），全國逐漸趨於一致。「證聯會 1996 年標準」主要應用於各州在規劃校長證照制度、專業發展課程、證照考試，以及績效責任等方面。「證聯會 1996 年標準」公布後，對各州政府內部教育領導方案設計、核可、證照、專業發展、評鑑等有很大影響。

2007 年底「政策會」有鑑於行政工作日益複雜，故在 2007 年根據 1996 年版的「ISLLC 學校領導者標準」，發布「教育領導政策標準：證聯會 2008」（Educational Leadership Policy Standards: ISLLC 2008）。2008 年教育領導政策標準的主要內容仍是六個領導標準（陳文彥，2008；CCSSO, 2008: 14-15）：

1. 教育領導者能取得所有利益關係人的認同與支持，一起建立共享的願景，並透過發展、傳遞、應用及管理學習型之願景，達到促進每位學生皆成功之目

的。

2. 教育領導者能有效地倡導、培養和維持學校文化與教學方案，該文化與方案
能有益提升學生學習和教職員專業成長，達到促進每位學生皆成功之目的。

3. 教育領導者能確保組織內的編制、運作與資源上之管理，提供一個安全、有
效率、有效能的學習環境，達到促進每位學生皆成功之目的。

4. 教育領導者能透過與教職員和社區成員的合作，回應不同社群的利益和需求，
與動員社區的資源，達到促進每位學生皆成功之目的。

5. 教育領導者能有正直、公平以及具道德的行動，達到促進每位學生皆成功之
目的。

6. 教育領導者能理解、回應和影響在政治、社會、經濟、法律與文化的背景脈
絡，達到促進每位學生皆成功之目的。

有關於以上兩套標準的應用，Murphy 與 Shipman（1999）歸結出「ISLLC 學
校領導者標準」被各州廣泛應用於發展自己的專業標準（如伊利諾州、肯塔基州
等等）；學區與專業組織發展相關專業領導發展方案；校長評鑑；領導者儲訓課
程；方案認可（program accreditation）；學校領導者的專業發展；校長證照更新、
學校領導者的證書制度與校長評鑑機制（School Leaders Licensure Assessment,
SLLA）的發展。至目前為止，共有 43 個州政府接受該全國性學校領導標準，作
為各州發展行政人員領導標準的基準和授證依據（CCSSO, 2008，轉引自黃姿霓、
吳清山，2010）。相關標準如「康州教育領導標準」（Connecticut Standards for
School Leaders）也都是根據此一標準來設計。而「師證會」也接受該標準，重新
修訂 1995 年完成的「教育領導高級方案課程指導原則」（簡稱 ELCC 指導原則）
（Curriculum Guidelines for Advanced Programs in Educational Leadership, ELCC
Guidelines）（Murphy, 2003; Shipman, Queen, & Peel, 2007）。

1996 年，「證聯會」ISLLC 中的五州（肯塔基州、伊利諾州、密西西比州、
密蘇里州、北卡羅萊納州）與哥倫比亞特區補助教育測驗服務中心（Educational
Testing Service, ETS）根據這一套標準，在 1998 年發展出校長評鑑機制（SLLA），
只針對校長的原因，是他們認為校長在學校扮演最全面的核心角色。而之所以發
展評鑑機制是因為他們認為只有發展標準還不夠，標準要能夠對實務產生影響，
就必須透過評鑑（Latham & Pearlman, 1999）。

在「證聯會 1996 標準」更新為「證聯會 2008 標準」後，許多專業學會與官

方的相關規範，以及學校領導者的培訓與評鑑準則也開始進行調整。例如師證會於 2008 年開始更新 2002 年「ELCC 指導原則」的內容。州聯會的「州政府教育領導委員會」（State Consortium on Education Leadership）也在 2008 年出版了《績效表現期待和教育領導者指標：以證聯會 2008 年教育領導政策標準為基礎的手冊》（*Performance Expectations and Indicators for Education Leaders, an ISLLC-Based Guide to Implementing Leader Standards and a Companion Guide to the Educational Leadership Policy Standards: ISLLC 2008*）（CCSSO, 2008: 11）。此外，如「教育測驗服務中心」（ETS）所發展的校長證照評量或者是學區局長評量的考試內容，也都隨之更新。密蘇里州也已經根據該標準，發展績效本位校長評鑑（Performance-Based Principal Evaluation）（CCSSO, 2008: 11-12; ETS, 2008）。

三、校長專業發展政策：培訓課程、證照升級、評鑑與實習導入環環相扣

（一）政府、民間與學界多元校長培訓課程的發展

在美國，校長領導者培訓、校長專業證照和評鑑彼此有著密不可分的關係。而相較於英格蘭，美國校長培訓機構與課程更加多元。Brundrett（2001）指出，1988 年「政策會」成立後，對於校長培育發表一系列的報告，包括 1990 年的「變遷中的學校校長：培育與認證」（Principals for Our Changing Schools: Preparation and Certification）以及 1993 年的「變遷中的學校校長：知識與技能基礎」（Principals for Our Changing Schools: The Knowledge and Skill Base）。「師證會」進一步與「政策會」合作，提出有關學校行政方案的規劃指引，這也影響各州校長培訓課程的重新規劃。除此之外，民間機構與高等教育機構對於校長相關學術研究及培訓課程與工作坊的開設，都有很大貢獻，例如丹佛斯基金會（Danforth Foundation）以及哈佛大學教育學院附設的哈佛校長中心（Harvards Principals' Center）等（Brundrett, 2001）。

（二）普遍的校長專業證照制度

校長專業證照是校長職涯發展的重要參考，因此各州幾乎都根據校長職涯發

展出不同階段的證照。以科羅拉多州為例，分為初級校長執照（Initial Principal License）、校長專業執照（Professional Principal License），以及校長精熟證書（Master Principal Certificate）（Colorado State Department of Education, 1991）。而加州證照校長則分為初步資格證書（Preliminary Credential）與專業資格證書（Professional Clear Credential）（State of California Commission on Teacher Credentialing, 2007a）。康乃狄克州則是分為初始教育工作者（Initial Educator）、初級教育工作者（Provisional Educator）與專業教育工作者（Professional Educator）。華盛頓州則分為初始證書（Initial Certificate）與繼續性證書（Continuing Certificate）。除此之外，伊利諾州、堪薩斯州、肯塔基州與田納西州等也都有相關規定（林明地，2002）。準校長或是校長必須累積相當教學與行政資歷及專業發展時數後，或是通過鑑定考試後，才可以申請證照的升級或更新。

林文律（1999）指出，美國各州均要求要申請校長初級執照者，必須有三年以上的教學經驗，須修過校長培育學程（該學程通常會包含行政實習），通常必須具有碩士以上學位。有的州將執照分為校長執照及一般行政人員執照，有的州只是核發一般行政人員執照；有的州將中學校長執照及小學校長執照分開，有的州則沒有。有關教學經驗的規定，有些州規定要擔任中小學校長，須在該層級的學校擔任教職若干年以上，有的則無。而就讀校長學程是常見的申請校長執照的途徑。

現在有愈來愈多的州規定申請初級校長執照者，除了上述規定外，一定要通過考試。如前述，在各項校長證照考試中，最值得注意的是教育測驗服務中心由「證聯會」委託，根據「ISLLC 學校領導者標準」設計發展出的評量，目前已有許多的州採用（ETS, 2008）。

在校長執照升級、續證、停證與吊銷方面，絕大多數的州，初級校長執照都是有一定期限，效期自一年至十年不等，大部分均為三至五年。Sparkman 與 Campbell（1994）指出，換證的用意就是要持有執照者透過實務經驗、額外的大學進修或其它專業發展活動，不斷追求進步。Crawford（1998）分析 1991 至 1996 年全美各州校長證照發展趨勢時，發現核發永久執照的州愈來愈少。目前的趨勢是校長執照要定期換證，為了換證，一定要有績效評量。校長若是有不當言行或是無法勝任，其證照也會不予核發或停證、吊銷（轉引自林文律，1999）。

（三）校長評鑑結合證照的授予、續證與升級

校長領導能力的評量，可分為職前評量及在職評量。Sparkman 與 Campbell（1994）指出，現在已有愈來愈多的州規定，表現評量是申請校長證照的重要一環。自 1988 年開始，紐澤西州及密蘇里州規定申請校長執照者，須先經領導能力鑑定，鑑定及格者才能取得初級校長執照。密蘇里州甚至有分學校行政者及地方學區教育局行政者不同的鑑定內容（Sparkman & Campbell, 1994，轉引自林文律，1999）。就職前評量來說，最常見的就是「鑑定中心法」（assessment center method），這是由美國中等學校校長協會（National Association of Secondary School Principals, NASSP）於 1970 年代所發展出來，原強調十二種重要的領導與管理能力，2004 年時，精簡為三個面向，共九種能力來鑑定：(1)教育領導：確定教學方向、團隊合作能力、敏感度、協助他人發展（development of others）；(2)解決複雜問題：判斷能力、結果導向（results orientation）、組織能力；(3)溝通：口頭溝通能力、書面溝通能力（National Association of Secondary Principals, 2004）。

（四）重視行政實習與導入制度

美國校長專業發展對實務的強調反映在行政實習與導入制度的規劃上。在美國，行政實習已漸漸成為許多州初次校長證照有效期間內的要求。獲得初次校長執照的人並不一定具有充分的行政經驗，因此在專人指導之下的行政實習有其必要。Sparkman 與 Campbell（1994）指出肯塔基州、路易斯安那州都有相關規定。紐澤西州自 1990 年 6 月起，規定初任校長前兩年要滿足行政實習規定，二年期滿，在指導員的推薦及州政府核定之下，獲頒「完全標準校長執照」（Sparkman & Campbell, 1994: 116）。而加州行政實習則是獲得校長資格的管道之一（State of California Commission on Teacher Credentialing, 2007b）。

很多州的地方學區都設置有初任校長導入制度，安排有經驗且公認有績效的校長擔任初任校長的指導者。以科羅拉多州為例，領有初級校長執照者，只能在設有初任校長導入方案的地方學區任職校長職務。科州的地方學區或地方學區聯盟可向州教育委員會提出申請設立校長導入方案。此方案可由地方學區（或學區聯盟）與大學合辦。導入課程須符合州教育委員會設定之標準（林文律，1999）。

四、問題與挑戰

學者 Iwanicki（1999: 285）指出，1980 年代對於績效的重視，校長所需的職能（competencies & proficiencies）開始受重視，校長的角色也逐漸由管理者（manager）走向教學領導者（instructional leader），1990 年代則轉而重視轉化型（transformational）領導者的角色。也因此，如何由管理者轉變為教學領導者成為當時校長面臨的難題，而 ISLLC 的這套標準就成為協助校長成為教學領導者的基礎。因此他認為 ISLLC 標準的公布，代表全國與各州重新將學校領導的重心轉回教與學，並將此種領導名為「學習中心的領導」（learning-focused leadership）。

當然，這些標準如何轉化為評鑑校長效能的方法，一直備受討論，因為不僅要用以評估校長的優點，也要能找出弱點，指出需要改進之處。2010 年歐巴馬政府提出修訂「中小學教育法」（Elementary and Secondary Education Act）的藍圖中，更建議清楚定義「效能」（effective）或是「高效能」的校長，也希望要求各州未來將學生學業表現列為評估效能的重要方法（Samuel, 2011）。而這也清楚顯示，學生學業表現的提升將是美國校長專業發展方案中越來越重要的一部分。

當然也有學者（Barlosky, 2006）質疑，設立校長領導標準是否會導致校長只追求標準化的僵化程序，忽略真正的教育目標；或者將學校視為商業經營場所，忽略學生個別差異。

肆｜結論與建議

根據上述針對兩國校長專業發展政策的分析，比較歸納出結論，並提出對我國建議如下。

一、結論

根據以上的探討，本文比較兩國校長專業發展之相同與相異之處，有以下發現。

（一）兩國的專業發展政策相同之處

首先，兩國都重視校長教學領導的角色。兩國校長專業發展政策都源自對校長績效責任與表現的重視，且特別重視教學領導，亦即教學績效。但是必須注意的是，如何證明校長表現和學生成就之間的關聯，兩國都有一些質疑的聲音（Crow, 2004）。

其次，兩國發展出的校長專業發展機制完整，兩國校長專業發展政策與機制都結合專業標準的建立、評鑑、證照分級制度以及培訓課程的規劃。不管是英國的「領導發展架構」與校長培訓課程，或是美國證照制度，都可發現將校長的職涯發展列入考量。英格蘭雖未如美國發展出證照分級制，近年新設置的「國家卓越校長」與「地區卓越校長」，實質上已經進行校長分級。同時英格蘭校長雖然沒有像美國校長因續證、升級等因素必須接受評鑑，但政府仍制定法規全面要求校長定期接受評鑑。

（二）兩國的專業發展政策相異之處

首先是主導機構的差異。英格蘭校長專業發展由中央透過教學署 NCSL 與 NCLSCS 來主導，大學（學術界）介入有限，而美國則透過專業學會來影響。美國各州的專業發展的作法有異，但是傾向配合校長證照來進行。美國校長專業標準的建構主要是由「政策會」與「證聯會」等機構來推動，其發展出的「ISLLC 學校領導者標準」或是「ELCC 指導原則」再由各州政府與專業學會所採行，因此在這方面涵蓋更多元的專業發展觀點與批判。

其次，由上述文獻可發現，英格蘭校長專業發展密切結合提升學校水準相關政策。英格蘭「國家卓越校長」與「國家教學學校」等制度，使校長的功能已超越傳統單一學校，甚至發展出行政與教學由不同領導人領導的趨勢，可見英格蘭近年來校長專業角色的轉變，由對於教與學的重視，轉向重視執行長角色的雙軌發展。

二、建議

（一）發展完備的校長專業發展機制

如前述，我國各縣市政府校長培育、甄試與儲訓方式與規定各自為政。校長的甄選培訓偏重學歷或筆試，忽略行政實務。教育人員任用條例中對校長資格規定，偏重學歷與經歷，各縣市校長培育只重視甄試與儲訓，缺乏專業證照制度與專業發展的強制要求，校長培育課程由各機構各行其是，培育方案及課程缺乏系統性。英美兩國的經驗顯示，校長專業發展課程應結合不同階段的校長生涯發展、證照制度與評鑑制度，才能達到最大功效。

（二）國家層級校長專業標準的訂定

我國政府目前尚未訂定國家層級的校長專業標準，學者研究（黃姿霓、吳清山，2010）指出，因為缺乏共同標準，行政當局、學者專家、校長之間對校長角色認知出現差異，導致校長候選人的任用資格、培育課程、評鑑等標準不一，不僅候選人無所適從，也無法確保培育出的校長可以勝任，遑論未來校長評鑑的實施。

由美國經驗來看，「ISLLC 學校領導者標準」（1996）與「教育領導政策標準證聯會 2008」都由專業學會所發展，而由各專業學會與州政府自行決定是否參考或採用，不像英國校長專業發展措施的發展同時也是為了執行官方其它教育政策，因此相形之下，批評與阻力較小。目前學界對於所謂「標準」或是「職能」的建構，仍有許多爭議。哪些領導職能是必要的，最好能由研究來確認。有鑑於此，我國校長專業標準的訂定，如能委託專業學會以專案研究方式來進行，日後實施的阻力將可降到最低。

（三）建置校長績效責任評估機制

我國自從於 1995 年公布教師法以及設置教評會後，教師和家長積極參與學校事務，校長的領導面臨極大的挑戰。我國過去校長的角色偏重於行政管理與領導，在教學上著墨不多。英美兩國的研究顯示，因為對於績效責任的重視，校長評鑑

重要性增加，也越來越重視以學生學習成果展現校長辦學績效。隨著 2004 年「臺灣地區學生學習成就資料庫」的建置，針對國中小以及高中職學生的國英數進行定期抽樣測驗，可見學生學業成就越來越受重視，未來可預期校長要在教學與學生學習方面，承擔更多的責任。如何由學生表現來評估校長領導，需要更多的探討。

(四) 評估同儕合作導向專業發展機制的可行性

校長的角色是否必然要侷限在自己服務的學校以內，相關專業發展課程是否必然要在政府機構以及大學中進行？英國的經驗告訴我們不必然，也就是說，卓越表現校長與其服務學校的人力與資源，被期待扮演更重要的角色。我國自 2004 年起設置有「校長領導卓越獎」，每年甄選許多表現卓越的中小學以及高中職校長，如何善用他們的專業來協助初任校長，甚至是學校狀況不佳面臨挑戰的校長，值得深思。

📁 **陳怡如小檔案**

英國倫敦大學教育學院教育學博士，曾任臺北市立明倫國中與士林國中專任英語教師。現職為國立暨南國際大學國際文教與比較教育學系副教授，兼任教育部九年一貫性別平等教育課程與教學輔導群常務委員（2010- ）與財團法人高等教育評鑑中心基金會兼任研究員（2012- ）。研究領域為教育領導、高等教育與性別教育政策，曾在相關領域期刊與專書發表中英文論文數十篇。

References 參考文獻

中｜文｜部｜分

吳清山、林天祐（2010）。教育名詞：分布式領導。**教育資料與研究雙月刊，95**，149-150。

周幸吟（2002）。**中英中小學校長培訓與任用制度之比較研究**。國立臺北師範學院國民教育研究所碩士論文，未出版，臺北市。

林文律（1999）。**美國校長證照制度**。發表於國立臺灣師範大學舉辦之「教育行政論壇第四次研討會」，臺北市。

林明地（2002）。**學校領導：理念與校長專業生涯**。臺北市：高等教育。

胡清暉（2011，4月4日）。催生校長評鑑，作為退場依據。**自由時報**，A10版。

陳文彥（2008，9月）。美國「教育領導政策標準：ISLLC 2008」介紹。**中華民國行政學會電子報**。取自：http://www.sara.org.tw/sara_blog2/article.asp? id=13

馮丰儀（譯）（2003）。T. Bush, L. Bell, R. Bolam, R. Glatter, & P. Ribbins 著。**教育管理學新論：理論、政策與實踐**。臺北市：韋伯文化。

黃姿霓、吳清山（2010）。美國證聯會 2008 年校長領導國家層級新標準及其對我國國民中小學校長培育制度之啟示。**教育研究與發展期刊，6**（1），199-228。

鄭新輝（2003）。英國中小學校長評鑑政策的發展與啟示。**國立臺南師範學院學報，37**（1），129-153。

英｜文｜部｜分

Barlosky, M. (2006). Standard setting. In F. W. English (Ed.), *Encyclopedia of educational leadership and administration* (pp. 953-956). Thousand Oaks, CA.: Sage Publications, Inc.

Brundrett, M. (2001). The development of school leadership preparation programs in England and the USA. *Education Management and Administration, 29*(2), 229-245.

Bush, T. (1998). The National Professional Qualification for Headship: The key to effective headship? *School Leadership and Management, 18*(3), 321-333.

Commission on No Child Left Behind (NCLB) (2007). *Beyond NCLB: Fulfilling the promise to our nation's children.* Washington, DC: The Aspen Institute.

Caldwell, B. J., & Spinks, J. M. (1988). *The self-managing school.* London: The Falmer Press.

Colorado State Department of Education (1991). *Rules for the Educator Licensing Act of 1991.* Retrieved from http://www.sos.state.co.us/CCR/Rule.do? deptID=4&deptName=300%C3%82%C2%A0Education&agencyID=109&agencyName=301%20Colorado%20State%20Board%20of%20Education&ccrDocID=2044&ccrDocName=1%20CCR%20301-37%20RULES%20FOR%20THE%20ADMINISTRATION%20OF%20THE%20EDUCAT&subDocID=56038&subDocName=2260.5-R-3.00%20%20Types%20of%20Licenses&version=13

Crawford, J. R. (1998). Changes in administrative licensure: 1991-1996. *UCEA Review, 39* (3), 8-1.

Council of Chief State School Officers (CCSSO) (1996). *Interstate School Leaders Licensure Consortium: Standards for School Leaders.* Retrieved from http://www.csc.vsc.edu/woodruffinstitute/isllcstd.pdf

Council of Chief State School Officers (CCSSO) (2008). *Educational Leadership Policy Standards: ISLLC2008.* Retrieved from http://www.ccsso.org/publications/index.cfm

Crow, G. M. (2004). The National College for School Leadership: A North American perspective on opportunities and challenges. *Educational Management, Administration and Leadership, 32*(3), 289-307.

Department for Education and Skills (DfES) (2001). *The Eduaction (School Teacher Appraisal) (England) Regulations 2000 (No. 1620).* London: The Stationary Office.

Department for Education and Skills (DfES) (2002). *Investment for reform.* Retrieved from http://www.education.gov.uk/publications/standard/publicationdetail/page1/IFR

Department for Education (DfE) (2010). *The importance of teaching: The school white paper 2010.* Retrieved from http://www.education.gov.uk/publications/standard/publicationdetail/page1/CM%207980

Earley, P., & Weindling, D. (2004). *Understanding school leadership.* London: Paul Chapman.

Educational Testing Service (ETS) (2008). *2008-09 The school leadership series information bulletin.* Retrieved from www.ets.org/Media/Tests/ SLS/pdf/15432.pdf

Grace, G. (1995). *School leadership: Beyond education management: An essay in policy scholarship.* London: The Falmer Press.

Hargreaves, D. (2010). *Creating a self-improving school system.* National College for Leadership of Schools and Children's Service. Nottingham.

Iwanicki, E. F. (1999). ISLLC standards and assessment in the context of school leadership reform. *Journal of Personnel Evaluation in Education, 13*(3), 283-294.

Jones, J. (2010). Leadership lessons from the Fast Track Programme for teachers in England. *Edu-

cational Management Administration and Leadership, 38(2), 149-163.

Latham, A. S., & Pearlman, M. S. (1999). From standards to licensure: Developing a authentic assessment for school principals. *Journal of Personnel Evaluation in Education, 13*(3), 245-262.

Mertkan, S. (2011). Leadership support through Public-Private 'Partnerships': Views of school leaders. *Educational Management Administration and Leadership, 39*(2), 156-171.

Murphy, J. (2003). *Reculturing educational leadership: The ISLLC standards ten years out.* Retrieved from www.npbea.org/Resources/ISLLC_10_years_9-03.pdf

Murphy, J., & Shipman, N. (1999). The Interstate School Leaders Licensure Consortium: A standards-based approach to strengthening educational leadership. *Journal of Personnel Evaluation in Education, 13*(3), 205-224.

National Association of Secondary Principals (2004). *Developing the 21st century principal: Frequently asked questions.* Retrieved from http://www.nassp.org/portals/0/content/53524.pdf

National College for Leadership of Schools and Children's Service (NCLSCS) (2011a). *National standards for headteachers.* Retrieved from: http://www.nationalcollege.org.uk/index/leadershiplibrary/leadingschools/developing-your-leadership/headship/national-standards-for-headteachers.htm

National College for Leadership of Schools and Children's Service (NCLSCS) (2011b). *Head for the future.* Retrieved from http://www.nationalcollege.org.uk/index/professional-development/head-for-the-future.htm

National College for Leadership of Schools and Children's Service (NCLSCS) (2011c). *Professional development for school leaders.* Retrieved from http://www.nationalcollege.org.uk/index/professional-development/professionaldevelopment-schools.htm

National College for Leadership of Schools and Children's Services (NCLSCS) (2011d). *School business management competency framework.* Retrieved from http://www.nationalcollege.org.uk/docinfo?id=23792&filename=school-business-management-competency-framework.pdf

National College for Leadership of Schools and Children's Service (NCLSCS) (2011e). *National leaders of education and national support schools.* Retrieved from http://www.nationalcollege.org.uk/index/professional-development/national-leaders-of-education.htm

National College for Leadership of Schools and Children's Service (NCLSCS) (2011f). *Local leaders of education.* Retrieved from http://www.nationalcollege.org.uk/index/about-us/national-college-initiatives/about-local-leaders-of-education.htm

National College for Leadership of Schools and Children's Service (NCLSCS) (2011g). *Executive heads*. Nottingham: National College for Leadership of Schools and Children's Service. Retrieved from http://www.nationalcollege.org.uk/index/docinfo.htm? id=140381

National Commission on Excellence in Education (1983). *A nation at risk: The imperative for educational reform*. Washington, DC: United States Department of Education.

Office for Standards in Education (Ofsted) (2002). *Performance management of teachers*. Retrieved from http://www.ofsted.gov.uk/resources/performance-management-of-teachers

Office for Standards in Education (Ofsted) (2003). *Excellence clusters: The first ten inspections*. Retrieved from http://www.ofsted.gov.uk/resources/excellence-clusters-first-ten-inspections

Rewards and Incentives Group (RIG) (2009). *Teachers' and headteachers' performance management guidance*. Retrieved from http://www.tda.gov.uk/school-leader/developing-staff/performance-management-review.aspx

Robinson, S. (2011). Primary headteachers: New leadership roles inside and outside the school. *Educational Management Administration and Leadership, 39*(1), 63-83.

Samuel, C. (2011, July 14). Principals' job reviews getting a fresh look. *Education Week*. Retrieved from http://www.schoolleadership20.com/forum/topics/principals-job-reviews-getting

Shipman, N. J., Queen A., & Peel, H. A. (2007). *Transforming school leadership with ISLLC and ELCC*. NY: Eye on Education.

Simkins, T., Coldwell, M., Close, P., & Morgan, A. (2009). Outcomes of in-school leadership development work: A study of three NCSL programmes. *Educational Management Administration and Leadership, 37*(1), 29-50.

Sparkman, W. E., & Campbell, T. A. (1994). State control and certification programs. In N. A. Prestine & P. W. Thurston (Eds.), *Advances in Educational Administration, Volume 3, New directions in educational administration: Policy, preparation, and practice*. Greenwich, CT: JAI Press, Inc.

State of California Commission on Teacher Credentialing (2007a). *Administrative services credential for administrators prepared in California*. Retrieved from http://www.ctc.ca.gov/credentials/leaflets/cl574c.pdf

State of California Commission on Teacher Credentialing (2007b). *University intern credential*. Retrieved from http://www.ctc.ca.gov/credentials/leaflets/cl402a.pdf

Taylor, P. (2010, November Jan 18). *The growth of competence requirements in education in England*. Presented at Meeting of Chinese Education Leaders. Manchester Metropolitan University.

U. S. Department of Education (2002). *No Child Left Behind Act of 2001.* Retrieved from http://www.ed.gov/nclb/landing.jhtml? src=pb

U.S. Department of Education (2008). *A nation accountable: Twenty-five years after a nation at risk.* Retrieved from http://www.ed.gov /rschstat/research/ pubs/accountable/

Watson, P. (2010). *Headteacher leadership programme: Accelerate to headship.* Retrieved from http://montrose42.wordpress.com/2010/05/09/headteachers-leadership-programme-accelerate-to-headship/

Young, M. D. (2004). Preparing school and school system leaders: A call for collaboration. In C. S. Carr & C. L. Fulmer (Eds.), *Educational leadership: Knowing the way, showing the way, going the way* (pp.46-59). Lanham, MD: Rowman and Littlefield Publishing Group.

19 校長專業發展之新視野
校長職涯專業認證系統

鄭明宗（臺南市永仁高中教師兼任輔導室主任輔導教師）

壹｜緒論

　　近年來，受到教育環境變動頻繁、教師進修風氣日盛，以及因校長年輕化趨勢所衍生擔任校長職務時間延長等因素影響，許多學者倡議校長的本職學能必須跟得上時代的腳步，才能在學校領導中帶領學校因應各項變局，也因而增加了校長專業發展的必要性（江志正，2005；林明地，2002；秦夢群，1999；廖元銘、張怡潔、盧雅雯，2009）。此外，從校長角色分析，社會對於「校長」角色賦予極高的期待。而隨著時代的演進，校長的角色也不斷在改變中。一般而言，校長在學校領導所扮演管理（managerial）與政治性（political）角色的比重，遠超過教學的角色（Graham, 1997），這樣的情況在臺灣更是明顯。英美等國一般將「校長」此一職務稱為「首席教師」（headteacher），希望著重於其教學領導之專業形象。基本上，校長主導學校重大決策，對於教育的成敗，扮演了關鍵的角色（秦夢群，1999）；同時校長必須面臨內部及外部成員排山倒海而來的績效要求（Catano & Stronge, 2007），因此校長可說是現今學校改革與辦學成功的重要憑藉，而不僅僅是學校的首席教師（Drake & Roe, 2003）。也因此，Nicholson、Harris-John與Schimmel（2005）提出應給予校長不斷學習的機會，方為學校成功改革的重要關鍵。Pink與Hyde（1992）綜合許多有關學校改革的相關研究也指出，只有當校長、教師與行政人員的專業生活產生根本的轉換，學校的改革才能達成。江志正（2008）也提出學校領導者需要擁有開放的心胸，掌握正確領導的概念，學習新的思維和作為，如此方能擺脫組織慣性，協助學校永續發展。綜合上述，不論從

教育環境變遷的需求，或從校長角色的分析，為因應變局，協助學校組織發展，校長之專業知能必須與時俱進，方能有效提升學校績效及辦學品質。

領導是校長職務重要的一環，特別是在全球化教育競爭年代，國中小校長應具備「與時俱進」的領導理念（廖元銘、張怡潔、盧雅雯，2009）。校長要提升其專業知能，新興領導理論深具參考價值。回顧自 1980 年代至今，出現了許多新興的領導理論，內容涵蓋組織轉化、自我提升、道德、價值、文化、服務、賦權、專業等各種領導觀點。面對各種蓬勃發展之新領導理論，許多觀點及論述對校長專業發展具有極高的啟示性。黃宗顯（2008：20）論及：「新領導理論研究重視領導者的自我成長、精神性、服務態度、專業性與道德修為。」要達到上述境界，需要領導者長期的專業成長機制的配合。其次，新興領導理論研究重心由探究領導者的作為，擴展到兼顧被領導者之需求及其能力開展。例如，賦權領導不僅重視教師之專業自主及成長，亦重視學生、家長之賦權與增能。而加值型領導、轉型領導、分散式領導、第五級領導、道德領導、靈性領導、課程與教學領導等，亦皆重視被領導者（追隨者）之需求及其發展。因此除重視現職校長專業成長外，亦應重視「未來校長」之培育及其能力之開展。唯有組織中領導者與被領導者同步成長，方有利於組織之提升。再者，領導之權力基礎，由傳統重視的法職權、獎酬權、強制權，轉移到強調專家權與參照權之影響力。例如第五級領導強調「謙沖自牧、專業堅持」；道德領導強調「德行之影響力」。要校長能達到上述「謙沖自牧、專業堅持」、「德行影響力」之境界，需要長期的專業養成，非短期培訓可達成。最後，對組織狀況之界定由明確到混沌觀點，逐漸重視領導者面對弔詭和不確定狀況的因應能力與影響作為，因而更加重視提升領導者平衡邏輯與藝術之領導能力。上述能力的培養絕非一蹴可幾，除學理探討外，亦需要有經驗的校長來帶領，透過實務經驗的傳授，協助新進校長拿捏得宜，方能達到黃宗顯（2010）所謂領導的「美學境地」。

不論從環境變遷、校長角色分析或新興領導理論之啟示，如何協助校長進行專業發展、建立其專業形象，有其必要性及迫切性；建構更完善的校長專業發展機制，則是本文關注的焦點。檢視臺灣校長專業發展現況，存在諸多困境與盲點，中小學校長實欠缺有系統的專業養成及持續的專業發展機制（江志正，2005；林志成，2005）。我們希望建構終身學習的社會，當社會各界在「只有受過專業訓練、具備專業知能者，才能因應各項變遷與挑戰」的認知與共識上，積極倡議學

校教師必須提升專業水準的同時，矛盾的是對於承擔辦學成敗的校長，卻未提供有效的專業發展機制。鄭明宗（2007）歸納多位校長訪談結果指出，受訪校長對於校長專業發展現況均抱持負面看法。其所面臨的困境指向政策制度面的輕忽，缺乏整體性、系統性規劃；對於校長自主性的進修，主管機關採取不認同或限制的措施等，在在都對校長專業發展設下重重障礙，造成今日校長專業發展的困境。為擺脫上述困境，本文認為應建立校長全職涯的專業培訓機制，用制度化的設計，長期性、有計畫地培養優秀的校長，這也是提出「校長職涯專業認證系統」的重要動機。本文秉持的核心概念是：校長應是有計畫長期栽培出來，而非通過考試就能成為優秀校長！希望透過全職涯的專業成長規劃，協助校長專業知能與時俱進，培育出更優秀的校長。以下將參考先進國家校長專業發展趨勢，並綜合學者專家觀點及個人淺見，歸納提出「校長職涯專業認證系統」，希望在促進校長專業發展制度上，略盡綿薄之力。

　　以下將分別以文獻探討及實際規劃，介紹本文之立論基礎及規劃理念，並據以提出本文所研議之「校長職涯專業認證系統」，茲分述如下：

貳 | 文獻探討

　　透過文獻探討希望了解英美等先進國家校長專業發展之現況及趨勢，並檢視臺灣現況及相關研究，藉由相關文獻探討釐清重要概念，作為本文建構「校長職涯專業認證系統」之基礎。

一、他山之石：英美校長專業發展現況

（一）英國

　　近年來英美等國為確保其教育改革的成功，紛紛提出許多重要措施來促進校長的專業發展。英國政府在 1998 年所發布之「教師──迎接變革的挑戰」（Teachers － Meeting the Challenge of Change）綠皮書中，為提升校長的士氣，便提出以年薪七萬英鎊之高薪激勵表現特優的校長等具體的措施。此外，英國政府並提

出了三項促進校長專業發展的培育計畫：(1)「國家校長專業資格」計畫（National Professional Qualification for Headship, NPQH）：為準校長而設計；(2)「初任校長領導與管理專業進修方案」（The Headteachers' Leadership & Management Programme, HEADLAMP）：針對初任兩年內校長而設計；(3)「現職校長領導知能進修計畫」（Leadership Programme for Serving Heads, LPSH）：針對任職滿三年校長而設計。同時，為使校長每一個生涯階段，都能接受以專業與實務為導向的高品質專業訓練課程，英國教育與就業部（Department for Education and Employment, DfEE）提撥三千萬英鎊專款，在諾丁罕大學校園設置「全國學校領導培訓學院」（National College for School Leadership, NCSL），以作為準校長培訓與現任校長專業發展之機構（蘇永明，2000；Collarbone, 2000）。鄭新輝（2010）分析英國新修訂的學校績效管理政策指出，英國逐漸將學校發展計畫、學校自我評鑑及改善計畫，與校長及教師績效管理整合在一起；希望透過完整的中小學績效管理系統運作，有計畫的提升校長與教師的專業能力，並改善學校經營品質與學生學習成就表現。

　　進入 21 世紀後，英國校長專業成長的規劃，更積極向校長職前延伸，從新進教師階段便啟動，依據不同背景的需求，設計不同的專業領導發展課程。茲將英國校長專業發展階段概念整理如圖 19-1，並說明如後：

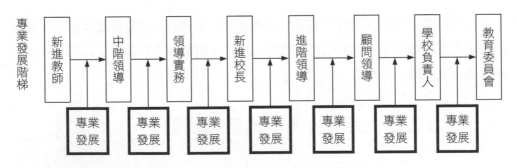

▶ 圖 19-1　英國校長專業發展階段概念圖

資料來源：本文彙整。

　　英國校長專業發展規劃主要的發展階段約可劃分為八個層級：(1)初期專業發展（early professional development）：針對新進教師進行；(2)中階領導（middle leaders）：針對具領導及管理責任的教師；(3)具領導實務經驗者（established leaders）：未具備首長地位但已有領導經驗者，包括代理校長及副校長；(4)新進校長（new headteachers）：包含新進校長及那些初任三年內的校長；(5)進階領導（advanced leaders）：對未來發展具企圖心，擁有專業特質、技能及專業知識之有經驗的校長；(6)顧問領導（consultant leaders）：針對有經驗的校長及領導者；(7)學校事業領導（school business managers）：對象為學校事業單位負責人及財務主管；(8)教育委員會（governors）：對象為擔任教育委員會主席或成員（Burstow, 2009; Northamptonshire County Council, 2008）。由上述英國對校長專業發展的規劃，可見其重視程度。特別是校長專業發展的延伸規劃，希望從教師開始，便積極培育具有領導潛力者成為未來校長或未來教育行政官員，這樣的概念具啟示性。

上述英國校長專業發展，依據不同階段的需求，由大學或全國學校領導培訓學院（NCSL）提供專業培訓，經過規範時期的培訓，通過檢定評估後，再由全國學校領導培訓學院（NCSL）授與證照。全國學校領導培訓學院（NCSL）提供整合性校長培育與在職進修專案，用以強化校長的學校經營與領導能力。該學院的設立，意味著英國政府體認校長專業發展對於學校管理效能提升的重要性。此外，英國在2004年對「國家校長標準」（National Standards for Headteachers）所進行之修訂，參考了廣泛專家的意見。此一標準，反映出教育領導角色在21世紀所應扮演發展性的角色。此項標準體現了三項原則，那就是校長的工作應成為：學習中心、專注領導統御，以及反映高度專業發展的可能性。該標準並揭示六大關鍵領域（Department for Education and Skill, 2004a），其中「形塑未來」及「自我成長以及與他人共事」強調校長應該堅持持續的專業成長，並以創新性之領導作為引領學校不斷提升其效能。此外，英國校長任用採分級的規劃，對於校長職務，考量所在區域、學校等級（Individual School Range, ISR）、績效目標的達成與實際工作負荷等因素，將薪資與加給劃分為八個群組及43個等級（Department for Education and Skill, 2004b）。

（二）美國

美國在校長專業發展推動上，由於政治體制屬聯邦組織，各州校長專業發展規範並不盡相同。目前美國各州對於校長專業發展的推動標準，主要採用「州主要教育官員委員會」（Council of Chief State School Officers, CCSSO）所成立之「跨州學校領導者證照聯合會」（Interstate School Leaders Licensure Consortium,

ISLLC）所公布之標準。ISLLC 成立的目的在於提供各州之間的相互合作，共同建構和推動校長專業發展、評鑑以及證照授予等標準。目前美國大多數的州皆已採用 ISLLC 標準或吸取其精神來建立各州的校長專業發展、評鑑及任用標準。其標準的第一版是在 1996 年公布，經過十餘年的實務運作與修正，2008 年公布第二版標準（CCSSO, 2008）。Sanders 與 Simpson（2005）統計指出，已有 41 州採用 ISLLC 標準來做為校長專業發展培訓課程設計及任用之標準。

值得注意的是，美國目前中小學校長專業發展與評鑑制度有傾向結合趨勢，校長評鑑重視目標管理與績效責任，其評鑑項目涵蓋形成性評鑑、總結性評鑑兩大項。評鑑訪視過程中以及校長自我評鑑若未達到相關標準，將安排校長參加專業成長工作坊或相關訓練來提升校長之專業能力（Nicholson, Harris-John, & Schimmel, 2005）。以肯塔基州為例，校長分級依中小學階段分成小學、初中、高中三個級別。校長任用先由州議會訂定各級校長的教育領導品質指標，規定須修完碩士以上學位並參加州政府考試及格者，參加為期四年的「助理校長」實習合格，方取得校長任用資格的證照，再由州政府介聘為正式校長（Miklos & Hopes, 1994）。校長依規定必須參加每兩年一循環，42 小時的專業發展訓練；如果校長每年未能完成 21 小時的專業發展訓練，則次年將降格為試用校長。試用校長每年則規定必須完成 42 小時的專業發展訓練；試用校長若無法完成每年 42 小時的專業發展訓練，則將面臨被撤銷校長證書的命運。此外，校長辦學績效如果未能達到肯塔基州所訂定標準，必須接受額外 12 小時的專業發展訓練。該州在每個學區都設置有「專業發展主任」，通常由學區督學擔任。專業發展主任負責管理及監控所轄校長們專業發展時數，並向州教育廳報告（Nicholson, Harris-John, & Schimmel, 2005）。維吉尼亞州不僅規範校長的專業發展，連所有的教師、督學、學區教育行政管理人員都必須進行專業發展。其中校長還必須在五年內取得 180 個專業發展點數，才能維持其校長證書的有效性。值得注意的是，在該州每一位教育人員，包含校長，無論是要取得新證書或是定期的換證，都會被分配到一位諮詢人員（advisor）來協助。該諮詢人員會協助及監控被協助對象的個人專業發展計畫是否確實完成（Nicholson, Harris-John, & Schimmel, 2005）。

長久以來美國校長專業發展模式主要有三大類型：(1)由州政府或地方學區所辦理，如加州領導學院（California School Leadership Academy）；(2)由大學或學院所辦理，如哈佛大學校長中心（Principals' Center, Harvard Graduate School of

Education）；(3)民間團體機構所辦理，如加州學校行政協會（Association of California School Administration）（丁一顧、張德銳，2001）。但也有學者指出，與高等教育合作進行校長的專業發展，往往流於重理論、輕實務的狀況。無形中迫使許多校長必須在學校實務情境中，透過叢林法則、嘗試錯誤的方式來取得辦學經驗（Nicholson, Harris-John, & Schimmel, 2005）。也因此，部分學者如 Barth、Bezzina、Daresh、Scherer 等力倡以校長為中心的專業發展，教學內容強調「反思—探究」的知能（吳百祿，2007）。

　　檢視英美等先進國家校長專業發展現況，本文歸納三個重要趨勢值得借鏡：(1)校長的專業發展生涯擴展到教師階段；(2)校長的專業發展與校長評鑑及任用相互結合；(3)專責的校長專業發展中心的設立，以及校長專業發展開始重視以「校長為中心」的課程設計趨勢。上述趨勢，值得我們重視與參考，同時也成為本文規劃參考之重要概念。

二、臺灣中小學校長專業發展現況

　　臺灣中小學校長專業發展現況，主要是候用校長甄選通過後，必須參加儲備訓練。儲訓課程一般規劃為八週，通過儲訓後即具備候用校長資格，可以參加所屬縣市舉辦之校長遴選，遴選通過即成為正式校長。簡單而言，臺灣中小學校長任用可劃分為：甄選、儲訓、遴選及任用等四個階段。其中，只有在儲訓階段有較嚴謹且具系統性的專業成長規劃。此外，取得校長資格後，校長可依據各自意願及需求，主動參加各大學所開辦之進修課程或參加上級機構所辦理的短期進修。基本上校長進修除教育部或上級主管機關所召集的政策宣導、重要會議或法定例行性會議，部分可列為研習進修，較具強制性外，並無相關規範來要求校長進行在職進修。

　　檢視相關法令規定，只有「教師進修研究獎勵辦法」（1996 年 10 月 9 日修訂公布）第七條：「教師參加進修、研究，得按下列方式予以獎勵……」其中第六款規定：「列為校長、主任遴（甄）選之資績評分條件。」另外，第十四條第一款規範該法適用人員包含各級學校校長。從上述分析可發現，有關法令及教育主管當局的規範，在擔任校長之前的進修還可列入校長遴（甄）選之資績評分條

件;但擔任校長職務之後,並未對中小學校長專業成長給予應有之重視。

臺灣目前中小學校長培訓與在職進修專業發展有關的教育機構,可分為政府設置及各大學成立等兩大類。其中政府成立的機構有:三峽教師研習中心(承辦全省縣市國小候用校長培訓)、豐原中等教師研習中心(承辦全省縣市國中候用校長培訓)、臺北市教師研習中心以及高雄市教師研習中心等。各大學設立的機構有:國立臺灣師範大學設有「中等學校校長培育與專業發展中心」、國立臺北教育大學設立「中小學校長培育與專業發展中心」,以及臺北市立教育大學成立「中小學校長培育及專業發展中心」。此外,許多公私立大學也都設有教育或相關科系之研究所,可提供校長在職進修的管道(鄭明宗,2008)。另就全國性提供校長專業訓練和輔導的支援性機構而言,目前有國立教育資料館積極發展「校長專業發展資源服務系統」,該系統內容共分為七大部分,除網站簡介及導覽外,尚包含:校長專業發展研究報告、國民中小學校長專業能力發展標準、校長專業能力發展資源檔、校長個別化專業發展計畫、校長經驗分享、校長專業發展相關資源,以及教育研究相關資源等。基本上「校長專業發展資源服務系統」定位在提供校長專業發展有關資訊服務,本文認為對於促進中小學校長專業發展的功能,有實質上的限制。

綜合而言,目前臺灣校長專業成長機制,除了「候用校長培訓」具強制力,其餘進修需要校長主動參與,缺乏強制性。雖然許多機構與大學能提供校長多元的進修機會,但由於校長業務繁重,常常也無暇參與進修活動。檢視現況,臺灣仍缺乏有效促進校長專業成長的機制,這成為本文努力著墨的方向。以下進一步分析相關學理及研究,作為本文建構「校長職涯專業認證系統」之立論基礎。

三、中小學校長專業發展相關研究彙整

檢視相關文獻,已有許多學者及研究者指出校長專業形象不足的現況,秦夢群(1999:22)指出:「即使未修過任何教育行政課程的教師,也能順利當上校長,對於教育(學校)行政人員的專業化,實為一大諷刺。」此外,秦夢群(1997:155-156)亦論及:「我國行政者雖大半具主修教育背景,但卻不見得以教育行政為研讀領域。大學研究所中也鮮設教育行政相關研究所,造成部分從未修習過教育行政課程,卻能成為校長局長的怪現象。」部分學者也指出校長專業

發展所面臨的困境與盲點，江志正（2005）認為校長專業發展的困境可包含三大
面向：(1)校長個人方面（輕忽未感需要、觀念想法不當）；(2)校長職務方面（角
色定位不清、職責任務太重），以及(3)環境體制方面（體制尚未健全、供需無法
切合）。林志成（2005）則認為校長專業發展的問題與盲點為：(1)校長的專業發
展目標圖像仍待釐清，迷思與盲點仍待闡明點化；(2)校長專業發展的主體覺知仍
待啟迪，專業自我仍待建構；(3)校長專業發展的方案仍待反省改善，高效能的培
育方案仍待建構。鄭明宗（2008）分析對於目前中小學校長角色評價之文獻，多
將其定位為行政官僚、政策的執行者，缺乏專業化的形象；並指出導致如此現況
的原因，與長期輕忽校長培訓與在職專業發展有關，致使中小學校長的專業化地
位至今無法建立。

Burde（1987）指出教育的專業發展是連續不斷的過程，它包括：(1)基本教育
學識的準備期；(2)成功的工作導入期；(3)對知識建構和個人專業上的更新期（re-
newal）；(4)因應變動社會的精緻期（redirection）。Strong（1995）則指出：完整
的教育工作者評鑑應同時兼顧績效責任與專業發展。國內學者鄭崇趁（2007：22）
指出，所有教育人員均應發展專業證照制度，主任組長除了一般教師的專業證照
外，應有主任及組長層級之專業證照，校長則必須在教師、組長、主任之上取得
「校長專業證照」，方足以扮演學校領導人角色。鄭崇趁進一步指出，促成校長
專業證照制度之關鍵有四：(1)校長們（當事人）的覺醒：校長們普遍認為專業證
照是其校長職務護身符及尊嚴所在；(2)校長協會主動要求其成員接受實施專業證
照制度；(3)配合校長辦學績效評鑑的實施，有第三條管道檢驗校長；(4)行政首長
的智慧：做與不做均將對教育發生長遠之影響，而施政優勢與先機稍縱即逝。馮
清皇（2002）提出「校長認證制度」之規劃，藉由職前養成、校長甄選、績效評
鑑與專業再發展四個階段，建構校長認證制度，具啟示性，是一種有系統性發展
的過程。反觀臺灣中小學校長之專業發展現況，目前較有系統之專業培訓課程，
只有在候用校長階段所實施的八週儲訓；其它的專業成長大都屬於短期、零碎性
質。以上述「專業發展是連續不斷的過程」此一標準來檢視臺灣中小學校長之專
業發展，實存在極大的提升空間。

馮清皇（2002：458）指出所謂的「校長認證制度」，是教育行政當局為有效
培養一位具有教學領導與行政管理專業能力的校長，所建立一套有系統的結合教
師專業分級，有組織、有計畫的進行校長甄選、績效評鑑、專業再發展的過程。

「校長認證制度」是一種兼具統整性、系列性的發展過程，其主要內涵包括：(1)
認證制度的建立目的在於培養兼具教學領導與行政管理兩種專業能力之校長；(2)
校長認證制度的設計是以教師專業能力的發展為基礎，校長的人力養成是教師自
我職業發展的延伸；其中教師專業能力的發展包括專業成長、專業檢定與專業換
證等措施；(3)視校長的職務定位為「首席教師」或「教師的教師」，校長認證制
度與教師分級制應該併同實施；(4)校長認證制度包含職前養成、校長甄選、績效
評鑑與專業再發展四個階段，是一種有系統性發展的過程；(5)校長認證的執行是
一項有組織、有計畫的工作。其核心概念如圖 19-2：

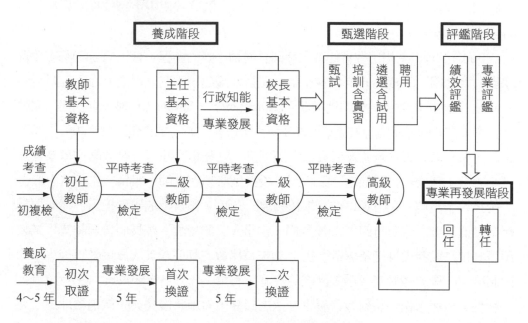

▶ 圖 19-2　校長認證制度構念圖

資料來源：修改自馮清皇（2002：462）。

　　鄭明宗（2008）結合校長專業發展、校長評鑑機制規劃之校長分級檢定機制，
並透過訪談六位校長加以修正。其中，在「專業發展階梯」方面，規劃將「校長
分級檢定」級數劃分為：初任校長及教練校長兩大級，其中教練校長再分為三級：
初級教練校長、中級教練校長及高級教練校長。選擇教練校長作為第二級，主要
目的是希望在校長評鑑及專業發展上落實師徒制，讓資深優秀校長產生帶領後進
校長的功效。所規劃之分級標準兼顧先進國家注重之專業發展及任內績效評鑑。

　　另外，鄭明宗（2008）規劃「校長專業發展中心」及「校長評鑑中心」兩個中心，作為輔助機制。其中「校長專業發展中心」係參考先進國家作法，設立宗旨在提供各級校長在職進修規劃及授課。「校長評鑑中心」隸屬各縣市教育行政主管機關，為一常設機構，負責整合轄區內校長評鑑有關事宜。中心所進行之評鑑結果除可作為總結性評鑑，進行考核、遴選、晉級參考外；並與校長發展中心合作，就評鑑所見缺失規劃校長專業發展重點，建議校長進行相關進修。值得注意的是所設計的「校長生涯發展階梯」，希望協助校長生涯朝更多元發展，增加校長借調至「校長專業發展中心」及「校長評鑑中心」等機構任職之彈性，改善目前校長生涯選項太過狹隘的困境。此外，訪談資料呈現多位受訪校長表達對於專業發展機制之殷切期盼，以及對專業發展及評鑑現況未臻理想的感慨，令人印象深刻，更增加建立校長專業成長機制之迫切性及必要性。其核心概念呈現如圖19-3：

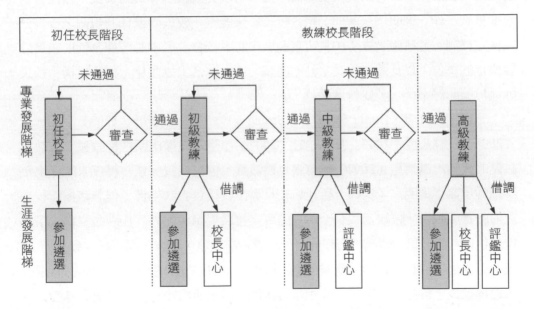

▶ 圖 19-3　校長分級檢定及生涯進路架構圖

資料來源：鄭明宗（2008：161）。

　　本文結合專業發展與評鑑機制所建構之「校長職涯專業認證系統」之概念，係參考英美等先進國家校長專業發展之重要趨勢，以及參酌上述學者之建議及看

法。其中秦夢群（1999）、江志正（2005）、林志成（2005）、鄭明宗（2008）指出，校長專業成長體制尚未健全，供需無法切合，致使中小學校長的專業化地位至今無法建立。上述論述對本文具啟示性，建構能夠真正協助中小學校長進行專業成長之機制是本文關注的焦點。其次，Burde（1987）指出教育的專業發展是連續不斷的過程。Strong（1995）認為完整的教育工作者評鑑應同時兼顧績效責任與專業發展。上述文獻提供本文希望建構全職涯校長專業發展機制之重要概念。再其次，英美等先進國家校長專業發展重要趨勢值得借鏡之處有三：(1)校長的專業發展生涯擴展到教師階段；(2)校長的專業發展與校長評鑑及任用相互結合；(3)專責的校長專業發展中心的設立，與「以校長為中心」的專業課程設計趨勢。三個重要趨勢亦成為本文重要參考依據。馮清皇（2002）及鄭崇趁（2007）皆提出促成校長專業證照制度之建議。最後，馮清皇（2002）提出建立教育行政機關與學校人力交流的靈活機制，彈性增加人員調度的空間；以及成立教育研究專責機構或修編教師研習中心研究人員編制，提供有研究或教學專長的校長，擔任教學研究推廣工作。鄭明宗（2008）結合校長專業發展、校長評鑑機制規劃之校長分級檢定機制，並研議設立：校長專業發展中心、校長評鑑中心，作為輔助校長分級檢定的單位；以及豐富校長生涯的建議。本文綜合上述意見，作為建構「校長職涯專業認證系統」主要概念來源。

分析相關文獻，Burde（1987）、Strong（1995）、秦夢群（1999）、江志正（2005）、林志成（2005）及鄭崇趁（2007）等學者僅提出原則性論述，較缺乏具體的建議。馮清皇（2002）雖有較具體建議，但對校長回任、轉任未能提出較詳細的規劃；鄭明宗（2008）雖建構校長專業成長具體的架構，但忽略擔任校長之前的養成教育，較缺乏校長全職涯的專業發展規劃。此外，作者觀察到大學教授退休後，許多仍可繼續進行學術研究，或從事教職，職業生涯可延伸到65歲以後。但中小學校長退休後，通常便退出職場，不再過問學校事務。但若採月退模式退休校長，每月仍領取與在職相當的薪俸，卻未能繼續為教育界貢獻其心力，殊為可惜。特別是許多優秀校長退休年紀多在55歲左右，經驗、能力都處在人生高峰，為何要那麼早退休，原因很多。部分原因是教育環境的變遷，及校長遴選制度的改變，特別是校長進路的狹隘（不退休只能繼續參加遴選、回任教師）。如能提供適當的管道，讓他們能繼續為教育貢獻心力，相信是大家所樂見。

基於以上析述，參酌先進國家校長任用走向結合專業發展及績效評鑑管理的

校長認證趨勢，本文綜合國內外相關研究及實務作法，提出之「結合評鑑機制及專業發展之校長職涯專業認證系統」。希望從成為教師開始，便重視其專業發展，培養具潛力者有機會成為校長；同時緊密結合國中小校長評鑑及專業發展之認證制度，以及豐富校長生涯進路之規劃，希望建立更完整的「校長專業認證機制」，以提升中小學校長專業地位及校務經營之效能。以下將進一步介紹本文所規劃之「校長職涯專業認證系統」。

參｜校長職涯專業認證系統

　　為建構校長長期的專業發展機制，以因應急速改變的教育環境以及實踐「終身學習社會」的願景，本文參考先進國家作法及相關研究之規劃（馮清皇，2002；鄭明宗，2008；Burstow, 2009; Northamptonshire County Council, 2008），提出「校長職涯專業認證系統」。該系統為本文結合校長專業發展及評鑑機制所建構，除認證系統外，另規劃「校長專業發展中心」及「校長評鑑中心」等兩個單位，以確保其績效。分別說明如下：

一、校長職涯專業認證系統

　　本系統主要劃分為三階段：校長養成階段、校長甄選階段、校長任用階段。依據不同階段，採「專業發展階梯」及「生涯發展階梯」雙軌制度設計，規劃不同的專業發展課程及認證機制，希望結合評鑑機制協助校長進行專業成長，以建立其專業形象，進而提升辦學成效。「校長職涯專業認證系統架構」之構念圖建構如圖 19-4，並說明如後：

（一）校長養成階段

　　在「專業發展階梯」方面，有鑑於絕大多數中小學校長，都是透過教師晉升而上。為能在教師階段，提供有志擔任校長的教師進修管道，本文參考英美先進國家機制（Burstow, 2009; Nicholson, Harris-John, & Schimmel, 2005; Northamptonshire County Council, 2008），並配合現行制度，規劃現職教師可參加「初階領導專

業培訓」，通過認證後，取得組長任用資格。組長階段則可參加「中階領導專業培訓」，通過認證後取得主任任用資格。初階及中階領導專業培訓，主要目標在協助受訓者能了解學校行政運作流程、相關法令、政策，以及培養其處室或學科領域之領導知能。

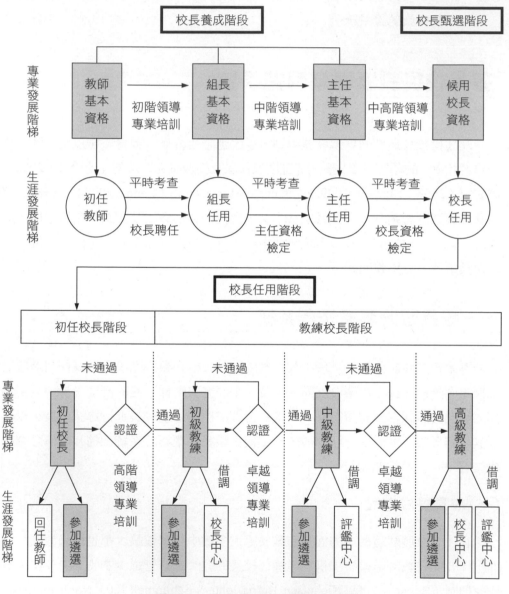

▶ 圖 19-4　校長專業生涯進路架構圖

資料來源：本文彙整規劃。

在「生涯發展階梯」方面，各校校長可參考教師參與「領導專業培訓」之成果，挑選表現良好、具行政潛力者擔任主任、組長或學科召集人等行政職務。

(二) 校長甄選階段

在「專業發展階梯」方面，主任階段則可參加「中高階領導專業培訓」，通過認證後取得參加候用校長甄選資格。中高階領導課程主要目標在協助受訓者能通盤了解各處室業務行政運作流程、相關法令、政策，及培養其成為未來校長所必須具備之領導知能。

在「生涯發展階梯」方面，可參加各縣市所舉辦候用校長考試，通過後即取得候用校長資格，可參加校長遴選，有機會成為正式校長。

(三) 校長任用階段

在「專業發展階梯」方面，校長任用階段，本文參考鄭明宗（2008）所規劃「校長分級制度」，最重要的特點便是結合校長「專業發展階梯」及「生涯發展階梯」兩項生涯發展。其中校長「專業發展階梯」劃分為：初任校長、教練校長兩級，教練校長之下再劃分為：初級教練、中級教練、高級教練，分級標準兼顧先進國家注重之專業發展及任內績效評鑑。初任校長可參加「高階領導專業培訓」，教練校長則參加「卓越領導專業培訓」，培訓課程主要在協助校長更深入了解全校性業務行政運作流程，及更精進的領導知能。其中「高階領導專業培訓」建議可比照教育行政碩士班課程之規劃作為培訓內容；「卓越領導專業培訓」則可比照教育行政博士班課程之規劃作為培訓內容。考量博士班課程難度較高，建議可分成兩階段作為教練校長進修課程之用。「高級教練校長」已完成所有專業進修課程，可善用其本職學能的優勢，借調「校長專業發展中心」成為「師傅校長」，發揮教學相長的效用，協助其專業發展更上層樓；或借調「校長評鑑中心」，協助其他校長提升辦學績效以通過各項評鑑。

在「生涯發展階梯」方面，協助校長生涯朝更多元發展。目前國中小校長的生涯發展，任期屆滿者，只有繼續參加遴選，否則便須選擇退休、離職或回任教師，校長生涯選項太過狹隘。本制度增加校長借調至「校長專業發展中心」及「校長評鑑中心」等機構任職之彈性，除增加校長生涯規劃廣度之外，對於校長專業發展的推動，校長評鑑制度效能的提升，相信都有正面的意義。以下針對「校長

專業發展中心」及「校長評鑑中心」兩機構的設立進行說明。

二、校長專業發展中心規劃

「校長專業發展中心」提供各級校長在職進修規劃及授課，本文考量區域特性及交通因素，研議全國劃分為北、中、南、東四區域，選擇辦學績優大學，合作成立「校長專業發展中心」，各中心並與鄰近縣市劃分合作服務區域，相關規劃說明如下：

(一)校長專業發展中心設立宗旨

1. 針對現職中小學教師、組長、主任、校長及儲訓校長，依據不同背景之需求，設計不同課程，提供在職進修的機會以促進其專業發展。
2. 配合校長評鑑中心，針對中小學校長評鑑所提出之專業發展建議，提供專業發展諮詢、課程規劃設計及授課之服務。

(二)校長專業發展中心功能

1. 提供現職中小學教師、組長、主任、校長、儲備校長、候用校長進修課程。
2. 校長進修課程依據校長分級（初任校長、教練校長）而有不同課程設計，初步規劃分為：初階、中階、中高階、高階及卓越領導專業培訓等五階段課程。
3. 配合各縣市「校長評鑑中心」，提供評鑑委員針對受評校長建議接受之專業發展進修課程。

(三)中心成員專業成長及進路

校長專業發展中心之組織成員，主要是借調優秀校長來擔任，任期四年，期滿借聘之「教練校長」透過審查其進修成績及借調期間服務績效，達標準者晉級更高級別。通過檢定之初級教練校長，可參加校長遴選或借聘「校長專業發展中心」任職。通過檢定之中級教練校長，可參加校長遴選或借聘「校長評鑑中心」任職。通過檢定之高級教練校長，可參加校長遴選或借聘「校長評鑑中心」、「校長專業發展中心」等單位任職。

三、校長評鑑中心規劃

「校長評鑑中心」隸屬各縣市教育行政主管機關,為一常設機構,負責整合轄區內校長評鑑有關事宜。中心所進行之評鑑結果除可作為總結性評鑑,進行考核、遴選、晉級參考外,並與校長發展中心合作,就評鑑所見缺失規劃校長專業發展重點,建議校長進行相關進修。說明如下:

(一)校長評鑑中心設立宗旨

1.綜理轄區校長評鑑有關事宜,有效督導校長辦學成效。
2.配合「校長分級」提供校長受評之資料,作為校長分級參考依據。
3.針對校長評鑑所見缺失,及訪視委員所提出之專業發展建議,追蹤改善情況及督導專業發展成果。

(二)校長評鑑中心功能

校長評鑑中心具有下列幾項功能:(1)排定轄區內學校評鑑時程;(2)邀請外部訪視委員(學者專家、校長發展中心成員);(3)辦理轄區內中小學評鑑事宜;(4)就訪視所見辦學缺失,輔導校長改善,並列為下次訪視重點;(5)針對校長辦學盲點,配合校長專業發展中心,規劃校長專業發展課程,並追蹤成果及紀錄,於下次訪視驗收成效。

(三)中心成員專業成長及進路

借調校長評鑑中心之教練校長,可至校長發展中心進行深造進修,並就訪視歷程所見各校狀況,進行相關研究。並以四年服務績效及專業發展成果,專案送校長專業發展中心審查,通過後送教育部複審,再通過後得晉級更高級別。

高級教練校長由於已晉至最高級,相關服務績優獎勵辦法,由各縣市自定。任期期滿之借聘校長應回任校長,參加校長遴選。借聘或新晉級之高級教練校長,除參加遴選外,可借聘至校長發展中心任職。

「校長專業發展中心」及「校長評鑑中心」概念係參考鄭明宗(2007,2008)之建議修正而來,更詳細內容可參考其文中規劃。

肆｜預期功能

　　本文結合校長專業發展、校長評鑑機制所規劃之「校長職涯專業認證系統」，希望能促進校長專業發展，並預期可達成下列功能：

一、建立全職涯的校長培育機制

　　考量絕大多數校長皆是從教師晉升而來，「校長職涯專業認證系統」從教師任職開始，便有計畫培育具潛力及投身行政意願教師；藉由所規劃專業成長機制，提升其教育行政知能，並透過層層甄選機制，栽培優秀人才成為未來校長。

二、提升學校行政人員素質

　　「校長職涯專業認證系統」不僅可栽培優秀人才成為未來校長，過程中也培育出豐富的優秀人才成為學科召集人、組長及主任等。可供教育行政機關或校長擇優任用，相信可提升學校行政人員素質，成為推動校務的得力助手。

三、激勵校長專業發展意願及樂於接受評鑑

　　結合專業發展及評鑑制度之生涯發展進程，提供誘因，激勵校長投入專業發展及接受評鑑之意願。

四、豐富校長生涯發展進路

　　提供校長多元化發展進程，改善目前除了參加遴選、回任教師之外，增加借調校長發展中心及校長評鑑中心其它進路。讓優秀校長除了參加遴選之外，有更多元的進路選擇來貢獻其心力。

五、促進校長評鑑品質

設立校長評鑑專責機構，納入具有學校經營之實務經驗的專屬訪視人員，並結合校長發展機構的學術發展參與，以及保有目前外部專家學者配置的優點，相信對促進校長評鑑品質，具有正面意義。

六、建立以校長為中心之專業發展機制

設立校長發展之專責機構（校長專業發展中心），結合評鑑制度之分級進程，特別是建立教練校長之輔導機制，促進校長實務及理論的配合，實現「以校長為中心」之專業發展規劃，相信更有利提升校長專業發展水準。

七、提升校長專業形象

校長職涯專業認證系統具有嚴謹的審查制度及進程規劃，相信能建構具公信力之校長專業認證制度，改善目前社會大眾對於校長缺乏專業成長之印象。

八、建構校長專業發展及辦學績優的積極指標

校長職涯專業認證系統的建立，除了一方面可以作為「品管」的門檻，以確保校長具備基本及所晉級別的專業知能之外，另一方面，結合評鑑制度的機制，亦可作為校長辦學績效的佐證。因此，透過校長分級的設計，將成為校長專業發展及辦學績優的象徵，並可作為校長遴選之積極指標。

九、促進校長自我肯定與強化自信心

通常政府部門或專業協會在訂定取得專業證照之標準時，都會考慮到最基本之專業知識與能力的要求。換言之，唯有合乎該基本要求時，始能取得該領域之證照。校長分級認證制度，透過國家級檢定認證機制，提供校長專業發展及辦學

績效兩項品質的保證。就此而論，校長職涯專業認證系統的建立，具有促進中小學校長自我肯定及強化其信心之功能。

十、成為中小學教師分級制度領頭羊

中小學教師分級制度已經談論多年，但由於諸多配套無法達成共識，一直停留在研議規劃甚至放話階段。馮清皇（2002）認為校長認證制度與教師分級制應該併同實施，校長的本義代表的是「首席教師」或「教師的教師」。作者認為若能率先實施校長職涯專業認證系統，相信對於中小學教師分級制度的實施具有極大的啟示作用。

伍｜結語

現行評鑑機制，無法真正反映校長辦學績效，已是長期性問題。在專業發展方面，相信校長在心態上絕對認同專業成長的重要性，但在行動上卻因為種種困境與盲點，造成其專業成長的限制。為協助解決校長專業發展所遭遇之困境，本文結合校長專業發展、校長評鑑機制所規劃之「校長職涯專業認證系統」，主要係參酌英美現行機制、綜合相關文獻以及融入個人創見而成。「校長職涯專業認證系統」，結合「校長評鑑」與「專業發展」兩大機制，猶如「胡蘿蔔」與「棒子」般，如能落實推動，必能相得益彰，不僅能激勵校長進行專業發展，更能促進評鑑的功能，有效協助校長改善其辦學品質。

2010 年底桃園縣某國中因為校園霸凌事件頻傳，學校教師連署希望撤換校長。該事件成為全臺新聞連載的焦點。在一片撻伐聲中，有媒體檢視該校長績效，發現其任內屢屢在品格教育評鑑獲獎：96 學年度被教育部表揚為「推動品德教育績優學校」，98 學年度也獲得桃園縣一校一特色「品格教育特色學校」，校長還榮獲「傑出首長獎」（蕭博樹，2010 年 12 月 21 日）。因為校園霸凌事件頻傳，教育部長吳清基召集五百多位高中職校長，舉辦反霸凌會議；不過部長在台上講話，台下部分校長打瞌睡的醜態，透過新聞媒體向全臺大肆報導，對校長的形象無疑是一大傷害（華視新聞網，2010 年 12 月 24 日）。前述新聞報導，令筆者省

思,現行校長評鑑制度是否出現問題?辦學績效獲得上級各項評鑑肯定,實際上卻無法擺平校內紛爭。此外,校長是用何種心態參與專業成長的課程或會議?現行校長專業發展機制出現了問題?這些問題實發人深省,也成為提出本文重要動機。

中小學為國家培育人才之搖籃,「有怎樣的校長,就有怎樣的學校」,考量校長對中小學辦學成效影響深遠,如何提升其專業發展及落實發展性評鑑,本文所提出「全職涯的專業發展體系」應是未來可推動之方向。衷心期盼本文之建議能引起教育主管機關及學界重視,並不吝提供本文修正意見。未來也將計畫進一步蒐集更廣泛文獻及進行實證研究,研議實務推動之可行性。

📁 鄭明宗小檔案

　　國立臺南大學教育經營與管理博士,服務教育界已歷廿餘年,曾任高中職教務主任、校長秘書、輔導主任、圖書館主任,並曾任國立臺南大學兼任講師。現任臺南市立永仁高中教師兼任輔導室主任輔導教師。榮獲 2005 年臺南縣特殊優良教師、2008 年教育部閱讀磐石學校獎、GreaTeach2009 全國教學創新獎「社會領域」及「藝術人文領域」兩項特優獎、2009 年教育部教學卓越甲等獎、InnoSchool 2010 全國學校經營創新獎「社會與環境資源應用組」優等獎。研究領域為校長專業發展、校長領導,相關著作獲收錄於 TSSCI 期刊、大學學報、研討會論文集,以及校長領導、校長專業發展教育叢書專章。

R_eferences 參考文獻

中｜文｜部｜分

丁一顧、張德銳（2001）。中小學校長評鑑制度的比較分析與改革芻議。載於國立嘉義大學國民教育研究所（主編），中小學校長專業成長制度規劃（頁115-146）。高雄市：復文。

江志正（2005）。從實務看國民小學校長專業發展的時代意義、困境與實踐。教育研究月刊，129，15-26。

江志正（2008）。教育變革時代中談永續領導。教育研究月刊，171，58-67。

吳百祿（2007）。中小學校長專業發展政策與內容之研究。教育政策論壇，10（4），53-87。

林志成（2005）。從行動智慧概念看校長專業發展。教育研究月刊，129，5-14。

林明地（2002）。學校領導：理念與校長專業生涯。臺北市：高等教育。

秦夢群（1997）。教育行政：實務部分。臺北市：五南。

秦夢群（1999）。我國校長職前教育之分析與檢討。現代教育論壇，4，17-25。

教師進修研究獎勵辦法（1996年10月9日）。

華視新聞網（2010，12月24日）。教長反霸凌，台下校長打瞌睡【新聞群組】。取自：http://news.cts.com.tw/cts/politics/201012/201012240637753.html

馮清皇（2002）。臺北市國小校長認證制度之我見。現代教育論壇，6，457-462。

黃宗顯（2008）。領導理論研究概覽。載於黃宗顯等（合著），學校領導：新理論與實踐（頁1-25）。臺北市：五南。

黃宗顯（2010）。學校領導研究的新視域：領導的美學實踐。教育研究集刊，56（3），1-28。

廖元銘、張怡潔、盧雅雯（2009）。從全球化觀點分析國中小校長領導之變革。學校行政，61，15-33。

鄭明宗（2007）。校長專業發展創新思維：校長分級檢定制度。載於國立臺中教育大學（主編），2007年中小學校長專業發展國際學術研討會論文集（頁172-198）。臺中市：國立臺中教育大學。

鄭明宗（2008）。校長分級授證制度之探討。載於國立臺中教育大學教育學系暨課程與教

學研究所（主編），**校長專業成長：培育、領導與在職進修**（頁 143-165）。臺北市：
冠學。

鄭崇趁（2007）。校長專業證照與辦學績效評鑑。北縣教育，**62**，21-26。

鄭新輝（2010）。國民中小學整合性績效管理系統之建構：整合學校、校長與教師評鑑之
概念模式。**教育學誌，24**，73-112。

蕭博樹（2010，12 月 21 日）。杜絕校園暴力、確保師生安全。**自立晚報新聞網**。取自
http://www.idn.com.tw/news/news_content.php? catid=4&catsid=2&catdid=0&ar-
tid=20101221abcd023

蘇永明（2000）。迎接新世紀的教育挑戰：以英國教師綠皮書之因應策略為例。發表於中
華民國比較教育學會（主編），**新世紀的教育挑戰與各國因應策略**（頁 185-208）。
臺北市：揚智。

西 | 文 | 部 | 分

Burde, P. J. (1987). *Teacher development: Induction, renewal and redirection.* N.Y.: The Flamer
Press.

Burstow, B. (2009). Effective professional development as cultural exchange: Opportunities offer-
ed by visits of headteacher groups from Malaysia to the UK. *Teacher Development: An Inter-
national Journal of Teachers' Professional Development, 13*(4), 349-361.

Catano, N., & Stronge, J. H. (2007). What do we expect of school principals? Congruence between
principal evaluation and performance standards. *International Journal of Leadership in Edu-
cation, 10*(4), 379-399.

Collarbone, P. (2000). Developing a model for the national professional qualification for headship
(NPQH). *Leading Edge, 4*(1), 104-111.

Council of Chief State School Officers (2008). *Educational Leadership Policy Standards: ISLLC
2008 as adopted by the National Policy Board for Educational Administration.* Retrieved
from http://www.ccsso.org/publications/details.cfm? PublicationID=365

Department for Education and Skill (2004a). *National standards for headteachers.* Retrieved from
http://publications.teachernet.gov.uk/eOrderingDownload/NS4HFinalpdf.pdf.

Department for Education and Skill (2004b). *School teachers' pay and conditions document 2004
and the statutory guidance.* Retrieved from http://www.teachernet.gov.uk/management/pay-
andperformance/pay/2004/Pay_Publication_2004/

Drake, T., & Roe, W. (2003). *The principalship.* Columbus, OH: Merrill Prentice Hall.

Graham, M. W. (1997, March). *School principals: Their roles and preparation.* Paper presented at the Annual National Conference on Creating the Quality School, Oklahoma City, OK.

Miklos, E., & Hopes, C. (1994). Administrator recruitment, selection, and career. In *International Encyclopedia of Education*, Pergamon Press.

Nicholson, B., Harris-John, M., & Schimmel, C. J. (2005). *Professional development for principals in the accountability era: An examination of four states' professional development practices.* Charleston, WV: Appalachian Educational Laboratory.

Northamptonshire County Council (2008). *Professional development framework for teachers.* Retrieved from http://www.northamptonshire.gov.uk/en/councilservices/EducationandLearning/ Teaching/nrqt/Documents/Word%20Documents/Teacher's%20Professional%20Development %20Framework.doc

Pink, W. T., & Hyde, A. A. (1992). *Effective staff development for school change.* Norwood, NJ: Ablex.

Sanders, N. M., & Simpson, J. (2005). *State policy framework to develop highly qualified educational administrators.* White paper for the Council of Chief State School Officers. Washington, D.C.: Council of Chief State School Officers. Retrieved from http://www.ccsso.org/projects/Interstate_Consortium_on_School_Leadership/

Strong, J. H. (1995). Balancing individual and institutional goals in educational personnel evaluation: A conceptual framework. *Studies in Educational Personnel Evaluation, 21*, 131-151.

20 校長專業發展
經由設計是否較佳？

Allan D. Walker（香港教育學院國際教育領才講座教授）著

林文律（國立臺北教育大學教育經營與管理學系退休副教授）譯

壹│前言

　　將近十年來，我一直與香港校長合作，研究如何透過以脈絡為基礎的校長專業發展來改進校長的領導。在這方面我與許多校長密切合作，主要是因為長期以來香港特別行政區許多校長訓練班均漠視脈絡的重要性。而且對於當前形塑校長培育與持續發展的價值與體制，我也不滿意。我一向相信，而且現在仍相信，校長發展班的課程如果忽略了脈絡，校長涉入自身及同儕學習就缺乏意義。因此，我一直很努力鼓勵校長們在學習的設計及永續學習方面，都能透過深入的同儕合作、支持與聯繫，以進一步掌控校長自己的專業活動。不過，當我愈來愈深入地涉入各類的校長專業發展活動時，我原先有關校長掌控及涉入的一些想法，轉趨緩和。我一方面仍然深信，校長應當多多涉入，不過我也體認到，專業控制如果不加以限制，所帶來的災害與校長專業以外的團體過度掌控所帶來的災害很類似。換句話說，兩者都忽略了學校領導者的工作環境因為脈絡不同而各有其複雜性與歧異性。因此，我現在相信，校長專業發展不僅應該更積極讓專業人員涉入，也應該考慮到學校脈絡各自不同，各有其意向、策略性思考及正式設計。本篇文章中的討論，主要是以我在香港及新加坡的經驗為藍本。

　　本篇論文由原作者 Allan D. Walker 發表於 2003 年 9 月 26 日淡江大學教育政策與領導研究所與國立臺北師範學院校長專業發展中心主辦的「中小學校長培育、證照與專業發展」國際學術研討會。原文為 Principal Professional Development: Better by Design? 本文經原作者授權翻譯成中文刊登。

在本文中，我提出校長應當更積極涉入其專業發展的三階段主張。在第一個階段，我提出的論點是：學校領導者的專業發展方案，往往不讓有經驗的實務工作者真正涉入他們自己以及同儕的專業學習與成長活動。校長們若能多多涉入專業發展活動，就能夠使校長專業發展方案的價值大為增加。在過去，校長的涉入往往僅限於工具性或政治性的角色。當校長涉入的程度大為降低時，反面來看，提供校長專業發展活動的高等教育機構卻有了不當的過度影響力。我在第二階段的主張是：校長的涉入，原則上多多益善，但卻也應有所規範。我認為，校長的涉入，應同時更加留意領導的脈絡。我認為，同時留意校長涉入與校長的領導脈絡，才能免除不當技術與不當作法的再製，也才能克服實務工作者一向缺乏理論基礎，以及學習轉移的問題。我在本文的第三個主張，也是最後的主張是，校長涉入，如果能與個別學校的脈絡及社區的個別情況更加緊密結合，就能更有價值。舉例來說，一個有志於在都會區多元文化學校擔任校長的人，在他所從事的各項活動中，至少應有一部分是刻意透過策略性的安排，與在該類學校有良好績效的學校領導者，共同正式規劃個別化的專業發展方案。

貳｜加強校長對專業發展及校長培育的掌控

發展校長培育課程時，多多聽取校長的意見，這種作法在許多地方已愈來愈受到重視。提出這種主張的機構或人士，包括英國的國家學校領導學院（National College for School Leadership, NCSL）、香港的教育領導發展中心（Walker, Chan, Cheung, Chan, Wong & Dimmock, 2002），以及在臺灣的學者，如林明地教授。當許多不同形式的師傅教導方案重新被提起時，也都注意到這一點。不過，真正的涉入，卻沒有受到應有的重視。在許多場合，都有學者不斷呼籲，應擴大機會讓校長的涉入更加有意義（參見 Crow, 2001; Lin, 2003; Littky & Schen, 2003）。

這些呼籲當中，最不可小覷的是，儘管談了很多，並且也特地採取了一些行動，校長專業發展與培育（principal professional development and preparation, PPDP）往往缺少理論與實務真實的連結。一般人往往忽略了領導者領導與學習的脈絡，尤其當只是將小學與中學做出過於簡單的劃分時，特別常見。學校領導者若能多多涉入自己本身以及同儕的學習，便可使許多校長專業發展與培育方案在

脈絡上更加相關,用途也大為提高。

領導發展方案與領導工作之間一向欠缺相關性,這是因為理論與實務並未連結,此一「欠缺連結」的問題,顯然具有知識、政治及工具上的因素,這些因素綜合起來,便降低了專業發展與學校現場的脈絡的相關性,並從而導致校長無法處理理論與實務「欠缺連結」的問題。換句話說,理論與實務缺乏連結等同於漠視脈絡。這種現象可以透過校長更加積極涉入自身及同儕的專業發展與培育加以有效處理。以下我會解釋「欠缺連結」三個要素的意義。

廣泛來說,知識上的「欠缺連結」肇因於教育行政與領導的知識基礎薄弱(Dimmock & Walker, 1998)。儘管教育領導的文獻越來越多,用來引導校長專業發展與校長培育的知識基礎,大體上均是偏向規範面及應然面,卻缺乏以學校為焦點的堅實的實證基礎。的確,領導研究往往採用去脈絡化的典範,而且呈現的方式往往讓實務人員不得其門而入。用來引導校長專業發展的研究,缺乏脈絡的個殊性及相關性。即使是在同一個國家之內,就有可能帶來問題,如果隨意的移轉到不同國家及文化,更會帶來問題。比方說,許多亞洲體系的校長專業發展與校長培育制度,在理論上、架構上、構想上,以及主講者人選上,幾乎都是以虔敬之心引自其它地方,尤其是引自英國及美國(Walker, Begley, & Dimmock, 2000; Walker & Dimmock, 2000)。這種過度依賴英美式的理論、價值及信念,不只在政策制定人員,而且在高等教育及中小學各個領域均隨處可見。就校長專業發展與校長培育而言,這種不加判斷的採用,扭曲了校長培育與專業發展課程對參與者的意義,並且影響到課程內容的設計、結構,甚至呈現方式(Walker & Dimmock, 2002)。雖然不同國情與文化之間,構想與方法交叉滋潤〔異體受精(cross-fertilization)〕自有其用處,但理論、實務及外來的專業知識,並不見得能跨越不同的地理文化界線互相移植。若無視於此,便會帶來各種危險。

「知識上欠缺連結」指的是大學及其它高等教育機構對校長專業發展常用的方法。開辦校長專業發展與校長培育班的單位,往往把他們正式及非正式的校長「培育」及在職進修課程安置於規範領域中(以應然面視之),然後將其想法做為(去脈絡化的)實務遵循範例傳遞給學員。這種情形,由學術界人士來做,更為嚴重。這些人往往依照他們自身的「專精領域」或自認自身具備的專門知識,來決定訓練班的內容及教學法,與學校領導者或當前的政策可能有關聯,也可能無關聯。而且即使有關聯,也很少是針對特定學校的脈絡而設計。簡言之,許多

　　由大學及其他高等教育機構所開辦的領導發展班，在訓練效能及知識基礎的正當性上，是有所不當的。這些訓練班往往反映了主持者個人興趣與專門知識，而非呼應「校長」這種服務對象的需求。而且開班的場所，距離受訓人員服務地點遙遠，也意味著缺乏脈絡的相關性。既缺乏脈絡相關性及應用性，而且不從訓練班受訓人員尋求專業的意見與想法，難怪這些訓練班藉助於實務的實際面，只不過稍縱即逝。這一種「欠缺連結」，可稱為知識上的失聯，但與政治也有關係。

　　不願讓校長涉入專業發展活動，有可能是肇因於政治上欠缺連結，此點有其巨觀面及微觀面。從巨觀面來看，我認為政治性的欠缺連結指的是政治人物的主張、政策制定者、中央層級的科層人員，以及學校的各種實際面，在校長眼中，產生了落差。基於政治理由所開辦的校長專業發展班與校長培育班可引導出具有未來導向的變革，這樣做是值得的。即使如此，校長專業發展課程如果過於源自未具體成形的政治議案，對於學校及學校領導者就實務上來說，可能欠缺相關性與意義。若能在政策制定層次及制度執行層次就讓校長涉入，也許可以處理這種問題。從微觀面來看，政治欠缺連結，意謂著在微觀政治面而非品質規準面，校長培育與專業發展的資源分配會受到影響。某些體系會優先由所有相關的高等教育機構及其它的訓練單位共同辦理，並共同承擔校長培育與校長專業發展，這是傳統上一向的作法，不論所開辦的班品質如何。這種作法，無可避免的，與全面性前後一貫的校長發展政策有效執行的作法背道而馳。雖然沒有明說，但是在某些系統中，由政治因素誘發的資源分配方式，可說反映了高等教育機構掌握了校長專業發展與校長培育的掌控權。這種作法有違高品質的校長培育與專業發展的原則，所強調的是政治因素，卻不注重訓練的內涵與方式。由於各個訓練單位之間，彼此眼紅且公然競爭，當又缺乏校長涉入，就會造成「缺乏連結」。因為這些訓練單位顛覆了高品質校長專業發展的目的、相關性與執行方式，在某些情境中，人們冀求更大的關聯性。最近，由香港教育統籌局（Hong Kong Education and Manpower Branch, EMB）所採行的資源分配作法，透過公開招標及品質指標的投標，來首度執行全面性的校長專業發展政策（Professional Development Policy）（HKSAR Education Department, 2002），可說是有意挑戰政治分配的一種作法。

　　工具性欠缺連結，可以被視為知識上欠缺連結的反面。工具性欠缺連結，過度簡化了校長專業發展，把校長的專業發展視為普遍性的知識或簡單的技能，以此來切斷校長對於自身學習的掌控。雖然與政治欠缺連結類似，工具性欠缺連結

的校長專業發展所隱含的假定是，校長專業發展與校長培育，不只與理論知識／知識性的知識無關，也與檯面上的政治活動事項無關，而是與一般性的管理知識與技能有關，而這些一般性的管理知識與技能，往往被認為是學校科層式運作的必要作法。這種專業發展往往符合體制的政策，並且由中階的科層人員來執行，或由被體制吸納的「體制許可的」校長來執行。也因此，這種專業發展所根據的幾乎都是實務人員的經驗，或是對於各種法規深刻的了解。雖然這種專業發展滿足了某一種目的，卻也忽略了各個個別領導脈絡的重要性，而且也把校長涉入自身當前及未來同儕專業發展的責任，完全交給一個超然的講座，一個對於未來的改進不很關心，卻比較關心每天事情能按部就班運作的人。把校長專業發展弱化到這個地步，讓人無法看清專業發展的複雜程度。

以上三類欠缺連結，乃是由於校長涉入的程度有限、浮面，而且又有強烈的力量促使其持續存在。就基本面而言，校長應多多涉入校長培育與校長專業發展，以便將其內涵、執行面與目的，與學校脈絡的實際面更加緊密連結。增加校長涉入的程度，可以讓校長們在許多層面上涉入，並且以各種形式涉入。這樣做，不僅僅是讓校長們在正式訓練班增加能見度而已。這種能見度雖然有其重要性，卻也會導致平淡乏味的象徵主義，在這種情況之下，校長其實只不過被當作是學術界或其它訓練單位（得力的）「喉舌」，其主要目的只不過在於展現訓練班的「實務合法性」罷了！在這種情況之下，校長對於這種訓練班的實質內涵、關聯性或教學方式，鮮少有表達意見的機會。

本文在此的目的，不在於對校長可以如何涉入或應該如何涉入做詳盡的描述。雖然如此，我主張真正的校長涉入，必須要能針對上述三項欠缺連結的情況加以探討。比方說，在「大圖像」的層次，研究團體在評論並且詳加審查研究與知識建構的方向與相關性時，校長們應多多涉入。在政策制定過程的各種不同層次中，校長們也可以多多涉入。透過將過於好高騖遠的政策變革事項加以調節，政策制定過程可以影響校長的校務發展與學習。不過，不論是以正式或非正式的方式，只有在實用的層次，校長才能扮演一個主要的角色。

在正式的課程發展中，在與學術界及其他人的夥伴關係中，校長的涉入可以扮演關鍵性的角色。透過構思課程的目的與架構，並且透過教學、提供各項協助與溝通，這種夥伴關係可以使得課程更為相關。校長在這方面提供意見，不論對於短期專業導向的訓練班或是對於授予證書的班，都具有重要性。比如說，個案

研究及問題導向的學習（problem based learning）可由校長來設計，以強化其相關性。透過（結構化的正式或非結構化的非正式）師傅教導及臨場技術指導，以及透過提供機會給校長們貼身觀察（shadowing）或同儕觀察，組成焦點團體並運作，以及個人或專業的支持／學習網絡，校長都可以扮演更為吃重的角色。校長們也可以體驗跨層級的領導經驗；比方說，經驗老到的校長既可以提供給新進校長非常難得的洞察及訊息，也可以幫助擬任校長或有潛力成為校長者長期彼此互相協助。這種彼此互惠的安排方式所帶來的好處，顯然有賴於將價值、知識與技能嵌入情境脈絡之中加以考量。這一點在我的論點中相當重要。

在本節中，我所提出的主張是校長應該更密切涉入自身及同儕的專業培育與發展活動。為了要達成此一目標，將目標鎖定在校長培育及校長專業發展隨處可見的「欠缺連結之處」乃是一個很好的起點，因為這些「欠缺連結處」使得校長培育與專業發展無法有效探討脈絡的問題，也使得理論與實務的鴻溝無法彌合。不過，我所主張的專業涉入必須要受限於許多的因素。其中一項因素就是要認清，校長涉入如果安排不當，可能無法彰顯校長運作的情境脈絡的重要性。在下一節，我將詳細說明此一限制因素以及其它限制因素。

參｜有條件地讓校長涉入專業發展與培育

雖然校長涉入專業發展有其值得稱許的地方，為了讓好處極大化，有必要作出一些限制。首先，要注意到實務與理論之間的落差。過於依賴理論來建構校長培育與專業發展固然不好，但過於重視個人經驗與實務也同樣不好。光靠經驗並無法看出一個人已具備了形塑同儕專業發展所需的先備專門知識或能力，也無法讓我們看出校長有能力將此專門知識及經驗轉移到他人身上。經驗並不保證一位校長在學校擔任校長真正有成效；經驗也不必然等同於經過琢磨的專門知識。如果我們不多加留意究竟什麼經驗值得分享，校長的涉入可能會帶來「以無知帶出更多無知」的危險地步。誠然，Walker 與 Stott（1993）以 1990 年代新加坡校長的師傅教導為例，對我們提出警告。他們發現，校長彼此之間某些正式師傅教導關係偏向「政治正確」，但並非基於完善的教育原理。

現在，就專業知能的品質更深一層來看，一位校長在某一時刻某一情境表現

良好，並不保證他本來成功的那一套（亦即他的經驗）對於其他人同樣能夠適用。同樣地，樂於賣力與其他校長同儕密切合作，樂於或渴望在政治上建立人脈，並不表示該校長對於同儕的專業發展能夠有實際幫助，不論這些同儕是擬任校長、新任職校長或有經驗的校長。

　　第二個要注意的相關事項是，在不同學校脈絡中，經驗不見得能夠轉移。比方說，如果一位校長目前正擔任香港島上一所「有名」的高成就、以英文教學的學校，如果他想要去「教導」、去擔任師傅校長或去臨床技術指導一位將要接辦一所第三級、以中文教學的學校的校長，而這一所學校，有百分之八十的學生剛從邊界過來。我們可以很有理由的問：前者這樣的校長究竟有無資格來擔任後者的指導者？同樣的，一所主要為中上階級白人的綜合高中校長，如果想要「教」一所在都會區大部分都是非洲加勒比海裔學生的大型學校的新到任校長，這種指導會有多有效？這一點也很值得懷疑。我在本文較後面的段落會再探討這個問題。不過，雖然同樣都強調脈絡關聯性很重要，持反對意見者反對在校長培育與專業發展中過度強調校長涉入，但持贊成意見者則主張應強化校長涉入。這一點倒是很有趣。

　　第三點要注意的是，即使有些校長的構想及以經驗為主的知識很值得與眾人分享，但並非所有的校長都有能力將之傳達給他人。一位好校長不見得就是一位好老師、好的師傅校長、好的臨場指導教練，或是好的訓練班規劃者。如果有的校長在學校及領導脈絡的經驗有限，或者因為校長同儕的學習風格與學習需求有所不同，即使校長的溝通能力很好，若要由他去教導別人，其指導效能仍可能會受限。因此，要挑選什麼樣的校長來涉入校長培育與專業發展，可說是相當複雜的問題，必須考慮（但不侷限於）該校長在某一種特定學校脈絡的經驗與校長訓練和發展需求之間的關係，以及個人特質及其它因素混合形成的複雜關係。

　　最後一點，也可能是最具爭議的一點就是，校長們涉入自己的培育與專業發展中，究竟要在什麼層次？範圍有多大？校長們的工作常常是零零碎碎的，因此校長可能並未具備建構有意義的專業發展與培育所需的各種概念性能力。比方說，校長們對於他們為什麼以這樣的方式來做事情，可能沒辦法釐清或說明得很清楚。許多校長們並不十分清楚他們各項措施、行動、行為表現背後所隱含的價值與理由。雖然一般人普遍認為好的領導者具備統觀理解的能力，並且對於他們在學校所做所為，有較宏觀的看法，但並非所有校長都有這種能力。校長如果未具備統

觀的理解能力,將會使得隨後的專業學習流於瑣碎及點點滴滴,只著重表面及很狹隘的技能、知識、價值。校長相關的經驗必須與統觀能力密切整合。果真如此,身為夥伴的實務人員與學術界人士就能彼此心存敬重,特別去找出具有統觀能力的校長,這種夥伴關係未來適切可期。

我一貫的立場就是強烈主張讓校長多多涉入他們的專業發展,但這並不表示只應找校長涉入,也不表示只要有校長掌控就是一切。我在下一節會提到,我相信校長涉入應當從校長所領導的學校的脈絡來做思考。一方面,學術界人士及體制內的官員應持續提供意見,但應讓他們了解所需要的是哪方面的意見,而其他對學校有興趣的團體也應受邀涉入。比如說,一般人很少找家長來涉入校長專業發展。在許多情境脈絡中,家長往往是未經開發運用的資源。其中一種情境,就是在一個多族群、多元文化的學校背景中,家長可以大大協助校長了解學生的需求及周遭社區的價值(Dimmock & Walker, in press)。同樣的,政策制定人員、課程專業人員、心理學家、其他專業人員助手(paraprofessionals),都可以結合起來,對校長專業發展與培育提出一個綜合而統整的觀點。

以上所提出的每一項注意事項都顯示,我們對於校長涉入專業發展應有一個更加深思熟慮且睿智的做法。最差的情況是,這種涉入讓大家分享了彼此的無知或實務知識,但卻缺乏能夠提供解釋的理論與概念性的理解。即使校長涉入是出於善意,能提供以經驗為本及實務為本的相關知識,並且能透過良好的溝通技巧來傳達,卻因為幫助未來的領導者領導今日的學校,而非明日的學校,仍難免會引發重點失焦的危險性。特別要留意的是,讓校長涉入自身及同儕的專業發展,有賴吾人嚴加審視,以確保所移轉的知識與能力都是很值得的。

簡言之,我極力主張,有關校長的專業性及專業發展的課程設計與永續經營,校長應更加積極涉入。但此種涉入應有所限制。為了讓校長的涉入在起始階段及後續階段的學習有價值,就不應只是把校長們集合在教室裡,讓他們組成師傅徒弟的配對關係、網絡關係或小組群聚關係,然後就期待他們會學習到東西。同樣的,如果要校長捨棄對校長培育與專業發展的內容及實施方式的掌控權,而將其交給學術界人士、中央單位或其它單位,不只是不當、站不住腳,而且是不專業的。對於校長涉入有所限制所隱含的一個主要問題,就是領導施展的脈絡。在校長專業發展中,一個很關鍵但卻被忽略的要素就是校務經營實務與學校脈絡之間的關聯性。個人強烈以為,其實就是此一因素,而非其它因素,才應當是形塑未

來領導培育與發展的重點。學校脈絡已逐漸轉趨更加複雜、多元，而且難以處理。在下一節，我將主張校長培育與專業發展如果能精心設計，而且能針對脈絡的問題加以探討，就會更加有意義。

肆｜校長涉入專業發展與培育的設計需考量脈絡

我主張在設計校長專業發展與培育時，要考慮領導者所領導的學校或未來想領導的學校的脈絡。眾多領導發展的努力往往都未刻意提到脈絡，也看不出領導者有意義的涉入。在形塑並推動校長專業發展時，學校校長應該扮演更吃重的角色。但若要獲致最大實惠，校長的涉入應植基於一種結合意向、策略性，及正式設計的架構中，而這些要素是由脈絡連結起來（見圖 20-1）。最近，英國的國家

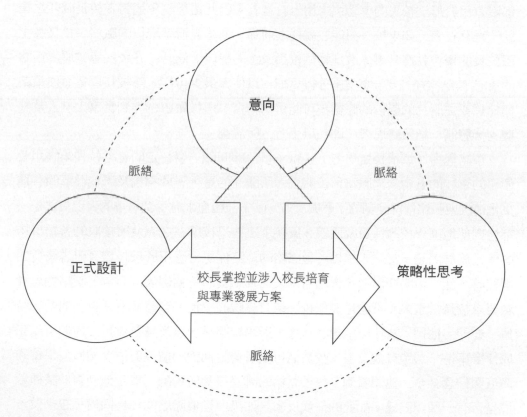

▶ 圖 20-1　具情境脈絡敏感度的校長培育與專業發展方案

學校領導學院及香港的校長專業發展政策都特別留意各種形式的脈絡所帶來的影響。這些主要是針對學校層級或不同的校長任職階段而言。比方說，香港的校長專業發展政策在設計校長培育與專業發展時，把校長分為擬任校長、新上任校長、現職校長。英國的國家學校領導學院則把校長分得更細。這些做法都值得喝采。這意味著，刻意將組織某些層面及文化脈絡進行差異化，並嵌入校長培育與持續專業發展的過程之中有其必要，並且應藉著適當的校長掌控與涉入來加以強化。

在這裡，「意向」（intentionality）指的是讓擬任校長及未來校長提出他們未來想服務的學校或以前曾經服務過的學校的脈絡為何種型態。透過此一意向的聲明，校長及相關體系就要承擔起責任，更加仔細考慮未來領導的脈絡所涉及的各種特殊情況，並且刻意將校長培育及專業發展與此脈絡連結起來。現在，因為很少有人去精確定義各個校長是在何種脈絡下工作，或者想要去工作的學校是何種脈絡，因此，這些考量也就都沒有納入校長專業發展的議題當中。由於學校脈絡都沒有用於形塑校長的學習，未用得有意義，因此這種疏忽通常在校長就任之後就一直存在著。如果校長只能在就任之前那一刻才弄清楚學校的脈絡，校長及指派校長的單位就應當事先改進他們校長遴選的程序。同時，在校長專業發展策略的重心與設計方式上，應當區分得更細，以便盡最大可能，讓校長專業發展策略與校長要去服務的學校的脈絡盡可能密切結合。這樣做會牽涉到當事人個人及整個支持體制一種策略思考（即長遠思考）與規劃。

策略思考（或稱長遠思考）（strategic thinking）要認定的是，校長未來想要領導的學校的社會文化脈絡。策略思考所關注的是，對於學校及學校社區的各種文化情況與脈絡情況深刻的了解與反省。其中一種愈來愈受到看重的表現方式是，都會內部地區學校的性質及面貌，反映了這些學校所在之處及所接收的各類事物的多元族群內涵。當納入學校各種脈絡的策略性思考應用於校長培育與專業發展課程時，此一策略性思考，會涵蓋個人面及工具面。就個人面而言，策略性思考會要求校長當事人（不論是擬任校長或有經驗的校長）澄清並清楚說明他們的價值，亦即，他們「為什麼」想在這樣一所學校服務，以及身為校長，他們可以完成什麼事情。透過自我反省，校長們可以看清楚他們的價值與信念如何與學校的價值與信念結合，他們看到了學校脈絡的哪些優勢與劣勢，以及他們對於該種環境是否有一種認同感。如此的自我反省，如果與類似脈絡的校長同儕一起來做，效果會更好。個人層次的策略思考的目的，在於非得要校長將他們要去領導的學

校的脈絡說清楚講明白不可，以及讓校長們看出要怎麼做，才會對學校改進做出正面的貢獻。

就工具面而言，策略思考有兩部分，一為校長的專業背景，二為學校脈絡的特色。就第一部分而言，所要考慮的是，校長來自何種專業背景，相關的事項包括過去職務、現在職務、服務年資、服務學校脈絡的型態。這一部分所指的是，這一位新的領導者會帶著什麼正式背景來到這所學校。在設計一個有用的校長專業發展的內容，以準備接手某一特定學校的脈絡時，這一點非常重要。相關的脈絡特色一覽表，如表 20-1。工具性的策略思考的第二部分，所要做的是把校長或擬任校長者心中想要領導的學校的重要脈絡特徵找出來。這些特徵有其重要性，因為能幫助我們了解新脈絡，而且也可以作為設計一套學習方案的架構。此一工具性面向的脈絡特徵包括（但不限於）表 20-2 所列的項目。這些特色也可以用來引導策略思考的第一個工具面。就如同策略思考的個人面及價值面一樣，工具面若與校長同儕一起進行，效果會更佳。

正式設計（formal design）指的是一套有目的、針對某一特定脈絡設計的領導學習內涵，由校長當事人與適當的同儕，及用人單位與專業發展提供單位共同來設計，並加以細部規劃以利執行。設計指的是一套具有前後一貫性的價值、遠見、研究與經驗導向的知識與直覺，用來促使學校領導者與同儕密切合作，以建構適當的專業發展路徑。一套學習內涵的正式設計，指的是建構一套務實而且具連貫性的專業發展課程。這一套課程主要源自於校長及其他人，包括來自各個不同社會及文化脈絡的社區領導者與家長。他們所處的環境要與校長所要工作的環境類似。何以說設計是正式的呢？這是因為此種設計需要由對所要去面對的脈絡有相當認識的人來參與規劃，並精心建構。正式化不一定是指所設計的各項專業發展活動只能透過正式的方式提供，事實上，只要是經由脈絡來引導設計，專業發展活動的策略可以是折衷方式，並取材自許多正式與非正式的來源。

設計的策略雖然不見得要依循嚴格的既定作法，其目的在於把（未來）校長的發展、經驗及知識水平，與能夠提供相關發展與培育的同儕搭配在一起。這樣的安排，須以雙方互惠為原則，據此原則，提供知識與經驗者，由於自己的觀點受到挑戰或重新審視，也可從涉入學習活動之中受惠。整個設計的策略，宜相當著重讓校長們在同樣的脈絡中學習，但也可以再多多充實正規知識的部分。這一點可以透過學術與實務兼而有之的人，或是透過具有相關專門知識領域的學術人

▶ 表 20-1　來自何處
　　（當前的個人專業背景）

▶ 表 20-2　往何處去
　　（未來組織／社區脈絡）

（學校）層級	年齡
幼稚園	調任
小學	**學生／教職員數**
中學（綜合／高中）	宗教
高等教育	基督（詳述）
企業	非基督（詳述）
公共服務	**地點**
職稱	都會
校長	郊區
副校長	鄉村
系／科主任	市區
教師	村莊等
非教育人員	**學生／社區文化**
其他	**學生人口特徵**
經驗	預期中的人口變動
年資	**學生／社區族群分析**
學校數	**學生／社區社經背景**
任職校長經驗	**學校身分（傳統）**
新上任	**教職員（族群）型態**
職涯中期	**教職員／學生性別型態**
有經驗	**最近的歷史**
退休	前任校長
任命方式	
申請	
派任（同意，被迫）	

士來提供。我了解到，要找到能夠互相配合的脈絡及同儕的相關協助，無法做得很準確，而且不見得做得到或做得好。不過，往這方面多加思考，若比目前更加進步總是好事，甚至可以融入校長專業發展、招募與遴選政策之中。

伍│結語

我明白以上我所描繪的構想，在概念上及實務上有相當的困難，特別是就資源的限制、管理的可行性、現存既有知識環環相扣的性質，傳統上專業發展的實施方式而論。當然，我不會聲稱上述我所提議的模式對於現存的校長專業發展與培育的各項弊端能夠一一加以剷除；我也不敢宣稱我所提出的模式能夠取代當前各種寶貴的學習機會。同樣的，提出以脈絡為本的校長培育與專業發展，以作為校長專業發展卓越的指引，並不否定現存的各種跨脈絡的交流與學習的價值；不否定透過更為結構化的方案，來提供理論的必要性；也不否定其它個別與集體學習的方法。顯然，提升校長專業發展有用的方法有很多。了解了以上這幾點，我仍然要主張以脈絡為主的校長培育與專業發展，只要是有可能做或是值得做，就應當被看得重要。

我在本文中已指出，就目前來看，很多校長培育與專業發展的效能實在不應僅止於此。這種現象，可以追溯到兩個密切相關的因素。第一個因素是實務與理論缺乏連結，第二個因素是在領導學習與發展的設計與提供上，過於忽略了校長的涉入。理論與實務缺乏連結總是會帶來校長們的學習經驗與他們的需求之間的落差。為了讓校長培育與發展更加有意義，而且在脈絡上更加相關，此一落差不應遭到不聞不問。正因為校長對他們自身的專業發展與培育涉入不足，才會缺乏相關的理解與供應。因此，大量的知識與專門知識並未開發。另一方面，毫無限制地增加校長對自身專業發展的涉入，甚至掌控，會帶來許多缺失。把整個自由裁量完全移交給校長，顯然不是好辦法。過量的專業參與或過少的專業參與所引發的問題，往往是因為並未考量不同的脈絡，以及校長培育、發展與領導所處的脈絡具有個殊性。

我主張，校長專業發展與培育未來的路徑存在於下列的方向。校長（及用人單位）應當很有目的性地多多致力於找出並澄清校長當前與未來的領導脈絡。若能如此，相關的校長專業發展班就可以透過策略性的設計，重新加以改造，以便與適當的同儕及教育與學校社群的其他成員合作。在領導培育與專業發展發展到此一地步時，就很可以宣稱已經達到一定的成熟度及相關性。

附註：1. 感謝英國雷司特大學（University of Leicester）教育學院教育領導與管理中心（Centre for Educational Leadership and Management）主任迪莫克教授（Professor Clive Dimmock）提供許多寶貴意見。

2. 本文發表時，Allan D. Walker 是香港中文大學（The Chinese University of Hong Kong）教育行政與政策學系（Department of Educational Administration and Policy）教授兼系主任。他也是香港教育領導發展中心（Hong Kong Centre for the Development of Educational Leadership）副主任。【主編註：本書出版時，Allan D. Walker 為香港教育學院教育政策與領導學系系主任】。

3. 過去五年來，我與一群香港校長就一項創始性的校長培育與專業發展方案密切合作。在該項工作的每個階段，我都刻意讓校長涉入。也因此，這些校長們對於正式的及非正式的方案設計、網絡發展，甄選校長同儕來參加專業發展、工作坊發表，以及方案評鑑等均提供甚多意見。

4. 本報告所提到的研究，部分來自於香港特別行政區研究經費委員會 Research Grants Council of the Hong Kong Special Administrative Region, China（Project No. 4289/03H）的經費。

 Allan D. Walker 小檔案

（同第十七章）

 林文律小檔案

（同第一章）

R eferences
參考文獻

Crow, G. (2001). School leader preparation: A short review of the knowledge base. National College for School Leadership. Retrieved from http://www.ncsl.org.uk/mediastore/image2/randd-gary-crow-paper.pdf

Dimmock, C., & Walker, A. (1998). Comparative educational administration: Developing a cross-cultural conceptual framework. *Educational Administration Quarterly, 34*(4), 558-595.

Dimmock, C., & Walker, A. (in press). Strategic school leadership - toward better learning and teaching. *School Leadership and Management.*

HKSAR Education Department (2002). *Guidelines for Principals' Continuing Professional Development.* Circular Memorandum No. 279/2002 (Hong Kong).

Lin, M. D. (2003). Professional development for principals in Taiwan: The status quo and future needs. In P. Hallinger (Ed.), *Reshaping the landscape of school leadership development* (pp. 191-204). Swets and Zeitlinger: Lisse, Netherlands.

Littky, D., & Schen, M. (2003). Developing school leaders: One principal at a time. In P. Hallinger (Ed.), *Reshaping the landscape of school leadership development* (pp.87-100). Swets and Zeitlinger: Lisse, Netherlands.

Walker, A., & Dimmock, C. (2000). One size fits all? teacher appraisal in a Chinese culture. *Journal of Personnel Evaluation in Education, 14*(2), 155-178.

Walker, A., & Dimmock, C. (2002). Moving school leadership beyond its narrow boundaries: Developing a cross-cultural approach. In K. Leithwood & P. Hallinger (Eds.), *Second international handbook of educational leadership and administration* (pp.167-204). Kluwer Press: Netherlands.

Walker, A., & Stott, K. (1993). Preparing for leadership in schools: The mentoring contribution. In B. Caldwell & E. Carter (Eds.), *The return of the mentor* (pp.77-90). Falmer Press: England.

Walker, A., Begley, P., & Dimmock, C. (2000). *School leadership in Hong Kong: A profile for a new century.* Hong Kong Centre for the Development of Educational Leadership: Hong Kong.

Walker, A., Chan, A., Cheung, R., Chan, D., Wong, C., & Dimmock, C. (2002). *Principals developing principals: Principal professional development in Hong Kong.* Paper presented at National College of School Leadership 1st Invitational International Conference, October 16-18, Nottingham, UK.

21 國小校長專業發展
核心能力、課程內容舉隅及運用建議

林明地（國立中正大學教育學研究所教授）
李麗玲（國家教育研究院助理研究員）
詹盛如（國立中正大學教育學研究所副教授）
林慧蓉（雲林縣政府教育處學務管理科長）

壹｜前言

沒有人期望一位醫師、會計師或律師長久僅依賴其進入專業生涯時的知識、理解或取向。好的專業人員必須投入自我改善的行旅，隨時準備好參酌其它取向，反思其自我的專業實際，並藉由分享其最佳實際與洞見，貢獻於（社群）其他人的發展。專業人員從有效的作法中學習（Department for Education and Employment, 2000: 1）。

很多校長都曾說過：「一直到當了校長，才真正知道（學會）如何當校長。」可見在職校長在專業上的持續學習與發展相當重要。就如同上述引句一樣，我們也不希望國小校長在其領導專業生涯過程中，僅依賴其擔任校長時所習得的知能進行領導，因為「環境是如此的動態，不進步就會落伍」（Rouhotie, 1996: 442）。校長必須在領導專業社群中，學習、分享、成長與發展。

然而，也有文獻指出：「專業發展最難接觸到的人是教育局長與校長。」（Dunn, 1999: 118）甚至有學者認為校長專業發展是一個「教育災難區」（引自 Kelley & Peterson, 2000: 1）。形成這種景象的原因相當多元，在我國，其中一個很重要的因素是，校長專業發展缺乏專業表現的標準、評估系統、豐富有系統的

課程內容與教學方法，以及與校長培育、職前儲訓、實習、證照、遴選遷調、專業發展、評鑑等校長領導專業生涯因素彼此相互關聯的系統設計與實施，而且有關校長領導研究的重心多著重在領導形式及其與不同變項之間的關聯（林明地，2002，2005；陳木金，2007，2008）。因此，校長專業發展的課程或措施呈現一種「零星的、未計畫的、不連貫一致的、隨機的……」等現象（林明地，2005：98）。

有鑑於此，國家教育研究院曾委託作者們進行一項國民中小學校長、主任專業發展課程內容的研究，本文即呈現其部分研究成果，包括國小校長專業發展的核心能力（表現）、課程內容舉隅，以及未來在運用上必須注意的幾項建議。

以下首先針對校長專業發展表現標準與課程內容進行相關文獻的探討，其次呈現本研究所撰擬的國小校長專業發展核心能力（表現），第三則精要描繪其部分核心能力表現的課程內容，最後針對其運用上提出幾點建議。

貳｜校長專業發展標準與課程內容

有關校長領導標準的文獻，多數會引用美國、英國、香港相關的標準（林明地、詹盛如、李麗玲，2010a；Leithwood & Steinbach, 2003）。

首先，美國「跨州學校領導者證照聯合會」（Interstate School Leaders Licensure Consortium, ISLLC）於 1996 年訂定 ISLLC 學校領導者標準（ISLLC: Standards for School Leaders [1996]），包括六項標準，183 項知識、技能與性格（knowledge, skills and dispositions）。此項標準於 2008 年修改為教育領導政策標準（Educational Leadership Policy Standards: ISLLC 2008），包括六項標準，31 項功能（functions）。這六項標準的每一標準的開頭語都從 1996 年的「學校行政人員是促進所有學生成功的教育領導者」，改為 2008 年的「教育領導者促進每一位學生的成功」，透過下列六項表現標準，包括：(1)共享學習願景；(2)有利於學生學習與教職員專業發展的學校文化與教學方案；(3)安全有效率與效能的組織管理；(4)與教職員及社區同心協力；(5)依正直、公平及倫理而行動，以及(6)了解、回應並影響政治、社會、經濟、法律及文化脈絡（The Council of Chief State School Officers, 2011）。

其次，由英國教師訓練局（Teacher Training Agency）所發展的國家校長標準
（National Standards for Headteachers），該組織後來改為學校訓練與發展局（The
Training and Development Agency for Schools），沿用並修訂該標準，由「國家中
小學暨兒童服務領導學院」（National College for Leadership of Schools and Chil-
dren's Services）（原來叫全國學校領導培訓學院 [National College for School Lead-
ership, NCSL]）對學校校長提供領導發展之服務。英國國家校長標準包括下列六
大關鍵領域：(1)塑造一個共享願景與策略計畫；(2)領導教與學，提升教與學的品
質及學生成就；(3)發展教職員及與他人合作；(4)管理組織；(5)確保績效責任，以
及(6)強化內外部社區（National College for Leadership of Schools and Children's Ser-
vices, 2011）。

第三，針對學校領導者的領導標準，香港教育統籌局（目前已改為教育局）
於 2000 年邀請學者參酌美國、英國、加拿大、澳洲等國家的校長領導標準，發展
出「擬任校長課程」（Preparation for Principalship Course），作為想要擔任校長們
在職前培育的領導標準與課程內容設計依據。本課程共有六個模組，包括：(1)策
略方向與政策環境；(2)學、教及課程：校本課程策劃、設計與實踐；(3)教師專業
成長及發展：教師視導及教師發展；(4)員工與資源管理（原為學校財務管理）；
(5)質素保證及問責：學校自我評估；(6)對外溝通及聯繫：家庭、學校及社區協作
（孔繁盛、鍾宇平，2004；何瑞珠、譚偉明，2004；林怡禮，2004；梁一鳴、黃
顯華，2004；梁樂風，2004；彭新強，2004；譚萬軍、汪雅量，2004）。

另外，Leithwood 與 Steinbach（2003: 258-259）曾提供澳洲「領導標準架構」
（Standards Framework for Leaders），以及紐西蘭「校長表現管理」（Principal
Performance Management），前者包括六個校長關鍵角色：(1)教育領導、(2)管理、
(3)人員與合作、(4)變革、(5)結果，以及(6)績效責任；後者包括六個專業層面：
(1)專業領導、(2)策略管理、(3)教職員管理、(4)關係管理、(5)財政與資產管理，
以及(6)法令與報告要求等。

有關校長領導專業標準的課程內容，英國與香港都發展出詳細的課程內容（其
實就是六本課程內容的手冊）。例如香港「擬任校長課程」即提供課程架構名稱
與大綱，並包含培育的課程與教學詳細內容，包括緒論、單元目標、課程內容概
要、詳細的課程內容、數量不等的活動，以及工作單、課後活動、單元作業及評
核、追蹤活動、參考文獻及書目、推薦讀物、課前思考問題、教授方法等，換言

之，就是詳細規劃出培育未來校長所需的課程內容，以避免課程內容重複、不連貫等現象。其中所設計的教學方法也值得一提，這六個模組課程的教學方法分別包括：簡略講授、討論、角色扮演、圖卡分類、個案研究、發展模式、觀看團體思維的錄影帶、閱讀與解釋、課程評估等等，教學方式相當多樣化（孔繁盛、鍾宇平，2004；何瑞珠、譚偉明，2004；林怡禮，2004；梁一鳴、黃顯華，2004；梁樂風，2004；彭新強，2004；譚萬軍、汪雅量，2004）。

參｜國小校長專業發展的核心能力

運用焦點團體座談及問卷調查的研究方法，本研究剖析出我國國民小學校長專業發展的核心能力指標，包括「政策執行」、「行政管理」、「課程與教學領導」、「社區與公共關係」、「辦學態度與精神」、「專業成長」，及「品質確保與永續發展」等七個核心能力向度（為便於掌握，將其中政策執行簡稱為「政策」；行政管理、社區與公共關係，及品質確保與永續發展歸納為「行政」；課程與教學領導簡稱為「教學」；辦學態度與精神、專業成長歸納為「專業態度」）及 66 個核心能力指標（林明地、詹盛如、李麗玲，2010a）。詳細內容如表 21-1 所示。

▶ 表 21-1　國民小學校長專業發展核心能力向度、指標

核心能力向度	核心能力指標
政策執行	1. 能了解及遵守教育政策法令。
	2. 能將教育政策與法令傳達給學校成員及家長。
	3. 能轉化教育政策使成可行之學校行動方案。
	4. 能有效執行上級政策達成教育目標，並有效評估成效。
	5. 政策執行時能兼顧組織目標與不同個體多元價值與需求。
行政管理	1. 能規劃及執行校務發展計畫。
	2. 能有效主持學校會議達成具體決議。
	3. 能了解各處室業務並有效指導。
	4. 能妥善規劃學校行政與課務人力配置。

▶ 表 21-1　國民小學校長專業發展核心能力向度、指標（續）

核心能力向度	核心能力指標
行政管理	5. 能有效預防與處理校園危機事件。
	6. 能凝聚成員共識建立學校願景。
	7. 能營造溫馨和諧的校園氣氛。
	8. 能具備知識管理相關知能。
	9. 能進用優秀教師並做好人力資源管理。
	10. 能確認問題癥結並做出適切決定。
	11. 能有效執行校園規劃與學校建築。
	12. 能有效編列與執行預算。
	13. 能有效管理分配財務與設備。
	14. 能應用資訊科技提升學校行政效率。
	15. 能組織高效能的學校行政團隊。
	16. 能建立學校品牌並行銷特色。
課程與教學領導	1. 能具備專門學科素養並可實際參與教學。
	2. 能妥善規劃教師進修課程，促進教師專業成長。
	3. 能營造優質教學及學習環境。
	4. 能有效保障學生學習權益。
	5. 能提升教師的教學知能。
	6. 能引導教師建立教學檔案，促進教師專業成長。
	7. 能發展學校本位課程。
	8. 能整合相關人員參與課程規劃。
	9. 能提升學生學習品質與學習表現。
	10. 能進行教學視導與評鑑。
	11. 能領導學校教師進行課程實驗與研究。
	12. 能運用多元理念改善學校評量機制。
	13. 能引導課程設計與發展。

▶ 表 21-1　國民小學校長專業發展核心能力向度、指標（續）

核心能力向度	核心能力指標
社區與公共關係	1. 能營造社區、家長與同仁之間和諧的互動關係。
	2. 能與家長及社區重要人士保持良好溝通。
	3. 能策劃並引導學校參與社區服務活動。
	4. 能引導社區及家長參與協助學校教育活動。
	5. 能定期召開座談會議，引導家長及社區了解學校的教育目標。
	6. 能與政府、民意代表與議會保持良好互動關係。
	7. 能先與校內教職員工共同討論，形成學校公共關係政策之共識。
	8. 能與大眾媒體良好互動，塑造學校優質形象。
	9. 能建立校際合作夥伴關係。
辦學態度與精神	1. 能具備自信心與幽默感。
	2. 能傾聽他人意見，展現民主風度。
	3. 能適度掌控自我的情緒表達。
	4. 能具有挫折容忍力。
	5. 能具備誠實正直的良好品德。
	6. 能具有愛心的情緒表達。
	7. 能具備正確的教育理念。
	8. 能具有同理心的情緒表達。
	9. 能運用心智思考營造創新校園文化。
	10. 能具備果斷的權變決策能力。
專業成長	1. 能具備學校行政領導知能。
	2. 能參與專業活動增進專業知識。
	3. 能與教師對話共同討論專業理念與實務。
	4. 能不斷反思提升自我專業素養。
	5. 能具備教育研究能力。
	6. 能帶領學校成員進行團隊學習。
	7. 能具備國際觀。

▶ 表 21-1　國民小學校長專業發展核心能力向度、指標（續）

核心能力向度	核心能力指標
品質確保與永續發展	1. 能評估學校發展現況。
	2. 能比較學校目標與學校實際表現之間的差距。
	3. 能藉由評估結果，了解實際問題，進而安排改善優先順序。
	4. 能擬定適切的改善措施。
	5. 訂定改善措施後並能實際執行。
	6. 能了解計畫實施成效與優缺點，評估改善狀況。

　　從表 21-1 以及上述文獻探討的資料可以發現，本研究所歸納的國小校長專業發展核心能力與美國、英國、香港、澳洲、紐西蘭的校長標準相較，同樣重視行政管理（安全有效率與效能的組織管理、發展教職員及與他人合作、管理組織、員工與資源管理、財政與資產管理等）、課程與教學領導（有利於學生學習與教職員專業發展的學校文化與教學方案、領導教與學、提升教與學的品質及學生成就、學、教及課程：校本課程策劃、設計與實踐、教育領導、專業領導）、社區與公共關係等表現標準；但是政策執行、辦學態度與精神、專業成長、品質確保與永續發展等表現標準就不完全相同（孔繁盛、鍾宇平，2004；何瑞珠、譚偉明，2004；林怡禮，2004；梁一鳴、黃顯華，2004；梁樂風，2004；彭新強，2004；譚萬軍、汪雅量，2004；Leithwood & Steinbach, 2003; National College for Leadership of Schools and Children's Services, 2011; The Council of Chief State School Officers, 2011）。

　　例如，在政策執行方面，美國「教育領導政策標準」與英國「國家校長標準」同時強調學校本位共享學習願景的建立與實施；香港「擬任校長課程」、紐西蘭「校長表現管理」、澳洲「領導標準架構」則以績效責任（問責）、成果報告要求、政策方向與環境表示。其次在辦學態度與精神方面，則只有美國「教育領導政策標準」中，「依正直、公平及倫理而行動」比較相關，其餘各國的標準則未提及。第三，校長的「專業成長」是我國特有的標準。最後，「品質確保與永續發展」則出現在香港「擬任校長課程」中（彭新強，2004）；英國「國家校長標準」、紐西蘭「校長表現管理」則以績效責任表示。最後，美國的標準特別強調

「了解、回應並影響政治、社會、經濟、法律及文化脈絡」（The Council of Chief State School Officers, 2011）；香港的標準特別強調「策略方向與政策環境」（譚萬軍、汪雅量，2004），而紐西蘭的標準特別強調「變革」（Leithwood & Steinbach, 2003），則是在校長表現標準中考量了學校所面對的變革情境（Leithwood & Steinbach, 2003），值得學習。

肆｜國小校長專業發展課程內容舉隅

　　為使我國國民小學校長專業發展能擺脫以往僅有核心能力指標及科目重點的現象，本文作者們在研究過程中邀請多位專家學者、教育行政人員、學校行政人員（包括林永豐副教授、林良慶副處長、林慧蓉督學、王欽哲校長、陳威良校長、邱麗香校長，與謝富榮主任），針對七項核心能力向度及 66 項核心能力指標，協助撰擬核心能力指標的課程內容（林明地、詹盛如、李麗玲，2010b）。

　　限於篇幅，以下僅舉其中一項核心能力向度（品質確保與永續發展）的部分課程重要內容加以呈現（林明地、詹盛如、李麗玲，2010b：373-391）。

核心能力向度七：品質確保與永續發展

一、緒論

　　面對資訊急速發展，社會文化快速變遷的情勢，學校外在環境的變動也相當急遽。國民小學處於這種不確定性越來越高的環境中，「以不變應萬變」的心態與作法，已無法回應新時代對於教育的要求。

　　學校教育發展係受到正式的組織計畫、組織生命週期的自然發展，以及無法預期（非預期）的事件等三個變革影響來源交互影響下所產生的複雜過程與結果。然而，根據研究，學校進步、變革或發展的成果直接受到正式的組織計畫努力之影響的，其實只占改革成果的一小部分；但是受到計畫之外事件的非預期影響卻占了較大的部分（楊振昇譯，2004）。非計畫性的影響

力彰顯了學校校長加強不確定性管理能力的重要性。校長面對變動和非預期事件大於計畫性事件影響的情境，並不是僅加強計畫和控制能力即可應對，校長應加強其品質確保與永續發展的能力，才足以引導學校成員隨著新時代潮流永續發展。

　　新世紀對於學校教育效能的要求，不再僅止於改善內部運作效能，或是滿足外在環境的需求而已，學校教育被要求擔負多元功能，其所追求的是內、外部全面效能的保證（鄭燕祥，2006）。校長辦學具備的關鍵能力，也不再僅止於執行教育政策及法令、領導教職員改進教學、辦理行政事務，以及具備良好的言行操守和對人處事態度（教育部，2008），即能領導學校成就優質的教育。校長需要具備一種可以運用在其它任何一項重要工作之能力，才能持續發展學校，與時俱進；而「品質確保與永續發展」的能力即是校長所需具備之「關鍵能力中的關鍵」（林明地，2010：5）。唯有具備可以延伸至各項能力或各類領域的關鍵能力，才能讓校長靈巧應對未來快速變遷情境的挑戰。

　　「品質確保」的概念難以確切的定義，但可以透過多元面向進行了解其意義。林明地（2010：8-9）對於國小校長所需具備的「品質確保與永續發展」關鍵能力，即由多元面向加以解釋。林明地指出，品質確保與永續發展指的是：(1)以建構的觀點處理學校經營的工作，主動學習，並轉化、實踐理論與知識於學校日常領導實務；(2)校長能成為反思實踐者，透過反省，審慎檢視自己與學校的願景是否與時俱進、行政作為與目標是否一致，以及評估學校品質的方式妥適否等；(3)蒐集學校相關的真實資訊，真實回饋，並作為學校品質確保與永續發展的基礎；(4)具有試驗、創新、嘗試改變的心態與行動，持續提升教育品質；(5)能承擔學校績效責任，為學校願景、目標提供服務，並建構利於永續發展的學校環境；(6)建立學校團隊，透過團隊運作與學習，讓學校同仁共同參與，形成績效責任的負責社區；以及(7)持續的專業成長與發展。品質確保與永續發展是一種持續改善的過程，校長由自己做起，也領導全體學校人員共同負起績效責任，透過改善行動，達成高品質的教育目標。

　　另外，品質確保亦被視為是一種組織自我評估系統的運作機制。林明地與林慧蓉（2007）認為，因為對於品質定義的取向不同，很難取得相關利害人的共識，因此建立評量品質的機制比起定義品質的指標更為重要。品質確保乃透過組織自我評估系統的運作機制，發展追求高品質的組織文化，使組織及其成員不斷地向上提升，以確保具有高品質的教育活動（Lycke, 2004）。校長在品質確保機制之中的任務，係透過評估與改善系統，建構持續追求高品質的學校文化。

　　儘管品質確保定義不盡相同，但其共同的目的在於引導學校追求卓越的教育品質，促進學校永續發展。「品質確保與永續發展」是認知、實踐與反思結合為一的綜合能力，缺乏認知只有行動，校長只有盲目的實踐，並無法讓學校成員成為持續追求卓越教育品質的團隊，達成學校永續發展之目的；只有認知而無行動，品質確保與永續發展的理想只是遙不可及的海市蜃樓；只有認知和行動而無反思，品質確保只停留在控制和管理層次，而未及精進且無創新價值，難以促進學校教育永續發展。

　　在追求品質確保與永續發展的歷程中，學校每一位成員包括校長、主任、全體教職員工、學生、家長和社區人士皆共同參與，也共同擔負品質確保的責任。而校長身為學校的領導者，對於落實永續發展的優質學校，其領導作為可分成三個層次：第一層次培養自己品質確保與永續發展的能力，並以身作則；第二層次形塑品質確保的學校專業社群，讓服務教學的行政團隊成為學校品質確保的力量擴散；第三層次實踐專業學習社群，落實全面品質保證，讓品質確保與永續發展成為學校每位成員皆可帶著走的能力，使學生及學校各項運作皆具有精進課程教學與學習之意義。

　　本單元以培育校長具備品質確保與永續發展之關鍵能力為主軸，說明校長應具備的核心能力，並在闡釋各項能力指標時，融入形塑品質確保的學校領導專業社群和實踐專業學習社群之要義，提供校長領導參考。

　　品質確保與永續發展關鍵能力之內涵，以校長應具備的六項核心能力指標為架構，闡述每一能力指標所包含的面向或要項。第一項能力指標為能評估學校發展現況，包含了解蒐集資料的方法與注意事項、熟悉分析資料的方

法，以及提出學校願景、目標的能力等三個要項。第二項能力指標為能比較學校目標與學校實際表現之間的差距，涵蓋了解學校所需面對的外部評鑑項目、建立對外部評鑑的正確觀念、知悉評鑑的核心問題與步驟、知道如何帶領學校展現特色及其證據等四個要項。第三項能力指標是能藉由評估結果，了解實際問題，進而安排改善優先順序，其包括考量問題的嚴重性程度、列舉與學生學習有關的問題、由上游的關鍵點建立制度或措施、融入教育行政機關正在極力推動的項目，以及考量之前未考慮、較屬前瞻的問題等五個面向加以考量。

第四項能力指標係能擬定適切的改善措施，包括了解學校發展計畫的功用、熟悉學校發展計畫的重要內容要項、具備擬定改善計畫和學校發展計畫的實際能力等三方面。第五項能力指標為訂定改善措施後並能實際執行，包含了解執行計畫的阻力來源並克服阻力；能有效激發自己、學校同仁、家長及相關人員共同執行計畫的動機；能妥適分配與運用人力；能爭取並引入多方資源與財力，協助學校發展計畫的落實；能領導學校成員持正向積極的態度面對執行計畫所產生的問題、挫折與挑戰；以及能透過執行學校改善計畫，形成持續改善的學校文化等六方面。第六項能力指標為能了解計畫實施成效與優缺點，評估改善狀況。校長需做到了解教育行政機關與校內所訂定的表現指標；根據表現指標，蒐集計畫實施優缺點資料，並進行比對，發現需改善之處；熟悉品質管理的內涵；以及適度授權並提升同仁的能力等四項。對於擬任校長培育或現任校長的在職進修研習與專業發展，上述六個核心能力指標及其要項皆是校長所需具備品質確保與永續發展的關鍵能力，可加入校長專業發展課程中。

二、單元目標

1. 能了解品質確保與永續發展之內涵及構成概念。
2. 能舉例說明品質確保與永續發展六項核心能力指標。
3. 能分析個案學校品質確保與永續發展情形。
4. 能提出學校品質確保與永續發展之計畫。
5. 能充分參與教學活動，實踐品質確保之理念。

三、課程內容概要

品質確保對於卓越的教育品質具有引導之作用，亦是監視教育實踐的重要機制，協助學校不斷精進，促進學校教育的永續發展。「品質確保與永續發展」是校長所需具備關鍵能力中的關鍵，具有此能力可以運用在其它任何一項能力的發揮。校長專業發展在「品質確保與永續發展」向度上，應具備能評估學校發展現況、比較學校目標與學校實際表現之間的差距、藉由評估結果了解實際問題並安排改善優先順序、擬定適切的改善措施、訂定改善措施後實際執行，以及了解計畫實施成效與優缺點，進而評估改善狀況等六個層面的能力。每一層面分別列出其構成要項，並闡釋其具體內涵。

「品質確保與永續發展」能力是綜合認知、實踐與反思結合為一的能力，校長專業發展課程內容在設計上，同時發展校長的認知、行動與反思，俾以轉化至實際教育現場。因此，本單元以講授、討論、觀看影片等方法，使校長了解品質確保與永續發展的內涵，透過個案研究協助校長澄明品質確保的概念，藉由實作和小組研討方式建立校長實踐品質確保的能力，並且體驗品質確保和永續發展結合的真實意涵。

四、校長「品質確保與永續發展」各核心能力指標的詳細課程內涵

以下僅舉其中一項核心能力指標——能評估學校發展現況——的課程內容為例，加以說明，其餘各部分的課程請參閱林明地、詹盛如與李麗玲（2010）的內容。

（一）能評估學校發展現況

教育評鑑是一種有系統的資料蒐集，提供有用資料協助決策者進行有效決策的可行途徑與歷程（張鈿富，2001）。為評估學校發展現況，校長要領導學校全體同仁透過系統性地蒐集評鑑資料，進行自我評鑑，以科學、有效的資料分析方法，評估學校發展現況，了解學校後續發展的利基與待加強之處，確立學校發展願景與方向。校長需表現下列三項能力：

1. 了解蒐集資料的方法與注意事項

　　資料蒐集是否具有系統性，涉及領導者對於學校教育發展目標、學校發展現況和評鑑標準的認知程度。倘若校長不清楚當前學校教育發展目標，則無法正確解讀評鑑標準，很容易將學校蒐集資料的方法與途徑引導到錯誤的方向。評鑑問題會引導資料蒐集的方向，透過評鑑問題的確定，可以將評鑑標準與實際執行內容或學校現況做連結（張德勝譯，2005）。校長可以將學校所遇到難題轉化為評鑑問題，透過評鑑問題的具體呈現，讓學校人員更了解評鑑資料所需呈現的重點，讓蒐集評鑑資料的內容和方法更能聚焦。

　　蒐集資料究竟採取正式或非正式歷程，取決於校長及學校成員對於評鑑重要性的認知，事實上並無一致性的標準。資料蒐集的主要步驟有評鑑問題、指涉對象、達成標準、資料蒐集策略、工具和資料需求日期。而在蒐集資料過程中，應注意資料來源的多元化、兼顧過去現在與未來期望、建立詳盡的資料庫、結合行動研究的理念與實際、善加運用所蒐集的資料、注意個別學生、教師及相關人員隱私權，以及注意資料的保密性等（彭新強，2004）。

2. 熟悉分析資料的方法

　　辛苦所蒐集的資料若未能進一步加以分析，並不能讓資料自己說話，顯示出證據力，如此會影響到資料的效用性與品質的層次。校長若熟悉資料分析的方法，就能以科學方法有效地綜合分析相關資料，精確地回應評鑑問題。分析資料的方法大體上可分為量化資料分析和質性資料分析二大取向，校長應具備能力如下：

(1) 量化資料分析：具備統計分析與閱讀數字、資料的能力，能熟悉普遍運用的統計軟體（例如Excel、SPSS等）。資料分析時，初步可進行描述性統計，或可配合清楚易懂的圖表呈現，進一步可加入背景因素或相關變項資料，進行考驗性的推論分析，以取得綜合性的比較性資料。另外，長期蒐集的資料則有助於發現學校現況的發展趨勢。

(2) 質性資料分析：以文字圖像呈現的質性資料，最好以團隊討論方式進行資料分析，經過充分討論後才進行分析，以免流於個人主觀（林明地，

2010）。質性資料分析必須掌握一致性和關聯性二大原則，於比較學校目標與學校實際表現之間的差距時，透過一致性分析可比較預期目標和實際發生的事情之間差距的情形；而對於先在因素的背景資料、過程因素的歷程情形，以及結果因素的產出之間，應比較三者邏輯的關聯性。

3. 提出學校願景、目標的能力

　　學校願景與目標是校長依據資料分析所獲得的結果，加以綜合整理，並在全體教師共識之上，提出學校願景與未來發展目標，而非只是校長個人目標或個人專長特色的投影而已（林明地，2010）。因此，學校全體同仁的專業對話必不可少，即使討論歷程中可能耗力費時，無法立即得到結果，甚至產生不可避免的衝突，仍應堅持，因為透過討論可以促進學校願景重新再凝聚與更新發展，有助於學校學習社群的建構與實際運作。單憑校長個人意志、偏好或專長所產生之願景與目標，往往無法成為學校永續發展的動力。

　　在重塑願景或重新賦予願景意義的歷程中，校長必須帶領學校同仁凝聚共同的目標，確定學校發展方向，建構學校專業學習社群。Leithwood、Aitken與Jantzi（2006）表示，專業學習社群是一群具有共同任務價值觀和目標的人們，為促進學生學習，持續不斷地努力，以增進個人及集體共同的能力。共同願景的建立是品質確保與永續發展的軸心，在專業學習社區裡，校長及學校同仁一起發揮轉型、變革、分布、教師、課程與教學等領導，協助組織達成目標，發展組織願景和任務。

五、教學方法

　　品質確保與永續發展核心能力向度與能力指標所適用的教學方法，包括講授、討論、個案研究、角色扮演、影片教學等。其相對應的教學方法如表21-2所示：

▶ 表 21-2 「品質確保與永續發展」核心能力指標及相對應的教學方法

核心能力指標	教學方法
7-1 能評估學校發展現況	講授、討論個案研究
7-2 能比較學校目標與學校實際表現之間的差距	講授、討論個案研究
7-3 能藉由評估結果,了解實際問題,進而安排改善優先順序	講授、討論個案研究
7-4 能擬定適切的改善措施	講授、討論個案研究
7-5 訂定改善措施後並能實際執行	講授、討論角色扮演
7-6 能了解計畫實施成效與優缺點,評估改善狀況	觀看影片、討論、個案研究

六、學習活動一

(一) 主題:尋找傑克在哪裡

(二) 能力指標

    7-1　能評估學校發展現況。

    7-2　能比較學校目標與學校實際表現之間的差距。

    7-3　能藉由評估結果,了解實際問題,進而安排改善優先順序。

    7-4　能擬定適切的改善措施。

(三) 課前準備

    1. 課前分組,以 5-7 人為一組。

    2. 蒐集學校發展計畫、評鑑計畫、自我評鑑表和學校行事曆等相關資料。

(四) 活動流程

    1. 概念講授。

    2. 個案研究:

      (1) 小組推派代表抽取討論主題。

      (2) 各組列出評估主題執行績效和品質確保的指標,以及對應之佐證資料。

      (3) 依主題分析個案學校所需解決的實際問題,以及評估之依據。

(4) 分析個案學校願景與目標。

(5) 畫出問題、願景、目標和行動策略的關係圖。

(6) 診斷個案學校所採取的行動策略，並提出改善之建議。

3. 小組報告與分享。

(五) 課後活動

小組繳交一份個案學校發展分析、診斷及改善建議總結報告書。

(六) 評量方式

1. 參與討論情形。

2. 小組報告內容能回應能力指標程度。

3. 總結報告書內容與品質。

七、學習活動二

(一) 主題：誰當家

(二) 能力指標

7-3　能藉由評估結果，了解實際問題，進而安排改善優先順序。

7-5　訂定改善措施後並能實際執行。

7-6　能了解計畫實施成效與優缺點，評估改善狀況。

(三) 課前準備

1. 課前先分組，以五至七人為一組。

2. 蒐集個案學校發展計畫、學校行事曆和評鑑報告等相關資料。

(四) 活動流程

1. 概念講授。

2. 團體討論，由評鑑報告分析個案學校所需解決的問題，並安排改善優先順序。

3. 運用相關資料評估個案學校——人力、物力和時間等資源的配置情形及使用效益。

4. 依個案學校校務發展計畫提供品質確保的改善建議。

5. 依個案學校相關資料，提出超越現狀追求永續發展的改善建議。

6. 角色扮演，小組分派角色，推演與體驗個案學校可能遭遇的困難。

7. 小組報告及互相評論。

(五) 評量方式

1. 參與討論情形。

2. 小組報告及評論內容能回應能力指標程度。

八、參考文獻

下列文獻可供進一步閱讀參考：

林明地（2010）。校長關鍵能力中的關鍵：品質確保與永續發展。**教育研究，189**，5-15。

林明地、林慧蓉（2007）。剖析「教師專業發展評鑑」試辦計畫及其品質保證機制。**教育研究，160**，5-16。

林明地、詹盛如、李麗玲（2010）。**國民中小學校長、主任專業發展課程內涵研究報告（附錄）**。新北市：國家教育研究院籌備處，未出版。

張鈿富（2001）。面對校務評鑑應有的理念與作法。**教育研究，91**，30-35。

張德勝（譯）（2005）。A. Steinmetz 著。差異評鑑模式。載於蘇錦麗等（譯），**評鑑模式——教育及人力服務的評鑑觀點**（頁 157-176）。臺北市：高等教育。

教育部（2008）。公立高級中等以下學校校長成績考核辦法。

彭新強（2004）。**品質確保與績效責任：學校自我評估**。香港特別行政區教育署，未出版。

楊振昇（譯）（2004）。K. S. Louis, J. Toole, & A. Hargreaves 著。重新思考學校的進步。載於王如哲等（譯），**教育行政研究手冊**（頁 403-443）。臺北市：心理。

鄭燕祥（2006）。**教育範式轉變：效能保證**。臺北市：高等教育。

Leithwood, K., Aitken, R., & Jantzi, D. (2006). *Making schools smarter: Leading with evidence.* Thousand Oaks, CA: Corwin Press.

Lycke, K. H. (2004). Perspectives on quality assurance in higher education in Norway. *Quality in Higher Education, 10*(3), 220-229.

伍 | 運用國小校長專業發展課程內容的建議

俗話說「徒法不足以自行」，同樣的，校長專業發展核心能力與課程內容不會自行發揮效果，它們終究仍須教育行政機關、校長領導發展中心、學術機構或者其它單位或團體，及負責、參與的人員加以落實。以下提供幾項建議供未來運用國小校長專業發展課程內容的參考：

一、需配合校長能力評估系統，以決定適當的專業發展課程內容

為使校長專業發展課程能適合校長的個人與職務需求，未來必須研究發展校長核心能力的評估工具、實施規劃，以及解讀等系統。就像是進入校長專業生涯時，每位校長所能展現的能力表現不盡相同；同樣的，擔任校長後，每位校長學習、成長的速度與成果也不盡一樣，有效的校長能力表現的評估系統，及其與課程內容的契合，將有助於專業發展課程內容功能的發揮。英國各地區的校長表現評估中心及與其搭配的進程設計（National College for Leadership of Schools and Children's Services, 2011）可供參考。

二、核心能力要能區分不同表現程度

與上述建議相關聯的，校長核心能力的指標必須要能區分出校長表現的程度（而非全有全無的概念）。有的校長在某些能力指標是處於入門的階段，有的則為有經驗，有的則為精熟，或進入專家型的階段（Leithwood & Steinbach, 2003），未來可依據目前建立的核心能力，再細分訂定不同表現程度的實踐描述及觀察內容，以為判定依據。因此，校長領導核心能力所表示的是校長實踐、表現的能力，而非只是校長所具備的知識而已（Leithwood & Steinbach, 2003）。

三、校長核心能力表現必須以分布領導的理念加以實踐

有關校長領導、學校內部過程、學校效能、學生學習表現等變項之間的相關性與相互影響性，越來越清楚的是，校長領導必須透過學校內部過程（包括學校氣氛、學校文化、教師投入、專業品質、組織學習社群等）的塑造與功能發揮，才能發揮校長領導對學校效能及學生學習表現的全面影響力（林明地，2005；Hallinger & Heck, 1996; Leithwood & Riehl, 2005）。換言之，未來宜避免校長以「英雄式」的概念落實核心能力指標或進行領導，而是以分布領導理念加以落實，這必須在校長專業發展課程實施時，由授課教師與校長共同合作達成此目標。

四、校長核心能力必須考量學校內外部環境變動的特性

由於學校內外部環境是持續在改變的，因此靜態的校長專業發展核心能力與課程內容無法適應時代需求。未來在運用校長專業發展核心能力指標與課程內容時，有關的機關與教授人員必須加入此概念；在本研究進行過程中，多位校長、教育行政人員及專家學者亦主張將「品質確保與永續發展」、「專業成長」融入核心能力的架構中。雖然這樣的作法並沒有出現在美國、英國等國家的校長領導標準中，但 Leithwood 與 Steinbach（2003）認為，校長核心能力必須考量學校內外部環境變動的特性是相當重要的。值得學習的是：美國的標準特別強調「了解、回應並影響政治、社會、經濟、法律及文化脈絡」，香港的標準特別強調「策略方向與政策環境」，而紐西蘭的標準特別強調「變革」，則是考量了學校所面對的變革情境（譚萬軍、汪雅量，2004；Leithwood & Steinbach, 2003; The Council of Chief State School Officers, 2011）。

五、「辦學態度與精神」的培育需投入更多的研究，以發揮課程影響力

針對校長的性格是否需在校長領導標準中呈現的問題，Leithwood 與 Steinbach（2003）認為，由於我們對於系統地影響改變成人性格的研究太少，再加上究竟

哪些性格對於有效能領導是重要的,仍不清楚,因此,性格應被排除在任何標準外。但在本研究進行過程中,多位校長、家長、學校行政人員、教育行政人員都劃切地指出,校長的辦學態度與精神是校長辦學成功的重要關鍵,最好能納入校長專業發展的核心能力與課程內容中。因此本研究將其納入,但未來如何透過課程實施影響或改變校長的辦學態度與精神,需要更多的研究,才有助於課程的落實。

六、建立校長培育、職前儲訓、實習、評估、證照、遴選遷調、專業發展、評鑑等校長體系專業生涯

校長專業發展體系的各個環節環環相扣,僅從校長專業發展的核心能力及課程內容努力仍有不足。舉例而言,校長專業發展的落實必須與校長的證照、證照更新、績效評鑑、遴選遷調掛鉤,甚至必須與其薪酬系統彼此關聯,才能提升其課程實施的部分吸引力,協助其落實。未來應參酌 Leithwood 與 Riehl(2005)的概念,從校長職前培育、職前儲訓、實習、評估、證照、遴選遷調、專業發展、評鑑等校長體系專業生涯來規劃與實踐領導發展(leadership development)的政策。

陸 | 結語

有鑑於我國校長專業發展的課程缺乏實質的內容,本文以一項專題研究計畫為主,參酌美國、英國、香港、澳洲、紐西蘭的校長領導標準及部分課程內容,透過焦點團體座談與問卷調查的方法,呈現國民小學校長專業發展的七個核心能力向度與 66 個核心能力指標、國民小學校長專業發展課程內容舉隅(品質確保與永續發展中的「能評估學校發展現況」),以及提供運用國小校長專業發展課程內容的建議,包括配合評估系統運用課程進行教學、區分校長領導表現程度、以分布領導的理念實踐、考量學校內外部環境變動特性、進一步探究如何改變辦學態度與精神,以及建立校長職前培育、職前儲訓、實習、評估、證照、遴選遷調、專業發展、評鑑等的校長體系專業生涯。

📁 **林明地小檔案**

國立臺灣師範大學學士、碩士，美國威斯康辛大學麥迪遜校區（Wisconsin-Madison）哲學博士（主修教育行政），目前是國立中正大學教育學研究所教授，曾任國立中正大學教育學研究所所長、教育學院院長。

長期關注並致力於校長學相關領域的研究與實務推動，著有《校長學：工作分析與角色研究取向》、《學校領導：理念與校長專業生涯》、《學校與社區關係》等專門著作，並有其它專書、多篇專書論文、期刊文章、研討會文章發表。民國91年獲得中華民國教育學術團體聯合年會學術木鐸獎。關心教育行政與政策、學校經營與管理、教育改革等領域學術的發展，積極參與學術社群，並擔任學術性刊物的編輯，協助學術領域優良研究成果的發表與出版。

📁 **李麗玲小檔案**

國立臺灣大學地理學碩士，曾任臺灣省中等學校教師研習會輔導員、國家教育研究院籌備處教育人力發展中心助理研究員，現任國家教育研究院教科書發展中心助理研究員。

📁 **詹盛如小檔案**

英國倫敦大學教育學院哲學博士，曾任嘉義大學教育行政與政策發展研究所助理教授，現任中正大學教育學研究所副教授。主要研究興趣為高等教育行政與政策、比較研究、國際教育等領域，目前也是中華民國比較教育學會秘書長。

📁 **林慧蓉小檔案**

國立中正大學教育學研究所博士候選人，曾任臺北市政府教育局科員、雲林縣政府教育處督學、科長。關注地方教育領導、教育評鑑與校長培育等領域之研究與實踐，發表「教師專業發展評鑑監視系統之研究：地方層級之評估」等文章。期勉過過教育行政工作與研究，微觀國中小校園生態與變遷發展，體會教育行政理論與實踐行動的轉化與驗證，不斷地觀照自省與檢視修正。

References
參考文獻

中｜文｜部｜分

孔繁盛、鍾宇平（2004）。學校財務管理。香港特別行政區教育署，未出版。

何瑞珠、譚偉明（2004）。對外溝通及聯繫：家庭、學校及社區協作。香港特別行政區教育署，未出版。

林怡禮（2004）。教師專業成長及發展：教師指導及教師發展。香港特別行政區教育署，未出版。

林明地（2002）。校長學：工作分析與角色研究取向。臺北市：五南。

林明地（2005）。學校領導：理念與校長專業生涯。臺北市：高等教育。

林明地、詹盛如、李麗玲（2010a）。國民中小學校長、主任專業發展課程內涵研究報告。臺北縣：國家教育研究院籌備處，未出版。

林明地、詹盛如、李麗玲（2010b）。國民中小學校長、主任專業發展課程內涵研究報告（附錄）。臺北縣：國家教育研究院籌備處，未出版。

梁一鳴、黃顯華（2004）。學、教及課程：校本課程策劃、設計及實踐。香港特別行政區教育署，未出版。

梁樂風（2004）。「擬任校長培訓課程」單元五，質素保證與問責第二課：學校自我評估講義，未出版。

陳木金（2007）。國民小學校長儲訓班運作模式之研究。國家教育研究院籌備處專題研究案計畫報告，未出版，臺北縣。

陳木金（2008）。國民中小學校長主任儲訓課程內涵之研究。國家教育研究院籌備處專題研究案計畫報告，未出版，臺北縣。

彭新強（2004）。品質確保與績效責任：學校自我評估。香港特別行政區教育署，未出版。

譚萬軍、汪雅量（2004）。策略方向與政策環境。香港特別行政區教育署，未出版。

英｜文｜部｜分

Department for Education and Employment (DfEE) (2000). *Professional development: Supporting for teaching and learning.* Department for Education and Employment.

Dunn, M. B. (1999). The NASSP assessment center: It's still the best. *NASSP Bulletin, 83*(603),

117-120.

Hallinger, P., & Heck, R. H. (1996). A principal's role in school effectiveness: An assessment of methodological progress, 1980-1995. In K. Leithwood, J. Chapman, D. Corson, P. Hallinger & A. Hart (Eds.), *International handbook of educational leadership and administration* (pp. 723-783). Dordrecht, The Netherlands: Kluwer Academic Publishers.

Kelley, C., & Peterson, K. D. (2000). *The work of principals and their preparation: Addressing critical needs for the 21st century.* Document prepared for the National Center on Education and the Economy/Carnegie.

Leithwood, K., & Riehl, C. (2005). What do we already know about educational leadership? In: W. A. Firestone & C. Riehl (Eds.), *A New agenda for research in educational leadership* (pp. 12-27). New York, NY: Teachers College Press.

Leithwood, K., & Steinbach, R. (2003). Toward a second generation of school leadership standards. In P. Hallinger (Ed.), *Reshaping the landscape of school leadership development: A global perspective* (pp. 237-272). Lisse, The Netherlands: Swets & Zeitlinger.

National College for Leadership of Schools and Children's Services (2011). *National Standards for Headteachers.* Retrieved from http://www.education.gov.uk/publications/eOrderingDownload/NS4HFinalpdf.pdf

Rouhotie, P. (1996). Professional growth and development. In K. Leithwood, J. Chapman, D. Corson, P. Hallinger, & A. Hart (Eds.), *International handbook of educational leadership and administration* (pp. 419-445). Dordrecht, Netherlands: Kluwer.

The Council of Chief State School Officers (2011). *Educational Leadership Policy Standards: ISLLC2008.* Retrieved from http://www.ccsso.org/Documents/2008/Educational_Leadership_Policy_Standards_2008.pdf

第三編

校長評鑑

22 校長評鑑之趨勢與省思

王鳳雄（臺中市宜欣國小校長、國立暨南國際大學教育政策與行政學系博士候選人）
翁福元（國立暨南國際大學教育政策與行政學系教授）

壹｜前言

西諺有云：「有怎樣的校長，就有怎樣的學校」（As is the principal, so is the school.），校長素質良窳攸關學校的成敗（張德銳，1999）。一個校長的教育理念、學識能力、領導作風，都會影響到學校行政運作、組織氣氛、教師工作表現、學生學習成效，以及家長對於校長的信任，進而更會影響到整體學校給予外界的觀感與評價。根據 2009 年修正公布的「國民教育法」明訂：「組織遴選委員會之機關、師範校院及設有教育院（系）之大學，應就所屬國民小學、國民中學校長辦學績效予以評鑑，以為應否繼續遴聘之依據。」此外，「國民教育法施行細則」第十一條：「遴選委員會應在校長第一任任期屆滿一個月前，視其辦學績效、連任或轉任意願及其他實際情況，決定其應否繼續遴聘。」因此，建立學校校長評鑑標準及制度，以利地方縣市政府據以遴聘適當之校長人選，實有其需求及必要。

隨著「績效責任」觀念的愈趨受到重視，國民中小學教育的專業時代已經來臨。在教師教學方面，我國「教師專業發展評鑑」已自 96 學年度起由教育部開始試辦，雖然在過程中尚有諸多執行面向的討論，但從中央到地方均已逐步擴大辦理的規模。雖然「教師法」目前尚未將教師評鑑納入法規中，然提倡專業成長的教師發展評鑑，仍然持續引導老師朝向教育專業的境界邁進。在現有文獻中，校長專業發展一向被認為是「最貧乏的地區」及「待墾區」（張德銳、丁一顧，2003）。目前國內各縣市大多是以辦理校長辦學績效評鑑或以績效為導向的校務評鑑，作為校長遴選之依據（謝秀娟，2008），但學者（鄭新輝，2007）指出，

為求現有措施發揮其功效，應針對現有評鑑內容和功能再行檢討改善。

　　雖然校長績效評鑑已明文規範於「國民教育法」，而且如何有效提升校長的專業發展也是值得關切的議題，但有關國民中小學校長的培育、評鑑、在職進修，國內至今仍缺乏一套完整的機制，使得校長專業化的發展受到限制，並且在面對教育環境巨大變遷時，常無法帶領學校面對挑戰與提升競爭力。在相關學者的調查中，目前國內 23 個縣市政府中，已有 16 個縣市實施，約占三分之二；但仍有近三分之一縣市未落實評鑑（鄭新輝，2002）。探究其實踐的困境，有學者認為（Green, 2004）其首要因素，在於校長評鑑的含義界定困難及缺乏適當評鑑工具。然而，為求突破前述困境來推動校長評鑑以求其專業成長，「新北市校長協會」已在新北市政府支持下，以同儕評鑑的方式，試辦推動校長評鑑制度（鄭淑方、鄭理謙，2008）。而在評鑑制度成熟的歐美國家，早於 1980 年代就已推動評鑑以謀求校長專業成長。

　　在績效責任及專業發展的要求下，校長評鑑是教育趨勢，也是校長尋求成長的重要手段，諺云：「鑑諸往而知來者」、「他山之石可以攻錯」。本文首先以文獻分析方式，回顧國內校長評鑑的歷史發展，並經由探討美、英兩國校長評鑑實施的現況，來掌握今日校長評鑑的趨勢與潮流；其次，從對歷史脈絡及發展狀況的分析，來省思校長評鑑的功能及目的，並對我國未來在校長評鑑可以進行的方向提出建議。

貳｜校長評鑑之歷史回顧

　　專業化的服務在近代社會中，扮演著促進生活品質提升的重要角色。而為了促使提供服務的專業團體能持續改善並維持其服務水準，相關單位依據服務對象及功能建立期許的標準，適度地給予專業群體在提供服務時的方向及成效評估的依據。當然，教育作為公共服務的一環，此種對績效評鑑的重視與提倡亦發生於教育領域中（林邵仁，2008）。教育品質的良窳，影響國家在資本主義經濟體系下的競爭力，因此，深受各國政府及社會大眾強烈的關注。近幾十年來，由於全球化的發展與新自由主義的推波助瀾，使得各國政府皆致力於提升教育人力素質與績效責任（蔡啟達，2008），在如此的氛圍下，各種目的之教育評鑑機制也因

應而生。本節首先經由文獻分析，對我國中小學校長考核方式及其缺失做扼要說明；其次探究英、美校長評鑑的發展經驗，以作為建構校長評鑑制度之參考。

一、臺灣校長評鑑的發展

1999 年「國民教育法」的修訂，是臺灣校長選用方式變革的分水嶺。在此之前，國民中小學校長的產生採「甄選派任」制，修訂後的「國民教育法」明定：「縣（市）立（直轄市立）國民中、小學校長，由縣（市、直轄市）政府組織遴選委員會就公開甄選、儲訓之合格人員、任期屆滿或連任任期已達二分之一以上之現職校長或曾任校長人員中遴選後聘任之。」並規定遴選委員會之組織及運作方式。雖說校長的選用由派任改為遴選，但現行對於校長經營校務的考核，並無「系統性的評鑑」實施規範，因此，主管機關應如何考核校長，則是提升領導品質及辦學績效的關鍵（龔素丹，2007）。

目前國內各縣市政府對國民中小學校長的考核，係依據 1971 年教育部所頒布的「公立學校校長成績考核辦法」。此辦法已施行多年，其間雖經過幾次的修改，不過評鑑內容與規準似乎較傾向消極條件，並以總結性的評鑑為目標（丁一顧、張德銳，2001）。2000 年教育部將該辦法之名稱修訂為「公立高級中等以下學校校長成績考核辦法」，該辦法第五條有校長成績考核之項目及各項所占評分之比重。表面上看起來，這些項目可說涵蓋大部分校長職責的內涵及個人表現，但各地方教育局（處）實施校長考核的實際情形，並無共同的判準（criteria）或指標（indicators）。因此，校長成績考核項目的詳細內涵為何？每一內涵與校長工作本身及個人行為表現如何產生關聯？學校辦學績效所指為何？這些都有待清楚界定。

如前所述，1971 年制定的「公立學校校長成績考核辦法」實施迄今，因考核項目的模糊不具體及其主觀性所造成的考核不公平，以致成效不彰，成為一種形式作用（郭工賓，2001）。張清楚（1996）也指出，該辦法無法真正發揮校長評鑑的功能；所以，在 1996 年由行政院「教育改革審議委員會」所提出的「教育改革總諮議報告書」，其中對於「教育鬆綁：解除對教育的不當管制」裡提到：「校長定位為首席教師兼行政主管，應重視教學領導，非教學部分之行政工作應予減少；校長應具教育理念及現代化管理知能，每聘任期為四年，得在原校連任。」

這份諮議報告書的公布，也對 1999 年 2 月修正頒訂的「國民教育法」產生關聯性的影響，尤其校長從過去的聘任制改為新的遴選制。

「國民教育法」修訂國中小校長的職務採任期制，校長遴選獲聘，任期為四年，可連任一次，最長八年。每一任期屆滿，校長須向「校長遴選委員會」提出留任原校或請調他校之申請。而各縣市政府需辦理校長辦學績效評鑑，並依評鑑結果作為遴選決定是否續聘的重要參據。對未獲續聘的校長，則可選擇回任教師、轉任他職或退休。因此實施校長評鑑正式有法源基礎，校長調動頻繁、過度保障與不適任校長的問題，應可獲得改善。但徵諸目前各縣市所實施的辦學績效評鑑或校務評鑑，大都直接與校長遴選制度結合或作為參考的依據，無論是評鑑目的或評鑑指標皆偏向總結性評鑑，過度地強調績效責任，而忽略著重改善的形成性評鑑，與校長自身的專業成長精神與目的（龔素丹，2007）。因此，各縣市所建立的校長評鑑系統是否完備，是否客觀公正或符合教育人員評鑑標準所強調的適切性（propriety）、效益性（utility）、可行性（feasibility）與精準性（accuracy）標準，則益顯重要（蘇錦麗、黃曙東，2007）。

二、美國校長評鑑的發展

教育評鑑是提高校長領導品質的重要途徑。因此，教育行政機關應善用教育評鑑，以了解校長行政領導的優劣、得失及其原因，並據以獎勵校長、提升校長行政領導的績效及品質。美國中小學校長評鑑制度除為促進校長專業發展外，同時強調「目標管理」與「績效責任」制度（張德銳、丁一顧，2003），回顧該國的發展經驗，對於正處於研究、發展與推動校長評鑑制度的我國而言，應具有參酌的價值。

美國教育受到憲法保障實施地方分權制度，各州依據自己的需求與特色發展出相異的標準，校長評鑑制度也不例外（丁一顧、張德銳，2001）。Daresh（2001）指出，在美國準備從事學校實務工作的行政人員，其能力要符合各州的許可和認證程序，標準由各州政府決定。而建立教育領導者專業標準的重要性，不僅增加對教育領導者應具備之能力的共同知識，亦有助於提升學校領導的專業發展及品質（賴志峰，2004）。而校長能否達到各州所訂定的標準，或應規劃哪些課程及活動以協助其專業發展，則需擬訂相關評鑑配套措施。

　　雖然美國大多數州政府均要求教師必須通過某項資格考試，但甚少要求校長接受相同的標準（王如哲，2002）。而為了確保行政人員如同其他教師達到相同的標準，並延續美國教育改革的運動潮流，1994 年「州主要教育官員委員會」（Council of Chief State School Officers, CCSSO）（簡稱州委會）組成「跨州學校領導者證照聯合會」（Interstate School Leaders Licensure Consortium, ISLLC）（簡稱證聯會），與「全國教育行政政策委員會」（National Policy Board for Education Administration, NPBEA）共同合作，倡議發展校長證照標準，當時證聯會認為：擬定共同的校長表現標準有助於校長專業發展，因此，在 1994 年結合 37 個州政府與 10 個全國性專業機構，尋求對校長領導標準之共識（黃姿霓、吳清山，2010），並於 1996 年共同發表「證聯會學校領導者標準」（Interstate School Leaders Licensure Consortium: Standards for School Leaders）。直至目前為止，共有 43 個州政府接受該全國性學校領導標準，作為各州發展行政人員領導標準的基準和授證依據（CCSSO, 1996）。

　　美國自 1980 年代起，許多州開始立法明訂校長評鑑制度，美國「證聯會」（ISLLC）設立的目的，在於提供各州之間的相互合作，以發展和執行學校領導人員的模式標準、評量、專業發展和證照程序。ISLLC（2008）指出：目前美國大多數的州皆已採用 ISLLC 的標準，或吸取其精神建構各州的校長評鑑標準，此標準在各州的運用情形，從 1998 年僅有 20 個州左右採用，至 2002 年增加至近 30 個州採用，再到 2006 年已有 43 個州使用。其標準的第一版是在 1996 年形成，經過十餘年的實務運作與修正，直至 2008 年第二版的出現，代表的是評鑑標準與政策、研究的更加貼近實務，也加入許多過去較少被提及的重要概念，如社會正義的擁護；對多元化社區、家長、學生等成員的尊重；了解學生評量結果或背景的重要性。

　　作者綜合相關研究（丁一顧、張德銳，2001；王如哲，2002；胡英楗，2001；張德銳、丁一顧，2000；黃姿霓、吳清山，2010）分析，歸納美國的校長評鑑大多按照以下方式來辦理：(1)州立法訂出州的評鑑法規，以及州教育董事會建立的規準：例如，各州根據跨州學校領導者證照聯合會的標準（ISLLC Standard），及各州的教育策略、辦學方向等來制定州的表現標準、評鑑規範，或編製成評鑑手冊；(2)學區教育局依據上述州的標準，訂定中小學校長評鑑程序與表現標準，給州審核之外，並召開校長評鑑說明會；(3)學校校長在每學期初，由校長針對州與

學區的辦學方式和學校資源、特色等，提出教育策略計畫，做為辦理校長辦學與評鑑的依據；(4)形成性評鑑的實施方式：隔年 1 月間，校長必須進行自我評鑑，而學區也指定評鑑人員或視導人員進行每年三次以上的訪問視察，根據兩者所發現校長表現有待加強的知能項目，督促校長參加專業發展課程，或全州式標準認證課程等，來提升校長專業能力；及(5)總結性評鑑的實施方式：在每學年度結束前，校長應提出整學年度辦學總結報告書，學區教育局再予以進行期末總結評鑑，提出評鑑報告，讓學校董事會作為是否續聘校長的人事決策依據。通常對已獲得校長專業證照者，則每年進行一次評鑑。

三、英國校長評鑑的發展

校長角色的重要性，隨著「績效責任」的建立而提升。英國保守黨自 1980 年代以來的教育管理，採取市場機制及家長選擇等「消費者主義」傾向的政策，而中小學校長的職責，自 1986 與 1988 年「教育改革法」公布後即大幅增加，校長對學校管理的功能亦被認為直接影響教師的工作表現，並間接影響學生的學習成就表現，因此英國政府決定於 1991 年 9 月開始實施全國性中小學校長與教師的評鑑政策（Demaine, 1999）。英國工黨自 1997 年執政以後，以教育作為施政的重心，對學校校長的領導與管理功能更為重視，希望藉由強化學校的績效表現管理，以提升學生的學習成就表現。因此在檢視原有校長評鑑政策的執行方式與成效後，於 2000 年修正實施新的績效表現管理與評鑑政策（鄭新輝，2003）。

自 1991 年起，英國實施全國性的校長評鑑措施，其發展經歷全國性校長評鑑政策的倡導與協商（1986 年以前）、試辦（1987-1989 年）、政策形成與實施（1990-1995 年）、評鑑制度檢討與修正（1996-1999 年）等階段。直至 1997 年英國工黨贏得政權後，因體認強化校長領導與管理的重要，所以於 1998 年發布名為「教師——迎接變革的挑戰」的綠皮書，明確表示要重新建構新的績效管理系統，並將績效薪酬制導入其中（鄭新輝，2007）。由於英國中小學校長的角色，隨教育環境的變遷與要求而有所改變，因此，為掌握中小學校長評鑑政策的變革，必須了解影響英國實施校長評鑑政策的背景因素。相關文獻指出，影響英國中小學校長評鑑政策的發展，主要有三個因素（Hewton & West, 1992）。此三個因素包括：(1)績效責任運動；(2)學校自我評鑑與學校改善運動；及(3)強調學校管理訓練

的發展。

英國中小學校長評鑑政策的發展，曾歷經漫長與艱辛的過程。政府與教育工作者在政策形成前，雙方有過尖銳的爭論與對立（Cullen, 1997），特別是在評鑑目標的定位上，到底是要強調績效責任或專業發展，一直沒有定論（Spear, 1997）。最後透過仲裁調解單位的調處，由校長團體、教師團體、地方教育局和教育科學部共同訂出評鑑的一般性原則；再由「全國指導小組」在地方教育局規劃實施中小學校長評鑑的「試辦計畫」；並於 1989 年完成期末報告，提出更完整的實施建議後，英國政府才在 1991 年制定完整的全國性中小學校長評鑑法規，並據以實施。由於協調後所建立的校長評鑑政策，比較強調「發展性的評鑑」，因此也獲得政府及校長與教師團體雙方的認同（DES, 1989；轉引自鄭新輝，2007）。

然而該評鑑法規於實施六年後，在「教師訓練署」（Teacher Training Agency）與「教育標準局」（Office for Standards in Education）的檢討報告中，卻被明確指出其缺失；加上工黨在 1997 年執政後，將教育視為政府施政的核心，不僅重視學生學習表現標準的提升，亦強調校長與教師的「績效責任」。因此英國政府乃在提升教育品質與強化校長領導與績效管理政策的要求下，於 1999 年正式宣告要採取新的校長績效評鑑政策；「教育與就業部」（Department for Education and Employment, DfEE）並於 2000 年通過「學校教師評鑑規程」，於是新的校長評鑑政策正式在英格蘭開始實施（鄭新輝，2007；Green, 2004）。

參｜校長評鑑之趨勢與潮流

「教育評鑑」係一門新興學科，且被視為相當分歧的領域。研究者常因不同專業訓練與教育背景，而對教育評鑑有不同的認知（陳素秋，2006）。因此，要為評鑑下一明確周延的定義並不容易。學者們或從本質、目的、功能、方法等方面，或以獨立或以合併兩個以上的向度來定義評鑑，雖提出甚多看法，但終究沒有一項定義能獲得評鑑領域學者的一致認同（曾淑惠，2002）。「校長評鑑」就許多面向而言，與其它老師的評鑑活動是相同的，Hattersley（1992）指出：不論是哪個層級教師的評鑑，都有許多相關職業與專業團體針對評鑑過程，對政府教

育部門提出建議，而校長評鑑雖對學校的發展具有重要意義，但檢視現有相關研究資料，卻發現有關校長評鑑的文獻相對較少（Larry, 2003）。

校長評鑑在運作層面雖面臨諸多挑戰，但因其實際效益的需求，所以自1960年代以來，各國政府及相關專業團體，不論在實踐領域的評鑑方式、倫理規範，或是評鑑理論的建構，都有相當程度的發展（鄭新輝，2007）。諺云「鑑往知來」，當國內校長評鑑正值方興未艾之際，我們如能經由探討評鑑相關領域的發展脈絡，以掌握教育評鑑的趨勢與潮流，實有助於國內相關單位及專業團體建立完善的校長評鑑機制。

一、追求建立評鑑「專業化」的發展

近年來，世界各國在各領域中對評鑑工作的需求日益明顯，學者認為「專業化」在評鑑領域是迫切的議題（Bickman, 1997）。蘇錦麗（2003）指出，學科的發展通常是以追求專業化作為導向。從學科發展的角度而言，「評鑑專業化」不僅是評鑑學科發展的目標，亦能作為評鑑學科發展的效標。此外，就組織而言，專業化是組織建立標準和程序，以確定正確達成任務之內在過程，旨在圓滿完成工作目標。然而，專業化的功能並非僅止於此，專業化也企圖使學術上討論的領域知識，能夠成為獨立的專門學科，也使得從事某特定工作的族群建立起他們的權威與地位，進而發揮顯著的影響力（曾淑惠，2006）。

謝文全（1998）指出專業化的特徵為：(1)能運用專門知識與技能；(2)受過長期訓練；(3)建立專業團體；(4)有專業倫理信念；(5)具有相當獨立自主性；(6)服務重於謀利；及(7)不斷的在職進修。從對專業化的概念討論中可知，當各行業逐漸朝向專業化發展時，專門的教育機構就會應運而生，這些教育機構發展從事該行業工作者所需的專業知能，並規劃專業的學程以訓練人才，當學生畢業後，經過規範程序取得該領域的資格認定，待進入職場後能獨立行使其專業知能，為其本身專業生涯的發展而加入專業團體，從參與專業團體的訓練活動提升專業成長，並透過專業團體訂定專業倫理信條，教育評鑑專業化的發展歷程也是如此（曾淑惠，2006）。

對於評鑑專業化的發展，Bickman與Reich（2005）認為：評鑑領域達到某些專業化的條件，但非全部。雖然有理論與技能實務，但教育評鑑鮮少能成為評鑑

中特定的知能，當前也沒有整體的評鑑知識與技能標準；雖然現在已有許多世界級、國家級的評鑑專業組織，但卻少有入會成員的機制，沒有篩選評鑑人員參與專業評鑑組織的標準，也沒有對評鑑從業人員的限制；許多專業組織有指引評鑑人員行為的標準（通常以倫理指引的形式存在），但卻沒有指出如何獲得或達成這些能力的途徑，沒有持有證照的要求，就沒有推動倫理標準的驅力；許多評鑑人員仍然屬於學術領域，主要是教授或研究人員，對於這些人而言，評鑑只是一種方法而非專業。

曾淑惠（2006）指出：評鑑領域經過半世紀的發展，除專業證照的認證程序，學者認為尚未建立足為典範的機制外，已有學生可以獲得評鑑學位，有許多對評鑑事務工作與生涯發展機會，並有許多專業組織已發展出可供遵守的評鑑倫理、標準或指引原則，評鑑工作者亦能以專業自主發揮其專業服務的功能。而除評鑑學位外，另有許多機會可以提供評鑑領域成員參與相關的專業訓練或研討，以追求專業生涯中的專業成長。評鑑工作雖如前述，不論在服務實踐或理論建構，均有長足的發展，然而「評鑑」正如其它新興學科一般，現在到底只是實務應用領域或已是一門專業，卻仍無定論。吳清山與王湘栗（2004）也認為：現代教育評鑑的發展，因大多數評鑑學者關注的焦點在於評鑑的技術層面，對於形塑評鑑成為一門專業的獨特理論部分，在過去甚少受到關注。為促使教育評鑑成為一項專業，相關學者須多致力於教育評鑑理論的發展。

二、專業成長與績效責任兼顧的系統性評鑑

黃德祥與薛秀宜（2004）指出優良評鑑的基本原則，其內涵為：(1)適當性：包括教育服務方向、人事評鑑報告的運用、評鑑項目的周詳與專業程度；(2)實用性：清楚的標準定義、可信賴的評鑑委員、報告合理且正確清楚表達、評鑑結果可使人遵循改進；(3)可行性：務實的程序、政策與財政的可行性；及(4)準確性：參予評鑑者之角色定義、工作環境與程序文件的要求、有效可靠的測量程序、嚴格監控評鑑系統。就前述原則而言，不論是以評鑑功能或目的來建構評鑑，實已含括評鑑的不同面向。基本上，評鑑猶如人體的健康檢查一樣，主要有兩種功能（蕭霖，2004），一是證明（to prove）的功能：了解學校的運作情形及其表現；另一是改進（to improve）的功能：幫助學校改善其運作缺失。謝文全（1998）指

出：教育評鑑包含下列三項要點：首先，評鑑是對事務加以審慎的評析；其次，評鑑是量度得失及其原因；最後，評鑑旨在經由前述過程的評析後，決定如何改進或重新計畫。

對教育人員來說，究竟教育評鑑是什麼？它所從事的是什麼活動？教育評鑑的本質為何？我們如就評鑑的過程與功能而言，評鑑不外乎是「描述」或「判斷」。一般而言，在評鑑中「描述」的本質是較沒有異議的。自 1960 年代起，「為決策者提供資訊」，即成為評鑑定義中廣為接受的要素之一（郭昭佑、郭工賓，2007）。評鑑所呈現的描述本質，除了對評鑑資料的「蒐集」外，亦須針對所蒐集資料進行解釋或說明其理由，這種「資料的蒐集與分析」已清楚詮釋評鑑的描述本質。而將所蒐集的「資料」經分析後，即可能成為評鑑後提供給決策者的「資訊」。陳玉琨（2004）指出：評鑑須對事物的現狀、屬性與規律等資料進行量或質的客觀描述，其基本要求是它的客觀性，即真實地反映事物的本來面目。

評鑑的「判斷」本質，並不似「描述」那般受到一致的認同，許多不同來源的聲音質疑它成為評鑑本質的合法定位，不過，這樣的見解也同樣受到批評。依據韋氏詞典，評鑑係指對事物的價值、品質、重要性、程度加以檢視與判斷，與judgment、appraisal、rating同義（Gove, 1981；引自郭昭佑、郭工賓，2007）。黃政傑（1994）也指出評鑑活動並不中立且隱含著價值系統的選擇。許多學者認同評鑑是充滿主觀的功績或價值評估的判斷活動（陳玉琨，2004），這也是評鑑之所以與研究不同的最大差異點。由此可知，評鑑除了「資料蒐集與分析」的描述本質外，與功績或價值評估的判斷活動密切相關。

Hattersley（1992）認為促進專業發展是評鑑的核心任務，而教師或校長的專業發展，也有助於提升辦學績效與學習成效，但因學生學習的良窳涉及眾多因素，而教師專業發展最主要的目標也非在此（Spear, 1997），因此如僅以學生成績來作為評鑑的依據，實有其爭議處。此外，學校教育的目的在提供優良的學習環境，以培養身心健全的學生，因此教育也是一種公共服務。但學校是否能以最大的教育績效，為納稅人提供最佳的教育品質服務，已成為世界各國推動教育改革過程中所關注的重要概念。藉由校長評鑑，可由評鑑項目，將社會對校長角色的期許與績效要求，融入其中（武曉霞，2011）。

正式的校長評鑑必須服務於明確的目的，Green（2004）指出典型的評鑑目的包括：機構目標的達成、協助專業表現的提升、提供決策訊息、提供再分配及訓

練的訊息等。校長評鑑的實施並非單獨孤立的，而是必須與能改善學校的「管理過程及資訊系統」相整合，並處理校長績效的所有關鍵層面（Spear, 1997）。校長評鑑不僅用來評估績效，亦可用來培育其能力或是促進學校發展，而近年所提出的「評鑑主流化」概念，更訴求讓評鑑成為組織中日常運作的一部分，而非僅是外加且間歇性執行的任務，如此評鑑方能實際帶動組織的發展（潘慧玲，2006）。

三、共同參與及賦權增能式的評鑑

在評鑑領域中，Guba 與 Lincoln（1989）提出的第四代評鑑，象徵了新世代的評鑑典範，它有別於傳統具濃厚實證典範之評鑑思維，而強調參與者在評鑑場域中的角色，讓原本講求客觀中立、評鑑者與受評者保持獨立關係的想法被打破，而社會建構的多元實體觀，也讓強調研究結果推論應用的主張被質疑，脈絡性的考量置入了評鑑者之視域。繼 Guba 與 Lincoln 之後，著重個體自主性的評鑑理論陸續被提出，諸如參與式評鑑、賦權增能評鑑等，這些論說帶動了新一波對於運用評鑑的思考。換句話說，評鑑的功能並非僅限於結果的應用，事實上，評鑑過程也可發揮促進改變、發展的功能。而這樣的主張，與現今的教育改革脈絡正有其相應之處（潘慧玲，2006）。

Guba 及 Lincoln（1989）以「代」來區別 1910 年以後，各項成功的評鑑典範，第一、二代評鑑，著重學生表現評量方法的適用性；第三代評鑑，則自社會公平的課題出發，教師基於既定的規準，來評斷方案或學生的表現；第四代評鑑，則強調所有利害關係人的涉入（陳美如，2002），在多元實體建構主義觀點下運作，利害關係人在各自的方案利益中相互對待，在資訊交流下達成共識，評鑑以更貼近真實現場及強調參與的形式出現。第四代評鑑旨在修訂前三代評鑑的缺點，強調所有評鑑利害關係人的參與，而第四代評鑑不僅是方法，亦包括政治、道德等辯證過程，例如：由控制者轉變為合作者、由發現者轉變為真實的追求者，並且由被動的觀察者轉變為改變的促進者（change agent）（Guba & Lincoln, 1989）。

張文軍（1998）指出：「後現代」情境中的「差異及去中心化」等特徵，使得傳統組織事務（如領導）的意涵產生重大變化。這表現在學校領導論述及實踐，

即原先占主導地位的「科學領導」，被注重「領導與被領導、管理與被管理之間關係」，及不斷轉變的「情境變化組合觀」所取代；而教育管理模式從原來的科層體制，轉變為合作協同及聯合領導，換言之，領導活動是根據任務和所需的技能，隨時改變領導者和管理者（賴志峰，2009）。在此相同情境下，讓利害關係人參與評鑑之規劃與做決定，成為許多新興評鑑取徑的重要訴求，「賦權增能」評鑑即為其中之一（潘慧玲，2006）。

　　Fetterman（1994）指出：「賦權增能評鑑」已在學術領域創造出一個新的適當位置，這種評鑑方式具有濃厚的政治味道，因為它有一個重要的工作，即「使用評鑑的概念、技術與發現，涵育改進與自我決定」（引自潘慧玲，2002）。此即是刻正興起的「第五代評鑑」——賦權增能評鑑。如以前述理念應用於校長評鑑，它反對校長僅是被評鑑者、被動整理資料者的角色。並且，在認定每位校長都有能力的前提主張下，強調公平、自由、啟發與解放的精神，主張透過民主、公開的參與過程，來自我檢視管理領導績效，並藉以修正與重新擬定策略，改進問題，促進自我省思，進而提升相關知能。賦權增能評鑑主張校長應作為評鑑的主體，且須針對校務領導與實踐進行自我評鑑。因為最了解學校脈絡情境的是校長，而非督學、學者或其他行政管理人員，而校務經營的困境，也須就學校的脈絡來加以解決。

肆｜校長評鑑之省思

　　校長的領導行為深深影響學校的辦學品質。學校經營績效的良窳，固然需要優秀的老師、充實的設備與經費等條件配合，但最重要者仍是校長的領導品質，而要提高此一品質的重要途徑就是校長評鑑，因此校長評鑑制度的建立，乃當前教育評鑑迫切需要的課題（張德銳、丁一顧，2000；黃政傑，1994）。但校長評鑑的實施須面臨許多的問題與考驗，除了制度上的制定與評鑑過程的困難外，評鑑者的客觀與被評鑑者是否配合乃重要的關鍵。雖然歐美國家實施校長評鑑已行之有年，但對於我國來說，校長評鑑還在起步階段（林麗婷，2006）。因此，為求校長評鑑能順利推展，我們須省思社會脈絡並借鏡先進國家的經驗，來審度校長評鑑在發展的過程中，須制定的配套措施及相關事宜，以利評鑑制度發展。

一、培養專業評鑑人員以建立公信力

　　教育評鑑如要發展成為專業，須具備獨特的技能和知識基礎，如此，才能使評鑑的公信力獲得大眾的信賴。在專業的領域中，評鑑必須具備的技能和知識，Mertens（1994）認為包括：研究方法論的知識和技能、評鑑實務的知識和技能（但從其它領域借用），以及獨特學科知識和技能體系等三項（轉引自賴志峰，2009）。而 Worthen 等學者（Worthen, Sanders, & Fitzpatrick, 1997）則指出所謂成熟發展的評鑑，除擁有獨特的知能外，尚須具備下列條件：(1)能培養領域專家；(2)發展出人員養成方案；(3)符合資格的實踐者能有固定的職業機會條件；(4)建立證照制度的判斷程序；(5)成立專業學會；(6)專業學會發展出成員入會規準；及(7)發展出引導評鑑實施的標準等。徵諸國內評鑑領域發展情況，如以前述 Worthen 等學者所提出的條件來加以審視，除已成立幾個相關評鑑專業團體，並於部分大學校院成立評鑑系所外，其餘條件要不是尚未成熟，就是付諸闕如。

　　「評鑑」係有系統地採用各種方法蒐集資料，再對照評鑑準則，以判斷任何教育對象價值的過程，並將結果做為改進教育決策之依據。由於評鑑乃評鑑人員對評鑑資訊與結論的價值判斷，故評鑑人員的專業表現是影響評鑑工作品質最重要的因素，尤其在評鑑逐漸成為一門專業學門，為保障其專業地位及提升其專業形象，講求評鑑人員及其產出品質更顯得格外重要（蘇錦麗、黃曙東，2009）。再者，Blckman 與 Relch（2005）認為評鑑若要成為專業，其要素包括：(1)專業證照或認證制度；(2)訂定一套具共識的專業標準；(3)評鑑人員具備特定專業知能；(4)提供評鑑人員養成方案；(5)評鑑人員有穩定的職涯發展機會；(6)設有功能完善的專業評鑑機構與教育機構；及(7)評鑑人員能對評鑑工作投入與自律等。綜觀之，評鑑人員專業素質及其整體表現，為評鑑專業發展的關鍵因素。

　　任何評鑑的推動，公正性是一個重要前提，唯有在公平客觀的情況下，校長評鑑結果才會為人所信服，並進而得以結合相關政策，所以校長評鑑的評鑑人員，除了基本要具備評鑑知能外，更重要的是對校長事務有所了解。評鑑委員素質高低，是評鑑成敗的重要關鍵之一。但目前國內並無大量的評鑑人才，也無機構專門來培訓專業的評鑑人員（黃曙東、蘇錦麗，2010），遇到教育行政機關要辦理教育評鑑時，常常是臨時組成一個任務編組，邀集一些學者專家參與，這些人員

雖可能具有豐富的學理涵養，但是在實務經驗方面，也許並不是相當足夠，故常導致整個評鑑難以發揮應有的功能（林麗婷，2006）。未來實施校長評鑑勢必需要許多的專業評鑑人員，因此，為求校長評鑑能發揮其促進專業的功效，教育相關權責單位應積極規劃，培養既專業又富有經驗的人才，以利評鑑政策之全面實施。

二、加強宣導以建立對評鑑功能與目的之共識

「評鑑」兩字，常令相關者聞之色變。究其原因，多半是對評鑑的不了解、擔心評鑑被錯用，或擔心過程粗糙影響結果。吳清山（2001）定義「校長評鑑」為：「對於校長的表現進行判斷，以了解校長表現的優劣和提供校長改進缺失的過程」。就此定義來看，評鑑在提供校長改進缺失的目的上，應為正向的，但因為有價值判斷的意涵，因此非常敏感，在價值判斷之後，如何運用，則牽涉到其為形成性評鑑或為總結性評鑑（武曉霞，2011）。先進國家實施校長評鑑以形成性專業發展為主（Hattersley, 1992），並考量社會需求、公共服務等理念，而輔以要求績效責任的總結性評鑑，國內未來在規劃校長評鑑時，應慎重考慮評鑑的功能需求及其實施順序。

林文生（1999）指出，校長評鑑比一般的教學評鑑工作複雜許多，其中牽涉到政治因素、社區條件、校園文化等。除此之外，總結性評鑑與專業成長的需求似乎很難同時兼顧，也是校長評鑑實施的主要困難處。Redfern認為好的評鑑必須引導受評者與評鑑者間良好的合作關係，並促進利害關係人之間的交流，重點應放在協助受評者專業成長及發展與改進（轉引自武曉霞，2011）。但國內目前實施之校長評鑑，在校長遴選的壓力下，實在無法營造積極的氛圍，也缺乏互信的基礎。郭昭佑（2001）指出，績效責任與發展改進雖同為教育評鑑的目的，但兩目的間似乎難以共存，在一些脈絡中甚而隱含互抑關係。

Stufflebeam與Shinkfield（1985）認為評鑑是：一種選擇、蒐集並提供描述性與判斷性的資訊以利決策，並增進對研究現象的了解及符應績效責任的要求（轉引自黃光雄譯，2005）。就前述觀點而言，「評鑑」雖因不同理論及利益關係，而有不同的解釋及目的，但不論是資料蒐集分析、描述以利掌握教育發展狀況，並促進評鑑者的專業發展；或是依據規準做價值判斷，以要求績效的總結性評鑑，

都屬評鑑的目的及功能範圍內。Alkin 與 Christie（2004）認為評鑑的發展是奠基在兩個軀幹：績效責任與控制、系統性社會探究（social inquiry），這兩個範疇支持著評鑑往不同方向發展。首先，社會對績效責任的要求，也就意味著對「評鑑」的需求，即以評鑑判斷績效，不論是公營或私立組織，其對「績效責任」的設計並非是限制性的活動（limiting activity），而是為改善計畫方案或社會整體。

臺灣教育評鑑活動雖頻繁，但接受評鑑者多不明其意，只知道評鑑流程、如何準備，而不知何謂評鑑。過去對學校系統的評鑑大多以學校行政人員為主，未來發展勢必將影響所有參與教育工作的人。因此，教育人員應有啟蒙的準備，試著了解評鑑、接受評鑑，並從評鑑中實際獲益（郭昭佑、郭工賓，2007）。究竟評鑑是什麼？它所從事的是什麼活動？這些都涉及對評鑑功能的理解，也是攸關校長評鑑能否順利推展的關鍵因素。陳錫珍（2007）指出：校長評鑑初始階段，應界定明確的評鑑目的、標準及實施程序，並邀請校長參與評鑑的規劃，鼓勵其訂定自我成長的目標及進行自我反思，並確保校長及評鑑人員清楚了解評鑑的目的、標準及實施程序。

三、經由評鑑參與以建立「自主學習」的專業模式

近年來，許多學者（潘慧玲，2006；鄭淑惠，2009；Spear, 1997）主張，評鑑不應該只是一個短暫存在的組織活動，而必須成為組織內部結構的一部分。換言之，評鑑的功能與評鑑人員的角色，應該與組織的基礎結構以及例行的工作職責相結合，使評鑑的系統能內建於組織的運作中，以持續提供組織所需的回饋資訊與學習機會，成為真正協助學校發展的機制。「第四代評鑑」在實施過程中，受評鑑者不是被動的提供資料者，而是積極的對話與溝通者（郭昭佑，2007）。不論是評鑑方式或評鑑判準的制定，都強調受評鑑者的參與角色；而多元建構實體的觀點，使評鑑更能貼近真實的脈絡場域。受評者（個人或組織）不但因參與而增能，也從評鑑過程培養「自主學習」的專業發展模式。

自主學習強調持續性學習，是個人或組織增強變革能力的關鍵（吳明烈，2008）。此外，有學者（林慧蓉，2007）指出：自主學習有助於強化解決問題的能力、增進創新經營、增強競爭優勢，並提升專業發展與學校效能，以促進組織目標之達成。為了促進自主學習，教育評鑑應該融入組織系統，使評鑑機制整合

於學校的基礎結構與實務中，透過計畫性、持續性的評鑑實施，使評鑑結果、變革行動與組織目標相連結，成為全校性變革的支持結構與驅動力（Preskill, 2005）。學校成員參與評鑑過程，是評鑑促進組織學習的必要條件（陳冠年、林蓓君、孫浩章、蔡文惠，2008）。評鑑人員與組織成員的角色關係，應為一種互為平等、協同參與的合作關係。在評鑑實施的歷程中，學校成員是主動的學習者，對於組織的重要議題，進行探究以建構意義。

　　基本上，第一、二、三代評鑑偏重量化的技術運用，忽略人與情境的考量，而未能捕捉真實且豐富的多元訊息。相較之下，第四代評鑑主張在自然情境下進行探究，同時面對已知和未知的事物，透過實地觀察、參與活動，以真正理解教育活動中的意義與價值。當第四代評鑑提出，打破以往強調科層控制、專家取向的評鑑模式之後，更多貼近現場、強調參與學習的評鑑紛紛出籠，如「賦權增能評鑑」、「參與式評鑑」等（孫志麟，2008）。這些評鑑模式不但主張受評鑑者共同參與評鑑過程與擬訂指標，以符應各地的特殊情境與文化脈絡，更希望藉由評鑑學習的過程，使受評鑑者培養自我學習的態度與能力。

伍｜結論與建議

　　林天祐（2004）檢視國內教育評鑑的發展指出，我國教育評鑑雖正如火如荼的展開，但就專業化的程度而言，尚處於邁向專業的半途中。我們若以評鑑「專業化」的定義而言：在專業知能方面，雖然在大專院校中已有以「評鑑」為名的學術單位，但因設置期間尚短，因此，屬於評鑑「獨特且系統化」的知識體系，尚屬初步建構階段；在專業自主方面，評鑑時，委託單位均已授權評鑑者充分發揮獨立自主的功能，然評鑑過程與結果，則尚未全面受到其他評鑑關係人的正面肯定與尊崇，評鑑工作者亦未能針對負面評價，提出充分且具體的回應以克服對評鑑的負面觀點；在專業人員與專業生涯方面，目前接受委託擔任評鑑委員者，幾乎全都是產、官、學現職工作者，並無專職評鑑委員（曾淑惠，2006）。

　　就前述國內發展狀況而言，「教育評鑑」尚未達到專業領域所規範的標準，而中小學校長評鑑系統的發展與採用，也仍屬萌芽或起步階段，未來尚有漫長的路程亟待努力。校長評鑑不但對於教育專業的改善和學校教育的革新均有助益，

而且對校長工作士氣的提升亦有積極的獎勵作用。因此，我國教育行政機關以及學校應多予重視，除應利用有效的溝通管道多加提倡外，也需加強校長評鑑系統的研究。筆者綜合前述文獻探討及省思，提出下列幾點建議，以利校長評鑑實務之發展：

一、加強校長評鑑觀念的提倡

校長評鑑對於教育專業的改善和學校教育的革新均有助益，對於校長工作士氣的提升，以及不適任校長的處理亦有積極的獎勵和消極的制約作用。因此，我國教育行政機關，以及各級學校應多予重視，並利用有效的溝通管道多加提倡。

二、加強校長評鑑專業人員的培訓工作

就評鑑發展歷程而言，評鑑要發揮成效，必須要培訓具相關知能的專業評鑑人員。換句話說，評鑑人員須擁有豐富學理基礎及實務經驗，才能建構有效評鑑工具、蒐集多元資料並據以形成價值判斷，而經由此程序所施行的評鑑才能為利害關係人接受。擔任校長評鑑的委員，對校長評鑑的目的、規準、實施程序等方面的原則和技巧，應接受專業化的訓練。反觀我國教育行政機關缺乏這方面的人才，相關負責機關應盡速積極規劃培訓。

三、應加強校長形成性評鑑工作

校長評鑑大抵可分為用以幫助校長改進職能為目的之「形成性評鑑」，以及用以作為行政決定依據的「總結性評鑑」。我國國民中小學以往的校長評鑑常常和一年一度的校長成績考核畫上等號，其實並不正確。今後應體認校長專業成長的重要性，加強形成性評鑑的理論與實務。

四、應積極進行校長評鑑手冊的編修工作

歐美先進國家為有效進行校長評鑑工作，多由州教育行政機關編修校長評鑑

手冊供各學區採用，內容涵蓋評鑑目的、規準、實施程序，並附有詳盡的評鑑規準和工具（林麗婷，2006）。實施評鑑時，受評校長人手一冊。評鑑實施一段時間後，再加以檢討改進。反觀我國各考核機關迄今仍無任何評鑑手冊可資遵行，有賴教育主管行政機關委請專業學者和學校行政實務人員，共同合作完成編修工作，以利校長評鑑工作的推行。

　　總而言之，校長是一所學校的辦學品質與績效的重要關鍵人物，而校長評鑑正是提升校長行政職能的利器。盼望我國中小學校長評鑑的理論研究能夠逐漸落實扎根，評鑑的實務工作能夠早日建立起制度。而一個健全的校長評鑑制度，將能帶動我國中小學校長專業素質的改善，進而確保我國中小學教育品質的大幅提升。

📁 王鳳雄小檔案

　　國立暨南國際大學教育政策與行政學系博士候選人，曾任臺中市太平區東汴國小校長，2011 年 2 月經遴選成為臺中市太平區宜欣國小第四任校長。

📁 翁福元小檔案

　　國立臺灣師範大學教育研究所博士候選人，英國雪菲爾大學（University of She-ffield）社會學系哲學博士，曾任國中教師、大學助教、講師、副研究員、副教授，國立暨南國際大學家庭教育研究中心主任。1990 年曾榮獲教育部碩士後留歐公費（教育改革—教育社會學學門），2005 年獲選為亞洲名人錄、2006 年獲選為亞非地區名人錄、2007 年獲選為亞太地區名人錄。現為國立暨南國際大學教授、臺灣運動社會學學會秘書長。主要研究領域與專長為教育政策社會學、教育改革、教育社會學、教育評鑑、家庭教育、高等教育、校長學。有多篇學術論文發表於國內外重要學術期刊。

R eferences
參考文獻

中 | 文 | 部 | 分

丁一顧、張德銳（2001）。中小學校長評鑑制度的比較分析與改革芻議。載於國立嘉義大
　　學國民教育研究所（主編），**中小學校長專業成長制度規劃**（頁115-146）。高雄市：
　　復文。

王如哲（2002）。**校長評鑑制度：以美國為例**。論文發表於臺灣教育政策與評鑑學會主辦
　　之「校長培育與評鑑制度研討會」，臺北市。

吳明烈（2008）。組織學習的發展趨勢與變革策略之探究。**教育政策論壇，11**（4），
　　90-123。

吳清山（2001）。中小學實施校長評鑑的挑戰課題與因應策略。**教育研究月刊，84**，
　　28-36。

吳清山、王湘栗（2004）。教育評鑑概念與發展。**教育資料集刊──教育評鑑專輯，29**，
　　1-26。

林天祐（2004）。校務評鑑專業化的探討。載於張明輝（主編），**教育政策與教育革新**
　　（頁319-340）。臺北市：心理。

林文生（1999）。校長評鑑制度的問題、省思與前瞻。**國民教育，39**（6），107-112。

林邵仁（2008）。**教育評鑑：標準的發展與探索**。臺北市：心理。

林慧蓉（2007）。組織學習理念在教師專業發展評鑑之應用。**初等教育學刊，26**，43-64。

林麗婷（2006）。國民中小學校長評鑑面臨的問題與因應之道。網路社會學通訊期刊，
　　55。取自 http://www.nhu.edu.tw/~society/e-j/55/index.htm

武曉霞（2011）。從校長同儕評鑑談增進校長專業發展的可行性。**學校行政雙月刊，72**，
　　23-39。

胡英楗（2001）。**基隆市國民小學校長評鑑指標建構之研究**。國立臺北師範學院國民教育
　　研究所碩士論文，未出版，臺北市。

孫志麟（2008）。學校本位教師評鑑的實踐與反思。**教育實踐與研究，21**（2），63-94。

張文軍（1998）。**後現代教育：Post-modern Education**。臺北市：揚智。

張清楚（1996）。**國民小學校長成績考核之研究**。臺北市立師範學院初等教育研究所碩士
　　論文，未出版，臺北市。

張德銳（1999）。國民中小學校長評鑑系統的初步建構。初等教育學刊，**7**，15-38。

張德銳、丁一顧（2000）。美國中小學校長評鑑制度及校長專業發展。**教育資料與研究**，**37**，52-57。

張德銳、丁一顧（2003）。中小學校長專業發展管道與策略之初探。初等教育學刊，**16**，53-57。

郭工賓（2001）。**國民小學校長辦學績效評鑑指標建構之研究**。國立臺北師範學院國民教育研究所碩士論文，未出版，臺北市。

郭昭佑（2001）。教育評鑑指標建構方法探究。**國教學報**，**13**，251-278。

郭昭佑（2007）。**教育評鑑研究——原罪與解放**。臺北市：五南。

郭昭佑、郭工賓（2007）。教育評鑑的本質——描述，與判斷？。**研習資訊**，**24**（2），101-107。

陳玉琨（2004）。**教育評鑑學**。臺北市：五南。

陳冠年、林蓓君、孫浩章、蔡文惠（2008）。圖書館的挑戰：經由評鑑促進組織學習。**大學圖書館**，**12**（2），42-78。

陳美如（2002）。當教師遇見課程評鑑：轉變與成長。**師大學報：教育類**，**47**（1），17-38。

陳素秋（2006）。臺灣近三十年來教育評鑑研究生論文分析。**教育政策論壇**，**9**（3），47-73。

陳錫珍（2007）。中小學校長評鑑相關議題之探討。**北縣教育**，**62**，37-40。

曾淑惠（2002）。**教育方案評鑑**。臺北市：師大書苑。

曾淑惠（2006）。評鑑專業化的概念與發展對我國教育評鑑專業化的啟示。**教育研究與發展期刊**，**2**（3），171-193。

黃光雄（譯）（2005）。D. L. Stufflebeam & A. J. Shinkfield 著。系統的評鑑：理論與實務的自我教學指引。臺北市：師大書苑。

黃姿霓、吳清山（2010）。美國證聯會 2008 年校長領導國家層級新標準及其對我國國民中小學校長培育制度之啟示。**教育研究與發展期刊**，**6**（1），199-228。

黃政傑（1994）。**課程評鑑**。臺北市：師大書苑。

黃德祥、薛秀宜（2004）。教師評鑑的模式與發展趨勢。**教育研究月刊**，**127**，18-32。

黃曙東、蘇錦麗（2010）。教育評鑑人員專業發展之研究。**教育研究與發展期刊**，**6**（3），115-147。

潘慧玲（2002）。方案評鑑的緣起與概念。**教師天地**，**117**，26-31。

潘慧玲（2006）。以評鑑促進學校革新之思考。取自 http://web.ed.ntnu.edu.tw/~panhu/hk%202006.pdf

蔡啟達（2008）。教育評鑑的基本概念。載於林進材（主編），**教學評鑑理論與實施**（頁 1-34）。臺北市：五南。

鄭淑方、鄭理謙（2008）。增進校長的專業成長——談校長評鑑。**商業職業教育，110**，5-10。

鄭淑惠（2009）。教育評鑑的效用性：促進組織學習的觀點。**新竹教育大學教育學報，26**（2），57-89。

鄭新輝（2002）。國民中小學校長評鑑系統建構的基本理念。**初等教育學報，15**，183-236。

鄭新輝（2003）。英國中小學校長評鑑政策的發展及其啟示。**南師學報，37**（1），129-153。

鄭新輝（2007）。以校長績效管理取代績效評鑑：英國經驗的啟示。載於 **2007 年中小學校長專業發展國際學術研討會**（頁 141-171）。臺中市：國立臺中教育大學。

蕭霖（2004）。我國教育評鑑的問題、發展與展望。**教育資料集刊，29**，515-525。

賴志峰（2004）。美國教育領導者培育方案認可制度及標準之啟示——以全國師資培育認可委員會為例。**國立編譯館館刊，32**（3），80-91。

賴志峰（2009）。教育評鑑專業化及評鑑模式的省思。**研習資訊，26**（1），79-85。

謝文全（1998）。**教育行政——理論與實務**。臺北市：文景。

謝秀娟（2008）。**臺中市國民小學校長辦學績效評鑑指標建構之研究**。國立臺中教育大學教育學系碩士論文，未出版，臺中市。

蘇錦麗（2003）。談教育評鑑之專業性。**教育研究月刊，112**，31-36。

蘇錦麗、黃曙東（2007）。人員評鑑標準對我國大學教師評鑑制度之啟示。載於中華民國師範教育學會（主編），**教師評鑑與專業成長**（頁 **3-38**）。臺北市：心理。

蘇錦麗、黃曙東（2009）。美國大學教師評鑑制度之探討。**教育政策論壇，12**（2），1-44。

龔素丹（2007）。校長辦學績效評鑑之難處與展望。**北縣教育，62**，65-70。

英｜文｜部｜分

Alkin, M. C., & Christie, C. A. (2004). An evaluation theory tree. In M. C. Alkin (Ed.), *Evaluation roots.* Thousand Oaks, CA: Sage.

Bickman, L. (1997). Evaluating evaluation. *Evaluation Practice, 18*(1), 1-16.

Bickman, L., & Reich, S. (2005). Profession of evaluation. In S. Mathison (Ed.), *Encyclopedia of evaluation* (pp.331-334). Thousand Oaks, CA: Sage.

Council of Chief State School Officers (CCSSO) (1996). *Interstate School Leaders Licensure Con-*

sortium: Standards for School Leaders. Retrieved from http://wps.ablongman.com/ab_bacon_edadmin_1/0,6183,462533-,00.html

Cullen, K. (1997). An evaluation of the United Kingdom's national system of headteacher appraisal. *Studies in Educational Evaluation, 23*(2), 103-130.

Demaine, J. (1999). Education policy and contemporary politics. In J. Demaine (Ed.), *Education policy and contemporary politics* (pp. 5-29). London: Macmillan.

Daresh, J. C. (2001). *Beginning the principalship: A practical guide for new school leaders.* Thousand Oaks: Corwin Press.

Guba, E. G., & Lincoln, Y. S. (1989). *Fourth generation evaluation.* Newbury Park, CA: Sage.

Green, J. E. (2004). *Evaluation principals.* Bloomington, Indiana: PDK.

Hattersley, M. (1992). Introduction and overview. In M. Hattersley (Ed.), *The appraisal of headteachers* (pp.1-10). New York: Cassel.

Hewton, E., & West, N. (1992). *Appraisal primary headteachers: Challenge, confidence, and clarity.* Buckingham: Open University.

Interstate School Leaders Licensure Consortium (2008). *Performance expectations and indicators for education leaders.* Retrieved from http//www.ccsso.org/resources/programs/interstate_teacher_assessment_consortium(intasc).html

Larry, L. (2003). *Improving principal evaluation.* ERIC Digest. Source: ERIC Clearinghouse on Educational Management.

Preskill, H. (2005). Entries on the topics of evaluative inquiry. In S. Mathison (Ed.), *Encyclopedia of evaluation* (pp.143-146). Thousand Oaks, CA: Sage.

Spear, C. E. (1997). The benefits of headteacher appraisal. In C. E. Spear (Ed.), *Headteacher appaisal* (pp.37-44). England: Arena.

Worthen, B. R., Sanders, J. R., & Fitzpatrick, J. L. (1997). *Program evaluation: Alternative approaches and practical guidelines.* New York: Longman.

23 國民中小學校長辦學績效評鑑之規劃與實施

鄭新輝（高雄市政府教育局局長）

林文展（高雄市立三民高中校長）

壹｜前言

　　面對知識經濟與全球化競爭的時代，各國莫不將強化教育品質視為提升國家競爭力的基礎。因此近二十年來，各國紛紛投入相當多的教育經費，針對該國的教育問題，提出各種教育改革政策，推動各項教改措施。然而，有規劃完善的教改政策，如果缺乏能有效執行政策的教育人員，教改政策仍無法有效落實。Glasman 與 Heck（1996）指出，隨著教育改革與績效責任日受重視，對教育人員進行評鑑，已成為改善學校績效表現的一項重要管理策略。可見對教育人員課以績效責任，也成為確保教育改革政策能夠有效落實執行的重要配套措施之一。校長是學校運作的重要決策者，其經營理念與行為表現對學校的行政運作方式、組織文化、教學與學習氣氛、學校倫理及學生的學習表現產生相當程度的影響（江文雄等，1999；張德銳，1998）。國內為強化校長的辦學績效責任，自 1999 年修正公布「國民教育法」及其施行細則，以法制化校長辦學績效評鑑。但檢視十多年來，各縣市對校長辦學績效評鑑之作法仍不一致，對該評鑑的定位也有部分待釐清之概念。本文之目的在釐清校長辦學績效評鑑之概念，並探討實施現況與問題，進而提供規劃與實施校長辦學績效評鑑之可行策略與作法，以提供教育行政決策參考。共分成五節進行探討：(1)校長辦學績效評鑑發展之背景；(2)校長辦學績效評鑑基本概念；(3)校長辦學績效評鑑的現況與利害關係人之看法；(4)校長辦學績效評鑑系統的運作規劃與實施；(5)省思與建議。

貳｜校長辦學績效評鑑發展之背景

　　自 1970 年代以來，與「教師評鑑」（teacher evaluation）（Canadian Teachers' Federation, 1975; Carlson & Park, 1976; Mitsakos & Selfert, 1979; Holley & Hickman, 1981）、「校長評鑑」（principal evaluation）（McCleary, 1979; Mullins, Ferguson, & Johnson, 1988; Valentine, 1986）、「教育局長評鑑」（superintendent evaluation）（Candoli, Cullen, & Stufflebeam, 1994; Lewis, 1977; Peterson, 1989）有關的研究與方案，如雨後春筍般出現。其目的不外乎在藉由教育人員評鑑的實施，一方面引導教育人員提升其專業知能，另一方面明確化個人的職責角色並具體展現個人績效，以確保教育品質的提升。檢視國內有關校長辦學績效評鑑的發展背景，則具有下列幾項特徵：

一、教育「工作—成效」概念的強化

　　由學理的觀點言之，教育本應該具有「工作－成效」（task-achievement concept）的概念（歐陽教，1978：23）。因此在教育改革推動的過程中，如何落實教育人員的績效評鑑與管理，以有效提升學校經營成效，確實是一項不可忽視的課題。對負責學校經營成敗關鍵的領導者，其績效表現更日益受到重視（Duke & Stiggins, 1985; Frerking, 1992; Ginsberg & Thompson, 1992; Glasman, 1992; Hallinger & Murphy, 1985; Snyder & Ebmeier, 1992; Stufflebeam & Nevo, 1993）。尤其是受 1970 與 80 年代有關學校效能研究的影響，更普遍認為卓越的校長領導是高效能學校的關鍵（Anderson, 1991; Andrews & Soder, 1987; Bossert et al., 1982; Duke, 1987; Ginsberg & Thompson, 1992; Sergiovanni, 1995; Thomas & Vomberg, 1991; Valentine & Bowman, 1991），更促成教育決策者對校長角色的重要性與績效賦予更多的關注，並紛紛提出各種型態的校長績效評鑑與管理政策（Glasman & Heck, 1992, 1996, 2003; Stufflebeam & Nevo, 1993），以便能夠確保學校教育品質的提升。

二、校長遴用制度的改變

　　國內學校管理體制隨著新公共管理與績效責任思想的影響，同時回應民間教改團體為落實校長辦學績效、課以績效責任、去除萬年校長、提升學校經營品質的期待，因此也在 1999 年修正公布「國民教育法」及其施行細則，將各縣市國民中小學校長的任用方式，由派任改為遴選制（國民教育法第九條）。為提供各縣市校長遴選委員會在審議現職國民中小學校長應否繼續遴聘之參考，因此法規中規定：各縣市政府應就所屬國民中小學校長之辦學績效予以評鑑（國民教育法第九條之三）；對評鑑績效優良之現職校長，則考量優先予以遴聘（國民教育法施行細則第十一條）。由於校長辦學績效評鑑制度的規劃，法規中僅要求各縣市政府應辦理校長辦學績效評鑑，未明確將校長辦學績效評鑑有關的運作規範授權由中央或地方訂定。因此各縣市基於實際運作上的需要，皆由各縣市政府自主規劃各種可衡量校長辦學績效之方式，但其作法未必全然符合法規之要求。依據鄭新輝（2002a，2008）的研究發現，各縣市自 1999 年國民教育法修正以來，仍有許多縣市尚未落實與完整規劃校長辦學績效評鑑。各縣市在 2001 年時，僅 2 個縣市真正依法令規定，採取以校長辦學績效評鑑為名的評鑑；另有 7 個縣市則以校務評鑑結果作為校長辦學績效評鑑的參考；其餘 14 個縣市則未辦理與校長辦學績效有關的評鑑。至 2008 年，以校長辦學績效評鑑有關名稱（例如：校長辦學績效評鑑、校長績效評鑑、校長任期考核）者僅 4 個縣市；以校務評鑑或學校評鑑為名者有 12 個縣市；未辦理者有 7 個縣市。至 2011 年，在 23 個縣市中，有 17 個縣市（74%）實施用以了解國中小校長辦學績效有關之評鑑；但尚有 6 個縣市（26%）未實施（鄭新輝、林文展，2011）。可見，如何落實校長辦學績效評鑑，協助與引導校長提升學校經營品質，仍有發展空間。

三、校長績效評鑑政策的落實

　　「國民教育法」修正至今已十餘年，各縣市為辦理校長遴選所規劃辦理之國民中小學校長辦學績效評鑑執行情形與成效不一；對評鑑績效優良之校長，也因各縣市校長遴選方式的差異，以至於有些縣市優秀校長未能獲得優先遴選之肯定

與鼓勵，衍生對有積極作為校長的負面衝擊，不符國內日益重視之學校辦學績效與品質提升之期待。反觀英美各國為落實各中小學校長的辦學績效評鑑，大部分由中央（如英國與紐西蘭）或由各州（如美國）訂定法規並提供相關的作業規範或手冊，以提供負責管理中小學的各學區或學校管理委員據以訂定更為詳細的計畫參考（鄭新輝，2003）。因此，在國內對國民中小學校長辦學績效評鑑的執行規範尚缺乏明確的法規授權，而各縣市執行方式與成效不一的情形下，仍應藉由實證研究，以了解各縣市目前的實施現況與問題，進而規劃一套較為完備且可提供各縣市參考的作業規準，以協助各縣市落實校長辦學績效評鑑政策。

四、缺乏健全的評鑑運作系統

　　分析國內各縣市實施校長績效表現有關的評鑑資料顯示（鄭新輝，2002a，2008），仍有部分縣市以校務評鑑取代校長辦學績效評鑑。由於校務評鑑之內涵，未必能真正反映屬於校長權責的績效表現（蘇錦麗、吳德業，2001）；而少數實施校長辦學績效評鑑的縣市，大部分僅訂有實施計畫，卻無完整的評鑑運作系統之規劃，以至於評鑑者與受評者不易對評鑑的運作內涵獲得充分了解。此外，校長辦學績效評鑑的目的偏向以遴選為主要目的之總結性評鑑；評鑑人員雖不乏學者專家，但因匆促成軍，且事前大部分未接受充分的講習或訓練；資料蒐集方式雖然多元化，但因時間過於匆促且缺乏完善的設計，以至於資料蒐集與判斷的正確性易受質疑；有評鑑工具與表格設計，但部分內容較為簡略；訪評時間過於匆促，影響評鑑資料的蒐集與判斷；評鑑標準傾向採取一致性的項目與指標，未能考量不同環境背景的影響，且未兼顧絕對性與相對性標準；評鑑結果大部分提供做為校長遴選參考，較無法適時提供受評校長具體而持續改善的建設性建議；而一次性的評鑑也未能協助受評校長，設定與落實學校應優先發展與改進的目標；大部分的評鑑報告與歷程資料缺乏妥善的管理機制，以至於容易對受評者造成非預期的傷害；評鑑結果的處理，亦大部分未提供受評校長申覆機會與處理程序；對評鑑本身亦無後設評鑑的檢視機制等等，均充分顯示國內對國中小校長辦學績效評鑑政策的落實，仍有待努力。檢視目前各縣市之作法，由中央明確化校長辦學績效之政策方向並規劃健全而完整的運作系統，將有其需要性。

參│校長辦學績效評鑑基本概念

「辦學績效評鑑」包含「辦學績效」（performance of school management）與「評鑑」（evaluation）兩個核心概念。因此在定義國民中小學校長辦學績效評鑑之前，需先釐清其意涵。

一、辦學績效

由於校長是綜理校務的最高行政主管人員，因此校長的「辦學績效」也就是校長的「校務經營績效」（performance of school management）。其中，「校務經營」的內涵若依其所涉及之事務性質加以區分，可分成：教務、訓輔、總務、公共關係與人力資源管理等層面（謝文全，2007）。至於「績效」（performance）的內涵，則因不同學術研究領域與所強調的重點差異，而有不同的界定。依據韋氏大辭典的解釋，"performance" 可以泛指行為、功績，以及影響該行為表現的態度與能力。由於國內外學者對該字的內涵有不同觀點，因而有不同的界定。Bates 與 Holton（1995）認為績效是一種多層面的建構（multi-dimensional construct）。不同的績效內涵需要採取不同的測量方式，因此決定績效是行為或結果就相當重要。若依學者觀點，則績效可依其性質分成兩類（Bernardin, Kane, Ross, Spina, & Johnson, 1995; Campbell, 1990; Campbell, McCloy, Oppler, & Sager, 1993）：一類較強調績效的「行為層面」（behavioral dimensions）；另一類較強調「結果層面」（outcome dimensions）；但通常若能綜合二者，將更能適切的界定績效的內涵（鄭新輝，2011）。

（一）行為層面

績效的行為層面是指個體在工作環境中，從事與達成組織目標有關的各項作為。亦即個體在組織中所表現的行為，並非全是績效表現；只有當個人表現出與達成組織目標有關的行為，才可稱之為績效。例如：有的校長每天在學校忙碌於處理公事，但如果所忙碌者皆屬雞毛蒜皮小事，而與學校目標無關，則無績效可

言。因此績效並非單純僅由行為本身來界定，而是包含一種與達成組織目標有關之行為判斷歷程；且只有可觀察、測量或量化的行為才可稱之為績效（Campbell, McCloy, Oppler, & Sager, 1993）。採此觀點的學者，例如 Ilgen 與 Schneider（1991）；Mohrman、Resnick-West 與 Lawler（1989）；Campbell 等人（1993）傾向將績效視為是個人實際從事與組織目標有關且可測量的行為組合。

（二）結果層面

績效的結果層面是指個人從事與達成組織目標有關的行動後所產生的結果。因此個人在組織中所從事與組織目標達成有關的行動並非全屬績效，而是只有在行動後所生的結果能達成組織目標，才可稱之為績效。例如：有的校長為提升學生的學習表現，不斷努力並提出各種學校改善計畫，但如果均無法如期達成提升學生學習表現的成效，則不能算是有績效。因此，在評估一個人的績效時，不能僅由行為做判斷，最終仍應由該行為所產生的結果是否實現組織目標的程度來衡量。採此觀點的學者，例如 Bernardin、Kane、Ross、Spina 與 Johnson（1995）即認為績效是指在特定期間內，對某一特定工作的職能或活動後，所產生的結果紀錄。

（三）行為與結果的綜合

個人的績效若單以行為層面或結果層面來判斷，則均有所偏。因為影響個人行動所生結果的因素，有許多是無法完全掌握的；何況有些任務的性質本身並無法直接呈現出具體的結果。因此若僅由結果來判斷個體的績效，則未必公平。例如：校長對教師的關懷行為，未必能直接反映在提升學生的學習成就表現上，但卻有助於提升教師的服務士氣與工作滿足感，並間接影響學生學習表現。因此，個人績效的界定，最好能依個人所從事的工作或任務性質，設定其與組織目標達成有直接或間接關係的表現行為，並以可測量的具體行為與結果來綜合決定個人的績效。

此外，由於組織或個人績效，無論是對其行為或結果的觀察與測量，皆需設定在一定的時間、任務範圍與工作環境下所應達成的目標或標準，否則無法正確合理的評估該績效是過時的或是現在的；是屬於個人的、團體的或組織的；是基於個人努力的結果，或是來自內外在環境變化所自然產生的結果。因此，若綜合

上述對有關績效的內涵分析，則「績效」可定義為：「組織或個人，在一定的時間、任務範圍與工作環境中，表現出與達成學校經營目標有關之行為與結果」。

二、評鑑

評鑑（evaluation）一詞的概念隨不同時期與不同評鑑取向的觀點而有不同的界定（Fitzpatric, Sanders, & Worthen, 2004; Stufflebeam, & Shinkfield, 2007）。例如早期學者視評鑑為「測量（measurement）或評估（assessment）某些特定目標的達成度」；到了 70 年代，則視評鑑為蒐集與分析資料，以提供決策者做明智決定的一種「專業判斷」（professional judgment）。Scriven（2003）將評鑑定義為「決定受評對象的績效／品質（merit/quality）、價值（worth/value）或重要性（significance/importance）的歷程」。Fitzpatric、Sanders 與 Worthen（2004）延續其定義，視評鑑為「確認、釐清與運用某些規準（criteria），以決定受評對象的價值（worth）或績效（merit）」。美國教育評鑑聯合委員會（Joint Committee on Standards for Educational Evaluation, 1994）也將評鑑定義為「系統性的調查受評對象的價值（worth）或績效（merit）」。Stufflebeam 與 Shinkfield（2007）進一步延伸 Scriven 對評鑑所強調的績效與價值內涵，將評鑑定義為「描繪、獲取、報告與運用某些受評對象之績效（merit）、價值（worth）、誠信（probity）、可行性（feaslblllty）、安全性（safety）、重要性（significance）及公正性（equity）等描述性與判斷性資訊之系統化歷程」。國內學者秦夢群（1998：385）認為教育評鑑即是：「對於教育現象或活動，透過蒐集、組織、分析資料，加以描述與價值判斷的歷程」。鄭新輝（2002b）認為教育評鑑的定義應包含五個核心概念：(1)在「性質」上：是一種價值判斷的活動；(2)在「對象與內容」上：是以教育機構、人員、方案或活動為對象，其內容包含各項目標、歷程與結果的表現品質；(3)在「歷程」上：是一項有系統且複雜的歷程，其成效受多種因素所影響；(4)在「方法」上：是依設定的目標或標準，有系統的運用科學技術，正確蒐集資料的一種測量與分析；(5)在「目的」上：是客觀的判斷受評對象所呈現的價值（worth）與績效（merit），並做適當處理的決定。因此，評鑑可依其內涵綜合定義為：「對機構、人員、方案或活動的表現品質，依預先設定的評價標準，有系統的運用科學方法與技術，正確的蒐集與分析資料，並客觀判斷其所展現之績效、價值或重

要性，以提供決策者進行適當處理決定的歷程與行為」。

綜合上述對辦學績效與評鑑的概念內涵分析，則國民中小學校長辦學績效評鑑可界定為：「對公立國民中小學負責綜理校務之最高主管人員，在一定時間、任務範圍與工作環境中，應表現出與達成學校經營目標有關之行為與結果，依預先設定的判斷標準，有系統的運用科學方法與技術，正確蒐集與分析資料，並客觀判斷其所展現的績效、價值或重要性，以提供決策者做適當處理決定之歷程與行為」。

三、校長辦學績效評鑑、校長評鑑、校務評鑑與學校評鑑之區分

國內與校長辦學績效評鑑有關之評鑑名稱主要包括：校長評鑑、校長辦學績效評鑑、校務評鑑與學校評鑑。與其相對應的國外名稱為「校長評鑑」（principal evaluation/appraisal）、「校長（辦學）績效評鑑」（principal performance evaluation/appraisal）、「學校評鑑」（school evaluation），至於「校務評鑑」則不易找到與中文相對應的英文評鑑用詞。其原因或許與國內校務評鑑的內涵，偏向學校行政領導與管理（包含課程與教學領導），忽略教師的教學與輔導，以至於在評鑑名稱上採取「校務評鑑」而非「學校評鑑」有關。至於國內以「學校評鑑」為名的縣市（例如高雄市），其評鑑內涵則包含「學校經營」、「教學實施」與「學校特色」三部分，是少數將「教師教學實施」納入評鑑中並進行教室觀察，且以「學校評鑑」為名之縣市。因此，若將國內有關學校評鑑、校務評鑑、校長評鑑、校長（辦學）績效評鑑四者，依其評鑑內涵加以比較，則可概略繪製如圖 23-1 所示。

學校評鑑與校務評鑑皆以學校為對象，校長評鑑與校長（辦學）績效評鑑則以校長為對象。就其評鑑內涵而言，以學校評鑑範圍最廣，通常包含學校軟硬體設施、各項行政領導與管理、校長、教職員工的工作職責表現與學生表現等。校務評鑑則較偏向以學校各項軟硬體設施與各項行政領導與管理為焦點，較少關注教師的教學，也未針對校長或教職員工進行個別評鑑。至於校長評鑑與校長績效評鑑之內涵，主要是以校長個人的工作職責與績效表現為焦點，但二者的區分在於校長評鑑的範圍通常較廣，因此也關注校長個人的專業素養與品德，而評鑑目

的則強調形成性目的；至於校長績效評鑑的範圍則相對較窄，且重視與績效產出有關之行為與結果，以及總結性的評鑑目的。

　　由於校務評鑑內涵偏向行政領導與管理，因此當各縣市政府為提供校長辦學績效證據，以提供校長遴選參考時，有的縣市會偏好以「校務評鑑」取代「校長辦學績效評鑑」，以降低其敏感性。然而，就評鑑對象與名詞界定的意涵而言，「校務評鑑」仍不宜等同於「校長辦學績效評鑑」，而應針對校長辦學績效評鑑的意涵，就校長在一定期限與個人職責範圍內，應表現出與達成學校經營目標有關之行為與結果，進行資料蒐集、分析與判斷校長個人所展現之績效與價值。而非以傳統的校務評鑑取代，以避免混淆評鑑焦點與目的。

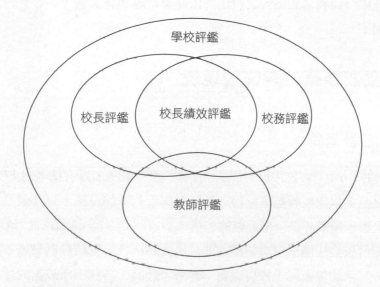

▶ 圖 23-1　學校評鑑、校務評鑑、校長評鑑與校長辦學績效評鑑之範圍示意圖

肆｜校長辦學績效評鑑的現況與利害關係人之看法

　　有關校長辦學績效評鑑之發展，若將校長成績考核一併納入考慮，則可源自1945 年起在各學校所實施的校長年度績效考核（performance rating）。而其所依循的法令，也歷經多次的更名與修訂；由最初的借用公務員考績法時期（1945-1971 年），到正式訂定校長成績考核辦法時期（1971 年以後）。1999 年

「國民教育法」修正通過後，國內才正式進入校長績效評鑑時期（1999年以後）。然而，各縣市在實施初期，並未完全落實（鄭新輝，2002a）。加上國內校長遴選制度在運作過程中產生不少問題，導致有部分優秀校長不想被教師遴選，憤而提前退休的異常現象（吳清山，2002；秦夢群，2002；陳寶山，2001；湯志民，2002）。連帶的也讓規劃更客觀的校長績效評鑑機制的必要性帶來更大的關注（鄭新輝，2002a）。由於法定的校長績效評鑑，其目的與校長成績考核一樣，皆傾向課責取向的總結性目的，缺乏形成性的改善功能，與教育人員評鑑標準（Joint Committee on Standards for Educational Evaluation, 2007）所強調的建設性功能，仍有相當大的距離，因此仍值得關切（鄭新輝，2002c）。國內有關國中小校長績效評鑑的實施現況與利害關係人之看法，依據鄭新輝與林文展（2011）的研究，可歸納說明如下：

一、校長辦學績效評鑑的現況

(一) 規劃設計階段

在23個縣市中有實施用以了解國中小校長辦學績效有關評鑑者有17個縣市，約占四分之三。以學校評鑑或校務評鑑為名稱者有6個縣市，有8個縣市直接使用與「校長辦學績效評鑑」相近似的名稱，約占四分之三。在評鑑的週期，有15縣市皆以配合校長任期來規劃評鑑的進行。各縣市為了解校長辦學績效所規劃辦理的評鑑，其目的以做為「校長遴選」參考者最高。各縣市所規劃的評鑑人員組成來源，主要包含：教育局人員、學者專家、校長（現職或已退休）所組成，至於評鑑人員產生方式，大部分係由各縣市政府遴聘適當的人員。評鑑人員在評鑑前，各縣市大約僅一半有辦理評鑑前研習或說明會。各縣市用來了解校長辦學績效所規劃的評鑑，偏向課程教學及學生訓輔層面或校務經營有關的行為層面，忽略學生的學習成效面。各縣市所規劃的評鑑指標傾向採取一致性標準，僅少部分會考慮不同學校類型與環境條件，而各縣市所規劃的評鑑標準傾向採取一致性標準，僅少部分會考慮不同學校類型與環境條件。

（二）資料蒐集與整理階段

各縣市在實地訪評前的準備工作，最常採取的作法主要包括：評鑑委員評鑑前會議、請受評者提供自評資料、受評對象評鑑前說明會、受評者自我評鑑等項；其次為：手冊或說明書編印；最少採取的作法為教師問卷調查與家長問卷調查。實地訪評持續的時間以半天為最多，但在有限半天的時間與區段內，要蒐集到足夠的資料並不容易。各縣市所規劃的訪評實施程序，其作法主要包括：學校現場觀察、檔案查閱、訪談相關人員、聽取簡報、離校前座談、問卷調查等。評鑑資料蒐集所設計的工具，以採半結構式最多，而評定方式則兼具量化評定與文字描述。

（三）資料應用與處理階段

各縣市在完成評鑑後，皆有要求評鑑人員應提出評鑑報告，報告完成時間，以要求在一個月內提出者最多，報告在定稿前僅有6縣市有提供受評者補述機會。至於評鑑報告的呈現方式，則以優缺點與建議等質性文字描述為主，各縣市對評鑑報告的公開性，為避免對受評學校的校長造成不必要的困擾，傾向選擇不公開。至於評鑑報告的保管，大部分縣市未定保存年限，對有權查閱評鑑報告者的限定，則以教育主管人員為最高、其次為遴選委員，此一現象應與評鑑結果係做為校長遴選參考的評鑑目的有關，僅8個縣市有明訂受評者對評鑑結果不滿意，得提出申訴的程序。實際結果的處理方式以有提供做為校長遴選參考最高，其次依序為：有針對評鑑進行檢討改進、有辦理受評者追蹤評鑑、有要求校長提出改善計畫、有提供校長年度績效考核參考、有要求校長擬定專業成長計畫。各縣市對評鑑結果的實際應用，仍以提供校長遴選參考的總結性評鑑目的為主，但已逐漸重視形成性目的，至於落實程度則有待進一步觀察。

二、利害關係人之看法

各縣市教育行政人員與國中小校長，對規劃與實施校長辦學績效評鑑三個階段各項問題之看法，整理如下：

（一）規劃設計階段

　　教育行政人員及國中小校長認為國中小學校長辦學績效有關的評鑑應由教育主管機關負責辦理。評鑑辦理方式應採評鑑委員實地訪評，其次為校長自評及校長同儕互評。評鑑實施週期應配合校長任期；規劃目的以提供校長校務改進參考為主，其次為校長遴選及促進專業發展。評鑑人員的組成以教育局人員為主，其次為學者專家及校長代表。評鑑人員的產生方式，傾向由各縣市政府遴聘適當人員擔任。評鑑內容較偏重行政管理、課程與教學，或與校務經營有關之行為層面，較少關注與學生學習成效有關的面向。評鑑指標與標準的一致性可大部分相同，少部分依學校而定，考量不同學校類型、環境條件、社區期望、甚至校長經驗與基礎能力不同而作適當的調整。

（二）資料蒐集與整理階段

　　對國中小學校長辦學績效評鑑，各縣市在實地訪評前的準備工作，應採取的作法包括：評鑑委員評鑑前會議、編印評鑑指導手冊或說明書、受評對象評鑑前說明會、受評者自我評鑑、請受評者提供自評資料等項，教育行政人員及國中小校長亦認同可對於教師與家長進行問卷調查，進一步與其它客觀資料進行三角檢證。實地訪評的時間以一天為最多。訪評進行方式應包括：學校現場觀察、訪談相關人員、聽取簡報、檔案查閱、離校前座談、問卷調查等。教育行政人員以及國中小校長認為其離校前邀請校長與學校核心成員出席座談，可以分享評鑑訊息與提供當事人澄清與補述機會。評鑑資料蒐集所設計的工具，以採半結構式最多，容許少部分讓學校及評鑑委員依學校規模或特色自主決定，而評定方式則以評定量表與文字描述兼具者為最多。

（三）資料應用與處理階段

　　教育行政人員及國中小校長一致認為在完成評鑑後，報告完成時間，要求在一個月內提出者最多。至於報告在定稿前提供受評者補述機會，以保障當事人權益。評鑑報告的呈現方式，則以優缺點與建議等質性文字描述為主，評鑑報告的公開性傾向以不公開為最高。評鑑報告的保管，受試者表示縣市應訂有保存年限，對有權查閱評鑑報告者的限定，則以教育主管人員為最高、其次為受評校長、遴

選委員、評鑑委員。在完成評鑑後，大多數認為應提供申訴管道與程序。至於評鑑結果之應用，以提供做為校長遴選參考最高；其次依序為：針對評鑑進行檢討改進、要求校長提出改善計畫、辦理受評者追蹤評鑑、要求校長擬定專業成長計畫、提供校長年度績效考核參考、提供受評者績效獎勵與懲處，亦即評鑑結果的應用，除了反映法定之校長遴選目的外，仍應強調改善之形成性功能。

伍｜校長辦學績效評鑑系統的運作規劃與實施

一、校長辦學績效評鑑系統的運作規劃

Bolton（1980）將評鑑系統的運作劃分成三個階段，而許多後續的研究者（Smith & Andrews, 1987; Anderson, 1991; Murphy & Rodi, 2000）亦大部分以該三個階段進行分析。其循環運作歷程如圖 23-2。

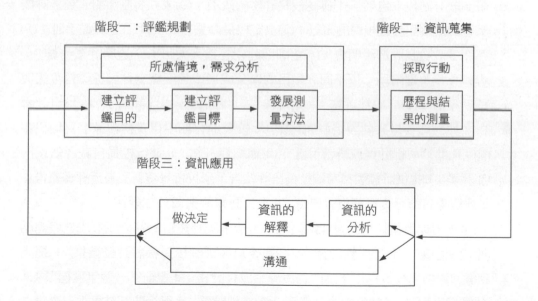

► 圖 23-2　教育人員評鑑的三階段循環歷程

資料來源：Bolton (1980: 40).

1. 規劃階段（planning phase）：包括分析情境、建立評鑑目的、設定具體目標，以及決定測量歷程與評鑑結果的應用等。目標應清楚明確、把握重點；測量的手段也應在評鑑程序尚未開始執行或進行資料蒐集前決定。

2. 資訊蒐集階段（collecting information）：包括監控與測量所規劃的活動及其結果。Bolton（1980）認為所蒐集的資料應與評鑑指標有關，且自我知覺應與其他人做核對，而測量的正確性則有賴於評鑑項目與環境的明確性。

3. 資訊應用階段（using information）：包括分析與解釋資訊，以及做決定。在此階段會舉行座談會提供回饋，亦應適時的提供與進行溝通，經由資料的分析與解釋，可以了解校長的表現並以此設定新的目標，再回到第一階段成為一個循環的評鑑系統。

鄭新輝（2002a）綜合國內外學者之觀點（江文雄等人，1999；侯世昌等人，2000；張德銳，1999; Bolton, 1980; Bonnell, 1993; Glasman & Heck, 1996），將校長評鑑系統的運作結構依其規劃實施歷程，分成三個階段，其內容可提供做為校長辦學績效評鑑系統運作規劃之參考：

1. 規劃設計階段：包括：(1)確認校長評鑑的政策；(2)成立規劃小組，負責評鑑系統的規劃與評鑑規準的研訂；(3)決定校長評鑑目的；(4)訂定評鑑手冊；(5)召開受評校長評鑑說明會；(6)培訓與建立評鑑人力庫；(7)遴聘評鑑委員。

2. 資料蒐集整理階段：依不同評鑑目的區分成形成性與總結性兩種資料蒐集與整理型態：(1)形成性評鑑：a.進行校長自我評鑑或內部評鑑；b.提供自評報告並與評鑑委員共同設定發展目標；c.校長進行期中自我檢視並填寫檢視報告；d.進行訪視評鑑或外部評鑑。(2)總結性評鑑：a.進行校長自我評鑑或內部評鑑；b.提供評鑑委員有關校長自評報告、學校背景資料與最近評鑑報告；c.評鑑委員進行資料蒐集與準備；d.進行訪視評鑑或外部評鑑。

3. 資訊應用或評鑑結果的處理階段：也可依不同評鑑目的區分成形成性與總結性兩種型態：(1)形成性評鑑：a.評鑑委員與受評校長檢討評鑑結果；b.提出評鑑報告；c.校長提出年度改善與專業成長計畫；d.繼續下一個年度循環；e.評鑑檔案列管；f.進行後設評鑑。(2)總結性評鑑：a.舉行訪評結果委員會議；b.送請受評校長確認評鑑報告，若有需要，受評校長得提出申覆；c.提出正式評鑑報告；d.進行評鑑結果的處理，包括年度考核或遴選遷調；e.評鑑檔案列管；f.進行後設評鑑。

二、規劃實施校長辦學績效評鑑之可行作法

　　國民教育法修正後，各縣市為辦理校長遴選所規劃辦理之國民中小學校長辦學績效評鑑執行情形與成效不一。若基於法定校長辦學績效評鑑之精神，則各縣市應針對運作歷程各階段之作法，事先做好規劃並落實執行，以發揮持續提升校長專業領導與管理之效能。綜合上述有關該系統運作規劃與實證研究結果，則國內各縣市規劃與實施校長辦學績效評鑑，可採取之具體作為，建議如下（鄭新輝、林文展，2011）：

(一)規劃設計階段

　　在校長辦學績效評鑑之規劃設計階段，有的縣市未明確化評鑑的政策與法令；未適切提供評鑑所需的人力、經費與資源；對各參與者的權利與義務也未提供具體的規範，因此在規劃與設計階段有許多要素皆須事先做好準備。

1 評鑑政策之定位

(1) 依國民教育法規定，各縣市應就所屬國民中小學校長之辦學績效予以評鑑，建議各縣市應依法定位校長辦學績效評鑑政策，擬訂校長辦學績效評鑑計畫及組織。

(2) 各縣市在校長辦學績效評鑑政策決定前，應邀集學者專家與各國中小校長進行良好的溝通與說明，形成評鑑共識。

(3) 各縣市規劃校長辦學績效評鑑可適切導入績效管理精神，以校長任期內所設定之經營目標達成度與具體貢獻，作為校長辦學績效責任的重要參考標準。

(4) 校長設定之經營目標應以學校須優先發展及改善之事項與目標為焦點，可由主管教育行政機關與校長協商訂定。

2 評鑑過程之規劃

(1) 各縣市教育局（處）應組成校長辦學績效評鑑委員會與工作小組，負責有關校長辦學績效評鑑工作之諮詢、審議、規劃與執行工作。

(2) 「校長辦學績效評鑑委員會」由各縣市教育局（處）邀請學者專家、校長

代表、家長會代表組成之,負責全市(縣)評鑑政策的諮詢與審議,以及申訴或爭議案件之處理等事宜。

(3)「校長辦學績效評鑑委員會」下設「評鑑工作小組」,由教育局(處)遴請與校長評鑑有關的學者專家及實務工作者組成之,負責評鑑的規劃、執行、檢討與追蹤輔導事宜。

(4)各縣市教育局(處)應邀請校長參與,就評鑑過程之規劃加以討論及建議,並做好各項配套措施。

3 評鑑目的之決定

(1)校長辦學績效評鑑之目的,在激勵與引導校長卓越領導,並展現校長對學校的具體貢獻與持續進步的績效;評鑑結果可提供作為任期屆滿校長遴選參考,亦提供下一任期持續改善之依據。

(2)校長辦學績效評鑑的目的,應具形成性及總結性評鑑兩種目的,形成性目的強調「改進或發展導向」,而總結性目的強調「績效責任導向」。

(3)目的主要有四:a.檢核與了解校長辦學績效;b.提供校長校務改進參考;c.促進校長專業發展;d.作為校長遴選之參考。

4 評鑑人員之遴聘

(1)各縣市教育局(處)辦理校長辦學績效評鑑,應遴選與建立足夠的專業評鑑委員人力庫,重視評鑑人員學識、涵養、專業性與穩定性。

(2)評鑑人員人選主要有四類:a.自我評鑑:受評鑑校長;b.上級評鑑:主管科(課)長、主任督學、視導區督學等;c.同儕評鑑:同等級學校優秀校長或退休校長;d.專家評鑑:評鑑專家或教育學者。

(3)評鑑人員經選定為當年度評鑑委員後,應事前做好必要之講習說明與準備工作,使評鑑人員能充分掌握各項評鑑內容,以確保評鑑結果的正確性。

(4)強調績效責任的校長辦學績效評鑑,其評鑑人員應適度增加學者專家與具公信力的實務工作者,以提高評鑑之客觀性。

(5)各縣市政府可委託國家教育研究院培訓「校長辦學績效評鑑專業人力」,以充沛該縣市所需之專業評鑑人力。

5 評鑑倫理之規範

研訂「評鑑人員倫理守則」，強調：評鑑人員在評鑑期間應以尊重的態度對待受評校長；以嚴謹的態度蒐集與分析資料，不接受任何形式的招待或餽贈；與受評校長有親屬或利害關係時，應予迴避；謹遵保密原則，評鑑過程中不應洩漏與評鑑相關資料；全程參與並依照評鑑程序進行評鑑工作；公正客觀的依評鑑規準與證據資料，進行價值判斷與提出建議；準時繳交評鑑報告，並出席相關評鑑會議。

6 評鑑層面與指標之訂定

(1) 主管教育行政機關應明確訂定與校長職責角色有關之評鑑層面與指標，評鑑指標在整體架構上，分成八項層面及 42 個指標，並提供評鑑指標參考檢核重點。

(2) 評鑑指標之量化分數，採「行為錨定法」設定各等級評分具體標準，其分數分成五等級，由高至低分成 5 至 1 分。

(3) 評鑑指標應與校長職責角色相稱，並依據當前教育政策、學校願景、應優先發展與改善目標，具體規劃共同性與差異性指標，以因應不同條件學校的發展需求。

(4) 為激勵校長展現卓越領導與持續改善的具體績效，校長評鑑時，某些評鑑項目與指標的表現期望之訂定，得依學校當前內外在環境優劣做適當的調整。

(5) 辦理評鑑時各指標之判斷標準應兼顧絕對性與相對性標準。

(6) 主管教育行政機關制定各項評鑑層面與指標時，應提供校長參與討論與充分溝通機會。

7 評鑑方法與工具之選擇

(1) 評鑑方法應配合各項評鑑指標，適切選擇質化及量化等多元方法，藉以相互檢證，讓資料的分析與解讀更具信度及效度。

(2) 校長評鑑的資料蒐集應配合評鑑層面與指標，適切的選用方法與工具。

(3) 在正式評鑑開始前，資料蒐集所需之評鑑工具，如校長自評表、蒞校訪視評鑑表、訪談紀錄表、校長辦學情形問卷等相關表格與運用時機，應事先

做好規劃。

8 蒐集資料前之準備

(1) 對參與評鑑的有關人員應舉行講習或說明會，事先做好評鑑人員間的溝通，充分了解評鑑之目的與計畫內容。

(2) 受教育局（處）遴聘的評鑑委員一年內應至少參加六個小時評鑑委員講習，進行方式則以講解、討論與實作為主。

(3) 評鑑人員應盡可能事先蒐集了解受評校長的背景資料與學校內外在環境特性，為實地訪評做好資料蒐集與分析前的準備。

(4) 對受評校長應提供有關辦學績效評鑑之手冊資料，並舉行受評校長辦學績效評鑑說明會，讓校長能事先了解評鑑計畫內容。

(5) 校長辦學績效評鑑說明會：全面性說明會可邀集各國中小學校長參加；訪評前說明會則邀集該年度將接受訪視評鑑的學校校長、主任、教師與家長代表參加。

9 實施程序之訂定

(1) 縣市教育局（處）應訂定評鑑實施程序流程圖及實施程序表，完整說明各項工作實施流程、順序、起訖時間與工作內容。

(2) 評鑑實施程序流程圖可分為：規劃設計、資料蒐集與整理、資料應用與處理，清楚完整說明及描繪各項工作實施之順序與流程。

(3) 訂定評鑑時程表，了解評鑑執行之工作項目，依據評鑑程序將各主要評鑑活動以表格方式清楚呈現。

10 評鑑計畫與手冊之建立

(1) 各縣市教育局（處）應將校長辦學績效評鑑的規劃內容，明確而完整的建立評鑑實施計畫與手冊，讓評鑑人員、受評校長與其他利害關係人充分了解。

(2) 評鑑實施計畫內容應包含依據、評鑑目的、辦理單位、對象、週期、組織、內容、方法與工具、規劃與實施程序、報告應用、申訴與爭議處理、計畫經費來源、獎勵方式等。

(3) 評鑑手冊內容應涵蓋完整的評鑑依據、目的、原則或倫理、人員、校長職

責角色、層面與指標、方法與工具、實施程序、報告、結果處理、申覆程
序等。

(二)資料蒐集與整理階段

各種教育評鑑在資料蒐集過程中，往往因時間過於匆促，偏重書面資料的查
閱；晤談進行方式取樣少，未具代表性；蒐集對象未能多元化，產生諸多問題與
缺失。因此資料蒐集過程中，應把握蒐集資料基本原則，考量績效判斷之環境因
素，落實實施自我評鑑及蒞校訪視評鑑。

1 蒐集資料基本原則

(1)評鑑人員在資料蒐集過程應抱持中立原則，並應遵守「評鑑人員的倫理守
則」，以專業、尊重的態度進行客觀資料的蒐集與分析。

(2)資料蒐集進行程序應明確記錄，評鑑人員應依訪視評鑑預定的實施程序進
行，勿隨意增減或忽略。

(3)評鑑人員在資料蒐集過程應遵循「評鑑倫理」與利益迴避原則，與受評校
長有親屬或利害關係時，應予以適度迴避。

(4)資料蒐集過程，如需與學生進行個別或集體訪談，應善用下課、自習課或
早午休時間，以減少對學生學習的影響。

2 實施自我評鑑

(1)校長應依評鑑指標隨時自我檢核，且每一任期內，宜至少進行兩次自我評
鑑，並建立校長辦學績效之歷程檔案。

(2)校長自我評鑑實施方式，得由校長組成「校長自我評鑑工作小組」辦理，
並得外聘同儕校長與專家學者參與。

(3)校長自評表的內容包括：基本資料、說明與校長自評表三項。其中自評結
果兼具量化與質性描述。

(4)校長自評目的在於協助校長自我覺察與了解辦學上的優缺點，進而產生自
我改善的作用。

(5)自我評鑑實施方式與結果處理：a.校長自我評鑑進行至少應有一天；b.由
校長自我評鑑工作小組，依據學校事先確認之評鑑期程，進行各項資料的
蒐集、分析與整理，並撰寫「自我評鑑報告」；c.校長應針對自我評鑑報

告中，須優先改善的重點項目，主動研訂具體改善計畫並積極採取改善行動。

(6) 校長宜善用 360 度回饋技術，藉由多元化的回饋資訊及方式蒐集校務建言，以提供個人校務經營更客觀的自我覺察機會。

3 建立校長辦學檔案

(1) 校長平時應完整呈現個人的基本資料、學經歷與教育理念、學校經營的願景與承諾，參考訪視評鑑內容建立校長辦學績效之歷程檔案。

(2) 校長辦學檔案建立目的：a.協助校長掌握辦學目標並提升學校經營品質；b.提供形成性與總結性校長評鑑的參考；c.展現校長績效與作為個人生涯發展的參考。

(3) 校長辦學檔案自我檢核表的內容，包含：目的、填寫說明、基本資料、校長辦學檔案評鑑表。校長自我檢核除 1-5 分之量化分數評定外，另有校長省思之「文字描述」欄。

4 蒞校訪視評鑑

(1) 蒞校訪視評鑑應配合完整資料蒐集之需，適切規劃蒞校訪評時間與實施程序，每一位受評校長應至少有一天以上的受評時間。

(2) 各校訪視評鑑得依該年度訪視的校長數，分組實施，實施時間由教育局（處）統一規劃各校訪視評鑑期程。

(3) 訪評工作的實施，由評鑑工作小組依據規劃的各校評鑑期程，進行各項資料的蒐集、分析與整理，並撰寫「校長訪視評鑑報告」。

(4) 蒞校訪評表的內容包括：受評校長基本資料表、說明、校長自評與訪評記錄表。自評與訪評結果，兼具量化與質性描述。

(5) 蒞校訪評量化分數分成五等級，訪評委員應依據評鑑指標與證據來源，勾選最能真實反應校長辦學績效表現之分數欄位。

(6) 訪視評鑑報告應於評鑑後一個月內提出，經受評學校校長簽署，如校長對評鑑報告內容有不同意見，得與評鑑委員溝通或直接提出補充說明，一起送交教育局（處）。

(7) 對校長辦學績效評鑑進行工作觀察、晤談、座談與問卷調查取樣，學校於評鑑當日應事先備妥教職員與學生名冊，供評鑑委員抽取觀察與訪談。

(8) 完整的資料蒐集應可結合現有教育視導系統，如學區視導督學及教育主管科室意見資料，建立持續蒐集校長校務經營歷程資料之機制。

(9) 進行評鑑時，對敏感性問題的指控或少數人極端性抱怨，應建立公正而明確的處理原則，避免產生偏見。

(10) 校長辦學績效訪視評鑑報告，應於校長遴選前完成，以提供校長遴選參考。

5 調查校長辦學情形

(1) 訪視評鑑若有採用問卷調查蒐集大量資料之必要，學校應配合評鑑委員備妥教職員與學生名冊供評鑑委員抽取，並佐以其它資料做綜合判斷。

(2) 校長辦學情形問卷的目的在了解校長任內的服務績效，作為校長辦學績效評鑑之參考，問卷分問卷說明、填寫人身分及問卷內容三大部分，填答對象為學校教職員工、學生家長與學生等。

6 考量績效判斷之環境因素

(1) 訪評人員應深入掌握受評校長所處學校的內外在環境特性，與其任職前後學校的進步與改變情形，對可能影響校長表現的內外在因素加以分析與評估。

(2) 訪評人員針對非人為因素或無法掌控因素對受評校長及其學校所產生的不利影響，應合理地納入其辦學績效判斷考量。

（三）資料應用與處理階段

評鑑資料的應用與處理是評鑑功能發揮的關鍵。有關評鑑之計分與獎勵、評鑑報告之產生與管理、評鑑結果之處理、申訴與正當程序、後設評鑑等，皆應有明確的規範。

1 評鑑之計分與獎勵

(1) 評鑑委員對受評校長成績之核定，應依據評鑑工具各項指標與標準，就實際觀察、檢視與檔案查閱，逐一評定其分數。

(2) 依據委員綜合量化與質性分析結果，給予五等第評定：a.特優：90 分以上；b.優等：80-89 分；c.甲等：70-79 分；d.乙等：60-69 分；e.丙等：60

分以下。

(3) 經評定為特優及優等之校長，依國民教育法之精神，主動建議各縣市國民中小學校長遴選委員會優先予以遴聘。

2　評鑑報告之產生與管理

(1) 評鑑報告應依評鑑人員所蒐集的相關證據及佐證資料為基礎，做成評鑑綜合報告，撰寫評鑑報告前，應先召開評鑑報告撰寫會議。

(2) 評鑑綜合報告應具體明確的指出受評校長的優缺點、具體貢獻與待改善之處，並提供校長專業發展的需求與具體建議。

(3) 評鑑綜合報告可分量化及質性分析兩種：量化分析分各層面平均得分與總成績等項。質性分析可描述校長整體績效表現、學校待解決問題、應優先改善之重點與目標等。

(4) 評鑑綜合報告應妥適保管並明確規範有權查閱對象、查閱程序與守密原則，非經同意不得審閱與公開。

(5) 校長自我評鑑報告與辦學檔案相關資料，應由校長本身妥為應用、保存與管理至少六年。

(6) 為善用校長辦學績效評鑑資料與報告，各縣市可建立受評校長的檔案資料庫，並訂定保存期限至少六年。

3　評鑑結果之處理

(1) 評鑑結果對辦學績效優良者，各縣市政府應主動建議校長遴選委員會，依國民教育法之精神優先予以遴聘。

(2) 自我評鑑報告之應用：a.作為校長自我管理與設定年度優先改善重點項目之依據；b.提供作為訪視評鑑之重要參考資料。

(3) 訪視評鑑報告之應用：a.作為校長設定年度優先改善重點項目之依據；b.作為核定校長獎勵之參考；c.作為校長遴選參考。

(4) 評鑑報告中對校長的專業發展需求與改善建議，應納入下次校長自評與後續追蹤輔導或評鑑應優先檢視項目。

4　申訴與正當程序

(1) 評鑑結果應讓受評校長充分了解，並建立評鑑的申訴與處理程序。

(2) 為避免人情與政治力介入或處理不適任人員,對評鑑爭議問題的處理,各縣市政府應成立評鑑申訴評議委員會進行審議。

(3) 校長評鑑申訴評議委員會委員由市(縣)校長評鑑委員會委員兼任,校長於收到評鑑報告後兩週內提出,評議委員會應自收到申訴或爭議案件後兩週內,完成評議。

(4) 申訴評議處理方式:a.評議過程中,應遵守正當程序原則,進行客觀公正裁決,並提供當事人列席公開說明;b.修正評鑑報告;c.重新評鑑;d.最終決議之權力。

5 後設評鑑

(1) 為務實推動校長辦學績效評鑑,發揮學校永續發展與持續改善之功能,各縣市應定期進行檢討並作必要之修正。

(2) 校長辦學績效評鑑計畫正式實施後,教育局(處)與校長評鑑工作小組成員應隨時蒐集修正意見,研提改進建議。

(3) 教育部對各縣市所規劃實施之校長辦學績效評鑑,正式實施三年後,應委請學者專家進行後設評鑑。

陸 | 省思與建議

　　鄭新輝與林文展(2011)透過文獻分析、問卷調查並輔以焦點團體訪談法,探究各縣市目前實施校長辦學績效評鑑之現況、問題與看法發現,目前各縣市所規劃與實施校長辦學績效有關之評鑑,除了存在著許多問題與缺失,必須要採取適切之因應策略與作為外,也需投入適當的人力與資源協助持續進行研究、規劃與實施。針對國內未來校長辦學績效評鑑有關問題之省思與建議,說明如下:

一、省思

(一) 各縣市實施校長辦學績效評鑑的現況尚有整合之需要

目前各縣市有關校長辦學績效之評鑑，在規劃與實施上存在著許多不同的作法，需要有適切的整合。

1 法令解讀與定位不同，規劃設計型態與內容分歧

1999 年修正公布「國民教育法」及其施行細則，規定各縣市政府應就所屬國民中小學校長之辦學績效予以評鑑，對評鑑績效優良之現職校長，則考量優先予以遴聘。目前在 23 個縣市中，尚未實施用以了解國中小校長辦學績效有關評鑑者有 6 個縣市；已實施者有 17 個縣市，約占四分之三。至於有實施的縣市所使用的名稱，以學校評鑑或校務評鑑為名稱者有 6 個縣市，僅有 8 個縣市直接使用與「校長辦學績效評鑑」相近似的名稱，可見實施方式仍相當分歧。

2 實施歷程漸趨一致，但時間匆促與完整性仍有不足

各縣市對實地訪評的實施歷程已漸趨一致，但在時間與運作細節的完整性方面仍有需改善之處。各縣市在實地訪評前的準備工作上，最常採取的作法主要包括：評鑑委員評鑑前會議、請受評者提供自評資料、受評對象評鑑前說明會、受評者自我評鑑等項。實地訪評持續的時間以半天為最多，但在有限半天的時間與區段內，要蒐集到足夠的資料並不容易。

3 評鑑報告傾向質性文字描述，但欠缺補述機會及申訴程序

各縣市在完成評鑑後，皆有要求評鑑人員在一個月內提出評鑑報告，報告在定稿前僅有 6 縣市有提供受評者補述機會。至於評鑑報告的呈現方式，則以優缺點與建議等質性文字描述為主。各縣市對評鑑報告的公開性，傾向選擇不公開。僅 8 個縣市有明訂受評者對評鑑結果不滿意，得提出申訴的程序。

(二) 利害關係人對規劃實施校長辦學績效評鑑之看法應受重視

教育行政人員及國中小校長等利害關係人，對規劃實施校長辦學績效評鑑三

階段各項問題之反應中,有三個面向應受重視:

1 評鑑應由教育主管機關負責辦理,其實施可配合校長任期

　　教育行政人員及國中小校長認為國中小學校長辦學績效有關的評鑑應由教育主管機關負責辦理,評鑑應採由評鑑委員實地訪評辦理,評鑑之實施應配合校長任期,作為校長遴選之總結性目的。評鑑人員應以教育局人員為主,其次為學者專家及校長代表。評鑑指標與標準的一致性可大部分相同,少部分依學校而定,並考量不同學校類型、環境條件、社區期望、甚至校長經驗與基礎能力不同而做適當的調整。

2 實地訪評時間應適足,審慎進行資料蒐集並進行三角檢證

　　教育行政人員及國中小校長認為實地訪評的時間以一天為主,但目前大部分僅半天。各縣市在實地訪評前的準備工作,應採取的作法包括:評鑑委員評鑑前會議、編印評鑑指導手冊或說明書、受評對象評鑑前說明會、受評者自我評鑑、請受評者提供自評資料等項。少部分縣市有對教師與家長進行問卷調查,但對問卷調查結果之運用與解釋並未適度界定,容易產生爭議。因此,除應適度增加訪評時間外,也應重視多元資料蒐集管道與三角檢證,以強化評鑑結果的客觀性與正確性。

3 評鑑報告應符合正當程序與守密原則

　　教育行政人員及國中小校長一致認為評鑑報告完成時間為一個月內提出,且報告在定稿前應提供受評者補述機會。評鑑報告的呈現方式,以優缺點與建議等質性文字描述為主,傾向不公開。評鑑報告的保管應訂有保存年限,有權查閱評鑑報告者應有明確規範,並以教育行政機關之主管人員為主。在完成評鑑後,為確保當事人之權益,應提供申訴或申覆之機會。評鑑結果則可提供作為校長遴選參考;對評鑑績優者,也應提供優先遴選之機會,以肯定其績效表現。

二、建議

（一）對教育行政主管機關的建議

1 建構校長辦學績效評鑑手冊，做為各縣市參考

由於各縣市目前對規劃實施校長辦學績效評鑑之理念與作法仍相當分歧；而實施結果也未必充分反映法定之精神與後設評鑑之精神。因此，為落實各縣市校長辦學績效，協助校長提升其學校經營品質，未來除了應明確化法令對校長辦學績效評鑑之權責規範外，可由教育部規劃校長辦學績效評鑑手冊，以提供各縣市具體規劃與實施之參考。

2 修改國民教育法，為實施評鑑建立法源基礎

1999 年修正公布「國民教育法」及其施行細則，規定各縣市政府應就所屬國民中小學校長之辦學績效予以評鑑。但由於各縣市對法令的解讀與定位不同，規劃設計型態與內容仍有分歧，且隨著環境的變遷，校長評鑑有推動的必要，為因應此制度的實施，建議教育行政主管機關應修改國民教育法，明訂校長需接受評鑑，為實施校長評鑑或校長辦學績效評鑑建立法源基礎。

3 建立評鑑人員專業培訓、進修與輔導機制

評鑑人員應經過培訓與檢定，才能樹立其專業形象，發揮專業技能。目前國內因尚未建立評鑑人員專業培訓機制，且各縣市在其評鑑實施計畫中，未明確規定負責評鑑人員需有接受訓練或講習的要求。面對校長的疑慮，為了讓我國的校長評鑑未來能走向專業化，建議教育行政主管機關應設置評鑑專責機構，讓此機構具有培訓、進修與輔導的整合性功能。

4 將評鑑活動納入校長培育、在職進修或研討會活動，俾利校長有所了解

近年來校長培育已漸受重視，部分師資培育機構也設置「中小學校長培育與專業發展中心」，以培育校長儲備人才與規劃專業證照及校長在職專業發展。因此教育行政機關可與學術機構合作，妥善規劃校長培育、專業證照與在職專業發展之參考課程。亦可透過校長在職進修活動、研討會及相關說明會，安排有關校

長評鑑主題，加強溝通宣導，以凝聚共識，讓所有校長及教育界能清楚了解實施內容與方式。

5 評鑑制度的規劃與推展，應建立後設評鑑的機制

一套制度的建立應追求周延完整、系統規劃、定期檢討與修正，因此，建議校長辦學績效評鑑制度的規劃與推展，應建立後設評鑑機制，蒐集受評校長對評鑑建議，進行成效評估與系統改進，以發揮評鑑的效能。

6 編列適度經費，辦理校長辦學績效評鑑之推展

校長辦學績效評鑑之推展若有相關的經費補助，則能解決因研究與實際推動所需之經費支用問題。因此可透過妥善規劃校長評鑑機制，並編列相關經費，鼓勵及補助國內教育行政主管機關團體或個人進行相關研究，深入探討此一議題。藉由議題的探討與研究，讓國內教育學者、校長或教師能深入了解、認同、接受回饋評鑑模式，進而提升辦學績效。

（二）對學校校長的建議

1 積極參與評鑑制度的規劃、執行與研究

「國民教育法」修正條文中有關校長遴選規定：「應就校長辦學績效詳為評鑑，以為應否繼續遴聘之依據。」校長評鑑已是於法有據、時勢所趨，因此，校長應重視自己為評鑑的主體，以正面的態度去接納回饋評鑑與自我鞭策，積極參與評鑑制度的規劃、執行與研究，勇於承擔起績效責任。

2 善用評鑑機制，定期或不定期自我檢核

校長可透過評鑑機制培養自我專業能力，透過不同角度的評核，來看待自己的優缺點，增進自我認知，促進自我專業發展與修正領導策略或提升辦學效能。

3 校長辦學績效評鑑與專業發展計畫結合

校長辦學績效評鑑是促進校長專業發展與績效表現的有效途徑，透過評鑑執行，讓校長的專業發展與績效表現更加亮眼。在教育改革歷程中，現代校長應具備多元、專業能力，想成為優質校長，必須積極增能，以全新思維積極面對教育生態的變遷，透過校長評鑑機制讓辦學盲點及時被發現，進而增進效能。透過校

長評鑑制度的實施，可對校長自我專業發展做一詳細的檢視，亦是校長省思能力的培養，更是目前時代的趨勢。

(三) 政策推動上之建議

為提升國內各國民中小學校長的專業能力與表現，未來在政策推動時程上具體建議如下：

1 立即可行作法

(1) 建構國民中小學校長辦學績效評鑑參考手冊，可做為各教育行政主管機關規劃實施校長辦學績效評鑑之參考。

(2) 教育行政主管機關可將校長辦學績效評鑑內涵，納入校長培育、在職進修或研討會活動，落實觀念的宣導、溝通，俾利校長有所了解。

(3) 各級主管教育行政機關應編列經費，協助推動與落實執行校長辦學績效評鑑與績效管理工作。

2 中程性作法

(1) 修改國民教育法，並由中央主管教育行政機關負責規劃更完善之校長評鑑或校長辦學績效評鑑法源與制度。

(2) 選擇部分縣市學校進行校長辦學績效評鑑試辦計畫，以作為成效檢討與後設評鑑之參考。

(3) 建立校長辦學績效評鑑的後設評鑑機制，以落實國民教育法之精神。

3 長期性作法

(1) 建立校長評鑑人員專業培訓、進修與輔導機制，有計畫培育與儲備校長辦學績效評鑑的專業人力。

(2) 針對整合校務評鑑、校長與教師評鑑進行研究，以提升教育人員專業能力與辦學績效。

鄭新輝小檔案

　　現任高雄市教育局局長。屏東師專畢業、國立高雄師範大學教育學士、國立臺灣師範大學教育學碩士、國立政治大學教育學博士、英國Cardiff大學哲學博士。曾任國小教師、國中兼任教師，國立臺南大學教育學系助理教授、副教授、教授；縣市教育局課員、督學、學管課長、教育局局長、計畫室主任、國家教育研究院教育制度與政策研究中心主任等職務。研究領域專長包括教育行政與管理、教育法規與政策分析、教育視導與評鑑、校長人力資源管理、學校績效管理等。

林文展小檔案

　　國立高雄師範大學教育學博士，曾擔任正修科技大學、高雄海洋科技大學、國立高雄師範大學兼任助理教授，專長領域為學校行政、教育評鑑、教育統計、服務學習、人際關係與溝通等，2012 年榮獲高雄市特殊優良教師獎。2002 年經遴選為高雄市立前鎮國中校長四年、2006 年經遴選為高雄市立楠梓國中校長六年，以「讓每個學生都能成功」為辦學理念——培養兼具人文與科技，並具有國際觀之創意人才。2012 年，再度獲遴選成為高雄市立三民高中校長，打造快樂、優質、活力的教育願景，接下歷史傳承的一棒，以謙卑心情、積極態度，營造科技與人文關懷的優質學習環境，推動國際教育、提升學校競爭力，讓學校經營品質經由持續不斷改善的過程，達到精緻與卓越。

References
參考文獻

中｜文｜部｜分

江文雄等（1999）。臺北市中小學校長評鑑方案之探討。臺北市政府教育局委託研究論文，臺北市。

吳清山（2002）。當前校長遴選制度的迷思與省思。教師天地，**118**，7-14。

侯世昌等（2000）。臺北縣國民小學校長評鑑之研究。行政院八十八年研考經費補助研究論文，臺北市。

秦夢群（1998）。教育行政：實務部分。臺北市：五南。

秦夢群（2002）。中小學校長遴選制度的省思。教師天地，**118**，15-19。

張德銳（1998）。以校長評鑑提升辦學品質——談校長評鑑的目的、規準與程序。教師天地，**96**，4-9。

張德銳（1999）。國民中小學校長評鑑系統的初步建構。初等教育學刊，**7**，15-38。

陳寶山（2001）。國民中小學校長遴聘政策執行之研究。國立臺灣師範大學教育研究所博士論文，未出版，臺北市。

湯志民（2002）。中小學校長遴選制度的芻議。教師天地，**118**，20-27。

歐陽教（1978）。德育原理（上）。臺北市：華視文化事業。

鄭新輝（2002a）。國民中小學校長評鑑系統之研究。國立政治大學教育學系博士論文，未出版，臺北市。

鄭新輝（2002b）。國民中小學校長評鑑系統建構的基本理念。初等教育學報，**15**，183-236。

鄭新輝（2002c）。規劃實施校長評鑑的可能缺失與因應：後設評鑑的觀點。研習資訊，**19**（6），8-26。

鄭新輝（2003）。英國中小學校長評鑑政策的發展及其啟示。南師學報，**37**（1），129-153。

鄭新輝（2008）。以校長績效管理取代績效評鑑：英國經驗的啟示。教育政策論壇，**11**（2），131-170。

鄭新輝（2011）。整合性績效管理系統與關鍵績效指標之應用。教育研究月刊，**209**，39-53。

鄭新輝、林文展（2011）。國民中小學校長辦學績效評鑑手冊建構。99年度教育部委託專案研究計畫報告，臺北市。

謝文全（2007）。**教育行政學**（第三版）。臺北市：高等教育。

蘇錦麗、吳德業（2001）。校長辦學檔案在校長評鑑中之應用。載於國立新竹師範學院主辦之第八次教育行政論壇論文集（頁158-181），新竹市。

英｜文｜部｜分

Anderson, M. E. (1991). *How to train, recruit, select, induct, and evaluate leaders for America's schools.* Oregon: University of Oregon.

Andrews, R. L., & Soder, R. (1987). Principal leadership and student achievement. *Educational Leadership, 44,* 9-11.

Bates, R. A., & Holton, E. F. (1995). Computerized performance monitoring: A review of human resource issues. *Human Resource Management Review, winter,* 267-288.

Bernardin, H. J., Kane, J. S., Ross, S., Spina, J. D., & Johnson, D. L. (1995). Performance appraisal design, development and implementation. In G. R. Freeis, S. D. Rosen, & D. T. Barnum (Eds.), *Handbook of human resource management* (pp. 462-493). Cambridge, MA: Blackwell.

Bolton, D. L. (1980). *Evaluating administrative personnel in school system.* New York: Teachers College Press.

Bonnell, B. E. (1993). *An assessment of principal evaluation practices in State of Oklahoma.* Unpublished doctoral dissertation, University of Oklahoma.

Bossert, S. T. et al. (1982). The instructional management role of principal. *Educational Administration Quarterly, 18*(3), 34-64.

Campbell, J. P. (1990). Modeling the performance prediction problem in industrial and organizational psychology. In M. D. Dunnette & L. M. Hough (Eds.), *Handbook of industrial and organizational psychology (Vol. 1)* (pp. 687-732). Palo Alto: Consulting Psychologist Press.

Campbell, J. P., McCloy, R. A., Oppler, S. H., & Sager, C. E. (1993). A theory of performance. In E. Schmitt, W. C. Borman, & Associates (Eds.), *Personnel selection in organizations* (pp. 35-70). San Francisco: Jossey-Bass.

Canadian Teachers' Federation (1975). *Teacher evaluation: Bibliographies in education.* No. 52. Ottawa, Canada: Author.

Candoli, C., Cullen, K., & Stufflebeam, D. L. (1994). *Superintendent performance evaluation: Current practice and directions for improvement.* Center for Research on Educational Accountability and Teacher Evaluation (CREATE), Michigan University. (ERIC Document Reproduction Service No. ED 395 362)

Carlson, R. V., & Park, R. (1976). Teacher evaluation: Relevant concepts and related procedures. (ERIC Document Reproduction Service No. ED 129 739)

Duke, D. L. (1987). *School leadership and instructional improvement.* New York: Random House.

Duke, D. L., & Stiggins, R. J. (1985). Evaluating the performance of principals: A descriptive study. *Educational Administration Quarterly, 21*(4), 71-98.

Fitzpatric, J. L., Sanders, J. R., & Worthen, B. R. (2004). *Program evaluation: Alternative approaches and practical guideline* (3rd ed.). Boston: Pearson Education.

Frerking, R. A. (1992). *Principal performance evaluation: A nationwide status report on the type and effectiveness of evaluation as perceived by principals and supervisor.* Unpublished doctoral dissertation, Iowa State University.

Ginsberg, R., & Thompson, T. (1992). Dilemmas and solutions regarding principal evaluation. *Peabody Journal of Education, 68* (1), 58-74.

Glasman, N. S. (1992). Toward assessing test score-relates actions of principal. *Peabody Journal of Education, 68*(1), 108-123.

Glasman, N. S., & Heck, R. H. (1992). The changing leadership role of principal: Implications for principal assessment. *Peabody Journal of Education, 68* (1), 5-24.

Glasman, N. S., & Heck, R. H. (1996). Role-based evaluation of principals: Developing an appraisal system. In K. Leithwood et al. (Eds.), *International handbook of educational leadership and administration* (pp. 369-394). Dordrecht, the Netherlands: Kluwer Academic Publishers.

Glasman, N. S., & Heck, R. H. (2003). Principal evaluation in the United States. In T. Kellaghan, D. L. Stufflebeam, & L. A. Wingate (Eds.), *International handbook of educational evaluation* (pp. 643-669). Dordrecht, the Netherlands: Kluwer Academic Publishers.

Hallinger, P., & Murphy, J. (1985). Assessing the instructional management behavior of principals. *Elementary School Journal, 86*(2), 217-247.

Holley, F. M., & Hickman, R. C. (1981). *Research on teacher evaluation: Needs and realities.* Texas University, Austin. Research and Development Center for Teacher Education. (ERIC Document Reproduction Service No. ED 202 894)

Ilgen, D. R., & Schneider, J. (1991). Performance measurement: A multi-discipline view. In C. L. Cooper & I. T. Robertson (Eds.), *International review of industrial and organizational psychology* (Vol.6, pp. 71-108). Chischester: Wiley.

Joint Committee on Standards for Educational Evaluation (1994). *The program evaluation standards: How to assess evaluations of educational program* (2nd ed.). Thousand Oaks, CA:

Sage.

Joint Committee on Standards for Educational Evaluation (2007). *The personnel evaluation standards: How to assess systems for evaluation educators* (2nd ed.). Thousand Oaks, CA: Corwin Press.

Lewis, E. L. (1977). *Evaluation of a superintendent.* California School Boards Association. (ERIC Document Reproduction Service No. ED 137 918)

McCleary, L. (1979). Evaluation of principals. *Theory into Practice, 18*(1), 45-49.

Mitsakos, C. L., & Selfert, K. R. (1979). *Teacher evaluation program.* Andover Public Schools, Mass. (ERIC Document Reproduction Service No. ED 182 828)

Mohrman, A. M., Resnick-West, S. M., & Lawler, E. E. (1989). *Designing performance appraisal system.* San Francisco, CA: Jossey-Bass.

Mullins, T. H., Ferguson, W. F., & Johnson, J. T. (1988). *Perception of Texas elementary principals and teachers regarding evaluation of principals.* Paper present at the Mid-South Educational Research Association (Louisville, KY, November 8-11). (ERIC Document Reproduction Service No. ED 305 703)

Murphy, J., & Rodi, M. S. (2000). *Principal evaluation: A review.* Paper presented at the annual meeting of the American Educational Research Association, New Orleans, LA.

Peterson, D. (1989). *Superintendent evaluation. ERIC digest series number EA 42.* ERIC Clearinghouse on Educational Management Eugene OR, 42, 1-6. (ERIC Document Reproduction Service No. ED 312 775)

Scriven, M. (2003). Evaluation theory and metatheory. In T. Kellaghan, D. L. Stufflebeam, & L. Wingate (Eds.), *International handbook of educational evaluation* (pp. 15-30). Dordrecht, the Netherlands: Kluwer Academic Publishers.

Sergiovanni, T. J. (1995). *The principalship: A reflective practice perspective.* Boston: Allyn & Bacon.

Smith, W. F., & Andrews, R. L. (1987). Clinical supervision for principals. *Educational Leadership, 45*(1), 34-37.

Snyder, J., & Ebmeier, H. (1992). Empirical linkages among principal behaviors and intermediate outcomes: Implications for principal evaluation. *Peabody Journal of Education, 68*(1), 75-107.

Stufflebeam, D. L., & Shinkfield, A. J. (2007). *Evaluation theory, model, and applications.* San Francisco, CA: Jossey-Bass.

Stufflebeam, D., & Nevo, D. (1993). Principal evaluation: New directions for improvement. *Pea-

body Journal of Education, 68(2), 24-46.

Thomas, C., & Vomberg, J. A. (1991). Evaluating principal: New requirements, directions for the '90s. *NASSP Bulletin, 75*(539), 59-64.

Valentine, J. W. (1986). *Performance/outcome based principal evaluation: A summary of procedural considerations.* Paper present at the Annual Meeting of the National Middle School Association (Atlanta, GA, October 22-25). (ERIC Document Reproduction Service No. ED 281 318)

Valentine, J. W., & Bowman, M. L. (1991). Effective principal, effective school: Does research support the assumption? *NASSP Bulletin, 75*(539), 1-7.

24 校長評鑑與
校長自我評鑑規準探討

李珀（臺北市私立復興實驗高級中學校長）

壹│前言

　　從我國近三十年來有關校長領導的研究中可以發現：校長的領導對於學校成員、運作過程與結果有很廣泛的影響力（林明地，2002）。校長是學校的靈魂人物，有效能的校長是有效能學校的關鍵之所在，特別是在推動教育改革的浪潮中，校長除了扮演「教學領導兼行政領導」的角色，更要成為「學校本位管理」推動及負責人。自1999年修正公布「國民教育法」和「高級中學法」以來，校長任用制度有了很大的改變，從縣市政府首長聘任制改變為校長遴選制。教育部、直轄市或縣市政府組成遴選委員會，校長經遴選通過，再由各級主管教育行政機關聘任之。這種改變，影響到校長的發展，如果校長在任期內沒有特殊的表現，或對內與老師、家長，對外與主管單位或新聞媒體之溝通關係不佳，未獲遴選委員會的認可，校長可能回任教師或轉任其他工作。校長任期內表現是否有績效，若只是由遴選委員主觀的論定，對於某些校長相當不公平，如果能交由專家評鑑小組進行評量，將結果提供委員們參考，較為客觀實在。校長是學校成敗的靈魂人物，而如何運用評鑑制度協助校長在專業上發展，是另外一個值得思考的議題，校長評鑑如實施得當即可改變遴選制度方式，亦可協助校長專業上之發展。

　　到目前為止，國內尚未對於校長進行有系統的評鑑，大部分是屬於校務評鑑方面。1999年修正公布國民教育法及其施行細則後，明文規定現職國民中小學校長應由各縣市政府辦理校長辦學績效評鑑，以作為應否繼續遴聘之依據，但實施以來，真正落實此一政策的縣市，屈指可數。為了幫助自我發展及順利遴選續任

校長，校長評鑑將是情勢所趨，也可能是未來必須走的一條路。

貳｜校長評鑑與校長專業成長

校長評鑑（principal evaluation）係指對於校長之各項表現進行判斷，藉以了解校長表現的優劣，同時提供校長改進缺失方法的過程。就本質而言，評鑑制度是一種持續發展的過程，具有其動態性；從其功能而言，一方面評估校長辦學績效，一方面協助校長在專業上之成長。校長評鑑可以讓校長了解自己所表現的優點，亦可用來改進自己的不足，以期提升老師的教學品質與學生最佳的成就標準。評鑑制度不僅有益於校長自我專業成長，而且有利於學校經營發展（吳清山、林天祐，2002）。

校長評鑑的基本目的在協助校長不斷的在專業上持續進步，以提升教師之教學效能及學生的學習表現。為了發展優質的學校，利用評鑑制度可幫助校長成為更好的校長，學校成為更好的學校應是評鑑最主要的目的。但如何取得校長共識與信任，經由有系統的資料蒐集、評鑑制度的規劃與執行、評鑑人員的訓練及提供積極性的回饋，讓系統發揮其應有的教育功能，應是實施校長評鑑最需要重視的地方。在過去，因配套措施不夠完備，引起諸多的反彈，這是實施校長評鑑應避免的地方。

Brown 與 Irby（1998）提出校長評鑑的七大政策考量，十分值得參考：(1)評鑑的重點應該在於學校改進；(2)評鑑應該以表現為主；(3)評鑑應該與校長的工作職能相關；(4)評鑑應該明確界定行政當局的表現期望；(5)評鑑應該促進所有行政人員的合作；(6)評鑑應該增進校長專業成長和改進領導實務；(7)評鑑應該提供必要的資源和溝通程序。

參｜實施校長評鑑的第一步：建立校長自我評鑑的規準

為了有效評量校長辦學績效及缺失，建立校長評鑑規準（criteria）是相當重

要的。首先要建立校長自我評鑑的規準，規準之重點在可分析辦學之優缺點，以做為校長自我改進的依據，並幫助校長專業成長，最重要的目的是為了提升老師之教學效能、發展學生潛能、保障學生學習成效，以期培育優秀的人才。為了要建立自我評鑑之規準，筆者收集了國內外相關的資料，經由分析比較並根據自己辦學經驗，研擬出自我評鑑的規準，每學年由校長及校內行政同仁及老師評量一次，做為自我改進之參考，實施以來對校務經營發展與自我效能之提升很有助益。以下斟酌列出筆者建立規準時所參考之國內外的規準及評鑑標準。

所收集參考之資料，在國內侯世昌所主持的「臺北縣國民小學校長評鑑之研究」（侯世昌等，2000）中，提出了下列六大評鑑向度：(1)政策與法令執行：包括政策執行、法令執行；(2)行政管理：包括建立學校發展願景、善用學校各類資源、塑造學校文化、有效領導、溝通與決定、危機與衝突管理；(3)教學領導：包括支援教學活動、培養課程發展能力、協助教師進修與成長；(4)學生的學習與成長：包括維護學生學習權、指導學生生活；(5)社區互動：包括強化親職教育、增進社區互動；(6)專業素養提升：包括專業職責、專業知能、專業成長。

江文雄等（1999）「臺北市中小學校長評鑑方案之探討」中，提出：(1)政策執行：包括遵守教育政策、達成教育目標；(2)教學領導：包括營造教學環境、指導教學策略、領導教學活動、落實教學評鑑；(3)學校管理：包括規劃校務發展、督導校務推展、營造和諧氣氛、強化危機管理；(4)人際關係：包括增進與教職員工的關係、增進與學生的關係、增進與社區、家長的關係、增進與其他人員的關係；(5)專業素養：包括善盡專業職責、促進專業成長；(6)學校特色：包括創新發展各種制度及特色。

林明地、詹盛如與李麗玲（2010）提出國民小學校長專業發展的核心能力向度，包括「政策執行」、「行政管理」、「課程與教學領導」、「社區與公共關係」、「辦學態度與精神」、「專業成長」，及「品質確保與永續發展」等七項核心能力向度及 66 個核心能力規準。

在國外，英國的國家校長標準（National Standards for Headteachers, 2004）提出：(1)行政管理：a.學校發展計畫、b.學校預算控制、c.經費和管理系統；(2)教學領導：a.課程政策、b.學校教學活動情形、c.提升教師教學品質；(3)人際關係：a.與同事及家長的關係、b.和學生家庭、校外機構和其它學校的聯繫情形；(4)專業條件、品德操守。

　　在蘇格蘭，Standard for Headship in Scotland（2002）包含：(1)學校政策規劃；(2)老師教學及學生學習；(3)人際關係；(4)資源運用及財務管理；(5)個人專業素養等五大項向度。

　　在美國，Ellen 與 Richard（1984）針對共 1,014 位教師、校長、行政機關主管進行調查研究，透過對 55 位校長的行為描述做評論。分析結果後，列舉出下列九點評鑑向度：(1)設定教學策略／強調成就的達成；(2)支持教師；(3)協調教學計畫；(4)維繫和諧之氣氛；(5)促進專業成長；(6)維持學校設施之運作；(7)學校與社區的持續聯繫；(8)評鑑學生之進步狀況；(9)管理學生事務。

　　Seyfarth（1991）曾提出校長評鑑的八大向度：(1)組織學校來達成教學目標；(2)提供教學的指示與領導；(3)發展長期和短期計畫；(4)選定和指派教職員；(5)維持教職員工作動機與士氣；(6)管理學校衝突；(7)強化家長和同仁參與；(8)代表學校對外發言。

　　Cornell 與 James（1991）建立了一個校長規準之向度：

1. 校長要能夠設立目標、發展計畫並授權給同事；校長須激發成員動機、取得共識，完成學校的目標。
2. 校長要有行政管理能力，並給予建議，幫助同仁；校長是教學領導者，協助教師進行課程的發展、教學管理，並對教師表現進行評鑑。
3. 校長能夠設立目標要求學生的表現與行為，有效的訓練並鼓勵學生。
4. 校長要有溝通的能力，並且可做出正確的判斷與結論，提供品質良好的決策；校長須具備社會規範、法律、政策和教育研究等知識涵養。
5. 校長要有能力去發展和實施評鑑，以確實符應學校之教學任務與目標。
6. 校長要作為一個典範，完成組織內的工作；善用時間與財政資源，並且管理好人事，有良好的適應力，能夠彈性且適時的分析問題與判斷之探討。
7. 校長要能抗壓，有能力處理對立的意見；校長具備良好的人際互動技巧。
8. 校長能了解和處理他人的需求；有很好的觀察能力、善於聆聽、具備同理心，並且能夠解決衝突；校長了解並尊重多元文化和倫理準則的多元觀點。

　　Hughes 與 Ubben（1994）曾提出校長領導和管理的五種功能：(1)課程發展；(2)教學改進；(3)學生服務；(4)財務和設備管理；(5)社區關係。這些對於校長角色和功能的看法，有助於校長評鑑規準的建構。

　　David、Edward 與 Kenneth（2000）的研究顯示，校長能力指標應包含下列三

項：

1. 與工作相關的技能與知識：包含了人力資源的管理、與利害關係人的溝通、物質資源的管理、會計管理、維持學生的紀律、建立一個合作的環境，及發展學校目標。

2. 專門性活動：包含人事評鑑、學生表現評量、方案評鑑及系統觀點的經營。

3. 教學領導：保持教學的正常運作、領導課程發展、協助並支持專業發展、建立良好的學習環境及支持學校成員。

參考以上資料，陳瑞玲與鄭芳瑜（2007）歸納出校長能力的準則如下：

1. 校長應設立並發展學校目標，充分授權給成員一同完成學校目標；

2. 校長應成為一個課程教學領導者，協助教師發展教學計畫與策略；

3. 校長應提供管道與資訊，協助教師的專業成長；

4. 校長成為一個管理與協調者，維持學校和諧並有效管理學校人事及財務；

5. 校長須根據學生需求與社會發展，在安全的環境下，促進學生的學習成長；

6. 校長須具備良好的溝通技巧與抗壓力，勇於面對外在挑戰並解決衝突；

7. 校長應作為學校與社區的溝通橋樑，維繫學校與社區的良好關係。

2008 年美國「跨州學校領導者證照聯合會」（Interstate School Leaders Licensure Consortium, ISLLC）訂定教育領導政策準則（Educational Leadership Policy Standards: ISLLC 2008）：包括六項向度，31 項指標，其認為教育領導者促進每一位學生的成功，須透過下列六項表現向度，包括：(1)共享學習願景；(2)有利於學生學習與教職員專業發展的學校文化與教學方案；(3)安全有效率與效能的組織管理；(4)與教職員及社區同心協力；(5)依正直、公平及倫理而行動，以及(6)了解、回應並影響政治、社會、經濟、法律及文化脈絡（The Council of Chief State School Officers, 2008）。

2011 年 Association of Washington School Principals 以學校本位來評鑑校長領導，提出八種新的向度：(1)建立持續改進的學校文化；(2)保障校園安全；(3)發展學生學習成長計畫；(4)根據政府標準，調整課程；(5)改進教學與評量；(6)整合人力資源；(7)結合社區；(8)縮小差距成就每一個孩子。

平心而論，評鑑規準及指標的建立是一個相當複雜的過程，其建立的依據應該來自於校長的角色和功能，因國家和區域性而有差異。實施校長評鑑工作，亦是一項艱鉅的任務。雖然在歐美國家實施校長評鑑已經多年，對於校長們仍有很

大的壓力，因此國內如要實施，對於教育行政機關、學校、校長都是一件艱鉅的工作。

在正式實施校長評鑑前，有鑑於國內雖有相關討論（蔡金田，2009），但尚未有較具系統的校長評準工具，筆者參考國內外的研究資料，根據辦學經驗，在1996年發展出校長自我評鑑的規準，評量的向度包含：校務發展、教學效能、教學品質提升、領導溝通、經費管理、安全維護、校園營造、生活輔導、社區活動。以此九向度致力於規劃校園願景、提升教師教學效能、協調校園和諧、管理校內經費有效使用、營造安全及具教學意義之校園，並與家長、社區維持良好關係。並在2003及2010年參考國內外更新之研究、國外已發展之量表（2002, 2004, 2008）及自身辦學經驗，納入行政人員的專業態度、整體之課程規劃及發展、學生學習輔導，統整親、師、境之資源，期冀精進學生之學習。因此將自我評鑑之向度分為十項：(1)學校經營發展；(2)行政領導管理；(3)課程發展；(4)教師教學；(5)學生學習與成長；(6)安全維護危機管理；(7)校園營造；(8)經費管理；(9)資源統整社區互動；(10)專業素養。

評核指標與規準係基於辦學經驗，並參酌國內外之研究並納入校內外各領域有經驗人員之意見，將各領域業務順序性條列化，其目的是提高辦學效能，增加老師之教學效能，發展學生潛能，保障學生學習成效，以期培育優秀的人才。校長能力的準則可歸納如下：

1. 校長應以教育理念建立學校願景並充分授權給成員共同完成學校目標。
2. 校長能夠設立學生行為準則及學習目標要求學生的表現，幫助學生成功。
3. 校長應成為一個課程領導者，協助教師發展課程、評量學生學習進步；訂定課程發展計畫支援教學活動、培養特色課程發展能力。
4. 校長應成為一個教學領導者，協助教師發展教學策略，設計教學活動進行有效能的教學；校長應提供經驗與資訊，協助教師的專業成長。
5. 校長成為一個行政管理與協調者，有效管理學校財務及人事，維持學校和諧與進步。
6. 校長須根據學生需求與社會發展，營造一個適合學習的安全優質環境。
7. 校長須具備良好的溝通技巧與抗壓力，解決衝突並勇於面對外在挑戰。
8. 校長應作為學校與社區的溝通橋樑，運用資源維繫學校與社區的良好關係。

李珀校長研發規準量表中所提及之向度、指標、規準的定義，是參照自郭昭

佑（郭昭佑，2001）之教育評鑑指標建構辦法，有以下分類：

1. 向度：向度指評鑑一項事物所包含的方向、角度、思考之觀點，因事物性質、屬性等不同而概括的基本分類。

2. 指標：指標是附屬於向度之下的分類。指標是明確指引教育事物狀態，但不包含深入之描述與實際行為。

3. 規準：規準是附屬於指標之下之評鑑細項。規準是達成該指標所應具備的實際行為模式，其多為明確、可測量之行為。

依據校長能力的準則，發展校長自我評鑑的指標，分十向度，34 項指標及 131 項規準：

1. 學校經營發展：(1)建立學校發展願景；(2)訂定學校發展計畫；(3)落實學校發展計畫；(4)執行政府政策。

2. 行政領導溝通：(5)凝聚全校共識全心投入校務；(6)能暢通溝通管道；(7)能建立透明之決策過程提高行政效能；(8)能建立積極和諧之校園氣氛。

3. 課程發展：(9)能有系統的規劃課程；(10)依課程需要充實教學設備；(11)辦理教師專業進修發展。

4. 教師教學：(12)能有效執行課程實施計畫；(13)能落實適性教學；(14)能落實教學視導並確實的評鑑學生學習成效。

5. 學生學習與輔導：(15)能關懷學生身心健康；(16)能推展學生群性活動；(17)提供學生個性發展機會；(18)能落實學生生活管理；(19)能輔導學生特殊行為問題。

6. 安全維護危機管理：(20)營造安全校園環境；(21)建立完整校園網絡；(22)強化危機管理；(23)落實學校安全教育等。

7. 校園營造（營造安全、綠色、科技、人文校園有益於學習的環境）：(24)能妥善規劃校園環境；(25)能發揮校園境教功能；(26)能維護環境設施。

8. 經費管理：(27)規劃並爭取經費；(28)能有效執行預算及專案經費；(29)妥善管理財務等。

9. 資源統整社區互動：(30)鼓勵家長正向參與，營建親師夥伴關係；(31)提供家長溝通管道，建立良好互動關係；(32)善用社區資源，引導社區交流活動等。

10. 專業素養：(33)善盡專業職則，與(34)促進專業成長。

肆｜李珀校長研發之自我評鑑規準量表與臺灣、英國、蘇格蘭、美國等四國指標之比較

自 20 世紀末至 21 世紀，各國開始紛紛投注心力於研究領導者專業能力之發展，以提升教育品質。國內外相關規準也陸續發展：國外如紐西蘭、蘇格蘭、澳洲、英國、美國相關教育與行政人員協會皆相繼於 1998、2002、2003、2004、2008 年發展相關指標（蔡金田，2009）。國內如林文律、吳清山、江文雄、張德銳與丁一顧（2000）等學者皆在指標向度建構上有所貢獻。因此在國外量表比較部分，本文將參酌英國教育部（Department of Education）、蘇格蘭政府（Scottish Executive）、美國跨州學校領導者證照聯合會（Interstate School Leaders Licensure Consortium）所發展之量表與李珀校長研發之自我評鑑規準量表相比較；而國內的部分，將參照國立資料教育館所發佈之校長專業發展資源比較。

陳述方式將以李珀校長研發量表之向度：學校經營發展、行政領導溝通、課程發展、教師教學、學生學習與輔導、安全維護危機管理、校園營造、經費管理、資源統整社區互動及專業素養之順序與國外之量表共同參照：

一、學校經營發展

李珀校長研發之校長自我評鑑規準量表在學校經營發展部分：(1)校務發展有目標導向，著重於校務發展計畫的研擬與落實；(2)實施步驟精確與細緻，在計畫與執行之餘也重視檢討改進；(3)致力於提升行政效率與專業。

國內的量表在學校經營發展層面分為兩項指標與六細項闡述校務，分別為：擬訂完善校務發展計畫、規劃執行與校務發展評鑑。其內容在於分析環境擬訂校務發展短、中、長程計畫、學校願景之形塑、檢核與評鑑計畫執行結果。和李珀校長之規準量表比較，兩者皆重視願景之發展、計畫與落實之過程。國內量表於 A2.3 提到評鑑任務小組之專長分工部分，是較為特殊之處。然而其對於教育政策相關配合、傳達、建立標準化流程等較少敘述。雖向度與指標皆有符合，但規準部分較忽略在實施過程中所需完成之目標，例如：行事曆規劃、傳達政策法令予

學校行政人員、落實教育部重點工作等。

英國的量表分為四個細項說明學校經營發展應有的方向，分別為：願景的闡述與實踐、願景的傳達（與行政人員及教學人員）、正向工作氣氛、創新與多元等要素。整體排序為從抽象至具體、從學校之願景至各處室的工作內容等。和李珀校長研發之規準比較，英國之量表較為抽象，少有計畫的擬定、執行狀況的執行與回饋，以及政策法令傳達與配合部分。另一方面，英國之實踐過程較強調創新與多元思考；而李珀校長之規準量表則注重確實、效率與專業之執行運作。

蘇格蘭的量表則分為兩項指標與八則規準闡述學校經營規劃的要點。除了重視願景的發展與計畫的擬定，也重視執行的過程、監督以及評鑑。另外在校內處室間與英國相仿，強調處室間的正向專業發展、對共同目標的溝通與修改，並十分重視行政人員與教學人員的工作氣氛與關係。

蘇格蘭之量表與李珀校長研發之量表方向較為類似，皆重視理念的確立與計畫的研擬，也提到目標的監督與評鑑。兩者不同的地方在於蘇格蘭在末兩點強調處室間平行的溝通以求學校目標的一致性，李珀校長研發之量表則偏重專業人員之參與及優質有效之行政文化。另外，李珀校長之量表提到教育政策與法令之配合，也是蘇格蘭量表所未提及的。

美國之量表分為五個指標說明此向度。與英國相同，美國之量表較重視大方向的闡述，較少提及細部的實施步驟。但整體而言，三個國家皆十分強調校園願景、計畫擬定的重要性。蘇格蘭與美國皆有計畫的省思與回饋，美國另外更強調持續且有效的精進。同先前結論，李珀校長所研發之量表，「執行政策」的分項與規準措施是他國所沒有的。

二、行政領導溝通

行政領導溝通之部分：(1)在凝聚共識的部分除了取得行政人員、教學人員對目標的一致性之外，也納入家長、學生，使量表更具全面性；(2)除了獎勵優良教師外，對於優良表現之行政人員也加以鼓勵；(3)提高行政效能部分提出 80/20 說，以求持續之精進。

國內量表在行政領導溝通方面分為四指標十四規準，包含校園經費籌措與管理、行政程序建立、協調處室、健全之人事制度與資源，以及危機處理制度等。

與李珀校長研發之規準量表比較：兩者皆重視行政支援教學、建立與推廣各項行政程序、落實資料電腦化。李珀校長之規準量表將危機管理另定為一個向度闡述，除此之外，也較為實務取向的重視凝聚向心力、暢通管道、提高行政效能，以及建立和諧之校園氣氛。由此可見在國內量表中，行政附屬於教學之下，行政程序以支援教學為第一優先（B2.1）；然而在李珀校長之規準量表內，行政領導向度特別強調該人員應具備之專業能力發展、計畫執行與評鑑之落實與修正。行政與教學為校內平行之兩個體制系統，但行政支援教學。

由於分項方法的不同，英國的此部分包含領導溝通與校園經費管理。英國的量表在此部分重視有效的管理、工作系統。此部分李珀校長將其分類於學校經營發展。另外，此量表也提及知人善任、以身作則之重要性。英國量表雖然分項不多（只有三到五項說明此部分），然而整體而言與李珀校長之規準皆一致：皆為在法規約束內有效率的執行計畫、知人善任與以身作則。

蘇格蘭之量表也十分重視知人善任、謹慎挑選與訓練行政和教學人員。整體而言，蘇格蘭之量表較重視校內人員之溝通與合諧，也提到領導者須展現自己的人格特質以建構良好之工作環境，也需協調人員間的衝突與誤會等。

美國之量表則以五項簡述應達成之目標。與其它國家相同，所有量表皆強調知人善任之重要性，此外美國量表也強調權力的分化以求目標確實達成。較特別的是，唯美國量表與李珀校長之量表皆提到需維護校內工作人員之休閒與福利。整體而言，各國皆十分強調用人，但蘇格蘭量表最為重視校內團隊的工作氣氛，也承認即使有衝突身為領導也應努力化解；英國與美國之量表與李珀校長之規準大方向相同。但李珀校長研發之規準於暢通管道方面另外納入家長與學生之溝通，並強調透明之決策過程。此兩項是其它國家量表皆沒有提到的。

三、課程發展與教師教學

課程發展與教師教學之部分：(1)班級經營技巧之使用與個別化教學；(2)建立學徒制，以老手帶領新手以協助新進教師成長；(3)加入學校本位課程，重視學生個別化之性向發展。

國內量表在教學領導向度分為三指標十規準，分別為：優質教學環境、課程發展與教學研究、教學視導與評鑑；特別是在整合教學媒體、落實課程本位發展、

多元學生評量等。於李珀校長研發之量表中，課程發展與教師教學則被分為兩個向度分開說明。兩者皆強調資訊科技融入教學活動、教學設備之維護與更新、課程委員會之發展、多元學生之評量、對於較特殊之學生給予積極輔導或是適性安置。較特殊的是，李珀校長對於新進教師之培訓、教學觀摩、學生之校外教學等的注重是國內量表所未提及。

英國之教學方面十分強調多元、創新的教學與評鑑方法，也考量到文化的差異以求教學完整。英國對於學生有高期待之外，也注重對學習成就較低落之學生進行課程加強與補救；蘇格蘭量表與美國量表的大方向與李珀校長之量表雷同：皆十分重視教師教學知能、課程發展與評鑑、對學生學習的關注。

整體而言，李珀校長之規準量表以目標導向為主，配合教育部頒佈之能力指標，重視有意義的課程規劃、實施與執行。在重視教師的教學之餘，也十分重視教學環境設備的充實與改善，以及結合校內外資源協助教師專業發展。和李珀校長之量表比較，英國之規準量表與李珀校長之量表較為接近，皆重視教師之知能與學習成就較高、較低之學生發展。相異的點在於英國另外較為重視教學環境之氣氛、分工之公平性，以及教學人員工作與生活之平衡。李珀校長之量表另外注重校內老師間的教學觀摩、學徒制以增加新手專業程度等，是其它國家量表沒有提及的。

四、學生學習與輔導

英國、蘇格蘭、美國並沒有特別闡述學生學習與輔導的重要性，而國內量表也以學校領導者、行政人員、教師之觀點評估學生之行為，可以說這一大項在三個國家量表內並未較有系統性的提及，雖然在英國的量表裡有局部性的提及學生個別差異的重要性。李珀校長之規準是唯一提及對學生心理、群性、個性發展之量表：關懷學生身心健康、群性發展、個性發展、生活管理、輔導特殊學生問題。各國量表之校長出發點較偏向以校內行政與教學人員為核心、家長與社區在外圈，但缺乏對學生的經營與注意。

五、安全維護危機管理

國內量表將危機管理分類於行政管理說明。其較注重危機處理機制實施之重要性，對於危機處理除了訂定標準處理程序、任務編組、平時演練之外，也強調完善檔案之建立以供追蹤輔導。國外量表的部分則唯有美國提及安全維護；美國之量表提及安全校園之建造，但對於建造的過程與落實細項並無著墨，與李珀校長之營造安全校園環境、完善之學校網絡、危機管理、安全教育相比，國內量表與李珀校長研發量表之向度大致相似：兩者皆有安全校園環境、危機管理、安全教育等。唯李珀校長之量表另外也強調安全網絡之建立，其規準較為務實。

六、校園營造

國內量表於教學領導下有一項指標與校園營造相關（C1）：營造優質教學環境。其規準包含整合教學媒體、建置無障礙學習環境、更新與維護教學設備等。

國外方面，三個國家的量表並沒有提到營造安全健康校園、以境教融入生活以及校園環境設施之維護。以國內規準與李珀校長研發之規準量表相比，兩者大致上皆重視環境之建立，李珀校長研發之規準量表在校園環境之外，也包含環境的意義性（境教）之部分。

七、經費管理

國內量表將經費管理納入行政管理之下探討：主要分為預算的籌編與執行、設備的管理與使用效能。而國外量表部分，唯有英國與蘇格蘭量表提及經費管理之實施步驟要點。英國之指標融入於領導溝通內說明，但由於篇幅短少，只有約略說明人力與物力有效的利用以及所有物品需經過管理。蘇格蘭之量表較英國為詳細，強調所有支出應符合計畫、經費皆須有效運用以及透明化，與李珀校長之規準量表可說是較為接近，但對於財務管理部分卻沒有詳細提及。

八、資源統整社區互動

　　國內之量表十分注重學校公共關係之建立，除了將其分為家長以及社區外，另外重視與傳播媒體、社會相關機構（民意代表、教育文化機構等），以及校際之間的合作。特別是媒體與社會相關機構的部分，是其它量表沒有提及的。

　　而國外部分，唯有英國與美國量表提及社區互動之實施指標。但唯有英國較有系統的闡述社區活動之措施，特別是在社區資源交流以及親師管道部分。英國與美國量表皆十分強調種族與文化的差異。與美國量表相較，英國更為強調需要打破種族偏見的藩籬以創造更和諧之校園。大體而言，在此向度的特色如下：國內量表較為重視與媒體、相關機構之良好互動；李珀校長之量表則強調與社區之良好互動建立及實施步驟；而英國與美國則較為重視平衡種族差異性。

九、專業素養

　　自校長之專業責任來看，各份量表皆十分重視校長專業素養之提升：國內量表重視校長之專業理念、教育改革與理論之了解、依法行政、積極進修與專業對話等。英國之專業量表著墨於校長專業職責之發展、處室間同仁共處；蘇格蘭量表注重校長內在的決策能力之培養與思考審慎性；美國量表除了專業職責發展之外，也重視校長之社會責任與教育的正義公平性（培養多元觀點、發揚民主、確保孩童均等就學等）。李珀校長所研發之量表雖不包含政治與文化因素，但在促進專業成長方面提及校長之間的專業對話機制、校務經驗分享，是較為特別的地方。而在量表之中，唯有國內量表特別將校長之人格特質列為向度之一，主張學校領導者需具備其個人魅力，包含自信心、幽默、民主、親和力、情緒控制等等。

▶ 表 24-1　李珀校長自我評鑑規準與國內規準

校長規準：十大向度	國立資料教育館因應向度
學校經營發展	校務發展與評鑑
課程發展	教學領導
教師教學	
行政領導溝通	行政管理
學生學習與輔導	
安全維護　危機管理	行政管理
校園營造	教學領導
經費管理	行政管理
資源統整　社區互動	學校公共關係
專業素養提升	專業發展
	人格特質與態度

▶ 表 24-2　李珀校長自我評鑑規準與英國規準（2004）比較

校長規準：十大向度	英國向度：Six Key Areas
學校經營發展	Shaping the Future
課程發展	Leading Learning and Teaching
教師教學	Developing Self and Working with Others
行政領導溝通	Managing the Organization
學生學習與輔導	
安全維護　危機管理	
校園營造	
經費管理	Managing the Organization
資源統整　社區互動	Strenthening Community
專業素養提升	Securing Accountability

▶ 表 24-3　李珀校長自我評鑑規準與蘇格蘭規準（2002）比較

校長規準：十大向度	蘇格蘭向度
學校經營發展	Managing Policy and Planning
課程發展	Managing Learning and Teaching
教師教學	
行政領導溝通	Managing People/Interpersonal Abilities
學生學習與輔導	
安全維護　危機管理	
校園營造	
經費管理	Managing Resources and Finance
資源統整　社區互動	
專業素養提升	Professional Values (educational commitment, commitment on self-development, up-to-date knowledge and understanding), Intellectual Abilities

▶ 表 24-4　李珀校長自我評鑑規準與美國規準（2008）比較

校長規準：十大向度	美國向度
學校經營發展	Facilitating the development, articulation, implementation, and stewardship of a vision of learning that is shared and supported by all the stakeholder
課程發展	Advocating, nurturing and sustaining school culture and instructional program conducive to student learning and staff professional growth
教師教學	
行政領導溝通	Ensuring management of the organization, operation and resource for a safe, efficient, and effective learning environment（領導溝通、生活輔導、安全維護、教學效能）
學生學習與輔導	
安全維護　危機管理	
校園營造	
經費管理	
資源統整　社區互動	1. Collaborating with faculty and community members, responding to diverse community interests and needs, and mobilizing community resources（社區互動、專業責任）
專業素養提升	2. Acting with integrity, fairness, and in an ethical manner（專業責任、生活輔導） 3. Understanding, responding to, and influencing the political social, economic, legal and cultrual context

以上資料為研究者自製表格。資料參考自：

國立資料教育館

「校長專業發展資源」

http://192.192.169.230/edu_pdr/index.htm，國立資源教育館。電子資源，2011
年 3 月 18 日。

英國規準量表

"National Standards for Headteachers."

http://www.education.gov.uk/publications/standard/publicationdetail/page1/
DFES-0083-2004. Department for Education, Oct. 2004. Web. 8 Jan. 2011.

蘇格蘭規準量表

"Standard for Headship in Scotland." The Scottish Government. N.p., 22. 2002. Nov.
Web. 10 Jan. 2011.

美國規準量表

"Educational Leadership Policy Standards: ISLLC 2008."

http://www.montana.edu/ehhd/educ/edleadership/docs/ISLLC_2008_final.pdf.
CCSSO, n.d. Web. 10 Jan. 2011.

伍 | 李珀校長研發之自我評鑑規準量表之使用時機及適用範圍

　　雖以客觀之標準研發專業規準量表，然仍囿於學校性質、學校規模、學生特殊性、學校所在地等因素無法將各校需發展之特色及其校長責任盡納入規準量表。因此學校領導者在使用此規準量表自我評鑑以求精進時，需要將學校地點、現有資源、學校規模以及學校本位特色等納入考量以求規準之全面性。此量表之向度分為十項：(1)學校經營發展；(2)行政領導溝通；(3)課程發展；(4)教師教學；(5)學生學習與輔導；(6)安全維護危機管理；(7)校園營造；(8)經費管理；(9)資源統整社區互動；(10)專業素養。在實務層面上雖然難以面面俱到，然而身為學校的領導者如學校的火車頭，擔負的責任實是任重道遠。「法乎其上，行乎其中」，學校領導者對自己的期許也應嚴格而高遠，行為才能達到預期的標準。

陸｜實施中小學校長評鑑所遭遇的問題及建議

基本上，評鑑過程至少涉及到 5W，即 Why、Who、What、How、When 等方面，Why：為什麼要評鑑，其目的何在？Who：誰來評鑑、評鑑誰？What：評鑑內容、評鑑項目為何？How：如何設計評鑑工具、評鑑如何進行、評鑑結果如何處理？When：何時評鑑、評鑑時間多長、評鑑多少次？（吳清山，2001）因此，未來如果中小學實施校長評鑑，其所遭遇的挑戰課題，主要有下列三方面：

一、評鑑工具的建立

校長評鑑是一件吃力不討好的工作，它必須動員相當多的人力和花費相當長的時間（吳清山、林天祐，2002）。然而隨著社會大眾對於學校教育品質的重視，校長評鑑的呼聲遂愈來愈強，在美國 60 年代只有少數幾州有校長評鑑方案，到了80 年代末期約有三分之二的州實施校長評鑑（Peterson, 1991），目前幾乎每州都有校長評鑑實施方案。其中很重要的一件工作是發展評鑑工具。評鑑工具猶如戰場的武器，其性能良好與否，直接影響戰力。目前國內校長評鑑工具只是在研發階段，未進入實作階段，所以，國內要實施校長評鑑，必須投入更多的人力和經費進行工具的研發，讓所發展出來的工具，真正能夠評量出校長的辦學績效，也能夠提供改進的參考，研發的工作可交由國家教育研究院整合各師範院校合作研發，經過實驗修正的過程，公佈實施。

二、評鑑委員的選定及訓練

評鑑委員必須對校長工作有深入的了解，並具備有教授校長學之學術背景，或是由退休之資深優良校長擔任，以確保其公信力，為受評校長所信服。評鑑委員的素質為評鑑成敗的關鍵因素。選派方式可由教育大學成立專門培養評鑑人員之機構，遇到教育行政機關要辦理教育評鑑時，組成評鑑小組，在評鑑前，經過訓練及要求統一之評鑑標準，以發揮評鑑應有的功能。中小學校長評鑑的實施，

需要專業的評鑑人員，因此，應及早成立評鑑機構訓練評鑑人員，方能因應需要。

三、校長評鑑系統的實施程序

綜合校長評鑑實施程序的文獻並考量國內環境，主要採用江文雄（1999）提出的評鑑制度，酌做修改後，將校長評鑑系統的實施程序分為四個階段：

1. 評鑑規劃階段：包括(1)擬定校長評鑑實施計畫；(2)設計校長評鑑各項表格；(3)召開校長評鑑說明會。

2. 平時評鑑階段：(1)校長自我評鑑，如有困難可申請協助；(2)校長做好辦學檔案資料，作為佐證之用；(3)校長擬定專業成長計畫。

3. 小組評鑑階段：(1)遴聘委員並辦理講習；(2)評鑑委員進行訪視、晤談、調查問卷及文件檔案查閱，其流程為：a.受評校長簡報，b.評鑑委員參觀學校環境與教學設施，c.文件檔案查閱，d.與教師、學生、家長或社區人士晤談或作問卷調查，e.與校長晤談，f.評鑑委員提初步評鑑意見，g.受評學校針對評鑑意見提出說明；(3)評鑑報告初稿完成後分送受評校長及教育局，校長如有意見亦可陳述併送教育局；(4)總結性報告送教育局，校長如有異議可依法提出申訴；(5)教育局依實際需要辦理校長專業成長研習，並作追蹤輔導；(6)召開評鑑檢討會。

4. 評鑑結果運用階段：(1)依據校長評鑑結果，為遴選之重要依據；(2)對校長評鑑結果追蹤輔導。評鑑結果後的處理，不管是在幫助校長自我改進或提供遴選之參考，都必須格外慎重，避免校長受到無謂的傷害。校長評鑑結束後，最重要的工作就是舉行回饋會議，讓校長可以與委員們進行雙向溝通，校長亦可針對委員們的意見提出說明，以澄清事實真相。

評鑑系統宜採用循環式或持續性的歷程（Black, 1995: 20）、審慎做好規劃階段的工作、納入自我評鑑、提供個別化的目標設定與指標、明確界定評鑑目的與歷程、提供對評鑑系統的支持。校長評鑑方法，依其類型而言，有形成性評鑑和總結性評鑑；依其方式而言，有自我評鑑、同儕評鑑和專家評鑑。不管是屬於何種評鑑類型或方式，都有其價值。

長久以來，校長被視為提升學校卓越最具影響力的人物，因此，校長常必須肩負更多的績效責任；不僅要對自己的表現負責，也要對於教師表現、學生成就、

家長和社區參與負起責任（Brown, Irby, & Neumeyer, 1998）。

校長評鑑為教育過程中提升教育品質的手段之一，最終目的仍為提升校長專業成長，增進教育效果。目前國內尚未實施中小學校長評鑑，但仍可從自我評鑑開始。如要實施，如何有效處理評鑑結果，應十分慎重。未來校長評鑑結果，若能作有效的處理，必能贏得校長們的支持，但的確不是一件很容易進行的工作，對教育行政機關而言，也是一項很大的挑戰。

柒 | 結語

校長是學校的靈魂人物，對學生的受教品質及校務發展影響至深。校長評鑑的基本目的，在於確保學生的學習及老師的教學品質，對於學校發展有相當的正向作用。一位優良的校長，能夠帶給學校整體的進步與發展，如校長願意接受評鑑，而且又評鑑績優，應不用受到任期制的限制。在國外，一位優良校長在原校擔任校長十年以上者相當常見，實在是一件很平常的事，而國內辛志平校長對新竹中學及江學珠校長對北一女中的影響既深且遠，他們樹立了典範為後輩景仰學習。他們的任期都長達 20 年以上，可是目前的制度卻不允許，是值得商榷的。

善用校長評鑑，對於校長本身和學生都是一種保障，校長不必過分擔憂評鑑的後果，要有勇氣信心及熱忱，朝向專業發展，不要因校園生態環境改變、遴選制度不公平就放棄了，方向正確、認真辦學、接受專業評鑑、保持優點、改善缺失，才是最重要之事。

主管教育行政機關如要實施校長評鑑，一定要邀集學者專家和校長們集思廣益，經由有系統的資料蒐集，評鑑制度慎重規劃與執行，評鑑人員的專業訓練及評鑑後提供積極性的回饋，或提供遴選委員為遴選校長最重要的根據，讓校長保有尊嚴，讓系統發揮其應有的教育功能，應是實施校長評鑑最需要重視的地方。提供校長專業成長的機會、時時積極的關心與協助、完整的配套措施及具體做法，則必可減少校長評鑑的阻力，發揮校長評鑑的功能。一個有效能的校長將可帶領一個有效能的學校，就整個校長專業化的過程中，校長評鑑可扮演關鍵性的角色。

 李珀小檔案

　　美國佛州國際大學教育博士（課程與教學），現任臺北市私立復興實驗高級中學校長。曾任中原大學教育學程副教授、國立臺灣大學教育學程兼任講師、淡江大學教育實習輔導委員會委員、教育部師資培育審議委員會委員、臺北市政府教育局英語科輔導團主任輔導員。學術專長為教學視導、班級經營、有效能的教學。

References 參考文獻

中|文|部|分

江文雄（1999）。校長做得好、不怕被評鑑：談校長評鑑的觀念。**現代教育論壇，5，**
183-189。

江文雄等（1999）。**臺北市中小學校長評鑑方案之探討**。臺北市政府教育局委託研究論文。

林明地（2010）。校長關鍵能力中的關鍵：品質確保與永續發展。**教育研究，189，**5-15。

林明地（2002）。**校長學：工作分析與角色研究取向**。臺北市：五南。

林明地、詹盛如、李麗玲（2010）。國民中小學校長、主任專業發展課程內涵研究報告。
臺北縣：國家教育研究院籌備處，未出版。

吳清山、林天祐（2002）。校長評鑑。**教育資料與研究，44，**130-131。

侯世昌、張素貞、林曜聖、朱淑雅、劉志芳、陳全明、黃靖蓉、賴美英、吳彩鳳（2000）。
臺北縣國民小學校長評鑑之研究。臺北縣：臺北縣政府教育局。

陳瑞玲、鄭芳瑜（2007）。校長評鑑指標之探討。**北縣教育，62**。

郭昭佑（2001）。教育評鑑指標建構方法探究。**國教學報，13，**257-285。

張德銳、丁一顧（2002）。美國中小學校長評鑑制度及校長專業發展。**現代教育論壇，6，**
482-489。

鄭新輝（2002）。**國民中小學校長評鑑系統之研究**。國立政治大學教育研究所博士論文，
未出版。

蔡金田（2006）。**國民中小學校長能力指標建構與實證分析之研究**。國立中正大學教育學
研究所博士論文，未出版。

蔡金田（2009）。中小學校長能力論述之跨國分析與指標探究。**屏東教育大學學報，32，**
245-294。

英|文|部|分

Black, K. W. (1995). *A study of principal evaluation in Illinois high school districts: Current practice as articulated by.* Unpublished EdD dissertation, University of Illinois, Urbana-Champaign.

Brown, G., & Irby, B. J. (1998). Seven policy for principal appraisal. *School Administrator, 55*(9),

10-12.

Brown, G., Irby, B. J., & Neumeyer, C. (1998). Taking the lead: One district's approach to principal evaluation. *NASSP Bulletin, 82*(602), 18-25.

Cornell, T., & James, A. V. (1991). Evaluating principals: New requirements, directions for the '90s. *NASSP Bulletin, 75*, 59-64.

David, W. T., Edward, A. H., & Kenneth, L. W. (2000). Policies and practices involved in the evaluation of school principals. *Journal of Personnel Evaluation in Education, 14*(3), 215-240.

Department for Education and Employment (DfEE) (2000). *Professional development: Supporting for teaching and learning.* Department for Education and Employment.

Dunn, M. B. (1999). The NASSP assessment center: It's still the best. *NASSP Bulletin, 83*(603), 117-120.

"Educational Leadership Policy Standards: ISLLC 2008." http://www.montana.edu/ehhd/educ/edleadership/docs/ISLLC_2008_final.pdf. CCSSO, n.d. Web. 10 Jan. 2011.

Ellen, L., & Richard, M. (1984). Evaluating principal, performance with improved criteria. *NASSP Bulletin, 68*, 76-81.

Hughes, L. W., & Ubben, G. C. (1994). *The elementary principal's handbook.* Boston: Allyn and Bacon.

"National Standards for Headteachers." http://www.education.gov.uk/publications/standard/publicationdetail/page1/DFES-0083-2004. Department for Education, Oct. 2004. Web. 8 Jan. 2011.

Peterson, D. (1991). Evaluating principals. ERIC Digest, 60. (ERIC Education Reproduction Service, No. 330064)

Seyfarth, J. T. (1991). *Personnel management for effective schools.* Boston: Allyn and Bacon.

"Standard for Headship in Scotland." The Scottish Government. N.p., 22. 2002. Nov. Web. 10 Jan. 2011.

The Council of Chief State School Officers (2008). *Educational Leadership Policy Standards: ISLLC2008.* Retrieved from http://www.ccsso.org/Documents/2008/Educational_Leadership_Policy_Standards_2008.pdf.

25 中小學校長評鑑制度之分析
以美國為借鏡

林官蓓（國立屏東教育大學教育行政研究所助理教授）
吳宗立（國立屏東教育大學社會發展學系教授）

壹｜前言

　　我國近年來由於面臨社會快速變遷，其中更因少子化現象、課程與教學改革、升學方式的調整、十二年國民義務教育的推動等影響，社會大眾對於學校經營之成敗甚為關注，尤其是家長，更是在學校選擇上倍感焦慮，時時可見家長關心著應該把孩子送到什麼樣的學校。身為一校之長，肩負著教育政策推動與引領師生教與學的使命，教育主管機關該如何評鑑校長辦學之成效？我國目前中小學的校務評鑑方式是否足以評估校長辦學之優劣程度？美國各州已經建立的校長評鑑機制，能提供我國什麼樣的參考？本文首先探討校長的角色與核心能力，再從評鑑的理論、臺灣及美國之現況分析來探究中小學校長評鑑之相關議題。

貳｜中小學校長的角色與核心能力

　　校長評鑑系統的建立相當複雜，應該來自於校長的角色和職責的釐清（吳清山，2001；張德銳，1998）。因此，了解中小學校長的角色及核心能力非常重要。

一、校長的角色

從我國的法規面來看，國民教育法第九條規定：國民小學及國民中學各置校長一人，綜理校務（全國法規資料庫，2011a），因此校長的角色便是要處理校園內發生的各種事務。

從學校經營管理方面來看，國外 Hallinger 與 Heck（1996）曾分析有效能學校的校長角色，認為校長領導對學校效能的促進是有其影響力的。而 Matthews 與 Crow（2003）認為校長有許多角色，是學習者（principal as learner）、是良師（principal as mentor）、是督導者（principal as supervisor）、是領導者（principal as leader）、是管理者（principal as manager）、是政治人物（principal as politician）、是提倡者（principal as advocator）、是創新者（being an innovative principal）。

國內謝文全（2004）認為校長扮演的角色有積極的領導者、發展學校策略性計畫、進行合作計畫歷程、領導多元課程的發展、學生成果的評鑑、確認教職員專業發展方向，亦是權力的分享者。孫敏芝、吳宗立與林官蓓（2012）則提出，若從學校行政的組織運作內涵來分析，學校行政包括了五個面向如計畫、領導、決策、溝通、評鑑，因而大致上可以把校長的角色歸納為一個願景塑造者、政策執行者、計畫推動者、溝通協調者、教學領導者、成效評核者。

校長角色是多元而變動的，蔡宗河（2009）提出根據 Whitaker 的說法，校長角色主要會在五個層面產生改變：地方管理的學校、管理和領導的緊張關係、績效責任的增加、家長與社區關係的改變，與學校選擇等層面。在這些層面上，校長擔負越來越大的辦學責任，故應於校長培育過程中強化這方面的專業知能與領導能力。由此可見校長角色的全面性，校長要有效推動校務，便要在各角色上都能遊刃有餘，且隨時因應各種改變做彈性調整。

二、校長的核心能力

既然校長需扮演的角色很多，為了扮演好這些角色，便需要各種專業能力。有關中小學校長核心能力之內涵，張明輝（2003）提出卓越校長之關鍵能力有策略管理能力、執行力、注意力、默默領導力、教育行銷能力、科技運用能力，與

創新管理能力。蔡金田（2008）曾建構出四層面11向度的中小學校長能力指標，四層面為行政管理、課程與教學、資源管理與運用、專業涵養，而11向度則是校務行政、事務決定、政策執行、教學領導、課程領導、學生學習與成就、教育經費與資源、校內人力資源、學校外部資源、專業能力與一般學養。林明地（2010）則提出政策執行、行政管理、課程與教學領導、社區與公共關係、辦學態度與精神、專業成長、品質確保與永續發展等七大核心能力，是校長專業發展的核心能力，並將之整合為政策、行政、教學與專業態度四大面向。近期陳木金與楊念湘（2011）探究國民中小學校長儲訓課程之規劃，提出校長應具有以下五大核心能力：校務發展、行政管理、教學領導、公共關係、專業責任，且此五大核心能力應該由四大儲訓課程：專業培育課程、實務實習課程、師傅教導課程、博雅通識課程中來培養。

　　歸納上述之研究，孫敏芝等（2012）認為，校長在學校校務的推動所應該具備的重要能力有五項，分別為：經營管理的能力、公共關係的能力、方案規劃及執行能力、課程教學領導能力、校務發展評鑑能力。而校長評鑑之內涵，便可由上述校長的角色及能力中去建構。

參│中小學校長評鑑之必要性、意義與目的

　　以下就中小學校長評鑑之必要性、中小學校長評鑑之意義及中小學校長評鑑之目的分別說明之。

一、中小學校長評鑑之必要性

　　Stufflebeam 與 Nevo 認為有系統地進行校長評鑑是必要的，且可在校長生涯發展中扮演重要的角色（轉引自鄭新輝，2002）。Stufflebeam 與 Nevo 以時間點作為分類，根據校長所處之不同生涯發展階段，分別提出校長評鑑的重點：(1)評估預備參加校長培育之人員，是否具有擔任校長之特殊性向；(2)評估完成受訓之校長，是否具有擔任校長之核心能力；(3)評估有能力之校長，是否具有成功校長之特殊能力；(4)評估已擔任校長者，是否發揮校長角色之預期表現，並予以獎勵

（孫敏芝等，2012）。Orr（2011）亦認為，校長評鑑可以確保校長效能的提升、促進學習與反思，及促進工作表現。因此，在校長不同生涯發展階段中予以適切之評鑑，將能協助校長各階段之專業成長，發揮其能力，提升辦學成效，由此可見校長評鑑之必要。

二、中小學校長評鑑之意義

校長評鑑為根據校長表現之標準，蒐集與校長辦學相關之個人作為及學校表現之訊息，判斷校長表現之利弊得失，了解其原因，並提供相關改進建議或作為行政決定之依據，是一個針對校長之表現做價值判斷和決定的歷程（丁一顧、張德銳，2001）。Clifford、Hansen 與 Wraight（2012）也提及，美國各州都在設計校長評鑑系統，此系統為促進領導、學習及學校表現的一種方式；校長評鑑系統支持校長的專業成長、確保卓越教學及學生表現；美國各州更應將校長評鑑系統，與校長證照、聘任、專業發展系統做一結合。

根據國民教育法施行細則第十一條規定：依本法第九條第三項至第六項規定組織之遴選委員會，應在校長第一任任期屆滿一個月前，視其辦學績效、連任或轉任意願及其他實際情況，決定其應否繼續遴聘。現職校長依本法第九條之三規定評鑑績效優良者，得考量優先予以遴聘（全國法規資料庫，2011b）。由以上法規面的觀點可得知，我國將校長評鑑定位為校長辦學績效評鑑，且作為是否續聘之依據。鄭新輝（2003）就指出，校長辦學績效評鑑或校務評鑑為我國大部分縣市所採用的方式，用以作為校長遴選之依據。

孫敏芝等（2012）綜合法令與學界對校長評鑑（校長績效評鑑）與校務評鑑之概念比較，校長評鑑之對象是校長，而校務評鑑的對象較廣，包含校長辦學績效、教師教學與學生學習表現等總體校務經營成果。校務評鑑主要在了解學校整體成效，而校長評鑑除了評鑑校長某段時間內之績效表現外，更應藉由評鑑協助其專業能力之提升，因此，校長評鑑可以歸納為經由系統化的方式，蒐集校長在個人及校務經營之整體資料，對校長表現做一評估，並用以做為校長專業發展或行政決定之依據。

三、中小學校長評鑑之目的

　　林文律（2000）曾提出我國應該建立校長評鑑制度的五項目的：(1)驗證校長領導準則及學校領導人標準之預期效力；(2)引導校長培育機構培育出有能力且適任之校長；(3)了解校長在其職務上之合宜性；(4)確保校長之表現合乎社會大眾之期待；(5)建立完整的學校績效責任制度。Clifford等人（2012）則詳細地解釋在美國校長評鑑中，所謂形成性目的與總結性目的的定位。校長評鑑之形成性目的在於評估校長是否能勝任其職位，其結果會應用於未來的行動，例如與校長專業發展計畫做結合；而校長評鑑之總結性目的則做為決策使用，告知校長其整體表現，但在評鑑完成後不提供改進的機會。而 Stufflebeam（1971）曾提出「評鑑不在證明，而在改進」的概念，應用到校長評鑑上，也就是更強化評鑑必須要提供校長改進的具體方向，不只在「證明」校長辦學之績效，較接近 Clifford 等人所認為的形成性目的。

　　因此，綜合國內外之看法，校長評鑑可歸納如下；一是校長評鑑藉由對校長表現的考核，來提升其辦學品質並做為校長專業發展計畫的依據之一；二是校長評鑑可做為校長遴選、人事輪替、考核與獎懲之重要參考。由此可見，校長評鑑對校長來說是壓力也是助力，壓力來自於校長評鑑的法源依據及評鑑結果對其職業調動的影響，而助力則在於校長評鑑可促進校長個人在校長專業能力的提升。

肆｜美國中小學校長評鑑制度

　　Clifford等人（2012）認為，美國校長評鑑系統應該由校長參與制定，要有教育意義，並與學區或州層級的校長支持系統做連結，而校長或其他教育人員表現層面如有重疊之領域，應以同樣的標準看待，評鑑方式要公平，評鑑委員要經過培訓，評鑑內涵要能多元，並透過各種不同方式來評鑑，且評鑑結果之運用應當要清楚合理的傳達給校長。而以下將從校長評鑑之標準與層面、方式與流程來介紹美國校長評鑑制度，因各州情況部分有所差異，故以南卡羅萊納州、北卡羅萊

納州、密蘇里州、愛荷華州等為例，分別說明校長評鑑在這幾州的運作情形。

一、美國中小學校長評鑑標準與層面

　　美國州主要教育官員委員會（Council of Chief State School Officers, CCSSO）及全國教育行政政策委員會（National Policy Board for Education Administration, NPBEA）合作下，在 1996 年發表了一份由「跨州學校領導者證照聯合會」（Interstate School Leaders Licensure Consortium, ISLLC）所訂定的校長專業標準（Standards for School Leaders），並在 2008 年修正後公布（CCSSO, 2008），此版本除強調原本學校領導者的責任在於提升學校的教與學之外，更強調學校領導者要回應學校社區的多元化需求，以及面對環境經常變化的角色調適問題，並能對學校社區之成員增能賦權。又因美國至 2008 年止，有 43 州已經將之納入學校領導者政策之中，內容就更偏向於政策導向，用以協助各州對教育領導者的選擇、培育、核發證照及專業發展，也協助教育領導者符合新的要求，2008 年版本的 ISLLC 標準，亦鼓勵各州更有彈性地將之運用在領導者的培育方案之中（CCSSO, 2008）。而 ISLLC 的六大標準分別為：

　　標準一：教育領導者經由促進學習願景的發展、明確執行與管理工作，以及將此願景與社區分享並獲得支持，來促使所有學生成功。

　　標準二：教育領導者經由倡導、培育和維持學校文化和教學計畫來促進學生學習與成員專業成長，來促使所有學生成功。

　　標準三：教育領導者經由確保組織與資源的管理，以建立安全、有效能和有效率的學習環境，來促使所有學生成功。

　　標準四：教育領導者經由學校成員與社區人員的合作，反應不同社區的利益與需要並整合社區資源，來促使所有學生成功。

　　標準五：教育領導者經由誠實、公平和倫理的態度，來促使所有學生成功。

　　標準六：教育領導者經由了解、反應與影響政治、社會、經濟、法律和文化脈絡，來促使所有學生成功。

　　Peters 和 Bagenstos（1988）歸納美國各州的校長評鑑制度發現，在 1980 年代，美國各州的校長評鑑大致能分為：視導、學校及社區關係的建立、課程與教學領導、財務管理等四個層面。不過目前各州仍有所差異，如南卡羅萊納州校長

評鑑的標準，以九個層面為主，分別為：願景、倫理行為、教學領導者、氣氛、有效管理、專業發展、教職員發展、人際關係技巧、社區與學校（Amsterdam, Johnson, Monrad, & Tonnsen, 2005）；又如北卡羅萊納州校長與副校長協會（North Carolina Principal and Assistant Principal Association, NCPAPA）則指出校長評鑑的標準分為：策略領導（願景、領導變革、學校改善計畫、分散式領導）、教學領導（教學、課程與測驗；教學時間）、文化領導（合作的工作環境、學校文化與認同、承認失敗與慶賀成功經驗、效能與增能賦權）、人力資源領導（專業發展與學習社群；教職員之甄選、任用與督導；教職員評鑑）、管理領導（學校資源與財政、衝突管理與解決、系統化溝通、對學生與教職員之期待）、外部發展領導（家長與社區參與；聯邦、州與學區之政策執行）、微觀政治領導（學校行政微觀政治領導）（NCPAPA, 2008）。

　　雖然多數州採用ISLLC的標準，然而，在校長評鑑的測量上仍有一些問題存在，評鑑的過程當中並未給予校長清楚的回饋，使其了解他們在哪些方面可以更加進步，以擬定適當的專業發展計畫，因此，華萊士（Wallace）基金會在2009年提出測量校長辦學是否有效能，可使用范德比教育領導測驗（Vanderbilt Assessment of Leadership in Education, VAL-ED），它是一個 360 度新興發展測驗，可以與 ISLLC 的標準結合，並涵蓋更廣的概念。VAL-ED 的評量規準包含了六項學校核心表現（core components of school performance）：(1)學生學習高標準；(2)嚴謹的課程；(3)有品質的教學；(4)學習文化與專業行為；(5)與外部社區的連結；(6)表現責任．及六項重要領導過程（key processes of leadership）：(1)計畫：使大家明白對學生學習高標準的共有方向、政策、實務與過程；(2)導入：將人員、想法、實務工作融合以促進對學生學習高標準的了解；(3)提倡：創造促進學生學業與社會學習的情境，包含經濟、政治、科技及人文等資源；(4)支持：提升對校內外學生多元需求的回應；(5)溝通：發展、使用及維持校內外系統的交流；(6)督導：系統性的蒐集及分析資料，以做為未來改進以及決策的依據。

二、美國中小學校長評鑑之方式與流程

　　以發展中的 VAL-ED 為例，透過針對校長表現的資料蒐集，包括直接觀察、文件及各項報告，來提供校長在學校核心表現及領導過程兩大方向共 12 小項的回

饋，校長會收到各項從「低於基本要求」（below basic）至「卓越」（distingu-ished）等回饋，亦會收到在哪些項目需要專業成長的大綱，這些回饋的來源包含學校教師及專業人士，不過 VAL-ED 這種 360 度的測驗可能有一些風險存在，包括：人們可能不知道校長意圖完成什麼事物，或者人們可能只從自己有興趣的角度來看待校長的行動。除了 VAL-ED，美國有一些州包含德拉瓦、肯塔基、愛荷華等州，也正在發展校長評鑑專用的測驗（Wallace Foundation, 2009）。

由於美國各州各學區的評鑑過程各有規定，故以目前所蒐集到之資料舉幾個例子說明之。例如愛達荷州波伊士市獨立學區（Independent School District of Boise City, 2011）的校長評鑑，由其直屬上司進行每年至少一次的評鑑，受評者在十天內要將自評表填妥，並準備好相關資料，評鑑委員會獨立完成評鑑表格，同時提出建議以供參考，之後兩造排定會面時間，針對評鑑結果做討論與修正，會面討論之後的十天內，評鑑者要將評鑑結果建檔完畢。

而密蘇里州的中小學教育部門目前使用的還是 2003 年訂定的校長評鑑版本，由密蘇里中小學教育評鑑委員會提出，該州使用 ISLLC 的評鑑標準來評鑑校長的基本能力，是依照 ISLLC 標準的校長表現參照評鑑（performance-based evalua-tion），在校長到任一所學校的前兩年，其督導便要與校長討論學校的目標以及與 ISLLC 有關的期待，第一年十月之前以及第二年七月之前，要填妥並完成專業學習計畫表（professional development plan sheet）中之事項，前兩年的三月一號之前，要完成完整的校長自我評鑑報告，評鑑報告的內容皆要事先與督導討論過，督導也要針對自我評鑑報告撰寫相關建議事項，該委員會建議，前兩年最好均有年度評鑑。而接下來的任期中，則每兩年評鑑一次，校長及其督導針對學校目標以及 ISLLC 標準必須維持經常性的對話，同樣每年要在暑假前完成專業學習計畫，評鑑同樣也包含自我評鑑與督導評鑑，重要的是，評鑑過程要回應校長在領導生涯的不同階段，而校長個人的反思也需要被重視，評鑑資料除校長自我評鑑外，亦可透過教職員、學生、督導方面蒐集的資料來檢視校長的表現，例如學生表現、教職員對校長領導能力的觀點、學校氣氛與學校文化等（Missouri Depart-ment of Elementary and Secondary Education Administrator Evaluation Committee, 2003）。

而北卡羅萊納州校長與副校長協會（NCPAPA）於 2008 年修訂的校長評鑑手冊中，更詳細描繪評鑑的過程，第一階段為簡介：所有學區的校長皆要與會，會

中發給詳細的評鑑過程資料；第二階段為評鑑前計畫：校長會獨力完成自我評鑑；第三階段：與教育局長或其他被指派的評鑑委員個別會面，討論評鑑之內容與需要準備的資料；第四階段為資料蒐集：資料包含表格內各個標準的佐證資料、家長、學生、學區的佐證資料、過去一年專業發展完成程度的資料，及其它相關資料，局長或評鑑委員在此階段也會到校內觀察並與師生互動；第五階段：校長將第四階段蒐集之資料備齊，事先亦要將內容簡介先給評鑑委員看。第六階段為校長與評鑑委員會面：兩造於學校會面，並就評鑑結果做討論，評鑑委員須提出具體建議以為校長專業發展之依據（NCPAPA, 2008）。綜觀以上幾個例子，美國大抵將評鑑與專業發展做結合，以 ISLLC 的標準為基準，各自發展評鑑向度，以一年或兩年為週期進行評鑑。

伍｜我國中小學校長評鑑之內容與流程

目前我國各縣市多以校務評鑑或校長辦學績效評鑑為主，新北市因為在 2011 年發生震驚全國的營養午餐弊案，率先將在 2012 年 8 月起，辦理全國第一次的校長評鑑（林思宇，2012）。而筆者查詢各縣市之資料發現，至 2012 年為止，在校長遴選前辦理校長辦學績效評鑑之縣市有新竹縣、臺中市、臺南市、嘉義縣、花蓮縣；辦理校務評鑑的則有臺北市、基隆市、宜蘭縣、新竹市、桃園縣、雲林縣、屏東縣、臺東縣等縣市；而縣市合併後，高雄市將校務評鑑及校長評鑑統稱學校評鑑。對校務評鑑或校長辦學績效評鑑，各縣市各自有不同的規定，作法也各不相同，不過大抵就是以校務評鑑及校長辦學績效評鑑兩種主要方式，做為校長評核之依據。

一、我國中小學校務（校長辦學績效）之評鑑內容

中小學校長評鑑制度的評估標準大致上可依照適切性、效用性、可行性、精確性來制定（蘇錦麗、鄭淑惠，2007）。在校務評鑑內容上，以臺北市為例，其 96-100 年度國民小學校務評鑑計畫便指出（臺北市政府教育局，2009），國民小學校務評鑑內容分為十項，包括：行政領導與管理、課程教學與評量、專業知能

與發展、學生事務與輔導、特教團隊與運作、資訊規劃與實踐、校園環境與設備、學生學習與表現、家長與社區參與、董事會設置與經營（私立學校適用）。

在校長辦學績效評鑑的研究上，鄭新輝（2011）曾建議，評鑑內容可分為八個層面：策略規劃與行政領導、課程領導與管理、學生身心健康管理、環境設施與管理、資源開發與管理、人資發展與管理、學生學習表現、學校特色發展。在其實際運作上，以臺南市為例，根據其101年度校長辦學績效實施計畫及評量表，其評鑑共分五個層面，各有不同比重：教育政策（30%）、學校經營（20%）、課程教學（20%）、領導能力（15%），及公共關係（15%），又各層面分別有細項指標（臺南市政府教育局，2012a，2012b）。

就臺北市與臺南市分別實施校務評鑑與校長辦學績效評鑑來看，雖然沒有使用「校長評鑑」一詞，但從評鑑的實質內容可以看出，已具有校長評鑑的實質內涵，未來在建構校長評鑑的內容上，更可以配合前文所討論校長之核心能力作為指標建構與發展的依據。隨著國內對於校長及教師專業發展評鑑的重視，以校長為主體的評鑑，會是未來的重要趨勢，未來的發展亦可以從新北市正式校長評鑑的實施經驗，及與美國的經驗比較中獲得啟示。

二、我國中小學校務（校長辦學績效）之評鑑方式與流程

在校務評鑑或校長辦學績效評鑑上，各縣市多採取實地訪評，包含資料檢閱；聽取簡報；師、生、家長座談；環境參訪等為主要實地訪評的行程。以臺北市96-100年度之國民小學校務評鑑為例，每年皆辦理自我評鑑，訪視評鑑則是五年一次。首先於96年辦理校務評鑑計畫說明會，接著各校每年辦理自我評鑑，之後每年約有30所學校進行訪視評鑑，訪視評鑑共實施二日。另外會針對前一年曾接受評鑑之學校進行自我追蹤評鑑，並選取約十所前一年接受訪視評鑑之學校進行追蹤訪視評鑑（臺北市政府教育局，2009）。而由臺南市101年的校長辦學績效評鑑計畫中則可看到，三月初先辦理評鑑說明會並確認受評學校名單，接著接受評鑑之學校先於臺南市教育局之校長遴選專區於三月底完成自我評鑑部分。另外四月與五月間會組成訪視委員，進行半天的學校訪視，並於訪視後確認評鑑結果（臺南市政府教育局，2012a）。

評鑑的結果，臺北市是採認可制，訪視委員需對受訪學校的各評鑑向度分別

給予認可，分為「通過」與「待改善」兩項，但不進行全校評價，每年三月會公布評鑑結果，接受訪評績優之學校，教育局予以獎勵（臺北市政府教育局，2009）。臺南市對校長辦學績效評鑑的結果，會給予總成績的評定，評鑑總成績90分以上列為特優；80-89分列為優等；70-79分列為甲等；60-69分列為乙等；未達60分列為丙等。評鑑成績優等及特優的學校，有功人員（含校長）給予嘉獎，乙等以下學校，則需提出改進計畫並於次年繼續接受評鑑（臺南市政府教育局，2012a）

陸｜我國校務（校長辦學績效）評鑑與美國校長評鑑制度之比較分析

以下將對我國校務評鑑（校長辦學績效）與美國校長評鑑制度做比較分析，先針對評鑑對象與內容做比較，接著再針對評鑑方式與結果運用方面做比較。

一、評鑑對象與內容之比較

很明顯的，在本質上，美國的校長評鑑與我國的校務評鑑就有差異，美國是針對校長本身及辦學成效，而我國則著重學校整體之校務表現。當然，辦學成效和校務表現會有重疊之處，從評鑑的項目與指標來分析，我國校務評鑑項目與美國校長評鑑標準的共同點如下：

1. ISLLC的標準三及標準四：組織與資源管理、整合社區資源，以及VAL-ED中的與外部社區的連結，類似我國校務評鑑或校長辦學績效評鑑中的行政領導與管理、學校經營、家長與社區參與，或公共關係等項目。

2. ISLLC標準二中有教學計畫與促進學生學習的部分敘述，以及VAL-ED評量中的嚴謹的課程與有品質的教學，類似我國校務評鑑或校長辦學績效評鑑中的課程教學項目。

3. ISLLC標準二中有關促進成員專業成長的部分，以及VAL-ED中學習文化與專業行為，與我國校務評鑑中的專業知能與發展雷同。

除了上述幾點雷同的項目或指標外，美國校長評鑑對校長領導的本身，如何

以領導的歷程促使學生學習的成功，是非常重視的。如 ISLLC 的標準一與標準二、標準六，以及 VAL-ED 的六項重要領導過程，皆可反應美國校長評鑑對校長領導行為的重視程度。又校長對政治、社會、經濟、法律、文化因素的敏感度，其領導行為又如何反應這些因素，使學生有更好的表現，都是評鑑校長表現的重要依據。而 ISLLC 標準五屬於校長態度與倫理的實踐，也在美國校長評鑑中被強調。我國在未來要發展校長評鑑，可將校長評鑑融入校務評鑑中，亦可以借鏡美國的標準，強調校長領導過程的部分，來訂定相關的評鑑指標與項目。

二、評鑑方式與結果運用之比較

我國校務評鑑或校長辦學績效評鑑，每三到五年評鑑一次，多數縣市都包含自我評鑑與訪視評鑑。美國校長評鑑各州不同，但在評鑑時程上，每一年或每兩年評鑑一次，以校長自我評鑑、平時觀察、訪視評鑑為主要方式，但除了正式訪視外，平時教育局長、督導，或其他擔任評鑑委員角色之相關人員，就會與校長針對辦學理念以及評鑑相關項目有頻繁的互動與討論。

在評鑑結果的運用上，因為我國校務評鑑非針對校長個人評鑑，故評鑑結果與記功嘉獎有關，與美國不同，幾乎在所查詢到的幾個州或學區，都是將校長評鑑的結果與校長專業發展的領域或項目做結合。未來我國在發展校長評鑑或將校長評鑑融入校務評鑑時，可以借鏡美國的方式，和上級主管經常性地討論辦學目標、個人領導、校務發展等項目，而不是只有在訪視評鑑當日才接觸討論，且結果的運用也可以美國的經驗作為校長專業發展的重要參考。

柒｜結語

多年來，許多學者（吳清山，2001；張德銳，1998；蘇錦麗、鄭淑惠，2007；鄭新輝，2002）皆針對國內校長評鑑制度的發展提出不少相關建議，然而，國內依舊未全面實施校長評鑑，究其可能原因或許為我國中小學所屬相關部門繁多，校務評鑑加上其它各種評鑑次數頻繁，受評學校人員不勝其擾，且評鑑結果的運用未能與校長專業發展連結，一般人皆「聞評色變」。然隨著國內教師專業發展

評鑑的推動與進行，教師都要接受評鑑了，那校長未接受評鑑是否會引起一些不一樣的聲音？在推動近程目標上，或許可以參考美國校長評鑑的標準與方式，將校長個人領導的過程融入校務評鑑的項目中，並且與專業發展的項目做結合；而在長程目標上，則可以漸進式將校長評鑑發展為以一年或兩年為評鑑週期的經常性評鑑，以利校長個人專業成長以及校務的推動，他山之石，或許可以攻錯！

📁 林官蓓小檔案

　　美國賓州州立大學教育領導哲學博士，美國印地安納大學布魯明頓校區諮商與諮商員教育碩士，國立臺灣師範大學教育心理與輔導學系學士。2005 年取得博士學位後，返國擔任國立屏東教育大學教育行政研究所助理教授至今，2006～2007 年曾擔任國立屏東教育大學通識教育中心主任、教師發展中心主任。研究專長包括教育行政、多元文化教育與領導、教育評鑑等。

📁 吳宗立小檔案

　　國立政治大學教育學博士，教育行政高考及格，榮獲中華民國斐陶斐榮譽學會榮譽會員。現任國立屏東教育大學社會發展學系教授兼進修暨研究學院院長，主要學術專長為教育行政、組織行為、社會問題研究、學校經營與管理。多年來一直從事教育行政與學術研究，歷任國小教師、組長、主任，臺南市、高雄市政府教育局督學，高雄縣圓富、鳥松、大寮國中校長。2001 年應聘轉任國立屏東教育大學服務，任職社會發展學系助理教授、副教授、教授，並曾兼任實習輔導處組長、處長，進修暨研究學院學程主任、教師學習中心主任、院長等職，在學術研究上除了論文發表之外，也出版《學校行政研究》、《學校教育的教學與輔導策略》、《學校行政決策》、《班級經營：班級社會學》、《社會領域教材教法》、《學校危機管理》等專書，充分展現對教育行政領域的理論研究與實踐。

References
參考文獻

中｜文｜部｜分

丁一顧、張德銳（2001）。中小學校長評鑑制度的比較分析與改革芻議。載於國立嘉義大學國民教育所（主編），中小學校長專業成長制度規劃（頁 115-146）。高雄市：復文。

全國法規資料庫（2011a）。國民教育法。取自 http://law.moj.gov.tw/LawClass/LawAll.aspx? PCode=H0070001

全國法規資料庫（2011b）。國民教育法施行細則。取自 http://law.moj.gov.tw/LawClass/LawAll.aspx? PCode=H0070008

吳清山（2001）。中小學實施校長評鑑的挑戰課題與因應策略。教育研究，**84**，28-36。

林文律（2000）。美國校長證照制度。國立臺北師範學院學報，**13**，65-90。

林明地（2010）。國民中小學校長、主任專業發展課程內涵研究。國家教育研究院籌備處。新北市：三峽。

林思宇（2012，2 月 6 日）。領頭羊，新北市 8 月校長評鑑。中央通訊社。取自 http://www.cna.com.tw/Views/Page/Search/hyDetailws.aspx? qid=201202060151&q=％e6％a0％a1％e9％95％b7％e8％a9％95％e9％91％91

孫敏芝、吳宗立、林官蓓（2012）。中小學校長培訓與評鑑制度之跨國研究——以臺灣、新加坡、韓國為例。屏東市：國立屏東教育大學。

張明輝（2003）。卓越校長的關鍵能力。社教雙月刊，**114**，15-19。

張德銳（1998）。以校長評鑑提升辦學品質——談校長評鑑的目的、規準、與程序。教師天地，**96**，4-9。

陳木金、楊念湘（2011）。國民中小學校長儲訓課程規劃之研究。教育政策論壇，**14**（1），143-180。

臺北市政府教育局（2009）。臺北市國民小學 96-100 學年度校務評鑑計畫。取自 http://www.doe.taipei.gov.tw/lp.asp? ctNode=33650&CtUnit=19270&BaseDSD=56&mp=104001

臺南市政府教育局（2012a）。臺南市國民中小學校長辦學績效評鑑實施計畫。取自 http://120.115.2.64/Principal/DLtable.aspx

臺南市政府教育局（2012b）。臺南市國民中小學校長辦學績效評鑑評量表。取自 http:/

/120.115.2.64/Principal/DLtable.aspx

鄭新輝（2002）。國民中小學校長評鑑系統建構的基本理念。初等教育學報，**15**，183-236。

鄭新輝（2003）。英國中小學校長評鑑政策的發展及其啟示。南師學報，**37**（1），129-153。

鄭新輝（2011）。國民中小學校長辦學績效評鑑手冊建構之研究成果報告。教育部 99 年度委託專案研究計畫。

蔡金田（2008）。中小學校長能力論述之跨國分析與指標探究——中、美、英、紐、澳五國教育機構的觀點。屏東教育大學學報——教育類，**32**，245-294。

蔡宗河（2009）。從校長角色的改變析論校長領導的培育：以英國新國家校長標準為例。社會科學學報，**16**，63-88。

謝文全（2004）。教育行政學。臺北市：高點文化。

蘇錦麗、鄭淑惠（2007）。發展完善中小學校長評鑑制度應有之思維——人員評鑑標準第二版草案之觀點。北縣教育，**62**，28-36。

英 | 文 | 部 | 分

Amsterdam, C. E., Johnson, R. L., Monrad, D. M., & Tonnsen, S. L. (2005). A collaborative approach to the development validation of a principal evaluation system. *Journal of Personnel Evaluation in Education, 17*(3), 221-242.

Clifford, M., Hansen, U. J., & Wraight, S. (2012). *A practical guide to designing comprehensive principal evaluation systems: A tool to assist in the development of principal evaluation systems.* Washington, DC: National Comprehensive Center for Teacher Quality.

Council of Chief State School Officers (1996). *Interstate School Leaders Licensure Consortium: Standards for School Leaders.* Washington, DC: CCSSO.

Council of Chief State School Officers (2008). *Education Leadership Policy Standards: ISLLC 2008.* Washington, DC: CCSSO.

Hallinger, P., & Heck, R. H. (1996). Reassessing the principal's role in school effectiveness: A review of empirical research, 1980-1995. *Educational Administration Quarterly, 32*(1), 5-44.

Independent School District of Boise City (2011). *Principal evaluation.* Retrieved from http://www.boiseschools.org/forms/evaluation/princ_eval.pdf

Matthews, L. J., & Crow, G. M. (2003). *Being and becoming a principal: Role conceptions for contemporary principals and assistant principals.* Needham Heights, MA: Allen & Bacon.

Missouri Department of Elementary and Secondary Education Administrator Evaluation Committee (2003). *Guidelines for performance-based principal evaluation.* Retrieved from http://dese.mo.gov/divteachqual/leadership/profdev/PBPE.pdf

North Carolina Principal and Assistant Principal Association (2008). *North Carolina school executive: Principal evaluation process.* Retrieved from http://www.ncpapa.org/forms/Evaluation%20Instrument.pdf

Orr, M. (2011). *Evaluating leadership preparation program outcomes: USDOE school leadership programs.* Presented at U.S. Department of Education School Leadership Communication Hub Working Conference "Learning and Leading: Preparing and Supporting School Leaders," Virginia Beach, VA. September 22-23.

Peters, S., & Bagenstos, N. T. (1988). *State-mandated principal evaluation: A report on current practice.* Paper presented at the annual meeting of the American Educational Research Association, New Orleans, Louisiana, April 5-9.

Stufflebeam, D. L. (1971). The relevance of the CIPP model for educational accountability. *Journal of Research and Development in Education, 5*(1), 19-25.

Wallace Foundation (2009). *Accessing the effectiveness of school leaders: New directions and new processes.* New York, NY: The Wallace Foundation.

26 國民小學校長領導效能評鑑指標探究

黃宗顯（國立臺南大學教授兼教育學院院長）

蔡書憲（國立臺南大學教育經營與管理研究所博士）

壹 │ 前言

　　擔任校長一職，是榮譽、責任與挑戰。校長領導品質的良窳，關係學校教育發展至深且鉅；廖元銘、張怡潔與盧雅雯（2009）指出在全球化教育競爭年代，國中小校長應具備「與時俱進」的領導理念；鄭彩鳳與吳慧君（2009）認為校長是學校的靈魂人物，必須對學校負起直接的責任，其領導效能更將影響校務的推展；Twigg（2008）指出校長領導影響了學校的組織文化及學生的表現；Black（2008）、Lyons 與 Algozzine（2006）等學者也談到受到管理主義影響，校長領導實務強調績效責任是各國普遍的現象。為了了解校長領導效能之實際狀況，許多學者皆論及建構一套完整健全之校長領導效能評鑑指標，對於提升校長領導作為有其重要性（王保進、邱鈺惠，2001；吳順火，2007；鄭崇趁，2007；Jefferson, 2010; Louis, 2007; Olson, 2008; Orr, 2001; Youngs & King, 2001）。

　　從領導理論的發展脈絡來看，時至今日，領導者的角色從計畫管理者轉變為強調組織「效能」與「轉型」的領導者。加以近年強調學校本位管理與學校組織變革的影響，校長同時被賦予維持學校運作與促進學校發展的雙重角色，重視校長領導效能的信念使得校長成了改革的促進者（黃宗顯，2008；Southworth, 1999）。郭工賓與郭昭佑（2002）在研究學校效能指標中發現，「校長領導」在學校效能的表現中占首屈一指的地位；這意味著提升校長領導效能將能有效地增進學校效能。Baltzell 與 Dentler（1975）以及 Olson（2008）等國外學者也強調，唯有具良好領導效能的校長才能創造出更優質的學校。

　　然而要了解校長領導效能的狀況，必須進行系統性和整全性的「評鑑」（鄭新輝，2010）。評鑑是績效制度中不可或缺的一部分，沒有評鑑，績效責任制將難以落實（吳順火，2007；郭工賓，2007；潘慧玲，1999；羅英豪，2001）。Swart 與 Kaufman（2009）也指出，要促進校長領導效能及辦學績效，需要透過評鑑來達成。「校長領導效能評鑑」可以提供校長改善領導作為的參考，也可以作為考核校長領導效能的具體依據。評鑑的結果亦可供作任期屆滿的校長選擇連任、回任教師，或遇缺參與遴選新校長等有關決定的參考。觀諸美、英、日等先進國家，皆有針對校長領導進行評鑑的作為，將之視為落實學校教育績效責任的重要途徑。而由於校長領導效能評鑑指標良窳影響深遠，若未建立適切的評鑑指標，則評鑑將窒礙難行，評鑑之目的亦難達成。基於以上析述，本文希望透過蒐集學校校長領導效能評鑑指標相關之文獻，加以分析歸納，希冀能匯聚出校長領導效能評鑑指標的輪廓。考量領導效能指標可能會因為不同學校層級而有不同面貌，本文之探討僅以臺灣國民小學校長領導效能評鑑指標作為探討之範圍。

貳｜校長領導效能評鑑及指標之概念意涵

　　「校長領導效能評鑑」、「校長評鑑」及「校務評鑑」三者在概念上常被混用而未區分，在探討校長領導效能之前有必要加以澄清。為比較三者之間所存在差異，本研究彙整相關文獻（王冬雅，2004；江文雄，1998；吳順火，2007；秦夢群，2000；郭工賓，2007；張德銳，1999；鄭新輝，2010；Olson, 2008; Yukl, 1998），將三者比較整理如表 26-1，並說明如後。

　　一般而言，「校長領導效能評鑑」所涵蓋的範圍較其它兩者狹窄，因此校務評鑑、校長評鑑皆將其包含於其中。「校長評鑑」係指運用系統性的程序與方法，訂定校長評鑑規準，以有效的蒐集校長個人特質與角色任務執行成效等相關資訊，做出價值判斷與決定，以達成了解校長個人特質及其辦學績效的活動（王冬雅，2004；王保進，2002；江文雄，1998；吳順火，2007；郭工賓，2007；張德銳，1999）。「校務評鑑」是評鑑者為確認學校教育條件與運作，決定評鑑內容，並擬定客觀之標準，利用自我評鑑及專家訪視之方式，以了解學校教育與經營之情形，從而達成教育品質的績效責任或持續改善之目的（王保進，2002）。而「校

▶ 表 26-1　校務評鑑、校長評鑑及校長領導效能評鑑之差異比較

評鑑類型 區別	校務評鑑	校長評鑑	校長領導效能評鑑
評鑑目的	了解學校教育的條件與運作	了解校長個人特質與辦學措施及成效	探究校長發揮領導影響力的狀況
評鑑重點內容	學校整體教育狀況	校長個人特質及角色任務的執行情形	校長領導行為的影響成效

資料來源：本文作者整理。

長領導效能評鑑」係指評斷校長在領導的歷程與互動中，經由領導行為的影響，有效運用資源，滿足內外在需求，及達成組織目標的情形（秦夢群，2000；鄭新輝，2010；Olson, 2008; Yukl, 1998）。

　　由以上的敘述可知，「校務評鑑」的評鑑內容是全方位的檢核學校整體的辦學狀況。李玉惠與黃莉雯（2007）研究指出，對「校長」角色職責目前仍無明確共識，因而對校長評鑑內容亦缺乏較一致的看法。分析相關研究（丁一顧、張德銳，2001；江文雄，1998；吳株榕，2001；吳順火，2007；吳德業，2001；陳梅娥，2003；郭工賓，2000），目前臺灣校務評鑑內涵可包括：校長領導、學生學習表現、教學品質、環境規劃、家長參與、課程安排、師生關係、教師工作滿足及學校特色等。評鑑項目有些可能是學校既有條件或狀況，不一定是校長能力所及或所能影響，其有關學校教育績效的評鑑結果，亦並非一定都是校長領導影響的結果，也可能是學校承續以往教育的成果，或學校其他成員及社區人士自主性投入努力的成果，而非完全代表校長領導的績效。而「校長評鑑」內涵包括行政管理、政策執行、教學領導、人際關係、財務管理、校園安全維護、專業素養及品德操守等，主要係針對校長個人特質及其職能角色之表現狀況而評鑑。而校長領導效能的評鑑，則特別以「校長發揮領導影響力所產生的成效狀況」加以判斷。其可以不包括校長的個人特質和非校長領導能力影響所及的項目。誠如 Cheng（1996）和 Scheerens（1992）所指出：校長領導效能的評鑑焦點在其領導成員產生之辦學成效展現，亦即是從校長領導所實際發揮出來之影響效果加以評斷。

　　郭工賓（2007：68）認為評鑑必須依據評鑑的標準來做評估或判斷，如果評鑑指標設立不當，再好的評鑑方法、分析技術與程序，也無法蒐集到適當的或適

合的評鑑資料。此外，楊振昇（2001）認為，「指標」是評鑑者與被評鑑者在評鑑的過程中，所必須依循的規則或評鑑項目。基於以上析述，為進一步釐清校長領導效能評鑑指標之概念，以作為後續研究之基礎，本文將「校長領導效能評鑑指標」意涵界定如下：

「校長領導效能評鑑指標」為針對校長領導的實際表現成果所訂定的具體評鑑項目或標準，在評鑑的過程中作為判斷校長領導效能表現良窳的依據。

上述「校長領導效能評鑑指標」的界定具有下列意涵：

1. 「校長領導效能評鑑指標」評量的焦點為校長各項領導行為之成果。
2. 「校長領導效能評鑑指標」評量的目的，在了解校長所採用之各項領導行為所產生的效果。
3. 「校長領導效能評鑑指標」是依據上述評量的目的所建立之具體指標，透過指標達成狀況之比對，供作判斷校長領導效能表現良窳的參照及標準。

參｜從不同角度探析國小校長領導效能評鑑指標

隨著校長領導角色的轉換，校長職務的內涵與工作也更趨複雜，而現今社會大眾對於校長領導的成效亦有頗高的期待。因此，從學校教育計畫的研擬、執行，乃至於經營學校文化與提升學生的學習成效，都是校長領導須著力的重要課題。受到美國 1910 年代的效率運動及 1960 年代的評鑑運動影響，歐美國家對於中小學校長的聘用，早已採取依照其工作成果給予評鑑，以決定其是否能續約之依據。

我國國民教育法施行細則第十一條規定：「依本法第九條第三項至第六項規定組織之遴選委員會，應在校長第一任任期屆滿一個月前，視其辦學績效、連任或轉任意願及其他實際情況，決定其應否繼續遴聘。現職校長依本法第九條之三規定評鑑績效優良者，得考量優先予以遴聘。」。可知校長領導效能評鑑已成為我國國民中小學校長遴選之重要一環，由評鑑者用科學方法有系統的選擇一套評鑑標準，於校長擔任其職後進行評鑑，以了解校長領導表現的優劣得失，藉以促進校務工作績效，或遴選及延任校長的參考依據（江文雄，1998；吳順火，2007；張德銳，1999；郭工賓，2007）。基此，校長領導效能評鑑就其實施目的而言，並非僅止於「協助改進」校長辦學績效，它亦帶有對校長領導表現水準的優劣程

度進行總結性評鑑的性質，以便作為遴選校長、延任校長及處理不適任校長的依據。而要評鑑一位國小校長領導效能的指標為何？以下擬就校長角色、校長職責、學者研究建構成果、國內外實施校長領導成效有關之評鑑內容，以及「校長領導卓越獎」評選內涵對國小校長領導效能評鑑指標之啟示等角度來加以探討。

一、「校長角色」對國小校長領導效能指標之啟示

後現代思潮強調多元、去中心化的論述，加上教育改革、教育政策的衝擊，校長角色的定位及其功能產生了微妙的變化（Hall, Gunter, & Bragg, 2011）。Newton、Tunison與Viczko（2010）透過訪談25位國小校長發現，目前所實施的評鑑方式以及對績效責任的要求，影響了校長角色的定位。Slater（2011）認為校長角色及其領導行為，會對教師產生影響；這樣的影響也會透過教師對學生的學習成就產生影響。Hallinger與Hausman（1994）指出在學校變革呼聲中，校長角色扮演是處在各方期待的夾縫中，校長角色須適度的調整與轉型，才能使學校領導產生正面影響。面臨新世紀教育環境的挑戰，有關校長角色的詮釋呈現多元的面貌。Quinn與McGrath（1985）以競值理論「兼容並蓄」的思考模式，發展出八種領導角色，應用在學校組織環境中；校長的角色可能是指導者、生產者、經濟人、革新者、導師、協助者、監督者、協調者。而校長對於此八種角色的掌握，也應掌握均衡的理念，亦即要有好的領導效能，校長不只是扮演好一、兩種領導角色，而是兼具發揮多重角色功能。

Eric、James與James（2010）綜合相關研究指出：校長領導角色可影響面向包含人事、組織流程及組織架構等。若進一步分析，校長領導角色影響的面向可涵蓋九大領域：(1)建立運作模式、(2)財務、(3)公共關係、(4)學區的功能、(5)學生事務、(6)人事問題、(7)規劃及設立目標、(8)教學領導、(9)專業發展。Deal與Peterson（1994）研究分析發現，校長的領導角色可分為兩大類：一為技術性角色：計畫者、資源分配者、協調者、視導者、資訊傳播者、法官、把關者及分析家；另一為象徵性角色：歷史學家、薪火相傳者、願景專家、符號、陶匠、詩人、演員及療傷者。林明地（2008）在《校長學：工作分析與角色研究取向》一書中曾指出，校長扮演的角色包括：教育者、行政管理者、文化領導者、專業社群的一分子等。蔡進雄（2003）也說明面對社會變遷的時代，新世紀的校長須具願景

推動者、教學領導者、道德模範者、教育革新者、問題解決者、溝通協調者角色，才能有效提升領導效能。

　　統合前述對於校長角色的看法，校長扮演的角色可歸納為以下七項，從校長角色扮演所產生的「成效」，可供作了解一位國小校長發揮其領導效能的參考。分述如下：

1. 教育革新者：充分傳達及溝通學校願景、建立學校與社區為學習型組織、激勵學校成員士氣、發揮創意思維，展現差異表現、進行學校組織改造。

2. 教學領導者：擔任首席教師以協助教師改進教學，並參與課程與領域教學研究會、結合理論與實務進行行動研究、辦理提升教師本職學能之進修研習。

3. 行政管理者：依據教育政策，辦理各項學校教育活動、整合並分配學校資源、兼及公平與正義以維護學校紀律、全觀的進行學校工作分析、協助教師完成工作及目標、面臨多種選擇時能做出有益學校教育的明智決定、健全各項校規典章制度、進行溝通協調具有成效、注重參與式及民主式管理、組織運作與工作效率的要求。

4. 訓輔工作者：鼓勵教師採取有效的訓輔技術、創造良好的學習氣氛、為師生提供輔導、諮詢及服務。

5. 專業發展者：對學校公共事務具專業敬業態度、信守倫理信條、重視個人專業作為、發揮道德領導，並注意教師平時的教學觀察、關心學生學習表現等。

6. 問題解決者：對校園危機處理具有敏感性，發現問題就要尋求解決、了解如何化解衝突，並採取不同措施、有效處理偶發事件、調和內外部公眾意見。

7. 公共關係者：與社區建立良善的互動、尋求有力的社會資源、強調溝通及合作的精神，擔任學生、教師、家長、各機關人士之間溝通網的樞紐。

二、「校長職責」對國小校長領導效能指標之啟示

　　校長綜理學校事務，其所要負責的工作與面對的人、事、物皆十分多元。校長必須「把對的事做對」（林明地，2008），而如何在不同的校長職責中展現出其領導效能，是一位稱職的校長應具備的能力。然而，校長應具備的職責為何？以下透過分析有關文獻勾勒其梗概：

　　Gray 與 Bishop（2009）研究指出校長職責可包含：變革領導、聚焦要點、資

源管理、教學促進、成果評估等。Williams（2009）研究指出，校長的領導行為會影響到學生的學習，其職責主要面向包含：(1)教學領導、(2)人際能力、(3)決策能力、(4)設施規劃能力及學生期望、(5)評鑑能力、(6)學校氣氛。Ovando 與 Ramirez（2007）研究指出，校長進行課程領導如能納入教師教學評鑑系統，更有利於學生表現的提升。Gimbel、Lopes 與 Greer（2011）進行校長領導行為對教師專業成長因素影響之研究，研究結果指出，受訪教師認為校長能為新進教師提供同儕輔導（師傅教師）的協助機制，是最重要的支持因素；受訪校長則認為傾聽老師的需求是最重要的支持因素。對於校長如何提升其領導效能，Craig、Carol、Carl 與 John（2011）提出五項建議：(1)規劃長期支持系統、(2)確認教師需求、(3)納入非正式支持網絡、(4)推廣教學成功的案例、(5)採用資訊化輔助學習系統。

英國於 2003 年修訂了國家校長標準，指出校長的領導與管理應能確認高品質的教學與學習，且能提升學生的成就水準。在其「國家學校領導學院」（The National College for School Leadership）學校領導課程的架構中，羅列出有關校長在職責上如何提升領導效能的建議（Doughty, 2002），包括：(1)具目標性、包容性和價值導向；(2)呈現學校的特色，並且包含學校情境脈絡；(3)推展積極的學習觀念；(4)聚焦在教學上；(5)成為一種可以遍布學校社群的功能；(6)發展學校成為學習型社群；(7)觀照未來，並以策略為導向；(8)從經驗中發展，並且創新方法。

檢視有關法令，2000 年 7 月 26 日修正公布之「公立學校校長成績考核辦法」中第四條條文明訂：各校校長之成績考核，應就下列事項，綜合評定其分數，並依前條規定，定其等級：(1)忠於國家執行教育政策及法令之績效占 20%；(2)辦理行政事務之效果占 20%；(3)領導教職員改進教學之能力占 20%；(4)言行操守及對人處事之態度占 20%；(5)專業精神之表現占 10%；(6)其他個案應列入考慮之項目占 10%。

再者，分析相關研究及論述，黃振球（1990）、邱馨儀（1997）、陳智育（2002）指出，校長之領導範圍包括計畫、組織、管理、教學視導、公共關係。林文律（2000）歸納邁向新世紀國小校長的職責有：(1)校務發展：將政策與法令傳達給學校成員、發展學校目標、執行校務發展計畫、檢討校務發展情形；(2)教學領導：營造教學環境、提升教學知能、從事課程研究發展、教學視導；(3)行政管理：推動行政工作、整合各處室、有效處理突發事件與校園危機、給予成就機會；(4)公共關係：關懷教職員及學生、與家長及社區良性互動；(5)專業責任：倡

導教師進修、重視專業發展。

　　吳順火（2007）分析臺北縣 94-95 學年度中小學校長試辦「校長評鑑」結果指出：評鑑指標包含六大面向：(1)政策執行；(2)行政領導；(3)課程領導；(4)學習成就與輔導；(5)專業發展；(6)資源運用，以及 35 項細部指標。謝傳崇（2010）綜合相關學者之觀點，將校長領導歸納為十個向度：(1)建立學校願景；(2)形塑學校文化；(3)善做領導決策；(4)善用各項資源；(5)發揮專業素養；(6)促進團隊合作；(7)營造和諧氣氛；(8)建立公共關係；(9)做好危機管理，以及(10)實施績效評鑑。

　　綜合前述對校長職責有關的析述，可從以下校長職責範疇的實踐成效，來檢視一位校長領導效能的情形：

1. 組織發展之領導成效：執行教育政策及法令、建構學校發展願景、訂定及落實校務發展計畫。
2. 教學領導之成效：鼓勵教師研究課程與改進教學、監督教學計畫與過程、與教師溝通教學理念、協助教師解決教學問題、塑造積極的學習環境、支援各項教學活動及評鑑學生學習表現。
3. 行政領導之成效：激勵成員士氣、處理或避免學校內外部衝突、適當授權及合理做決定、問題解決得當、合理經費編列與有效執行、提升行政規劃品質、文書處理電腦化、適切規劃校園、分配並監督同仁工作及主持或參加會議。
4. 專業成長之領導成效：負有專業責任的使命感、促進自我及教師專業成長、進行教育研究、學習型組織之建立。
5. 學生訓導之領導成效：協助教師增進輔導知能、督導辦理學生自治活動、規劃辦理學生生涯輔導、維護學生安全、紀律及落實品德教育等。
6. 公共關係之領導成效：建立良善公共關係、與上級長官、社區人士、學生家長保持密切聯繫、提供社區參與學校活動的機會、參與和教育有關的社區活動及建立學校良好形象。

三、「學者研究建構成果」對國小校長領導效能指標之啟示

　　臺灣已有學者進行校長遴選、校長辦學績效、校長領導能力，以及校長評鑑指標建構等相關研究（丁一顧、張德銳，2001；江鴻鈞，2007；吳株榕，2001；

吳順火，2007；吳德業，2001；陳素秋，2001；陳梅娥，2003；郭工賓，2000；蔡書憲，2009）。這些研究成果與校長領導效能評鑑指標有關，其成果臚列如表26-2。綜合這些學者所建構的與校長領導效能評鑑指標有關的成果，從中整理出評鑑國小校長領導效能的指標如下：

1. 執行法令與政策之領導成效（丁一顧、張德銳，2001；吳株榕，2001；吳順火，2007；吳德業，2001；陳梅娥，2003）：其指標可涵括：(1)了解並宣導教育政策、法規內涵；(2)執行決策，提供具體指導方針和規劃藍圖；(3)明確地訂定校務發展短、中、長程計畫；(4)正確傳達相關資訊給內外部公眾知道；(5)依據學校教育目標有效執行有關教育活動。

2. 教學領導之成效（江鴻鈞，2007；吳順火，2007；吳德業，2001；陳梅娥，2003；郭工賓，2000；蔡書憲，2009）：其指標可涵括：(1)訂定教學目標和學校願景；(2)領導學校本位課程發展；(3)建立學校教學團隊研究與討論機制；(4)實行教學視導；(5)建立教師專業教學評鑑制度；(6)帶領教學研究、改進教材教法；(7)進行行動研究、發展研究成果。

3. 學校行政管理之成效（丁一顧、張德銳，2001；江鴻鈞，2007；吳株榕，2001；吳順火，2007；吳德業，2001；陳素秋，2001；陳梅娥，2003；郭工賓，2000；蔡書憲，2009）：其指標可涵括：(1)營造和諧、分享和開放的學校組織氣氛；(2)有效的協調整合各處室間分工，發揮團隊精神；(3)及時有效的處理校園危機等問題；(4)有效的管理與運用學校經費、財產等資源；(5)建立績效責任制，提高行政效率與效能；(6)建立公開公平的人事任用獎懲考核制度；(7)建立學校校務自我評鑑與改進的機制。

4. 專業發展與責任之領導成效（丁一顧、張德銳，2001；江鴻鈞，2007；吳順火，2007；吳德業，2001；陳梅娥，2003；蔡書憲，2009）：其指標可涵括：(1)促進自我專業成長，提供師生終身學習典範；(2)提供各種教師專業成長機會；(3)鼓勵師生學習、轉化知識、創意思考，建立學習型學校；(4)遵守專業道德，成為楷模；(5)領導教育改革具有成效。

5. 人際關係之領導成效（丁一顧、張德銳，2001；江鴻鈞，2007；吳株榕，2001；吳順火，2007；吳德業，2001；陳素秋，2001；陳梅娥，2003；郭工賓，2000；蔡書憲，2009）：其指標可涵括：(1)有良好的表達與溝通能力；(2)建立有效的溝通管道；(3)與他校或校外機構建立良好關係；(4)與家長維持

▶ 表 26-2　國內校長領導效能評鑑指標相關研究概況

研究者	研究題目	研究發現
陳素秋（2001）	國民小學校長遴選指標建構之研究	該研究所建構指標涵蓋公共關係技能、個人領導技能、人事管理技能、組織運作技能四個層面。
郭工賓（2000）	國民小學校長辦學績效評鑑指標建構之研究	以德懷術的方式建立評鑑指標，分為行政領導與管理效能、學校願景與校園文化的展現、課程與教學領導成果、社區互動關係、學生的發展與成就、相關利害關係人滿意程度等六個向度、33 項指標。
吳德業（2001）	苗栗縣國民小學校長評鑑制度實施現況之調查研究	包含教學領導、行政管理、公共關係、專業責任、專業條件、政策執行，及學校氣氛與學生活動等七項構面。
丁一顧張德銳（2001）	中小學校長評鑑制度的比較分析與改革芻議	初步架構包括教育政策、教學領導、學校經營、專業發展、人際關係、學生學習與成長六大向度、15 個行為指標。
吳株榕（2001）	國民小學校長評鑑指標之研究——以南部地區為例	本研究的評鑑指標主要可分為教學領導、學校管理、政策執行、人際關係與專業責任五大向度。
陳梅娥（2003）	模糊德菲術在國小校長評鑑指標系統建構之研究	運用模糊德菲術建構出執行法令與政策、教學領導、學校經營與管理、專業發展、增進學生學習表現、公共關係六大層面、29 個指標。
江鴻鈞（2007）	國民小學校長領導能力評鑑指標與權重體系建構之研究	該研究以模糊德菲法整合專家意見，以及模糊階層分析法計算各指標間的相對權重，完成評鑑體系之建構，涵括：理念、態度、認知及技能四大向度，16 項核心能力，以及 55 個細目指標。
吳順火（2007）	分析臺北縣 94-95 年中小學校長試辦「校長評鑑」之評鑑指標	分析臺北縣 94-95 年中小學校長試辦「校長評鑑」，該評鑑指標包含六大面向及 35 項指標。分析結果指出除七項指標需要再深入討論外，其餘都能成為校長辦學績效評鑑的指標。
蔡書憲（2009）	國民小學校長儲訓成效評鑑指標之建構及實證研究	該研究建構的國民小學校長儲訓成效評鑑指標系統包括儲訓機制、專業素養、行為表現三大層面、12 個向度及 67 項指標項目。

資料來源：本文作者整理。

良好互動，獲得信賴與支持；(5)與社區建立良性互動關係；(6)妥善運用社會資源，協助校務發展；(7)促進學校與社區間資源的充分交流。

6. 學生學習之成效（丁一顧、張德銳，2001；江鴻鈞，2007；吳德業，2001；吳順火，2007；陳梅娥，2003；郭工賓，2000）：其指標可涵括：(1)學生樂學、有自信、學得基本學力；(2)關懷學生並維護其權益；(3)指導學生生活與有效學習；(4)關懷弱勢學生提供適性學習的機會；(5)提供多元學習活動以發展學生潛能。

四、「臺灣實施校長領導效能評鑑有關的內容」對國小校長領導效能指標之啟示

　　臺灣雖有些縣市如基隆市、新北市、新竹縣、臺中市、高雄市進行校務評鑑，但目前依國民教育法施行細則第十二條實際執行校長領導效能評鑑的縣市並不多，依研究者所蒐集之資料顯示，臺南市100年度國民中小學校長辦學績效評鑑指標（臺南市政府，2011），其焦點較近似校長領導效能評鑑的內容，分述如下：

(一) 教育政策執行之領導成效

　　其指標可涵括：(1)落實常態編班及教學正常化；(2)推動資訊與科學教育之成效；(3)推動本土與閱讀教育之成果；(4)推動英語教育之成效；(5)執行學生訓輔相關工作之成果；(6)規劃及成立藝文、體育團隊之成果；(7)推動環境教育之成效；(8)發展學校特色之成果。

(二) 行政管理之領導成效

　　其指標涵括：(1)依法召開各項會議；(2)行政有效支援教師教學需求；(3)建立教師考核輔導機制；(4)補助經費使用具合理性；(5)熟悉校務運作，整合各處室功能；(6)建立並落實校務行政運作的檢核機制；(7)推動校務知識管理平臺無紙化作業；(8)其他。

(三) 課程教學之領導成效

　　其指標涵括：(1)推動課程發展委員會及領域小組之運作；(2)定期召開各領域

教學研究會；(3)學校經營創新暨教師創意教學；(4)系統規劃教師之專業進修成長活動；(5)校長積極參與各項重要教育議題之進修活動，促進專業發展；(6)其他。

(四)學校經營之領導成效

其指標涵括：(1)整合與形成學校共同願景，並能具體落實之；(2)帶領學校教師積極辦理上級交辦事項；(3)妥善開發與運用學校人力資源；(4)善於溝通與協調，具化解校內外衝突能力；(5)配合教育政策，積極研擬計畫，爭取上級資源；(6)妥善規劃校園環境，充分利用與管理教學設施、教材及軟體；(7)有效化解危機，具備危機處理能力；(8)勇於任事，人品操守優良可供楷模。

(五)人際關係之領導成效

其指標涵括：(1)與機關團體建立良好互動關係，適時為學校爭取資源；(2)形塑優質有效率的行政團隊；(3)與學校教職員工維持良好互動關係；(4)主動關心學生的行為與學業；(5)鼓勵教職員工積極參與社區之活動，並使學校成為社區學習中心；(6)與家長社區互動良好，贏得家長社區的信賴與支持；(7)透過各種管道進行學校行銷；(8)對全校教職員工能展現適切的關懷。

從以上評鑑指標可看出，目前臺灣有關校長領導效能評鑑指標，主要關注下列項目的領導成效：執行現階段教育施政主軸、發揮創意規劃辦理各項教育活動、民主化的決策過程、支援教師教學需求、創新學校行政經營、有效化解危機及衝突、當機立斷解決問題、參與課程及領域教學委員會、妥善規劃教師進修、有效規劃彈性學習課程、營造和諧學校氣氛、促進學生學習情形、積極參與社區活動。

五、「國外實施校長領導效能有關的評鑑內容」對國小校長領導效能指標之啟示

美國幅員廣闊，各地有關教育方面之相關法令，由各州議會自行立法訂定，有關各項教育評鑑方式也不盡相同（秦夢群，1997）。美國針對校長評鑑從2000年11月開始實施實境測驗（field-tested）；從2008年開始，Vanderbilt及Pennsylvania大學合作成立教育領導評鑑中心，發展評鑑指標用以評估校長辦學績效。

該指標設計關注學生學習效能，主要涵蓋六大面向：(1)高的學生學習指標；(2)嚴謹的課程；(3)教學品質；(4)學習及專業文化；(5)公共關係；(6)績效責任（Olson, 2008）。

目前美國各州對於校長評鑑所採用之標準，主要採用「州主要教育官員委員會」（Council of Chief State School Officers, CCSSO）所成立之「跨州學校領導者證照聯合會」（Interstate School Leaders Licensure Consortium, ISLLC）所公布之標準。ISLLC 成立的目的在於提供各州之間的相互合作，共同建構和推動校長評鑑以及證照授予之標準。Derrington 與 Sharratt（2008）研究指出，學區督導及校長多能支持以ISLLC所設立的標準作為評鑑工具，其原因在於ISLLC所建立的校長檢定標準，能夠符應目前對校長績效責任的要求，並提供比先前評鑑更加清楚的指標。因此，目前美國大多數的州皆已採用ISLLC標準或吸取其精神，來建立各州的校長評鑑及任用標準。其標準的第一版是在1996年公布，經過十餘年的實務運作與修正，2008年公布第二版標準。第二版設立六個領導標準，重點在關注如何促進學生學習成就，其內涵如下：(1)建立學習共享願景；(2)形塑能促進學生學習和成員專業成長的學校文化與教學方案；(3)建構有效能、有效率之學習環境；(4)與其它機構和社區成員合作，善用社區資源；(5)在遵守倫理的情況下，採取完善、公平的行動；(6)了解、回應、影響政治、社會、法律和文化脈絡（CCSSO, 2008: 6）。另者，以印度為例，Shafqat、Saeed 與 Kiran（2009）評鑑 Punjab 省公立學校校長之領導效能，所採用的指標面向包含：教學領導、公共關係、專業態度、管理態度、領導品質。其結果指出，受評校長在公共關係、專業態度、管理態度以及領導品質等面向，表現較理想。教學領導此一面向，則相對表現較弱。

以鄰近香港為例，所屬教育局委託香港教育學院辦理「擬任校長培訓課程」，認為 21 世紀學校的校長需要能在下列七項範疇發揮其領導效能：(1)策略方向及政策環境：校長須籌劃未來，並確保校內人士參與籌劃的工作。在籌劃如何進一步發展學校和提升學生水平時，校長須有策略地制定配合社會、教育和政治環境的相關政策；(2)學與教及課程：校長須協調學校的發展工作，以便校內各級的課程和學與教互相配合。校長須與校內人士協作，確保全體學生可透過正規、非正規和非正式課程接受全面均衡和適切的學習；(3)教師專業成長及發展：校長須推動本身和教師的持續專業發展，交流最新的專業知識和成功的實踐經驗，務求能與時並進和照顧學生的不同需要，以期提高學生和學校的表現水平；(4)員工及資

源管理：校長須創建協作的團隊管理精神，盡量發揮員工的工作能力、善用物力和財政資源，以促進學校和學生的發展；(5)質素保證及問責：校長須與校內人士共同建立質素保證和問責制度，讓學生、教師和其他教職員得知自己的表現，從而改善學校的整體表現。這些制度亦方便學校向外界提供有關學校表現的資料；(6)對外溝通及聯繫：校長須建立學校與社區、國家以至全球的聯繫，使校內人士能對社會和有關的發展做出貢獻；(7)行動研究課程：著重理論和實踐的結合，並重視反思、參與、交流和改進（香港教育學院，2011）。

除外，蔡金田（2009）歸納中、美、英、紐、澳五國教育機構對校長領導行為評鑑的內涵，建構出四個層面（行政管理、課程與教學、資源管理與運用、專業涵養）和11個向度指標（校務行政、事務決定、政策執行、教學領導、課程領導、學生學習與成就、教育經費與資源、校內人力資源、學校外部資源、專業能力、一般學養），用以評估校長領導能力展現的情況。

綜合而言，上述相關研究大抵皆與校長領導效能有關，各項指標可供作校長領導效能評估之參考。本文後續將加以彙整，作為建構校長領導效能指標之基礎。

六、「教育部校長領導卓越獎」評選內涵對國小校長領導效能指標之啟示

臺灣之教育部為鼓勵校長用心辦學，提升學校經營績效，2004年開辦「教育部校長領導卓越獎」，其主要依據為教育部於2004年訂定之「教育部校長領導卓越獎評選及獎勵要點」。該要點獎勵對象為現任公立及已立案之私立高級中等以下學校校長及幼稚園園長。該獎項參選校長應符合下列受獎條件之一：(1)具卓越的校務領導能力，能實現學校發展目標者；(2)針對教育政策研擬辦學方案，具有具體成效者；以及(3)參選校長能營造和諧的學校氣氛和成員合作奉獻的學校文化（教育部，2004，2005）。

「教育部校長領導卓越獎」評選過程分為初選、複選二階段辦理。校長領導卓越獎其教育意涵有下列六項：(1)關注校長領導的重要；(2)界定領導卓越的內涵；(3)樹立卓越領導的典範；(4)創新校務經營的策略；(5)導引校長培育的方向；(6)擴展優質校長的影響（鄭崇趁，2004a）。校長領導卓越之評選指標面向包含：(1)教育理念；(2)經營策略；(3)校園氣氛；(4)辦學績效；(5)發展特色等五大面向，

並依此五大面向發展出相關評選指標來檢視校長領導之成效，作為評選標準（鄭崇趁，2004b）。

以上析述顯示：校長領導卓越獎指標關注「校長領導成效」，其所界定之校長卓越領導成效內涵，對建立校長領導效能評鑑指標具參考價值。

肆｜國小校長領導效能評鑑指標之內涵

綜合前述有關校長角色、校長職責、學者研究建構成果、國內外實施校長領導效能有關之評鑑內涵，以及「校長領導卓越獎」評選內容之成果和啟示，「國小校長領導效能評鑑指標」之內容雛形，可統整為七個面向（學生學習、政策與法令執行、行政運作、課程與教學領導、專業激勵與成長、資源整合與運用、公共關係）和 43 項細目，說明如下：

一、「學生學習」領導成效

1. 有效提升學生多元學習成果。
2. 妥善照顧文化不利學生，提供適性學習機會，促進其學習成果。
3. 提供學習展能的舞臺，激發學生潛能、興趣和自信，有具體成效。
4. 推動品格、法治、生命教育，培養學生合宜的生活態度和言行。
5. 尊重學生人權與主動關懷學生生活及學習權益，有具體成效。

二、「政策與法令執行」領導成效

1. 遵守教育政策辦理各項教育活動之成效。
2. 將教育施政主軸轉換成學校目標，並獲有執行成效。
3. 清楚傳達政策，讓學校成員熟知其內涵並加以實踐。
4. 克服政令執行難題，尋求解決之道，有具體成效。

三、「行政運作」領導成效

1. 引導成員共同建立學校願景並加以實踐，有具體成效。
2. 掌握學校的環境背景條件，發展學校特色，有具體成效。
3. 根據學校的環境背景條件，擬定並落實校務發展計畫，有具體成效。
4. 營造出和諧溫馨和具促進作用之學校文化和氣氛。
5. 強化學校成員的組織承諾，有具體成效。
6. 各項制度完備且能加以落實，有具體成效。
7. 引導成員分享資訊與參與校務之民主機制，有具體成效。
8. 校內各行政單位內與單位間協調合作、互動成效良好。
9. 成員能主動服務和快速回應、解決問題。
10. 洞察學校危機，有效解決危機及校內外衝突。

四、「課程與教學領導」成效

1. 融入資訊媒材與新興議題，推動教學創新與改進，有具體成效。
2. 豐富各領域教學資源，改善教學環境具成效。
3. 落實教學視導與評鑑，建置專業對話平臺，有具體成效。
4. 明確訂定學校教學目標，協助教師落實適性教學，有具體成效。
5. 組織各類教學團隊，發揮教師專長，有具體成效。
6. 教師共同參與編寫總體課程計畫並努力實踐，有具體成效。
7. 帶領教師共同發展學校本位課程，有具體成效。
8. 促進教師教材研究與應用，狀況良好。
9. 引導教師能批判反省課程與教學問題，持續尋求提升與改善，有具體成效。

五、「專業激勵與成長」領導成效

1. 領導作為合乎專業、公平正義原則，激發同仁向心力，有具體成效。
2. 鼓舞同仁奉獻心力，有明顯成效。

3. 賦權增能，促進同仁專業成長，有具體成效。

4. 激發同仁積極參與進修、研習活動，不斷自我成長，有具體成效。

5. 以身作則，樹立同仁專業投入之楷模。

6. 鼓勵與協助同仁自我突破與採取創新作為，有具體成效。

六、「資源整合與運用」領導成效

1. 妥善規劃學校網路及各種設施，並提高師生使用率。

2. 合理分配與運用學校各項經費、資源。

3. 校園美化、綠化狀況良好。

4. 與他校進行各種策略聯盟，著有成效。

5. 有效利用校友、家長及社區資源。

七、「公共關係」領導成效

1. 暢通親師溝通與合作管道。

2. 學校與社區相互參與及支援活動，關係良好。

3. 利用各種媒介、網站傳播學校教育訊息，獲得校內外人員的了解與支持。

4. 辦學聲譽獲得肯定與好口碑。

　　統合本文研究的結果，國小校長在領導效能的評鑑指標可以從「學生學習」、「政策與法令執行」、「行政運作」、「課程與教學領導」、「專業激勵與成長」、「資源整合與運用」及「公共關係」等層面的領導影響成效，或領導影響狀況來加以探究。其中，「學生學習」、「專業激勵與成長」、「資源整合與運用」等向度的領導效能，過去大部分僅被列為某一層面內的子項目，而未受到足夠的重視。本文將其獨立成一面向，希望能獲得教育主管當局及有志之士的重視。

伍｜結語

　　「校長領導效能評鑑」可視為落實校長辦學績效責任與促進校長專業成長的途徑。校長領導效能評鑑與「校務評鑑」及「校長評鑑」有其不同之處，不宜等同視之。校務評鑑涵蓋的範圍較廣，校務狀況或學校辦學條件有些並非校長能力所及或全是其影響的結果。校長評鑑一般會將校長個人特質及專業背景併同其辦學狀況列入評鑑。而校長領導效能評鑑則較專注於了解校長學校領導作為的影響成效狀況。「校長領導效能評鑑指標」為了解校長領導作為影響成效不可或缺的參照項目或規準。

　　本文從「校長角色」、「校長職責」、「學者研究建構成果」、「國內、外實施領導效能有關的評鑑內容」以及「校長領導卓越獎」評選內涵等不同角度，探究其可供建構國小校長領導效能評鑑指標之項目，所彙整和建立之國小校長領導效能評鑑指標，希望可供作國小校長培育、專業發展及教育主管當局進行校長領導效能評鑑之參考。

📁 黃宗顯小檔案

　　美國俄亥俄州立大學（The Ohio State University）哲學博士，主修教育行政學。現任國立臺南大學教育學系教授兼教育學院院長。曾任小學教師，國立臺南師範學院進修部主任、主任祕書，國立臺南大學教育經營與管理研究所所長。曾獲行政院國家科學委員會專案研究補助 15 次，甲種研究獎助 4 次。曾出版《學校行政對話研究：組織中影響力行為的微觀探討》、《學校領導：新理論與實踐》專書；並已發表學校組織文化、學校創新經營、學校領導美學等有關之學術性專著數十篇。

📁 蔡書憲小檔案

　　國立臺南大學教育經營與管理研究所博士，任職國小 16 年，其間擔任主任 8 年。曾任國立臺南大學、空軍官校兼任教師。研究領域以學校行政為主要範疇，於國立臺南大學、國立嘉義大學、國立臺中教育大學、國立屏東教育大學及東海大學等發表學術論文於學報期刊十餘篇，並獲高雄市研考會學術著作甲等獎。致力於教

育奉獻，90 年獲選高雄市優秀社會青年、95 年獲教育部教學卓越獎銀質獎、96 年獲選高雄市教育芬芳錄。正值能為教育界貢獻所學，卻於 99 年為腦膜炎病痛折騰，與病魔對抗二年餘，雖逐漸康復，但卻重創視神經而導致雙眼幾近失明。為此，書憲老師深感痛心與不捨，未能為教育界再盡一己之力，並期許各位在為前途打拼之際，也要關心愛惜自己的健康。

References 參考文獻

中｜文｜部｜分

丁一顧、張德銳（2001）。中小學校長評鑑制度的比較分析與改革芻議。載於國立嘉義大學國民教育研究所（主編），中小學校長專業成長制度規劃（頁115-146）。高雄市：復文。

王冬雅（2004）。雲林縣國民小學實施校務評鑑制度之研究。國立中正大學教育研究所碩士論文，未出版，嘉義縣。

王保進（2002）。國民小學校務評鑑現況與重要議題之省思。教育資料與研究，50，2-11。

王保進、邱鈺惠（2001）。國民小學校長培育方案規劃之研究：以臺北市為例。載於國立嘉義大學國民教育研究所（主編），中小學校長專業成長制度規劃（頁39-65）。高雄市：復文。

江文雄（1998）。校長評鑑可行性探討。教師天地，96，10-18。

江鴻鈞（2007）。國民小學校長領導能力評鑑指標與權重體系建構之研究。教育經營與管理研究集刊，3，107-142。

吳株榕（2001）。國民小學校長評鑑指標之研究：以南部地區為例。國立屏東師範學院國民教育研究所碩士論文，未出版，屏東市。

吳順火（2007）。論述專業追求卓越：臺北縣中小學校長試辦「校長評鑑」成果報告。北縣教育，62，47-56。

吳德業（2001）。苗栗縣國民小學校長評鑑制度實施現況之調查研究。國立新竹師範學院碩士論文，未出版，新竹市。

李玉惠、黃莉雯（2007）。中小學校長辦學績效初探。學校行政，50，46-62。

林文律（2000）。從校長必備能力看校長培育。教育資料與研究，28，6-13。

林明地（2008）。校長學：工作分析與角色研究取向。臺北市：五南。

林俊成（1999）。邁向轉型領導的學校行政領導。教師之友，40（3），8-17。

邱馨儀（1997）。校長領導能力。有效能的學校，2（1），177-192。

香港教育學院（2011）。擬任校長培訓課程。取自：http://www.ied.edu.hk/asp/module.html#principal

秦夢群（1997）。教育行政：實務部分。臺北市：五南。

秦夢群（2000）。教育行政—理論部分。臺北市：五南。

張德銳（1999）。國民中小學校長評鑑系統的初步建構。**臺北市立師範學院初等教育學刊，7**，15-38。

教育部（2004）。**教育部校長領導卓越獎評選及獎勵要點**。臺北市：作者。

教育部（2005）。**教育部校長領導卓越獎評選及獎勵要點修正**。臺北市：作者。

郭工賓（2000）。**國民小學校長辦學績效評鑑指標建構之研究**。國立臺北師範學院國民教育研究所碩士論文，未出版，臺北市。

郭工賓（2007）。校長辦學績效評鑑之難處與展望。**北縣教育，62**，65-70。

郭工賓、郭昭佑（2002）。校長辦學績效評鑑之意義、實施現況與指標內涵評析。**教育政策論壇，5**（1），112-143。

陳素秋（2001）。國民小學校長遴選指標建構之研究。載於國立嘉義大學國民教育研究所（主編），**中小學校長專業成長制度規劃**（頁297-321）。高雄市：復文。

陳梅娥（2003）。**模糊德菲術在國小校長評鑑指標系統建構之研究**。淡江大學教育政策與領導研究所碩士論文，未出版，臺北市。

陳智育（2002）。**臺北市國民小學校長領導能力指標調查研究**。國立臺北師範學院國民教育研究所碩士論文，未出版，臺北市。

黃宗顯（2008）。領導理論研究概覽。載於黃宗顯等（合著），**學校領導：新理論與實踐**（頁1-25）。臺北市：五南。

黃振球（1990）。**績優學校**。臺北市：師大書苑。

楊振昇（2001）。析論當前教育評鑑之困境與前瞻：鉅觀觀點之分析。發表於國立新竹師範學院主辦之「第八次教育行政論壇」，76-108。

廖元銘、張怡潔、盧雅雯（2009）。從全球化觀點分析國中小校長領導之變革。**學校行政，61**，15-33。

臺南市政府（2011）。**臺南市100年度國民中小學校長辦學績效評鑑**。取自 http://bulletin.tn.edu.tw/ViewDetail.aspx? bid=4411 http://bulletin.tn.edu.tw/ViewDetail.aspx? bid=4411

潘慧玲（1999）。學校效能相關概念釐析。**教育研究資訊，7**（5），138-153。

蔡金田（2009）。中小學校長能力論述之跨國分析與指標探究：中、美、英、紐、澳五國教育機構的觀點。**屏東教育大學學報，32**，245-294。

蔡書憲（2009）。**國民小學校長儲訓成效評鑑指標之建構及實證研究**。國立臺南大學教育經營與管理研究所博士論文，未出版，臺南市。

蔡進雄（2003）。臺灣地區中小學校長轉型領導實徵研究之回顧與前瞻。**教育資料與研究，54**，54-61。

鄭崇趁（2004a）。校長領導卓越獎的教育意涵。取自 http://prin-ctr.ntptc.edu.tw/05/01.html

鄭崇趁（2004b）。校長領導卓越獎的評選指標。取自 http://prin-ctr.ntptc.edu.tw/05/04.html

鄭崇趁（2007）。校長專業證照與辦學績效評鑑。北縣教育，**62**，21-27。

鄭彩鳳、吳慧君（2009）。國小校長競值領導效能評估、360 度回饋態度，與行為改變意圖關係之研究。**教育政策論壇，12**（2），177-218。

鄭新輝（2010）。國民中小學整合性績效管理系統之建構：整合學校、校長與教師評鑑之概念模式。**教育學誌，24**，73-112。

謝傳崇（2010）。國民小學候用校長培訓課程對領導效能感影響之研究。**學校行政雙月刊，70**，51-68。

羅英豪（2001）。國中校長辦學績效與評鑑指標建構之研究。國立臺灣師範大學教育研究所碩士論文，未出版，臺北市。

英｜文｜部｜分

Baltzell, D. C., & Dentler, R. A. (1975). 5 paths to the principalship. *Principals, 63*(5), 37-44.

Black, W. R. (2008). The contradictions of high-stakes accountability "success": A case study of focused leadership and performance agency. *International Journal of Leadership in Education, 11*(1), 1-22.

Cheng, D. (1996). *In search of better preparing program for principals.* Paper presented at the International Conference on School Leader Preparation, Licensure/Certification, Selection, Evaluation, and Professional Development, Taipei.

Council of Chief State School Officers (CCSSO) (2008). *Educational Leadership Policy Standards: ISLLC2008.* Retrieved from http://www.ccsso.org/publications/index.cfm

Craig, P., Carol, A. M., Carl, L., & John, A. E. (2011). School leadership and technology challenges: Lessons from a new American high school. *AASA Journal of Scholarship & Practice, 7*(4), 39-51.

Deal, T. E., & Peterson, K. D. (1994). *The leadership paradox: Balancing logic and artistry in schools.* SanFrancisco, CA: Jossey-Bass.

Derrington, M. L., & Sharratt, G. (2008). Evaluation of school principals using Interstate School Leaders Licensure Consortium (ISLLC) standards. *AASA Journal of Scholarship and Practice, 5*(3), 19-27.

Doughty, J. (2002). *The National College for School Leadership: Current approaches to leadership development for headteachers and school leaders in England*。林文律（主持人），校長中心經營與校長專業發展國際研討會，國立臺北師範學院。

Eric, M. C., James, P. S., & James, S. (2010). Assessing the utility of a daily log for measuring principal leadership practice. *Educational Administration Quarterly, 46*(5), 707-737.

Gimbel, P. A., Lopes, L., & Greer, E. N. (2011). Perceptions of the role of the school principal in teacher professional growth. *AASA Journal of Scholarship & Practice, 7*(4), 19-31.

Gray, C., & Bishop, Q. (2009). Leadership development: Schools and districts seeking high performance need strong leaders. *Journal of Staff Development, 30*(1), 28-30.

Hall, D., Gunter, H. M., & Bragg, J. (2011). The discursive performance of leadership in schools. *Management in Education, 25*(1), 32-36.

Hallinger, P., & Hausman, J. (1994). Assessing and developing principal instructional leadership. *Educational Leadership, 45*(1), 54-61.

Jefferson, A. L. (2010). Performance appraisal applied to leadership. *Educational Studies, 36*(1), 111-114.

Louis, K. S. (2007). Trust and improvement in schools. *Journal of Educational Change, 8*(1), 1-24.

Lyons, J. E., & Algozzine, B. (2006). Perceptions of the impact of accountability on the role of principals. *Education Policy Analysis Archives, 14*(16), 1-16.

Newton, P., Tunison, S., & Viczko, M. (2010). The school principal's role in large-scale assessment. *Canadian Journal of Educational Administration and Policy, 105*. (EJ895584)

Olson, L. (2008). Assessment to rate principal leadership to be field-tested. *Education Week, 27*(9), 1-11. (EJ783739)

Orr, M. T. (2001). Transforming or running aground: Principals in systemic educational reform. Paper presented at the annual meeting of the American Educational Research Association, Seattle, Washington, April, 2001.

Quinn, R. E., & McGrath, M. R. (1985). The transformation of organizational culture: A competing value perspective. In P. J. Frost, L. F. Moore, M. R. Louis, C. Lundberg, & J. Martin (Eds.), *Organizational culture* (pp.315-334). California: Sage.

Ovando, M., & Ramirez, A. (2007). Principals' instructional leadership within a teacher performance appraisal system: Enhancing students' academic success. *Journal of Personnel Evaluation in Education, 20*(1), 85-110.

Scheerens, R. M. (1992). *Organizational behavior* (5th ed.). New York, NY: Harper Collins.

Shafqat, H., Saeed, M., & Kiran, F. (2009). Assessing performance of secondary school head teachers: A survey study based on teachers views in Punjab. *Educational Management Administration & Leadership, 37* (6), 766-783.

Slater, C. L. (2011). Understanding principal leadership: An international perspective and a narrative approach. *Educational Management Administration & Leadership, 39*(2), 219-227.

Southworth, G. (1999). Primary school leadership in England: Policy, practice and theory. *School Leadership & Management, 19*(1), 49-65.

Swart, W., & Kaufman, R. (2009). Developing performance data for making useful faculty and leadership decisions: Needs assessment as a vehicle. *Performance Improvement Quarterly, 22* (3), 71-82.

Twigg, N. W. (2008). Educational leadership: The effects of perceived support, organization-based self-esteem, and citizenship behaviors on student performance. *Journal of School Leadership, 18*(3), 256-277.

Williams, E. (2009). Evaluation of a school systems plan to utilize teachers' perceptions of principal leadership to improve student achievement. *Challenge: A Journal of Research on African American Men, 15*(1), 15-32.

Yukl, G. (1998). *Leadership in organizations* (3rd ed.). Englewood Cliffs, NJ: Prentice-Hall.

Youngs, P., & King, M. B. (2001). Principal leadership for professional development to build school capacity in urban elementary schools. Paper presented at the annual meeting of the American Educational Research Association, Seattle, Washington, April, 2001.

27 以平衡計分卡觀點建立校長辦學績效評鑑指標之探究

林國楨（國立彰化師範大學教育研究所助理教授）
詹雅惠（彰化縣政府教育處體健科科長）

壹｜前言

　　校長是學校教育政策的實際執行者、教育的領航者，隨著「教育品質與績效」教育改革思潮的影響，教育績效責任（accountability）、績效管理的強調蔚為全球教育改革的風潮，校長遴選與評鑑的訴求與期望隨之產生，企望藉此種機制能夠增強學校教育效能。

　　「校長辦學績效」一詞的法源依據為 2004 年 9 月 1 日修正之「國民教育法」第九之三條明定：「依第九條第三項至第五項組織遴選委員會之機關、師範校院及設有教育院（系）之大學，應就所屬國民小學、國民中學校長辦學績效予以評鑑，以為應否繼續遴聘之依據。」且 2004 年 7 月 26 日修正之「國民教育法施行細則」第十一條則有：「依本法第九條第三項至第六項規定組織之遴選委員會，應在校長第一任任期屆滿一個月前，視其辦學績效、連任或轉任意願及其他實際情況，決定其應否繼續遴聘。現職校長依本法第九條之三規定評鑑績效優良者，得考量優先予以遴聘。」雖然針對校長辦學績效的評鑑已有明文規定，然其評鑑指標尚無具體向度，因此本文以平衡計分卡（Balanced Scorecard, BSC）觀點來探討校長辦學績效的評估面向及其實質指標，實因平衡計分卡不僅具績效評估的功能，更是一套具體可行的策略管理工具，希以此提供學校領導者自我評鑑及教育行政機關評估校長辦學績效指標之參考。

以下茲分別就績效管理之歷史發展與典範思潮、平衡計分法之緣起與內涵分析、平衡指標系統及策略地圖之構築、平衡計分卡完全導入學校組織績效管理之限制性，逐步推導出以平衡計分卡合理導入校長辦學績效管理之評鑑指標。

貳｜績效管理之歷史發展與典範思潮

一、績效管理與績效評估關係

績效評估、績效考核或績效衡量（performance appraisal）與績效管理（performance management）的概念看似相仿，實則績效管理的範圍涵蓋了績效評估，而績效評估則為績效管理的基石。

Harold Koontz 對評估的闡釋為：「衡量根據計畫完成工作的程度，以及採取糾正偏差的行動，以促使目標的達成。因此計畫一旦開始進行後，考核行動即須隨之展開。」Schuler 則認為：「評估係指一套正式的、結構化的制度，用來衡量、評核及影響與員工工作有關的特性、行為及其結果，從而發現員工的工作成效，了解未來該員工是否能有更好的表現，以期員工與組織的獲益。」（李建華、方文寶，1996；丁志達，2003）簡言之，績效評估（或稱考核）就是以一套衡量工具針對員工執行組織計畫的成效做評量，其目標就是要了解組織的獲益情形以及員工的努力程度以做其獎懲。

Harte 對績效管理的定義為：「一套有系統的管理活動過程，用來建立組織與個人對目標以及如何達成該目標的共識，進而採行有效的員工管理方法，以提升目標達成的可能性。」是以，績效管理係以宏觀、人性化的角度探討組織與成員如何一同訂定目標與共同成長，以收雙贏的成效。

綜上所述，績效管理與績效評估的關係可圖解如圖 27-1：

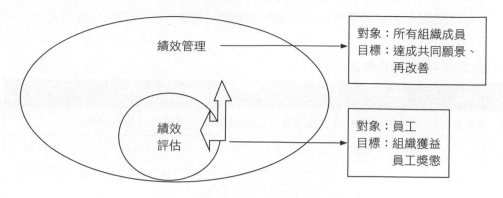

▶ **圖 27-1　績效管理與績效評估關係圖**
資料來源：作者根據文獻歸納製圖。

　　由上圖可知，績效評估是執行績效管理的工具，有一套良好的績效評估制度可使績效管理更具效率，而績效管理將組織的願景及策略目標賦權增能（empowerment）開展至所有成員，由成員自行訂定績效願景、指標、時程表，並整合各項人力資源，期望達成組織運作效能及成員自我專業成長。

二、績效管理之歷史發展與典範思潮

　　早期的績效管理概念受到古典管理學派的管理思潮影響，如泰勒（Frederick W. Taylor）的「科學管理理論」，強調以科學的方法提升員工的生產效率；費堯（Henri Fayol）為區分管理者與實際執行者的職責，提出「十四項有效管理原則」；韋伯提出「科層體制」（bureaucracy）理論，強調組織運作的層級結構與不同的權威。在這種強調任務型導向的管理思潮下，績效管理的著眼點在於督促員工的產出率，俾使組織獲利。一直到行為管理學派梅堯（Elton Mayo）於 1927 至 1932 年在美國西方電器公司進行的「霍桑研究」，使管理者逐漸重視關懷、激勵員工可使團體的情感凝聚而影響員工的生產效率，關懷導向、人際關係的管理思潮逐漸開展，此後的績效管理漸形重視組織的績效問題。而後的系統管理、權變管理、後現代管理思潮，尤其重視授權、轉型、組織彈性化的概念，而使績效管理除強調產出的績效外，更重視藉由此一過程形成組織策略管理的功能，亦即為本文所介紹「平衡計分卡」盛行的原因。

以下簡表係將績效管理方式的歷史發展做一系統性的介紹：

▶ 表 27-1　績效管理典範思潮簡表

年代	思潮	績效管理採行方式
1813	古典管理學派	美國軍隊以文字描述方式評核軍、士官的績效。
19 世紀初	古典管理學派	蘇格蘭棉花工廠主人歐文（Robert Owen）以「品格記事簿」（character book）記錄員工每日的勤務狀況，並採顏色等級制度來評估員工的工作產出。
1950	行為管理學派	主管針對部屬與工作有關的人格因素進行評等，稱為「特質評核」（trait-based）。
1954	系統理論學派	主管有系統地記錄部屬特定的工作行為，再根據這些資料來完成觀察行為的查核結果，稱為「重要事例技術法」（critical incident technique）。
1960	系統理論學派	彼得‧杜拉克（Peter F. Drucker）創導目標管理（management by objectives），強調由主管與部屬根據組織設定的目標，共同商訂執行的時程表。
1970	權變理論	「評核中心」（assessment centers）包括一系列被評核者與工作有關的行為向度，項目含括實際的工作能力、人際關係與行為態度等向度，亟欲找出最適合組織的制度，而非最佳的管理方法。
1970 年代中葉	Z 型組織理論	主管針對某項工作職務的部屬，將他工作項目中各種好或不好的行為予以記錄評等，作為評核員工績效的依據，稱為「行為錨定評等量表」（Behaviorally Anchored Rating Scales, BARS）。
1980	理論整合	重視扁平化組織、加強員工參與、充分授權。
1990	新策略管理制度	績效管理已被設計為改善組織績效、激勵員工的全方位管理制度。

資料來源：作者根據文獻歸納製表（主要參考自丁志達，2003）。

　　由上表可知傳統績效管理實施方式，只強調組織高階管理者對員工產出及組織獲益情形的評估與考核，並以此作為員工酬賞的根據，此階段的績效管理實質

為發展一套績效評估的工具；而隨著關懷管理、權變管理的思潮興起與發展，績效管理逐漸強調組織中所有成員全面參與，藉由共同塑造組織發展的未來願景的過程，提升整體組織與成員的長期競爭力，因此績效管理不再只是評估績效的工具，而是一套發展策略、促使組織永續發展的動力。

參｜平衡計分卡之源起與內涵分析

1990 年 KPMG 的研究機構 Nolan Norton Institute 發起了一個為期一年的研究計畫，名為「未來的組織績效衡量方法」，由執行長 David Norton 與哈佛大學教授 Robert Kaplan 共同主持，並邀集十二家來自製造業、服務業、重工業和高科技產業的企業參與此計畫。有感於以財務會計量度為主的唯一績效衡量方法，已無法符合時代潮流之需求及提升企業的競爭力，於是研究小組蒐羅了許多最新的創新績效衡量系統的個案研究，經過反覆討論，將計分卡擴大為涵蓋財務、顧客、內部流程、學習與成長四個構面的衡量系統，稱之為「平衡計分卡」（BSC）。

平衡計分卡強調的是「平衡」（balance）的精神，係指尋求短期和長期的目標、財務與非財務的衡量方式、落後與領先的指標、外在及內在績效表現之間達成平衡狀態，並涵蓋財務、顧客、企業內部流程、學習與成長四大構面。Kaplan 和 Norton 在 1992 年發表平衡計分卡相關研究成果之後，成為企業組織績效評估的熱門議題，乃因平衡計分卡最重要的特色在於強調「策略具體化導向」，將組織的願景與策略轉換為具體的目標和衡量系統。

以下即針對 Kaplan 與 Norton（1996）的平衡計分卡四大策略執行構面及績效指標做進一步的介紹（朱道凱譯，1999）：

1. 財務構面（financial dimension）：其概括性量度如組織獲利能力、投資報酬率、附加經濟價值等，該構面可以顯示策略的實施與執行如何促使企業成長、提供獲利、創造股東報酬的價值，而其衡量指標包括營收成長和組合、成本降低／生產力改進、資產投資附加價值。

2. 顧客構面（customer dimension）：目標顧客和市場區隔是企業財務目標的營收來源，該構面在顯示如何為顧客創造價值，並與其他競爭者有所差異，其核心衡量指標包括市場占有率、顧客延續率、顧客爭取率、顧客滿意度與顧

客獲利率。

3. 內部流程構面（process dimension）：Kaplan 和 Norton 提出一個共通的企業
內部流程的價值鏈，包括創新流程、營運流程、售後服務流程，其衡量指標
包括製造、產品開發與創新、行銷、售後服務，以滿足顧客需求。

4. 學習與成長構面（learning and growth dimension）：財務構面、顧客構面和企
業內部流程構面確立了評核組織如何達到突破性績效的策略，處於知識經濟
時代中，組織如為永續經營、創造長期的成長與進步，必須是一個不斷學習
的有機體，學習與成長構面是扮演著驅使前三個計分卡構面獲致卓越成效的
動力，其衡量指標為組織對員工技術與資訊能力專業成長的投資。

　　Kaplan 和 Norton 曾說：「平衡計分卡是一種將策略轉換成行動（change strategy into action）的有利工具」，如將此一策略管理制度概念應用於學校組織，對
於學校行政政策之策略制定、執行效能或可建立依循之指標性方向。

肆｜平衡計分卡平衡指標系統及策略地圖之構築

　　平衡計分卡除兼顧上述四個構面的衡量系統外，其主要特色即為強調策略導
向以及具體化的指標系統，用以執行組織願景的執行與控管，不僅可幫助領導者
掌握策略的執行成效，更可激勵組織成員，形塑共同願景。

　　于泳泓（2002）認為組織導入平衡計分卡制度的具體作法，可包括下列六個
階段：

第一階段：審視組織內外資源，建立資源管理體系。

第二階段：建立對於策略目標的共識。

第三階段：界定衡量架構。

第四階段：建立對於衡量架構的共識。

第五階段：遴選及設計績效衡量指標。

第六階段：擬訂平衡計分卡實施計畫。

　　綜上所述，組織進行平衡計分卡的關鍵性指標系統選擇與發展過程，可以圖
27-2 說明之：

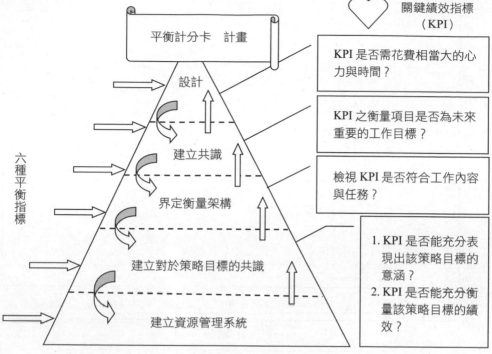

關鍵績效指標
（KPI）

平衡計分卡　計畫

設計

KPI 是否需花費相當大的心力與時間？

建立共識

KPI 之衡量項目是否為未來重要的工作目標？

界定衡量架構

檢視 KPI 是否符合工作內容與任務？

建立對於策略目標的共識

1. KPI 是否能充分表現出該策略目標的意涵？
2. KPI 是否能充分衡量該策略目標的績效？

建立資源管理系統

六種平衡指標

▶ **圖 27-2　平衡計分卡的關鍵性指標系統選擇與發展過程圖**
資料來源：作者根據文獻歸納製圖（參考自于泳泓，2002）。

　　上圖以三角形代表整個組織，由下而上代表組織導入平衡計分卡制度的階段，階段間以虛線表示，因各階段並非不可逆，如組織以左方六種平衡指標進行衡量發現不可行時，得調整各階段步驟，右方乃關鍵績效指標（KPI）檢試舉隅。

　　Kaplan 和 Norton 團隊自 1990 年發表研究成果，導引出平衡計分卡衡量系統的理念後，持續輔導各類型企業組織運用平衡計分卡的觀點將策略具體化，希望發揮此一衡量系統「連結」與「聚焦」的特性。其後於 2004 年將其策略運用從平衡計分卡四個構面所建置之目標項目間的因果關係來進行描述，並將此圖形命名為「策略地圖」（strategy map），誠然，不同性質組織因採行不同策略，便各有其獨特之「策略地圖」，其基本架構模型如圖 27-3 所示：

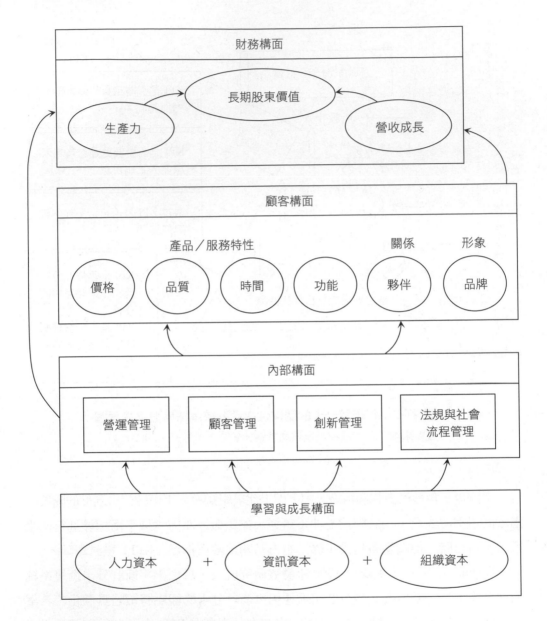

▶ 圖 27-3　平衡計分卡策略地圖架構

資料來源：陳正平等譯（2004：75）。

伍｜平衡計分卡完全導入學校組織績效管理之限制性

　　平衡計分卡最初是企業組織為改善其管理績效而設計實施的，其績效目標乃是為了提升市場長期的競爭力，以獲得高營收率，因此將其衡量指標全盤導入學校組織必然有其限制性，因為學校屬於公共服務性質的組織，其使命在於提升教育品質、培養學生的關鍵能力，以達成培育國家人力資本、提高競爭力的目標。本文以平衡計分卡的觀點導入學校組織績效管理，可提供校長以多元構面的角度檢視辦學績效。由於學校組織的績效指標著重於人力資本面向，且內部流程（行政系統）係為強化教學效能與營造一個學習型組織氣氛，學校組織運用平衡計分卡觀點可發展出其策略地圖（strategy map）如下：

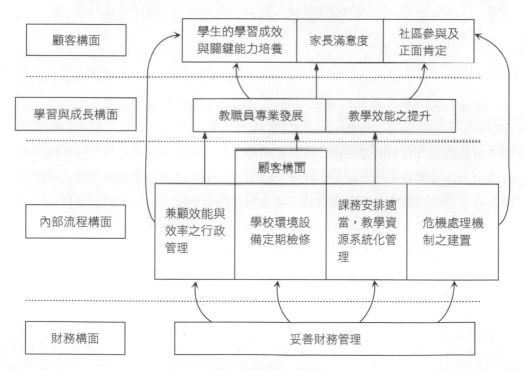

▶ 圖 27-4　學校組織績效管理的策略地圖

資料來源：作者自行繪製。

　　由上圖與企業組織策略地圖差異可知，學校組織的教育願景與使命係為提升學生學習效能、培養人力資本，因此就財務構面來說，衡量指標不在於獲利多寡，而是支持學校行政運作的基石，且除了私立學校需自行籌措經費外，大多數的學校經費來源皆由政府編列與補助，所以在此構面量度即在於學校經費如何做妥善地規劃與執行；就內部流程構面而言，學校行政體系的效能與效率所表現出的學校形象，固然會影響教育顧客及社會大眾的看法與支持度，然而在學校雙重系統的組織結構中，行政系統主要的目的乃為支援教學系統，為教學而服務，因此其衡量指標多為行政管理系統的運作是否能提升教學系統的服務品質；就學習與成長構面而言，學校既是傳遞與更新知識的組織，學校教職員須不斷地提升自我專業發展與教學效能，以強化教學品質，滿足教育顧客之需求，是以學校經營者如欲提升學校效能，可再由營造溫馨與關懷的人性化組織氣氛與加強專業發展二面向著手，以改善平衡計分卡完全導入學校組織績效管理之限制性。

陸｜平衡計分卡合理導入校長辦學績效管理之評鑑指標

　　依據 Kaplan 與 Norton（2000）的研究發現，在政府機關或非營利組織裡，組織願景是否達成的適當指標中，最重要的是「組織使命」的達成。優質的組織領導者可藉其領導魅力凝聚組織成員的使命感，且在和諧的組織氣氛下，組織成員會盡全力達成使命。因此以平衡計分卡觀點合理導入校長辦學績效管理之評鑑指標，除了必須同時重視四個構面外，還需加入領導效能構面及組織氣氛構面，進而獲得顧客對教育政策的認同度與連結組織功用，以期達成組織運作之績效。考量學校組織特性與運作方式後，先以圖 27-5 勾勒校長辦學績效管理方向，俾便進一步分析各構面可發展的衡量指標：

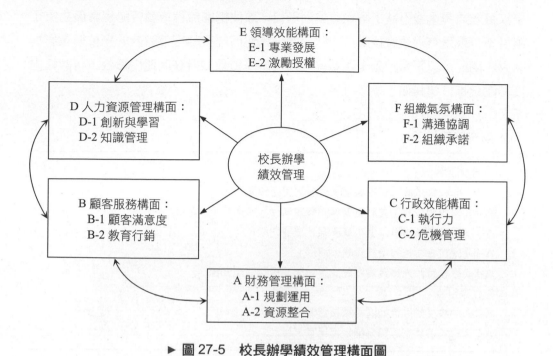

▶ **圖 27-5　校長辦學績效管理構面圖**
資料來源：作者自行繪製。

一、財務管理構面

　　教育工作是一種投資，而非營利性事業，1999 年頒布實施的「教育基本法」第五條明定教育經費應予以保障，是以「教育經費編列與管理法」在各界關注下，於 2000 年頒布施行。

　　教育經費是教育績效發展上不可或缺的元素，對於教育工作的推展確實有很大的助力，然因科層體制的組織制度下，教育財務的運用出現了某些問題，如經費的使用缺乏彈性，學校經費須依照原核定計畫用途支用，變更用途之程序及限制相當繁複；且學校如有場地或設備提供外界租用所取得的收入，必須辦理預算編列程序，使得學校較無意開闢財源；再說學校對於編列之年度預算有一定比例的執行支用壓力，因此導致學校在支用經費時，常有消化預算的情形產生（呂生源，2003）。

　　由上述可知，除了大型規模學校有專任的主計人員外，其餘小型規模學校或

學校行政人員大多不甚了解預算編列過程，致使採購流程或執行過程常發生支用項目不符或是有違政府採購法的狀況發生，然而經費執行效益對於學校績效影響甚大。因此，以平衡計分卡觀點導入校長辦學績效的財務面運用績效，可評鑑向度與關鍵指標建議如下：

A 財務管理構面

A-1 規劃運用
　　A-1-1 學校會依據所訂中長程策略編列年度預算。
　　A-1-2 學校會依據年度計畫確實並有效執行。
　　A-1-3 學校會積極爭取上級或專案計畫補助款。
　　A-1-4 學校會掌控各項經費執行情形。
　　A-1-5 學校行政人員具備經費支用知能及相關法規知識。
A-2 資源整合
　　A-2-1 學校主動進行社區、家長資源整合。
　　A-2-2 學校各處室經費分配是否得宜。

二、顧客服務構面

　　在多元化與複雜化的現代社會裡，校長在學校行政政策的研擬與教育事務的推動等方面，已不能再以封閉、權威的統治者心態閉門造車，而必須改以顧客為中心、服務為導向，才能滿足社會大眾的教育期盼。至於學校組織的顧客為何人？則有家長、學生、民意代表、社會大眾、傳播媒體，以及各種教育團體（如人本基金會、民間教改組織），都是屬於教育服務的顧客群，面對顧客們各種不同的教育需求，校長必須具有行銷（marketing）的理念，除可增益其滿意度，更重要的是凝聚顧客的支持度，形成教育夥伴關係，以協助教育政策推展及願景達成。

　　根據美國行銷學會（American Marketing Association）以經濟學的觀點對行銷所做的界定：「行銷乃是將理念、產品和服務以定價、促銷及分配方式，促成交換滿足個人及組織目標規劃和執行觀念的過程。」（引自高登第譯，2000）其策略最早是McCarthy（1981）提出的4P理念，即為產品（production）、價格（prize）、促銷（promotion）和通路（place）；Booms和Biltner（1981）再發展為7P

理論，增加了人員（personnel）、硬體設備（physical facilities）及物流管理（process-management）。有效的行銷策略不但可以增進或改善組織的經營績效，更可促進組織的經營使命，以創造永續經營的契機（林建志，2002）。

處於日新月異的資訊化時代，校長領導理念及學校教育政策之推展，應藉由不同溝通及傳播管道，主動而有效地向家長、社區、大眾進行推銷，如此亦可確保資訊之正確性。因此，以平衡計分卡觀點導入校長辦學績效的顧客服務構面，可評鑑向度與關鍵指標建議如下：

B 顧客服務構面

B-1 顧客滿意度
    B-1-1 學校會主動了解顧客滿意度。
    B-1-2 學校會設置多元回饋機制，如問卷、會議、團體餐會，蒐集顧客對學校教育政策的看法與建議。
    B-1-3 學校會召開定期檢討會議，檢視政策規劃的適切性。
    B-1-4 學校重視與家長溝通互動，適時提供參與學校事務的機會。
    B-1-5 學校重視行政人員服務態度與品質。
B-2 教育行銷
    B-2-1 學校會定期運用資訊科技與媒體，辦理教育現況說明或政令宣導。
    B-2-2 學校行政人員具備行銷知能，能清楚確實說明政策措施。

三、行政效能構面

學校品牌如果能在顧客眼中擁有良好的形象，對於學校政策的行銷具有推波助瀾的功效。所謂良好形象的內涵包括具備公信力、執行力與貫徹力，良好的服務品質與態度、超高的行政效能、亮麗的執行成績等，因此組織內部行政流程的革新即十分重要。Bossidy 與 Charan（2002）提出執行力（execution）的重要性，執行是一套系統化的流程，將策略與預定執行策略的人員連結起來，領導人必須對企業的營運、人員與環境有完整的了解，並透過親自深入參與執行的實質面，才能讓執行力展現出來，並使執行成為組織文化的核心成分。

由上述可知，組織內部執行力的發揮關鍵在於圖 27-6 所示的三個核心流程：

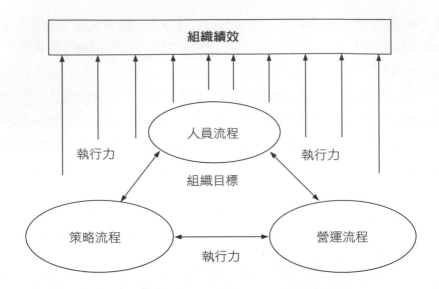

▶ 圖 27-6　執行力與組織績效三大核心流程連結圖

資料來源：修改自李明譯（2003：61）。

　　上圖中，人員流程係指要用能執行的人，而且人才要能互補；策略流程係指經過策略評估機制後，能執行的策略；營運流程係指組織具體執行既定目標的過程。這三個核心流程必須緊密聯繫，貫徹組織目標的執行力，以達成組織績效。

　　校長為學校的領航員，角色仿如學校的保母，學校的軟硬體設備都必須正常且健全的運作，提供學生安全的學習環境。然而教育環境是個不斷變動的有機體，有可能必須面對潛藏的「危機」，因此，做好危機管理與妥善面對媒體與社會大眾的應對與溝通，是非常重要的環節，可使危機形成轉機，塑造出組織優質行政效能的形象。因此，以平衡計分卡觀點導入校長辦學績效的行政面運用績效，可評鑑向度及關鍵指標建議如下：

C 行政效能構面

C-1 執行力
  C-1-1 學校會控管公文作業速率與時效性。
  C-1-2 學校會建立完善檔案管理機制。
  C-1-3 學校業務交接制度完善。
  C-1-4 學校行政人員對於所訂策略都能貫徹執行。
  C-1-5 學校會透過團體思維，訂定策略評估機制，並定期檢視。
C-2 危機管理
  C-2-1 學校能凝聚共識，一同訂定危機處理機制。
  C-2-2 學校危機敏感度高，並有事先預防的措施。
  C-2-3 學校重視公共關係，與媒體應對得體。

四、人力資源管理構面

　　在全球化、創新、變革、講究競爭力的知識經濟時代，以培養學生競爭力為目標的學校組織須有創新、學習的精神，以及知識管理的能力，提升人力資源管理品質，由 90 年代 Peter M. Senge 所發展的「學習型組織」（learning organization），即具體點出學習對處於遽變環境下組織發展的重要性。

　　學習型組織理念的產生，原先係來自企業界，為因應改變、提高效率，獲得永續生存發展而形成，所謂「學習型組織」是一個開放、專業、自主與智慧之有機生命體，亦即在變動不居的時代中，學習是因應變局、永保卓越的關鍵（郭進隆譯，1994），Senge 提出學習型組織至少要有五項基本的修練：自我超越（personal mastery）、改善心智模式（improving mental models）、系統思考（system thinking）、建立共享願景（building shared vision）、團隊學習（team learning）。

　　學校是學習的場所，教學系統在學校績效中扮演著重要的角色，因此校長必須具備教導型領導的精神，激勵學校教職員專業發展，建構學校成為一個學習型組織，以提升教師教學效能。因此，以平衡計分卡觀點導入校長辦學績效的人力資源管理構面，可評鑑之向度及關鍵指標建議如下：

D 人力資源管理構面

D-1 創新與學習

　　D-1-1 學校行政人員具有教育專業知能，並對承辦業務有所規劃。

　　D-1-2 學校會鼓勵行政人員終身學習、在職進修。

　　D-1-3 學校建立「人力資料庫」，並適才適用。

　　D-1-4 學校依據「學習型組織」概念，發展組織學習活動。

　　D-1-5 學校定期辦理研討會，或派員受訓，提供學習與成長機會。

D-2 知識管理

　　D-2-1 學校建構網路學習系統，提供教育行政人員學習資訊。

　　D-2-2 學校提供成員知識分享機制。

五、領導效能構面

　　在講求專業（profession）與證照的時代潮流下，教育事業亦屬專業工作的意識抬頭，教育基本法等相關法規皆提倡尊重教師的專業自主權，身為學校教育的領航員——校長更須具有持續專業發展的能力與態度，以活化組織專業發展機能，形塑一個有機的學習型組織。

　　Guskey歸納各家學者觀點認為，校長參與的專業發展活動必須是有目標的過程，且具有持續學習的態度與體認，而其專業發展內容與過程具有系統性與多元化的特色（鍾文郁譯，2002）。因此，校長的專業發展除有助提升個人專業素養，並期許其能學以致用，以更宏觀的角度處理教育事務，以多元、專業的思維領導學校創新與成長。

　　此外，人力資源是組織最重要的資產，在領導過程中，如何激發組織成員高昂的士氣，提升其工作動機與行動意願，有賴領導者適時地予以激勵（motivating），並以授權增能的領導模式將權力下放、給予成員參與決定的機會，且必須尊重並信任成員，以協助其提升工作知能。

　　綜上所述，以校長領導效能構面導入校長辦學績效，可評鑑向度及關鍵指標建議如下：

E 領導效能構面

E-1 專業發展

　E-1-1 校長常藉由閱讀書籍、研討會、讀書會等管道吸取教育新知並持續參加專業成長活動。

　E-1-2 校長能以專業思維處理教育事務。

　E-1-3 校長能運用專業知能發展學校特色。

　E-1-4 校長具有專業形象。

　E-1-5 校長常與其部屬或同儕進行專業對話。

E-2 激勵授權

　E-2-1 校長重視成員需求與期望。

　E-2-2 校長能適時授權，尊重部屬的建議與作法。

六、組織氣氛構面

　　學校組織氣氛（organization climate）會影響組織成員的行為與態度，因此與行政體系的運作效能、教師的教學成效、學生的學習結果息息相關。Halpin 和 Croft 的「組織氣氛描述問卷」（OCDQ）主要為了解教師與教師的互動及教師與校長間的互動情形，歸納出校長的行為類型有三：支援型（supportive）的校長較關懷教師；管理式（directive）的校長較嚴謹，並監督控制教師與學校的所有活動；限制型（restrictive）的校長常因例行性的行政工作妨礙教學工作。另外，教師的行為類型亦有三種：同僚式（collegial）的教師之間常相互幫助與支援；親密式（intimate）的教師之間社交活動較頻繁；無約束式（disengaged）的教師對參與專業活動的意願不高，如同一盤散沙（湯堯譯，2003）。

　　由上述可知，如以支援型校長的領導風格搭配同僚式的教師情誼，對於提升校長辦學績效良有助益，因此，以組織氣氛構面導入校長辦學績效，可評鑑向度與關鍵指標建議如下：

F 組織氣氛構面

F-1 溝通協調

　　F-1-1 學校內部溝通管道暢通，成員皆能自由地表達自己的想法。

　　F-1-2 學校成員能與他人分享心得、心事，以抒發情緒。

　　F-1-3 學校組織氣氛和諧、開放與互信。

　　F-1-4 學校領導者多屬於關懷型領導風格。

F-2 組織承諾

　　F-2-1 學校成員願意朝組織的共同願景努力。

　　F-2-2 學校成員堅守服務承諾，做對的事。

柒｜構築校長辦學績效之評鑑指標

　　根據文獻探討與分析，歸納出初步建構之校長辦學績效評鑑構面、向度與關鍵指標之對照如表 27-2 所示。

▶ 表 27-2　校長辦學績效評鑑指標彙整表

構面	向度	關鍵指標
A 財務管理	A-1 規劃運用 A-2 資源整合	A-1-1 依策略編列年度預算 A-1-2 依計畫確實、有效執行 A-1-3 積極爭取上級補助款 A-1-4 掌控經費執行狀況 A-1-5 具備經費支用知能 A-2-1 社會資源整合 A-2-2 各單位經費分配得宜
B 顧客服務	B-1 顧客滿意度 B-2 教育行銷	B-1-1 主動了解顧客滿意度 B-1-2 設置多元回饋機制 B-1-3 定期檢視政策適切性 B-1-4 暢通顧客溝通管道 B-1-5 重視服務品質 B-2-1 教育政策宣導 B-2-2 培養行政人員行銷知能

▶ 表 27-2　校長辦學績效評鑑指標彙整表（續）

構面	向度	關鍵指標
C 行政效能	C-1 執行力 C-2 危機管理	C-1-1 掌握公文時效性 C-1-2 建立完善檔案制度 C-1-3 建立完善交接制度 C-1-4 策略貫徹力 C-1-5 訂定策略評估機制 C-2-1 建立危機處理機制 C-2-2 事先預防措施 C-2-3 媒體與公關
D 人力資源管理	D-1 創新與學習 D-2 知識管理	D-1-1 教育專業知能 D-1-2 終身學習 D-1-3 建立「人力資料庫」 D-1-4 學習型組織 D-1-5 提供學習與成長機會 D-2-1 網路學習系統 D-2-2 知識分享平臺
E 領導效能	E-1 專業發展 E-2 激勵授權	E-1-1 領導者自我專業成長 E-1-2 以專業思維做決策 E-1-3 校長能運用專業知能發展學校特色 E-1-4 專業形象 E-1-5 專業對話 E-2-1 重視成員需求與期望 E-2-2 授權增能
F 組織氣氛	F-1 溝通協調 F-2 組織承諾	F-1-1 內部溝通管道暢通 F-1-2 重視員工心理健康 F-1-3 營造互信空間 F-1-4 關懷型領導風格 F-2-1 共同願景 F-2-2 服務承諾

資料來源：作者自行編製。

捌│結語

英特爾總裁 Andrew 在《十倍速時代》一書中提到：「這個世界正處於遊戲規則不斷改變的環境，傳統與習慣不斷被新的變化衝擊與顛覆，一旦它的力量超過既有資源能控制的範圍，稱之為十倍速變化，則不論企業或個人都將陷入惶恐與迷失，我們必須做經營策略的根本性調整，才能化危機為轉機，進而攀向事業的新高點，這種關鍵的時間點，稱之為『策略轉折點』。」（轉引自葉維銓，1998）

盱衡我國目前的社會環境亦處於不斷變動中，教育改革與組織再造已成為社會大眾企盼的新契機，尤其我國的教育基本方針──「教育基本法」在 1999 年 6 月 23 日經總統發布後正式實施，其中第八條第三項規定：「國民教育階段內，家長負有輔導子女之責任；並得為其子女之最佳福祉，依法律選擇受教育方式、內容及參與學校教育事務之權利。」可說確立了家長教育選擇權與家長參與教育事務之法源依據。在少子化的威脅下，教育的品質與績效業已成為家長關切的教育指標，因此本文採平衡計分卡的觀點探討校長辦學的績效管理，從財務管理、顧客服務、行政效能、人力資源管理四個構面切入，並考量學校為學習型組織的特性，增加校長領導效能、組織氣氛二個構面，並提出十二個指標向度及關鍵指標，提供教育行政機關建構校長辦學績效評鑑指標的思考方向，唯有關指標的建構仍需進行科學化的深入研究，以了解其適切性。期盼我國的學校領導者能一改傳統保守、封閉的形象，形塑有效能、高績效的組織，提供學生優質的學習環境，以提升國家人力資本競爭力。

林國楨小檔案

　　現職國立彰化師範大學教育研究所助理教授，專業領域為學校行政、教育行政與班級經營等。1990 年後分別取得國立臺灣師範大學教育學士與碩士，亦曾任職公立國中與高中教師十年，歷練過訓育組長與教師會長。2003 年取得美國印第安那大學（Indiana University-Bloomington）教育學博士，主修教育領導與學校行政，並曾任該校國際學生親善大使與臺灣同學會副會長。服務教育界多年，歷經國家考試命題、地方政府人權與家庭教育、國中與高中學校評鑑、校長主任教師甄試、各級學校講演、馬來西亞境外專班授課、民間出版社教科書編撰等不同工作角色。近年個人主要投入於教育部「十二年國教高中優質化輔助方案」與「優質高中職認證」教育工作之推動。

詹雅惠小檔案

　　國立嘉義大學教育學博士候選人，91 年公務人員教育行政高考三級，擔任科員六年，陞任彰化縣政府教育處督學三年，現任彰化縣政府教育處體育保健科科長。91 年高考及格進入教育行政機關擔任科員，致力於檔案管理，提升便民與工作效率，運用平衡計分卡的概念使所轄業務在各項評鑑中績效卓著；擔任督學的職務，扮演教育處與學校的溝通橋樑，以走動式管理的概念深入學校現場，協助學校解決辦學問題；擔任體健科科長的職務則首重營造和諧組織氣氛，領導同仁以團隊、服務精神辦理教育行政事務。在教育行政機關服務邁入第十年，對於每一個職務我期勉自己秉持服務的精神虛心求教、盡己所能、持續學習精進，期許對於教育界有所貢獻。

References
參考文獻

中｜文｜部｜分

丁志達（2003）。**績效管理**。臺北市：揚智文化。

于泳泓（2002）。平衡計分卡實戰系列探討(1)——從臺灣企業成功導入平衡計分卡實例談企業現狀剖析與導入架構檢核。**會計月刊，198**，16-25。

朱道凱（譯）（1999）。**平衡計分卡：資訊時代的策略管理工具**。臺北市：臉譜。

呂生源（2003）。論地方教育發展基金之型態及其效益。**學校行政雙月刊，26**，118-127。

李明（譯）（2003）。Larry Bossidy & Ram Charan 著。**執行力**（Execution: The discipline of getting things done）。臺北市：天下文化。

李建華、方文寶（1996）。**企業績效評估理論與實務**。臺北市：清華管理科學圖書中心。

林建志（2002）。**高雄市國民中學學校教育人員對學校行銷策略認知及其運作之研究**。國立高雄師範大學教育研究所碩士論文，未出版，高雄市。

高登第（譯）（2000）。Phil Kotler 著。**科特勒談行銷**（Kotler on marketing: How to create, win, and dominate markets）。臺北市：遠流。

郭進隆（譯）（1994）。P. M. Senge 著。**第五項修練——學習型組織的藝術與實務**。臺北市：天下文化。

陳正平等（譯）（2004）。R. S. Kaplan & D. P. Norton 著。**策略地圖：串聯組織策略從形成到徹底實施的動態**（Strategy maps: Converting intangible assets into tangible outcomes）。臺北市：臉譜。

湯堯（譯）（2003）。學校組織文化與氣候。收錄於林明地（主編），**教育行政學**。高雄市：復文。

葉維銓（1998）。邁向二十一世紀的政府服務——論組織再造。**研考雙月刊，22**（3），35-45。

鍾文郁（譯）（2002）。Guskey & R. Thomas 等著。**專業發展評鑑**。臺北市：五南。

英｜文｜部｜分

Bossidy, L., & Charan, R. (2002). *Execution: The discipline of getting thing done*. New York: Crown.

Kaplan, R. S., & Norton, D. P. (1996). *The balanced scorecard: Translating strategy into action.* Boston: Harvard Business School Press.

Kaplan, R. S., & Norton, D. P. (2000). *The strategy-focused organization: How balanced scorecard companies thrive in the new business environment.* Boston: Harvard Business School Press.

筆記欄

筆記欄

筆記欄

✏️ 筆記欄

國家圖書館出版品預行編目（CIP）資料

校長專業之建構 / 林文律主編. -- 初版. -- 臺北市：心理，
　　2012.11
　　　面；　公分. --（校長學系列；41707）
　ISBN 978-986-191-524-1（平裝）

　1.校長 2.學校管理 3.教育行政 4.文集

　526.4207　　　　　　　　　　　　　　　101022373

校長學系列 41707

校長專業之建構

主　　編：林文律

執行編輯：陳文玲

總 編 輯：林敬堯

發 行 人：洪有義

出 版 者：心理出版社股份有限公司

地　　址：台北市大安區和平東路一段 180 號 7 樓

電　　話：(02) 23671490

傳　　真：(02) 23671457

郵撥帳號：19293172　心理出版社股份有限公司

網　　址：http://www.psy.com.tw

電子信箱：psychoco@ms15.hinet.net

駐美代表：Lisa Wu（Tel：973 546-5845）

排 版 者：臻圓打字印刷有限公司

印 刷 者：正恒實業有限公司

初版一刷：2012 年 11 月

I S B N：978-986-191-524-1

定　　價：新台幣 700 元